JUS PRIVATUM

Beiträge zum Privatrecht

Band 116

Rolf Sack

Das Recht am Gewerbebetrieb

Geschichte und Dogmatik

Mohr Siebeck

Rolf Sack, geboren 1941; Studium der Rechts- und Wirtschaftswissenschaften in Erlangen und Tübingen; 1968 Promotion in Tübingen; 1980 Habilitation in München; von 1981 bis 2006 Inhaber des Lehrstuhls für Bürgerliches Recht, Handels- und Wirtschaftsrecht, Internationales Privatrecht und Rechtsvergleichung an der Universität Mannheim; weitere Rufe an die Universitäten Bielefeld, Erlangen, Würzburg und Jena.

ISBN 978-3-16-149239-6
ISSN 0940-9610 (Jus Privatum)

Die Deutsche Nationalbibliothek verzeichnet diese Publikation in der Deutschen Nationalbibliographie; detaillierte bibliographische Daten sind im Internet über *http://dnb.d-nb.de* abrufbar.

Das Buch wurde von Computersatz Staiger in Rottenburg/N. aus der Garamond-Antiqua gesetzt, von Gulde-Druck in Tübingen auf alterungsbeständiges Werkdruckpapier gedruckt und von der Buchbinderei Spinner in Ottersweier gebunden.

Vorwort

Seit über hundert Jahren schützt die Rechtsprechung mit § 823 I BGB das sog. Recht am eingerichteten und ausgeübten Gewerbebetrieb. Dennoch ist die Kritik daran bis heute nicht verstummt. Die Geschichte des Rechts am Gewerbebetrieb ist auch keineswegs so geradlinig und folgerichtig verlaufen, wie sie meist dargestellt wird. In einem ausführlichen rechtshistorischen Teil soll gezeigt werden, dass vor allem die Rechtsprechung des RG jahrzehntelang in sich widersprüchlich war, was allerdings von den einzelnen Zivilsenaten durch begriffliche Ungenauigkeiten und eine bemerkenswert hohe Anzahl von Fehlzitaten verschleiert oder einfach ignoriert wurde. Auch in der Rechtsprechung des BGH hat erst seit den 60er Jahren eine Konsolidierung stattgefunden.

Anliegen des dogmatischen Teil der Arbeit ist eine Vertiefung der Ansicht, dass das Recht am Gewerbebetrieb in § 823 I BGB ein Fremdkörper ist, weil es sich in entscheidenden Punkten von den »klassischen« Rechtsgütern und Rechten unterscheidet, die diese Vorschrift schützt. Die Unterschiede bestehen vor allem darin, dass Gewerbebetriebe nur gegen betriebsbezogene Eingriffe geschützt sind, dass die Rechtswidrigkeit generell durch Interessenabwägung festzustellen ist, dass dem Recht am Gewerbebetrieb der Zuweisungsgehalt fehlt, dass Gewerbevermögen privilegiert wird sowie dass das Recht am Gewerbebetrieb seit Jahrzehnten nur noch lückenfüllend als Auffangtatbestand angewendet wird. Trotz aller Bedenken ist jedoch noch immer die Ansicht verbreitet, dass weitere Kritik nicht sinnvoll sei, da die Rechtsentwicklung kaum mehr rückgängig zu machen und das Recht am Gewerbebetrieb inzwischen (nahezu) gewohnheitsrechtlich anerkannt sei. Diese generelle Abwehrhaltung gegen alle Versuche, den gebotenen deliktsrechtlichen Unternehmensschutz ohne das Recht am Gewerbebetrieb zu bewältigen, verkennt jedoch, dass der BGH diesem Recht seit seiner insoweit grundlegenden Gründerbildnis-Entscheidung (BGHZ 36, 252 ff., 257), d.h. seit über vierzig Jahren, nur noch eine lückenfüllende Funktion beimisst.

In dieser Arbeit soll der Nachweis geführt werden, dass es keine Lücken im Unternehmensschutz gibt, die mit dem Recht am Gewerbebetrieb gefüllt werden müssten. In fast allen vom BGH entschiedenen Fällen bieten neben Spezialregelungen die delikts- und wettbewerbsrechtlichen Generalklauseln denselben Schutz wie der BGH mit § 823 I BGB, wenn man – ihrem Schutzzweck entsprechend – jede bewusste und gewollte Unternehmensschädigung als vorsätzliche

Schadenszufügung i.S.v. § 826 BGB bewertet und wenn man außerdem die Sittenwidrigkeit nach § 826 BGB und die Unlauterkeit nach § 3 UWG in gleicher Weise durch eine Interessenabwägung feststellt wie die Rechtswidrigkeit eines Eingriffs in das Recht am Gewerbebetrieb nach § 823 I BGB. Die für erforderlich gehaltene Betriebsbezogenheit hat der BGH in fast allen einschlägigen Entscheidungen nur bei bewusster und gewollter, d.h. bei vorsätzlicher Schadenszufügung i.S.v. § 826 BGB bejaht. Es gibt soweit ersichtlich nur zwei Entscheidungen, in denen der BGH einen unbeabsichtigten Unternehmenseingriff als betriebsbezogen bewertet hat. Eine der beiden Entscheidungen (NJW 1972, 101 f. – Muschelbänke) betraf die Haftung für eine Amtspflichtverletzung, die auch ohne Rückgriff auf das Recht am Gewerbebetrieb zum gleichen Ergebnis geführt hätte. In der zweiten Entscheidung ging es um die Frage der Produzentenhaftung für reine Vermögensschäden mittelbarer gewerblicher Abnehmer, die diese infolge der Benutzung einer fahrlässig mangelhaft hergestellten Ware erlitten hatten (BGH NJW 1992, 42 ff. – Baustromverteiler). Diese Entscheidung steht jedoch einerseits in Begründung und Ergebnis in klarem Widerspruch zu früheren BGH-Entscheidungen, freilich ohne dass diese der BGH einer Erwähnung für wert befunden hat; andererseits bieten jedoch das Rechtsinstitut des Vertrags mit Schutzwirkung für Dritte bzw. § 311 III BGB denselben Schutz, wie ihn der BGH in dieser Entscheidung gewährt hat.

Mannheim, im September 2006 Rolf Sack

Inhaltsübersicht

Teil 1

Kritische Darstellung der Entwicklung der Rechtsprechung zum Schutze des Rechts am Gewerbebetrieb nach § 823 I BGB

Teil 2

Dogmatik

Inhaltsverzeichnis

Teil 2

Dogmatik

Abkürzungsverzeichnis

a.A.	anderer Ansicht
a.a.O.	am angegebenen Ort
ABGB	Allgemeines Bürgerliches Gesetzbuch (Österreich)
Abs.	Absatz
AcP	Archiv für die civilistische Praxis
a.E.	am Ende
a.F.	alte Fassung
AfP	Archiv für Presserecht
AG	1. Amtsgericht; 2. Die Aktiengesellschaft (Zeitschrift)
allg.	allgemein (-e, -er, -es)
Alt.	Alternative
Anm.	Anmerkung
AnwBl	Anwaltsblatt
AöR	Archiv des öffentlichen Rechts
AP	Arbeitsrechtliche Praxis. Nachschlagewerk des Bundesarbeitsgerichts
AR-Blattei	Arbeitsrechts-Blattei
ArbG	Arbeitsgericht
ArchBR	Archiv für Bürgerliches Recht
arg.	argumentum (= Argument aus)
ARS	Arbeitsrechtssammlung. Entscheidungen des Reichsarbeitsgerichts, der Landesarbeitsgerichte und der Arbeitsgerichte (früher: Bensheimer Sammlung)
Art.	Artikel
AT	Allgemeiner Teil
Aufl.	Auflage
AuR	Arbeit und Recht. Zeitschrift für Arbeitsrechtspraxis
AWD	Außenwirtschaftsdienst des Betriebsberaters
BAG	Bundesarbeitsgericht
BAGE	Entscheidungen des Bundesarbeitsgerichts. Amtliche Sammlung
BB	Der Betriebs-Berater
Bd.	Band
betr.	betreffend
BG	Schweizerisches Bundesgericht
BGE	Entscheidungen des Schweizerischen Bundesgerichts
BGBl.	Bundesgesetzblatt
Bekl.	Beklagte (r)
BGB	Bürgerliches Gesetzbuch

BGB-RGRK	Das Bürgerliche Gesetzbuch, Kommentar, herausgegeben von den Mitgliedern des Bundesgerichtshofes (früher: Reichsgerichtsräte-Kommentar)
BGH	Bundesgerichtshof
BGHSt	Entscheidungen des Bundesgerichtshofs in Strafsachen. Amtliche Sammlung
BGHZ	Entscheidungen des Bundesgerichtshofs in Zivilsachen. Amtliche Sammlung
BKartA	Bundeskartellamt
Bl.	Blatt
Bolze	Die Praxis des Reichsgerichts in Civilsachen, begründet von Bolze
BR-Drucks.	Bundesrats-Drucksache
BT-Drucks.	Bundestags-Drucksache
BVerfG	Bundesverfassungsgericht
BVerfGE	Entscheidungen des Bundesverfassungsgerichts. Amtliche Sammlung
BVerwG	Bundesverwaltungsgericht
BVerwGE	Entscheidungen des Bundesverwaltungsgerichts. Amtliche Sammlung
bzw.	beziehungsweise
DB	Der Betrieb
ders.	derselbe
d.h.	das heißt
dies.	dieselbe(n)
Diss.	Dissertation
DJT	Deutscher Juristentag
DJZ	Deutsche Juristenzeitung
DÖV	Die öffentliche Verwaltung
DR	Deutsches Recht
DRdA	Das Recht der Arbeit (Österreich)
DRiZ	Deutsche Richterzeitung
dt.	deutsch
DVBl.	Deutsches Verwaltungsblatt
EGBGB	Einführungsgesetz zum BGB
Einl.	Einleitung
EWiR	Entscheidungen zum Wirtschaftsrecht
f., ff.	und die folgende (n) Seite (n)
FS	Festschrift
Fußn.	Fußnote
GebrMG	Gebrauchsmustergesetz
gem.	gemäß
GeschmMG	Geschmacksmustergesetz
GewO	Gewerbeordnung

GG	Grundgesetz für die Bundesrepublik Deutschland
Gruchot	Beiträge zur Erläuterung des Deutschen Rechts, begründet von J.A. Gruchot
GRUR	Gewerblicher Rechtsschutz und Urheberrecht, Zeitschrift der Deutschen Vereinigung für gewerblichen Rechtsschutz und Urheberrecht. Inlandsteil
GRUR Int.	Gewerblicher Rechtsschutz und Urheberrecht. Internationaler Teil (bis 1966: Auslands- und Internationaler Teil)
GRUR-RR	Gewerblicher Rechtsschutz und Urheberrecht, Rechtsprechungs-Report
GS	Großer Senat
GSZ	Großer Senat in Zivilsachen
GWB	Gesetz gegen Wettbewerbsbeschränkungen
Halbs.	Halbsatz
HansGZ	Hanseatische Gerichtszeitung
HGB	Handelsgesetzbuch
h.L.	herrschende Lehre
h.M.	herrschende Meinung
HRR	Höchstrichterliche Rechtsprechung
Hrsg.; hrsg.	Herausgeber; herausgegeben von
i.d.F.	in der Fassung
i.d.R.	in der Regel
i.d.S.	in diesem Sinne
IherJb	Iherings Jahrbücher der Dogmatik des bürgerlichen Rechts
insbes.	insbesondere
IPR	Internationales Privatrecht
i.S.	im Sinne
i.S.d.	im Sinne der (des)
i.S.v.	im Sinne von
i.V.m.	in Verbindung mit
JA	Juristische Arbeitsblätter
JBl.	Juristische Blätter (Österreich)
JR	Juristische Rundschau
JurA	Juristische Analysen
Jura	Juristische Ausbildung
JurJb	Juristen-Jahrbuch
JuS	Juristische Schulung
JW	Juristische Wochenschrift
JZ	Juristenzeitung
Kap.	Kapitel
KG	Kammergericht Berlin
KritJ	Kritische Justiz
Kl.	Kläger (in)
Komm.	Kommentar

LadSchlG	Gesetz über den Ladenschluss (Ladenschlussgesetz)
LAG	Landesarbeitsgericht
LG	Landgericht
LKartB	Landeskartellbehörde
LM	Lindenmaier-Möhring. Nachschlagewerk des Bundesgerichtshofs
LMK	Lindenmaier-Möhring, kommentierte BGH-Rechtsprechung
LZ	Leipziger Zeitschrift für Deutsches Recht
MA	Der Markenartikel
MDR	Monatsschrift für Deutsches Recht
m.E.	meines Erachtens
Mitt.	Mitteilungen der deutschen Patentanwälte
Mot.	Motive zu dem Entwurf eines Bürgerlichen Gesetzbuches für das Deutsche Reich. Amtliche Ausgabe
MR	Medien und Recht (Österreich)
MuW	Markenschutz und Wettbewerb
n.F.	neue Fassung
NJW	Neue Juristische Wochenschrift
Nr.	Nummer
NZA	Neue Zeitschrift für Arbeits- und Sozialrecht
ÖBl.	Österreichische Blätter für gewerblichen Rechtsschutz und Urheberrecht
ÖJZ	Österreichische Juristen-Zeitung
ÖZöR	Österreichische Zeitschrift für öffentliches Recht
OGH	Oberster Gerichtshof (Österreichs)
o.J.	ohne Jahresangabe
OLG	Oberlandesgericht
OVG	Oberverwaltungsgericht
PatG	Patentgesetz
PMZ	Blatt für Patent-, Muster- und Zeichenwesen
PreisAngVO	Preisangabenverordnung (früher: Preisauszeichnungsverordnung)
PreisAuszVO	Preisauszeichnungsverordnung (heute: Preisangabenverordnung)
Prot.	Protokolle der Kommission für die zweite Lesung des Entwurfs des Bürgerlichen Gesetzbuchs. Amtliche Ausgabe
PWW	Prütting/Wegen/Weinreich, BGB, Kommentar
RabelsZ	Rabels Zeitschrift für ausländisches und internationales Privatrecht
RabG	Rabattgesetz. Gesetz über Preisnachlässe
RAG	Reichsarbeitsgericht
RBerG	Rechtsberatungs(mißbrauchs)-Gesetz
RdA	Recht der Arbeit
Recht	Das Recht
RG	Reichsgericht
RGRK	Reichsgerichtsräte-Kommentar

RGSt	Entscheidungen des Reichsgerichts in Strafsachen. Amtliche Sammlung
RGZ	Entscheidungen des Reichsgerichts in Zivilsachen. Amtliche Sammlung
RIW/AWD	Recht der Internationalen Wirtschaft. Außenwirtschaftsdienst des Betriebsberaters
Rn.	Randnummer (n)
Rspr.	Rechtsprechung
S.	Seite
s.	siehe
s.a.	siehe auch
SAE	Sammlung arbeitsrechtlicher Entscheidungen
SchlHAnz	Schleswig-Holsteinische Anzeigen
Schweiz. JZ	Schweizerische Juristenzeitung
Schweiz. Mitt.	Schweizerische Mitteilungen
scil.	scilicet (= man ergänze)
SeuffA	Seufferts Archiv für Entscheidungen der obersten Gerichte in den deutschen Staaten
SeuffBl.	Dr. J. A. Seufferts Blätter für Rechtsanwendung
SJZ	Süddeutsche Juristenzeitung
s.o.	siehe oben
sog.	sogenannt (-e, -en, -er, -es)
StGB	Strafgesetzbuch
str.	streitig
st.Rspr.	ständige Rechtsprechung
TVG	Tarifvertragsgesetz
u.	und
u.a.	und andere; unter anderem
Ufita	Archiv für Urheber-, Film- und Theaterrecht
UrhG	Urheberrechtsgesetz
usw.	und so weiter
u.U.	unter Umständen
UWG	Gesetz gegen den unlauteren Wettbewerb
VersR	Versicherungsrecht
VersRdsch	Versicherungs-Rundschau (Österreich)
VerwArch	Verwaltungsarchiv
VG	Verwaltungsgericht
VGH	Verwaltungsgerichtshof
vgl.	vergleiche
VO	Verordnung
Vorbem.	Vorbemerkung (en)
Warn.	Warneyer. Die Rechtsprechung des Reichsgerichts auf dem Gebiete des Zivilrechts
WiVerw	Wirtschaft und Verwaltung

WM	Wertpapier-Mitteilungen
WRP	Wettbewerb in Recht und Praxis
WuW	Wirtschaft und Wettbewerb
WuW/E	Wirtschaft und Wettbewerb. Entscheidungssammlung
WZG	Warenzeichengesetz
ZaöRV	Zeitschrift für ausländisches und öffentliches Recht und Völkerrecht
ZAS	Zeitschrift für Arbeits- und Sozialrecht (Österreich)
z.B.	zum Beispiel
ZBernJV	Zeitschrift des Bernischen Juristenvereins
ZBH	Zentralblatt für Handelsrecht
ZfA	Zeitschrift für Arbeitsrecht
ZfRV	Zeitschrift für Rechtsvergleichung (Österreich)
ZfVglRWiss	Zeitschrift für vergleichende Rechtswissenschaft
ZGB	Zivilgesetzbuch
ZGR	Zeitschrift für Unternehmens- und Gesellschaftsrecht
ZGS	Zeitschrift für das gesamte Schuldrecht
ZHR	Zeitschrift für das gesamte Handelsrecht und Wirtschaftsrecht (bis Band 123: Zeitschrift für das gesamte Handelsrecht und Konkursrecht)
ZIP	Zeitschrift für Wirtschaftsrecht
ZPO	Zivilprozessordnung
ZRP	Zeitschrift für Rechtspolitik
ZS	Zivilsenat
ZSR	Zeitschrift für schweizerisches Recht
zutr.	zutreffend
ZVP	Zeitschrift für Verbraucherpolitik
ZZP	Zeitschrift für Zivilprozess

Teil 1

Kritische Darstellung der Entwicklung der Rechtsprechung zum Schutze des Rechts am Gewerbebetrieb nach § 823 I BGB

Kapitel 1

Die Rechtsprechung des Reichsgerichts

In der Rechtsprechung zum Schutze des Rechts am Gewerbebetrieb nach § 823 I BGB hatte die Unterscheidung zwischen Unternehmenseingriffen, die sich »unmittelbar gegen den Bestand« eines Unternehmens richten (»*bestandsverletzende*« Eingriffe) und sonstigen Unternehmensbeeinträchtigungen, die nur mittelbar den Ertrag oder Gewinn eines Unternehmens schmälern (im Folgenden als »*bereichsverletzende*« Eingriffe bezeichnet), eine große praktische Bedeutung. Manche Senate des Reichsgerichts haben lange Zeit nur unmittelbare Eingriffe in den Bestand eines Unternehmens als tatbestandsmäßige Verletzungen des Rechts am Gewerbebetrieb anerkannt und nur gegen diese Schutz nach § 823 I BGB gewährt[1]. Zur Entlastung der folgenden Darstellung der geschichtlichen Entwicklung des Rechts am Gewerbebetrieb erscheint es als zweckmäßig, vorweg kurz auf die Unterscheidung von bestands- und bereichsverletzenden Unternehmenseingriffen einzugehen.

Als »*bestandsverletzend*« hat das RG solche Unternehmenseingriffe angesehen, durch die die Grundlagen eines Betriebs unmittelbar angetastet wurden, indem Betriebs- oder Vertriebshandlungen tatsächlich be- oder verhindert wurden, ihre rechtliche Zulässigkeit verneint oder die Einschränkung oder Schließung des Betriebs verlangt wurde[2]. Inhaltlich damit übereinstimmend wurden als bestandsverletzend solche Eingriffe bezeichnet, die sich »gegen die Betätigung des Erwerbswillens im Rahmen des eingerichteten Gewerbebetriebs« richten[3]. Für bestandsverletzend hielt das Reichsgericht vor allem unbegründete Schutzrechtsverwarnungen, Unternehmensblockaden und Benut-

---

[1] Vgl. den I. ZS, zuletzt in GRUR 1939, 733 ff., 734 a.E. – Fettsäuren (a.A. dann GRUR 1942, 54 ff., 55 – Abtrennmesser); V. ZS DR 1940, 723 – Dammbruch; VI. ZS RGZ 73, 107 ff., 112 – Rabattverein; JW 1911, 712 – Ding an sich; RGZ 77, 217 ff., 219 – Apothekenpflichtige Waren; RGZ 126, 93 ff., 96 – Kleinbahn; VIII. ZS RGZ 135, 242 ff., 247 – Wiko; IX. ZS JW 1932, 1183 ff., 1185 = GRUR 1931, 986 – Deutsche Normen; ebenso auch vorrübergehend der II. ZS in GRUR 1916, 95 – Seydlitz; MuW 1930, 200 ff., 202 – Separatisten II; GRUR 1939, 397 ff., 404 – Hausbock.

[2] Diese Definition »bestandsverletzender Eingriffe« verwendete das RG in unwesentlichen Variationen in einer Vielzahl von Entscheidungen; vgl. vor allem die Angaben zur Entscheidungspraxis des VI. ZS oben in Fußn. 1.

[3] So JW 1909, 493 f., 494 – Ammoniak; Recht 1916, Nr. 444 – Schlachthof; ähnlich auch RGZ 73, 253 ff., 256 f. – Hustentropfen; vgl. jedoch *Rosenthal*, Gruchot 63 (1919), 715, der zu Unrecht glaubt, diese Definition stehe im Widerspruch zu der reichsgerichtlichen Definition »bestandsverletzender« Unternehmenseingriffe.

zungssperren. Zu den Unternehmenseingriffen, die nur *mittelbar* den Ertrag oder Gewinn eines Unternehmens schmälern, d.h. zu den (nur) *bereichsverletzenden* Eingriffen, rechnete das RG sowohl die Beeinflussung des Abnehmer- oder Lieferantenkreises eines Unternehmens durch geschäftsschädigende Äußerungen oder Boykottaufforderungen[4] als auch die Verletzung von Betriebsgeheimnissen[5].

Dem Reichsgericht wurde vorgeworfen, es habe den Begriff »Bestandsverletzung« nur als »dekorative Eingangsformel« verwendet und sei zu widerspruchsvollen Ergebnissen gelangt. Es habe einerseits nicht gegen alle bestandsverletzenden Eingriffe nach § 823 I BGB Schutz gewährt, z.B. nicht gegen existenzgefährdende geschäftsschädigende Äußerungen und Boykottaufforderungen; andererseits habe es auch solche Unternehmensbeeinträchtigungen als bestandsverletzend anerkannt, bei denen eine Bestandsgefährdung nicht zu erkennen war, wie z.B. unbegründete Warenzeichenverwarnungen[6]. Dieser Vorwurf wäre berechtigt, wenn bei der Unterscheidung von »bestandsverletzenden« und »sonstigen« Unternehmenseingriffen die betrieblichen *Auswirkungen* eines Unternehmenseingriffs das entscheidende Abgrenzungsmerkmal gewesen wären. Denn in der Tat hat das Reichsgericht nicht jede existenzvernichtende Unternehmensbeeinträchtigung schon allein wegen dieser ihrer Wirkung als Verletzung des Rechts am Gewerbebetrieb angesehen[7]; und andererseits hat es geringfügige Unternehmensbeeinträchtigungen, z.B. durch unbegründete Schutzrechtsverwarnungen, die keineswegs immer die Existenz eines Unternehmens gefährden, als »bestandsverletzend« bewertet.

Das Reichsgericht hat jedoch, was vielfach übersehen wird, bei der Unterscheidung zwischen Bestandsverletzungen und sonstigen Verletzungen nicht auf die betrieblichen Auswirkungen einer Unternehmensbeeinträchtigung, sondern auf die *Art und Weise der Einwirkung* auf einen Betrieb abgestellt[8]. *Sprachlich* war es allerdings unglücklich, zwischen Bestandsverletzungen und sonstigen (mittelbaren; nur bereichsverletzenden) Unternehmenseingriffen

---

[4] Vgl. dazu *Rosenthal*, LZ 1910, 107 ff.

[5] Vgl. RG GRUR 1939, 733 ff., 734 a.E. – Fettsäuren.

[6] So *Buchner*, Unternehmensschutz, 1971, S. 64, 65 ff., 66, 69, 76; im selben Sinne *Arnold*, Das Recht am Unternehmen, 1971, S. 67; *J. Friese*, Bedarf das Unternehmen des Schutzes nach § 823 Abs. 1 BGB?, 1934, S. 33 f.; *Lobe*, LZ 1931, 664 ff.; *W. Michaelis*, Das Recht am Unternehmen, 1937, S. 79 ff., 81 a.E.; *Rosenthal*, Gruchot 63 (1919), 715 ff., 716 f.; *Salinger*, Gruchot 62 (1918), 289 ff., 318; *Suppes*, Die Rechtsprechung des RG und des BGH zum Recht am eingerichteten und ausgeübten Gewerbebetrieb, 1956, S. 6.

[7] Vgl. RG JW 1915, 913 ff. – Leipziger Zeitungsstreit; Recht 1916 Nr. 232: »... mag auch der Betrieb dadurch eingehen«; vgl. auch *Callmann*, MuW 1929, 570 ff.; *J. Friese*, a.a.O., S. 33; *Reinhardt*, MuW 1930, 468 ff., 469; *Schippel*, Das Recht am Gewerbebetrieb, 1956, S. 65.

[8] Dies wurde zutreffend festgestellt, allerdings zugleich auch kritisiert von *Callmann*, ZHR 97 (1932), 129 ff., 151 f.; *Lobe*, LZ 1931, 664 ff.; *Marquitz*, Der Rechtsschutz des kaufmännischen Unternehmens durch die §§ 823 ff BGB., 1937, S. 29; *H. H. Wagner*, Das sogenannte Recht am Gewerbebetrieb, 1933, S. 48 f.

zu unterscheiden. Denn das RG schützte mit § 823 I BGB nicht den Bestand eines Unternehmens, sondern die betriebliche *Betätigung*, d.h. die Produktions- und Absatz*tätigkeit*; es schützte mit § 823 I BGB vor Eingriffen in die *Betätigung des Erwerbswillens*[9]. Es schützte das Recht »zum Gewerbebetrieb«[10] bzw. das Recht »auf« Gewerbebetrieb. Das, was das Reichsgericht als *Bestandsschutz* bezeichnete, war genaugenommen Betätigungsschutz[11], oder, noch genauer, Schutz der Betätigung im eingerichteten und ausgeübten Gewerbebetrieb.

Wenn man unter bestandsverletzenden Unternehmenseingriffen solche Handlungen versteht, die *unmittelbar* auf die Produktions- und Absatz*tätigkeit* einwirken und nicht nur mittelbar durch Beeinflussung der Kunden und Lieferanten die Absatzfähigkeit beeinträchtigen, dann haben diejenigen Senate des RG, die nach § 823 I BGB nur Bestandsschutz (Betätigungsschutz) gewährten, durchaus konsequent entschieden, wenn sie *einerseits* unbegründete Schutzrechtsverwarnungen, Blockaden und Benutzungssperren zu den bestandsverletzenden Eingriffen gerechnet haben, weil dadurch Be- oder Vertriebshandlungen be- oder verhindert werden, und wenn sie *andererseits* geschäftsschädigende Äußerungen und Aufforderungen zum Boykott und zu Sperren[12] nicht als bestandsverletzend angesehen haben, weil diese sich nur mittelbar durch die Beeinflussung von Abnehmern oder Lieferanten unternehmensschädigend auswirken, in Be- und Vertriebshandlungen jedoch nicht unmittelbar eingreifen.

Lediglich *unbegründete Abnehmerverwarnungen* wegen vermeintlicher Schutzrechtsverletzungen haben diejenigen Senate, die die Haftung aus § 823 I BGB von einem bestandsverletzenden Unternehmenseingriff abhängig machten, zu Unrecht als bestandsverletzende Eingriffe in das Recht am Gewerbebetrieb des davon betroffenen *Lieferanten* bewertet[13]. Sie gehören zu den »mittelbaren«, »nur bereichsverletzenden« Unternehmenseingriffen; die vom RG aufgestellten Voraussetzungen für bestandsverletzende Unternehmenseingriffe erfüllen sie nicht[14].

---

[9] So ausdrücklich RG JW 1909, 493 f., 494 – Ammoniak; Recht 1916, Nr. 444 – Schlachthof; ähnlich auch schon RGZ 73, 253 ff., 256 f. – Hustentropfen.

[10] Vgl. *v. Laun*, Das Recht zum Gewerbebetrieb, 1908.

[11] Zutreffend *Arnold*, Das Recht am Unternehmen, 1971, S. 25, 98; *H. Friese*, Das Recht am Markenartikel, 1930, S. 99 f.; *J. Friese*, Bedarf das Unternehmen des Schutzes nach § 823 Abs. 1 BGB?, 1934, S. 24 f.; *Lobe*, GRUR 1910, 3 ff., 7 l. Sp.; *Pawlowski*, Der Rechtsbesitz im geltenden Sachen- und Immaterialgüterrecht, 1961, S. 112, 121 f.; *Rosenthal*, Gruchot 63 (1919), 715 f.; *Salinger*, Gruchot 62 (1919), 289 ff., 300.

[12] Sofern nicht bestandsverletzende Umstände, z.B. Blockaden (vgl. RGZ 76, 35 ff., 44 ff. – Fürstenhof) hinzukamen.

[13] Vgl. RGZ 94, 248 – Socken (IV. ZS); MuW 1930, 480 f. – Fahrradlampen (I. ZS).

[14] So zutreffend der II. ZS in seiner Wasserreinigungsanlagen-Entscheidung, MuW 1931, 276 ff., 277 f.

Mit der reichsgerichtlichen Definition bestandsverletzender Eingriffe war es auch unvereinbar, wenn der IV. ZS in seiner Kanalsperre-Entscheidung vom 19.6.1924 – infolge eines Dammbruchs waren Kähne des Klägers zwischen zwei Sperrtoren eines Kanals eingeschlossen – die Haftung aus § 823 I BGB davon abhängig machte, dass der Bestand des *ganzen* Unternehmens des Klägers dadurch in Frage gestellt wurde[15]; damit stellte der IV. ZS letztlich doch auf die *Auswirkungen* und nicht auf die *Art und Weise der Einwirkung* auf das Unternehmen ab.

Allerdings haben, was noch zu zeigen sein wird, nicht alle Senate des RG den Schutz nach § 823 I BGB zur selben Zeit auf bestandsverletzende Eingriffe beschränkt. Insofern ist es berechtigt zu behaupten, dass »das Reichsgericht« die Unterscheidung zwischen bestandsverletzenden und sonstigen Unternehmenseingriffen nicht konsequent durchgehalten habe[16].

Von der Frage, ob es *möglich* ist, bestands- und bereichsverletzende Unternehmenseingriffe voneinander abzugrenzen, muss man – was vielfach nicht klar erkannt wird – die andere Frage unterscheiden, ob die hier beschriebene unterschiedliche rechtliche Bewertung von bestandsverletzenden und bereichsverletzenden Unternehmenseingriffen als *sinnvoll und gerechtfertigt* angesehen werden kann. Diese Frage wurde und wird wohl überwiegend verneint[17], da eine Beschränkung des Anwendungsbereichs von § 823 I BGB auf bestandsverletzende Unternehmenseingriffe zur Folge habe, dass einerseits jede unberechtigte Schutzrechtsverwarnung, auch wenn sie im Einzelfall einen Betrieb nur

[15] RG Gruchot 68, 75 Nr. 8 = Recht 1924, Nr. 1678 – Kanalsperre.

[16] Vgl. *Arnold*, a.a.O.; *Buchner*, a.a.O.; *Suppes*, a.a.O.

[17] Vgl. aus der Rechtsprechung vor allem BGHZ 3, 270 ff., 279 f. – Constanze I; OLG Düsseldorf, JW 1929, 1807; ebenso im Schrifttum *Baumbach*, Wettbewerbsrecht, 1. Aufl., 1929, S. 160 f.; *Callmann*, ZHR 97 (1932), 129 ff., 151 f.; *Fikentscher*, in: Festgabe für Kronstein, 1967, S. 261 ff., 276, 277 f.; *Fikentscher/Heinemann*, Schuldrecht, Rn. 1578; *J. Friese*, Bedarf das Unternehmen des Schutzes nach § 823 Abs. 1 BGB?, 1934, S. 31; *Hueck/Nipperdey*, Lehrbuch des Arbeitsrechts II 2, 1970, S. 994; *R. Isay*, Das Recht an Unternehmen, 1910, S. 31 ff., 58, 65 f.; *Jans*, Das Recht am Unternehmen und die Wirtschaftsordnung, 1936, S. 53 f.; *Kuttner*, Der Schutz des Unternehmens nach deutschem und französischem Privatrecht, 1936, S. 33; *Lobe*, MuW IX (1909/10), 327; *ders.*, LZ 1931, 664 f. (a.A. wohl noch *ders.* in Lobe I, S. 176 f.); *Marquitz*, Der Rechtsschutz des kaufmännischen Unternehmens durch die §§ 823 ff BGB., 1937, S. 27, 29; *Muscheidt*, Persönlichkeitsschutz und Wettbewerbsrecht, 1934, S. 12; *Nipperdey*, in: FS für Heymann, 1931, Bd. II, S. 445 ff., 451; *Osterrieth*, GRUR 1916, 95; *Reichenstein*, Der Rechtsschutz des Unternehmens, 1931, S. 43; *Reimer*, JW 1929, 2292; *ders.*, LZ 1932, 1340 ff., 1349; *Rosenthal*, Gruchot 63 (1919), 715 ff., 716 f.; *Salinger*, Gruchot 62 (1918), S. 289 ff., 317 f.; *Schippel*, Das Recht am Gewerbebetrieb, 1956, S. 65 f.; *Seligsohn*, JW 1917, 712 (Anm.); *H. H. Wagner*, Das sogenannte Recht am Gewerbebetrieb, 1933, S. 48 f.; vgl. auch *Bieling*, Die Rechtswidrigkeit von unternehmensschädigenden Demonstrationen, 1973, S. 28, wo die Grenze zwischen Bestands- und Bereichsschutz als fließend bezeichnet wird. Für die Beibehaltung der Unterscheidung zwischen Bestandsschutz und Bereichsschutz und die Beschränkung des Unternehmensschutzes nach § 823 I BGB auf bestandsverletzende Eingriffe jedoch z.B. *Pawlowski*, Der Rechtsschutz im geltenden Sachen- und Immaterialgüterrecht, 1961, 119, 129; *Spengler*, WuW 1953, 195 ff., 199.

unwesentlich beeinträchtigt, die Haftung aus § 823 I BGB begründen würde, während andererseits geschäftsschädigende Äußerungen und Boykottaufforderungen selbst dann nicht als tatbestandsmäßige Eingriffe in das Recht am Gewerbebetrieb anzusehen wären, wenn sie für den betroffenen Betrieb existenzgefährdend sind; das sei nicht überzeugend[18].

In den vorangegangenen Ausführungen ist bereits angeklungen, dass die verschiedenen Senate des Reichsgerichts zu der Frage, ob § 823 I BGB nur auf bestandsverletzende oder auch auf sonstige (rechtswidrige) Unternehmenseingriffe anwendbar sei, nicht einheitlich Stellung bezogen haben. Deshalb ist es bei der Darstellung der Rechtsprechung »des Reichsgerichts« notwendig, die Entscheidungspraxis der verschiedenen Zivilsenate (ZS) getrennt zu erörtern. Viele »Schwankungen« und »Widersprüche« in der Rechtsprechung »des Reichsgerichts« zum Schutze des Rechts am Gewerbebetrieb nach § 823 I BGB beruhen nicht darauf, dass »das Reichsgericht« einmal den einen und ein andermal einen anderen Standpunkt bezogen hat, sondern auf divergierenden Auffassungen verschiedener Senate, ohne dass das von ihnen kenntlich gemacht oder gar berücksichtig wurde. Dies gilt insbesondere für die Rechtsprechung des II. und des VI. ZS in der Zeit nach 1909. Sie haben nahezu 30 Jahre lang unterschiedliche Auffassungen über den Umfang des Schutzes des Rechts am Gewerbebetrieb nach § 823 I BGB – nur Bestandsschutz oder auch weiterreichender Unternehmensschutz – vertreten.

I. Erste Phase von 1900 bis 1909: Bestands- und Bereichsschutz

1. Grundlegend: die Privatklinik-Entscheidung des IV. ZS vom 6.3.1902

Nach Inkrafttreten des BGB wurde erstmals in der Privatklinik-Entscheidung des IV. ZS vom 6.3.1902 ein *»Recht auf Ausübung des Gewerbebetriebes«* als sonstiges Recht i.S.v. § 823 I BGB anerkannt[19]. In dieser Entscheidung ging es u.a. um die Zulässigkeit einer Boykottaufforderung des Vereins Kieler Ärzte gegen den Inhaber einer Privatklinik (Kläger). Nachdem der Kläger seiner Ausschließung aus dem Verein durch eigene Austrittserklärung zuvor gekommen

[18] Vgl. *Lobe,* a.a.O.; *Seligsohn*, a.a.O.; *Wagner*, a.a.O..

[19] Der insoweit einschlägige Teil dieser Entscheidung ist abgedruckt in JW 1902, Beilage S. 227 f. = *Lobe* I, S. 460 ff. = *W. Schubert*, Sammlung sämtlicher Erkenntnisse des RG in Zivilsachen, Jahrgang 1902, S. 471 ff., 476; nicht abgedruckt ist dieser Teil der Entscheidung in der Amtlichen Sammlung, RGZ 51, 66 ff.; mitunter wird die Entscheidung RGZ 58, 24 ff. – Juteplüsch von 1904 als 1. Entscheidung genannt; in ihr wurde in der Tat erstmals ein »Recht am eingerichteten und ausgeübten Gewerbebetrieb« anerkannt, vgl. BGHZ 29, 65 ff., 67 – Stromkabel.

war, hatte der Verein »systematisch und in einer gewissermaßen autoritativen Weise« dahingehend auf seine Mitglieder eingewirkt, dass diese sich weigern sollten, den Kläger zu konsultieren und ihm Kranke zuzuschreiben[20]. Nach Ansicht des IV. ZS verletzte der beklagte Verein damit nicht nur des Klägers »Recht auf persönliche Achtung, sondern auch den Ruf seiner Klinik, dessen Aufrechterhaltung mit dem wirtschaftlichen Interesse eng zusammenhängt und auf dessen Wahrung er, wenn er sich dabei innerhalb der erlaubten Grenzen hält, ein Recht hat«. Da die Bedeutung des § 823 I BGB zu der Annahme nötige, dass durch sie »auch das *Recht auf Ausübung des Gewerbebetriebes* geschützt werden soll«, ließ es der IV. ZS dahingestellt, ob diese Vorschrift ausschließlich »*wirkliche subjektive Rechte*« im Auge habe oder ob sie sich abgesehen von der Verletzung des Lebens, des Körpers, der Gesundheit und der Freiheit auch noch auf andere »*bloße Persönlichkeitsrechte (Lebensgüter)*« beziehe. Im »Recht auf Ausübung des Gewerbebetriebes« sah der IV. ZS ein »wirkliches subjektives Recht«.

Zur Rechtswidrigkeit führte der IV. ZS aus: Wenn der Beklagte, *ohne aufgrund einer Befugnis zu handeln* (Hervorhebung von mir), … das Recht auf den freien ungestörten Gewerbebetrieb des Klägers in bewusster Weise hierdurch (scil. durch eine Boykottaufforderung) verletzt, so charakterisiert sich dieses Vorgehen als eine vorsätzliche oder zum mindesten fahrlässige widerrechtliche Rechtsverletzung im Sinne des § 823 I BGB …«. Damit ist der IV. ZS offenbar von der Auffassung ausgegangen, dass eine Boykottaufforderung grundsätzlich rechtswidrig sei, dass ihre Rechtswidrigkeit indiziert sei und dass die Rechtswidrigkeit nur entfalle, wenn ein Rechtfertigungsgrund bestehe.

Außerdem stellte er fest, dass zwar der ärztliche Beruf als solcher kein Gewerbe sei, dass er jedoch dann zum Gewerbe werde (§ 30 GewO), wenn er sich mit dem Betrieb einer Privatklinik verbinde.

Boykottaufforderungen sind keine Eingriffe, die sich »unmittelbar gegen den Bestand« des betroffenen Gewerbebetriebs richten[21]. Sie sind nicht »bestandsverletzend«, sondern – in heutiger Terminologie – nur »bereichsverletzend«. Der IV. ZS hat also in seiner Privatklinik-Entscheidung mit § 823 I BGB »*Bereichsschutz*« gewährt.

---

[20] Der IV. ZS hatte ferner darüber zu befinden, ob der Kläger nach seinem Austritt noch *formell* aus dem Verein ausgeschlossen werden konnte. Diese Frage stand jedoch nicht im Zusammenhang mit der Frage der Anwendbarkeit von § 823 I BGB auf Unternehmensverletzungen; vgl. jedoch die in diese Richtung zielende Darstellung dieser Entscheidung bei *Wiethölter*, KritJ 1970, 121 ff., 123 (b).

[21] Vgl. RG JW 1915, 913 ff., 915 – Leipziger Zeitungsstreik.

2. Die Entscheidungspraxis des I. ZS

a) Unbegründete Schutzrechtsverwarnungen

(1) Der Auffassung des IV. ZS, dass § 823 I BGB auf Unternehmensverletzungen anwendbar sei, schloss sich der I. ZS in seiner Juteplüsch-Entscheidung vom 27.2.1904 an. In ihr anerkannte er ein Recht am »*eingerichteten und ausgeübten Gewerbebetrieb*«[22] und stützte darauf die Schadensersatzhaftung für eine unbegründete Gebrauchsmusterverwarnung[23]. Nachdem er Ansprüche aus § 823 I BGB unter dem Gesichtspunkt einer Freiheitsverletzung abgelehnt hatte, führte er aus: »Dadurch, dass es sich bei dem bestehenden selbständigen Gewerbebetriebe *nicht bloß um die freie Willensbetätigung des Gewerbetreibenden* handelt, sondern dieser Wille darin bereits seine *gegenständliche Verkörperung* gefunden hat, ist die feste Grundlage für die Annahme eines subjektiven Rechts an diesem Betriebe gegeben. Störungen und Beeinträchtigungen, welche sich *unmittelbar* gegen den Gewerbebetrieb richten, dürfen deshalb als eine unter § 823 Abs. 1 fallende Rechtsverletzung angesehen werden. Ein derartiger, *gegen den Gewerbebetrieb selbst* gerichteter Eingriff ist es offenbar, wenn aufgrund eines angeblich entgegenstehenden Schutzrechts *die rechtliche Zulässigkeit dieses Betriebs in bestimmtem Umfange verneint, und deshalb seine Einschränkung verlangt wird.* Widerrechtlich aber ist dieser Eingriff, wenn das behauptete Schutzrecht in Wahrheit nicht besteht, weil es sich dann *nicht mehr um einen erlaubten Wettbewerb* handelt. Das Gesetz stellt den Gewerbetreibenden unter bestimmten Voraussetzungen in der Gestalt des Patent- und Musterschutzes wertvolle Ausschließungsrechte zur Verfügung, vermöge deren sie die Erzeugnisse ihrer Erfindungstätigkeit vor der Benutzung durch die gleichstrebende Konkurrenz sichern und ihrem eigenen Vorteil allein vorbehalten können. Es ist nur *ein Korrelat zu dieser bevorzugten Stellung*, dass sie auch für den Bestand des Rechts einzustehen haben, das sie zur selbständigen Beschränkung des an sich freien Gewerbebetriebs ihrer Gegner geltend machen, und nicht nur die Vorteile genießen, sondern auch die Gefahren tragen müssen, welche mit der Behauptung solcher ausschließlichen Patent- und Musterrechte verbunden sind« (Hervorhebungen von mir)[24].

---

[22] RGZ 58, 24 ff., 29 – Juteplüsch (= JW 1904, 292 f., dort allerdings unter dem Datum 10.2.1904); es ist die erste Entscheidung, die den Begriff »Recht am eingerichteten und ausgeübten Gewerbebetrieb« verwendete, vgl. BGHZ 29, 65 ff., 67.

[23] Zur Haftung für unberechtigte Patentberühmungen vgl. auch die Entscheidung des I. ZS vom 24.2.1904, PMZ 1904, 293 f. – Voutenplatte, wo ohne Bezugnahme auf § 823 I BGB von einer widerrechtlichen Störung des Gewerbebetriebs durch unbegründete Patenberühmungen die Rede ist. *Gegen* Schadensersatzansprüche wegen unberechtigter Patentberühmungen hatte sich hingegen noch der VI. ZS in einer Entscheidung vom 10.12.1900, JW 1901, 40 Nr. 20 ausgesprochen.

[24] RGZ 58, 24 ff., 29 f. – Juteplüsch.

Der Hinweis, dass es ein »gegen den Gewerbebetrieb selbst gerichteter Eingriff« sei, wenn aufgrund eines angeblich entgegenstehenden Schutzrechts »die rechtliche Zulässigkeit dieses Betriebs in bestimmtem Umfange verneint, und deshalb seine Einschränkung verlangt wird«, erklärt bereits andeutungsweise die spätere Definition des RG für »bestandsverletzende« Unternehmenseingriffe. Unbegründete Schutzrechtsverwarnungen waren in der Rechtsprechung der wichtigste Fall »*bestandsverletzender*« Unternehmenseingriffe. Aus der Jutepliisch-Entscheidung lässt sich jedoch nicht entnehmen, dass der I. ZS den Schutz des Rechts am Gewerbebetrieb auf bestandsverletzende Eingriffe *beschränkt* wissen wollte, wie es in der Zeit nach 1909 vom Reichsgericht mehrfach behauptet wurde.

Wenn der I. ZS in der Juteplüsch-Entscheidung erklärte, dass es sich bei der unbegründeten Schutzrechtsverwarnung »nicht mehr um erlaubten Wettbewerb« handelte, so zeigt dies, dass er mit der Vorschrift des § 823 I BGB eine *Lücke des UWG von 1896*, das in seiner damaligen Fassung noch keine wettbewerbsrechtliche Generalklausel gegen unlauteren Wettbewerb kannte, schließen wollte. Zwischen 1900 und 1909 schloss man Lücken des UWG zwar vornehmlich mit der Vorschrift des § 826 BGB[25]. Ansprüche aus dieser Vorschrift lehnte der I. ZS jedoch ab, weil er – m.E. zu Unrecht[26] – glaubte, dass für den Vorwurf der Sittenwidrigkeit die Kenntnis der die Sittenwidrigkeit begründenden Tatumstände, d.h. das Bewusstsein des Schutzrechtsinhabers von der Rechtsunwirksamkeit seiner Schutzrechtseintragung erforderlich sei[27].

Zweifelhaft an den Ausführungen des I. ZS ist die Begründung für die Behauptung, dass eine unberechtigte Verwarnung eines Gewerbetreibenden nicht nur einen Eingriff in dessen freie Willensbetätigung, sondern auch einen Eingriff in dessen Gewerbebetrieb bzw. in dessen Recht am Gewerbebetrieb darstelle. Dies zeigt sich am besten, wenn man eine Parallele zum deliktsrechtlichen Eigentumsschutz zieht. Denn dann müsste man auch entsprechende Willensbeeinflussungen eines Eigentümers als rechtswidrige Eigentumsverletzungen i.S.v. § 823 I BGB werten[28]. Fragwürdig ist auch die Ansicht, dass eine unbegründete Beeinflussung der freien gewerblichen Willensbetätigung eines Gewerbetreibenden zugleich auch ein Eingriff in dessen Recht *am* Gewerbebetrieb sei.

Besonderer Erwähnung bedarf, dass der I. ZS seine Ansicht, es gebe ein subjektives Recht am eingerichteten und ausgeübten Gewerbebetrieb und dieses

---

[25] Vgl. RGZ 48, 114 ff., 119 f., 126 – Brisbane-Segler; JW 1906, 198.

[26] Vgl. *Sack*, GRUR 1970, 493 ff.; *ders.*, WRP 1985, 1 ff.; *ders.*, NJW 1985, 761 ff.

[27] RGZ 58, 24 ff., 28 – Juteplüsch.

[28] Darauf hat bereits *v. Tuhr*, Der Allgemeine Teil des Deutschen Bürgerlichen Rechts, Bd. I, 1910, S. 157 mit Recht hingewiesen und daraus Bedenken gegen die Entscheidung RGZ 58, 24 ff., 30 hergeleitet; vgl. auch *Rogge*, WRP 1965, 40 ff., 41; *Sack*, WRP 1976, 733 ff., 734 f.

erfülle die Voraussetzungen eines sonstigen Rechts i.S.v. § 823 I BGB, mit Präjudizien zu rechtfertigen versuchte[29], die, von einer Ausnahme abgesehen, allesamt nicht geeignet waren, diese Auffassung des RG zu stützen[30]. Mit Hilfe der genannten Präjudizien wurde eine Kontinuität der Rechtsprechung behauptet, die in Wirklichkeit nicht bestand[31].

Zutreffend zur Anwendbarkeit von § 823 I BGB auf Unternehmensverletzungen war nur der Hinweis auf die bereits oben erwähnte Privatklinik-Entscheidung des IV. ZS vom 6.3.1902, deren insoweit einschlägiger Teil in der Amtlichen Sammlung RGZ 51, 66 ff. jedoch bemerkenswerterweise nicht abgedruckt ist, was wohl den Schluss zulässt, dass ihn der VI. ZS keine sonderliche Bedeutung beigemessen hat[32]. Der IV. ZS hatte dort allerdings im Gegensatz zum I. ZS nicht von einem »Recht *am* eingerichteten und ausgeübten Gewerbebetrieb«, sondern, was nicht unbedingt dasselbe sein muss, von einem »Recht *auf Ausübung des Gewerbebetriebes*« gesprochen[33].

In der vom I. ZS zitierten Emaillierwerk-Entscheidung vom 29.5.1902[34] hatte der VI. ZS nur darüber zu befinden, ob § 823 I BGB ein Recht der *Arbeitnehmer* »auf freie ungestörte Ausnutzung ihrer Arbeitskraft und ihrer persönlichen Fähigkeiten« schütze. Dies hatte der VI. ZS abgelehnt. Um zu verhindern, dass die »Begrenzung« des § 823 I BGB »*eine völlig unsichere werde*«, hatte er es für notwendig gehalten, den Begriff der »sonstigen Rechte«

---

[29] Der I. ZS berief sich auf folgende Entscheidungen: E. v. 27.10.1888, RGZ 22, 93 ff. – Angostura; E. v. 25.6.1890, RGZ 28, 228 ff. (richtig: 238 ff.), 247, 249 – Börsenverein I; E. v. 24.6.1889, Bolze VIII, S. 69 Nr. 147; E. v. 14.11.1889, Bolze IX, S. 48 Nr. 110; E. v. 26.11.1890, Bolze XI, S. 54 Nr. 112; E. v. 18.10.1899, JW 1899, 749 Nr. 26 – Biersyphon; E. v. 6.3.1902, JW 1902, Beilage S. 227 f. = *Lobe* I, S. 460 ff. – Privatklinik; E. v. 29.5.1902, RGZ 51, 369 ff., 373 – Emaillierwerk; im Schrifttum wurden diese Präjudizien z.T. unkritisch übernommen, vgl. etwa *W. Michaelis*, Das Recht am Unternehmen, 1937, S. 18.

[30] *Schwitanski*, Deliktsrecht, Unternehmensschutz und Arbeitskampfrecht, S. 26 f., 39; *Schnug*, JA 1985, 440 ff., 444.

[31] Vgl. hierzu *Buchner*, Unternehmensschutz, 1971, S. 2; *Fikentscher*, in: Festgabe für Kronstein, 1967, S. 261 ff., 265; *Finger*, BB 1971, 1331; *Kübler*, AcP 172 (1972), 177 ff., 184; *ders.*, AfP 1973, 405 ff., 406; *Schwitanski*, Deliktsrecht, Unternehmensschutz und Arbeitskampfrecht, 1986, 26 f., 39; *Wiethölter*, KritJ 1970, 121 ff., 122 ff.; *Wunsch*, Die Entwicklung des Rechts am Gewerbebetrieb, 1969, S. 112 f.; vgl. auch *Lobe*, MuW VI (1906/07), 164 ff., 165.

[32] Dieser Teil ist jedoch abgedruckt bei *Lobe* I, S. 460 ff. = *W. Schubert*, Sammlung sämtlicher Erkenntnisse des RG in Zivilsachen, Jahrgang 1902, S. 471 ff., 476 sowie etwas gekürzt in JW 1902, Beilage S. 227 f.; diese Entscheidung wird von *Wiethölter*, KritJ 1970, 121 ff., 123 unzutreffend wiedergegeben und zu Unrecht als nicht einschlägig gewürdigt.

[33] Vgl. *Lobe*, MuW IX (1909/10), 327 ff., 328: »... wurde nochmals der Schutz nur auf eine *Ausübung* beschränkt, die *innerhalb eines eingerichteten Unternehmens* stattfand, wenn schon immerhin die Erwerbstätigkeit selbst, nicht das Unternehmen, der eigentliche Gegenstand des Schutzes blieb, bis endlich auch diese Ausübung in den Hintergrund trat und nur noch der *eingerichtete und ausgeübte Gewerbebetrieb* als ein von der Person losgelöstes, in der Umwelt stehendes *Unternehmen* das geschützte Rechtsgut wurde. An ihm wurde dann ein subjektives, dem Eigentume verwandtes Schutzrecht angenommen ...« (die Hervorhebungen stammen von *Lobe*).

[34] RGZ 51, 369 ff. – Emaillierwerk.

i.S.v. § 823 I BGB »auf die bestimmten von der Rechtsordnung als solche ausgestalteten und umschriebenen subjektiven Rechte zu beschränken«[35]. Da sich die Revision für ihre Ansicht, dass § 823 I BGB auch den *Arbeitnehmer* in der freien ungestörten Ausnutzung seiner Arbeitskraft und in seiner freien Erwerbstätigkeit schütze, auf die Privatklinik-Entscheidung des IV. ZS vom 6.3.1902[36] berufen hatte, in der die *gewerbliche* Betätigung unter den Schutz des § 823 I BGB gestellt worden war, hatte der VI. ZS noch beiläufig in einem *obiter dictum* erklärt: »Die Ausübung eines selbständig betriebenen Gewerbes ... *mag, namentlich insoweit* dieselbe gegen *gewisse* Eingriffe Dritter durch die Vorschriften des Gesetzes zur Bekämpfung des unlauteren Wettbewerbs vom 27. Mai 1896 *besonders* geschützt wird, als ein wohlerworbenes Recht anzusehen sein« (Hervorhebungen von mir)[37].

Diese Ausführungen präzisierte der VI. ZS in seiner – ebenfalls vom I. ZS zitierten – Börsenverein III-Entscheidung vom 14.12.1903 dahingehend[38]: »Ein bestehender selbständiger Gewerbebetrieb aber *mag, wenigstens insoweit*[39], *als er durch positive Gesetzesvorschrift*, namentlich durch das Gesetz zur Bekämpfung des unlauteren Wettbewerbs vom 27. Mai 1896, *besonders geschützt ist*, als ein *wohlerworbenes Recht* anzusehen sein. Allein damit wäre noch nicht gegeben, dass *jede* Störung oder Beeinträchtigung eines Anderen in diesem Gewerbebetrieb sich als *rechtswidrige, unter § 823 Abs. 1 B.G.B. fallende Rechtsverletzung* darstellte. Das wäre namentlich insoweit nicht anzunehmen, als der fragliche Eingriff in Betätigung der den Gegner seinerseits zustehenden gewerblichen Handlungsfreiheit und in den Grenzen erlaubter Konkurrenz, bzw. Koalition erfolgt ist. Gegen unberechtigte Schädigungen oder Störungen anderer *in Ausübung des Gewerbebetriebes* gewährt das geltende Recht *in dem Wettbewerbsgesetz, in § 823 Abs. 2 B.G.B., verbunden mit den strafgesetzlichen Normen über Ehrverletzung und Kreditgefährdung, sowie in § 824 und § 826 B.G.B. in ausreichendem Maße Schutz*; insbesondere ist die Vorschrift des § 826 B.G.B. dazu bestimmt, *in umfassender Weise* auch den Gewerbebetrieb gegen illoyale Schädigung sicherzustellen« (Hervorhebungen von mir)[40].

Damit hatte der VI. ZS sowohl in der Emaillierwerk-Entscheidung als auch in der Börsenverein III-Entscheidung ausdrücklich die Frage offen gelassen, ob es ein Recht am Gewerbebetrieb gibt und ob dieses ein sonstiges Recht i.S.v.

---

[35] RGZ 51, 369 ff., 373.

[36] JW 1902, Beilage S. 227 f. = *Lobe* I, S. 460 ff.

[37] RGZ 51, 369 ff., 374.

[38] RGZ 56, 271 ff. – Börsenverein III; dort wird als Entscheidungsdatum der 14.12.1902 angegeben; in RGZ 58, 24 ff., 29 wird hingegen als Entscheidungsdatum der 14.12.1903 genannt, was in Anbetracht des Aktenzeichens »Rep VI 167/03« und der Tatsache, dass dieses Urteil erst im RGZ 56 veröffentlicht wurde, richtig sein dürfte; so wohl zutreffend *Wunsch*, Die Entwicklung des Rechts am Gewerbebetrieb, 1969, S. 6 Fußn. 1.

[39] In der Entscheidung RGZ 51, 369 ff., 374 hatte es geheißen: »namentlich insoweit«.

[40] RGZ 56, 271 ff., 275 f. – Börsenverein III.

§ 823 I BGB ist[41]; wichtig ist aber vor allem, dass er es letztlich *abgelehnt* hat, das Recht am Gewerbebetrieb, falls ein solches überhaupt existiert, über die Vorschriften des UWG und der §§ 823 II, 824, 826 BGB hinaus als »sonstiges Recht« nach § 823 I BGB zu schützen.

Der I. ZS scheint bemerkt zu haben, dass sich seine Juteplüsch-Entscheidung nicht ohne weiteres mit den Entscheidungen »Börsenverein III« und »Emaillierwerk« des VI. ZS vereinbaren lässt. Dennoch behauptete er, dass seine Auffassung nicht im Widerspruch zu der des VI. ZS stehe. Denn der VI. ZS habe ausgeführt, dass der Gewerbebetrieb durch das UWG und die §§ 823 II, 824, 826 BGB ausreichend geschützt sei und dass nicht jede Störung oder Beeinträchtigung eines anderen in seinem Gewerbebetrieb sich als eine rechtswidrige, unter § 823 I BGB fallende Rechtsverletzung darstelle. Damit sei aber nicht verneint, dass doch unter Umständen eine unbegründete Schutzrechtsverwarnung als rechtswidrige Verletzung des Rechts am Gewerbebetrieb angesehen werden könne[42].

Auch wenn dies zuträfe, so hätte er die Entscheidung des VI. ZS jedenfalls nicht als Beleg *für seine Ansicht* zitieren dürfen. Die vorangegangenen Ausführungen lassen jedoch erkennen, dass der I. ZS damit die Auffassung des VI. ZS nur *unvollständig* wiedergegeben hat. Die entscheidenden Gesichtspunkte des VI. ZS, die gegen eine Anwendung von § 823 I BGB auf unbegründete Schutzrechtsverwarnungen sprachen, ließ der I. ZS unerwähnt. Der VI. ZS hatte den Begriff des »sonstigen Rechts« i.S.v. § 823 I BGB »auf die bestimmten von der Rechtsordnung als solche ausgestalteten und umschriebenen subjektiven Rechte« beschränkt, und es dahingestellt sein lassen, ob an einem Gewerbebetrieb »wenigstens insoweit«, als dieser durch positive Gesetzesvorschriften (UWG; §§ 823 II, 824, 826 BGB) geschützt sei, ein »sonstiges Recht« bestehen könne. Bereits dies schließt eindeutig aus, dass der VI. ZS dem Gewerbebetrieb einen über *positive Gesetzesvorschriften* hinausreichenden Schutz nach § 823 I BGB zuerkennen wollte. Gegen unbegründete Schutzrechtsverwarnungen gaben positive Gesetzesvorschriften seinerzeit keinen Schutz; § 826 BGB wurde seinerzeit so restriktiv ausgelegt, dass mit ihm *fahrlässig* unbegründete Schutzrechtsverwarnungen nicht erfasst werden konnten[43]. Außerdem hatte der VI. ZS in seiner Börsenverein III-Entscheidung deutlich zum Ausdruck ge-

---

[41] Zu weit geht die Behauptung *Wiethölters*, KritJ 1970, 121 ff., 123, dass diese Entscheidung »kein Wort vom Recht gemäß § 823 I« enthalte.

[42] RGZ 58, 24 ff., 30 f. – Juteplüsch; auf S. 29 hatte er die Börsenverein III-Entscheidung sogar noch als Beleg *für* seine Ansicht zitiert.

[43] Fahrlässig unbegründete Schutzrechtsverwarnungen werden zu Unrecht als Fahrlässigkeitsdelikte verstanden, auf die § 826 BGB nicht anwendbar sei. Auch bei Unternehmensverletzungen durch *fahrlässig* unbegründete Schutzrechtsverwarnungen handelt es sich um bewusste und gewollte Schädigungen und damit um *vorsätzliche* Schadenszufügungen i.S.v. § 826 BGB; Fahrlässigkeit liegt bei ihnen nur in Bezug auf die Einschätzung der Berechtigung zur Schutzrechtsverwarnung vor. In *§ 826 BGB* bezieht sich jedoch nach ständiger Recht-

bracht, dass er den Gewerbebetrieb durch das UWG und durch die §§ 823 II, 824, 826 BGB *als ausreichend geschützt* ansehe. Auch deshalb konnte der I. ZS die Auffassung des VI. ZS schwerlich zur Rechtfertigung seiner *gegenteiligen* Ansicht zitieren, dass das Recht am Gewerbebetrieb durch § 823 I BGB über das UWG und die §§ 823 II, 824, 826 BGB hinaus deliktsrechtlichen Schutz gegen unbegründete Schutzrechtsverwarnungen genieße.

Außerdem ließ der I. ZS in seiner Juteplüsch-Entscheidung von den nach 1900 ergangenen einschlägigen Entscheidungen die des VI. ZS vom 10.12.1900 unerwähnt, in der Schadensersatzansprüche für Unternehmensbeeinträchtigungen durch unbegründete Schutzrechtsverwarnungen ausdrücklich abgelehnt worden waren und darauf hingewiesen worden war, dass diese Rechtslage nur *legislativ* geändert werden könne[44].

Auch die vom I. ZS zitierten Entscheidungen *aus der Zeit vor 1900*[45], d.h. vor Inkrafttreten des BGB, waren nicht einschlägig. Die meisten dieser Entscheidungen betrafen zwar unbegründete Schutzrechtsverwarnungen[46], d.h. den wichtigsten Typ bestandsverletzender Unternehmenseingriffe. Dennoch vermögen diese Entscheidungen die Behauptung des I. ZS nicht zu belegen, dass durch sie ein »Recht am Gewerbebetrieb« anerkannt wurde und dass dieses die Voraussetzungen eines »sonstigen Rechts« i.S.v. § 823 I BGB erfüllte[47].

In seiner Angostura-Entscheidung vom 27.10.1888[48] erklärte der I. ZS: »Der Gewerbetreibende, welcher (unter Berufung auf den durch Eintragung in das Zeichenregister erzeugten täuschenden Schein eines ihm ... zustehenden Rechtes auf Markenschutz) die Benutzung einer bestimmten Warenbezeichnung im Verkehr seitens eines anderen Gewerbetreibenden, als eine Verletzung jenes Scheinrechts, rügt und untersagt, tritt nicht nur jenem anderen durch den ungerechtfertigten Vorwurf einer *gesetzwidrigen Handlungsweise ehrverletzend* zunahe, sondern stört jenen anderen *ohne Rechtsgrund in rechtlich erlaubten gewerblichen Verfügungen.* Diesem unberechtigten ... Verhalten gegenüber ist ein Klagerecht auf *Feststellung* gegeben, dass dem Beklagten das angebliche Untersagungsrecht nicht zustehe« (Hervorhebungen von mir). Ein »Recht am Gewerbebetrieb« oder ein vergleichbares Recht erwähnte der I. ZS nicht. Dies war auch nicht nötig, da eine negative Feststellungsklage gemäß § 231 C.P.O. (entspricht § 256 ZPO) keinen deliktsrechtlichen Anspruch wegen

---

sprechung und nahezu einhelliger Meinung im Schrifttum der Vorsatzbegriff nur auf die Schadenszufügung!

[44] RG JW 1901, 40 Nr. 20 – Cartonagen.

[45] RGZ 22, 93 – Angostura; RGZ 28, 228 ff. (richtig: 238 ff.) – Börsenverein I; Bolze VIII Nr. 147; Bolze IX Nr. 110; Bolze XI Nr. 112; JW 1899, 749 Nr. 26 – Biersyphon.

[46] Alle in der Fußn. zuvor genannten Entscheidungen mit Ausnahme von RGZ 28, 238 ff. – Börsenverein I.

[47] A.A. *Weitnauer*, DB, 1970, 1639 ff., 1687 ff., 1688.

[48] RGZ 22, 93 ff., 95 f. – Angostura.

Rechtsverletzung seitens des Beklagten voraussetzt[49]. Auch wenn man der Ansicht ist, dass die Regelung der negativen Feststellungsklage gemäß § 231 C.P.O. nicht nur prozessuale Bedeutung hatte, sondern auch – was allerdings bestritten war – einen materiellen Feststellungsanspruch voraussetzte, so war dies jedenfalls kein deliktsrechtlicher Anspruch[50]. Deshalb ist diese Entscheidung kein brauchbarer Beleg für die Ansicht, dass es ein »Recht am Gewerbebetrieb« gebe, und dass dieses ein »sonstiges Recht« i.S.v. § 823 I BGB sei[51]. In den vom I. ZS zitierten Fällen, die seinen Entscheidungen vom 24.6.1889 und vom 26.11.1890 zugrunde lagen[52], hatte der unbegründet Verwarnte auf »*Anerkennung*« geklagt, dass sein Verhalten das vom Beklagten geltend gemachte Schutzrecht nicht verletze. Die abgedruckten Teile dieser Entscheidungen lassen nicht erkennen, ob sie deliktsrechtliche Unterlassungsansprüche betrafen, die einen Verstoß gegen deliktsrechtliche Vorschriften voraussetzen, oder ob es – wie in der Angostura-Entscheidung – um negative Feststellungsklagen ging, die von einem Verstoß gegen *deliktsrechtliche* Vorschriften unabhängig sind. Anspruchsnormen werden in der Entscheidungssammlung Bolze nicht genannt. Gegen die Annahme, dass es sich um deliktsrechtliche Unterlassungsansprüche handelte, spricht, dass den Klägern, solange sie sich den Unterlassungsansprüchen nicht beugten, kein Schaden drohte und damit Unterlassungsansprüche unbegründet waren. Der unbegründet Verwarnte hat – soweit er der Verwarnung nicht gefolgt ist und dadurch keinen Schaden erlitten hat – nur an der *Feststellung*, dass er kein Schutzrecht verletze, ein rechtliches Interesse, nicht dagegen an Unterlassungsansprüchen[53]. Auch auf diese beiden Entscheidungen, in denen außerdem – jedenfalls soweit sie in der Entscheidungssammlung Bolze abgedruckt sind – von einem »Recht am Gewerbebetrieb«, einem »Recht auf ungestörte gewerbliche Betätigung« oder vergleichbaren »Rechten« keine Rede ist, lässt sich also ebenfalls nicht die Behauptung stützen, dass das Reichsgericht schon vor 1900 ein Recht am eingerichteten und ausgeübten Gewerbebetrieb anerkannt habe.

Auch die vom I. ZS zitierte Entscheidung des VI. ZS vom 14.11.1889[54] enthält keinen Hinweis auf die Existenz eines »Rechts am Gewerbebetrieb« oder eines vergleichbaren Rechts. In dieser Entscheidung untersagte der VI. ZS eine unbegründete *öffentliche Warenzeichenverwarnung (Warenzeichenberühmung)*, weil sie die »Rechtssphäre« des Klägers störe und beeinträchtige. In der

---

[49] Vgl. *Nipperdey*, in: FS für Heymann, 1931, Bd. II, S. 445 ff., 487; *Salinger*, Gruchot 62 (1918), 289 ff., 307 f.; vgl. auch BGH GRUR 1969, 479 ff., 481 – Colle de Cologne.

[50] Vgl. jedoch *Wunsch*, Die Entwicklung des Rechts am Gewerbebetrieb, 1969, S. 83 ff., 85, 86 f., der behauptet, dass das Recht am Gewerbebetrieb im Rahmen von Feststellungsklagen Gestalt gewonnen habe.

[51] Vgl. jedoch *Weitnauer*, DB 1970, 1688.

[52] Bolze VIII, S. 69 Nr. 146, 147; IX, S. 54 Nr. 112.

[53] Vgl. *Salinger*, a.a.O.; *Nipperdey*, a.a.O.

[54] Bolze IX, S. 48 Nr. 110.

vom I. ZS zitierten Biersyphon-Entscheidung vom 18.10.1899[55] prüfte er ausführlich, ob ein Gewerbetreibender, dessen Kunden von einem Patentinhaber unbegründet verwarnt worden waren, aus § 6 des UWG von 1896 (entspricht § 4 Nr. 8 des UWG von 2004 und § 14 des UWG von 1909) Unterlassungsansprüche habe. Nachdem er Ansprüche aus § 6 UWG abgelehnt hatte, fuhr er fort, dass der Kläger dennoch Unterlassungsansprüche habe, weil durch eine unbegründete Verwarnung seiner Kunden in seinen *Gewerbebetrieb* eingegriffen und seiner *Ehre* zu nahe getreten werde. In solchen Fällen genüge für Unterlassungsansprüche der »objektive Eingriff *in den Rechtskreis* eines anderen und der Mangel einer Rechtfertigung durch Erbringung des erforderlichen Beweises«, dass das Schutzrecht des Beklagten verletzt werde[56]. Wiederum ist von einem »Recht am Gewerbebetrieb« mit keinem Wort die Rede.

Aufschlussreich ist vor allem die vom I. ZS in seiner Juteplüsch-Entscheidung zitierte Börsenverein I-Entscheidung vom 25.6.1890 über die Zulässigkeit einer Boykottaufforderung des Börsenvereins des deutschen Buchhandels[57]. Auch in dieser Entscheidung wird an keiner Stelle von einem absoluten Recht am Gewerbebetrieb gesprochen[58]. Vielmehr begründete das RG die Haftung für eine Boykottaufforderung lediglich damit, dass eine »*vorsätzliche rechtswidrige Vermögensbeschädigung*« gemäß § 8 ALR I 6 und §§ 116, 121, 773, 774 des sächsischen bürgerlichen Gesetzbuches vorliege[59].

Wenn man schon einen Vergleich mit den seit 1900 geltenden Vorschriften der §§ 823 ff. BGB für möglich hält, dann liegt ein solcher zu § 826 BGB ganz offensichtlich wesentlich näher als der zu § 823 I BGB unter dem Gesichtspunkt eines Eingriffs in das Recht am Gewerbebetrieb[60]. Es ist sicher kein Zufall, dass das RG gegen rechtswidrige Boykottaufforderungen, von einer Ausnahme abgesehen, niemals aus § 823 I BGB, sondern immer nur aus § 826 BGB Schutz gewährt hat[61].

---

[55] JW 1899, 749 ff. Nr. 26 – Biersyphon.

[56] RG JW 1899, 749 ff., 750 – Biersyphon.

[57] RGZ 28, 238 ff. (nicht 228 ff., wie es in RGZ 58, 24 ff., 29 heißt).

[58] *Wunsch*, Die Entwicklung des Rechts am Gewerbebetrieb, 1969, S. 79 ff. weist zutreffend darauf hin, dass in dieser Entscheidung auch der Gewerbebetrieb als solcher nicht als geschütztes *Rechtsgut* anerkannt wurde; vgl. jedoch *Weitnauer*, DB 1970, 1688.

[59] RGZ 28, 238 ff., 248 – Börsenverein I.

[60] Vgl. *Salinger*, Gruchot 62 (1918), 289 ff., 305 f.; *Schippel*, Das Recht am Gewerbebetrieb, 1956, S. 38; *Wiethölter*, KritJ 1970, 121 ff., 123.

[61] Nur in der Privatklinik-Entscheidung des IV. ZS vom 6.3.1902, JW 1902 Beilage S. 227 f. = Lobe I, S. 460 ff. hat es gegen eine Boykottaufforderung aus § 823 I BGB Schutz gewährt. In der Fürstenhof-Entscheidung vom 13.2.1911, RGZ 76, 35 ff., die des öfteren als Beispiel dafür genannt wird, dass das RG auf Boykottaufforderungen auch § 823 BGB angewendet habe, hat das RG nur insoweit aus § 823 I BGB Schutz gewährt, als die Boykottaufforderung durch eine Blockade qualifiziert war. Die Blockade begründete nach Ansicht des RG Ansprüche aus § 823 I BGB; in der Unternehmensbeeinträchtigung durch Boykottaufforderung sah es in dieser Entscheidung, was häufig übersehen wird, nur eine reine Vermögensbeschädigung, auf die es nur die §§ 823 II, 824, 826 BGB für anwendbar hielt.

Dass durch die Börsenverein I-Entscheidung vom 25.6.1890 kein absolutes, Dritten gegenüber wirkendes »Recht am Gewerbebetrieb« oder ein »Recht auf freie gewerbliche Betätigung« anerkannt werden sollte, hat im Übrigen das RG selbst in seiner – in RGZ 58, 24 ff. nicht erwähnten! – Gesindevermietungscomptoir-Entscheidung vom 24.1.1895 klargestellt[62], wenn es dort heißt: »Die Ansicht, von der das Berufungsgericht ausgeht, dass *der Gewerbebetrieb als solcher* ein Rechtsverhältnis zwischen den miteinander konkurrierenden Gewerbetreibenden begründe, kann nicht als richtig angesehen werden. Mit Unrecht beruft das Berufungsgericht sich auf das erwähnte Urteil des I. C.S. des Reichsgerichts (scil. das Börsenverein I-Urteil vom 25.6.1890, RGZ 28, 238 ff.). Dieses Urteil betrifft einen von dem vorliegenden völlig verschiedenen Fall, und die Ausführungen desselben schließen ausdrücklich die Schädigung des Gewerbebetriebes durch die Konkurrenz von der Erörterung aus. Richtig ist zwar, dass ein Gewerbetreibender dem anderen nicht die natürlichen Quellen seines Gewerbebetriebes *in böswilliger Absicht rechtswidrig* abschneiden darf. *Dies beruht aber nicht auf einem besonderen Rechtsverhältnisse, infolgedessen der Gewerbebetrieb als solcher einen Anspruch auf rechtlichen Schutz gegen einen Konkurrenten hätte in ähnlicher Weise, wie Eigentum und Besitz gegen Eingriffe anderer geschützt sind.* Im Preußischen Landrechte finden sich keine Bestimmungen, die gegen den unlauteren Wettbewerb als solchen gerichtet sind. Es handelt sich vielmehr dabei um die Anwendung der *allgemeinen Vorschriften, welche die Persönlichkeit und das Vermögen gegen rechtswidrige Beschädigungen außerhalb eines Vertrages oder sonstigen Rechtsverhältnisses* zu schützen bestimmt sind« (Hervorhebungen von mir)[63].

Die hier hervorgehobenen Ausführungen der Gesindevermietungscomptoir-Entscheidung zeigen deutlich, dass das RG in der Zeit vor 1900 den deliktsrechtlichen Unternehmensschutz nicht als Schutz von »Rechten« oder »Rechtsgütern«, wie ihn seit 1900 die Vorschrift des § 823 I BGB bezweckt, sondern als Teil des *allgemeinen Vermögensschutzes*, wie ihn § 826 BGB oder die Vorschriften des UWG vorsehen, verstanden wissen wollte.

Zusammenfassend lässt sich feststellen, dass sich der I. ZS in seiner Jute-plüsch-Entscheidung vom 27.2.1904 für seine Ansicht, dass das Recht am eingerichteten und ausgeübten Gewerbebetrieb ein »sonstiges Recht« i.S.v. § 823 I BGB sei, zu Unrecht auf eine ständige Rechtsprechung des RG berufen hat. Nur die Privatklinik-Entscheidung des IV. ZS vom 6.3.1903 war insofern als Präjudiz einschlägig, als aus § 823 I BGB Unternehmensschutz gewährt wurde,

62 RGZ 35, 166 ff., 169 – Gesindevermietungscomptoir; diese Entscheidung deuteten in diesem Sinne auch *Herzfeld*, Das absolute Recht am Gewerbebetriebe, 1905, S. 41 Fußn. 2; *Schwitanski*, Deliktsrecht, Unternehmensschutz und Arbeitskampfrecht, 1986, S. 28.

63 RGZ 35, 166 ff., 169. Gegen die Behauptung, dass das Preußische Landrecht gegen unlautere Konkurrenz keinen Schutz biete, wendete sich vor allem *Traeger*, Gruchot 36 (1892), 196 ff.

auch wenn in dieser Entscheidung nicht von einem »Recht *am* eingerichteten und ausgeübten Gewerbebetrieb«, sondern – was einen Unterschied ausmachen kann – von einem »Recht *auf Ausübung* des Gewerbebetriebes« die Rede war. Alle übrigen vom I. ZS herangezogenen Entscheidungen stützten hingegen seine Ansicht nicht oder standen mit ihr sogar im Widerspruch.

(2) Die in der Juteplüsch-Entscheidung vom 27.2.1904 über die Haftung für unbegründete Schutzrechts-*Verwarnungen* entwickelte Auffassung hat der I. ZS in seiner Kugellagerachsen-Entscheidung vom 27.5.1905 konsequent fortgeführt. Sie betraf die Haftung für das Erwirken eines unbegründeten Schutzrechtsverletzungs-*Urteils*[64]. Der Inhaber eines Patents für Kugellagerachsen hatte in einem Vorprozess gegen einen Hersteller von Kugellagerachsen ein landgerichtliches Urteil erwirkt, durch das diesem die Herstellung einer bestimmten Ausführungsform von Kugellagerachsen untersagt wurde. Obwohl das Urteil *nicht für vorläufig vollstreckbar* erklärt worden war, hatte der Hersteller »freiwillig« seine Produktion umgestellt und dadurch einen erheblichen Schaden erlitten. Im Berufungsverfahren war dann das OLG zu dem Ergebnis gelangt, dass das LG den Schutzbereich des Patents zu weit bestimmt habe. Die daraufhin von dem Kugellagerachsen-Hersteller erhobene Schadensersatzklage ist in allen Instanzen abgewiesen worden. Der I. ZS bestätigte zwar die »in Übereinstimmung mit früheren Entscheidungen des RG« – zur Aussagekraft dieser Entscheidungen wurde bereits oben das Nötige gesagt – in seiner Juteplüsch-Entscheidung vertretene Ansicht, dass an einem eingerichteten und ausgeübten Gewerbebetrieb ein durch § 823 I BGB geschütztes Recht bestehe; in dieses Recht habe der Patentinhaber *durch die Erwirkung des landgerichtlichen Urteils*, durch das dem Kläger die Herstellung bestimmter Kugellagerachsen untersagt wurde, obwohl kein Verbotsrecht bestand, auch eingegriffen. Dem Patentinhaber könne jedoch die Erwirkung des landgerichtlichen Urteils nicht zum Verschulden angerechnet werden, wie es § 823 I BGB erfordert. Nur ausnahmsweise, z.B. unter den Voraussetzungen der §§ 302, 600, 717, 945 ZPO, werde auch für schuldlose Rechtsverletzungen gehaftet. Einen Fall des § 717 II ZPO hielt das RG nicht für gegeben, da das im Vorprozess ergangene Urteil des LG nicht vorläufig vollstreckbar gewesen sei. Aus § 717 ZPO sowie aus den §§ 302, 600, 945 ZPO werde nur gehaftet, wenn Zwang ausgeübt werde. Über diese vom Gesetz gezogene Schranke würde man sich nach Ansicht des RG hinwegsetzen, wenn man es für den Schadensersatzanspruch des Kugellagerachsen-Herstellers genügen lassen wollte, dass er sich dem im Vorprozess gegen

---

[64] RG JW 1905, 430 f. = (gekürzt) RGZ 60, 344 ff. – Kugellagerachsen; *Oppikofer*, Unternehmensrecht, 1927, S. 134 Fußn. 5 erwähnt eine »unveröffentlichte« Entscheidung des I. ZS zu einem identischen Sachverhalt unter dem Datum 27.4.1905 und dem Aktenzeichen 665/64; wahrscheinlich ist diese Entscheidung mit der in JW 1905, 430 f. abgedruckten Kugellagerachsen-Entscheidung vom 27.5.1905, Aktenzeichen 665/04 identisch.

ihn ergangenen Urteil des LG gefügt hat, ohne aufgrund vorläufiger Vollstreckbarkeit dazu genötigt gewesen zu sein.

Die Ausführung des I. ZS zur Gefährdungshaftung aus den §§ 302, 600, 717, 945 ZPO sprechen gegen die von *v. Tuhr* geäußerte Vermutung, dass hinter dem in der Juteplüsch-Entscheidung gebrauchten Argument, die Haftung für unbegründete Schutzrechtsverwarnungen sei das »Korrelat« zu der bevorzugten Stellung, die der Inhaber eines Ausschließungsrechts genieße, der Rechtsgedanken der §§ 717, 945 ZPO und des § 231 BGB stehe[65]. Der im Schrifttum gemachte Vorschlag, die Haftung für unbegründete Schutzrechtsverwarnungen und -verletzungsklagen analog den §§ 302, 600, 717, 945 ZPO zur echten Gefährdungshaftung auszubauen, ist von der Rechtsprechung immer als zu weitgehend abgelehnt worden[66]. Während jedoch der I. ZS sowohl in seiner Juteplüsch-Entscheidung als auch in seiner Kugellagerachsen-Entscheidung für die Haftung aus § 823 I BGB noch ein »echtes«, nachgewiesenes Verschulden gefordert hatte, haben später das RG und anfangs auch der BGH an die vom Schutzrechtsinhaber bei einer Verwarnung oder Verletzungsklage zu beachtende Sorgfalt so hohe Anforderungen gestellt, dass mit Recht darauf hingewiesen wurde, das RG und der BGH hätten den Vorwurf der Sorgfaltspflichtverletzung und der Fahrlässigkeit mehr oder weniger fingiert und so die Haftung für unbegründete Schutzrechtsverwarnungen im Gewande der Verschuldenshaftung zur Gefährdungshaftung ausgeweitet[67].

b) Unbegründete Wettbewerbsverwarnungen

Aus der Rechtsprechung des I. ZS bis 1909 ist schließlich noch die Mercier Cognac-Entscheidung vom 18.1.1905 zur erwähnen, in der über die Frage zu befinden war, ob ein Verband einem Hersteller, dessen Abnehmer (Händler) er zu Unrecht wegen der Verbreitung angeblich unwahrer Werbeangaben des Herstellers (»Nur Originalabfüllung«) wettbewerbsrechtlich verwarnt hatte,

---

[65] Vgl. *v. Tuhr*, Der Allgemeine Teil des Deutschen Bürgerlichen Rechts, Bd. I, 1910, S. 156 f.; vgl. auch *J. Friese*, Bedarf das Unternehmen des Schutzes nach § 823 Abs. 1 BGB?, 1934, S. 41.

[66] Ebenso wie RG JW 1905, 430 f. – Kugellagerachsen auch BGHZ 38, 200 ff., 205 – Kindernähmaschinen; RG GRUR 1939, 787 ff., 789 f. – Backhilfsmittel; OLG Hamburg, GRUR 1939, 297 ff., 299 – Backhilfsmittel; vgl. auch *Blaurock*, Die Schutzrechtsverwarnung, 1970, S. 43 ff., 46 f.; *J. Friese*, a.a.O.; *Horn*, Die unberechtigte Verwarnung aus gewerblichen Schutzrechten, 1971, S. 144 ff.; *Kroitzsch*, GRUR 1976, 509 ff.; *v. Tuhr*, a.a.O.

[67] Vgl. *Blaurock*, JZ 1974, 620; *Beier/Wieczorek*, GRUR 1976, 566 ff., 572; *Bruchhausen*, in: FS für Wilde, 1970, S. 23 ff., 24; *Hopt*, Schadensersatz aus unberechtigter Verfahrenseinleitung, 1968, S. 170, 255, 257 Fußn. 5; *Horn*, a.a.O., S. 121 ff., 124 ff., 126, 128, 145, 146, 167; *ders.*, GRUR 1971, 442 ff., 448 f.; *Moser v. Filseck*, GRUR 1963, 260 ff., 262; *Ohl*, GRUR 1966, 172 ff., 183, 186 f.; *Pehle*, DRiZ 1968, 435 ff., 436; *Rogge*, WRP 1965, 40; *Sack*, WRP 1976, 733; *Spengler*, GRUR 1958, 212 ff., 213; vgl. auch *Blaurock*, Die Schutzrechtsverwarnung, 1970, S. 18, 26, 43 ff., 46 f.; *Fenn*, ZHR 132 (1969), 344 ff., 366.

auf Unterlassung hafte[68]. Diese Entscheidung wurde häufig als Beleg dafür herangezogen, dass »das RG« das Recht am Gewerbebetrieb als sonstiges Recht i.S.v. § 823 I BGB anerkannt und mit dieser Vorschrift nicht nur gegen bestandsverletzende, sondern – zumindest auf dem Gebiet der gewerblichen Schutzrechte – auch gegen bereichsverletzende Unternehmenseingriffe Schutz gewährt habe[69]. Dies ist unzutreffend. Denn der I. ZS hat in der Mercier Cognac-Entscheidung die gewährten Unterlassungsansprüche nicht auf § 823 I BGB, sondern auf § 6 des UWG von 1896 (entspricht § 4 Nr. 8 des UWG von 2004 und § 14 des UWG von 1909) sowie auf § 824 BGB gestützt: »Auf dem Gebiete *der gewerblichen Schutzrechte* ist stets angenommen worden, dass ein Gewerbetreibender, der von dem Inhaber eines solchen Schutzrechtes zu Unrecht in seinen freien Gewerbebetriebe beeinträchtigt wird, gegen solche Beeinträchtigungen die negatorische Abwehrklage hat. Er kann insbesondere auf Unterlassung unzutreffender mündlicher oder schriftlicher Berühmungen, die sein gewerbliches Tun als Verletzung des Schutzrechts hinstellen, klagen, insbesondere dann, wenn der Schutzberechtigte dazu übergegangen ist, durch Mitteilungen an die Kundschaft den freien Gewerbebetrieb des anderen zu stören. RGZ. 22, 96; 28, 247; 45, 61[70]. Dieser Grundsatz muss auch für das Gebiet des unlauteren Wettbewerbs Platz greifen ... die Möglichkeit einer Abwehr unberechtigter Untersagungsansprüche hat für die grundsätzliche Freiheit des Gewerbes (§ 1 GewO.) die gleiche Bedeutung, einerlei ob sich der Untersagungsanspruch auf ein Individualrecht des Konkurrenten (Patent, Muster, Warenzeichen) oder ob er sich auf die gesetzlichen Bestimmungen gegen den unlauteren Wettbewerb gründet. Wie in jedem Falle, so muss auch in diesem eine entsprechende Anwendung der Bestimmung des § 1004 BGB. über den Schutz des Eigentums gegen Beeinträchtigungen Platz greifen. Im vorliegenden Falle kann die Zulässigkeit der erhobenen Abwehr-

---

[68] RG JW 1905, 174 – Mercier Cognac.

[69] Vgl. RG GRUR 1929, 113 ff., 115 = JW 1929, 1217 = MuW 1929, 28 f. – Schlichte; MuW 1929, 65 ff., 68 – Schlichte-König; MuW 1931, 276 ff., 278 – Wasserreinigungsanlagen; *A. Hueck*, Unkörperliche Geschäftswerte, 1913, S. 57; *R. Isay*, Das Recht am Unternehmen, 1910, S. 35 Fußn. 1, 65 Fußn. 3; *Marquitz*, Der Rechtsschutz des kaufmännischen Unternehmens durch die §§ 823 ff BGB., 1937, S. 24, 26, 29; *Nipperdey*, in: FS für Heymann, 1931, Bd. II, S. 445 ff., 471 Fußn. 72; *Pawlowski*, Der Rechtsbesitz im geltenden Sachen- und Immaterialgüterrecht, 1961, S. 121; *Reiche*, Das Recht am Unternehmen, 1920, S. 60 Fußn. 90; *Reichenstein*, Der Rechtsschutz des Unternehmens, 1920, S. 27 Fußn. 5; *Rosenthal*, LZ 1910, 107 ff., 110; *ders.*, Gruchot 63 (1919), 715, 716; *Salinger*, Gruchot 62 (1918), 289 ff., 316 f.; *H. H. Wagner*, Das sogenannte Recht am Gewerbebetrieb, 1933, S. 47; vgl. auch *Wunsch*, Die Entwicklung des Rechts am Gewerbebetrieb, 1969, S. 139.

[70] RGZ 22, 96 betraf eine Feststellungsklage, die eine deliktische Rechtsverletzung nicht voraussetzte. RGZ 28, 247 war zu deliktsrechtlichen Generalklauseln des ALR und des Sächsischen Bürgerlichen Gesetzbuches ergangen, die eher § 826 BGB als § 823 I BGB entsprechen. In RGZ 45, 61 war der Unterlassungsanspruch gegen unberechtigte öffentliche Schutzrechtsberühmungen aus § 1 GewO gewährt worden. Vgl. dazu ausführlicher oben S. 9 ff.

klage um so weniger zweifelhaft sein, als ihr sowohl der § 6 des Wettbewerbsgesetzes, wie der § 824 BGB. zur Seite steht«.

Auf die Anwendbarkeit der Vorschrift des § 823 I BGB ging der I. ZS mit keinem Wort ein. Der letzte Satz seiner hier wiedergegebenen Ausführungen zeigt, dass er dies nicht für notwendig gehalten hat, weil er § 824 BGB und § 6 des UWG von 1896 i.V.m. § 1004 BGB analog als ausreichende Anspruchsgrundlagen angesehen hat.

c) *Zwischenergebnis*

Der Ausdruck »Recht am eingerichteten und ausgeübten Gewerbebetrieb« findet sich in der Rechtsprechung des RG soweit ersichtlich erstmals in der Jute-plüsch-Entscheidung des I. ZS vom 27.2.1904. Diese Entscheidung enthält auch andeutungsweise bereits die später vom RG verwendete Definition für »bestandsverletzende« Unternehmenseingriffe. In dieser Entscheidung sowie in der etwa 1 Jahr später ergangenen Kugellagerachsen-Entscheidung erklärte der I. ZS die Vorschrift des § 823 I BGB auf bestandsverletzende Unternehmenseingriffe in Form fahrlässig unbegründeter Schutzrechtsverwarnungen und -verletzungsklagen für anwendbar. Aus diesen Entscheidungen lässt sich allerdings *nicht entnehmen* – und insofern wurde die Juteplüsch-Entscheidung in der späteren Rechtsprechung des RG, vor allem vom V. und VI. ZS, unzutreffend zitiert –, dass das Recht am Gewerbebetrieb mit § 823 I BGB *ausschließlich* gegen bestandsverletzende Unternehmenseingriffe geschützt sein sollte.

Nach verbreiteter Ansicht hat der I. ZS in der Entscheidung »Mercier Cognac« die Vorschrift des § 823 I BGB auch auf sogenannte *Abnehmerverwarnungen* angewendet. Wenn dies zuträfe, hätte er aus § 823 I BGB auch Bereichsschutz gewährt, denn Abnehmerverwarnungen sind nur mittelbare, »bereichsverletzende« Eingriffe in den Gewerbebetrieb des Lieferanten. Man wird jedoch davon auszugehen haben, dass der I. ZS in der Mercier Cognac-Entscheidung den Gewerbebetrieb des durch eine unbegründete Abnehmerverwarnung betroffenen Lieferanten nur mit § 824 BGB und mit § 6 des UWG von 1896 (entspricht § 4 Nr. 8 i.V.m. §§ 3, 9 des UWG von 2004 und § 14 des UWG von 1909).

3. Die Entscheidungspraxis des II. ZS

Auch der II. ZS hat sehr bald nach Inkrafttreten des BGB mit § 823 I BGB Unternehmensschutz gewährt. Er hat § 823 I BGB (i.V.m. § 1004 BGB analog) auf bereichsverletzende Unternehmenseingriffe angewendet, und zwar sowohl auf Boykottaufforderungen und unnötig herabsetzende bezugnehmende Werbung, als auch, nachdem er dies anfänglich abgelehnt hatte, auf Unternehmensbeeinträchtigungen von Gewerbetreibenden durch irreführende Werbung von Konkurrenten. Vor allem die Rechtsprechung des II. ZS widerlegt die Behauptung, dass »das RG« bis etwa 1930 den Schutz des § 823 I BGB auf »bestandsverletzende« Unternehmenseingriffe beschränkt habe.

a) Boykottaufforderungen

Der II. ZS hat sich soweit ersichtlich erstmals in seiner Börsenverein II-Entscheidung vom 24.10.1902 mit der Anwendbarkeit von § 823 I auf Unternehmensverletzungen befasst[71]. Sie betraf die delikts- und wettbewerbsrechtliche Zulässigkeit einer Außenseitersperre durch den Börsenverein der deutschen Buchhändler (Beklagter). Um die Einhaltung bestimmter Rabattgrenzen durchzusetzen, war es den Mitgliedern des Börsenvereins bei Meidung einer Sperre untersagt, Nichtmitglieder (Außenseiter) zu beliefern. Eine Kommissionsfirma hatte dennoch mit einem Außenseiter (Kläger) geschäftliche Beziehungen unterhalten, diese jedoch abgebrochen, nachdem dies dem Börsenverein bekannt geworden, in einer Vereinsversammlung besprochen und ohne Namensnennung im Börsenblatt berichtet worden war. Der Kläger, der sich dadurch genötigt sah, dem Börsenverein beizutreten, forderte Schadensersatz wegen eines Eingriffs in seine *Gewerbefreiheit*, ferner wegen eines Verstoßes gegen § 9 Abs. 3 des UWG von 1896 (betreffend Geheimnisverrat), sowie gegen die §§ 823, 826 BGB. Bezüglich der Ansprüche aus § 826 BGB und aus § 9 Abs. 3 UWG verwies der II. ZS den Rechtsstreit an das Berufungsgericht zurück, weil keine ausreichenden Feststellungen darüber getroffen worden waren, ob eine Vermögensbeschädigung, ein Sittenverstoß und ein Geheimnisverrat vorlag. Ansprüche aus § 823 BGB lehnte er hingegen ab, weil er die Einwirkung der Beklagten auf die »Gewerbthätigkeit« des Klägers *nicht für rechtswidrig* erachtete. Aus der Entscheidung ist nicht klar zu erkennen, ob Absatz 1 oder Absatz 2 von § 823 BGB geprüft worden ist. Soviel lässt sich jedoch sagen, dass die Ablehnung von Ansprüchen aus § 823 BGB mit der oben erörterten Privatklinik-Entscheidung des IV. ZS vom 6.3.1902 in Widerspruch stand[72]. Denn in dieser Entscheidung ist eine Boykottaufforderung, die nicht durch besondere Umstände gerechtfertigt ist, ohne weiteres als rechtswidrige Verletzung des Rechts auf den freien ungestörten Gewerbebetrieb des Gesperrten angesehen worden. Wäre der II. ZS von der vom IV. ZS in seiner Privatklinik-Entscheidung geäußerten Ansicht ausgegangen, so hätte er Ansprüche jedenfalls nach Absatz 1 von § 823 BGB bejahen müssen. Der II. ZS hat es indessen offenbar nicht für notwendig erachtet, sich in seiner Börsenverein II-Entscheidung vom 24.10.1902 mit der von seiner Ansicht abweichenden Privatklinik-Entscheidung des IV. ZS vom 6.3.1902 auseinanderzusetzen.

---

[71] RG v. 24.10.1902, JW 1902 Beilage S. 283 ff. – Börsenverein II.
[72] RG JW 1902 Beilage S. 227 f. = *Lobe* I, S. 460 ff.; siehe dazu oben S. 7 ff.

b) Bezugnehmende Werbung

(1) Noch im selben Jahr, in dem der I. ZS in seiner Juteplüsch-Entscheidung vom 27.2.1904 das »Recht am Gewerbebetrieb« als sonstiges Recht i.S.v. § 823 I BGB anerkannt und damit gegen einen bestandsverletzenden Unternehmenseingriff in Form einer unbegründeten Gebrauchsmusterverwarnung Schutz gewährt hatte, wendete auch der II. ZS die Vorschrift des § 823 I BGB auf eine Unternehmensverletzung an. Es handelte sich um einen Fall herabsetzender bezugnehmender Werbung. In seiner Entscheidung »Deutsche Hausfrau« vom 21.10.1904[73] sah er in der öffentlich aufgestellten Behauptung eines Gewerbetreibenden, dass die deutsche Hausfrau bei einem seiner Mitbewerber (dem Kläger) nicht wahrhaft gut und solide bedient werde, dass sie besser bei ihm (dem Beklagten) kaufe als beim Kläger und dass bei diesem von einer leistungsfähigen Reparaturwerkstätte keine Rede sein könne, einen rechtswidrigen Eingriff in die gewerbliche Betätigung des Klägers. Der II. ZS hat einen *Unterlassungsanspruch aus § 823 I BGB* für begründet erachtet. Zugleich hielt er das Verhalten des Beklagten auch für sittenwidrig und gewährte ihm deshalb auch *aus § 826 BGB* – die wettbewerbsrechtliche Generalklausel des § 1 UWG a.F. wurde erst 1909 in das UWG eingefügt – einen *Unterlassungsanspruch.*

(2) In seiner Spirituswerbung-Entscheidung vom 9.7.1907 hatte der II. ZS erneut über einen Unterlassungsanspruch wegen herabsetzender bezugnehmender Werbung zu befinden[74]. In dieser Entscheidung ging es – verkürzt wiedergegeben – um folgenden Sachverhalt: Die Klägerin war an süddeutsche Spiritusbrenner herangetreten und hatte sie unter Zusage einer bestimmten Gewinnbeteiligung darum ersucht, ihr die gesamte Spiritusproduktion zur Verwertung zu überlassen. Um dies zu verhindern, haben der Verwertungsverband deutscher Spiritusfabrikanten und einige seiner Mitglieder (die Beklagten) den Spiritusbrennern in einem Rundschreiben mitgeteilt, dass der von der Klägerin in Aussicht gestellte Gewinn nach deren bisherigem Geschäftsverlauf nicht zu erwarten sei. Da die von den Beklagten in ihrem Rundschreiben gemachten Tatsachenbehauptungen unrichtig waren, hatte *das Berufungsgericht* den geltend gemachten *Unterlassungsanspruch gemäß § 823 I BGB* für begründet erachtet; die Frage der Anwendbarkeit von § 6 des UWG von 1896 (entspricht § 4 Nr. 8 i.V.m. §§ 3, 9 des UWG von 2004 und § 14 des UWG von 1909) und der §§ 824, 826 BGB hatte es dahingestellt sein lassen. Der II. ZS bestätigte diese Auffassung im Ergebnis, betonte jedoch – wohl in Abweichung von seiner Entscheidung »Deutsche Hausfrau« –, dass sich der geltend gemachte Unterlassungsanspruch nicht aus § 823 I BGB, sondern aus einer analogen Anwendung der §§ 12, 862, 1004 BGB ergebe; dafür genüge eine objektive Rechtsverletzung. Voraussetzung des Unterlassungsanspruchs analog den §§ 12, 862, 1004 BGB

[73] RG JW 1905, 20 Nr. 19 – Deutsche Hausfrau.
[74] RG LZ 1907, 744 f. – Spirituswerbung (Teilabdruck auch in JW 1907, 505 Nr. 1).

war jedoch eindeutig eine objektiv rechtswidrige Verletzung des Rechts am Gewerbebetrieb gemäß § 823 I BGB[75].

(3) Im selben Sinne wie in seiner Spirituswerbung-Entscheidung hat der II. ZS auch in seiner Entscheidung »Schmutzige Prahlerei« vom 14.1.1908 zu Unterlassungsansprüchen gegen herabsetzende bezugnehmende Werbung Stellung genommen[76]. In dieser Entscheidung bewertete er die von einem Gewerbetreibenden in einer an den Kundenkreis eines Mitbewerbers (des Klägers) gerichteten Äußerung, dessen Werbung sei eine »schmutzige Prahlerei« und enthalte »ausländische Prahlereien«, als einen rechtswidrigen Eingriff in dessen Gewerbebetrieb. Einen Unterlassungsanspruch gewährte er wiederum in analoger Anwendung der §§ 12, 862, 1004 BGB.

(4) In den unter (1), (2) und (3) genannten Entscheidungen ging es um Unternehmensbeeinträchtigungen durch Einwirkungen auf den Kunden- bzw. Lieferantenkreis. Es handelte sich also nicht um »bestandsverletzende«, sondern um »nur bereichsverletzende« Unternehmensbeeinträchtigungen, die nach Ansicht des II. ZS tatbestandsmäßige Eingriffe in das Recht am Gewerbebetrieb darstellten[77].

c) Irreführende Werbung

(1) Der für Wettbewerbsstreitigkeiten zuständige II. ZS sah ursprünglich nur – nach heutiger Terminologie – »*mitbewerberbezogene*« Unlauterkeiten, wie z.B. herabsetzende bezugnehmende Werbung eines Gewerbetreibenden, als tatbestandsmäßige Eingriffe in das Recht am Gewerbebetrieb der Mitbewerber an; »*kundenbezogene*« Unlauterkeiten bewertete er dagegen anfangs nicht als tatbestandsmäßige Eingriffe in das Recht am Gewerbebetrieb. Deshalb gewährte er gegen irreführende Werbung – den wichtigsten Fall kundenbezogener Unlauterkeit – zunächst keinen Unternehmensschutz aus § 823 I (i.V.m. §§ 12, 862, 1004 BGB analog)[78]. Nähere Ausführungen dazu machte er in seiner Pappleinen-Entscheidung vom 22.2.1907[79]: Der Beklagte, ein Dachdeckermeister, der

[75] Zur Frage von Unterlassungsansprüchen gegen unerlaubte Handlungen vgl. aus dieser Zeit *Lau*, Gruchot 47 (1903), 497 ff.; *Oertmann*, DJZ 1904, 616 ff.

[76] RG JW 1908, 133 f. Nr. 1 – Schmutzige Prahlerei.

[77] Vgl. *A. Hueck*, Unkörperliche Geschäftswerte 1913, S. 58 Fußn. 1.

[78] Entscheidung vom 22.2.1907 Az. II 294/06, RGZ 65, 210 ff. = JW 1907, 251 f. – Pappleinen; in den meisten Entscheidungen zur Haftung für *irreführende* Werbung erwähnte der II. ZS die Vorschrift des § 823 I BGB nicht, vgl. z.B. seine Entscheidungen vom 26.2.1909, MuW VIII (1908/09), 295 ff. – Mercier-La Roche und vom 14.5.1909, MuW IX (1909/10), 90 ff. – Kieselkreide; ebenso *Lobe* I, S. 176; vgl. jedoch auch *Lobe*, MuW VI (1906/07), 164 ff., 167 f.

[79] RGZ 65, 210 ff. = JW 1907, 251 f. – Pappleinen; in der Zeitschrift Recht 1907, Sp. 1274 Nr. 3214 ist eine Entscheidung mit dem Datum 8.2.1907 in Kurzfassung in dem Sinne wiedergegeben, dass der II. ZS nicht nur die Haftung aus § 823 I BGB, sondern auch die Haftung aus dem UWG von einem Eingriff in ein spezielles Rechtsgut, nämlich in das »Recht auf ungestörte und uneingeschränkte Tätigkeit«, abhängig gemacht habe; wer seine Ware als eine bessere anpreise und verkaufe, als sie wirklich sei, greife nicht in dieses Rechtsgut ein; die bloße

Klebepappdächer herstellte, hatte diese angeblich als Pappleindächer und Pappleinen bezeichnet und verkauft, obwohl er kein Leinen verwendete. Darin sah die Klägerin, die ebenfalls Klebepappe ohne Verwendung von Leinen herstellte, einen rechtswidrigen Eingriff in ihren Gewerbebetrieb. Sie trug vor, die Irreführung der Kundschaft und die Ablenkung auf den Beklagten durch Vorspiegelung nicht vorhandener Eigenschaften der Ware sei geeignet, ihre Erwerbstätigkeit beim Streben, für ihre Ware ebenfalls Kundschaft zu gewinnen, zu beeinträchtigen, enthalte also eine Störung ihrer freien gewerblichen Betätigung und somit eine Verletzung ihres Rechts darauf. Das OLG hatte einen Unterlassungsanspruch aus § 823 I i.V.m. § 1004 BGB gewährt[80]; der II. ZS des RG hielt dies für rechtsirrtümlich. Er führte zunächst aus, dass es streitig sei, ob das Recht am Gewerbebetrieb ein »sonstiges Recht« i.S.v. § 823 I BGB sei, und ließ diese Frage – was in Anbetracht seiner vorangegangenen Rechtsprechung verwundert – ausdrücklich offen. Auch wenn man diese Frage bejahen wollte, so fuhr er fort, sei ein Recht der Klägerin nur verletzt, wenn »in *ihre* hier in Betracht kommende Rechtssphäre, in *ihr* Recht, ihr Gewerbe zu betreiben, eingegriffen« sei (Hervorhebungen vom II. ZS)[81]. Dies sei nicht der Fall. Es sei jedem gestattet, Kundschaft anzuwerben und den Gewerbegenossen Konkurrenz zu machen. Ein Eingriff in deren Gewerbebetrieb sei damit nicht gegeben. Auch wenn der Beklagte unlautere Mittel angewendet habe, so habe er sich doch »in seinem eigenen Geschäftsbetriebe gehalten«[82]. Die Aussicht auf Erwerb und die Aussicht auf Gewinnung von Kundschaft seien nicht zum Recht auf ungestörte und uneingeschränkte Betätigung der eigenen gewerblichen Tätigkeit zu rechnen; kein Gewerbetreibender habe ein Recht auf Abschließung einzelner Lieferungsgeschäfte und darauf, dass gewisse Sachen in einem gewissen Umfange bei ihm gekauft werden[83].

Da vom Berufungsgericht, das Ansprüche aus § 823 I BGB für begründet gehalten hatte, die Anwendbarkeit des UWG von 1896 nur summarisch ohne

Aussicht auf Erwerb und auf Gewinn von Kundschaft werde vom UWG nicht geschützt. Da diese Entscheidung dasselbe Aktenzeichen (II 294/06) und fast dasselbe Entscheidungsdatum hat wie die Pappleinenentscheidung des II. ZS vom 22.2.1907, und da auch sie, ebenfalls wie diese, einen Irreführungsfall betrifft, kann davon ausgegangen werden, dass es sich um eine unzutreffende Wiedergabe der Pappleinen-Entscheidung handelt.

[80] Ansprüche aus dem UWG von 1896 (das noch keine wettbewerbsrechtliche Generalklausel kannte) und aus § 826 BGB hatte das OLG hingegen nicht für begründet gehalten.

[81] RGZ 65, 210 ff., 212 – Pappleinen.

[82] RGZ 65, 210 ff., 212 – Pappleinen.

[83] RGZ 65, 213; ebenso *A. Hueck*, Unkörperliche Geschäftswerte, 1913, S. 62 f.; a.A. *Lobe*, MuW 9 (1909/10), 327 ff., 328; *ders.*, MuW VI (1906/07), 164 ff., 166 Fußn. 9; *Rosenthal*, LZ 1910, 107 ff., 108, 109, 111. Nach *Fikentscher*, in: Festgabe für Kronstein, 1967, S. 261 ff., 272 ging das RG damals einen Irrweg, wie die Entwicklung nach 1930, als man die gewerbliche Betätigung nach § 823 I BGB vor rechtswidrigem Wettbewerb schützte, zeige; ähnlich schon *Kuttner*, Der Schutz des Unternehmens nach deutschem und französischem Privatrecht, 1936, S. 32; vgl. auch *R. Isay*, Das Recht am Unternehmen, 1910, S. 64 ff.

eingehende Prüfung verneint worden war und auch das Vorliegen der Voraussetzungen des § 826 BGB ausdrücklich dahingestellt worden war, und da es für die Haftung aus dem UWG und aus § 826 BGB noch weiterer tatsächlicher Erörterungen und Feststellungen bedurfte, hat der II. ZS den Rechtsstreit zur anderweitigen Verhandlung an die Berufungsinstanz zurückverwiesen. Wenn es zutrifft, dass der Beklagte seine Klebepappdächer als Pappleindächer oder als Pappleinen bezeichnet hat, obwohl er kein Leinen verwendete, dann waren Ansprüche aus dem Irreführungsverbot des § 1 des UWG von 1896 (jetzt § 5 UWG; zuvor § 3 des UWG von 1909) begründet.

(2) Seine in der Pappleinen-Entscheidung geäußerte Ansicht scheint der II. ZS, ohne dass er sich ausdrücklich von ihr distanziert hat, in seiner Entscheidung »Pilsener Brauhaus« vom 7.12.1909 aufgegeben zu haben[84]. In ihr ging es um die Frage, ob Pilsener Brauereien (Kläger) einer Berliner Brauerei die Firmenbezeichnung »Pilsener Brauhaus, Gesellschaft m.b.H.« untersagen können. Dazu führte der II. ZS aus, das RG habe schon wiederholt ausgesprochen, »dass ein *bereits eingerichteter und ausgeübter Betrieb eines selbständigen Gewerbes ein Rechtsgut* sei, dessen Verletzung *negatorische Abwehr* begründen könne (RGZ 58, 29; JW 05, 431; JW 05, 505). *In dieses Rechtsgut* der Kläger greift die Beklagte durch den unbefugten Gebrauch ihrer Firma also *rechtswidrig* ein und zwar nicht lediglich dadurch, dass sie den Klägern in solcher Weise überhaupt Konkurrenz macht und deren Absatz schmälert, sondern sogar dadurch, dass sie sich zu den Klägern in einen dem Gesetz zur Bekämpfung des unlauteren Wettbewerbes zuwiderlaufenden Wettbewerb stellt; sie bringt nach den ausdrücklichen Feststellungen des BerR. ihr Bier in einer zu Verwechslungen mit dem Bier der Kläger geeigneten Weise in Verkehr und *erweckt den Anschein*, als handle es sich bei ihrem Bier um das *als besonders gut bekannte Bier* der Kläger, also den Anschein eines besonders günstigen Angebots (§ 1 des angeführten Gesetzes [scil. des UWG von 1909])« (Hervorhebungen vom II. ZS)[85].

Die Klage war auf die §§ 16 WZG, 1 UWG (1909), 826 BGB, 18, 37 HGB gestützt worden. Der II. ZS hat ihr, wie die vorangegangenen Ausführungen zeigen, nach § 1 des UWG von 1909 stattgegeben. Die Vorschrift des § 823 I BGB ist dagegen in dieser Entscheidung nicht erwähnt worden. Die vom II. ZS zitierten Entscheidungen, die allesamt zu § 823 I BGB bzw. zu den §§ 12, 862, 1004 i.V.m. § 823 I BGB ergangen waren, sowie der Hinweis darauf, »dass ein bereits eingerichteter und ausgeübter Betrieb eines selbständigen Gewerbes ein Rechtsgut sei«, zeigen jedoch, dass er wohl auch die Voraussetzungen des § 823 I BGB für erfüllt gehalten hat und Ansprüche aus § 823 BGB entweder unge-

---

[84] RG JW 1910, 120ff. = GRUR 1910, 122ff. = MuW X (1910/11), 160 – Pilsener Brauhaus.

[85] RG JW 1910, 120ff., 122 = GRUR 1910, 122, 124 – Pilsener Brauhaus.

prüft ließ, weil er sich insoweit nicht mit seiner früheren Rechtsprechung in Widerspruch setzen wollte, oder weil er die wettbewerbsrechtliche Generalklausel des § 1 UWG von 1909 als lex specialis gegenüber § 823 I BGB ansah, oder vielleicht auch, weil die Klage nicht auf § 823 I BGB gestützt worden war. Kurz vor Inkrafttreten des neugefassten, um eine Generalklausel erweiterten UWG von 1909 hatte er in einem ähnlich gelagerten Fall irreführender Werbung noch § 826 BGB angewendet[86].

Der II. ZS sah in der Entscheidung »Pilsener Brauhaus« den Eingriff in das Recht am Gewerbebetrieb der Kläger offenbar nicht darin, dass die Beklagte über die Irreführung des Verkehrs hinaus am guten Ruf der Pilsener Brauereien schmarotzte und *dadurch* nicht nur eine »kundenbezogene«, sondern zugleich auch eine »mitbewerberbezogene« Unlauterkeit beging. Vielmehr scheint der II. ZS der Ansicht gewesen zu sein, dass jede *rechtswidrige* Beeinträchtigung des Gewerbebetriebs eines Mitbewerbers durch *unlauteren* Wettbewerb i.S.d. UWG die Voraussetzungen einer rechtswidrigen Verletzung des Rechts am Gewerbebetrieb nach § 823 I BGB erfüllt[87].

Auch in der Entscheidung »Pilsener Brauhaus« gewährte also der II. ZS – allerdings aus § 1 UWG a.F. und ohne § 823 I BGB zu nennen, jedoch unter Hinweis auf Entscheidungen, die zu § 823 I BGB ergangen waren – nicht Bestandsschutz, sondern *Bereichsschutz*. Denn irreführende Werbung be- oder verhindert nicht unmittelbar Be- oder Vertriebshandlungen, sondern beeinträchtigt die konkurrierenden Unternehmen nur durch Beeinflussung ihrer Kunden bzw. Lieferanten.

d) Zwischenergebnis

Die vorangegangenen Ausführungen zur Entscheidungspraxis des II. ZS widerlegen die häufig zu findende Behauptung, dass »das Reichsgericht« bis etwa 1930 den Gewerbebetrieb mit § 823 I BGB nur vor »bestandsverletzenden« Eingriffen geschützt habe. Ebenso wie der IV. ZS hat auch der II. ZS in dem hier dargestellten Zeitraum von 1900–1909 die Vorschrift des § 823 I BGB auf »nur bereichsverletzende« Unternehmenseingriffe angewendet. Dabei hat der II. ZS, der für Wettbewerbsstreitigkeiten zuständig war, den Schutz des § 823 I BGB anfangs auf sog. »*mitbewerberbezogene*« Unlauterkeiten (z.B. herabsetzende

---

86 Ebenso *Lobe*, a.a.O., und *Rosenthal*, a.a.O.; vgl. auch *Fikentscher*, a.a.O.; *Isay*, a.a.O.; *Kuttner*, a.a.O.; a.A. *A. Hueck*, a.a.O., S. 62 f.. Diese Ansicht des II. ZS findet sich in seiner Entscheidungspraxis erst in der Zeit nach 1940 wieder, RGZ 163, 21 ff., 32 – Kfz-Unfall (unlautere Wettbewerbshandlungen erfüllen »ohne weiteres« die Voraussetzungen eines unmittelbaren Eingriffs in das Recht am Gewerbebetrieb der Mitbewerber); GRUR 1940, 375 ff., 378 – Naturessig (täuschende Werbung als Eingriff in das Recht am Gewerbebetrieb der Mitbewerber); zwischenzeitlich hatte es der II B-Senat in seiner Entscheidung RGZ 132, 311 ff., 317 abgelehnt, in täuschender Werbung einen tatbestandsmäßigen Eingriff in das Recht am Gewerbebetrieb der Mitbewerber zu sehen.

87 Vgl. *A. Hueck*, Unkörperliche Geschäftswerte, 1913, S. 58 Fußn. 1.

bezugnehmende Werbung) beschränkt; später hatte er jedoch auch die Beeinträchtigung von Mitbewerbern durch sog. »*kundenbezogene*« Unlauterkeiten (z.B. irreführende Werbung) als tatbestandsmäßigen Eingriff in deren Recht am Gewerbebetrieb angesehen.

4. Die Entscheidungspraxis des VI. ZS

Im Gegensatz zum I., II. und IV. ZS übte der VI. ZS in der Zeit zwischen 1900 und 1909 mit der Anerkennung eines »Rechts am Gewerbebetrieb« und dessen Schutz nach § 823 I BGB äußerste Zurückhaltung[88]. Er hatte zwar in einer größeren Anzahl von Entscheidungen über die Zulässigkeit von Unternehmensbeeinträchtigungen durch geschäftsschädigende Äußerungen, Boykottaufforderungen und Sperren zu befinden[89], die vom II. und VI. ZS als tatbestandsmäßige Eingriffe in das Recht am Gewerbebetrieb angesehen worden waren. Im Gegensatz zu diesen Senaten hat jedoch der IV. ZS in der Zeit zwischen 1900 und 1909 soweit ersichtlich *in keiner einzigen Entscheidung* Ansprüche aus § 823 I BGB unter dem Gesichtspunkt eines Eingriffs in das Recht am Gewerbebetrieb gewährt.

(1) Nachdem der VI. ZS in seiner Cartonagen-Entscheidung vom 10.12.1900 eine deliktsrechtliche Haftung für unbegründete Schutzrechtsverwarnungen abgelehnt hatte, ohne Ansprüche aus § 823 I BGB wegen eines Eingriffs in das Recht am Gewerbebetrieb überhaupt in Betracht zu ziehen[90] – unbegründete Schutzrechtsverwarnungen wurden nach 1904 zum klassischen Fall bestandsverletzender Unternehmenseingriffe, die zu allen Zeiten von der Rechtsprechung des RG als tatbestandsmäßige Eingriffe in das Recht am Gewerbebetrieb verstanden wurden –, befasste er sich erstmals in seiner Entscheidung »Brisbane-Segler« vom 11.4.1901 ausdrücklich mit der Anwendbarkeit von § 823 I BGB auf Unternehmensverletzungen[91]. In ihr ging es um die Haftung für die Androhung einer Sperre. Ansprüche aus § 823 I BGB unter dem Gesichtspunkt einer *Freiheitsverletzung* lehnte er mit der Begründung ab, dass man nicht soweit gehen dürfe, »jede die freie Willensbestimmung eines Anderen irgendwie

---

[88] Die anderen Zivilsenate des RG haben in dem genannten Zeitraum zur Frage der Anwendbarkeit von § 823 I BGB auf Unternehmensverletzungen soweit ersichtlich nicht Stellung genommen. Zur Frage der Anerkennung eines »Rechts am Gewerbebetrieb« hat sich der VII. ZS in einem anderen Zusammenhang geäußert, dazu unter 5., S. 39 ff.

[89] RGZ 48, 114 ff. – Brisbane-Segler; RGZ 56, 271 ff. – Börsenverein III; RGZ 60, 1 ff. – Javol; Recht 1906, 620 Nr. 1479; RGZ 64, 52 ff. = JW 1906, 595 – Kieler Bäckergesellen; JW 1907, 333 Nr. 11 – Berliner Bäckergesellen; Gruchot 52 (1908), 1023 Nr. 29 – Mindestpreise; RGZ 66, 379 ff. – Musikerverband; JW 1908, 38 ff. = Gruchot 52 (1908), 1030 Nr. 31 Bierbezug; Recht 1908 Nr. 1376 – Palmin; JW 1908, 482 – Backobstwasser; JW 1908, 679 = Gruchot 53 (1909), 83 Nr. 3 – Zuzugswarnung; JW 1909, 109 ff. = Recht 1909 Nr. 672 – Wirtshausboykott; RGZ 71, 170 ff. = JW 1909, 387 Nr. 2; Gruchot 54 (1910), 643 Nr. 37 – Metzgerinnung.

[90] RG JW 1901, 40 Nr. 2 – Cartonagen.

[91] RGZ 48, 114 ff. – Brisbane-Segler.

beeinflussende Einwirkung unter den Begriff der Freiheitsverletzung zu stellen ...«, und er fuhr fort: »... und es kann auch hier davon abgesehen werden, ob man mit der oben erwähnten Theorie zur Annahme eines subjektiven Rechts auf freie Erwerbsthätigkeit gelangen könnte, und ob je eine solche Auffassung sich für die Anwendung von § 823 Abs. 1 B.G.B. verwenden ließe«[92]. Damit ließ der VI. ZS die Frage zwar offen, ob es ein aus dem deliktsrechtlichen *Freiheitsschutz* abzuleitendes subjektives »Recht auf freie Erwerbstätigkeit« gebe und ob dieses ein sonstiges Recht i.S.v. § 823 I BGB sei. Seine Ausführungen lassen jedoch deutlich erkennen, das er einem auf § 823 I BGB gestützten Unternehmensschutz grundsätzlich ablehnend gegenüberstand.

(2) Seine grundsätzlich ablehnende Haltung gegenüber einem Schutz des Gewerbebetriebs nach § 823 I BGB hat der VI. ZS jedoch sehr bald aufgegeben. Bereits in seiner Emaillierwerk-Entscheidung vom 29.5.1902 erklärte er, nachdem er eine Beschränkung des Begriffs der sonstigen Rechte »auf die *bestimmten von der Rechtsordnung als solche ausgestalteten und umschriebenen subjektiven Rechte*« gefordert hatte: »Die Ausübung eines selbständig betriebenen Gewerbes ... *mag, namentlich insoweit* dieselbe gegen gewisse Eingriffe Dritter durch die Vorschriften des Gesetzes zur Bekämpfung des unlauteren Wettbewerbs vom 27. Mai 1896 besonders geschützt wird, als ein *wohlerworbenes Recht* anzusehen sein« (Hervorhebungen von mir)[93].

Einer nahezu wörtlichen Formulierung wie in der Emaillierwerk-Entscheidung bediente sich der VI. ZS auch in seiner Börsenverein III-Entscheidung vom 14.12.1903[94]: »Ein bestehender selbständiger Gewerbebetrieb aber *mag, wenigstens insoweit*, als er durch positive Gesetzesvorschrift, namentlich durch das Gesetz zur Bekämpfung des unlauteren Wettbewerbes vom 27. Mai 1896, besonders geschützt ist, als ein *wohlerworbenes Recht* anzusehen sein«. Dann fuhr er fort: »Allein damit wäre noch nicht gegeben, dass *jede* Störung oder Beeinträchtigung eines Anderen in diesem Gewerbebetrieb sich als rechtswidrige, unter § 823 Abs. 1 B.G.B. fallende Rechtsverletzung darstellte ... Gegen unberechtigte Schädigungen oder Störungen anderer in Ausübung des Gewer-

---

[92] RGZ 48, 114ff., 123f. – Brisbane-Segler.

[93] RGZ 51, 369ff., 373f. – Emaillierwerk. In dieser Entscheidung ging es um deliktsrechtliche Schadensersatz- und Unterlassungsansprüche von Arbeitnehmern gegen ihren früheren Arbeitgeber, der andere Arbeitgeber in einem Rundschreiben aufgefordert hatte, von ihm namentlich benannte Arbeitnehmer nicht einzustellen. Auf die Frage des Unternehmensschutzes gemäß § 823 I BGB war der VI. ZS nur eingegangen, weil die Revision unter Berufung auf den IV. ZS in seiner Privatklinik-Entscheidung vom 6.3.1902 (JW 1902 Beilage 227f. = Lobe I, S.460ff.) gewährten Unternehmensschutz einen entsprechenden Arbeitnehmerschutz gefordert hatte. Die Ausführungen des VI. ZS zum Unternehmensschutz nach § 823 I BGB haben also nur den Charakter eines *obiter dictum*.

[94] RGZ 56, 271ff., 275 – Börsenverein III (das in der amtlichen Sammlung angegebene Entscheidungsdatum 14.12.1902 ist unrichtig); vgl. auch die ähnlich gelagerten Entscheidungen »Börsenverein I«; des I. ZS vom 25.6.1890, RGZ 28, 238ff. (dazu oben S.16) und »Börsenverein II« des II. ZS vom 24.10.1902, JW 1902, Beilage S.283ff. (dazu oben S.22).

bebetriebes gewährt das geltende Recht in dem Wettbewerbsgesetz, in § 823 Abs. 2 B.G.B. verbunden mit den strafrechtlichen Normen über Ehrverletzung und Kreditgefährdung, sowie in § 824 und § 826 B.G.B. *in ausreichendem Maße Schutz*; insbesondere ist die Vorschrift des *§ 826 B.G.B.* dazu bestimmt und geeignet, *in umfassender Weise* auch den Gewerbebetrieb gegen illoyale Schädigung sicher zu stellen.« (Hervorhebungen von mir)[95].

Mit den Formulierungen »mag, namentlich insoweit« und »mag, wenigstens insoweit« hat der VI. ZS zwar die Frage ausdrücklich offen gelassen, ob er das Recht am Gewerbebetrieb als »sonstiges Recht« i.S.v. § 823 I BGB anerkennen wollte. Seine Ausführungen lassen jedoch erkennen, dass er an seiner ursprünglich grundsätzlich ablehnenden Haltung, die er noch in der Brisbane-Segler-Entscheidung und wohl auch in der Cartonagen-Entscheidung eingenommen hatte, nicht mehr festhalten wollte. Die Auffassung, dass an einem Gewerbebetrieb wenigstens insoweit ein »Recht« i.S.v. § 823 I BGB bestehen möge, als dieser durch *positive Gesetzesvorschriften* geschützt ist, basiert auf der These *Iherings*, dass ein rechtlich geschütztes Interesse, das der Geschützte durch eigenes Vorgehen, durch eigene Klage durchsetzen könne, ein subjektives Recht sei[96]. *Oertmann* kritisierte die Auffassung des VI. ZS als einen »Rückfall in die, wie es bisher schien, endgültig überwundene Iheringsche Identifizierung von Recht und rechtlich geschütztem Interesse«[97], und heute ist man sich weitgehend darin

---

[95] RGZ 56, 271 ff., 275 f. – Börsenverein III; die bereits oben auf S. 12 wörtlich wiedergegebenen Passagen sind hier aus Gründen der besseren Verständlichkeit nochmals wiederholt worden.

[96] *Ihering*, Der Geist des Römischen Rechts, III 1. Abteilung, 4. Aufl. 1888, S. 339, 353; ebenso wie *Ihering* auch *Eltzbacher*, Die Unterlassungsklage, 1906, S. 104 ff.; *Herzfeld*, Das absolute Recht am Gewerbebetriebe, 1905, S. 17, 20 f., 34, 35, 41; *A. Hueck*, Unkörperliche Geschäftswerte, 1913, S. 36 ff., 49, 56 ff.; *Ide*, Der Begriff des sonstigen Rechts in § 823 Abs. 1 BGB, 1900, S. 20, 24, 25; *Jans*, Das Recht am Unternehmen und die Wirtschaftsordnung, 1936, S. 39 ff., 48 ff.; *Kohler*, IherJb 18, 186 ff., 196; *Lauber*, Wie weit besteht nach dem UWG und dem BGB ein subjektives Recht am Gewerbebetrieb, 1910, S. 32 ff.; *v. Liszt*, Deliktsobligationen, 1898, S. 26; *ders.*, Lehrbuch des deutschen Strafrechts, 1905, S. 65 Anm. 1; *Traeger*, Gruchot 36 (1892), 196 ff., 212.

[97] *Oertmann*, DJZ 1904, 616 ff., 619; gegen die Gleichsetzung von »Recht« und »rechtlich geschütztem Interesse« auch *Bode*, Der Gewerbebetrieb als subjektives Recht i.S.d. § 823 Abs. 1 BGB, 1931, S. 15, 29, 45; *Cosack*, Lehrbuch des Handelsrechts, 7. Aufl. 1909/10, S. 52; *Crome*, System des Deutschen Bürgerlichen Rechts, Bd. I, 1902, S. 162; *Enneccerus*, Lehrbuch des Bürgerlichen Rechts, Bd. I, 3. Aufl. 1908, S. 84 ff.; *J. Friese*, Bedarf das Unternehmen des Schutzes nach § 823 Abs. 1 BGB?, 1934, S. 9; *v. Gierke*, Deutsches Privatrecht, Bd. I, 1895, S. 251 ff.; *Lobe* I, S. 145 ff.; *Nipperdey*, in: FS für Heymann, 1931, Bd. II, S. 445; *ders.*, NJW 1967, 1985 ff., 1986; *Pisko*, Grünhuts Zeitschr. 38, 742 ff., 744 f.; *H.H. Wagner*, Das sogenannte Recht am Gewerbebetrieb, 1933, S. 2 f.; *Windscheid/Kipp*, Lehrbuch des Pandektenrechts, Bd. I, 9. Aufl. 1906, S. 155 ff.; vgl. weiterhin RGZ 73, 253 ff., 256 – Hustentropfen; zur Unterscheidung von Rechts-Schutz und rechtlichem Vermögensschutz im französischen Recht vor 1900 vgl. auch die interessanten Ausführungen von *Otto Mayer*, Die concurrence déloyale, ZHR 26 (1881), 363 ff., 368.

einig, dass nicht mit jedem rechtlich geschützten Interesse dem Geschützten ein subjektives Recht vermittelt wird[98].

(3) Einen weiteren Wandel seiner Rechtsprechung bereitete der VI. ZS in seiner Javol-Entscheidung vom 2.1.1905 vor[99]. In ihr hatte er darüber zu befinden, ob eine abfällige Kritik (»Überteuerung«) über das pharmazeutische Produkt »Javol« in einem Konversationslexikon Ansprüche aus § 823 I BGB wegen Schädigung des »Erwerbsrechts«, aus § 823 I u. II BGB wegen Schädigung der geschäftlichen Ehre sowie aus § 824 BGB und aus § 826 BGB begründet. Nachdem er Ansprüche aus § 826 BGB abgelehnt hatte, weil es nicht als sittenwidrig erachtet werden könne, angesichts die Allgemeinheit gefährdender Erscheinungen das Publikum in breiten Schichten zu warnen und zu belehren, erklärte er: »Die Schädigung der geschäftlichen Ehre wäre eine unmittelbare, die Schädigung des Erwerbsrechts eine mittelbare. Es liegt kein Eingriff in den Erwerb, keine unmittelbare Hinderung oder Hemmung des Anbietens oder Abschließens von Verkäufen und dergleichen oder irgendwelcher Be- oder Vertriebshandlungen vor«[100].

Die hier zitierten Ausführungen des VI. ZS zeigen eine auffallende Ähnlichkeit mit der späteren reichsgerichtlichen Definition für »unmittelbare, bestandsverletzende« Unternehmenseingriffe, die nach 1909 von allen Zivilsenaten des RG als haftungsbegründende Eingriffe in das Recht am Gewerbebetrieb angesehen wurden[101]. Dies legt den Schluss nahe, dass sich der VI. ZS inzwischen dazu durchgerungen hatte, auch über den Schutz des Gewerbebetriebs durch *spezielle gesetzliche Vorschriften* hinaus ein Recht am Gewerbebetrieb anzuerkennen und dieses zumindest gegen *bestandsverletzende* Eingriffe nach § 823 I BGB zu schützen.

(4) Gegen diese Deutung der Javol-Entscheidung scheint allerdings die nur wenige Monate später ergangene Schweinemästerei-Entscheidung des VI. ZS vom 18.5.1905 zu sprechen[102]. Diese Entscheidung betraf zwar nicht die Anwendbarkeit von § 823 I BGB auf Unternehmensverletzungen, sondern Entschädigungsansprüche eines Schweinemästers (des Kl.), dem nach der Eingemeindung des Ortes, in dem er seinen Betrieb führte, in die Stadt Hamburg

---

[98] Vgl. statt vieler *L. Raiser*, JZ 1961, 465 ff.

[99] RGZ 60, 1 ff. – Javol.

[100] RGZ 60, 1 ff., 4 – Javol. Ansprüche aus § 823 I BGB wegen Verletzung der geschäftlichen Ehre lehnte der VI. ZS ab, weil an der geschäftlichen Ehre kein »sonstiges Recht« i.S.v. § 823 I BGB bestehe. Auch Ansprüche aus § 823 II BGB i.V.m. §§ 186, 187 StGB hielt er nicht für begründet und fuhr fort, dass dann nur noch Ansprüche aus § 824 BGB »wegen mittelbarer Schädigung des Erwerbsrechts« in Frage kämen, die er jedoch ebenfalls ablehnte, weil die Unwahrheit der vom Bekl. aufgestellten Tatsachenbehauptungen nicht nachgewiesen wurde, RGZ 60, 1 ff., 5 – Javol.

[101] Allerdings haben die meisten Senate des RG nach 1909 den Schutz des Unternehmens gemäß § 823 I BGB zugleich auch auf bestandsverletzende Eingriffe *beschränkt*.

[102] RGZ 61, 9 ff. – Schweinemästerei.

aufgrund eines Hamburgischen Gesetzes die Fortführung seiner Schweinemästerei untersagt wurde. Entschädigungsansprüche gegen die öffentliche Hand hätten ihm zugestanden, wenn ihm an seinem Betrieb ein »*wohlerworbenes Recht*« zugestanden hätte. Der VI. ZS erklärte dazu, dass der Gewerbebetrieb, den der Kl. »lediglich aufgrund der allgemeinen Gewerbefreiheit unternommen« habe, nicht »Gegenstand eines besonderen Privatrechts« sei[103]. Dass andere Senate des RG in mehreren Entscheidungen ein subjektives privates Recht am Gewerbebetrieb anerkannt hatten, würdigte der VI. ZS in dieser Entscheidung mit keinem Wort. Es liegt allerdings die Vermutung nahe, dass der VI. ZS seine Ausführungen darüber, ob es an einem Gewerbebetrieb ein »besonderes Privatrecht« gebe, zu allgemein gehalten hat, und dass er nur zu der Frage Stellung nehmen wollte, ob an einem Gewerbebetrieb ein »wohlerworbenes Recht« *i.S.d. Vorschriften* besteht, die die Entschädigungen für Beeinträchtigungen seitens der öffentlichen Hand regeln[104].

Für diese Deutung der Schweinemästerei-Entscheidung spricht die kaum ein Jahr später ergangene Senne-Entscheidung des VI. ZS vom 5.2.1906. In dieser Entscheidung, in der es wiederum um Entschädigungsansprüche eines Gewerbetreibenden ging, dessen Betrieb durch Maßnahmen der öffentlichen Hand beeinträchtigt wurde, präzisierte der VI. ZS seine Auffassung dahingehend, dass an einen Gewerbebetrieb *kein »wohlerworbenes Recht« im Sinne der die Entschädigung regelnden Vorschriften* – hier der Aufopferungsregelung des § 75 Einl. ALR – bestehe[105]. Wenn das Recht am Gewerbebetrieb kein »wohlerworbenes Recht« i.S.v. § 75 Einl. ALR ist, so schließt das die Anerkennung eines an einem Gewerbebetrieb bestehenden »sonstigen Rechts« i.S.v. § 823 I BGB nicht aus, das nach dieser Vorschrift gegen *gesetzesverletzende* (vgl. RGZ 51, 369 ff., 373 f. – Emaillierwerk; RGZ 56, 271 ff., 275 f. – Börsenverein III) und/oder *bestandsverletzende* (vgl. RGZ 60, 1 ff., 4 – Javol) Unternehmenseingriffe durch *private* Dritte Schutz genießt.

(5) In diesem Sinne entschied sich dann auch der VI. ZS wenige Zeit später. In seiner Arztberuf-Entscheidung vom 4.10.1906 erklärte er, »dass ein eingerichteter und ausgeübter Gewerbebetrieb wenigstens insoweit als ein »sonstiges Recht« dem Schutze des § 823 Abs. 1 B.G.B. unterstehe, als er durch positive Gesetzesvorschriften besonders gegen Beeinträchtigung geschützt ist (Entsch. in Zivils. Bd. 56 S. 275), *und* (Hervorhebung von mir) Eingriffe in Frage kom-

---

[103] RGZ 61, 9 ff., 12 – Schweinemästerei.

[104] *Lobe* I, S. 144 Fußn. unter Ziff. V deutet die Entscheidung allerdings dahingehend, dass der VI. ZS ein »Recht am Gewerbebetrieb« auch i.S.v. § 823 I BGB abgelehnt habe.

[105] RG JW 1906, 163 f. – Senne; ebenso hat der VI. ZS später auch in seiner Kleinbahn-Entscheidung vom 28.10.1929, RGZ 126, 93 ff., 96 geurteilt: Er bejahte zwar einen Schutz des Rechts am Gewerbebetrieb vor bestandsverletzenden Eingriffen gemäß § 823 I BGB, verneinte hingegen einen durch Art. 153 WeimVerf. und § 75 Einl. ALR geschützten Rechtsanspruch auf den Betrieb seines Unternehmens.

men, welche sich unmittelbar gegen den Gewerbebetrieb richten oder dessen rechtliche Zulässigkeit verneinen (Entsch. in Zivils. Bd. 58 S. 30)«[106].

Da der zweite Halbsatz, der eine der Varianten der reichsgerichtlichen Definition für *bestandsverletzende* Unternehmenseingriffe enthält, mit dem Wort *»und«* an den ersten Halbsatz anschließt, könnte man annehmen, dass der VI. ZS den Gewerbebetrieb mit der Vorschrift des § 823 I BGB einerseits nicht näher – wie früher – gegen *alle gesetzwidrigen* und andererseits auch nicht gegen *alle bestandsverletzenden* Beeinträchtigungen geschützt wissen wollte, sondern nur noch gegen solche Beeinträchtigungen, welche *gesetzwidrig und bestandsverletzend zugleich* sind. Wäre dies zutreffend, dann hätte die Arztberuf-Entscheidung gegenüber der früheren Rechtsprechung des VI. ZS eine Einschränkung des Schutzes des Rechts am Gewerbebetrieb nach § 823 I BGB bedeutet. Denn dann würden z.B. geschäftsschädigende Äußerungen oder Boykottaufforderungen, auch wenn sie gegen § 823 II BGB i.V.m. §§ 185 ff. StGB, gegen die §§ 824, 826 BGB oder gegen § 6 des UWG von 1896 (jetzt § 4 Nr. 8 i.V.m. §§ 3, 9 des UWG von 2004 und § 14 des UWG von 1909) verstoßen, nicht mehr von § 823 I BGB erfasst werden, da sie sich nicht unmittelbar gegen den Bestand des von ihnen betroffenen Gewerbebetriebs wenden. Andererseits würde jedoch § 823 I BGB bei dieser Auslegung auch gegen bestandsverletzende Unternehmenseingriffe, die nicht zugleich gegen »positive Gesetzesvorschriften« verstoßen, wie dies z.B. bei unbegründeten Schutzrechtsverwarnungen der Fall ist, keinen Schutz gewähren[107].

Eine derartige Deutung der Arztberuf-Entscheidung ist jedoch abzulehnen. Vielmehr hat der VI. ZS in seinen hier wörtlich wiedergegebenen Ausführungen das Wort »und« i.S.v. »oder« gebraucht, wie dies, wenn auch sprachlich ungenau, häufig geschieht. Denn der VI. ZS hat sich für seine Ansicht sowohl auf seine Börsenverein III-Entscheidung (RGZ 56, 275), als auch auf die Juteplüsch-Entscheidung des I. ZS (RGZ 58, 30) berufen. In der Juteplüsch-Entscheidung hatte der I. ZS die Vorschrift des § 823 I BGB auf eine unbegründete Schutzrechtsverwarnung angewendet, die zwar bestandsverletzend war, jedoch nicht gegen »positive Gesetzesvorschriften« verstoßen hatte. In seiner Börsenverein III-Entscheidung scheint dagegen der VI. ZS am Gewerbebetrieb *»wenigstens insoweit«* ein Recht anerkannt zu haben, als dieser durch § 823 II BGB i.V.m. §§ 186, 187 StGB, durch die §§ 824, 826 BGB oder durch die Vorschriften des UWG geschützt wird. Beim Schutz durch § 823 II BGB i.V.m. §§ 186, 187 StGB, durch § 824 BGB und durch Vorschriften des UWG handelt es sich nicht

---

[106] RGZ 64, 155 ff., 156; da der VI. ZS in der Ausübung des Arztberufes kein »Gewerbe« sah, gelangte er zur Klagabweisung.

[107] Unbegründete Schutzrechtsverwarnungen waren seinerzeit weder mit dem UWG von 1896, das noch keine Generalklausel kannte, noch mit der damals sehr restriktiv ausgelegten Vorschrift des § 826 BGB (vgl. RGZ 58, 219 ff.: »Betätigung von Gesinnungsgemeinheit«!) zu erfassen.

um Bestands-, sondern um Bereichsschutz. Wenn sich also der VI. ZS in seiner Arztberuf-Entscheidung sowohl auf seine Börsenverein III-Entscheidung als auch auf die Juteplüsch-Entscheidung des I. ZS berief, so lässt dies nur den einen Schluss zu, dass er den Gewerbebetrieb mit § 823 I BGB sowohl gegen *alle »bestandsverletzenden«* als auch gegen *alle »gesetzwidrigen«* Beeinträchtigungen schützen wollte.

(6) Die Arztberuf-Entscheidung war soweit ersichtlich die letzte Entscheidung des VI. ZS, in der er die Formel gebrauchte, dass am Gewerbebetrieb wenigstens insoweit ein sonstiges Recht i.S.v. § 823 I BGB bestehe, als dieser durch *positive Gesetzesvorschrift* besonders gegen Beeinträchtigungen geschützt sei. Dagegen gewann das Kriterium des »*bestandsverletzenden*« Eingriffs, das der VI. ZS in einer Vielzahl von Umschreibungen verwendete, zunehmend an Bedeutung. In seiner Palmin-Entscheidung vom 20.2.1908 erklärte er, dass die von einem fremden Verein im Interesse der Hebung des Fremdenverkehrs an Gastwirte gerichtete Aufforderung, kein Palmin zu verwenden, keinen rechtswidrigen Eingriff in den Gewerbebetrieb der Herstellerin von Palmin darstelle. Denn sie könne »*ungestört und unbehelligt ... ihr Palmin weiter fabrizieren und absetzen*«. *Kein Gewerbetreibender habe ein Recht* darauf, dass die möglichen Abnehmerkreise seine Ware beziehen, und ein jeder habe das Recht, solche Kundenkreise auf unvorteilhafte Seiten dieses Bezugs hinzuweisen[108].

Die Behauptung, dass die Klägerin »*ungestört und unbehelligt weiter fabrizieren und absetzen könne*«, ist nur dann zutreffend, wenn man davon ausgeht, dass der VI. ZS damit meinte, die geschäftsschädigenden Äußerungen des Fremdenvereins seien keine *unmittelbaren* Eingriffe in die *Betätigung des Erwerbswillens* der Klägerin, d.h. wenn man annimmt, dass der VI. ZS – in seiner späteren Terminologie – lediglich einen »unmittelbaren Eingriff in den Bestand« des Gewerbebetriebs nicht für gegeben hielt. Denn die geschäftsschädigenden Äußerungen des Fremdenvereins bedeuteten zweifellos eine Störung und Beeinträchtigung des Absatzes der Klägerin. Die Beeinflussung von Kunden durch geschäftsschädigende Äußerungen erfüllt jedoch nicht die Voraussetzungen eines »unmittelbaren Eingriffs *in den Bestand* des betroffenen Gewerbebetriebs«. Unternehmensbeeinträchtigungen durch Beeinflussung der Kunden sind nicht »bestandsverletzend«, sondern nur »bereichsverletzend«.

Mit nahezu derselben Begründung wie in der Palmin-Entscheidung hat der VI. ZS auch in seiner Wirtshausboykott-Entscheidung vom 23.12.1908 Ansprüche aus § 823 I BGB wegen eines Boykottaufrufs gegen Gastwirtschaften, die ihre Räumlichkeiten nicht für Versammlungen der Sozialdemokratischen Partei zur Verfügung stellten, abgelehnt. Die Kläger seien dadurch *nicht an dem Betrieb* ihres Gewerbes gehindert worden; da sie *auf die Kund-*

---

108 Recht 1908, 232 Nr. 1376 – Palmin; vgl. auch *Herzfeld*, Das absolute Recht am Gewerbebetriebe, 1905, S. 31 ff., 32, der sich gegen ein selbständiges Recht an der Kundschaft wendet.

schaft keinerlei Recht hätten, sei nicht rechtswidrig auf ihren Gewerbebetrieb eingewirkt worden[109].

(7) In der Palmin-Entscheidung und in der Wirtshausboykott-Entscheidung scheint der VI. ZS davon ausgegangen zu sein, dass bestandsverletzende Unternehmenseingriffe *ohne weiteres rechtswidrig* seien. Während er jedoch – ebenso wie auch die meisten anderen Zivilsenate des RG – in der Zeit *nach 1909* den Schutz des Rechts am Gewerbebetrieb gemäß § 823 I BGB auf bestandsverletzende Unternehmenseingriffe beschränkte, lassen weder die Palmin- noch die Wirtshausboykott-Entscheidung eine derartige Beschränkung erkennen. Dass der VI. ZS den Schutz des Rechts am Gewerbebetrieb gemäß § 823 I BGB nicht auf »positiv gesetzwidrige« und auf »bestandsverletzende« Unternehmenseingriffe beschränken wollte, hat er – wohl in Abweichung von seiner insoweit nicht eindeutigen Javol-Entscheidung vom 2.1.1905 – in der Zeit nach 1906 in mehreren Entscheidungen zu erkennen gegeben.

In diesem Zusammenhang ist nochmals auf seine Arztberuf-Entscheidung vom 4.10.1906 zurückzukommen[110]. Wenn er dort ausführte, dass ein Gewerbebetrieb »wenigstens insoweit« dem Schutze des § 823 I BGB unterstehe, als er durch positive Gesetzesvorschrift besonders gegen Beeinträchtigungen geschützt sei (»gesetzesverletzende« Eingriffe) oder Eingriffe in Frage kommen, welche sich unmittelbar gegen den Gewerbebetrieb richten oder dessen rechtliche Zulässigkeit verneinen (»bestandsverletzende« Eingriffe), so kann dies nur dahingehend verstanden werden, dass er die Möglichkeit eines weiterreichenden Schutzes des Rechts am Gewerbebetrieb nach § 823 I BGB nicht ausschließen wollte.

Von der Möglichkeit eines Schutzes des Rechts am Gewerbebetrieb nach § 823 I BGB vor Eingriffen, die weder bestandsverletzend sind, noch gegen positive Gesetzesvorschriften verstoßen, scheint der VI. ZS auch schon in seiner Entscheidung »Kieler Bäckergesellen« vom 12.7.1906 – also rund 3 Monate vor seiner Arztberuf-Entscheidung – ausgegangen zu sein[111]. Sie betraf einen arbeitsrechtlichen Boykottaufruf der Kieler Bäckergesellen gegen solche Arbeitgeber, die es abgelehnt hatten, den Forderungen der Bäckergesellen zur Verbesserung ihrer Lage nachzugeben. Ansprüche aus § 823 I BGB lehnte der VI. ZS ab, weil er den Boykottaufruf nicht für rechtswidrig erachtete[112]. Zur Klagabweisung mangels Rechtswidrigkeit gelangte er jedoch nicht schon aufgrund der Tatsache, dass der Boykottaufruf weder »bestandsverletzend« noch »positiv gesetzwidrig« war, sondern aufgrund einer eigenständigen *Interessenabwägung*.

---

109 RG JW 1909, 109 ff. = Recht 1909 Nr. 672 – Wirtshausboykott; über einen ähnlichen Sachverhalt hatte der VI. ZS später noch einmal in seiner Fürstenhof-Entscheidung vom 13.2.1911, RGZ 76, 35 ff. zu befinden; vgl. auch *Herzfeld*, a.a.O.

110 RGZ 64, 155 ff., 156 – Arztberuf.

111 RGZ 64, 52 ff. = JW 1906, 595 – Kieler Bäckergesellen.

112 RGZ 64, 55 f. – Kieler Bäckergesellen.

Erst nachdem er die Rechtswidrigkeit nach § 823 I BGB verneint hatte, prüfte er Ansprüche aus § 823 II und § 826 BGB[113]. Dies zeigt, dass der VI. ZS Ansprüche aus § 823 I BGB wegen Verletzung des Rechts am Gewerbebetrieb nicht von einem bestandsverletzenden oder von einem positiv gesetzwidrigen Unternehmenseingriff abhängig machte und dass er auch einen Sittenverstoß gemäß § 826 BGB nicht als Voraussetzung des Vorwurfs der Rechtswidrigkeit ansah[114].

Letzteres ergibt sich auch aus der Mindestpreise-Entscheidung des VI. ZS vom 7.10.1907 über die Zulässigkeit einer von einem Fabrikantenverband (Beklagter), der für die Durchsetzung von Mindestpreisen der von seinen Mitgliedern hergestellten Waren zu sorgen hatte, über einen »Preisbrecher« (die Klägerin) verhängten Sperre[115]. Der VI. ZS prüfte nur Ansprüche aus § 823 I und § 826 BGB und bestätigte die Ansicht des Berufungsgerichts, dass der Beklagte zwar in ein Rechtsgut der Klägerin, ihren Gewerbebetrieb, vorsätzlich eingegriffen und dadurch die Klägerin geschädigt habe, dass aber der Eingriff kein widerrechtlicher gewesen sei, *sowie*, dass weder das vom Beklagten erstrebte Ziel noch das von ihm angewendete Mittel wider die guten Sitten verstoße. Aus dieser Formulierung ergibt sich, dass der VI. ZS – es lag weder ein bestandsverletzender Eingriff vor, noch kam ein Verstoß gegen spezielle positive Gesetzesvorschriften in Betracht – einen Sittenverstoß nach § 826 BGB *nicht als Voraussetzung* der Haftung aus § 823 I BGB angesehen hat.

(8) Die vorangegangenen Ausführungen haben gezeigt, dass der VI. ZS, ebenso wie der II. und IV. ZS, die Vorschrift des § 823 I BGB nicht nur auf bestandsverletzende, sondern auch auf rechtswidrige *bereichsverletzende* Unternehmenseingriffe für anwendbar gehalten hat und dass er den Vorwurf der Rechtswidrigkeit zuletzt nicht mehr von einem Verstoß gegen positive Gesetzesvorschriften (z.B. UWG, §§ 823 II, 824, 826 BGB) abhängig gemacht hat. Auffällig ist allerdings, dass er bis zu seiner Fürstenhof-Entscheidung vom 13.2.1911[116] soweit ersichtlich *in keiner einzigen Entscheidung* Ansprüche aus § 823 I BGB wegen eines Eingriffs in das Recht am Gewerbebetrieb für begründet gehalten hat. In der Fürstenhof-Entscheidung hatte er wohl erstmals über einen *bestandsverletzenden* Unternehmenseingriff, nämlich über eine Unternehmensblockade zu befinden. In allen Entscheidungen zuvor ging es dagegen um *bereichsverletzende* Unternehmenseingriffe in Form von geschäftsschädigenden Äußerungen, Warnungen vor einem Unternehmen und seinen Pro-

---

[113] RGZ 64, 56 ff. – Kieler Bäckergesellen.

[114] Im Schrifttum wurde hingegen behauptet, dass »das Reichsgericht« eine Verletzung des Unternehmens nur dann für rechtswidrig gehalten habe, wenn sie in einer gegen die guten Sitten verstoßenden Weise erfolgt war, so z.B. *R. Isay*, Das Recht am Unternehmen, 1910, S. 59 f. mit Fußn. 1 auf S. 60.

[115] RG Gruchot 52 (1908), 1023 ff., 1024 Nr. 29 – Mindestpreise.

[116] RGZ 76, 35 ff. – Fürstenhof, betreffend eine Boykottaufforderung mit Unternehmensblockade.

dukten sowie um Boykottaufforderungen und die Verhängung von Sperren über ein Unternehmen. Soweit er in diesen Fällen Ansprüche aus § 826 BGB für begründet hielt, ließ er Ansprüche aus § 823 I BGB entweder ausdrücklich dahingestellt[117], oder erwähnte er sie mit keinem Wort[118].

Man mag dies noch damit rechtfertigen können, dass der VI. ZS keine Veranlassung sah, auf die schon seinerzeit umstrittene Anwendung von § 823 I BGB auf Eingriffe in das Recht am Gewerbebetrieb einzugehen, wenn er die Voraussetzungen anderer Vorschriften für erfüllt hielt. Doch auch in mehreren einschlägigen Entscheidungen, in denen er Ansprüche aus den §§ 824, 826 BGB ablehnte, ging er – jedenfalls soweit die Entscheidungsgründe veröffentlicht sind – auf § 823 I BGB nicht ein[119]. Er lehnte Ansprüche aus § 823 I BGB nicht etwa deshalb ab, weil die Voraussetzungen der §§ 824, 826 BGB oder anderer unternehmensschützender Vorschriften nicht erfüllt waren, sondern zog § 823 I BGB als Anspruchsgrundlage gar nicht erst in Betracht. Das ist deshalb bemerkenswert, weil der VI. ZS, wie oben bereits dargelegt, die Möglichkeit eingeräumt hatte, dass § 823 I BGB auch gegen solche rechtswidrigen bereichsverletzenden Unternehmenseingriffe Schutz gewähre, die nicht von »besonderen Gesetzesvorschriften«, wie z.B. von den §§ 823 II, 824, 826 BGB oder vom UWG, erfasst werden. Aber auch soweit er § 823 I BGB geprüft hat, gelangte er nie zu Ansprüchen aus dieser Vorschrift; sie scheiterten ausnahmslos am Erfordernis der *Rechtswidrigkeit*[120]. Dies hat seinen Grund darin, dass er den Vorwurf der *Rechtswidrigkeit* von auffallend strengen Voraussetzungen abhängig gemacht hat. Ein gutes Beispiel hierfür bietet seine Backobstwasser-Entscheidung vom 11.6.1908, in der es um folgenden Sachverhalt ging[121]: In einer Anzeige in der Zeitschrift »Der Naturarzt« hatte die Beklagte, die naturreinen Traubensaft unter der Bezeichnung »Wormser Weinmost« vertrieb, diesen Saft als besonders geeignet zur Traubenkur und Blutreinigung empfohlen und im Anschluss hieran über das von der Klägerin aus getrockneten Äpfeln durch ein besonderes Verfahren hergestelltes Getränk »Pomril« behauptet: »Vollwertiger,

---

[117] Vgl. RGZ 66, 379ff., 385 – Musikerverband (Haftung eines Musikerverbands für einen an Musiker gerichteten Aufruf, nicht in einem bestimmten Vergnügungslokal zu spielen, weil dieses mit dem Musikerverband Differenzen hatte; das RG hielt den Aufruf für sittenwidrig, weil er keine ausreichende Auskunft über die Umstände gab, die zu den Differenzen geführt hatten); ebenso auch schon RGZ 56, 271 ff., 279 – Börsenverein III.

[118] Vgl. RG Recht 1906, 620 Nr. 1479 – Rachsucht (das Urteil ist allerdings nur in einer sehr gekürzten Fassung abgedruckt); RG JW 1907, 333 – Berliner Bäckergesellen; RG Gruchot 54 (1910), 643 Nr. 37 – Metzgerinnung.

[119] Vgl. RG JW 1908, 38 Nr. 14 = Gruchot 52 (1908), 103 – Bierkrieg; RG JW 1908, 679 f. = (ausführlicher) Gruchot 54 (1910), 83 – Zuzugswarnung; RGZ 71, 170ff.

[120] Vgl. RGZ 64, 52ff. – Kieler Bäckergesellen; Gruchot 52 (1908), 1023ff. – Mindestpreise; Recht 1908, Nr. 1376 – Palmin; JW 1908, 482 – Backobstwasser; JW 1909, 109 = Recht 1909 Nr. 672 – Wirtshausboykott.

[121] RG JW 1908, 482 – Backobstwasser.

edler Traubensaft ist kein alkoholfreies Ersatzgetränk, wie z.B. billiges, aber gehaltsarmes Backobstwasser (Pomril, Apfelblümchen usw.)«.

Dazu führte der VI. ZS aus: Die Bezeichnung des Pomril als eines billigen, aber gehaltsarmen Backobstwassers enthalte nach dem Zusammenhang mit dem übrigen Inhalt der Anzeige nichts objektiv Unrichtiges. Der Ausdruck »Backobstwasser« möge zwar als »etwas drastisch erscheinen«; er gehe jedoch nicht über das im wirtschaftlichen Kampf erlaubte Maß hinaus. Es liege kein Sittenverstoß nach § 826 BGB vor. Auch ein Anspruch aus § 823 I BGB scheide aus; da die beanstandete Bezeichnung von Pomril als »Backobstwasser« der Wahrheit entspreche, liege kein rechtswidriger Eingriff in den Gewerbebetrieb der Herstellerin von Pomril vor. Damit hat der VI. ZS eine Form bezugnehmender Werbung als rechtmäßig bezeichnet, die nicht nur von den Befürwortern eines grundsätzlichen Verbots vergleichender Werbung (so früher vor allem der BGH), sondern auch heute nach § 6 UWG als unnötig herabsetzend und damit als unlauter nach § 6 i.V.m. § 3 UWG bewertet würde.

Fraglich ist allerdings, ob, wie behauptet wird, die Backobstwasser-Entscheidung des VI. ZS von den Entscheidungen des II. ZS vom 21.10.1904, JW 1905, 20 Nr. 19 – »Deutsche Hausfrau« und vom 14.1.1908, JW 1908, 133 f. Nr. 1 – »Schmutzige Prahlerei« abweicht, in denen Ansprüche aus § 823 I BGB wegen herabsetzender bezugnehmender Werbung gewährt worden waren[122]. Der II. ZS hatte in den genannten beiden Entscheidungen über wesentlich stärkere Formen der Herabwürdigung zu befinden als der VI. ZS in der Backobstwasser-Entscheidung, so dass diese Entscheidungen in Bezug auf die Bewertung der *Rechtswidrigkeit* nicht unbedingt miteinander in Widerspruch stehen. Aber auch in der Beurteilung der *Tatbestandsmäßigkeit* weichen diese Entscheidungen nicht voneinander ab. Während der II. ZS herabsetzende bezugnehmende Werbung als tatbestandsmäßigen Eingriff in das Recht am Gewerbebetrieb bewertete, hat sich der VI. ZS einer ausdrücklichen Stellungnahme zu dieser Frage enthalten; er hat sie weder bejaht noch verneint, sondern sich auf die Prüfung der Rechtswidrigkeit beschränkt.

(9) Zusammenfassend lässt sich feststellen, dass der VI. ZS in der Zeit bis 1909 den Schutzbereich des Rechts am Gewerbebetrieb nach § 823 I BGB nicht, wie behauptet wird, auf »bestandsverletzende« Unternehmenseingriffe beschränkt hat[123]. Auch auf »bereichsverletzende« Unternehmenseingriffe hat er die Vorschrift des § 823 I BGB für anwendbar erklärt. Bestandsverletzende Unternehmenseingriffe hielt er *ohne weiteres* für rechtswidrig. Bei bereichsverletzenden Unternehmenseingriffen konnte sich nach Ansicht des VI. ZS die Rechtswidrigkeit nicht nur aus einem Verstoß gegen »positive, den Gewerbebetrieb besonders schützende Gesetzesvorschriften«, zu denen er vor allem § 823

[122] So *Kübler*, AcP 172 (1972), 177 ff., 184 Fußn. 60.

[123] A.A. im Bezug auf die Rechtsprechung »des Reichsgerichts« *Lobe*, MuW IX (1909/10), 327 f.

II i.V.m. §§ 185 ff. StGB, die §§ 824, 826 BGB und Vorschriften des UWG rechnete, sondern auch aus anderen Gründen ergeben. Wenn er in keiner einzigen Entscheidung gegen *bereichsverletzende* Unternehmenseingriffe Ansprüche aus § 823 I BGB gewährt hat – über bestandsverletzende Unternehmenseingriffe hatte er bis 1911 soweit ersichtlich in keiner einzigen Entscheidung zu befinden –, so ist der Grund nicht darin zu sehen, dass er derartige Unternehmenseingriffe nicht für *tatbestandsmäßige* Eingriffe gehalten und deshalb die Rechtswidrigkeit gar nicht erst untersucht hat[124]. Vielmehr scheiterten Ansprüche aus § 823 I BGB, soweit er sie überhaupt prüfte und sich nicht auf andere Anspruchsgrundlagen (§§ 823 II, 824, 826 BGB) beschränkte, ausschließlich am Fehlen der *Rechtswidrigkeit*.

5. Die Entscheidungspraxis des VII. ZS

Abschließend sei noch auf drei Entscheidungen des VII. ZS eingegangen[125]. Zwar betraf keine dieser Entscheidungen die Frage der Anwendbarkeit von § 823 BGB auf Unternehmenseingriffe. Dennoch sind sie aufschlussreich für die Einstellung des VII. ZS zur Anerkennung eines Rechts am Gewerbebetrieb.

In der Entscheidung vom 17.1.1908 hatte der VII. ZS unter anderem darüber zu befinden, ob ein Verlag verpfändet werden könne. Dazu erklärte er: »Ein Handelsgeschäft ist nicht eine Sache oder ein Recht, sondern ein Inbegriff von Vermögensgegenständen der verschiedensten Art: es umfasst körperliche Sachen, Forderungen, sonstige fest umgrenzte, in sich geschlossene subjektive Rechte, aber auch rein tatsächliche Beziehungen ... Dementsprechend ist auch das ›Eigentum‹ des Geschäftsinhabers nicht ein einheitliches Recht ...«[126].

Im selben Sinne äußerte sich der VII. ZS in seiner Entscheidung vom 26.1.1909, in der es um die Frage ging, ob ein Handelsgeschäft als Ganzes der Zwangsvollstreckung zugänglich sei und ob seine Veräußerung von den Gläubigern des bisherigen Inhabers aufgrund des Anfechtungsgesetzes angefochten werden könne. Dazu führte der VII. ZS aus: »Die deutsche Zivilprozessordnung kennt keine Zwangsvollstreckung in ein Erwerbsgeschäft (Handelsgeschäft, Gewerbeunternehmen usw.) als Ganzes;... Das Handelsgeschäft aber – wie auch ein sonstiges Erwerbsgeschäft (Gewerbeunternehmen) usw. – kann, da es nicht eine Rechtseinheit, sondern lediglich einen *tatsächlichen*, wirtschaftlichen Inbegriff von Sachen, Rechten, Rechtsverhältnissen und tatsächlichen

[124] So jedoch *Rosenthal*, LZ 1910, 107; gegen *Rosenthal* spricht, dass der VI. ZS Verstöße gegen § 824 BGB oder § 6 des UWG von 1896 (entspricht § 4 Nr. 8 UWG 2004 und § 14 UWG 1909) als Eingriffe in das Recht am Gewerbebetrieb angesehen hat. Verstöße gegen diese Vorschriften sind bereichsverletzende Unternehmenseingriffe.

[125] RGZ 68, 49 ff.; RGZ 70, 20 ff.; RGZ 70, 226 ff.

[126] RGZ 68, 49 ff., 51 f.

Verhältnissen darstellt, zwar »in seiner Gesamtheit gemeinsame Schicksale haben« (*Behrend*, Lehrbuch des Handelsrechts, Bd. I, S. 206), insbesondere zum Gegenstand obligatorischer Rechtsgeschäfte gemacht werden; nicht jedoch kann es Gegenstand eines *einheitlichen, an ihm bestehenden Rechts* sein. Das ist nur möglich im Falle einer besonderen ausdrücklichen Gesetzesbestimmung« (Hervorhebungen vom VII. ZS)[127]. Daraus folgerte der VII. ZS, dass ein Handelsgeschäft als Ganzes der Zwangsvollstreckung nicht zugänglich sei.

Demgegenüber hatte der VII. ZS in seiner Entscheidung vom 30.10.1908 erklärt, dass das positive Recht einen Gewerbebetrieb, »der auf der Grundlage eines Inbegriffs nicht bloß von Sachen und Rechten, sondern auch von tatsächlichen Möglichkeiten, den sog. Chancen, dem Inhaber Gewinn zu verschaffen bestimmt ist, als geeignet anerkennt, wie *veräußert*, so auch *verpachtet* zu werden, dergestalt, dass die ihm innewohnende Ausnutzungsfähigkeit gegen Zins und auf Zeit einem anderen überlassen wird. ... Die in dem Unternehmen steckende Werbekraft, die ihren Ausdruck in seinen Erträgnissen findet, ist nicht mehr dem Verpächter, sondern dem Pächter dienstbar; er allein ist berechtigt, sie auszunutzen« (Hervorhebungen von mir). *Ausdrücklich dahingestellt* ließ der VII. ZS, ob man den Gewerbebetrieb »als ein gegen Eingriffe zu schützendes subjektives Recht gelten lassen will«[128].

Für die Frage der Anwendbarkeit von § 823 I BGB auf Eingriffe in das Recht am Gewerbebetrieb sind die vorstehenden Ausführungen des VII. ZS insofern von Interesse, als er ein *einheitliches*, an einem Gewerbebetrieb bestehendes Recht ablehnt. Er anerkennt den Gewerbebetrieb nur als möglichen Gegenstand obligatorischer Geschäfte. Wenn er von »sonstigen fest umgrenzten, in sich geschlossenen subjektiven Rechten« spricht, so trifft er damit die Merkmale, die nach h.M. für ein »sonstiges Recht« i.S.v. § 823 I BGB kennzeichnend sind. Aus den tragenden Gründen der beiden erstgenannten Entscheidungen des VII. ZS wurde wohl mit Recht gefolgert, dass nach Ansicht dieses Senats ein Handelsgeschäft kein Gegenstand eines nach § 823 I BGB zu schützenden Rechtes sein kann[129], auch wenn dies der VII. ZS, wohl um sich nicht mit der Rechtsprechung der anderen Zivilsenate in Widerspruch zu setzen, in seiner Entscheidung vom 30.10.1908 ausdrücklich dahingestellt hat sein lassen.

[127] RGZ 70, 226ff., 229f.; ähnlich begründete in neuerer Zeit die Nichtanwendbarkeit von § 823 I BGB auf Unternehmensverletzungen unter dem Gesichtspunkt eines Eingriffs in das »Recht am Gewerbebetrieb« *Ernst Wolf*, in: FS für Fritz v. Hippel, 1967, S. 665ff.

[128] RGZ 70, 20ff., 22f.

[129] Vgl. *v. Tuhr*, Der Allgemeine Teil des Deutschen Bürgerlichen Rechts, Bd. I, 1910, S. 155 Fußn. 74 a.E.; vgl. auch *Ernst Wolf*, a.a.O.

6. Zusammenfassung

In der Zeit zwischen 1900 und 1909 hat sich in der Rechtsprechung des Reichsgerichts die Auffassung durchgesetzt, dass das Recht am Gewerbebetrieb zu den »sonstigen Rechten« i.S.v. § 823 I BGB gehört. Die vorangegangenen Ausführungen widerlegen die gelegentlich zu findende Behauptung[130], dass das RG das Recht am Gewerbebetrieb ursprünglich nur gegen *bestandsverletzende* Unternehmenseingriffe geschützt habe. Zumindest der II. und IV. ZS haben auch gegen *bereichsverletzende* Unternehmenseingriffe – nämlich gegen herabsetzende bezugnehmende Werbung und gegen Boykottaufforderungen – aus § 823 I BGB Schutz gewährt. Dabei tendierten diese beiden Senate zu einem verhältnismäßig weiten Schutz. So hielt z.B. der IV. ZS Boykottaufforderungen offenbar für grundsätzlich rechtswidrig[131].

Der VI. ZS zeigte dagegen äußerste Zurückhaltung und gewährte im Ergebnis soweit ersichtlich *in keiner einzigen* Entscheidung Ansprüche aus § 823 I BGB wegen eines rechtswidrigen Eingriffs in das Recht am Gewerbebetrieb. Da er in der Zeit zwischen 1900 und 1909 nur über *bereichsverletzende* Unternehmenseingriffe zu befinden hatte, liegt es nahe, seine Rechtsprechung dahingehend zu deuten, dass er mit § 823 I BGB keinen Bereichsschutz gewähren wollte. Eine derartige Auffassung deutete er einmal an (RGZ 60, 1 ff., 4 f. – Javol). In manchen Entscheidungen ließ er jedoch auch erkennen, dass er unter bestimmten Voraussetzungen, nämlich bei Verstößen gegen positive Gesetzesvorschriften, § 823 I BGB auch auf bereichsverletzende Unternehmenseingriffe anwenden wolle. Ungeachtet dieser Ungereimtheit ist jedoch entscheidend, dass er bei bereichsverletzenden Eingriffen Ansprüche aus § 823 I BGB nie am Fehlen eines bestandsverletzenden Eingriffs, sondern immer nur wegen fehlender *Rechtswidrigkeit* scheitern ließ, und auch das Fehlen der Rechtswidrigkeit nicht etwa damit begründete, dass kein bestandsverletzender Unternehmenseingriff vorlag, sondern aufgrund einer *Interessenabwägung* zu diesem Ergebnis gelangte. Im Gegensatz zum IV. ZS ging der VI. ZS davon aus, dass Boykottaufforderungen nicht ohne weiteres, sondern nur bei Hinzutreten besonderer Umstände, die er in keiner einzigen seiner Entscheidungen für gegeben hielt, rechtswidrig seien. Auf diese Weise vermied er, dass er sich in der Frage, ob § 823 I BGB nur Bestandsschutz oder auch Bereichsschutz gewährt, in Widerspruch zur Rechtsprechung des II. und IV. ZS setzte.

---

130 Vgl. BGHZ 29, 65 ff., 67 – Stromkabel I; *Reinhardt*, Karlsruher Forum 1961, 3 ff., 10.

131 Vgl. RG JW 1902, Beilage S. 227 f. = Lobe I, S. 460 ff. – Privatklinik (insoweit nicht abgedruckt in RGZ 51, 66 ff.).

II. Zweite Phase ab 1909/10: divergierende Auffassungen der verschiedenen Zivilsenate über den Schutzbereich des Rechts am Gewerbebetrieb

Eine äußerst verworrene Phase in der Rechtsprechung des Reichsgerichts zum Schutz des Rechts am Gewerbebetrieb nach § 823 I BGB folgte in der Zeit von 1909/10 bis 1944. Während der II. ZS in Fortführung seiner Rechtsprechung aus der Zeit vor 1909 weiterhin Bereichsschutz gewährte[132] und soweit ersichtlich nur in drei Entscheidungen unmotiviert die Haftung aus § 823 I BGB von einem bestandsverletzenden Eingriff abhängig machte[133], forderten der IV., V., VI., VIII. und IX. ZS in Abweichung von der Rechtsprechung des II. und IV. ZS vor 1909/10 und *in offenem Widerspruch* zur Rechtsprechung des II. ZS nach 1909/10 für die Haftung aus § 823 I BGB unter dem Gesichtspunkt eines Eingriffs in das Recht am Gewerbebetrieb einen »bestandsverletzenden« Eingriff, eine »unmittelbar in den Bestand des Gewerbebetriebs« eingreifende Unternehmensbeeinträchtigung[134]. Diese Rechtsprechung haben die genannten Senate auch niemals aufgegeben[135].

---

[132] Vgl. RG JW 1915, 327f. – Pilsener Bier; JW 1917, 712ff. – Nähmaschine; RGZ 109, 50ff., 52 – Wobbe; RGZ 109, 272ff., 276 – Gerbereimaschinen; GRUR 1929, 113ff., 115 = MuW 1929, 28f. – Schlichte; MuW 1929, 65ff. – Schlichte-König; MuW 1929, 378ff. – Ersatzmittel; MuW 1931, 276ff., 277f. – Wasserreinigungsanlagen; RGZ 132, 311ff., 316 (II B-Senat); RGZ 144, 41ff., 52f. – Gummiband; GRUR 1935, 577ff., 583 – Bandmotiv; MuW 1936, 143ff., 147 – Stiefeleisenpresse; GRUR 1938, 784 – Cyklop; RGZ 158, 377ff. = GRUR 1939, 494ff., 498, 500 – Rundfunkeinrichtungen; MuW 1940, 87f., 88 – nichtarisches Unternehmen; RGZ 163, 21ff., 32f. – Kfz-Unfall; GRUR 1940, 375ff., 378 – Naturessig; GRUR 1942, 364ff., 365 – Förderanlagen; GRUR 1944, 152ff. – Nazifirma.

[133] Vgl. RG GRUR 1916, 95f. – Seydlitz; MuW 1931, 200ff., 202 – Separatisten II; GRUR 1939, 397ff., 404 – Hausbock; andeutungsweise auch schon in RGZ 73, 253ff., 256 – Hustentropfen.

[134] *IV. ZS*: Recht 1924, Nr. 1678 = Gruchot 68, 78 – Kanalsperre; MuW XXV (1925/26), 243ff. = HansGZ 1926, 42 Nr. 20 – Zurückgestellte Rabatte (in der Entscheidung JW 1902 Beilage S. 227f. hatte der IV. ZS noch mit § 823 I BGB Bereichsschutz gewährt);

V. ZS: JW 1909, 493f. Nr. 16 = Warn. 1909, 486 Nr. 505 – Ammoniak; DR 1940, 723 – Dammbruch;

VI. ZS: RGZ 73, 107ff., 112 (1910) – Rabattverein; RGZ 76, 35ff., 46 (1911) – Fürstenhof; JW 1911, 712ff. – Ding an sich; RGZ 77, 217ff., 219 (1911) – apothekenpflichtige Waren; JW 1912, 290ff., 292 – S.-Bote; RGZ 79, 224ff., 226 (1912) – Überlandzentrale I; Warn. 1912 Nr. 428, S. 468ff., 469; SeuffA 70, Nr. 177 (1914); MuW XIV (1914/15), 74ff., 75 – Innungsverband; LZ 1915, 130ff.; Recht 1916, Nr. 444 – Schlachthof; RGZ 95, 339ff., 340 (1919) – Wäschegeschäft; RGZ 101, 335ff., 337 (1921) – Schwindelfirma; RGZ 102, 223ff., 225 – Kreisabdeckerei; LZ 1924, 34f., 35 – Schundliteratur; JR 1928 Nr. 829; RGZ 119, 435ff., 437 (1928) – Wiesenmarkt; RGZ 126, 93ff., 96 (1929) – Kleinbahn; LZ 1930, 1185ff., 1186 – Compretten I; SeuffA 90 (1936), 234ff., 235f. Nr. 112 Filmkritik;

VIII. ZS: RGZ 135, 242ff., 247 (1932) – Wiko;

IX. ZS: JW 1932, 1883ff., 1885 = GRUR 1931, 986 = MuW 1931, 543 – Deutsche Normen;

ebenso auch OLG Dresden, JW 1921, 760ff., 761; OLG Naumburg, JW 1929, 3025; KG Berlin, JW 1933, 709;

Auch der I. ZS schützte den Gewerbebetrieb lange Zeit mit § 823 I BGB nur gegen bestandsverletzende Eingriffe[136]; erst im Jahre 1941 ließ auch der I. ZS einen bereichsverletzenden Unternehmenseingriff für die Haftung aus § 823 I BGB genügen[137].

1. Die Entscheidungspraxis des IV., V., VI., VIII. und IX. ZS: nur Bestandsschutz

a) Der Wandel der Rechtsprechung und seine Rechtfertigung

Eine ausdrückliche Beschränkung der Haftung aus § 823 I BGB auf *bestandsverletzende* Unternehmenseingriffe hat soweit ersichtlich erstmals der V. ZS in seiner Ammoniak-Entscheidung vom 13.7.1909 vorgenommen[138]. Einem Gewerbetreibenden (dem Beklagten), der durch den konzessionswidrigen Betrieb seiner Fabrik das Grundwasser mit Ammoniak verseucht und dadurch einen anderen Gewerbetreibenden (den Kläger) zur Schließung eines Brunnens und zur Anlegung eines neuen Brunnens gezwungen hatte, verweigerte der V. ZS Ansprüche aus § 823 I BGB unter dem Gesichtspunkt eines Eingriffs in das Recht am Gewerbebetrieb, da sich der Eingriff des Beklagten nicht »*unmittelbar gegen den Gewerbebetrieb, also gegen die Betätigung des Erwerbswillens im Rahmen des eingerichteten Gewerbebetriebs*« gerichtet habe[139]. Der V. ZS verwendete damit zwar nicht den später in anderen Urteilen des RG stereotyp wiederkehrenden Ausdruck, dass sich der Eingriff »unmittelbar gegen den Bestand des Gewerbebetriebs« gewendet haben müsse. Das vom V. ZS aufgestellte Erfordernis, dass sich der Eingriff »gegen die Betätigung des Erwerbswillens« im Rahmen des eingerichteten Gewerbebetriebs gerichtet haben müsse, entspricht jedoch den in der Formulierung zwar unterschiedlichen, inhaltlich jedoch übereinstimmenden Definitionen des RG für »bestandsverletzende« Unternehmenseingriffe.

---

im Schrifttum ähnlich auch schon *Cosack*, Lehrbuch des deutschen bürgerlichen Rechts, Bd. I, 1898, S. 585.

[135] A.A. *Schippel*, Das Recht am Gewerbebetrieb, 1956, S. 63, wo behauptet wird, dass etwa um 1928 der II. ZS »und ihm folgend die übrigen Senate« den Schutz des Rechts am Gewerbebetrieb auf dem Gebiet des Wettbewerbs- und Warenzeichenrechts auf Unternehmensbeeinträchtigungen erweitert haben, die sich nicht unmittelbar gegen den Bestand eines Gewerbebetriebs richteten; ebenso *Schwitanski*, a.a.O., S. 51 f.

[136] Vgl. RG GRUR 1939, 733 ff., 734 a.E. – Fettsäuren; wohl auch noch GRUR 1939, 787 ff., 788 r. Sp. – Backhilfsmittel.

[137] RG GRUR 1942, 54 ff., 55 – Abtrennmesser.

[138] RG JW 1909, 493 f. Nr. 16 = Warn. 1909, 486 Nr. 505 – Ammoniak; zustimmend *Lobe*, GRUR 1910, 3 ff., 7; ablehnend dagegen *R. Isay*, Das Recht am Unternehmen, 1910, S. 58 Fußn. 1.

[139] RG JW 1909, 493 f., 494 – Ammoniak.

Der VI. ZS folgte alsbald der Ansicht, dass § 823 I BGB den Gewerbebetrieb nur vor *bestandsverletzenden* Eingriffen schütze. Nachdem er in der Zeit bis 1909 den Schutzbereich des Rechts am Gewerbebetrieb ständig ausgeweitet hatte und § 823 I BGB nicht nur auf bestandsverletzende, sondern – wie oben dargelegt – auch auf bereichsverletzende Unternehmenseingriffe für anwendbar gehalten hatte, erklärte er in seiner Rabattverein-Entscheidung vom 3.2. 1910, dass § 823 I BGB nur auf solche Unternehmenseingriffe anwendbar sei, die sich »*unmittelbar gegen den Bestand* des Gewerbebetriebes richten, sei es, dass dieser tatsächlich gehindert, oder dass seine rechtliche Zulässigkeit verneint oder seine Schließung oder Einschränkung verlangt wird« (Hervorhebung vom VI. ZS)[140]. In den folgenden Jahren wiederholte der VI. ZS diese Auffassung in einer größeren Anzahl von Entscheidungen[141]. Der IV., V., VIII. und IX. ZS schlossen sich seiner Auffassung an[142]. Bemerkenswert ist die Art und Weise, mit der die Beschränkung des Unternehmensschutzes auf bestandsverletzende Eingriffe gerechtfertigt wurde. *Eine eigenständige Begründung* dafür, dass § 823 I BGB den Gewerbebetrieb nur noch vor bestandsverletzenden Eingriffen schütze, gab keiner der Senate, die sich zu dieser Ansicht bekannten. Anstelle einer Begründung beriefen sich jedoch der V. und VI. ZS in ihren für den Wandel der Rechtsprechung grundlegenden Entscheidungen vom 13.7.1909, JW 1909, 493 f. – »Ammoniak« und vom 3.2.1910, RGZ 73, 107 ff., 112 – »Rabattverein«, die dann ihrerseits wieder zu Präjudizien für die folgende Rechtsprechung wurden, auf die Entscheidungen RGZ 58, 24 ff. – »Jutepliisch«, RGZ 64, 52 ff. – »Kieler Bäckergesellen«, RGZ 64, 155 ff., 156 – »Arztberuf« und RGZ 65, 210 ff. – »Pappleinen«. Damit erweckten sie, wie schon der I. ZS in seiner Jutepliisch-Entscheidung vom 27.2.1904, RGZ 58, 24 ff., *den Anschein einer Kontinuität der Rechtsprechung, die in Wirklichkeit nicht bestand*. Denn aus keiner der genannten Entscheidungen lässt sich entnehmen, dass das RG auch schon vor 1909 mit der Vorschrift des § 823 I BGB das Recht am Gewerbebetrieb *ausschließlich* vor bestandsverletzenden Eingriffen schützten wollte.

(1) In seiner Jutepliisch-Entscheidung vom 27.2.1904 gewährte der I. ZS nach § 823 I BGB Schadensersatz wegen unbegründeter Schutzrechtsverwarnungen. Diese sind zwar »bestandsverletzende« Unternehmenseingriffe. Von einer *Beschränkung* des Schutzes des Rechts am Gewerbebetrieb auf bestandsverletzende Unternehmenseingriffe ist in dieser Entscheidung jedoch mit keinem Wort die Rede[143].

(2) In der Entscheidung »Kieler Bäckergesellen« vom 12.7.1906 ließ der VI. ZS Schadensersatzansprüche aus § 823 I BGB wegen eines Arbeitnehmerboykotts nicht am Fehlen eines »*bestandsverletzenden*« Eingriffs, sondern we-

---

[140] RGZ 73, 107 ff., 112 – Rabattverein.
[141] Vgl. die Angaben oben in Fußn. 134.
[142] Vgl. die Angaben oben in Fußn. 134.
[143] RGZ 58, 24 ff., 29 f. – Jutepliisch.

gen fehlender *Widerrechtlichkeit* scheitern[144]. Zur Frage, ob die Haftung aus § 823 I BGB einen bestandsverletzenden Eingriff in den Gewerbebetrieb erfordere, nahm der VI. ZS in dieser Entscheidung keine Stellung. Für die Behauptung, dass er in dieser Entscheidung die Haftung aus § 823 I BGB gar auf bestandsverletzende Eingriffe *beschränkt* habe finden sich keinerlei Anhaltspunkte; die Entscheidungspraxis des VI. ZS vor und nach der Entscheidung »Kieler Bäckergesellen« spricht, wie oben dargelegt, für die gegenteilige Ansicht.

(3) Auch aus der Arztberuf-Entscheidung des VI. ZS vom 4.10.1906 kann nicht herausgelesen werden, dass der Schutz des Gewerbebetriebs nach § 823 I BGB auf bestandsverletzende Unternehmenseingriffe beschränkt werden sollte. In dieser Entscheidung erklärte der VI. ZS, »dass ein eingerichteter und ausgeübter Gewerbebetrieb *wenigstens insoweit* als ein sonstiges Recht dem Schutze des § 823 Abs. 1 BGB unterstehe, als er durch positive Gesetzesvorschrift besonders gegen Beeinträchtigungen geschützt ist, (RGZ 56, 275), *und* Eingriffe in Frage kommen, welche sich unmittelbar gegen den Gewerbebetrieb richten oder dessen rechtliche Zulässigkeit verneinen (RGZ 58, 30)« (Hervorhebungen von mir)[145]. Aus der Verwendung des Wortes »*und*« – im hier wörtlich wiedergegebenen Teil der Entscheidung von mir hervorgehoben – könnte man zwar schließen, dass der VI. ZS den Gewerbebetrieb nur gegen solche rechtswidrigen Unternehmenseingriffe mit § 823 I BGB schützen wollte, die bestandsverletzend sind. Oben wurde jedoch bereits ausführlich dargelegt, dass der VI. ZS das Wort »und« im Sinne von »oder« verwendet hat[146]. Vor allem aus den vom VI. ZS zitierten Entscheidungen und aus der Verwendung des Ausdrucks »wenigstens insoweit« ergibt sich, dass er den Schutz des Gewerbebetriebs nach § 823 I BGB nicht auf bestandsverletzende Eingriffe beschränken wollte.

(4) Schließlich kann auch aus der Pappleinen-Entscheidung des II. ZS vom 22.2.1907 nicht abgeleitet werden, dass dieser ZS die Vorschrift des § 823 I BGB nur auf bestandsverletzende Unternehmenseingriffe angewendet wissen wollte[147]. Der II. ZS hat sowohl *vor* als auch *nach* der Pappleinen-Entscheidung mit § 823 I BGB Bereichsschutz gewährt, nämlich gegen Unternehmenseingriffe in Form herabsetzender bezugnehmender Werbung[148]. In der Pappleinen-Entscheidung scheiterten Ansprüche eines Gewerbetreibenden aus § 823 I BGB gegen einen Mitbewerber, der sich mit *irreführender Werbung* einen Wettbewerbsvorsprung zu verschaffen versuchte, nicht am Fehlen eines bestandsverletzenden Eingriffs, sondern deshalb, weil der II. ZS den *Bereichsschutz* ge-

---

144 RGZ 64, 52 ff., 56 – Kieler Bäckergesellen.

145 RGZ 64, 155 ff., 156 – Arztberuf.

146 Siehe oben auf S. 32 f.

147 RGZ 65, 210 ff. – Pappleinen; siehe dazu die Ausführungen oben auf S. 24 f.

148 RG JW 1905, 20 – Deutsche Hausfrau; JW 1908, 133 f. – Schmutzige Prahlerei.

gen unlauteren Wettbewerb auf – in heutiger Terminologie – »*mitbewerberbezogene*« Unlauterkeit beschränkte[149], wie sie z.B. herabsetzende bezugnehmende Werbung darstellt, während »*kundenbezogene*« Unlauterkeit, wie z.B. irreführende Werbung, nach der in dieser Entscheidung geäußerten Ansicht die Voraussetzungen des § 823 I BGB nicht erfüllte. In seiner Entscheidung »Pilsener Brauhaus« vom 7.12.1909 hatte er dann sogar auch bereichsverletzende Unternehmenseingriffe durch »kundenbezogene« Unlauterkeit in Form irreführender Werbung als tatbestandsmäßige Eingriffe in das Recht am Gewerbebetrieb angesehen, sich in dieser Entscheidung allerdings auf die Anspruchsnorm des § 1 UWG (1909) beschränkt[150].

Es zeigt sich also, dass die vom V. und VI. ZS in ihren Entscheidungen »Ammoniak« vom 13.7.1909 und »Rabattverein« vom 3.2.1910 aufgestellte Behauptung unzutreffend ist, dass das RG in seinen Entscheidungen RGZ 58, 24 ff. – »Juteplüsch«, RGZ 64, 52 ff. – »Kieler Bäckergesellen«, RGZ 64, 155 ff. – »Arztberuf«, RGZ 65, 210 ff. – »Pappleinen« den Schutz des Rechts am Gewerbebetrieb auf bestandsverletzende Eingriffe beschränkt habe. Keine dieser Entscheidungen lässt eine *Beschränkung* des Schutzes des Rechts am Gewerbebetrieb auf bestandsverletzende Eingriffe erkennen. Außerdem haben, was in den Entscheidungen »Ammoniak« und »Rabattverein« verschwiegen wird, der II. und IV. ZS vor 1909 durchaus auch Unternehmensbeeinträchtigungen, die nicht bestandsverletzend im Sinne der genannten reichsgerichtlichen Definitionen waren, nämlich Boykottaufforderungen, herabsetzende bezugnehmende Werbung und irreführende Werbung, ausdrücklich als tatbestandsmäßige Eingriffe in das Recht am Gewerbebetrieb i.S.v. § 823 I BGB anerkannt[151]. Auch die Spruchpraxis des VI. ZS *aus der Zeit vor 1900* lässt, wie bereits ausgeführt, nicht den Schluss zu, dass er mit § 823 I BGB ausschließlich vor bestandsverletzenden Eingriffen Schutz gewähren wollte.

(5) Im Zusammenhang mit der Frage, ob § 823 I BGB den Gewerbebetrieb nur vor bestandsverletzenden oder auch vor sonstigen Eingriffen schütze, ist noch folgende vom VI. ZS in seiner Rabattverein-Entscheidung vom 3.2.1910 getroffene Feststellung von Bedeutung: »In der Rspr. des RG ist wiederholt anerkannt worden, dass ein eingerichteter und ausgeübter Gewerbebetrieb als *verkörperter Wille im Gegensatz zu der bloßen Freiheit der wirtschaftlichen und gewerblichen Willensbetätigung* unter den Begriff eines »sonstigen Rechts« nach § 823 Abs. 1 BGB gebracht werden könne (Entsch. in Zivils. Bd. 51 S. 369, Bd. 56 S. 271, Bd. 58 S. 214, Bd. 64 S. 52, Bd. 65 S. 210), aus denselben Gründen,

---

149 Ebenso später RGZ 132, 211 ff., 216 f.

150 RG JW 1910, 120 ff. = GRUR 1910, 122 ff. = MuW X (1910/11), 160 – Pilsener Brauhaus; ebenso auch später RGZ 163, 21 ff., 32 f. – Kfz-Unfall; siehe dazu oben S. 26 f.

151 RG JW 1902, Beilage 227 f. = (ausführlicher) Lobe I, S. 460 ff. – Privatklinik; JW 1905, 20 – Deutsche Hausfrau; LZ 1907, 744 f. – Spirituswerbung; JW 1908, 133 f. – Schmutzige Prahlerei; JW 1910, 120 ff. – Pilsener Brauhaus.

aus denen auch ein durch die Übergabe der Mietsache und den *ausgeübten Besitz* des Mieters *verkörpertes* und durch den Besitzstand *für jedermann erkennbares* Mietrecht den ›sonstigen Rechten‹ des genannten Abs. 1 zugezählt worden ist (Entsch. in Zivils. Bd. 59 S. 326)« (Hervorhebungen von mir)[152]. Diese Ausführungen machte der VI. ZS zwar nicht im Zusammenhang mit der Frage, ob § 823 I BGB den Gewerbebetrieb nur vor bestandsverletzenden oder auch vor sonstigen Eingriffen schütze; vielmehr wollte er damit nur begründen, dass § 823 I BGB zwar einen *Gewerbebetrieb*, nicht jedoch einen *Wirtschaftsverband* schütze. Dennoch lassen die hier hervorgehoben wiedergegebenen Ausführungen den für den VI. ZS wohl entscheidenden Grund für die Beschränkung des Schutzes des Gewerbebetriebs nach § 823 I BGB auf bestandsverletzende Eingriffe erkennen. Denn als *bestandsverletzend* anerkannte der VI. ZS nur Eingriffe in die Produktions*tätigkeit* (z.B. unbegründete Schutzrechtsverwarnungen) und in die Absatz*tätigkeit* (z.B. Unternehmensblockaden und Benutzungssperren), nicht jedoch die Beeinträchtigung der Absatz*chancen* durch *Beeinflussung der Kunden bzw. Lieferanten* eines Unternehmens. Nur in der Produktions*tätigkeit* und in der Absatz*tätigkeit* sah er den *unternehmerischen Willen* eines Gewerbetreibenden *verkörpert*. Wenn der VI. ZS nur an dem in einem Gewerbebetrieb *verkörperten Willen* ein sonstiges Recht im Sinne von § 823 I BGB anerkannte und er diese Verkörperung des unternehmerischen Willens in der Produktions- und Absatztätigkeit des Gewerbetreibenden sah, dann folgt daraus zwangsläufig, dass auch nur Eingriffe in die Produktions- und Absatztätigkeit, die der VI. ZS als bestandsverletzende Eingriffe bezeichnete, die Voraussetzungen eines Eingriffs in das Recht am Gewerbebetrieb erfüllten.

b) Fallgruppen: Eingriffe, die sich unmittelbar gegen den Bestand eines Gewerbebetriebs richten

aa) Unbegründete Schutzrechtsverwarnungen und -berühmungen

Zu den bestandsverletzenden Unternehmenseingriffen rechnete das RG in erster Linie unbegründete Schutzrechtsverwarnungen[153]. Sie waren der Prototyp bestandsverletzender Unternehmenseingriffe durch *rechtliche* Be- oder Verhinderungen von Betriebs- oder Vertriebshandlungen. In der Praxis stellten sie

[152] RGZ 73, 107 ff., 111 – Rabattverein. Gegen die Ansicht, dass »die Erkennbarkeit«, die hinter dem Begriff »Verkörperung« steckt, ein Wesensmerkmal der sonstigen Rechte i.S.v. § 823 I BGB sei, *Marquitz*, Der Rechtsschutz des kaufmännischen Unternehmens durch die §§ 823 ff BGB., 1937, S. 23; vgl. jedoch in neuerer Zeit *Fabricius*, AcP 160 (1961), 273 ff., 295 und *Preusche*, Unternehmensschutz, 1974, S. 90 ff., 98 ff.

[153] Nur der II. ZS hat in seinen Schlichte-Entscheidungen vom 9.10.1928, MuW 1929, 65 ff. – Schlichte-König und MuW 1929, 28 ff. = GRUR 1928, 113 ff. = JW 1929, 1217 – Schlichte, die Frage ausdrücklich offen gelassen, ob eine unbegründete Schutzrechtsverwarnung einen *bestandsverletzenden* Unternehmenseingriff darstellt.

die wichtigste Fallgruppe bestandsverletzender Unternehmenseingriffe dar. Mit § 823 I BGB erfasste das RG allerdings nicht nur unbegründete Verwarnungen des vermeintlichen »primären« Verletzers eines Schutzrechts[154]. Auch unbegründete *Abnehmerverwarnungen*, d.h. unbegründete Verwarnungen vermeintlicher *sekundärer* Verletzer eines Schutzrechts haben der I. und VI. ZS nicht nur als bestandsverletzende Eingriffe in den Gewerbebetrieb des *verwarnten* Gewerbetreibenden, sondern auch als bestandsverletzende Eingriffe in den Gewerbebetrieb des davon mittelbar betroffenen vermeintlichen *primären* Verletzers (Lieferanten) angesehen[155].

Damit sind jedoch der I. und VI. ZS, wohl ohne dass sie sich dessen bewusst waren, ihrem Grundsatz untreu geworden, dass § 823 I BGB den Gewerbebetrieb nur gegen solche Eingriffe schütze, die sich »unmittelbar gegen seinen Bestand« richten. Denn unbegründete Abnehmerverwarnungen sind nur gegenüber dem *verwarnten* Abnehmer, dem vermeintlichen sekundären Schutzrechtsverletzer, bestandsverletzende Eingriffe; gegenüber dem vermeintlichen primären Verletzer (Lieferanten), der nur auf Grund der Reaktion seiner Kunden Umsatzeinbußen erleidet, sind sie dagegen keine bestandsverletzenden Unternehmenseingriffe im Sinne der reichsgerichtlichen Definition. Sie greifen nur *mittelbar* in den Gewerbebetrieb des vermeintlichen primären Verletzers durch Beeinflussung seiner Kunden ein. Daher sind sie – wie auch andere Beeinflussungen des Abnehmerkreises, z.B. durch geschäftsschädigende Äußerungen oder Boykottaufforderungen – nur bereichsverletzende Eingriffe in den Gewerbebetrieb des davon betroffenen Gewerbetreibenden. Mit Recht hat daher der II. ZS in seiner Wasserreinigungsanlagen-Entscheidung vom 27.2.1931 unbegründete Abnehmerverwarnungen nicht zu den bestandsverletzenden Eingriffen in den Gewerbebetrieb des vermeintlichen primären Verletzers gerechnet[156].

Schließlich haben der I. und VI. ZS auch gegen unberechtigte *öffentliche Schutzrechtsberühmungen* aus § 823 I BGB Schutz gewährt[157]. Aber auch diese

---

[154] Vgl. RG MuW XVI (1916/17), 111 f. = LZ 1916, 1486 f. – Kinderwagen; JW 1917, 712 – Nähmaschine; RGZ 94, 271 ff. (1919) – Sprechmaschine; MuW XXII (1922/23), 75 ff.; MuW XXIX (1929), 121 f.; MuW XXX (1930), 441 ff. = GRUR 1930, 888 ff. – Konuslautsprecher; GRUR 1931, 757 ff. – Heizsonne; RGZ 141, 336 ff. = GRUR 1933, 709 ff. – Appreturmittel; GRUR 1935, 577 ff. – Bandmotiv; GRUR 1942, 54 ff., 55 – Abtrennmesser.

[155] RGZ 94, 248 ff. – Socken; MuW 1930, 480 f. – Fahrradlampen (der I. ZS gewährte Unterlassungsansprüche aus § 1 GewO und § 1004 BGB sowie Schadensersatzansprüche aus § 823 I BGB); auch der II. ZS gewährte aus § 823 I BGB dem vermeintlichen primären Schutzrechtsverletzer Schutz gegen unbegründete Verwarnungen seiner Abnehmer (JW 1915, 327 f. – Pilsener Bier; JW 1917, 124 f. – Nähmaschine m. Anm. von *Seligsohn* = GRUR 1917, 124 f.; MuW 1931, 476 ff. – Wasserreinigungsanlagen), dies jedoch nicht unter dem Gesichtspunkt »Bestandsschutz«, sondern unter dem zutreffenden Gesichtspunkt »Bereichsschutz« (so ausdrücklich MuW 1931, 476 ff. – Wasserreinigungsanlagen).

[156] RG MuW 1931, 276 ff., 277 f. – Wasserreinigungsanlagen.

[157] RGZ 94, 291 ff. – Sprechmaschine; MuW 1929, 179 ff. – Gewächshausbrettbinder (der

stellen, wie unbegründete Abnehmerverwarnungen, nur gegenüber denjenigen einen bestandsverletzenden Eingriff dar, die selbst auf Grund der Schutzrechtsberühmung die Produktion oder den Vertrieb beschränken oder einstellen. Erleidet dagegen ein Gewerbetreibender *mittelbar* dadurch einen Schaden, dass *seine Abnehmer* die öffentliche Schutzrechtsberühmung ernst nehmen, so beruht der *dadurch* verursachte Schaden nicht auf einem bestandsverletzenden, sondern auf einem bereichsverletzenden Eingriff.

Bemerkenswert ist, dass das RG auf unbegründete Schutzrechtsverwarnungen fast ausschließlich die Vorschrift des § 823 I BGB angewendet hat. Denn im Jahre 1909 hatte der Gesetzgeber das UWG neu gefasst und ihm die Generalklausel des § 1 vorangestellt, mit der *alle Fälle* unerlaubten Wettbewerbs, gegen die nicht bereits die wettbewerbsrechtlichen Spezialtatbestände ausreichenden Schutz gewährten, sollten erfasst werden können[158]. In seiner Juteplüsch-Entscheidung vom 27.2.1904 hatte das RG unberechtigte Schutzrechtsverwarnungen klar als »unlauteren Wettbewerb« gekennzeichnet[159]. Diese Form unlauteren Wettbewerbs konnte damals nur deshalb nicht mit dem UWG erfasst werden, weil es in seiner Fassung von 1896 noch keine umfassende Generalklausel kannte und auch keinen Sondertatbestand für unberechtigte Schutzrechtsverwarnungen vorsah. Nachdem jedoch das UWG in seiner Neufassung von 1909 in § 1 eine umfassende Generalklausel erhalten hatte, hätte nichts entgegen gestanden, unbegründete Schutzrechtsverwarnungen wettbewerblicher Natur, die als unlauterer Wettbewerb empfunden wurden, mit § 1 UWG (1909) zu erfassen[160], ebenso wie das RG nach 1909 auch die Rechtsprechung zur herabsetzenden bezugnehmenden Werbung von § 823 I BGB auf die Generalklausel des § 1 UWG (1909) umgestellt hat. Obwohl unbegründete Schutzrechtsverwarnungen *fast immer* Wettbewerbshandlungen sind[161], hat das RG soweit er-

I. ZS gewährte Unterlassungsansprüche aus § 40 PatG, § 823 I und II BGB und §§ 3, 13 UWG).

[158] Vgl. *Voß*, MuW IX (1909/10), 119 ff., 121; *Finger*, UWG, 4. Aufl. 1911, Einl. 6, S. 15; *Reiche*, Das Recht am Unternehmen, 1920, S. 65; *Daffis*, GRUR 1931, 801 ff., 817; *Bahrsel*, Das Recht am Gewerbebetrieb, 1933, S. 54; aus neuerer Zeit vgl. *Eichmann*, Die vergleichende Werbung, 1967, S. 13, 14; *v. Gierke/Sandrock* I, S. 202 ff., 204, 205; *Katzenberger*, Recht am Unternehmen und unlauterer Wettbewerb, 1967, S. 86, 130; *Sack*, WRP 1976, 733 ff., 735 f.; *ders.*, WRP 1985, 1 ff.; *Schrauder*, Wettbewerbsverstöße, 1970, S. 274, 287.

[159] RGZ 58, 24 ff., 30 – Juteplüsch.

[160] Zutreffend *v. Gierke/Sandrock* I, S. 205; ebenso *Sack*, WRP 1976, 733 ff.

[161] Vgl. RG GRUR 1930, 888 ff., 889 – Konuslautsprecher; *Baumbach/Hefermehl*, Wettbewerbsrecht, § 14 UWG Rn. 10, 11; *Blaurock*, Die Schutzrechtsverwarnung, 1970, S. 72 f., 79, 84, 86 ff., 93 f.; *ders.*, JZ 1974, 620; *v. Gierke/Sandrock* I, S. 205 f.; *Horn*, Die unberechtigte Verwarnung aus gewerblichen Schutzrechten, 1971, S. 188 ff., 192, 206, 208, 212; *ders.*, GRUR 1971, 442 ff., 451, 453; *Katzenberger*, Das Recht am Unternehmen, 1967, S. 87, 130, 150, 161; *Kunze*, WRP 1965, 7 ff., 10 f. (*immer* Wettbewerbshandlungen); *Ohl*, GRUR 1966, 172; *Rogge*, WRP 1965, 40 ff., 44 (*immer* Wettbewerbshandlungen); *Sack*, WRP 1976, 733 ff., 735; *Schrauder*, Wettbewerbsverstöße, 1970, S. 272 f., 274, 278 ff., 285, 287; *Scriba*, Unternehmensschutz, 1970, S. 72, 80; *Voigt*, Das Recht am Gewerbebetrieb, 1971, S. 132; vgl. auch *Buchner*,

sichtlich in keiner einzigen Entscheidung, in der es Ansprüche aus § 823 I BGB wegen unbegründeter Schutzrechtsverwarnungen für gegeben erachtete, auch Ansprüche aus § 1 UWG (1909) ernsthaft in Betracht gezogen[162].

bb) Tatsächliche Behinderungen

Die zweite Fallgruppe bestandsverletzender Unternehmenseingriffe bildeten in der Zeit nach 1909 die »tatsächlichen Behinderungen«. Diese Fallgruppe umfasste allerdings recht heterogene Unternehmenseingriffe.

(1) Benutzungssperren. In seiner Schlachthof-Entscheidung vom 20.1.1916 hielt es der VI. ZS für einen bestandsverletzenden Eingriff in den Gewerbebetrieb eines Schlachters, wenn diesem die Benutzung des von den Schlachtern der Gemeinde *ausschließlich* zu benutzenden Schlachthauses verboten wurde[163].

Desgleichen sah derselbe Senat in seiner Friedhof-Entscheidung vom 15.11. 1920 das an ein Bestattungsunternehmen gerichtete Verbot, auf dem gemeindlichen Friedhof sein Gewerbe auszuüben, als bestandsverletzenden Eingriff in dessen Gewerbebetrieb an[164].

(2) Verhinderung des bestimmungsgemäßen Gebrauchs von »Betriebsmitteln«. In seiner Kanalsperre-Entscheidung vom 19.6.1924[165] hatte der IV. ZS darüber zu befinden, ob ein Gewerbetreibender (der Kläger), dessen Kähne infolge des Bruchs eines Kanaldammes für längere Zeit zwischen 2 Sperrtoren des Kanals eingeschlossen waren, Ersatz des ihm durch das Stillliegen seiner Kähne entgangenen Gewinnes verlangen konnte. Der IV. ZS führte aus, dass der Gewerbebetrieb des Klägers durch das Stilllegen seiner Kähne insofern »*tatsächlich gehindert*« worden sei, als ihm die Möglichkeit genommen worden sei, sein Gewerbe im früheren Umfange und auf längere Zeit hinaus weiter auszuüben. Diese tatsächliche Hinderung sei »an sich geeignet, einen unmittelbaren Ein-

Unternehmensschutz, 1971, S. 195; *Ulmer/Reimer* Unlauterer Wettbewerb III, S. 349. Bereits in seiner Juteplüsch-Entscheidung von 1904, RGZ 58, 24 ff., 30 war der I. ZS des RG davon ausgegangen, dass es sich bei der zu beurteilenden unbegründeten Schutzrechtsverwarnung »nicht mehr um einen erlaubten Wettbewerb handelte«. A.A. (grundsätzlich keine Wettbewerbshandlung) wohl nur *Seidler*, Festschrift für Wendel, 1969, S. 46 ff., 47; dagegen zutreffend *Blaurock*, Die Schutzrechtsverwarnung, 1970, S. 72 f.

[162] In seiner Entscheidung RGZ 94, 271 ff., 276 f., die eine öffentliche Schutzrechtsberühmung betraf, erwähnte das RG neben § 823 I BGB auch § 1 UWG sowie die §§ 14 UWG, 824, 826 BGB und § 823 II BGB i.V.m. § 1 GewO. Ansprüche aus §823 I BGB lehnte das RG ab, weil der Schutzrechtsinhaber in Bezug auf die Begründetheit seiner Verwarnung gutgläubig war. Wegen der Gutgläubigkeit hielt es auch einen Sittenverstoß nach § 826 BGB und § 1 UWG (1909) nicht für gegeben.

[163] RG Recht 1916, Nr. 444 – Schlachthaus.

[164] RGZ 100, 213 ff., 214 – Friedhof.

[165] RG Recht 1924 Nr. 1678 = Gruchot 68 (1924), 75 ff. Nr. 8 – Kanalsperre.

griff in den Gewerbebetrieb darzustellen«. Weiteres Erfordernis für die Anwendung von § 823 I BGB sei jedoch, dass durch das Festhalten der Kähne »der Bestand des *ganzen Unternehmens* in Frage gestellt und nicht bloß dessen Ertrag gemindert ist«.

Die vom IV. ZS vorgenommene Einschränkung, dass § 823 I BGB nur dann anwendbar sei, wenn durch eine tatsächliche Behinderung der Bestand des »*ganzen*« Unternehmens in Frage gestellt sei, lässt sich mit der Entscheidungspraxis der anderen Zivilsenate kaum vereinbaren. So ist z.B. die Haftung für unbegründete Schutzrechtsverwarnungen oder für Unternehmensblockaden niemals davon abhängig gemacht worden, dass dadurch der Bestand des *ganzen* Unternehmens des betroffenen Gewerbetreibenden in Frage gestellt wurde. Der IV. ZS verkannte scheinbar, dass die Rechtsprechung mit dem Kriterium »Eingriff unmittelbar in den Bestand eines Gewerbebetriebs« nicht auf die *Auswirkungen*, sondern auf die *Art und Weise* des Eingriffs abgestellt hat. Eine tatsächliche Behinderung, die die Voraussetzungen eines Eingriffs »unmittelbar in den Bestand des Gewerbebetriebs« des Klägers erfüllte, lag in jedem Fall vor, unabhängig davon, ob durch sie der *ganze* Betrieb in Frage gestellt wurde oder nicht.

Denkbar ist allerdings, dass der IV. ZS, ähnlich wie bereits der V. ZS in seiner Ammoniak-Entscheidung und wie heute der BGH in seinen Stromkabel-Entscheidungen[166], Beeinträchtigungen von »Betriebsmitteln« (Betriebsfahrzeuge; Maschinen) grundsätzlich nicht als *unmittelbare* Eingriffe in den betroffenen Gewerbebetrieb ansehen wollte, weil sie sich gegen »ohne weiteres vom Betrieb ablösbare Rechte und Rechtsgüter« (so der BGH) richten und dass er in solchen Fällen einen unmittelbaren Eingriff *erst dann* annehmen wollte, wenn durch die Beeinträchtigung von Betriebsmitteln *der Betrieb selbst* in Frage gestellt wird. Die Unterscheidung von Eingriffen unmittelbar in den Betrieb selbst und bloßen Beeinträchtigungen von einzelnen Betriebsmitteln würde die Entscheidung des IV. ZS erklären, sie allerdings kaum rechtfertigen.

In neuerer Zeit hat der BGH in einem dem Kanalsperre Fall sehr ähnlichen Fall eine Eigentumsverletzung nach § 823 I BGB angenommen, weil dem Eigentümer durch das Einsperren eines Kahns dieser »*seinem* bestimmungsgemäßen Gebrauch entzogen« worden war. Wegen der Subsidiarität der Haftung für Eingriffe in das Recht am Gewerbebetrieb hat er die Frage dahingestellt sein lassen, ob auch ein rechtswidriger Eingriff in das Recht am Gewerbebetrieb vorlag[167].

(3) Unternehmensblockaden. Zu den bestandsverletzenden Unternehmenseingriffen durch tatsächliche Behinderungen rechnete das RG schließlich auch noch Unternehmensblockaden. Über eine solche hatte der VI. ZS in seiner Fürstenhof-Entscheidung vom 13.2.1911 zu befinden[168]. Der Pächter einer Gast-

166 RG JW 1909, 493 f., 494 – Ammoniak; BGHZ 29, 65 ff., 74 – Stromkabel I.
167 BGHZ 55, 153 ff., 158 f. – Schuten im Fleet.
168 RGZ 76, 35 ff. – Fürstenhof; dieser Entscheidung lag teilweise ein ähnlicher Sachver-

wirtschaft hatte sich geweigert, seine Räumlichkeiten für sozialdemokratische Versammlungen zur Verfügung zu stellen. Daraufhin wurde über einen längeren Zeitraum hinweg von sozialdemokratischer Seite aus in Zeitungsartikeln, auf Flugblättern und auf Versammlungen zum Boykott dieser Gastwirtschaft aufgerufen. Um der Boykottaufforderung mehr Nachdruck zu verleihen, wurde schließlich die Gastwirtschaft *vorübergehend* belagert; Gäste wurden bedroht und eingeschüchtert, um sie vom Betreten der Gastwirtschaft abzuhalten; auf manche Gäste wurde auch tätlich eingewirkt; Boykottposten drangen in die Gastwirtschaft ein.

Die vorübergehende *Blockade* der Gastwirtschaft durch Einschüchterung und Bedrohung der Gäste bewertete der VI. ZS als *tatbestandsmäßigen*, d.h. bestandsverletzenden, sowie *rechtswidrigen* Eingriff in das Recht am Gewerbebetrieb des Gastwirts[169]. In den länger andauernden *Boykottaufforderungen* sah der VI. ZS hingegen keine *Rechtsverletzung* i.S.v. § 823 I BGB, sondern lediglich eine »*Vermögensbeschädigung*«, gegen die nur, da die Voraussetzungen der §§ 823 II, 824 BGB nicht gegeben waren, die Vorschrift des § 826 BGB Schutz gewähre[170].

(4) Streiks und Streikaufrufe. Der IV. ZS, der nur gegen bestandsverletzende Unternehmenseingriffe mit § 823 I BGB Unternehmensschutz gewährte[171], hat schließlich auch Streiks und Streikaufrufe als tatbestandsmäßige Eingriffe in das Recht am Gewerbebetrieb angesehen[172].

c) Fallgruppen: Eingriffe, die sich nicht unmittelbar gegen den Bestand eines Gewerbebetriebes richten

aa) Beeinflussung des Kunden- und Lieferantenkreises durch geschäftsschädigende Äußerungen, Boykottaufforderungen sowie Kunden- bzw. Lieferantensperren

Nicht zu den bestandsverletzenden Unternehmenseingriffen rechnete das RG die Beeinflussung des Kunden- und Lieferantenkreises durch *geschäftsschädigende Äußerungen*[173]. So sah der VI. ZS in seiner Entscheidung vom 12.6.1911

---

halt zugrunde wie der bereits oben erörterten Wirtshausboykott-Entscheidung des VI. ZS vom 23.12.1908, JW 1909, 109 Nr. 6 – Wirtshausboykott; siehe oben S. 34 f.

169 RGZ 76, 35 ff., 44 ff., 46 – Fürstenhof; ebenso *Schwitanski*, Deliktsrecht, Unternehmensschutz und Arbeitskampfrecht, S. 49 f.

170 RGZ 76, 35 ff., 48 f. – Fürstenhof; a.A. jedoch damals *A. Hueck*, Unkörperliche Geschäftswerte, o. J. (1913), S. 58 f.

171 Vgl. RG Recht 1924, Nr. 1678 = Gruchot 68, 78 – Kanalsperre; MuW XXV (1925/26), 243 ff. = HansGZ 1926, 42 Nr. 20 – zurückgestellte Rabatte.

172 Vgl. seine Entscheidung vom 17.5.1926, SeuffA 80 (1926), 337 ff., 340 – Mehrarbeit; ebenso wohl auch der III. ZS in seiner Mehrarbeitsabkommen-Entscheidung vom 20.12.1927, RGZ 119, 291 ff., 293, 296.

173 RG JW 1911, 712 – Ding an sich; MuW 14 (1914/15), 74 ff., 75; RGZ 95, 339 ff., 340 –

in der in den »Bremer Nachrichten« veröffentlichten amtlichen Bekanntmachung der Medizinalkommission des Senats der Freien Hansestadt Bremen, in der das Publikum vor dem Gebrauch des Waschpulvers »Ding an sich« gewarnt wurde, weil es wiederholt ernste Gefahren und Schäden für die das Mittel benutzenden und in der Nähe befindlichen Personen verursacht habe, keinen unmittelbaren Eingriff in den Bestand des Gewerbebetriebs des betroffenen Waschpulverherstellers. Die Warnung der Medizinalkommission habe »keine unmittelbare Hinderung oder Hemmung des Anbietens und Abschließens von Verkäufen oder irgendwelcher Betriebs- oder Vertriebshandlungen des Klägers in sich geschlossen«. Das Merkmal eines rechtswidrigen Eingriffs liege »nicht in der nachteiligen Einwirkung auf den *Ertrag* des Geschäfts, sondern in der Antastung des Gewerbebetriebs als solchem«[174].

Auch *Boykottaufforderungen*, die eine qualifizierte Form geschäftsschädigender Äußerungen darstellen, wurden vom RG nicht zu den bestandsverletzenden Eingriffen gerechnet[175]. Besonderns deutlich betonte dies der VI. ZS in seiner Entscheidung »Leipziger Zeitungsstreit« vom 6.5.1915[176]: Der Herausgeber zweier Leipziger Zeitungen hatte in diesen einem anderen Herausgeber vorgeworfen, dass er sich zum »Sittenrichter und Tugendwächter« aufspiele, dass sein »Element der Skandal und die Beschimpfung sei«, dass er »allen, die ihm unbequem sind, fortgesetzt die tollsten Schändlichkeiten anhängt, dass er den einzelnen Redakteuren bis zum Einbruchsdiebstahl so ziemlich alle Verbrechen andichtet«, obwohl er selbst in eine fremde Wohnung unter fremdem Namen eingedrungen sei, usw. Die Angriffe endeten mit der Bemerkung, solange keine staatlichen Maßnahmen ergriffen werden, gebe es »für die Leipziger Bür-

Wäschegeschäft; SeuffA 83 (1929), 346 ff., 348; JW 1932, 1883 – Deutsche Normen; vgl. auch LZ 1932, 1234 ff., wo § 823 I BGB nicht erwähnt wurde, sondern nur die §§ 823 II, 824, 826 BGB, 14 UWG geprüft wurden; vor 1909 hatte der II. ZS § 823 I BGB auf rechtswidrige geschäftsschädigende Äußerungen angewendet, JW 1905, 20 – Deutsche Hausfrau; JW 1908, 133 f. – Schmutzige Prahlerei; gegen die generelle Nichtanwendung von § 823 I BGB auf geschäftsschädigende Äußerungen in jener Zeit vor allem *A. Hueck*, a.a.O., S. 58 Fußn. 1; *Rosenthal*, LZ 1910, 107 ff.

[174] RG JW 1911, 712 – Ding an sich.

[175] Vgl. RGZ 76, 35 ff., 44 ff., 46, 48 – Fürstenhof; Warn. 1912, Nr. 305, S. 383 ff.; Warn. 1912, Nr. 306, S. 341 ff.; JW 1913, 91 – Hamburger Schlachtergesellen; SeuffA 70, Nr. 177, S. 322 ff., 323; JW 1915, 913 ff., 915 – Leipziger Zeitungsstreit; LZ 1924, 34 f., 35 – Schundliteratur; vgl. auch schon RG JW 1909, 109 – Wirtshausboykott; vgl. weiterhin Warn. 1912, Nr. 428, S. 468 ff., wo die Frage offen gelassen wird, ob eine einfache Boykottaufforderung einen bestandsverletzenden Unternehmenseingriff darstellt; vgl. auch folgende Boykottentscheidungen, in denen § 823 I BGB als Anspruchsgrundlage mit keinem Wort erwähnt und lediglich auf § 826 BGB abgestellt wurde: JW 1912, 749 ff.; JW 1933, 46 ff. (m. Anm. *Callmann*) = SeuffA 87 (1933), 75 ff. – Notenverleih; JW 1937, 2195 f.; für unanwendbar auf Boykottaufforderungen hielt § 823 I BGB auch schon *Rosin* auf dem XXIX. DJT 1908, Bd. V (1909), 195 ff., 198.

[176] RG JW 1915, 913 ff. – Leipziger Zeitungsstreit.

gerschaft nur das Mittel der Selbsthilfe, weder durch Kauf, Abonnement oder Inserate jenes Skandalblatt zu unterstützen«.

Der VI. ZS wertete dies nicht als rechtswidrigen Eingriff in das Recht am Gewerbebetrieb. Ein solcher liege »noch nicht in jeder nachteiligen Einwirkung auf den Ertrag des Geschäfts, sondern erst in der widerrechtlichen Antastung des Gewerbebetriebs als solchen, in der *unmittelbaren* Hinderung und Hemmung von Betriebshandlungen, wie sie z.B. in dem in RG. 76, 35 ff. entschiedenen Falle durch aufgestellte Posten ›stattgefunden‹ habe. Die Boykottaufforderung möge ›*mittelbar*‹ zu einer Schädigung des Klägers geführt haben, eine *unmittelbare* Antastung seines Gewerbebetriebs enthielt sie nicht« (Hervorhebungen von mir)[177].

Schließlich hat der IV. ZS in seiner Entscheidung »Zurückgestellte Rabatte« auch Unternehmensschädigungen als Folge der Beeinflussung von Kunden durch Androhung oder Durchführung von *Sperren* nicht als bestandsverletzend gewertet[178].

Gemessen an dem vor 1909 *tatsächlich* mit § 823 I BGB gewährten Unternehmensschutz hatte die Beschränkung des Anwendungsbereichs von § 823 I BGB auf bestandsverletzende Unternehmenseingriffe allerdings bei den sogenannten »Äußerungsdelikten« *im praktischen Ergebnis* kaum eine Beschränkung des Unternehmensschutzes zur Folge. Denn rechtswidrige bezugnehmende Werbung, gegen die der II. ZS vor 1909 mit § 823 I BGB Schutz gewährt hatte[179], konnten nach der Erweiterung des UWG um eine wettbewerbsrechtliche Generalklausel im Jahre 1909 mit dieser erfasst werden[180]. Ansprüche aus § 823 I BGB wegen geschäftsschädigender Boykottaufforderungen, die vor 1909 – von einer Ausnahme abgesehen (JW 1902, Beilage S. 227 f. = Lobe I, S. 460 ff. – Privatklinik) – wegen fehlender *Rechtswidrigkeit* abgelehnt worden waren, scheiterten nach 1909 nun bereits am Fehlen eines tatbestandsmäßigen, nämlich bestandsverletzenden Unternehmenseingriffs. Nur unter den Voraussetzungen der §§ 823 II, 824, 826 BGB und der §§ 1, 14 UWG gewährte das RG gegen sie Schutz[181].

---

177 RG JW 1915, 913 ff., 915 r. Sp. unten – Leipziger Zeitungsstreit.

178 RG MuW XXV (1925/26), 243 ff. = HansGZ 1926, 42 Nr. 20 – Zurückgestellte Rabatte.

179 RG JW 1905, 20 – Deutsche Haufrau; JW 1908, 133 – Schmutzige Prahlerei; vgl. auch VI. ZS JW 1908, 482 – Backobstwasser.

180 Vgl. vor allem die Entscheidungen des II. ZS: GRUR 1931, 1299 ff., 1300 – Hellegold (vergleichende Werbung); GRUR 1942, 364 ff., 365 – Förderanlagen; vgl. auch RGZ 86, 252 ff., 254.

181 Vgl. vor allem RGZ 76, 35 ff., 48 f. – Fürstenhof.

bb) Das Unterschieben nicht bestellter Waren

Eine heftige Diskussion knüpfte sich an die beiden Compretten-Entscheidungen des RG vom 24.3.1930 und vom 19.2.1932[182]. In ihnen hatten zunächst der VI. ZS und dann der II. ZS über folgenden Sachverhalt zu befinden: Bestimmte Apotheken hatten in zahlreichen Fällen anstelle der ärztlich verordneten, unter den Warenzeichen »M. B. K.« und »Compretten« in den Verkehr gebrachten Arzneimittel der Kläger selbst angefertigte oder anderweitig bezogene Kompretten an die Kunden abgegeben, teilweise ohne dies auf dem Rezept zu vermerken, teilweise, indem sie das Wort »Compretten« einklammerten und darüber »Tabletten« oder »Tabl.« schrieben. Das mit diesem Fall befasste OLG Stuttgart hatte in diesem Verhalten bestandsverletzende Eingriffe in die Gewerbebetriebe der Kläger gesehen. Die Zuleitung der Ware an die Verbraucher gehöre zum Gewerbebetriebe der Kläger; sie sei der letzte für den Bestand des Betriebes notwendige Akt des Absatzes. Wer in diesen Gang eingreife, störe damit nicht nur *den Ertrag* des betroffenen Betriebs, sondern störe den Betrieb selbst durch die Verhinderung des Absatzes[183].

Der VI. ZS des RG teilte diese Ansicht nicht. Er sah in dem Verhalten der Apotheken lediglich einen *mittelbaren* Unternehmenseingriff; die Behinderung des Betriebs der Kläger sei nur eine mittelbare Folge des Eingriffs in ihren Absatz[184]. Da das OLG die übrigen in Betracht kommenden Klagegründe nicht geprüft und vor allem der subjektive Tatbestand auf Seiten der Beklagten nicht aufgeklärt war, wurde zurückverwiesen. Schließlich wurde der Fall dem II. ZS des RG zur Entscheidung vorgelegt. Dieser verurteilte die Beklagten aus § 1 UWG; die Vorschrift des § 823 I BGB fand keine Erwähnung mehr[185].

cc) Eingriffe in »ohne weiteres vom Betrieb ablösbare Rechte und Rechtsgüter«

In mehreren Entscheidungen des RG finden sich erste Ansätze zu einer Einschränkung des Unternehmensschutzes, wie sie der BGH später in seinen Stromkabel-Entscheidungen fortgeführt hat. In seiner Stromkabel I-Entschei-

[182] RG LZ 1930, 1185 ff. = SeuffA 84 (1930), 238 ff. – Compretten I; GRUR 1932, 615 ff. = JW 1932, 3335 f. – Compretten II.

[183] OLG Stuttgart, JW 1929, 2292 – Compretten, mit Anm. von *Reimer*, der im Ergebnis zustimmt, sich jedoch gegen die Unterscheidung von »tatsächlicher Verhinderung des Absatzes« und »bloßer Minderung des Geschäftsertrags« wendet.

[184] RG LZ 1930, 1185 ff., 1186 – Compretten I. Heftige Kritik an dieser Entscheidung übte *Lobe*, LZ 1931, 664 ff., der es nicht für sinnvoll hielt, auf die *Art und Weise* des Eingriffs abzustellen, und stattdessen die *Wirkung* des Eingriffs als das maßgebliche Kriterium für die Anwendbarkeit von § 823 I BGB angesehen wissen wollte. Ebenso auch *Jans*, Das Recht am Unternehmen und die Wirtschaftsordnung, 1936, S. 52 ff., sowie auch schon *Reimer*, JW 1929, 2292 in seiner Anmerkung zur Berufungsentscheidung des OLG Stuttgart; ebenso weiterhin *J. Friese*, Bedarf das Unternehmen des Schutzes nach § 823 Abs. 1 BGB?, 1934, S. 32.

[185] RG GRUR 1932, 615 ff., 616 f. – Compretten II; zur Wettbewerbswidrigkeit des Unterschiebens fremder und nachgeahmter Ware vgl. auch BGH GRUR 1970, 510 ff. – Fußstützen; OLG Karlsruhe, GRUR 1969, 141 ff. – Euzella.

dung vom 9.12.1958 hat es der BGH abgelehnt, einem Unternehmen, das infolge einer Unterbrechung der Stromzufuhr wegen einer fahrlässigen Stromkabelbeschädigung durch ein Tiefbauunternehmen einen Produktionsausfallschaden erlitten hatte, Schadensersatzansprüche aus § 823 I BGB zu gewähren. Denn nach Ansicht des BGH lag kein betriebsbezogener Eingriff, sondern nur ein Eingriff in »vom Gewerbebetrieb ohne weiteres ablösbare Rechte und Rechtsgüter« vor. Ansätze zu dieser Rechtsprechung finden sich bereits, wie schon gesagt, in mehreren Entscheidungen des RG.

(1) Aus der Rechtsprechung des RG ist in diesem Zusammenhang zuerst die Ammoniak-Entscheidung des V. ZS vom 13.7.1909 zu nennen[186], auf die bereits oben (S. 43) eingegangen wurde. Ihr Sachverhalt sei aus Gründen der besseren Verständlichkeit nochmals kurz wiedergegeben: Ein Gewerbetreibender hatte durch den konzessionswidrigen Betrieb seiner Fabrik das Grundwasser mit Ammoniak verseucht und dadurch einen anderen Gewerbebetrieb gezwungen, einen seiner Brunnen zu schließen und einen neuen anzulegen. Der V. ZS lehnte Ansprüche des Geschädigten aus § 823 I BGB unter dem Gesichtspunkt eines Eingriffs in das Recht am Gewerbebetrieb ab, weil sich der Eingriff des Schädigers nicht »unmittelbar gegen den Gewerbebetrieb, also gegen die Betätigung des Erwerbswillens im Rahmen des Gewerbebetriebs« gerichtet habe, und fuhr fort: Die Beklagte habe durch die Verseuchung des Grundwassers unmittelbar »nur in eine materielle Grundlage des Gewerbebetriebs der Klägerin eingegriffen, und wenn hierdurch kein ihr an dieser Grundlage (Brunnen oder Wasser) zustehendes subjektives Recht verletzt ist, so kann darin die widerrechtliche Verletzung eines subjektiven Rechts nicht um deswillen gefunden werden, weil damit mittelbar ihr Gewerbebetrieb beeinträchtigt ist«[187].

Es ist unschwer zu erkennen, dass sich der BGH heute im Wesentlichen derselben Argumentation bedient, wenn er bei Unternehmensbeeinträchtigungen durch fahrlässige Unterbrechung der Stromzufuhr, durch fahrlässige Verletzung von Arbeitnehmern oder durch Beschädigung von Maschinen und Betriebsfahrzeugen Ansprüche aus § 823 I BGB unter dem Gesichtspunkt eines Eingriffs in das Recht am Gewerbebetrieb mit der Begründung ablehnt, dass keine betriebsbezogene Unternehmensverletzung vorliege, weil in vom Betrieb »ohne weiteres ablösbare Rechte und Rechtsgüter« eingegriffen worden sei[188].

(2) Über einen ähnlich gelagerten Fall hatte der V. ZS wenige Zeit später in seiner Rübenschnitzel-Entscheidung vom 26.10.1910 zu befinden[189]. Der Beklagte hatte unbefugt Salzlaugen in einen Fluss eingeleitet und dadurch den Gewerbebetrieb der Klägerin, die das Wasser dieser Flusses benutzte, beeinträchtigt, insbesondere deren Dampfkessel, Rüben und Rübenschnitzel beschä-

---

[186] RG JW 1909, 493 f. – Ammoniak.

[187] RG JW 1909, 494 – Ammoniak.

[188] Vgl. BGHZ 29, 65 ff., 74 – Stromkabel I.

[189] Warn. 1910, 439 f. Nr. 420 – Rübenschnitzel.

digt. Ansprüche aus § 823 I BGB unter dem Gesichtspunkt eines Eingriffs in das Recht am Gewerbebetrieb lehnte der V. ZS in Übereinstimmung mit dem Berufungsgericht ab, da keine Verletzung des Gewerbebetriebs »als solchen« vorlag. Dagegen nahm der V. ZS eine rechtswidrige *Eigentumsverletzung* nach § 823 I BGB an den Dampfkesseln, Rüben und Rübenschnitzeln an.

(3) In seiner Dammbruch-Entscheidung vom 22.1.1940[190] hat der V. ZS seine in der Ammoniak- und in der Rübenschnitzel-Entscheidung bezogene Position konsequent fortgeführt: Der Beklagte hatte den Damm eines Teiches, in dem Wasser für den Betrieb einer auf einem anderen Grundstück gelegen Mühle gestaut wurde, fahrlässig beschädigt und dadurch sowohl Schäden am Mühlengrundstück der Klägerin verursacht als auch deren Mühlenbetrieb durch Schwächung der Wasserkraft beeinträchtigt. Für die am *Mühlengrundstück* verursachten Schäden gewährte der V. ZS Schadensersatz aus § 823 I BGB unter dem Gesichtspunkt einer *Eigentumsverletzung*. Ersatz für die Beeinträchtigung des *Mühlenbetriebs* aus § 823 I BGB unter dem Gesichtspunkt eines Eingriffs in das *Recht am Gewerbebetrieb* lehnte er hingegen ab. Denn der Beklagte habe durch sein fahrlässiges Verhalten »*nur in die sachlichen Grundlagen des Mühlenbetriebes*, d.h. in die lediglich schuldrechtliche Befugnis zum Anstau des Wassers« eingegriffen. Damit habe er jedoch nur »mittelbar« den Mühlenbetrieb beeinträchtigt, indem er durch die Schwächung der Wasserkraft dessen Ertrag minderte.

Auch in dieser Entscheidung scheint der V. ZS davon ausgegangen zu sein, dass nicht jede tatsächliche Be- oder Verhinderung von Betriebshandlungen ein »unmittelbarer Eingriff in den Bestand« des betroffenen Gewerbebetriebs ist. Die Be- oder Verhinderung von Betriebshandlungen durch Eingriffe in *Betriebsmittel* stellte nach Ansicht des V. ZS keinen unmittelbaren Eingriff in den Bestand eines Betriebes dar. Auch die Dammbruch- Entscheidung des V. ZS weist auffällige Parallelen zu den Stromkabel-Entscheidungen des BGH auf, der die Unterbrechung der Stromzufuhr zu einem Betrieb durch fahrlässige Stromkabelbeschädigungen nicht als »betriebsbezogenen« Eingriff in das Recht am Gewerbebetrieb ansieht.

Auf Ansprüche aus § 823 I BGB unter dem Gesichtspunkt einer *Eigentumsverletzung* durch Beeinträchtigung des *Mühlenbetriebs* ging der V. ZS in seiner Dammbruch-Entscheidung, jedenfalls soweit sie veröffentlicht ist, nicht ein. In einem durchaus vergleichbaren Fall, über den der V. ZS in seiner Rückstau-Entscheidung vom15.5.1911 zu befinden hatte, war dem Kläger unter diesem Gesichtspunkt hingegen Erfolg beschieden[191]. Durch den Rückstau eines Baches war die Leistungsfähigkeit einer Mühle beeinträchtigt worden und dadurch dem Mühlenbesitzer ein Verdienstausfall entstanden. Nach Ansicht des V. ZS

---

190 RG DR 1940, 720 – Dammbruch.

191 RG Recht 1911, Nr. 3317 – Rückstau.

war der Verdienstausfall nicht lediglich durch eine reine Vermögensbeschädigung verursacht worden. Vielmehr sah er in dem Verhalten des Beklagten eine Verletzung des *Eigentums* des Klägers an seinem Mühlengrundstück und an dem damit verbundenen Recht, das fließende Wasser zum ungestörten Mühlenbetriebe zu benutzen.

(4) Ohne nähere Begründung hat der VII. ZS in seiner Gasdruck-Entscheidung vom 24.6.1927[192] Schadensersatzansprüche eines Gasabnehmers gegen den Träger eines Gaswerkes wegen Betriebsbehinderungen infolge *zu geringen Gasdrucks* aus § 823 I BGB abgelehnt. Es dürften dieselben Gründe ausschlaggebend gewesen sein, die den V. ZS in seiner Dammbruch-Entscheidung zur Ablehnung von Ansprüchen aus § 823 I BGB wegen Beeinträchtigung eines Mühlenbetriebs durch Schwächung der für den Mühlenbetrieb erforderlichen Wasserkraft veranlasst haben. Ansprüche aus *Vertragsverletzung* hat der VII. ZS in seiner Gasdruck-Entscheidung hingegen für begründet erachtet.

(5) In diesem Zusammenhang ist auch noch einmal auf die Kanalsperre-Entscheidung vom 19.6.1924 zurück zu kommen[193]. In ihr hat der IV. ZS erklärt, dass das Festhalten von Kähnen eines Unternehmens zwischen zwei Sperrtoren eines Kanals zwar eine tatsächliche Hinderung des betroffenen Unternehmens sei, jedoch in dieses nur dann *unmittelbar* eingreife, wenn dadurch der Bestand des *ganzen* Unternehmens in Frage gestellt und nicht nur dessen Ertrag gemindert werde. Deshalb hat er Schadensersatzansprüche aus § 823 I BGB abgelehnt. In gleicher Weise hat der BGH bei der Beschädigung von Betriebsfahrzeugen Ansprüche aus § 823 I BGB unter dem Gesichtspunkt eines Eingriffs in das Recht am Gewerbebetrieb nicht für begründet gehalten, weil es an einem *betriebsbezogenen* Eingriff in den betroffenen Gewerbebetrieb fehlte[194].

2. Die Entscheidungspraxis des II. ZS: Bestands- und Bereichsschutz

Einer gesonderten Darstellung bedarf die Entscheidungspraxis des II. ZS in der Zeit nach 1909/10. Ihr ist deshalb besondere Aufmerksamkeit zu widmen, weil der II. ZS mit seinen späteren Entscheidungen die Weichen für die Rechtsprechung des BGH gestellt hat. Lange Zeit war seine Rechtsprechung allerdings äußerst widersprüchlich. Denn einerseits hat er in Übereinstimmung mit den anderen Senaten in mehreren Entscheidungen betont, dass § 823 I BGB nur gegen solche Unternehmenseingriffe schütze, die sich »unmittelbar gegen den Bestand« des betroffenen Unternehmens richten[195]. Andererseits hat er jedoch

[192] RGZ 117, 315 ff., 317 – Gasdruck.

[193] RG Recht 1924, Nr. 1678 = Gruchot 68 (1924), 75 ff. Nr. 8 – Kanalsperre; siehe dazu auch oben S. 50 f.

[194] Vgl. BGHZ 29, 65 ff., 74 – Stromkabel I.

[195] So RGZ 73, 253 ff., 256 – Hustentropfen; GRUR 1916, 95 – Seydlitz (m. Anm. von *Osterrieth*); MuW 1931, 200 ff., 202 – Separatisten II (Sachverhalt in MuW 1927/28, 494 f.); GRUR 1939, 397 ff., 404 – Hausbock.

auch in einer größeren Anzahl von Entscheidungen die Vorschrift des § 823 I BGB auf bereichsverletzende Unternehmenseingriffe angewendet bzw. für anwendbar erklärt. Bereichsschutz hat er mit § 823 I BGB nicht nur, wie gelegentlich behauptet wird, gegen Unternehmensverletzungen auf dem Gebiet des »gewerblichen Rechtsschutzes« bzw. des »Wettbewerbs- und Warenzeichenrechts«, sondern auch gegen Unternehmensverletzungen außerhalb dieser Rechtsgebiete gewährt.

a) Bestandsschutz

(1) In mehreren Entscheidungen hat der II. ZS die Vorschrift des § 823 I BGB auf bestandsverletzende Unternehmenseingriffe für anwendbar erklärt, z.B. auf unbegründete Schutzrechtsverwarnungen[196]. Der vom I., IV., V., VI., VIII. und IX. ZS vertretenen Ansicht, dass § 823 I BGB *nur* auf bestandsverletzende, nicht dagegen auf bereichsverletzende Unternehmensbeeinträchtigungen anwendbar sei, hat er sich in Abweichung von seiner früheren Rechtsprechung erstmals, wenn auch nur andeutungsweise, in seiner Hustentropfen-Entscheidung vom 8.4.1910 angeschlossen[197]. Sie betraf einen Ausstattungsverletzungsstreit zwischen zwei Hustentropfenfabrikanten. Die Klägerin, die Hustentropfen fabrizierte und mit einer bestimmten Ausstattung in den Verkehr brachte, hatte sich mit ihrer Unterlassungsklage dagegen gewendet, dass ein Mitbewerber seine Hustentropfen mit einer sehr ähnlichen Ausstattung versah. Der II. ZS des Reichsgerichts hat, ebenso wie bereits die beiden Vorinstanzen, die Klage abgewiesen, da der Beklagte seine Hustentropfen nicht zum Zwecke der Täuschung mit der betreffenden Ausstattung in den Verkehr gebracht habe; nach dem Gesetz zum Schutze der Warenbezeichnungen vom 12. Mai 1894 könne der Inhaber einer Ausstattung einem Mitbewerber die Verwendung einer ähnlichen Ausstattung für gleichwertige Waren nur dann untersagen, wenn dies *zum Zwecke der Täuschung* in Handel und Verkehr geschehe[198]. Ein darüber hinausgehendes *ausschließliches Recht* an einer Ausstattung bestehe nicht.

Unrichtig sei auch »die Ansicht, dass das Gesetz ein Gut dadurch, dass es dessen Verletzung unter bestimmten Voraussetzungen für jeden Dritten unter Ersatzpflicht stelle, als Rechtsgut anerkenne«. Denn sonst würde jede vorteilhafte, an sich kein Rechtsgut darstellende Vermögenslage aufgrund der Tatsache, dass sie durch § 826 BGB gegen vorsätzliche sittenwidrige Schädigungen Schutz genießt, zum Rechtsgut. Aus dem Umstand, dass das Vermögen gegen Beeinträchtigungen *bestimmter* Art rechtlich geschützt sei, lasse sich nicht fol-

196 Vgl. RG GRUR 1931, 60 f. – Schwattendorffs.
197 RGZ 73, 253 ff. – Hustentropfen.
198 RGZ 73, 254 f. – Hustentropfen.

gern, dass es schlechthin gegen Beeinträchtigungen *jeder* Art Schutz genieße[199]. Damit wandte sich der II. ZS gegen die früher vom VI. ZS vertretene Ansicht – ohne allerdings auf dessen Rechtsprechung ausdrücklich Bezug zu nehmen –, dass ein Gut, das durch spezielle gesetzliche Vorschriften (z.B. durch das UWG) geschützt werde, wenigstens insoweit auch ein durch § 823 I BGB geschütztes Rechtsgut oder Recht sein könne[200].

Schließlich wendete sich der II. ZS noch der Frage zu, ob der Klägerin Ansprüche aus § 823 I BGB wegen eines Eingriffs in ihren Gewerbebetrieb zustehen. Auch diese lehnte er jedoch ab, denn von dem Erfordernisse der Täuschungsabsicht könne »selbst dann nicht abgesehen werden, wenn die Ausübung eines Gewerbes als Rechtsgut im Sinne des § 823 Abs. 1 BGB anzusehen, mithin gegen jede objektive Beeinträchtigung derselben nach Analogie des § 1004 BGB. der Unterlassungsanspruch gegeben wäre. Denn eine Verletzung dieses Rechtsguts der Klägerin würde nur vorliegen, wenn in ihr Recht auf ungestörte und uneingeschränkte *Betätigung der eigenen gewerblichen Tätigkeit* eingegriffen wäre«. Der Beklagte habe nichts getan, »was die Klägerin in ihrer *eigenen gewerblichen Tätigkeit* stört oder beeinträchtigt, mithin in Bezug auf letztere ihr Recht verletzen könnte«. Denn die ausschließliche Benutzung einer bestimmten Ausstattung in ihrem Gewerbebetrieb sei an sich nicht ein der Klägerin zustehendes Recht und lasse sich auch »nicht aus einem *Rechte der Klägerin auf ungestörte Betätigung in ihrem Gewerbebetriebe* herleiten, da dieses Recht *keinesfalls auch die Aussicht auf künftigen Erwerb umfasst*, deren Störung allein als Folge des dem Beklagten vorgeworfenen Verhaltens in Frage kommen kann« (Hervorhebungen von mir)[201].

Die hier hervorgehobenen Ausführungen des II. ZS zeigen, wenn auch, wie bereits gesagt, nur andeutungsweise, dass er § 823 I BGB nur mehr auf bestandsverletzende Unternehmenseingriffe anwenden wollte. Er wich damit, ohne dies zum Ausdruck zu bringen, von seiner Entscheidungspraxis aus der Zeit vor 1909/10 ab, in der er mit § 823 I BGB auch gegen bereichsverletzende Unternehmenseingriffe, z.B. gegen geschäftsschädigende Äußerungen in Form herabsetzender bezugnehmender Werbung, Schutz gewährt hatte[202]. Statt seine *neue* Ansicht zu begründen berief er sich auf seine Pappleinen-Entscheidung vom 22.2.1907[203]. In dieser Entscheidung hatte er die Anwendung von § 823 I BGB auf *irreführende Werbung* abgelehnt. Der Grund dafür lag jedoch nicht, wie oben bereits nachgewiesen wurde, darin, dass irreführende Werbung kei-

---

[199] RGZ 73, 256.

[200] Vgl. RGZ 51, 369 ff., 374 – Emaillierwerk; RGZ 56, 271 ff., 275 f. – Börsenverein III; RGZ 64, 155 ff., 156 – Arztberuf; siehe auch oben S. 29, 32 f.

[201] So RGZ 73, 256 f.

[202] Vgl. RG JW 1905, 20 Nr. 19 – Deutsche Hausfrau; LZ 1907, 744 f. – Spirituswerbung; JW 1908, 133 f. Nr. 1 – Schmutzige Prahlerei; siehe dazu oben S. 32 f.

[203] RGZ 65, 210 ff. = JW 1907, 251 f. – Pappleinen.

nen bestandsverletzenden, sondern nur einen bereichsverletzenden Eingriff in den Gewerbebetrieb des Mitbewerbers darstellt. Vielmehr hatte er seinerzeit durchaus mit § 823 I BGB Bereichsschutz gewährt, diesen jedoch auf dem Gebiete des Wettbewerbsrechts auf *mitbewerberbezogene* Unlauterkeiten, wie sie z.B. herabsetzende bezugnehmende Werbung darstellt, beschränkt[204]. Dass er diesen Standpunkt in einer späteren Entscheidung, nämlich in seiner Entscheidung »Pilsener Brauhaus« vom 7.12.1909 aufgegeben und auch irreführende Werbung als tatbestandsmäßigen, rechtswidrigen Eingriff in das Recht am Gewerbebetrieb der Mitbewerber anerkannt hat[205], wurde vom II. ZS in seiner Hustentropfen-Entscheidung verständlicher Weise nicht erwähnt.

Die Ausführungen des II. ZS legen einen Vergleich mit der Quick-Entscheidung des BGH vom 11.11.1958 nahe[206]. Denn der BGH hat zu der Frage, ob ein Zeichenrecht (Warenzeichen; Ausstattung) *über den zeichenrechtlichen Schutz hinaus* nach § 823 I BGB unter dem Gesichtspunkt eines Eingriffs in das Recht am Gewerbebetrieb Schutz genießen könne, den gegenteiligen Standpunkt bezogen wie der II. ZS des RG. Während es der II. ZS in seiner Hustentropfen-Entscheidung abgelehnt hat, einen Ausstattungsinhaber über den warenzeichenrechtlichen Schutz hinaus unter dem Gesichtspunkt eines Eingriffs in seinen Gewerbebetrieb nach § 823 I BGB vor einer Beeinträchtigung seiner Ausstattung zu schützen, hat der BGH in seiner Quick-Entscheidung die Möglichkeit anerkannt, dass eine sog. berühmte Marke *über das WZG hinaus* »als wertvoller Bestandteil des eingerichteten und ausgeübten Gewerbebetriebs ... gegen objektiv widerrechtliche Störung« unter dem Gesichtpunkt eines Eingriffs in das Recht am Gewerbebetrieb nach § 823 I BGB (i.V.m. § 1004 BGB analog) Schutz genießt[207].

(2) In seiner Seydlitz-Entscheidung vom 8.10.1915 bekräftigte der II. ZS die in seiner Hustentropfen-Entscheidung bereits angedeutete Auffassung, dass § 823 I BGB nur auf Unternehmenseingriffe anwendbar sei, die sich »unmittelbar gegen den Bestand« des Unternehmens richten. Die Kläger hatten sich mit ihrer Klage dagegen gewandt, dass die Beklagte in ihrem Verlag Atlanten unter der Bezeichnung »Haack-von Seydlitz-Atlas« herausgegeben hatte, obwohl der bekannte, im Jahre 1849 verstorbene Geograph von Seydlitz unstreitig nie einen Atlas bearbeitet oder herausgegeben hatte. Ansprüche aus § 823 I BGB (i.V.m. §§ 1004, 862, 12 BGB analog) lehnte der II. ZS ab, da ein Eingriff in das Recht am Gewerbebetrieb nur dann anzunehmen sei, »wenn sich die als Eingriff in Frage kommende Handlung *unmittelbar* gegen den Bestand des Gewer-

---

204 Siehe oben S. 24 ff.

205 RG JW 1910, 120 ff. = GRUR 1910, 122 ff. = MuW X (1910/11), 160 – Pilsener Brauhaus; der II. ZS wendete allerdings nur § 1 des UWG von 1909 an; vgl. dazu die Ausführungen oben S. 26.

206 BGHZ 28, 320 ff., 328 f. – Quick.

207 BGHZ 28, 328 f.

bebetriebes richtet, wenn der Geschäftsbetrieb tatsächlich gehindert oder seine rechtliche Zulässigkeit verneint und seine Schließung oder Einschränkung verlangt wird, *nicht* jedoch schon dann, wenn die Handlung nur auf den Ertrag des Betriebes nachteilig einwirkt« (Hervorhebungen vom II. ZS)[208].

Diese Voraussetzungen waren nach Ansicht des II. ZS durch die irreführende Bezeichnung der Atlanten der Beklagten nicht erfüllt. Er hielt jedoch Unterlassungsansprüche *aus dem UWG* für begründet, durch die der Beklagten untersagt wurde, als Verfasser ihrer Atlanten weiterhin den Geographen v. Seydlitz zu nennen[209].

Für seine Ansicht, dass § 823 I BGB einen Gewerbebetrieb nur vor solchen Eingriffen schütze, die sich »unmittelbar gegen seinen Bestand« richten, berief sich der II. ZS auf eine größere Anzahl von Präjudizien, nämlich auf die Entscheidungen RGZ 64, 155 ff. – Arztberuf, RGZ 65, 210 ff., 212/13 – Pappleinen, RGZ 73, 253 ff., 256 – Hustentropfen, RGZ 77, 217 ff., 218 f. – Apothekenpflichtige Waren, RGZ 79, 224 ff., 226 – Überlandzentrale I, JW 1909, 493 f., 494 – Ammoniak, JW 1911, 712 f., 713 – Ding an sich, JW 1912, 290 ff., 292 – S.-bote. Die Tragfähigkeit dieser Präjudizien soll im Folgenden kritisch gewürdigt werden.

(a) Aus der Arztberuf-Entscheidung des VI. ZS ergibt sich nichts für die Ansicht, dass § 823 I BGB einen Gewerbebetrieb *ausschließlich* vor solchen Eingriffen schütze, die sich unmittelbar gegen seinen Bestand richten. Im Gegenteil: In dieser Entscheidung heißt es sogar ausdrücklich, dass ein Gewerbebetrieb »wenigstens insoweit als ein sonstiges Recht dem Schutze des § 823 Abs. 1 BGB. unterstehe, als er durch positive Gesetzesvorschrift besonders gegen Beeinträchtigungen geschützt ist (RGZ 56, 275), und Eingriffe in Frage kommen, welche sich unmittelbar gegen den Gewerbebetrieb richten oder dessen rechtliche Zulässigkeit verneinen (RGZ 58, 30)«. Diese Ausführungen des VI. ZS in seiner Arztberuf-Entscheidung sind, worauf bereits oben hingewiesen worden ist[210], dahingehend zu verstehen, dass er den Gewerbebetrieb nach § 823 I BGB nicht nur vor *bestandsverletzenden*, sondern auch vor sonstigen Eingriffen, sofern diese gesetzwidrig sind, schützen wollte. Als Beispiel für derartige *gesetzesverletzende*, den Tatbestand des § 823 I BGB erfüllende Unternehmenseingriffe hatte der VI. ZS in seiner Börsenverein III-Entscheidung (RGZ 56, 271 ff., 275), auf die er in der Arztberuf-Entscheidung Bezug genommen hat, vor allem Verstöße gegen das UWG genannt. Das UWG erfasste jedoch seinerzeit nur bereichsverletzende Unternehmenseingriffe.

---

208 RG GRUR 1916, 95 – Seydlitz (m. krit. Anm. von *Osterrieth*, S. 95 f.).

209 Dagegen lehnte der II. ZS einen *Beseitigungsanspruch aus dem UWG* ab, der darauf gerichtet war, dass die Beklagte auf den von ihr in den Verkehr gebrachten Frei- und Prüfungsexemplaren ihrer Atlanten auf dem Umschlage, in der Titelaufschrift, auf der Rückseite der Karten und an der Fußleiste die Bezeichnung »-von Seydlitz« zu entfernen. Denn er glaubte, dass das UWG nur einen Unterlassungs- und einen Schadensersatzanspruch, nicht jedoch einen Beseitigungsanspruch kenne.

210 Oben S. 32 f., 35.

(b) Ebenso wie bereits in der oben (1) erörterten Hustentropfen-Entscheidung war auch in der Seydlitz-Entscheidung der Hinweis auf die Pappleinen-Entscheidung unzutreffend. Denn in ihr war, wie ebenfalls bereits ausgeführt, die Haftung aus § 823 I BGB nicht am Erfordernis eines bestandsverletzenden Eingriffs gescheitert, sondern daran, dass der II. ZS seinerzeit auf dem Gebiete des Wettbewerbsrechts nur Bereichsverletzungen in der Form »*mitbewerberbezogener*« Unlauterkeiten (z.B. herabsetzende bezugnehmende Werbung), nicht dagegen in Form »*kundenbezogener*« Unlauterkeiten (z.B. irreführende Werbung) als tatbestandsmäßige, rechtswidrige Unternehmensverletzungen angesehen hat. In der Entscheidung »Pilsener Brauhaus« vom 7.12.1909 hatte der II. ZS, ohne dass er dies in seiner Seydlitz-Entscheidung erwähnte, auch irreführende Werbeangaben als tatbestandsmäßige, rechtswidrige Eingriffe in das Recht am Gewerbebetrieb der Mitbewerber bewertet[211].

Schließlich steht die vom II. ZS in seiner Seydlitz-Entscheidung vom 8.10.1915 vertretene Ansicht, dass § 823 I BGB ein Unternehmen nur vor bestandsverletzenden Eingriffen schütze, auch in Widerspruch zu seiner nur wenige Monate zuvor, am 26.1.1915 ergangenen Entscheidung »Pilsener Bier«[212]. In ihr hat er Bereichsschutz gewährt. Es ist allerdings nicht sicher, ob sich der II. ZS dessen bewusst war. Während jedoch die Entscheidung »Seydlitz« Bereichsverletzungen in Form *kundenbezogener* Unlauterkeit (irreführende Angaben) betraf, hatte es sich in der Entscheidung »Pilsener Bier« um Bereichsverletzungen in Form *mitbewerberbezogener* Unlauterkeit (Abnehmerverwarnungen) gehandelt.

(3) Eine weitere Entscheidung, in der der II. ZS die Auffassung vertrat, dass § 823 I BGB einen Gewerbebetrieb nur vor unmittelbaren, *bestandsverletzenden* Eingriffen schütze, war seine Separatisten II-Entscheidung vom 3.2. 1931[213]. Sie betraf folgenden Fall: Die Beklagte hatte in der von ihr herausgegebenen »Koblenzer Volkszeitung« in mehreren Hetzartikeln die Herausgeber eines reinen Anzeigenblattes (Kläger) als Anhänger der separatistischen Bewegung der 20er Jahre im Rheinland bezichtigt, ohne die Richtigkeit dieses Vorwurfs näher überprüft zu haben, und zum Anzeigenboykott aufgerufen. Der den Klägern gemachte Vorwurf, bei der separatistischen Bewegung eine Rolle gespielt zu haben, war unrichtig. Ansprüche aus den §§ 1, 14 UWG (1909) lehnte der II. ZS ab, da der Beklagte *nicht zu Zwecken des Wettbewerbs* gehandelt hatte. Ansprüche aus § 824 BGB scheiterten daran, dass die Beklagte ein *berechtigtes Interesse* an ihren Veröffentlichungen über die Kläger nachweisen konnte. Hingegen hielt der II. ZS Ansprüche aus § 826 BGB für begründet,

---

211 Vgl. dazu S. 26.

212 RG JW 1915, 327 f. – Pilsener Bier; siehe dazu unten S. 66 f.

213 RG MuW 1931, 200 ff. – Separatisten II; der Sachverhalt dieser Entscheidung ist wiedergegeben in der Separatisten I-Entscheidung des II. ZS vom 15.5.1928, MuW 1928/29, 494 f.

weil die Beklagte den Anschein erweckt hatte, dass sie die von ihr gemachten Vorwürfe sorgfältig geprüft habe, obwohl dies nicht der Fall war.

Schließlich wendete sich der II. ZS noch der Frage der Anwendbarkeit von § 826 I BGB zu. Ansprüche wegen eines Eingriffs in das Recht am Gewerbebetrieb nach § 823 I BGB lehnte er jedoch ab, da »*nach der feststehenden Rechtsprechung des Reichsgerichts*« eine Verletzung dieses Rechts nur dann gegeben sei, »wenn der Eingriff sich unmittelbar gegen den Bestand des Betriebs richtet, wenn entweder Betriebshandlungen *vorsätzlich verhindert*, oder ihre rechtliche *Zulässigkeit* verneint, oder Schließung oder Einschränkung verlangt wird« (Hervorhebungen vom II. ZS). Darum handle es sich aber hier nicht. Durch die beanstandeten Artikeln seien vielmehr nur die Aussichten der Kläger auf wirtschaftlichen Gewinn und Ertrag gemindert bzw. möglicherweise zerstört worden. Das reiche aber zur Anwendung des § 823 I BGB nicht. Für diese Auffassung berief sich der II. ZS auf die Kreisabdeckerei-Entscheidung des VI. ZS von 2.6.1921, RGZ 102, 223 ff., 225[214].

Bemerkenswert ist, dass der II. ZS die Auffassung, die Vorschrift des § 823 I BGB schütze den Gewerbebetrieb nur vor bestandsverletzenden Eingriffen, als »feststehende Rechtsprechung des Reichsgerichts« bezeichnete. Richtig ist zwar, dass die Zivilsenate I, IV, V und VI diese Auffassung in der Zeit zwischen 1909 und 1931 in einer größeren Anzahl von Entscheidungen vertreten hatten[215]. Der II. ZS hatte sich dieser Auffassung jedoch nur in den Entscheidungen »Hustentropfen« und »Seydlitz« angeschlossen[216]; in vielen anderen Entscheidungen hatte er hingegen § 823 I BGB auch auf *nicht-bestandsverletzende* Unternehmenseingriffe sowohl wettbewerblicher als auch nicht-wettbewerblicher Natur angewendet[217].

(4) Die Ansicht, dass § 823 I BGB einen Gewerbebetrieb nur vor bestandsverletzenden Eingriffen schütze, vertrat der II. ZS schließlich noch einmal in seiner Hausbock-Entscheidung vom 17.8.1938[218]. Ebenso wie auch schon in der Separatisten II-Entscheidung ging es auch in der Hausbock-Entscheidung um geschäftsschädigende Äußerungen: Der Hersteller von chemischen Mitteln zur Bekämpfung von Holzschädlingen hatte in einer Werbeschrift Ausführungen gemacht, die nach Ansicht der Klägerin, einer Versicherungsanstalt, den ungerechtfertigten Schluss zuließen, dass die Klägerin ein vorläufig abwartendes Verhalten gegen die Hausbockgefahr angeraten und damit in Anbetracht des

---

214 RG MuW 1931, 200 ff., 202 – Separatisten II.

215 Vgl. die Angaben in Fußn. 134.

216 RGZ 73, 253 ff., 256 – Hustentropfen; GRUR 1916, 95 – Seydlitz.

217 Vgl. RG JW 1915, 327 f. – Pilsener Bier; JW 1917, 712 ff. – Nähmaschine; RGZ 109, 50 ff., 52 f. – Wobbe; RGZ 109, 272 ff., 276 – Gerbereimaschinen; GRUR 1929, 113 ff., 115 = MuW 1929, 28 ff. – Schlichte; MuW 1929, 65 ff., 68 – Schlichte-König; MuW 1929, 378 ff. – Ersatzmittel.

218 RG GRUR 1939, 397 ff. – Hausbock (Xylamon).

schnellen Anwachsens der Gefahr einen unverantwortlichen Rat erteilt habe. Ansprüche aus den §§ 1, 3 UWG (i.V.m. § 13 I UWG) hielt der II. ZS nicht für begründet, da zwischen den Parteien *kein Wettbewerbsverhältnis* bestand und sie auch nicht Waren oder Leistungen gleicher oder verwandter Art i.S.v. § 13 I UWG (1909) herstellten oder in Verkehr brachten. Auch Ansprüche aus den §§ 823 II (i.V.m. §§ 185 ff. StGB), 824, 826 BGB lehnte der II. ZS aus Gründen ab, die hier nicht weiter interessieren. Aber auch die Voraussetzungen des § 823 I BGB waren nach Ansicht des II. ZS nicht erfüllt, da »*nach ständiger Rechtspr. des RG*, vgl. RGZ 119, 438; 126, 93; 135, 242« eine Verletzung des Rechts am Gewerbebetrieb nur dann angenommen werden könne, »wenn der Eingriff sich unmittelbar gegen den Bestand des Gewerbebetriebes richtet und nicht etwa nur seinen Ertrag mindert, sei es, dass die Betriebshandlungen tatsächlich gehindert werden, sei es, dass die rechtliche Zulässigkeit des Betriebes verneint oder seine Schließung oder Einschränkung verlangt wird«[219]. Wiederum fällt auf, dass sich der II. ZS für seine Ansicht, dass § 823 I BGB einen Gewerbebetrieb nur vor bestandsverletzenden Eingriffen schütze, auf eine »ständige Rechtsprechung des RG« berief und dafür Entscheidungen des VI. und VIII. ZS zitierte, obwohl er *im Widerspruch* zum I., IV., V., VI., VIII. und IX. ZS in einer Vielzahl von eigenen Entscheidungen die Vorschrift des § 823 I BGB auch auf nicht-bestandsverletzende Unternehmenseingriffe angewendet hatte[220].

(5) Daher bleibt festzuhalten: In seinen Entscheidungen »Hustentropfen«, »Seydlitz«, »Separatisten II« und »Hausbock« hat der II. ZS – ebenso wie auch die anderen mit einschlägigen Fällen befassten Senate in der Zeit nach 1909/10 – den Unternehmensschutz aus § 823 I BGB ausdrücklich auf *bestandsverletzende* Eingriffe beschränkt. Damit setzte er sich in Widerspruch zu seiner Entscheidungspraxis in der Zeit vor 1910, in der er mit § 823 I BGB auch Bereichsschutz gewährt hatte. Statt den Wandel seiner Rechtsprechung offen zu legen und dies zu begründen, spiegelte er eine Kontinuität der Rechtsprechung vor, indem er sich auf eigene Entscheidungen, die seine *neue* Ansichten nicht, und auf Entscheidungen anderer Senate, die diese nur zum Teil bestätigten, berief. In Widerspruch setzte er sich mit dieser Auffassung aber auch zu einer Vielzahl eigener Entscheidungen aus der Zeit zwischen 1910 und 1938, in denen er § 823 I BGB ausdrücklich auch auf bereichsverletzende Unternehmenseingriffe angewendet hatte. Darauf ist im folgenden Abschnitt näher einzugehen.

---

219 RG GRUR 1939, 397 ff., 404.

220 Vgl. außer den in Fußn. 134 genannten Entscheidungen aus der Zeit bis 1931 auch die zwischen 1931 und 1938 ergangenen Entscheidungen MuW 1931, 276 ff., 277 f. – Wasserreinigungsanlagen; RGZ 132, 311 ff., 316 (II B-Senat); RGZ 144, 41 ff., 52 f. – Gummiband; GRUR 1935, 577 ff., 583 – Bandmotiv; MuW 1936, 143 ff., 147 – Stiefeleisenpresse; GRUR 1938, 784 ff., 785 – Cyklop.

b) Bereichsschutz

aa) Bereichsschutz auf dem Gebiet der »gewerblichen Schutzrechte« bzw. des »gewerblichen Rechtsschutzes« bzw. des »Wettbewerbs- und Warenzeichenrechts«

(1) Unzutreffende Deklarierung bereichsverletzender Unternehmenseingriffe als »Bestandsverletzungen« bzw. als »Bestandsgefährdungen«. Seine in der Zeit zwischen 1910 und 1938 in den Entscheidungen »Hustentropfen«, »Seydlitz«, »Separatisten II« und »Hausbock« vertretene Ansicht, dass § 823 I BGB einen Gewerbebetrieb *ausschließlich* vor solchen Eingriffen schütze, die sich »unmittelbar gegen seinen Bestand« richten, hat der II. ZS keineswegs konsequent durchgehalten. Er hat in dieser Zeit – im Widerspruch zu einer ständigen Rechtsprechung aller anderen Senate, die zum Unternehmensschutz nach § 823 I BGB in dieser Zeit Stellung genommen haben – in einer Vielzahl von Entscheidungen die Vorschrift des § 823 I BGB (i.V.m. § 1004 BGB analog) auch auf solche Unternehmenseingriffe für anwendbar erklärt, die nicht die Voraussetzungen eines »bestandsverletzenden« Eingriffs i.S.d. reichsgerichtlichen Definition erfüllten. Dies gestand er jedoch zunächst nicht offen ein. Vielmehr wahrte er lange Zeit den *Schein* einer Übereinstimmung seiner Rechtsprechung mit der der anderen Senate, indem er Unternehmenseingriffe, die nur bereichsverletzend waren, als »bestandsverletzend« oder als »bestandsgefährdend« deklarierte. Ob sich der II. ZS dessen bewusst war, dürfte sich heute kaum mehr feststellen lassen.

(a) Als erstes Beispiel dafür, dass der II. ZS Unternehmenseingriffe als »bestandsverletzend« qualifizierte, obwohl sie es nach der reichsgerichtlichen Definition, die auch der II. ZS in mehreren Entscheidungen übernommen hat[221], nicht waren, sei die Entscheidung »Pilsener Bier« vom 26.1.1915 genannt[222]. Sie war wohl überhaupt eine der ersten Entscheidungen aus der Zeit nach 1909/10, in der der II. ZS die Vorschrift des § 823 I BGB auf einen Unternehmenseingriff für anwendbar erklärt hat, der nicht bestandsverletzend war[223]. Die Entschei-

[221] Vgl. seine Entscheidungen GRUR 1916, 95 – Seydlitz; MuW 1931, 200 ff., 202 – Separatisten II; GRUR 1939, 397 ff., 404 – Hausbock.

[222] RG JW 1915, 327 f. – Pilsener Bier. Nach *Fikentscher*, in: Festgabe für Kronstein, 1967, S. 261 ff., 276 zeigt diese Entscheidung, dass sich die Eingriffe in den »Bestand« und in den »Kundenstamm« praktisch nicht unterscheiden lassen.

[223] Nicht eindeutig feststellbar ist, ob der II. ZS bereits in seiner Kompass-Entscheidung vom 16.5.1911 (JW 1911, 760 f.), d.h. nur etwa ein Jahr nach seiner Hustentropfen-Entscheidung vom 8.4.1910 (RGZ 73, 253 ff.), wieder von der Anwendbarkeit von § 823 I BGB i.V.m. § 1004 BGB analog auf bereichsverletzende Unternehmenseingriffe ausgegangen ist, wenn er hinsichtlich des Schutzes eines Kennzeichnungsmittels vor unbefugter Verwendung durch Dritte u.a. ausführte, dass die Ausübung eines selbständigen Gewerbebetriebs *»gegen jede Art von Verletzungen«* den Schutz durch die Gewährung von Abwehrklagen in entsprechender Anwendung von § 1004 BGB genieße. Die Vorschrift des § 823 I BGB erwähnte der

dung »Pilsener Bier« betraf, verkürzt wiedergegeben, folgenden Sachverhalt: Die Klägerin braute und vertrieb Bier nach Pilsener Art unter den Bezeichnungen »W. – E. Pilsener« und »W. Pilsener Art«; diese Bezeichnungen waren als Warenzeichen eingetragen. Die Beklagten, bekannte Bierbrauereien aus Pilsen, hatten sich gegen die Benutzung dieser Zeichen gewandt und durch Warnungen und Prozessführung die Kunden der Klägerin beunruhigt. Darin sah die Klägerin einen rechtswidrigen Eingriff in ihren Gewerbebetrieb. Der II. ZS schloss sich der Auffassung des Berufungsgerichts an, dass das Recht am Gewerbebetrieb ein absolutes Recht i.S.v. § 823 I BGB sei und »daher auf Unterlassung unberechtigter Störungen, insbesondere auf Unterlassung der Geltendmachung unberechtigter, den *Bestand des Gewerbebetriebs gefährdender* Untersagungsansprüche Klage erhoben werden könne, *dieses zumal dann*, wenn der Täter dazu übergegangen sei, durch Mitteilungen an die Kundschaft den freien Gewerbebetrieb des anderen zu stören« (Hervorhebungen von mir). Für diese Ansicht berief sich der II. ZS auf seine Entscheidungen »Mercier Cognac«, JW 1905, 175 Nr. 15 und »Schmutzige Prahlerei«, JW 1908, 133 f. Nr. 1.

Diese Ausführungen des II. ZS erwecken den Anschein, als sei er davon ausgegangen, dass § 823 I BGB nur auf *bestandsverletzende* Unternehmenseingriffe anwendbar sei. Tatsächlich gewährte er jedoch, vielleicht ohne sich dessen bewusst zu sein, *Bereichsschutz*[224]. Denn die Klägerin wendete sich mit ihrer Klage gegen Störungen ihres Gewerbebetriebs durch *Beeinflussung ihrer Kundschaft*. Solche Eingriffe erfüllen nicht die Voraussetzungen eines bestandsverletzenden Eingriffs im Sinne der reichsgerichtlichen Definition. Sie beeinträch-

---

II. ZS nicht ausdrücklich; aus den für seine Ansicht zitierten Entscheidungen ergibt sich jedoch, dass er die Abwehrklage analog § 1004 BGB zumindest *auch* auf Eingriffe in den Gewerbebetrieb bzw. in die gewerbliche Betätigung nach § 823 I BGB bezogen hat. Da sich der II. ZS im konkreten Fall »in erster Linie« auf die Spezialregelung des § 824 BGB stützte und da insbesondere der VI. ZS, auf dessen Entscheidungen der II. ZS seine Ansicht vornehmlich gründete, in mehreren Entscheidungen davon ausgegangen war, dass die Vorschriften des UWG und der §§ 823 II, 824 und 826 BGB einen umfassenden Unternehmensschutz ermöglichen (vgl. RGZ 56, 271 ff., 275 f.; RGZ 48, 114 ff., 119), lässt sich nicht sicher sagen, ob der II. ZS im Falle einer unberechtigten Verwendung des Kennzeichens des Klägers durch den Beklagten die Voraussetzungen des § 823 I BGB i.V.m. § 1004 BGB analog als erfüllt angesehen hätte. Wenn ja, hätte er mit § 823 I BGB i.V.m. § 1004 BGB analog Bereichsschutz gewährt. Kaum einen Monat nach der Entscheidung »Pilsener Bier«, in seiner Entscheidung vom 23.2.1915, RGZ 86, 252 ff., 254 erklärte der II. ZS, dass »das Wettbewerbsgesetz (§§ 14 und 1) insbesondere den eingerichteten und ausgeübten Gewerbebetrieb (›das Erwerbsgeschäft‹) als ein vom Gesetz anerkanntes Rechtsgut« schützt. In dieser Entscheidung ging es um den wettbewerbsrechtlichen Schutz vor der Behauptung nicht erweislich wahrer Tatsachen über den Inhaber eines Gewerbebetriebs. Verstöße gegen § 14 UWG durch unwahre geschäftsschädigende Tatsachenbehauptungen sind keine »bestandsverletzenden«, sondern nur bereichsverletzende Unternehmenseingriffe. Ansprüche aus § 823 I BGB erwähnte der II. ZS allerdings nicht.

[224] Zutreffend *Rosenthal*, Gruchot 63 (1919), 715 ff., 716; *Nipperdey*, in: FS für Heymann, 1931, Bd. II, S. 445 ff., 471 f.; *Suppes*, Die Rechtsprechung des RG und des BGH zum Recht am eingerichteten und ausgeübten Gewerbebetrieb, 1956, S. 7; vgl. auch *Wunsch*, Die Entwicklung des Rechts am Gewerbebetrieb, 1967, S. 138 f.

tigen den Gewerbebetrieb des *Lieferanten* nicht »unmittelbar« durch Behinderung der Betätigung seines Erwerbswillens, sondern nur »mittelbar« durch Beeinflussung der Kunden, wie z.B. geschäftsschädigende Äußerungen über seinen Gewerbebetrieb oder Boykottaufforderungen gegen seinen Betrieb[225]. Der II. ZS ist zwar zutreffend davon ausgegangen, dass unbegründete Schutzrechtsverwarnungen unmittelbar in den *Bestand* des Gewerbebetriebs des *Verwarnten* eingreifen, wenn dieser der Verwarnung Folge leistet. Zutreffend war es auch, wenn der II. ZS in einer Art Erst-recht-Schluss (»dieses zumal dann«) feststellte, dass unbegründete Warnungen und Verwarnungen eines sekundären Verletzers (Abnehmerwarnungen und -verwarnungen) den Gewerbebetrieb des primären Verletzers stärker beeinträchtigen können als Verwarnungen, die sich gegen den primären Verletzer selbst richten[226]. Die reichsgerichtliche Definition für bestandsverletzende Unternehmenseingriffe stellt jedoch nicht auf die unternehmensschädigenden *Auswirkungen*, sondern auf die *Art und Weise* des Eingriffs ab[227]. Bei seinem Erst-recht-Schluss ging der II. ZS dagegen von den Auswirkungen der Warnungen und Verwarnungen aus. Stellt man aber in der Definition für bestandsverletzende Unternehmenseingriffe nicht auf die Auswirkungen, sondern auf die Art und Weise einer Unternehmensbeeinträchtigung ab, so folgt aus der Tatsache, dass eine unbegründete Schutzrechtswarnung bzw. -verwarnung gegenüber den Gewarnten bzw. Verwarnten einen *bestandsverletzenden* Unternehmenseingriff darstellt, sowie aus der Tatsache, dass eine Abnehmerwarnung oder -verwarnung für den primären Verletzer störendere Auswirkungen haben kann als eine gegen ihn selbst gerichtete Warnung oder Verwarnung, *nicht schon ohne weiteres*, dass auch Abnehmerwarnungen oder -Verwarnungen bestandsverletzende Eingriffe in den Gewerbebetrieb des Lieferanten, d.h. des vermeintlichen primären Verletzers sind. Einem derartigen Fehlschluss scheint der II. ZS jedoch erlegen zu sein. Abnehmerwarnungen und -verwarnungen sind *gegenüber dem Lieferanten* ebenso wenig bestandsverletzende Unternehmenseingriffe im Sinne der reichsgerichtlichen Definition, wie sonstige geschäftsschädigende Äußerungen und Boykottaufforderungen gegen seinen Betrieb. Sie sind vielmehr nur bereichsverletzend. Diese Ansicht hat der II. ZS dann auch später ausdrücklich in seiner Wasserreinigungsanlagen-Entscheidung vom 27.2.1931 vertreten, in der es ebenfalls um die Haftung für unbegründete Abnehmerverwarnungen gegangen war[228].

---

[225] Vgl. *Rosenthal*, Gruchot 63 (1919), 715 ff., 716; vgl. hierzu auch *Nipperdey*, in: FS für Heymann, 1931, Bd. II, S. 445 ff., 471 f.

[226] Ebenso *H.H. Wagner*, Das sogenannte Recht am Gewerbebetrieb, 1933, S. 48.

[227] Vgl. oben Fußn. 8. Die Unterscheidung nach der Art und Weise des Eingriffs lehnen allerdings ab *Callmann*, ZHR 97 (1932), 129 ff., 151 f.; *Fikentscher*, in: Festgabe für Kronstein, 1967, S. 261 ff., 277 f.; *Lobe*, LZ 1931, 664 ff.; *H.H. Wagner*, a.a.O., S. 48 f.

[228] RG MuW 1931, 276 ff., 277 f. – Wasserreinigungsanlagen.

Bemerkenswert sind auch die vom II. ZS für seine Ansicht zitierten Entscheidungen »Mercier Cognac«, JW 1905, 174 und »Schmutzige Prahlerei«, JW 1908, 133. Die Entscheidung »Schmutzige Prahlerei« betraf einen Fall herabsetzender bezugnehmender Werbung, also einen der klassischen Fälle *bereichsverletzender* Unternehmenseingriffe. In der Entscheidung »Mercier Cognac« ging es dagegen um eine unbegründete Abnehmerverwarnung. Diese Entscheidung stützte sich jedoch nicht auf § 823 I BGB, sondern nur auf § 824 BGB und auf § 6 des UWG von 1896 (entspricht § 4 Nr. 8 UWG 2004 und § 14 UWG 1909). In ihr sah der II. ZS die Verletzung des Gewerbebetriebs nur in einem Verstoß gegen die §§ 824 BGB, 6 UWG.

(b) Auch in seiner Lysol-Entscheidung vom 5.7.1927 bewertete der II. ZS einen Unternehmenseingriff als »bestandsverletzend«, obwohl dieser nur bereichsverletzend war[229]. In dieser Entscheidung ging es um die Frage, ob die Klägerin, die ein Desinfektionsmittel herstellte und unter dem eingetragenen und sehr bekannten (»berühmten«) Warenzeichen »Lysol« vertrieb, der Beklagten untersagen konnte, in Neuauflagen des von ihr verlegten und herausgegebenen »Meyers Konversationslexikon« unter dem Stichwort »Lysol« die chemische Zusammensetzung dieses Desinfektionsmittels zu beschreiben, ohne zu erwähnen, dass es sich bei »Lysol« um ein eingetragenes Warenzeichen handelte. Die Klägerin befürchtete, dass durch die Nichterwähnung des Warenzeichencharakters des Wortes »Lysol« dieses zu einer reinen Beschaffenheits- und Gattungsbezeichnung werde und dass sie dadurch ihr wertvolles Warenzeichen verliere. Der II. ZS hielt diese Befürchtung nicht für begründet, führte jedoch für den Fall, dass diese Befürchtung zuträfe, aus: »Wäre dies der Fall, so läge allerdings ein objektiv widerrechtliches Verhalten der Beklagten vor, das sich unmittelbar gegen den Bestand des Gewerbebetriebs der Klägerin und damit gegen ein ›sonstiges Recht‹ i.S.d. § 823 Abs. 1 BGB. richten würde.«[230]

Der II. ZS sah in der »Verwässerung« eines berühmten Warenzeichens zum bloßen Gattungsbegriff zu Unrecht einen »unmittelbaren Eingriff in den Bestand des Gewerbebetriebs« des betroffenen Warenzeicheninhabers. Dieser erleidet dadurch zwar einen erheblichen Schaden, denn er verliert einen wertvollen Besitzstand. Es liegt jedoch kein »bestandsverletzender« Unternehmenseingriff i.S.d. *reichsgerichtlichen Definition* vor, denn der Warenzeicheninhaber wird dadurch weder an Betriebs- oder Vertriebshandlungen gehindert noch wird deren rechtliche Zulässigkeit verneint oder eine Einschränkung oder Schließung seines Betriebs verlangt. Er kann weiterhin seinen Erwerbswillen im Rahmen seines eingerichteten und ausgeübten Gewerbebetriebs betätigen.

(c) In diesem Zusammenhang sei schließlich auch noch die Ersatzmittel-Entscheidung des II. ZS vom 7.6.1929 erwähnt[231]. Diese Entscheidung wird noch

---

229 RGZ 117, 408 ff., 412 – Lysol.

230 RGZ 117, 412 – Lysol.

231 RG MuW 1929, 378 ff. = GRUR 1929, 1039 ff. = SeuffA 84 (1930), 27 ff. – Ersatzmittel.

ausführlicher auf S. 81 ff. erörtert werden, da es in ihr um die Anwendbarkeit von § 823 I BGB auf Unternehmensverletzungen *außerhalb* des gewerblichen Rechtsschutzes bzw. des Wettbewerbs- und Warenzeichenrechts gegangen war. Soviel sei hier jedoch vorweggenommen, dass der II. ZS in dieser Entscheidung den an Apotheker gerichteten Hinweis der Rezept-Prüfungsstelle einer Ortskrankenkasse, dass für bestimmte Medikamente, wie z.B. für Antipyrin, Aspirin, Pyramidon, Veronal u.s.w. keine Zahlung mehr geleistet werde, weil es billigere Ersatzmittel gebe, als »*bestandsgefährdenden*« Eingriff in den Gewerbebetrieb der Hersteller der genannten Medikamente angesehen hat[232]. Gemessen an der reichsgerichtlichen Definition lag aber kein »unmittelbarer Eingriff in den Bestand« der Gewerbebetriebe der betroffenen Arzneimittelhersteller vor[233].

(2) Anwendung von § 823 I BGB auf bereichsverletzende Unternehmenseingriffe ohne Erwähnung des Erfordernisses eines bestandsverletzenden Eingriffs. Bevor sich der II. ZS ausdrücklich zu der Ansicht bekannt hat, dass Ansprüche aus § 823 I BGB (i.V.m. § 1004 BGB analog) nicht nur bei bestandsverletzenden, sondern auch bei nicht-bestandsverletzenden Unternehmenseingriffen begründet sein können, hatte er bereits in mehreren Entscheidungen gegen letztere mit § 823 I BGB (i.V.m. § 1004 BGB analog) Schutz gewährt, ohne diesen – unzutreffend – als Bestandsschutz zu deklarieren, jedoch auch ohne sich ausdrücklich von der Ansicht zu distanzieren, dass § 823 I BGB den Gewerbebetrieb nur vor bestandsverletzenden Eingriffen schütze.

(a) So bewertete er z.B. in seiner Gerbereimaschinen-Entscheidung vom 28.10.1924 den Verrat von Betriebsgeheimnissen als tatbestandsmäßigen Eingriff in das Recht am Gewerbebetrieb[234]. Ob der II. ZS den Verrat von Betriebsgeheimnissen als bestandsverletzenden Unternehmenseingriff angesehen hat oder ob er § 823 I BGB bewusst auf einen nicht-bestandsverletzenden Unternehmenseingriff anwenden wollte, lässt sich der Entscheidung nicht entnehmen. Soviel kann man aber sagen, dass der Verrat von Betriebsgeheimnissen kein bestandsverletzender Eingriff in den betroffenen Gewerbebetrieb ist. Dies hat der I. ZS in seiner Fettsäuren-Entscheidung vom 1.11.1938 zutreffend fest-

---

232 RG MuW 1929, 378 ff., 380 – Ersatzmittel.

233 Zutreffend *Callmann*, ZHR 97 (1932), 129 ff., 151; *Jans*, Das Recht am Unternehmen und die Wirtschaftsordnung, 1936, S. 52 f.; *Kneppe*, Das Recht am Gewerbebetrieb, 1964, S. 60 f.; *Pawlowski*, Der Rechtsbesitz im geltenden Sachen- und Immaterialgüterrecht, 1961, S. 121; *Preusche*, Unternehmensschutz, 1974, S. 122 Fußn. 37; *Suppes*, Die Rechtsprechung des RG und des BGH zum Recht am eingerichteten und ausgeübten Gewerbebetrieb, 1956, S. 7.

234 RGZ 109, 272 ff., 276 – Gerbereimaschinen; auch in späteren Entscheidungen gewährte der II. ZS mit § 823 I BGB Schutz gegen die rechtswidrige Verletzung fremder Betriebsgeheimnisse, vgl. RGZ 144, 41 ff., 52 f. (1934) – Gummiband; MuW 1936, 143 ff., 147 – Stiefeleisenpresse; GRUR 1938, 784 ff., 785 = MuW 1938, 341 ff. – Cyklop; vgl. auch die Fettsäuren-Entscheidung des I. ZS, GRUR 1939, 733 ff., 734 f.

gestellt[235]. Die Vorschrift des § 823 I BGB erwähnte der II. ZS allerdings, was auffallend ist, nur im Zusammenhang mit Unterlassungsansprüchen; die geltend gemachten Schadensersatzansprüche stützte er hingegen ausschließlich auf § 826 BGB und auf § 1 UWG[236].

(b) Auch schon in seiner Wobbe-Entscheidung vom 7.10.1924 hatte der II. ZS dem Kläger, dessen Medaillen, Preise und Auszeichnungen für Erfindungen der Beklagten missbräuchlich verwendet hatte, mit der Vorschrift des § 823 I BGB Unternehmensbereichsschutz gewährt[237], ohne zu der Frage Stellung zu nehmen, ob die Haftung aus § 823 I BGB einen bestandsverletzenden Unternehmenseingriff voraussetzt oder ob § 823 I BGB auch auf nicht-bestandsverletzende Unternehmenseingriffe angewendet werden kann. Diese Entscheidung hat der II. ZS in späteren Entscheidungen zum Nachweis dafür angeführt, dass die Anwendbarkeit von § 823 I BGB jedenfalls auf dem Gebiet der gewerblichen Schutzrechte bzw. des gewerblichen Rechtsschutzes keinen bestandsverletzenden Unternehmenseingriff voraussetze[238]. Auf die Wobbe-Entscheidung ist noch auf S. 79 ff. näher einzugehen, weil es in ihr nicht um die Anwendbarkeit von § 823 I BGB auf Unternehmensverletzungen auf dem Gebiet der gewerblichen Schutzrechte bzw. des gewerblichen Rechtsschutzes gegangen war, wie der II. ZS später behauptete, sondern um Unternehmensverletzungen *außerhalb* dieses Rechtsgebiets.

(3) Ausdrückliche Distanzierung vom Erfordernis eines bestandsverletzenden Eingriffs auf dem Gebiet der »gewerblichen Schutzrechte«. (a) In seinen in den hier interessierenden Passagen wörtlich übereinstimmenden beiden Schlichte-Entscheidungen vom 19.10.1928, in denen u.a. über die Zulässigkeit des Werbeslogans »Fordern Sie nicht Steinhäger, sondern Schlichte« zu befinden war, distanzierte sich der II. ZS erstmals ausdrücklich von dem Haftungserfordernis eines bestandsverletzenden Eingriffs[239]. Die von Steinhäger-Brennereien geltend gemachten Ansprüche aus § 823 I BGB hielt er zwar nicht für begründet; er ließ sie jedoch nicht am Fehlen eines bestandsverletzenden Eingriffs, sondern mangels Widerrechtlichkeit scheitern. Dazu führte er aus: »Dabei ist aber nicht so sehr die vom Berufungsgericht betonte Erwägung, dass hier *nicht* ein sich *unmittelbar* gegen den Bestand des Gewerbebetriebes der Kläger richtender Eingriff vorliege, maßgebend. Denn nach mehreren Urteilen des erkennenden

235 RG GRUR 1939, 733 ff., 734 f. – Fettsäuren.

236 RGZ 109, 272 ff., 275 – Gerbereimaschinen.

237 RGZ 109, 50 ff., 52 = JW 1925, 615 f. (m. Anm. von Wertheimer) – Wobbe.

238 Vgl. RG GRUR 1929, 113 ff., 115 = MuW 1929, 28 ff. – Schlichte; MuW 1929, 65 ff., 68 – Schlichte-König; MuW 1931, 276 ff., 277 f. – Wasserreinigungsanlagen; RGZ 132, 311 ff., 316.

239 Entscheidung vom 19.10.1928 Az. 47/28, MuW 1929, 65 ff. – Schlichte-König; Entscheidung vom 19.10.1928 Az. 53/28, GRUR 1929, 113 ff. = JW 1929, 1217 ff. = MuW 1929, 28 f. – Schlichte.

Senats (z.B. in JW 1905, S. 174, ferner in RGZ., Bd. 109, S. 52) ist auf dem Gebiete der gewerblichen Schutzrechte stets angenommen worden, dass ein Gewerbetreibender, der von dem Inhaber eines Schutzrechts unbefugt in seinem freien Gewerbebetriebe beeinträchtigt wird, gegen solche Beeinträchtigungen die negatorische Abwehrklage hat, und dass die Möglichkeit solcher Unterlassungsansprüche auch zur Abwehr unlauteren Wettbewerbs, z.B. mündlicher oder schriftlicher Berühmungen des Konkurrenten gegeben ist. Aber es fehlt hier an dem Haupterfordernis jedes negatorischen Unterlassungsanspruchs, nämlich an dem objektiv widerrechtlichen Eingriff des Beklagten. Die beanstandete Reklame der letzteren enthält einen solchen *nicht*. Sie stellt nach den obigen Darlegungen *nicht* eine Handlung dar, die aus dem Rahmen eines ordnungsmäßigen Wettbewerbs herausfällt, mag sie auch den Klägern unbequem oder nachteilig sein. Da sie nicht unlauter ist, so ist sie eine erlaubte Wettbewerbshandlung« (Hervorhebungen vom II. ZS)[240].

Die hier wörtlich wiedergegebenen Ausführungen des II. ZS lassen deutlich erkennen, dass er die von den Klägern beanstandete Reklame als *tatbestandsmäßigen* Eingriff in deren Gewerbebetriebe bewertet hat und lediglich wegen fehlender *Rechtswidrigkeit* dieser Reklame zur Klagabweisung gelangt ist. Zu Unrecht berief sich der II. ZS für diese Ansicht darauf, dass er *auf dem Gebiete der gewerblichen Schutzrechte* stets angenommen habe, ein Gewerbetreibender, der von einem Schutzrechtsinhaber unbefugt in seinem Gewerbebetrieb beeinträchtigt werde, habe wegen Verletzung seines Rechts am Gewerbebetrieb die negatorische Abwehrklage. Denn unbegründete Schutzrechtsverwarnungen waren in der Rechtsprechung des RG immer als typische Fälle bestandsverletzender Unternehmenseingriffe angesehen worden, während es sich bei der von den Klägern beanstandeten Reklame eindeutig nicht um einen bestandsverletzenden, sondern um einen bereichsverletzenden Eingriff in deren Gewerbebetrieb handelte. Zweifelhaft war auch der Hinweis auf die Entscheidung »Mercier Cognac«, JW 1905, 174 vom 18.1.1905, denn in ihr ging es um die Haftung für eine unbegründete Abnehmerverwarnung, die der VI. ZS und wohl auch der II. ZS, allerdings zu Unrecht, zu den *bestandsverletzenden* Eingriffen gerechnet hatte[241]. Auch hatte der II. ZS in dieser Entscheidung letztlich nur § 824 BGB und § 6 des UWG von 1896 (entspricht § 4 Nr. 8 des UWG von 2004 und § 14 des UWG von 1909) als Anspruchsgrundlagen herangezogen.

Zutreffend war hingegen der Hinweis auf die unten noch ausführlich zu erörternde Wobbe-Entscheidung vom 7.10.1924[242], in der der II. ZS die Vorschrift des § 823 I BGB auf einen bereichsverletzenden Unternehmenseingriff angewendet hatte. Diese Entscheidung betraf allerdings – entgegen den Aus-

---

[240] So wörtlich der II. ZS, MuW 1929, 65 ff., 68 – Schlichte-König und GRUR 1929, 113 ff., 115 – Schlichte.

[241] Vgl. RG JW 1915, 327 f. – Pilsener Bier (II. ZS!); RGZ 94, 248 ff. – Socken (VI. ZS).

[242] RGZ 109, 52 ff. – Wobbe, siehe dazu S. 79 ff.

führungen des II. ZS in seinen Schlichte-Entscheidungen – nicht den Fall der Haftung eines Schutzrechtsinhabers für unbegründete Schutzrechts*verwarnungen*, sondern, soweit ein Vergleich überhaupt möglich ist, genau den umgekehrten Fall der unbefugten *Verwendung* fremder Diplome, Medaillen und Auszeichnungen. In der Wobbe-Entscheidung ging es auch nicht um eine Bereichsverletzung auf dem Gebiete der gewerblichen Schutzrechte; denn Medaillen, Diplome und Preise für Erfindungen sind keine gewerblichen Schutzrechte. Wenn die Schlichte-Entscheidungen so zu verstehen sind, dass der II. ZS nur auf dem Gebiete der gewerblichen Schutzrechte über den Bestandsschutz hinaus auch Bereichsschutz gewähren wollte, so hätte er in der Wobbe-Entscheidung keinen tatbestandsmäßigen Eingriff in das Recht am Gewerbebetrieb annehmen dürfen.

(b) Seine in den Schlichte-Entscheidungen vertretene Ansicht, dass es »für das Gebiet der gewerblichen Schutzrechte« zu eng sei, die Haftung aus § 823 I BGB auf bestandsverletzende Unternehmenseingriffe zu beschränken, bestätigte der II. ZS kurze Zeit später in seiner Entscheidung »Wasserreinigungsanlagen« vom 27.2. 1931[243]. Fast wörtlich mit den Schlichte-Entscheidungen übereinstimmend erklärte er unter Berufung auf diese Entscheidungen sowie auf die, wie gezeigt, insoweit nicht einschlägigen Entscheidungen »Mercier Cognac« und »Wobbe«, dass die Auffassung, § 823 I BGB schütze den Gewerbebetrieb nur vor bestandsverletzenden Eingriffen, »für das *Gebiet der gewerblichen Schutzrechte zu eng*« sei; die Vorschrift des § 823 I BGB gewähre gegen die Beeinträchtigung der gewerblichen Betätigung, »insbesondere auch als *Mittel zur Abwehr unlauteren Wettbewerbs* ... die negatorische Abwehrklage, ohne darauf abzustellen, ob ein sich unmittelbar gegen den Bestand des Gewerbebetriebs des Klägers richtender Eingriff vorliege« (Hervorhebungen von mir)[244].

(4) Bereichsschutz auf dem Gebiet des »gewerblichen Rechtsschutzes«. Kaum 2 Monate nach der Wasserreinigungsanlagen-Entscheidung bezog der II B-Zivilsenat – wiederum unter Berufung auf seine Entscheidungen »Mercier Cognac«, »Wobbe« und »Schlichte«, sowie auf die Entscheidung »Wasserreinigungsanlagen« – den Bereichsschutz nicht mehr auf das Gebiet der »gewerblichen Schutzrechte«, sondern auf das »Sondergebiet des gewerblichen Rechtsschutzes«[245]. Dies war insofern eine Änderung der Rechtsprechung, als das »Sondergebiet des gewerblichen Rechtsschutzes« nicht nur das Gebiet der gewerblichen Schutzrechte, sondern auch das des allgemeinen Wettbewerbsrechts umfasste.

---

243 RG MuW 1931, 276 ff., 277 f. – Wasserreinigungsanlagen.
244 RG MuW 1931, 276 ff., 277 f. – Wasserreinigungsanlagen.
245 RGZ 132, 311 ff., 316 = MuW 1931, 389.

(5) Bereichsschutz auf dem Gebiet des »Wettbewerbs- und Warenzeichenrechts«. Damit waren die Weichen gestellt für die in späteren Entscheidungen regelmäßig verwendete Formel, dass auf dem »Gebiete des *Wettbewerbs- und Warenzeichenrechts*« die Haftung aus § 823 I BGB einen bestandsverletzenden Unternehmenseingriff nicht erfordere, sondern dass jede schuldhaft rechtswidrige Beeinträchtigung der gewerblichen Betätigung des Klägers genüge[246]. Der Bereichsschutz auf dem Gebiete des Wettbewerbs- und Warenzeichenrechts reichte wesentlich weiter als der Bereichsschutz auf dem Gebiete der gewerblichen Schutzrechte. Mit der neuen Formel erfasste der II. ZS nicht mehr nur unberechtigte Schutzrechtsverwarnungen und Schutzrechtsberühmungen, sondern auch sonstige Fälle unlauteren Wettbewerbs.

(a) Der II B-Senat war in seiner Entscheidung vom 21.4.1931 davon ausgegangen, dass *nicht jeder unlautere Wettbewerb* ein Eingriff in die freie gewerbliche Betätigung der Mitbewerber sei. Wer durch eine inhaltlich unwahre Angabe in einem Firmenbestandteil seinen eigenen Absatz fördere und dadurch *mittelbar* dem Erfolg der geschäftlichen Betätigung eines Mitbewerbers Abbruch tue, greife damit noch nicht in dessen Geschäftsbetrieb ein. Konkurrenz sei noch nicht ein Eingriff in den geordneten Geschäftsbetrieb eines anderen. Das gelte selbst dann, wenn sie sich eines unlauteren Mittels bediene, das nicht zugleich einen solchen Eingriff enthalte[247]. Für diese Ansicht hat sich der II B-Senat bemerkenswerterweise auf eine Entscheidung des I. ZS vom 29.1.1913 berufen[248], d.h. auf eine Entscheidung aus der Zeit, in der die Vorschrift des § 823 I BGB vom I. ZS nur auf *bestandsverletzende* Unternehmenseingriffe angewendet wurde, zu denen rechtswidrige Wettbewerbshandlungen mit Ausnahme unbegründeter Schutzrechtsverwarnungen wettbewerblicher Natur nicht gehörten.

(b) Später erklärte der II. ZS, dass *jede unlautere Wettbewerbshandlung* ohne weiteres einen unmittelbaren Eingriff in den von § 823 I BGB geschützten Bereich des Gewerbebetriebs darstelle[249]. Er schützte daher die Gewerbetreibenden mit § 823 I BGB auch vor Beeinträchtigungen durch sogenannte »*kundenbezogene*« unlautere Wettbewerbshandlungen eines Wettbewerbers; so sah er z.B. auch in *täuschender Werbung* eines Gewerbetreibenden eine Verletzung des Rechts am Gewerbebetrieb der davon betroffenen Mitbewerber[250]. Auf

---

[246] So z.B. RG GRUR 1935, 577 ff., 583 – Bandmotiv; JW 1939, 484 ff., 485 = GRUR 1939, 494 ff., 498 – Rundfunkeinrichtungen (insoweit nicht abgedruckt in RGZ 158, 377 ff.); RGZ 163, 21 ff., 32 – Kfz-Unfall; GRUR 1940, 375 ff., 378 – Naturessig.

[247] RGZ 132, 311 ff., 317; im selben Sinne JW 1932, 730 = GRUR 1931, 993; ebenso schon der II. ZS in Recht 1907, 1274 Nr. 3214 und in RGZ 65, 210 ff. – Pappleinen; a.A. jedoch in JW 1910, 120 ff., 122 a.E. – Pilsener Brauhaus.

[248] RG JW 1913, 435 Nr. 12.

[249] So RGZ 163, 21 ff., 32 – Kfz-Unfall; ebenso auch schon *Lobe*, MuW IX (1909/10), 327 ff., 328 f.; *Rosenthal*, LZ 1910, 107 ff., 108, 109, 111.

[250] So z.B. RG GRUR 1940, 375 ff., 378 – Naturessig; vgl. auch schon JW 1910, 120 ff., 122

diese Weise wurde § 823 I BGB zur »Supergeneralklausel« des Wettbewerbsrechts. Mit ihr konnten alle Unternehmensverletzungen durch rechtswidrige Wettbewerbshandlungen erfasst werden.

Im damaligen Schrifttum war sogar gefordert worden, im Wettbewerbsrecht die mit dem Begriff der Sittenwidrigkeit (»Makel der Sittenwidrigkeit«) belastete Generalklausel des § 1 UWG durch die des § 823 I BGB (Recht am Gewerbebetrieb) zu ersetzen[251]. Diese Ansicht ist jedoch auf heftigen Widerspruch gestoßen[252].

(6) Konkurrenzen. In seiner Entscheidung vom 21.4.1931 hat der II B-Senat die Ansicht vertreten, dass es sich bei der Anwendung von § 823 I BGB »um eine auf dem Sondergebiet des gewerblichen Rechtsschutzes vor sich gehende Ausfüllung der in den Einzelvorschriften des Bürgerlichen Gesetzbuchs und in den Sondergesetzen enthaltenen Lücken durch Richterrecht zur Deckung schutzwürdiger Interessen« handle[253]. Daraus wurde jedoch nicht der Schluss gezogen, dass die Haftung aus § 823 I BGB unter dem Gesichtspunkt eines Eingriffs in das Recht am Gewerbebetrieb nur *subsidiär* eingreife, wenn es gilt, regelungsbedürftige Lücken im Rechtsschutz zu schließen[254]. Vielmehr hielt der II. ZS zwischen Ansprüchen aus § 823 I BGB (Recht am Gewerbebetrieb) und konkurrierenden Ansprüchen aus dem UWG *Anspruchskonkurrenz* für gegeben[255]. Konkurrierten Ansprüche aus dem UWG mit Ansprüchen aus § 823 I

– Pilsener Brauhaus; vgl. auch *Fikentscher*, in: Festgabe für Kronstein, 1967, S. 261 ff., 272; a.A. noch RGZ 132, 311 ff., 317; RGZ 65, 210 ff. – Pappleinen; Recht 1907, 1274 Nr. 3214.

[251] So vor allem *Baumbach*, DJZ 1931, 58 ff., 61; *ders.*, Das gesamte Wettbewerbsrecht, 2. Aufl., 1931, S. 91; *Callmann*, UWG, 2. Aufl., 1932, S. 45, 93; *Kirchberger*, Unlauterer, sittenwidriger und unerlaubter Wettbewerb, 1931, S. 77; *Lobe*, GRUR 1931, 1215 ff., 1217 f.; *Muscheidt*, Persönlichkeitsschutz und Wettbewerbsrecht, 1934, S. 18; vgl. auch *Fikentscher*, in: Festgabe für Kronstein, 1967, S. 261 ff., 272, der der Ansicht ist, dass das RG in RGZ 65, 210 ff., 213 – Pappleinen durch die Nichtanwendung von § 823 I BGB auf täuschende Werbung einen Irrweg beschritten habe und dass die Erweiterung des UWG um eine Generalklausel im Jahre 1909 nicht nötig gewesen wäre, wenn man § 823 I BGB zur wettbewerbsrechtlichen Generalklausel entwickelt hätte; ähnlich schon *Kuttner*, Der Schutz des Unternehmens nach deutschem und französischem Privatrecht, 1936, S. 32.

[252] Vgl. *Reimer*, LZ 1932, 1340 ff.; *Rosenthal*, LZ 1931, 409 ff.; *R. Schlesinger*, Der Wert des geschlossenen Unternehmens und sein Schutz durch die Unterlassungsklage nach § 1 UWG, 1933, S. 12.

[253] RGZ 132, 311 ff., 316.

[254] Anders der BGH, der mit der lückenfüllenden Funktion der Haftung aus § 823 I BGB für Unternehmensverletzungen deren Subsidiarität begründet, vgl. vor allem BGHZ 36, 252 ff., 257 – Gründerbildnis; BGHZ 38, 200 ff., 204 – Kindernähmaschinen; BGHZ 55, 153 ff., 158 – Schuten im Fleet; GRUR 1974, 99 ff., 100 – Brünova; NJW 1983, 812 ff., 813 (II. 1. a, bb) – Hebebühne.

[255] Vgl. RG MuW 1931, 276 ff., 279 – Wasserreinigungsanlagen; GRUR 1931, 1299 ff., 1300 – Hellegold; GRUR 1938, 784 ff. – Cyklop; RGZ 158, 377 ff., 379 = (ausführlicher) GRUR 1939, 494 ff., 498, 500 – Rundfunkeinrichtungen; GRUR 1940, 375 ff., 378 – Naturessig; GRUR 1942, 364 ff., 365 – Förderanlagen.

BGB, so unterwarf er letztere nicht den speziellen »Ergänzungsnormen« des UWG, sondern er wendete die für das allgemeine Deliktsrecht geltenden auf sie an. Dies war vor allem in Bezug auf die Verjährungsfristen und den Gerichtsstand von erheblicher praktischer Bedeutung. Darauf soll unter (7) und (8) eingegangen werden.

(7) Die unterschiedlichen Gerichtsstandsregelungen der §§ 32 ZPO, 24 UWG a.F. Bevor die Gerichtsstandsregelung des § 24 UWG im Jahre 1969 erweitert wurde, war für Klagen »aufgrund des UWG« grundsätzlich nur das Gericht zuständig, in dessen Bezirk der Beklagte seine gewerbliche Niederlassung oder in Ermangelung einer solchen seinen Wohnsitz hatte. Klagen aus den §§ 823 ff. BGB konnten hingegen nach § 32 ZPO am Gerichtsstand des Begehungsortes erhoben werden. Konkurrierten Ansprüche aus § 823 I BGB mit Ansprüchen aus dem UWG, so stellte es der II. ZS dem Kläger frei, zwischen dem Gerichtsstand des § 32 ZPO und dem des § 24 UWG zu wählen[256]. Dabei war für den Kläger, wenn er seinen Unternehmens- oder Wohnsitz nicht am Unternehmens- bzw. Wohnsitz des Beklagten hatte, in der Regel der Gerichtsstand des § 32 ZPO (Gerichtsstand des Begehungsortes) günstiger als der des § 24 UWG.

(a) Anfangs ging der II. ZS noch davon aus, dass am Gerichtsstand des § 32 ZPO nur Ansprüche aus den §§ 823 ff. BGB geltend gemacht werden können, auch wenn die beanstandete Unternehmensverletzung nicht nur gegen eine der Vorschriften des allgemeinen Deliktsrechts, sondern zugleich auch gegen eine der Vorschriften des UWG verstoßen hatte[257]. Den Gerichtsstand gemäß § 24 UWG hielt er für einen ausschließlichen Gerichtsstand für *alle* Klagen aus dem UWG.

(b) An dieser Auffassung hielt der II. ZS jedoch nicht fest. In späteren Entscheidungen erklärte er, dass der Gerichtsstand des § 24 UWG nur für solche Klagen ausschließlicher Natur sei, die *ausschließlich* auf Vorschriften des UWG gestützt werden konnten. Dagegen ließ er am Gerichtsstand des § 32 ZPO neben Ansprüchen aus § 823 I BGB auch mit diesen konkurrierende Ansprüche aus dem UWG zu[258]. In mehreren Entscheidungen hielt der II. ZS den Gerichtsstand des § 32 ZPO auch in solchen Fällen für gegeben, in denen die Klage zwar auf einen UWG-Tatbestand und auf § 823 I BGB *gestützt* worden war, Ansprüche jedoch schließlich allein aus dem UWG zugesprochen wurden[259].

---

[256] Vgl. RG GRUR 1931, 1299, 1300 – Hellegold; JW 1936, 929; JW 1929, 3070; GRUR 1939, 407 ff., 409; RGZ 123, 120 ff., 129.

[257] Vgl. RGZ 123, 120 ff., 129; JW 1929, 3070 ff.; ebenso der IX. ZS JW 1932, 1883 ff., 1884 – Deutsche Normen.

[258] Vgl. RG GRUR 1931, 1299 ff., 1300 – Hellegold; Gruchot 72 (1932), 62; GRUR 1938, 930; GRUR 1939, 407 ff., 409, 412; ebenso später auch BGHZ 15, 338 ff., 355 f. – GEMA; GRUR 1955, 101 – Blitzableiter; vgl. auch RG MuW 1931, 266 ff., 267 f. – Pyrmonter Säuerling.

[259] RG GRUR 1931, 1299 ff. – Hellegold.

Mit Hilfe des § 823 I BGB für Ansprüche wegen *rechtswidrigen Wettbewerbs* den Gerichtsstand des § 32 ZPO zu eröffnen, war ein äußerst fragwürdiges Verfahren. Wenn § 24 UWG für Klagen aus dem UWG ausdrücklich einen *ausschließlichen* Gerichtsstand vorsah, so war es unzulässig, diese Ausschließlichkeit dadurch zu umgehen, dass man *alle* (RGZ 163, 21 ff., 32 f. – Kfz-Unfall) oder zumindest die *meisten* rechtswidrigen Wettbewerbshandlungen zugleich als rechtswidrige Unternehmensverletzungen i.S.v. § 823 I BGB qualifizierte und auf diese Weise auch den Gerichtsstand des § 32 ZPO für alle oder für die meisten Wettbewerbsstreitigkeiten erschloss[260]. Selbst wenn alle oder die meisten rechtswidrigen Wettbewerbshandlungen auch den Tatbestand des § 823 I BGB erfüllen und wenn man zwischen Ansprüchen aus dem UWG und aus § 823 I BGB Anspruchskonkurrenz bejahen könnte, wäre wegen des Normzwecks des § 24 UWG eine analoge Anwendung dieser Vorschrift auf Ansprüche aus § 823 I BGB wegen rechtswidrigen Wettbewerbs geboten gewesen (sog. »einwirkende« Anspruchsnormenkonkurrenz).

(8) Die unterschiedlichen Verjährungsregelungen der §§ 852 BGB, 21 UWG (heute §§ 195, 199 BGB, 11 UWG). Die Ausweitung des Schutzbereichs von § 823 I BGB durch den II. ZS war auch für die Verjährungsfristen von Bedeutung. Denn auf Ansprüche aus § 823 I BGB wendete der II. ZS ausschließlich die Verjährungsregelung des § 852 BGB an. Auch wenn Ansprüche aus § 823 I BGB mit Ansprüchen aus dem UWG konkurrierten, unterwarf er die Ansprüche aus § 823 I BGB nicht der Verjährungsfrist des § 21 UWG (analog), sondern der des § 852 BGB[261]. Auch nach Ablauf der Verjährungsfrist des § 21 UWG verblieben also dem Kläger noch Ansprüche aus § 823 I BGB, sofern die Frist des § 852 BGB noch nicht abgelaufen war[262]. Da der II. ZS in seiner späteren Rechtsprechung nicht nur in sog. »mitbewerberbezogenen Unlauterkeiten«, sondern in *allen* rechtswidrigen Wettbewerbshandlungen, z.B. auch in täuschender Werbung, einen unmittelbaren Eingriff in den Gewerbebetrieb der betroffenen Mitbewerber gesehen hat[263], wurde die kurze Verjährungsfrist des

---

260 So zutreffend *Baumbach*, JW 1932, 3339 f. (Anm. zur Hellegold-Entscheidung).

261 Vgl. speziell zum Verhältnis von Ansprüchen aus dem UWG zu Ansprüchen aus § 823 I BGB RG MuW 1931, 276 ff., 279 – Wasserreinigungsanlagen; GRUR 1940, 375 ff., 378 – Naturessig; GRUR 1942, 364 ff., 365 – Förderanlagen; ebenso allgemein zum Verhältnis von Ansprüchen aus dem UWG zu Ansprüchen aus den §§ 823 ff. BGB (mit Ausnahme von Ansprüchen aus § 823 II BGB i.V. *mit UWG*) RGZ 74, 434 ff., 436; RGZ 109, 276 ff., 279 – Gerbereimaschinen; GRUR 1939, 557 ff., 562 – Hohlscheren; GRUR 1942, 364 ff., 365 – Förderanlagen.

262 RG GRUR 1940, 375 ff., 378 – Naturessig; GRUR 1942, 364 ff., 365 – Förderanlagen.

263 Entscheidung vom 17.1.1940, RGZ 163, 21 ff., 32 – Kfz-Unfall; Entscheidung vom 17.2.1940, GRUR 1940, 375 ff., 378 – Naturessig, betreffend täuschende Werbung; ebenso auch schon JW 1910, 120 ff., 122 – Pilsener Brauhaus; gegen die Anwendung von § 823 I BGB auf täuschende Werbung hingegen noch RGZ 132, 311 ff., 317 (1931) sowie früher schon RGZ 65, 210 ff., 212 f. (1907).

§ 21 UWG für Ansprüche aus dem UWG praktisch durch die längere Frist des § 852 BGB für Ansprüche aus dem allgemeinen Deliktsrecht ersetzt.

Unter Vorwegnahme der folgenden Ausführungen sei bereits hier angemerkt, dass der *BGH* der Rechtsprechung des RG nur eine Zeit lang gefolgt ist und Ansprüche aus dem UWG und aus § 823 I BGB den jeweils eigenen Verjährungsregelungen unterworfen hat, auch wenn sie mit Ansprüchen aus dem UWG konkurrierten[264]. Seit der *Gründerbildnis-Entscheidung* des BGH vom 22.12.1961, die zu Recht mit der Tradition des RG brach, ist es ständige Rechtsprechung, dass die kurze Verjährungsfrist des § 21 UWG (jetzt § 11 UWG) für Ansprüche wegen rechtswidrigen Wettbewerbs auch dann gilt, wenn der Tatbestand des § 823 I BGB erfüllt ist. Begründet wird dies damit, dass die *meisten* Wettbewerbshandlungen in den gewerblichen Tätigkeitsbereich anderer Unternehmen eingreifen und dass deshalb die Regelung des § 21 UWG a.F., die aus beachtenswerten rechtspolitischen Erwägungen eine relativ kurze Verjährungsfrist vorsieht, »leerlaufen« würde, wenn man auf Wettbewerbsverstöße auch § 823 I BGB samt der Verjährungsregelung des § 852 BGB (jetzt §§ 195, 199 BGB) anwenden würde[265].

bb) Bereichsschutz außerhalb des »gewerblichen Rechtsschutzes« bzw. des »Wettbewerbs- und Warenzeichenrechts«

Aus den auf S. 59 ff. erörterten Entscheidungen »Hustentropfen«, »Seydlitz«, »Separatisten II« und »Hausbock« aus den Jahren 1910, 1915, 1931 und 1938, sowie aus den soeben auf S. 66 ff. genannten Entscheidungen, in denen meist von Bereichsschutz auf dem Gebiete der »gewerblichen Schutzrechte«, des »gewerblichen Rechtsschutzes« oder des »Wettbewerbs- und Warenzeichenrechts« die Rede ist, wurde bisweilen der Schluss gezogen, dass der II. ZS den Gewerbebetrieb zwar vor bereichsverletzenden Eingriffen nach § 823 I BGB geschützt habe, dass er jedoch Bereichsschutz, zumindest bis 1938, *nur* auf den genannten Gebieten gewährt habe[266], und zwar in dem Sinne, dass er den Bereichsschutz

[264] Vgl. BGH GRUR 1959, 31 ff., 34 – Feuerzeug.

[265] BGHZ 36, 252 ff., 257 – Gründerbildnis, unter ausdrücklicher Abweichung von BGH GRUR 1959, 31 ff., 34 – Feuerzeug.

[266] Vgl. BGHZ 3, 270 ff., 279 – Constanze I; BGHZ 29, 65 ff., 67 f. – Stromkabel I; *Gieseke*, GRUR 1950, 298 ff., 301 (für die Rechtsprechung des II. ZS bis 1938); *Arnold*, Das Recht am Unternehmen, 1971, S. 59 f., 68; *Finger*, BB 1971, 1331; *Lindenmaier*, WuW 1953, 592 f.; *Reinhardt*, Karlsruher Forum 1961, 3 ff., 10; *Preusche*, Unternehmensschutz, 1974, S. 16; *Schippel*, Das Recht am Gewerbebetrieb, 1956, S. 63 (unter Ziff. 2 und 3); *Wiethölter*, KritJ 1970, 121 ff., 130. *Lindenmaier*, a.a.O., behauptete, dass das RG in den Entscheidungen GRUR 1940, 375 ff., 378 – Naturessig und GRUR 1942, 364 ff., 365 – Förderanlagen die Beschränkung des Bereichsschutzes auf das Gebiet des Wettbewerbs- und Warenzeichenrechts aufgegeben habe und zum umfassenden Bereichsschutz übergegangen sei. Zutreffend daran ist, dass weder in der Förderanlagen-Entscheidung noch in der Naturessig-Entscheidung von einer *Beschränkung* des Bereichsschutzes auf das Gebiet des Wettbewerbs- und Warenzeichenrechts die Rede ist. Dies gilt jedoch auch für *alle* anderen Entscheidungen des II. ZS. Andererseits heißt

auf das Gebiet des gewerblichen Rechtsschutzes *beschränkt* habe. Diese Deutung der Rechtsprechung des II. ZS ist unzutreffend. In keiner der Entscheidungen des II. ZS ist von einer *Beschränkung* des Bereichsschutzes auf die genannten Gebiete die Rede. Aus der *Zuständigkeit* des II. ZS ergab sich zwar, dass die *meisten* Entscheidungen, in denen er § 823 I BGB auf bereichsverletzende Eingriffe für *anwendbar* erklärt hat, auf dem Gebiete des gewerblichen Rechtsschutzes lagen. In mehreren Entscheidungen hat er jedoch § 823 I BGB auch auf bereichsverletzende Unternehmenseingriffe außerhalb dieser Gebiete angewendet und *im praktischen Ergebnis* hat er gegen bereichsverletzende Unternehmenseingriffe *nicht-wettbewerblicher* Natur in nahezu ebenso vielen Entscheidungen aus § 823 I BGB Schutz gewährt wie gegen bereichsverletzende Unternehmenseingriffe *wettbewerblicher* Natur.

(a) Bereits in seiner Wobbe-Entscheidung vom 7.10.1924, auf die sich der II. ZS in der Folgezeit immer wieder berief, wenn es um die Anwendbarkeit von § 823 I BGB auf bereichsverletzende Unternehmenseingriffe ging, hat er Bereichsschutz außerhalb des Gebiets der »gewerblichen Schutzrechte« bzw. des »Wettbewerbs- und Warenzeichenrechts« gewährt[267]. Der Wobbe-Entscheidung lag folgender Sachverhalt zugrunde: Der Kläger war Erfinder von Gaskochapparaten und Inhaber mehrerer Patente. Für seine Apparate waren ihm in den Jahren 1882 und 1893 auf Ausstellungen verschiedene Medaillen, Diplome und Preise verliehen worden. Dem Beklagten hatte er das Recht zur Herstellung und zum Vertrieb seiner Gaskocher verliehen. Der Lizenzvertrag lief bis zum Erlöschen der Patente im Jahre 1896. Auch danach hat der Beklagte weiterhin die vom Kläger erfundenen Gaskocher hergestellt und vertrieben und dabei die diesem verliehenen Auszeichnungen auf seinem Geschäftsbogen verwendet, ohne die Person des Ausgezeichneten und die Waren, auf die sich die Auszeichnungen bezogen, anzugeben. Der Kläger hat noch Jahre lang nach Erlöschen des Lizenzvertrags mit dem Beklagten in geschäftlicher Verbindung gestanden und auch dessen Geschäftsbogen in der erwähnten Aufmachung erhalten, ohne gegen die Verwendung seiner Auszeichnungen auf diesen Einspruch zu erheben. Nun wendete sich der Kläger mit einer Unterlassungsklage

---

es in der Naturessig-Entscheidung des II. ZS, a.a.O., ausdrücklich: «Nach der neueren Rechtsprechung des Senats genügt für die Anwendbarkeit dieser Bestimmung im Sinne der Verletzung eines sonstigen Rechts *auf dem Gebiet des Wettbewerbs- und Warenzeichenrechts* (Hervorhebung von mir) jede schuldhafte Beeinträchtigung der gewerblichen Betätigung eines anderen, ohne dass ein unmittelbarer gegen den Bestand des Betriebes gerichteter Angriff stattgefunden haben müsste«. (Den Hinweis auf das »Wettbewerbs- und Warenzeichenrecht« übersieht auch *Gieseke*, a.a.O., unter 10). Ein vergleichbarer Hinweis auf das »Gebiet des Wettbewerbs- und Warenzeichenrechts« fehlt in der Förderanlagen-Entscheidung. In den beiden Entscheidungen ging es jedoch um Wettbewerbsstreitigkeiten, in der Naturessig-Entscheidung um irreführende Werbung, in der Förderanlagen-Entscheidung um bezugnehmende Werbung. Deshalb ist diesen beiden Entscheidungen nicht zu entnehmen, dass der II. ZS umfassenden Bereichsschutz gewähren wollte.

[267] RGZ 109, 50 ff., 52 – Wobbe = JW 1925, 615 f. m. Anm. von *Wertheimer*.

dagegen, dass seine Auszeichnungen »benutzt« wurden, ohne dass er als Träger dieser Auszeichnungen genannt wurde.

Ansprüche aus den §§ 3, 13 UWG hielt der II. ZS nicht für begründet, da der Kläger keinen entsprechenden Gewerbebetrieb ausübte und mit dem Beklagten *nicht in* Wettbewerb stand[268]. Die Tatsache, dass der Kläger Fachmann für Gaskocher und jederzeit in der Lage war, sie herzustellen und zu vertreiben, genügte nach Ansicht des II. ZS nicht, um Ansprüche aus dem UWG zu begründen, da das UWG nur die Mitbewerber vor Beeinträchtigungen schütze. In dem Verhalten des Beklagten sah der II. ZS jedoch einen unzulässigen Eingriff in das vom Kläger mit den Auszeichnungen erworbene »rein persönliche Recht« sowie eine »Beeinträchtigung seiner gewerblichen Betätigung und Persönlichkeit«[269]. Deshalb hielt er Schadensersatz- und Unterlassungsansprüche für begründet. Eine Anspruchsgrundlage nannte der II. ZS in den Entscheidungsgründen zwar nicht ausdrücklich. Aus dem Leitsatz, dem Kontext der Entscheidungsgründe sowie der späteren Zitierung dieser Entscheidung lässt sich jedoch entnehmen, dass er § 823 I BGB als Anspruchsgrundlage herangezogen hat.

Die Ausführungen des II. ZS lassen nicht erkennen, worin er die Beeinträchtigung der gewerblichen Betätigung des Klägers gesehen hat. Denn die beiden Parteien standen, wie der II. ZS ausdrücklich hervorgehoben hat, *nicht miteinander in Wettbewerb*. Der Kläger kann allenfalls dadurch in seiner gewerblichen Betätigung beeinträchtigt worden sein, dass er nicht ausdrücklich als Träger der Auszeichnungen genannt wurde, d.h. dass der Beklagte es unterlassen hat, für den Kläger Werbung zu treiben. Dass dies keine bestandsverletzende Unternehmensbeeinträchtigung i.S.d. reichsgerichtlichen Definition, sondern, wenn überhaupt, dann nur eine bereichsverletzende Beeinträchtigung der gewerblichen Betätigung des Klägers war, ist offensichtlich. Der II. ZS ging darauf jedoch mit keinem Wort ein. Statt sich mit der Ansicht der anderen Zivilsenate auseinander zu setzen, die die Haftung aus § 823 I BGB von einem bestandsverletzenden Eingriff abhängig machten, und seine abweichende Ansicht zu begründen, begnügte sich der II. ZS mit der lapidaren Feststellung: »Dass aber in solchem Verhalten ein Eingriff in das vom Kläger erworbene Recht (scil. an den Auszeichnungen) und gleichzeitig eine Beeinträchtigung seiner gewerblichen Betätigung und Persönlichkeit liegt, *kann nicht bezweifelt werden*« (Hervorhebung von mir)[270].

Die Wobbe-Entscheidung betraf auch keinen Fall der Bereichsverletzung auf dem Gebiet der gewerblichen Schutzrechte bzw. des Wettbewerbs- und Warenzeichenrechts, wie es der II. ZS in späteren Entscheidungen gelegentlich be-

---

[268] Zum wettbewerblichen Missbrauch fremder Medaillen vergleiche schon *Otto Mayer*, ZHR 26 (1881), 363 ff., 408 ff.; *Traeger*, Gruchot 36 (1892), 196 ff., 201 f.

[269] RGZ 109, 50 ff., 52 f. – Wobbe.

[270] So RGZ 109, 50 ff., 53 – Wobbe.

hauptete[271]. Denn der beklagte Hersteller von Gaskochapparaten hatte durch die unbefugte Werbung mit Diplomen, Medaillen und Auszeichnungen, die nicht ihm, sondern dem Erfinder (Kläger) dieser Gaskochapparate verliehen worden waren, auch keine *gewerblichen Schutzrechte* des Erfinders verletzt. Derartige Auszeichnungen fur Erfindungen rechnet man herkömmlicherweise nicht zu den gewerblichen Schutzrechten. Außerdem verstand der II. ZS unter »Unternehmensverletzungen auf dem Gebiete der gewerblichen Schutzrechte« nicht die *unbefugte Verwendung fremder Schutzrechte,* sondern den umgekehrten Fall: Die *unbegründete Verwarnung aus eigenen gewerblichen Schutzrechten.* Die Beeinträchtigung der gewerblichen Betätigung des Erfinders durch die unbefugte wettbewerbliche Ausnutzung seiner Auszeichnungen war ferner *gegenüber dem Kläger* kein Verstoß gegen das Wettbewerbs- und Warenzeichenrecht. Denn zwischen dem Erfinder und dem beklagten Gewerbetreibenden bestand, wie der II. ZS ausdrücklich hervorhob, *kein Wettbewerbsverhältnis* im damaligen Sinne. Auch wenn der Beklagte die Auszeichnung des Klägers *zu Wettbewerbszwecken* missbrauchte, so lag dennoch die Beeinträchtigung der gewerblichen Betätigung *des Klägers* nicht auf dem Gebiete des Wettbewerbsrechts.

(b) Bereichsschutz außerhalb des Gebiets der gewerblichen Schutzrechte bzw. des Wettbewerbs- und Warenzeichenrechts gewährte der II. ZS auch in seiner Ersatzmittel-Entscheidung vom 7.6.1929[272]. Dieser Entscheidung, der in Anbetracht der Diskussion über mögliche Kostendämpfungsmaßnahmen auf dem Gebiete des Gesundheitswesens eine gewisse Aktualität zukommt, lag folgender Sachverhalt zugrunde: Die Rezept-Prüfungsstelle der beklagten Ortskrankenkasse Kiel hatte in einem Orientierungsblatt über Taxdifferenzen in Apothekerrechnungen die Apotheker darauf hingewiesen, dass die Krankenkasse für bestimmte, einzeln aufgeführte Medikamente, wie z.B. für Antipyrin, Aspirin, Pyramidon, Veronal u.s.w. keine Zahlung leiste. Ein Arzneimittelhersteller (der Kläger) hielt dies fur unzulässig, weil der Apotheker durch diese Androhung gezwungen werde, das Rezept ordnungswidrig auszuführen, nämlich *billigere Ersatzmittel* abzugeben, wie z.B. anstelle von Aspirin das billigere Ersatzmittel Azetylsalizyl, obwohl er durch die Apothekenbetriebsordnung verpflichtet sei, Rezepte eines Arztes wortgetreu auszuführen, und es ihm untersagt sei, anstelle eines verschriebenen Medikaments ein anderes abzugeben.

Das OLG hatte in diesem Fall die Anwendbarkeit der §§ 1 UWG, 823 I BGB ohne eingehendere Prüfung abgelehnt. Nur die Voraussetzungen des § 826 BGB

---

[271] Vgl. RG GRUR 1929, 113 ff., 115 – Schlichte; MuW 1929, 65 ff., 68 – Schlichte-König; MuW 1931, 276 ff., 277 f. – Wasserreinigungsanlagen; RGZ 132, 311 ff., 316.

[272] RG GRUR 1929, 1039 ff. = MuW 1929, 378 ff. = SeuffA 84 (1930), 27 ff.; kritisch zu dieser Entscheidung *Callmann*, ZHR 97 (1932), 129 ff., 151 f.; *Lobe*, LZ 1931, 664 ff.; *Pawlowski*, Der Rechtsbesitz im geltenden Sachen- und Immaterialgüterrecht, 1961, S. 121 f.

hatte es ausführlich geprüft, die Aufforderung der Krankenkasse jedoch nicht für sittenwidrig erachtet, weil diese nur verpflichtet sei, das zur Heilung *unbedingt Notwendige* zu gewähren, ihren Mitgliedern aber nicht die teuersten und besten Arzneien zu verschaffen brauche, *wenn der gleiche Erfolg* auch bei Anwendung billigerer Mittel gewährleistet sei[273].

Damit wurde das OLG nach Ansicht des II. ZS dem zu entscheidenden Fall nicht gerecht. Da der Kassenarzt durch Vertrag mit der Krankenkasse und aufgrund der vom Reichsausschuss aufgrund des § 368 e RVO erlassenen »Richtlinien« vom 15.5.1925 zur größten Sparsamkeit verpflichtet sei, so könne er, wenn er dennoch teurere Mittel verschreibe, »das doch nur im Bewusstsein tun, dass der Krankheitsfall die Wahl *dieses* Mittels *erfordert*, die Verordnung des *Ersatz*mittels nicht gestattet« (Hervorhebungen durch den II. ZS). Da die von der Krankenkasse aufgestellte Regel *ausnahmslos* gelten soll und der Apotheker auch dann zur Verweigerung der Abgabe der genannten Originalmittel gezwungen sei, wenn der Arzt diese Mittel für notwendig erachte, werde der Tatbestand des § 823 I BGB verwirklicht, »weil das Verhalten der Beklagten bewusst den *Bestand* des auf Herstellung der streitigen Arzneimittel gerichteten Gewerbebetriebs *gefährdet*, indem es bei voller Auswirkung die Klägerin zu Betriebseinschränkungen zwingt« (Hervorhebungen von mir). Diese Verletzung des Rechts am Gewerbebetrieb sei rechtswidrig, weil eine rechtliche Befugnis für solches Handeln nicht bestehe[274].

Die hier wörtlich wiedergegebenen Ausführungen des II. ZS erwecken den Eindruck, dass er in dem Verhalten der AOK einen *bestandsverletzenden* Unternehmenseingriff gesehen habe[275]. Gegen diese Deutung kann angeführt werden, dass in den Ausführungen des II. ZS die sonst übliche Unterscheidung zwischen unmittelbaren und mittelbaren Unternehmenseingriffen fehlt[276] und dass er nicht den vom RG definierten Ausdruck »Eingriff unmittelbar in den Bestand«, sondern den bislang ungebräuchlichen und farbloseren Ausdruck »*Bestandsgefährdung*« verwendet hat. Außerdem zitierte der II. ZS in einer seiner späteren Entscheidungen die Ersatzmittel-Entscheidung zum Nachweis für die Ansicht, dass § 823 I BGB nicht nur vor bestandsverletzenden Unternehmenseingriffen, sondern auch vor sonstigen Eingriffen in die freie Entfaltung

---

[273] Wiedergegeben vom II. ZS, MuW 1929, 380.

[274] RG MuW 1929, 380. Die Fragwürdigkeit der entscheidungserheblichen These des RG, dass ein Arzt, der trotz Verpflichtung zu größter Sparsamkeit ein teuereres Originalmittel statt eines billigeren Ersatzmittels verschreibe, »das doch nur im Bewusstsein tun (kann), dass der besondere Krankheitsfall die Wahl *dieses* Mittels *erfordert*, die Verordnung des *Ersatz*mittels *nicht* gestattet«, zeigt der Beschluss »Vitamin B 12« des BKartA, WuW/E BKartA 1482 ff., wo festgestellt wurde, dass die Ärzte wohl infolge eines Meinungsmonopols des Vitamin B 12–Präparats der Firma Merck dies häufig verschrieben haben, obwohl es wesentlich billigere und gleichwertige Vitamin B 12–Präparate anderer Hersteller gab.

[275] Vgl. *Fikentscher*, in: Festgabe für Kronstein, 1967, S. 261 ff., 277 f.

[276] Darauf wurde hingewiesen von *Callmann*, ZHR 97 (1932), 129 ff., 151.

der gewerblichen Tätigkeit schütze[277]. Weiterhin hat der IV. ZS in seiner Entscheidung »Zurückgestellte Rabatte« vom 10.12.1925 Unternehmensschädigungen durch die Androhung und Durchführung von Kundensperren nicht als bestandsverletzende Unternehmenseingriffe angesehen[278].

Diese Argumente lassen allerdings nicht ohne weiteres den Schluss zu, dass der II. ZS das Verhalten der AOK nicht doch als bestandsverletzend angesehen hat. Denn begriffliche Genauigkeit war keine Stärke des RG. Auch die Zitiergenauigkeit des RG ließ, wie sich schon mehrfach zeigte, sehr zu wünschen übrig; vielfach wurden Ansichten mit Präjudizien belegt, die nicht einschlägig waren oder sogar das genaue Gegenteil von dem besagten, was mit ihnen nachgewiesen werden sollte.

So viel lässt sich jedoch feststellen, dass der an die Apotheken gerichtete Hinweis der AOK, sie leiste für bestimmte Arzneimittel keine Zahlung, kein »*bestandsverletzender*« Unternehmenseingriff i.S.d. üblichen reichsgerichtlichen Definitionen war[279]. Vielmehr handelte es sich um einen an die Apotheken gerichteten Aufruf zu einem »boykottähnlichen« Verhalten, d.h. um eine Art Boykottaufforderung. Unternehmensbeeinträchtigungen durch Boykottaufforderungen hat das RG nicht als bestandsverletzende Eingriffe in das betroffene Unternehmen, sondern als »bloße Vermögensschädigungen« angesehen[280]. Zwar bestand für die betroffenen Arzneimittelhersteller die Gefahr, dass sie durch die von der AOK vorgenommene Sperre bei voller Auswirkung zu Betriebseinschränkungen gezwungen werden. Bei der Abgrenzung von »bestandsverletzenden« und »bereichsverletzenden« Unternehmenseingriffen hat jedoch das RG, wie oben bereits dargelegt, nicht auf die *Auswirkungen* eines unternehmensschädigenden Verhaltens, sondern auf die *Art*

---

277 RG MuW 1940, 87 f., 88 – Nichtarisches Unternehmen (dazu S. 84 f.). Ebenso deutete der BGH die Ersatzmittel-Entscheidung in seiner Stromkabel I-Entscheidung, BGHZ 29, 65 ff., 68; ebenso auch *Kneppe*, Das Recht am Gewerbebetrieb, 1964, S. 60 f.; *Preusche*, Unternehmensschutz, 1974, S. 122 Fußn. 37.

278 RG MuW XXV (1925/26), 243 ff. = HansGZ 1926, 42 – Zurückgestellte Rabatte.

279 Zutreffend *Callmann*, ZHR 97 (1932), 129 ff., 151 f.; *Jans*, Das Recht am Unternehmen und die Wirtschaftsordnung, 1936, S. 52; *Kneppe*, a.a.O.; *Pawlowski*, Der Rechtsbesitz im geltenden Sachen- und Immaterialgüterrecht, 1961, S. 121; *Preusche*, a.a.O.; *Suppes*, Die Rechtsprechung des RG und des BGH zum Recht am eingerichteten und ausgeübten Gewerbebetrieb, 1956, S. 7.

280 Siehe dazu S. 52 ff.. In der bereits oben (S.55) erörterten Compretten I-Entscheidung vom 24.3.1930, LZ 1930, 1185 ff. = SeuffA 84 (1930), 238 ff., in der es zwar nicht um einen boykottaufforderungsähnlichen Fall, sondern um das Unterschieben von »Ersatz«-Medikamenten anstelle der ärztlich verordneten Medikamente ging, hat der VI. ZS die Annahme eines bestandsverletzenden Eingriffs gemessen an der RG-Definition »bestandsverletzender Unternehmenseingriffe« mit Recht abgelehnt. Auf die Ähnlichkeit der beiden Fälle wird hingewiesen von *Fikentscher*, in: Festgabe für Kronstein, 1967, S. 261 ff., 227 f.; vgl. auch die Compretten II-Entscheidung des II. ZS vom 19.2.1932 zum selben Sachverhalt, in der Ansprüche aus § 1 UWG gewährt wurden und § 823 I BGB keinerlei Erwähnung mehr fand.

und Weise des Unternehmenseingriffs abgestellt[281]. Nur wenn Betriebs- oder Vertriebshandlungen *unmittelbar*, d.h. als solche tatsächlich, z.B. durch physische Einwirkungen be- oder verhindert wurden, oder wenn ihre rechtliche Zulässigkeit verneint oder gar die Einschränkung oder Schließung des Betriebs gefordert wurde, hat das RG einen bestandsverletzenden Eingriff angenommen. In der *Beeinflussung von Kunden und Lieferanten*, z.B. durch geschäftsschädigende Äußerungen, Boykottaufforderungen oder Kundensperren hat das RG hingegen unabhängig von den betrieblichen Auswirkungen immer nur einen mittelbaren, bereichsverletzenden Unternehmenseingriff gesehen[282]. Der an die Apotheken gerichtete Hinweis der AOK, dass sie für bestimmte Arzneimittel keine Zahlung leiste, war keine *unmittelbare* tatsächliche oder rechtliche Be- oder Verhinderung von Betriebs- oder Vertriebshandlungen. Die betroffenen Arzneimittelhersteller konnten weiterhin produzieren und verkaufen. Lediglich ihr Verkaufs*erfolg* war durch die Beeinflussung der Apotheker gefährdet. Deshalb war das Verhalten der AOK i.S.d. reichsgerichtlichen Definition kein unmittelbarer, bestandsverletzender, sondern nur ein mittelbarer, bereichsverletzender Unternehmenseingriff. Er lag auch nicht auf dem Gebiet der »gewerblichen Schutzrechte«, des »gewerblichen Rechtsschutzes« oder des »Wettbewerbs- und Warenzeichenrechts«.

(c) Nachdem der II. ZS soweit ersichtlich über ein Jahrzehnt lang außerhalb des Gebietes des gewerblichen Rechtsschutzes bzw. des Wettbewerbs- und Warenzeichenrechts keinen Bereichsschutz aus § 823 I BGB mehr gewährt hatte, hat er in seiner Entscheidung »Nichtarisches Unternehmen« vom 20.12.1939 die Vorschrift des § 823 I BGB wieder auf einen bereichsverletzenden Unternehmenseingriff außerhalb des Gebiets des gewerblichen Rechtsschutzes bzw. des Wettbewerbs- und Warenzeichenrechts angewendet[283]. Ihr lag folgender Sachverhalt zugrunde: Die Klägerin, die ein führendes Unternehmen auf dem Gebiete der Herstellung teerfreier Dachpappe betrieb, hatte aufgrund von Meinungsverschiedenheiten ihre Mitgliedschaft in dem Kartell Deutscher Dachpappenfabrikanten e.V. aufgekündigt und war trotz aller Bemühungen seitens des Kartells nicht zur Rücknahme der Kündigung bereit gewesen. Der Vorsitzende und der stellvertretene Vorsitzende des Kartells waren zugleich Leiter und stellvertretender Leiter der Fachuntergruppe Dachpappenindustrie der

---

281 Gegen die Ansicht des RG, dass nicht auf die betrieblichen Auswirkungen, sondern auf die Art und Weise des Eingriffs abzustellen sei, haben sich vor allem gewandt *Callmann*, ZHR 97 (1932), 129 ff., 151 f.; *Lobe*, LZ 1931, 664 ff.; *Marquitz*, Der Rechtsschutz des kaufmännischen Unternehmens durch die §§ 823 ff BGB., 1937, S. 29; *Wagner*, Das sogenannte Recht am Gewerbebetrieb, 1933, S. 48 f.; vgl. auch *Fikentscher*, in: Festgabe für Kronstein, 1967, S. 261 ff., 267 f.

282 Siehe oben S. 52 ff.

283 RG MuW 1940, 87 f. – Nichtarisches Unternehmen; der Sachverhalt ist in der zum selben Sachverhalt ergangenen Entscheidung des II. ZS vom 12.10.1938, RGZ 158, 257 ff., wiedergegeben.

Wirtschaftsgruppe Chemische Industrie. Aufgrund einer entsprechenden Anfrage des Reichsbahnzentralamtes für Bau- und Betriebstechnik teilte die Fachuntergruppe diesem mit, dass sie – was unzutreffend war – das Unternehmen der Klägerin aus bestimmten angegebenen Gründen für ein nichtarisches Unternehmen halte. Wesentliche Umstände, die gegen die Qualifikation als nichtarisches Unternehmen sprachen, blieben unerwähnt. Daraufhin wurde die Klägerin bei der Vergabe von Aufträgen übergangen. Die Klägerin verlangte von der Fachuntergruppe sowie von deren Leiter und stellvertretendem Leiter, den Beklagten, ohne Erfolg eine Berichtigung. Mit ihrer daraufhin erhobenen Klage verlangte sie Unterlassung und die Feststellung von Schadensersatzansprüchen.

Wettbewerbsrechtliche Ansprüche lehnte der II. ZS ab, da er in dem Verhalten der Beklagten *keine Maßnahme wettbewerblicher Art* sah. Für begründet hielt er dagegen einen Unterlassungsanspruch aus § 1004 BGB, »der, soweit es sich um die widerrechtliche Störung eines fremden Gewerbebetriebes handelt, nicht voraussetzt, dass sich der Eingriff unmittelbar gegen dessen Bestand richtet, sondern der auch schon dann Platz greift, wenn dadurch die gewerbliche Tätigkeit eines anderen in ihrer freien Entfaltung gehindert wird«[284].

(d) Zu erwähnen bleibt schließlich noch die Entscheidung »Nazifirma« vom 17.3.1944, in der es um die Haftung für unwahre Tatsachenbehauptungen ging, die von einem Gewerbetreibenden gegenüber Geschäftsfreunden über einen Mitbewerber aufgestellt worden waren[285]. Unterlassungsansprüche aus § 14 UWG schieden nach Ansicht des II. ZS aus, weil die Äußerungen *nicht zu Zwecken des Wettbewerbs* gemacht worden waren. Ansprüche aus den §§ 824, 826 BGB erwähnte er zwar, prüfte sie jedoch nicht, sondern wandte sich sofort Unterlassungsansprüchen »in Übertragung der Rechtsgrundsätze der §§ 12, 862, 1004 BGB« zu. Dazu bemerkte er, dass nach der neueren Rechtsprechung des RG, insbesondere des erkennenden Senats, derartige Unterlassungsansprüche auch gegen Unternehmenseingriffe bestehen, »die sich mittelbar gegen den eingerichteten und ausgeübten Gewerbebetrieb richten«[286].

(e) Gegen die Behauptung, dass »das Reichsgericht« bzw. der II. ZS des RG den Unternehmensbereichsschutz auf das Gebiet des gewerblichen Rechtsschutzes oder des Wettbewerbs- und Warenzeichenrechts beschränkt habe, spricht schließlich die Begründung, mit der es der II. ZS in seiner Entscheidung

[284] RG MuW 1940, 87 f., 88. Für die hier wörtlich wiedergegebene Ansicht berief sich der II. ZS auf die Entscheidungen MuW 1929, 28 ff. = GRUR 1929, 113 ff. – Schlichte; MuW 1929, 378 ff. = GRUR 1929, 1039 ff. – Ersatzmittel; MuW 1935, 26 ff. = GRUR 1935, 577 ff. – Bandmotiv; MuW 1938, 341 = GRUR 1938, 784 ff. – Cyklop; RGZ 158, 377 ff. = MuW 1939, 187 ff. = GRUR 1939, 494 ff. – Rundfunkeinrichtungen.

[285] RG GRUR 1944, 152 ff., 153 – Nazifirma, unter Berufung auf die Naturessig-Entscheidung des II. ZS, GRUR 1940, 375 ff., 378, und auf die Abtrennmesser-Entscheidung des I. ZS, GRUR 1942, 51 ff., 55.

[286] RG GRUR 1944, 152 ff., 153 – Nazifirma.

»Rundfunkeinrichtungen« vom 19.11.1938 rechtfertigte, dass § 823 I BGB nicht nur vor bestandsverletzenden, sondern auch vor bereichsverletzenden Unternehmenseingriffen schützte: »Es wird damit dem Gedanken Rechnung getragen, dass jeder Unternehmer beanspruchen kann, vor widerrechtlichen Störungen bewahrt zu bleiben, die sein Unternehmen nicht zur vollen, in der Gesamtheit seiner Bestandteile und Betriebsmittel begründeten Entfaltung kommen lassen, mag dadurch auch der *Bestand* des Unternehmens selbst nicht in Frage gestellt sein«[287]. Der II. ZS hatte in dieser Entscheidung zwar über eine Wettbewerbsstreitigkeit zu befinden. Mit seinen hier wörtlich wiedergegebenen Ausführungen lässt sich jedoch ohne weiteres auch die Anwendbarkeit von § 823 I BGB auf bereichsverletzende Unternehmenseingriffe nicht-wettbewerblicher Natur rechtfertigen.

cc) Die möglichen Gründe für die Abweichung von der Rechtsprechung der anderen Senate durch Erstreckung des Schutzes des Rechts am Gewerbebetrieb auf bereichsverletzende Eingriffe unter Berücksichtigung der Folgen der Rechtsprechung des II. ZS

Die vorangegangenen Ausführungen haben ergeben, dass der II. ZS auch in der Zeit nach 1909/10 den Gewerbebetrieb mit § 823 I BGB vor *bereichsverletzenden* Unternehmenseingriffen geschützt hat, während die übrigen Senate des RG an der seit etwa 1909/10 herrschenden Meinung festgehalten haben, dass § 823 I BGB nur auf bestandsverletzende Unternehmenseingriffe anwendbar sei. Es stellt sich daher die Frage, warum sich der II. ZS *über drei Jahrzehnte lang* mit der Entscheidungspraxis der übrigen Zivilsenate in Widerspruch gesetzt hat. Eine überzeugte Begründung dafür wurde vom II. ZS nicht angeboten. Vielmehr begnügte er sich mit dem Hinweis auf Präjudizien, dies jedoch in höchst fragwürdiger Weise, wie die vorangegangenen Ausführungen gezeigt haben. Um die wahren Gründe aufzudecken, liegt es nahe, die praktischen Auswirkungen der Ausweitung des Unternehmensschutzes herauszuarbeiten.

(1) Lücken im System der »Anspruchsnormen«. In seiner Entscheidung »Rundfunkeinrichtungen« vom 19.11.1938 hat der II. ZS die Anwendung von § 823 I BGB auf mittelbare, bereichsverletzende Unternehmenseingriffe erstmals *zu begründen* versucht. Die Begründung wurde oben auf S. 85 f. im Wortlaut wiedergegeben. Die Ausführungen, die der II. ZS in dieser Entscheidung machte, erwecken den Eindruck, als habe er mit § 823 I BGB Unternehmensbereichsschutz gewährt, um *Lücken* im System der unternehmensschützenden *Anspruchsnormen* des Delikts- und Wettbewerbsrechts zu schließen.

---

[287] RG GRUR 1939, 494 ff., 499 = JW 1939, 484 ff., 485 (insoweit nicht abgedruckt in RGZ 158, 377 ff.).

Dieser Eindruck wird verstärkt durch die Entscheidung des II B-ZS vom 21.4.1931, in der dieser erklärte, bei der bürgerlich-rechtlichen Unterlassungsklage aus den §§ 823 I, 1004 BGB gegen bereichsverletzende Unternehmenseingriffe handle es sich »um eine auf dem Sondergebiet des gewerblichen Rechtsschutzes vor sich gehende Ausfüllung der in den Einzelvorschriften des Bürgerlichen Gesetzbuches und in den Sondergesetzen enthaltenen Lücken durch Richterrecht zur Deckung schutzwürdiger Interessen«[288].

Die Annahme, dass § 823 I BGB auf bereichsverletzende Unternehmenseingriffe angewendet wurde, um Lücken im System der delikts- und wettbewerbsrechtlichen Anspruchsnormen zu schließen, erweist sich jedoch sehr schnell als fragwürdig, wenn man sie an den Entscheidungen überprüft, in denen mit § 823 I BGB Bereichsschutz gewährt wurde. Denn in allen Entscheidungen, in denen der II. ZS *auf dem Gebiete des Wettbewerbsrechts* aus § 823 I BGB Ansprüche wegen eines *bereichsverletzenden* Unternehmenseingriffs gewährt hat, war *immer* zugleich auch der Tatbestand einer wettbewerbsrechtlichen Anspruchsnorm erfüllt.

(a) In seinen Entscheidungen »Gerbereimaschinen« vom 28.10.1924, »Gummiband« vom 23.2.1934, »Stiefeleisenpresse« vom 22.11.1935 und »Cyklop« vom 14.5.1938 zur Haftung für den Verrat von Betriebsgeheimnissen und für Werkspionage hielt er, soweit er Ansprüche aus § 823 I BGB bejahte, daneben auch konkurrierende Ansprüche aus den §§ 17 ff. UWG und aus § 826 BGB für begründet[289].

(b) In der Entscheidung »Rundfunkeinrichtungen« vom 19.11.1938, in der es um den unberechtigten Vorwurf gegen einen Gewerbetreibenden ging, er verstoße mit seiner Praxis der Einstellung von Arbeitskräften gegen Richtlinien seiner Wirtschaftsgruppe, gewährte der II. ZS neben Ansprüchen aus § 823 I BGB auch konkurrierende Ansprüche aus den §§ 1, 14 UWG und aus § 823 II BGB i.V.m. §§ 185, 186 StGB[290].

(c) In der Naturessig-Entscheidung vom 17.2.1940 wertete der II. ZS die Verwendung der *irreführenden Bezeichnung* »Naturessig« für einen aus Kartoffelsprit hergestellten Essig als rechtswidrigen Eingriff in den Gewerbebetrieb der Mitbewerber. Dieses Verhalten erfüllte jedoch nach Ansicht des II. ZS zugleich auch den Tatbestand der §§ 3, 13 II UWG[291]. Ein *durchsetzbarer* Anspruch aus

---

[288] RGZ 132, 311 ff., 316; ebenso *Muscheidt*, Persönlichkeitsschutz und Wettbewerbsrecht, 1934, S. 13. *Bahrsel*, Das Recht am Gewerbebetrieb, 1933, S. 65 hält es für möglich, dass sich die Ansicht des RG, es liege lückenausfüllendes Richterrecht vor, nur auf die besondere Ausgestaltung der Lehre von der *quasi-negatorischen Unterlassungsklage* als solche bezogen habe.

[289] RGZ 109, 272 ff., 276 – Gerbereimaschinen; RGZ 144, 41 ff., 52 f. – Gummiband; MuW 1936, 143 ff., 147 – Stiefeleisenpresse; GRUR 1938, 784 ff. – Cyklop.

[290] RGZ 158, 377 ff., 379 = (ausführlicher) GRUR 1939, 494 ff., 498, 500 und JW 1939, 484 ff. – Rundfunkeinrichtungen.

[291] RG GRUR 1940, 375 ff., 378 – Naturessig.

den §§ 3, 13 II UWG bestand allerdings nicht, weil er nach § 21 UWG bereits *verjährt* war. Für den Anspruch aus § 823 I BGB hielt das RG jedoch die Verjährungsfrist des § 852 BGB für maßgeblich, die noch nicht abgelaufen war[292].

(d) In der Förderanlagen-Entscheidung vom 1.4.1942 ging es um die Haftung für *vergleichende Werbung*. Wettbewerbsrechtliche Ansprüche aus § 1 UWG scheiterten wiederum nicht an der Tatbestandsmäßigkeit, sondern weil sie nach § 21 UWG verjährt waren. Konkurrierende Ansprüche aus § 823 I BGB waren hingegen nach § 852 BGB noch nicht verjährt. Deshalb griff der II. ZS auf § 823 I BGB zurück[293]. Zum selben Ergebnis hätte der II. ZS allerdings auch mit § 824 und § 826 BGB gelangen können[294].

(e) Nur in seiner Nähmaschine-Entscheidung vom 2.1.1917, die die Haftung für eine unbegründete Abnehmerverwarnung wettbewerblicher Natur betraf, hat der II. ZS nur aus der Vorschrift des § 823 I BGB Ansprüche gewährt und Ansprüche aus § 826 BGB dahingestellt sein lassen[295]. Das Berufungsgericht hatte – *mit Recht*! – auch Ansprüche aus § 826 BGB für begründet gehalten. Die Klägerin hatte ihre Klage außerdem auf § 1 UWG gestützt; auf diese Vorschrift ist weder das Berufungsgericht noch der II. ZS eingegangen. Auch nach § 1 UWG wären Ansprüche begründet gewesen[296].

Auch in den Entscheidungen *außerhalb des Gebietes des Wettbewerbsrechts*, in denen der II. ZS Ansprüche aus § 823 I BGB unter dem Gesichtspunkt eines *bereichsverletzenden* Unternehmenseingriffs für begründet hielt, hätte er, von einer Ausnahme abgesehen, wo dies nicht ganz zweifelsfrei ist, mit anderen Anspruchsgrundlagen auskommen können.

(f) So sah der II. ZS in seiner Wobbe-Entscheidung vom 7.10.1924 in dem Missbrauch der Diplome, Medaillen und Preise des Klägers durch den Beklagten einen »Eingriff in das vom Kläger erworbene Recht (scil. an den Auszeichnungen) und gleichzeitig eine Beeinträchtigung seiner gewerblichen Betätigung und Persönlichkeit«[297]. Da der II. ZS den geltend gemachten Anspruch aus § 823 I BGB wegen Verletzung des *persönlichen Rechts des Klägers an der Benutzung der ihm verliehenen Auszeichnungen* für begründet hielt[298], wäre es nicht notwendig gewesen, den Anspruch des Klägers aus § 823 I BGB – im Wi-

---

292 Ansprüche aus § 823 II BGB i.V.m. § 3 UWG lehnte das RG ab: § 3 UWG sei wegen der Spezialregelung des § 13 II UWG kein Schutzgesetz i.S.v. § 823 II BGB. Gegen Mitbewerberansprüche aus § 823 I BGB bei irreführender Werbung noch RGZ 65, 210 ff., 212 f. – Pappleinen sowie RGZ 132, 311 ff., 317.

293 RG GRUR 1942, 364 ff., 365 – Förderanlagen.

294 Vgl. *Suppes*, Die Rechtsprechung des RG und des BGH zum Recht am eingerichteten und ausgeübten Gewerbebetrieb, 1956, S. 32.

295 RG JW 1917, 712 f. – Nähmaschine.

296 Dass Ansprüche aus § 1 UWG (jetzt § 3 UWG) und aus § 826 BGB begründet gewesen wären, wird im zweiten Teil dieser Arbeit noch ausführlich dargelegt.

297 RGZ 109, 50 ff., 53 – Wobbe.

298 Demgegenüber hatte es das RG ausdrücklich abgelehnt, nach § 823 I BGB ein *allgemeines* Persönlichkeitsrecht zu schützen, vgl. vor allem RGZ 113, 414 und JW 1931, 1909.

derspruch zu einer damals ständigen Rechtsprechung! – auch noch mit der »Beeinträchtigung seiner gewerblichen Betätigung« zu begründen[299].

(g) In seiner Ersatzmittel-Entscheidung vom 7.6.1929[300] zur Zulässigkeit der Weigerung einer AOK, den Apotheken bestimmte Medikamente zu vergüten, weil es billigere Ersatzmittel gab, erklärte der II. ZS die Ablehnung von Ansprüchen aus den §§ 823, 826 BGB durch das OLG für unhaltbar. In den Ausführungen, mit denen ein Sittenverstoß nach § 826 BGB abgelehnt wurde, sei das OLG dem Fall nicht gerecht geworden. Der II. ZS sah in dem Verhalten der AOK einen rechtswidrigen Eingriff in das Recht am Gewerbebetrieb der von der Maßnahme der AOK betroffenen Arzneimittelhersteller und hielt es deswegen nicht für erforderlich, darauf einzugehen, ob in dem Verhalten der AOK auch ein Verstoß gegen die guten Sitten nach § 826 BGB zu erblicken sei[301].

Wegen der seinerzeit verhältnismäßig restriktiven Handhabung des § 826 BGB lässt sich nicht sicher sagen, ob sich der II. ZS zur Gewährung von Ansprüchen aus § 826 BGB durchgerungen hätte, wenn er nicht auf § 823 I BGB hätte ausweichen können.

(h) In der Entscheidung »Nichtarisches Unternehmen« vom 20.12.1939[302] war dagegen der Rückgriff auf § 823 I BGB ganz sicher unnötig. In ihr gelangte der II. ZS zu dem Ergebnis, dass die Behauptung der Beklagten, das Unternehmen der Klägerin sei ein nichtarisches Unternehmen, *der Sache nach unrichtig* und daher eine rechtswidrige Störung des Gewerbebetriebs der Klägerin gewesen sei. Die Vorschrift des § 824 BGB prüfte der II. ZS nicht, obwohl ihre Voraussetzungen erfüllt waren; die der Sache nach unrichtige Behauptung, das Unternehmen der Klägerin sei ein nichtarisches Unternehmen, war eine unwahre Tatsachenbehauptung i.S.v. § 824 BGB.

(i) Auch in der Entscheidung »Nazifirma« vom 17.3.1944 hatte der II. ZS über eine unwahre Tatsachenbehauptung zu befinden[303]: Die Beklagte hatte gegenüber Geschäftsfreunden über eine Tochtergesellschaft der Klägerin behauptet, dass diese in Flugblättern zum Boykott der »Nazifirma« A aufgefordert habe; die Tochterfirma der Klägerin hatte zwar Flugblätter verteilt, jedoch nicht mit diesem Inhalt. Der II. ZS sah in den Äußerungen der Beklagten unwahre Tatsachenbehauptungen, ging jedoch auf § 824 BGB nicht ein, sondern prüfte und bejahte nur einen Unterlassungsanspruch aus § 823 I BGB i.V.m.

---

299 *Wertheimer*, JW 1925, 615 f. sah in der Wobbe-Entscheidung eine Bestätigung dafür, dass das RG das Persönlichkeitsrecht als »sonstiges Recht« i.S.v. § 823 I BGB schütze; andere lasen aus dieser Entscheidung heraus, dass das RG ein »Persönlichkeitsrecht am Gewerbebetrieb« anerkenne.

300 RG MuW 1929, 378 ff. = JW 1930, 1583 = SeuffA 84 (1930), 28 ff.; vgl. dazu die Ausführungen oben auf S. 69 f., 81 ff.

301 RG MuW 1929, 378 ff., 380 – Ersatzmittel.

302 RG MuW 1940, 87 f. – Nichtarisches Unternehmen; vgl. dazu oben S. 84 f.; zum Sachverhalt siehe RGZ 158, 257.

303 RG GRUR 1944, 152 ff. – Nazifirma; vgl. dazu oben S. 85.

§§ 12, 862, 1004 BGB analog. Unter den genannten Voraussetzungen wäre ohne weiteres auch ein Unterlassungsanspruch aus *§ 824 BGB* i.V.m. §§ 12, 862, 1004 BGB analog begründet gewesen.

Zusammenfassend lässt sich feststellen, dass es nicht Lücken im System der delikts- und wettbewerbsrechtlichen Anspruchsnormen gewesen sein dürften, die den II. ZS dazu veranlasst haben, sich durch Anwendung von § 823 I BGB auf bereichsverletzende Unternehmenseingriffe mit der Rechtsprechung der übrigen Zivilsenate in Widerspruch zu setzen. Gegen die Annahme, dass der II. ZS die Vorschrift des § 823 I BGB nur »lückenfüllend« angewendet habe, spricht zum einen, dass er in fast allen Entscheidungen über bereichsverletzende Unternehmenseingriffe, in denen er Ansprüche aus § 823 I BGB für begründet gehalten hat, auch Ansprüche aus anderen Vorschriften gewährt hat oder ohne weiteres hätte gewähren können. Außerdem hat er, soweit Ansprüche aus § 823 I BGB mit anderen Ansprüchen konkurrierten, Anspruchskonkurrenz bejaht. Als »lückenfüllende« Anspruchsnorm hätte § 823 I BGB unter dem Gesichtspunkt eines Eingriffs in das Recht am Gewerbebetrieb dagegen nur subsidiär angewendet werden dürfen.

(2) Unterschiede zwischen den deliktsrechtlichen und wettbewerbsrechtlichen »Ergänzungsnormen«. Praktische Auswirkungen hatte die Anwendung von § 823 I BGB auf *bereichsverletzende* Unternehmenseingriffe auf dem Gebiet der sog. »Ergänzungsnormen«. Die des Wettbewerbsrechts unterscheiden sich erheblich von denen des allgemeinen Deliktsrechts. Das gilt bzw. galt insbesondere für die unterschiedlichen Gerichtsstandsregelungen in § 24 UWG (jetzt § 14 UWG) und § 32 ZPO sowie für die unterschiedlichen Verjährungsregelungen in § 21 UWG (jetzt § 11 UWG) und § 852 BGB (jetzt §§ 195, 199 BGB). Da der II. ZS – im Gegensatz zur heutigen Rechtsprechung des BGH – im Unternehmensschutz nach § 823 I BGB keinen subsidiären Rechtsbehelf sah, sondern zwischen Ansprüchen aus § 823 I BGB und aus dem UWG Anspruchskonkurrenz annahm und jeden der konkurrierenden Ansprüche den speziell für ihn im Gesetz vorgesehenen Gerichtsstands- und Verjährungsregelungen unterwarf[304], verbesserte er mit der Anwendung des § 823 I BGB auf bereichsverletzende Unternehmenseingriffe erheblich die rechtliche Position des Klägers. Dieser konnte gegen unlauteren Wettbewerb eines Mitbewerbers, der auch die Voraussetzungen des § 823 I BGB erfüllte, nicht nur am Gerichtsstand des § 24 UWG (jetzt § 14 UWG), sondern auch am Gerichtsstand des § 32 ZPO Klage erheben[305]. Wenn der Kläger seinen Unternehmens- oder Wohnsitz am Unternehmens- oder Wohnsitz des Beklagten hatte, so konnte er nach § 24 UWG a.F. dort seine Klage einbringen. War dies nicht der Fall, so konnte er den

---

[304] Vgl. vor allem RG GRUR 1940, 375 ff., 378 – Naturessig.

[305] Auf die Bedenken gegen die Anwendung von § 32 ZPO bei rechtswidrigen *Wettbewerbshandlungen* wurde auf S. 76 f. bereits hingewiesen.

Gerichtsstand des Begehungsortes nach § 32 ZPO wählen, der dann für ihn in der Regel günstiger war als der des § 24 UWG. Da der II. ZS zuletzt *alle oder jedenfalls die meisten* unlauteren Wettbewerbshandlungen eines Gewerbetreibenden für rechtswidrige Eingriffe in die Gewerbebetriebe der Mitbewerber hielt[306], hatten diese praktisch immer die Wahlmöglichkeit zwischen dem Gerichtsstand des § 24 UWG und dem des § 32 ZPO.

Entsprechendes galt für die *Verjährungsfristen.* Die Verjährungsfrist des § 852 BGB (jetzt §§ 195, 199 BGB) für Ansprüche aus den §§ 823 ff. BGB ist wesentlich länger als die des § 21 UWG a.F. (jetzt § 11 UWG) für Ansprüche aus dem UWG. Da der II. ZS, wie bereits erwähnt, alle oder zumindest die meisten unlauteren Wettbewerbshandlungen als rechtswidrige Unternehmensverletzungen i.S.v. § 823 I BGB ansah, trat an die Stelle der sehr kurzen Verjährungsfrist des § 21 UWG im praktischen Ergebnis die wesentlich längere des § 852 BGB[307].

Aber auch die genannten Verbesserungen der Rechtsposition des Klägers dürften nicht der allein ausschlaggebende Grund für die Ausweitung des Unternehmensschutzes nach § 823 I BGB durch den II. ZS gewesen sein. Denn in den ersten Entscheidungen in der Zeit nach 1909/10, in denen der II. ZS die Vorschrift des § 823 I BGB auf bereichsverletzende Unternehmenseingriffe anwendete bzw. für anwendbar erklärte, kam es auf diese Auswirkungen nicht an[308].

(3) Fehlen einer sachlichen Rechtfertigung für die Unterscheidung zwischen Bestands- und Bereichsschutz. Ein weiterer Grund dafür, dass der II. ZS im Gegensatz zu den anderen mit einschlägigen Fällen befassten Zivilsenaten des RG die Vorschrift des § 823 I BGB nicht nur auf bestandsverletzende, sondern auch auf bereichsverletzende Unternehmenseingriffe angewendet hat, kann darin liegen, dass er es – in Übereinstimmung mit einer verbreiteten Ansicht im Schrifttum – nicht für sinnvoll und gerechtfertigt gehalten hat, bei der Anwendung von § 823 I BGB zwischen bestandsverletzenden und bereichsverletzenden Unternehmenseingriffen zu unterscheiden und die genannte Vorschrift nur auf die ersteren anzuwenden[309]. Man hielt es nicht für überzeugend, in einer

---

[306] Vgl. RGZ 163, 21 ff., 32 – Kfz-Unfall.

[307] Zu den Bedenken gegen diese Praxis vgl. die Ausführungen auf S. 77 f.

[308] Vgl. RG JW 1915, 327 f. – Pilsener Bier; JW 1917, 712 ff. – Nähmaschine; RGZ 109, 50 ff., 52 f. – Wobbe; RGZ 109, 272 ff., 276 – Gerbereimaschinen; GRUR 1929, 113 ff., 115 = MuW 1929, 28 ff. – Schlichte; MuW 1929, 65 ff., 68 – Schlichte-König; MuW 1931, 276 ff., 278 f. – Wasserreinigungsanlagen; RGZ 132, 311 ff., 316.

[309] Vgl. *Baumbach*, Wettbewerbsrecht, 1. Aufl., 1929, S. 160 f.; *Callmann*, ZHR 97 (1932), 129 ff., 151 f.; *J. Friese*, Bedarf das Unternehmen des Schutzes nach § 823 Abs. 1 BGB?, 1934, S. 31; *R. Isay*, Das Recht am Unternehmen, 1910, S. 31 ff., 58, 65 f.; *Jans*, Das Recht am Unternehmen und die Wirtschaftsordnung, 1936, S. 53 f.; *Kuttner*, Der Schutz des Unternehmens nach deutschem und französischem Privatrecht, 1936, S. 33; *Lobe*, MuW IX (1909/10), 327;

im Einzelfall vielleicht relativ harmlosen unbegründeten Schutzrechtsverwarnung eine rechtswidrige Unternehmensverletzung nach § 823 I BGB zu sehen, gegen geschäftsschädigende Äußerungen und Boykottaufforderungen jedoch auch dann keinen Schutz aus dieser Vorschrift zu gewähren, wenn sie sich existenzgefährdend auswirkten[310].

Auch damit lässt sich jedoch die Auffassung des II. ZS und die Abweichung seiner Entscheidungspraxis von der der anderen Senate nicht ausreichend erklären. Denn im Widerspruch zu dieser Deutung stehen seine Seydlitz-Entscheidung vom 8.10.1915, seine Separatisten II-Entscheidung vom 3.2.1931 und seine Hausbock-Entscheidung vom 17.8.1938, in denen er in Abweichung von seiner sonstigen Entscheidungspraxis die Haftung aus § 823 I BGB von einem bestandsverletzenden Eingriff abhängig gemacht hat[311].

c) Versuche einer Auflösung der Widersprüche in der Rechtsprechung des II. ZS

aa) Nach *Gieseke* besteht zwischen den Entscheidungen »Hustentropfen«, »Seydlitz«, »Separatisten« und »Hausbock« einerseits, in denen der II. ZS den Schutz des § 823 I BGB auf *bestandsverletzende* Unternehmenseingriffe beschränkte, und den übrigen Entscheidungen des II. ZS andererseits, in denen er mit § 823 I BGB auch *Bereichsschutz* gewährte, dann kein Widerspruch, wenn man davon ausgeht, dass dieser Senat den *Bereichsschutz* ursprünglich auf das Gebiet des gewerblichen Rechtsschutzes beschränkt und diese Beschränkung erst nach 1938 aufgegeben habe. Gegen diese Ansicht spricht jedoch zum einen die Wobbe-Entscheidung des II. ZS vom 7.10.1924, in der er mit § 823 I BGB gegen bereichsverletzende Unternehmenseingriffe Schutz gewährt hat[312]. In der Wobbe-Entscheidung ging es weder um einen *wettbewerblichen* Unternehmenseingriff – dies stellte der II. ZS selbst ausdrücklich fest – noch um einen Unternehmenseingriff auf dem Gebiete der gewerblichen Schutzrechte. Der Beklagte hat durch die unbefugte Benutzung der dem Kläger verliehenen Dip-

ders., LZ 1931, 664 f. (a.A. wohl noch *Lobe* I, S. 176 f.); *Marquitz*, Der Rechtsschutz des kaufmännischen Unternehmens durch die §§ 823 ff BGB., 1937, S. 27, 29; *Muscheidt*, Persönlichkeitsschutz und Wettbewerbsrecht, 1934, S. 12; *Nipperdey*, in FS für Heymann, 1931, Bd. II, S. 445 ff., 451; *Osterrieth*, GRUR 1916, 95 f.; *Reichenstein*, Der Rechtsschutz des Unternehmens, 1931, S. 43; *Reimer*, JW 1929, 2292; *ders.*, LZ 1932, 1340 ff., 1349; *Rosenthal*, Gruchot 63 (1919), 715 ff., 716 f.; *Salinger*, Gruchot 62 (1918), 289 ff., 317 f.; *Seligsohn*, JW 1917, 712; *H. H. Wagner*, Das sogenannte Recht am Gewerbebetrieb 1933, S. 48 f.; aus neuerer Zeit vgl. vor allem *Fikentscher*, in: Festgabe für Kronstein, 1967, S. 261 ff., 276, 277 f.; *Fikentscher/Heinemann*, Schuldrecht, Rn. 1578; *Hueck/Nipperdey*, Lehrbuch des Arbeitsrechts II 2, 1970, S. 994; *Schippel*, Das Recht am Gewerbebetrieb, 1956, S. 65 f.

[310] Vgl. vor allem *Fikentscher*, a.a.O.; *Lobe*, a.a.O.; *Seligsohn*, a.a.O.; *Wagner*, a.a.O.

[311] RG GRUR 1916, 95 f. – Seydlitz; MuW 1931, 200 ff., 202 – Separatisten II; GRUR 1939, 397 ff., 404 – Hausbock.

[312] RGZ 109, 50 ff., 52 f. – Wobbe.

lome, Medaillen und Preise keine gewerblichen Schutzrechte verletzt. Selbstverständlich ist es denkbar, dass der II. ZS den Begriff »gewerbliche Schutzrechte« in einem sehr weiten, untechnischen Sinne verstanden und Diplome, Medaillen und Preise für gewerbliche Leistungen diesem zugerechnet hat. Dann wäre die Beeinträchtigung der gewerblichen Betätigung eines Gewerbetreibenden durch unbefugte Benutzung der ihm für seine gewerblichen Leistungen verliehenen Auszeichnungen ein Unternehmenseingriff auf dem Gebiete der gewerblichen Schutzrechte.

Auch bei der Unternehmensbeeinträchtigung, über die der II. ZS in seiner Ersatzmittel-Entscheidung vom 7.6.1929 zu befinden hatte, handelte es sich um keine *Bereichsverletzung* auf dem Gebiete des »gewerblichen Rechtsschutzes« bzw. des »Wettbewerbs- und Warenzeichenrechts«[313]. Dass der vom II. ZS beanstandete Unternehmenseingriff – Beeinträchtigung von Arzneimittelherstellern (Kläger) durch den Hinweis einer AOK (Beklagte) an Apotheker, dass sie bestimmte Medikamente, für die es billigere Ersatzmittel gibt, nicht vergüte – *nicht auf dem Gebiet des Wettbewerbs- und Warenzeichenrechts* lag, wurde in dieser Entscheidung ausdrücklich festgestellt. Es lag aber auch kein bestandsverletzender Eingriff vor. Der II. ZS sprach zwar von einer »*bestandsgefährdenden*« Wirkung der von ihm zu würdigenden Unternehmensbeeinträchtigung. Es war jedoch keine Bestandsverletzung im Sinne der reichsgerichtlichen Definition, auf die der II. ZS in seinen Entscheidungen »Separatisten II« und »Hausbock« ausdrücklich Bezug genommen hat. Außerdem hat der II. ZS in der Entscheidung »Nichtarisches Unternehmen« vom 20.12.1939 *selbst* darauf hingewiesen, dass er in der Ersatzmittel-Entscheidung mit § 823 I BGB Bereichsschutz gewährt habe[314]. Denkbar ist natürlich, dass der II. ZS in dem Ersatzmittel-Prozess *irrtümlich* (!) glaubte, er habe über einen bestandsverletzenden Unternehmenseingriff zu befinden, und dass er erst später – nämlich in dem Prozess »Nichtarisches Unternehmen« – zu der Erkenntnis gelangt ist, dass er in Wirklichkeit Bereichsschutz und diesen außerhalb des Gebiets des »gewerblichen Rechtsschutzes« bzw. des »Wettbewerbs- und Warenzeichenrechts« gewährt hatte. Dann ließe sich die Ansicht vertreten, dass der II. ZS in der Zeit bis 1938 die Vorschrift des § 823 I BGB nur auf bereichsverletzende Unternehmenseingriffe auf dem Gebiete des gewerblichen Rechtsschutzes bzw. des Wettbewerbs- und Warenzeichenrechts anwenden *wollte*. Dies würde allerdings nichts daran ändern, dass er *tatsächlich* in der Wobbe- und der Ersatzmittel-Entscheidung Bereichsschutz außerhalb der genannten Rechtsgebiete gewährt hat.

Auch wenn man unterstellt, dass der II. ZS im Ersatzmittel-Prozess glaubte, über einen bestandsverletzenden Unternehmenseingriff zu befinden zu haben,

---

313 RG MuW 1929, 378 ff., 380 – Ersatzmittel; dazu oben S. 69 f., 81 ff.

314 RG MuW 1940, 87 f. – Nichtarisches Unternehmen; ebenso würdigte übrigens auch der BGH die Ersatzmittel-Entscheidung, vgl. BGHZ 29, 65 ff., 68 – Stromkabel I.

und dass er in der Wobbe-Entscheidung Diplome, Medaillen und Preise für Erfindungen den »gewerblichen Schutzrechten« zugerechnet hat, bleibt es dennoch fragwürdig anzunehmen, dass er in der Zeit bis 1938 den Schutz des Unternehmens vor *bereichsverletzenden* Eingriffen nach § 823 I BGB auf das Gebiet des gewerblichen Rechtsschutzes bzw. des Wettbewerbs- und Warenzeichenrechts *beschränkt* habe. Denn in seinen Entscheidungen aus der Zeit vor 1938 ist niemals von einer Beschränkung des Bereichsschutzes auf die genannten Gebiete die Rede gewesen. Wenn der II. ZS in mehreren Entscheidungen erwähnte, dass § 823 I BGB auf diesen Gebieten auch Bereichsschutz gewähre, so folgt daraus keineswegs schon im Umkehrschluss, dass er den Bereichsschutz auf diese Gebiete *beschränkt* wissen wollte. Gegen diesen Umkehrschluss spricht auch, dass es sich, worauf *Gieseke* zutreffend hingewiesen hat, kaum rechtfertigen lässt, den Bereichsschutz auf diese Gebiete zu beschränken[315]. Außerdem hat der II. ZS bereits 3 Monate nach seiner Hausbock-Entscheidung die Anwendbarkeit von § 823 I BGB auf bereichsverletzende Unternehmenseingriffe mit einer Begründung gerechtfertigt, die in gleicher Weise für wettbewerbliche wie auch für nichtwettbewerbliche Unternehmenseingriffe zutrifft[316]. Wohl allein *aufgrund seiner Zuständigkeit* lagen die meisten Entscheidungen des II. ZS, in denen er § 823 I BGB auf bereichsverletzende Unternehmenseingriffe für anwendbar erklärt hat, auf den genannten Rechtsgebieten.

bb) Die Fragwürdigkeit der Annahme, dass der II. ZS den Bereichsschutz jemals auf das Gebiet des gewerblichen Rechtsschutzes bzw. des Wettbewerbs- und Warenzeichenrechts *beschränken wollte*, spricht auch gegen einen weiteren Versuch, den aufgezeigten Widerspruch in der Rechtsprechung des II. ZS aufzulösen, indem man unterstellt, dieser habe in der Zeit zwischen 1924 und 1928 einen Vorstoß wagen und mit § 823 I BGB umfassend Bereichsschutz gewähren wollen, dann jedoch wegen der Zurückhaltung der übrigen Senate in der Zeit von 1929 bis 1938 den Bereichsschutz wieder auf das Gebiet des gewerblichen Rechtsschutzes beschränkt und sich erst danach endgültig dazu durchgerungen habe, § 823 I BGB wieder auf alle bestands- und bereichsverletzenden Unternehmenseingriffe anzuwenden.

cc) Eine weitere Erklärungsmöglichkeit für die Widersprüche in der Rechtsprechung des II. ZS sowie für die Widersprüche zwischen seiner Rechtsprechung zu der der übrigen Senate sieht *Gieseke* darin, dass man beim Unternehmensschutz nach § 823 I BGB von »zwei verschiedenen Konstruktionen« ausgegangen sei. *Gieseke* verweist darauf, dass die »alte Rechtsprechung« das *Recht am Gewerbebetrieb als echtes »absolutes« Recht* verstanden und mit ihm den Gewerbebetrieb gegen bestandsverletzende Unternehmenseingriffe geschützt habe, während in der »neueren Rechtsprechung« des II. ZS vom

[315] *Gieseke*, GRUR 1950, 298 ff., 301; ebenso BGHZ 3, 270 ff., 279 f. – Constanze I.

[316] Vgl. seine Entscheidung vom 19.11.1938, GRUR 1939, 494 ff., 499 – Rundfunkeinrichtungen.

lückenfüllenden Charakter des Schutzes der gewerblichen Betätigung nach § 823 I BGB die Rede sei[317]. Diese Deutung ist jedoch nicht nur, wie *Gieseke* mit Recht betont, »vom Standpunkt der Interessenwertung aus ... unerträglich«[318]. Sie vermag vor allem nicht zu erklären, warum der II. ZS in den beiden Entscheidungen »Separatisten II« und »Hausbock« nach Ablehnung eines tatbestandsmäßigen Eingriffs in *das absolute Recht am Gewerbebetrieb* mangels eines bestandsverletzenden Eingriffs in die betroffenen Gewerbebetriebe nicht die Frage eines »*lückenfüllenden*« Schutzes der *gewerblichen Betätigung* geprüft hat.

dd) Da sich die aufgezeigten Widersprüche in der Rechtsprechung des II. ZS nicht überzeugend auflösen lassen, wird man davon ausgehen müssen, dass sich die Entscheidungen »Hustentropfen«, »Seydlitz«, »Separatisten II« und »Hausbock« des II. ZS nicht in die sonstige Rechtsprechung dieses Senats zur Anwendbarkeit von § 823 I BGB auf bereichsverletzende Unternehmenseingriffe einfügen lassen, dass es sich also um »Ausreißer« handelt.

3. Die Entscheidungspraxis des I. ZS: Bestandsschutz und ab 1941 auch Bereichsschutz

Der II. ZS stand mit seiner Ansicht, dass § 823 I BGB den Gewerbebetrieb auch vor bereichsverletzenden Eingriffen schütze, lange Zeit allein. Seiner Auffassung hat sich wohl nur der I. ZS angeschlossen. Während dieser in seiner Fettsäuren-Entscheidung vom 1.11.1938 noch ausdrücklich an der Ansicht festgehalten hatte, dass § 823 I BGB den Gewerbebetrieb »grundsätzlich« nur vor bestandsverletzenden Eingriffen schütze, und er deshalb in der unbefugten Verwendung eines fremden Betriebsgeheimnisses keinen tatbestandsmäßigen Eingriff in das Recht am Gewerbebetrieb gesehen hat[319], erklärte er in seiner

[317] *Gieseke*, GRUR 1950, 298 ff., 301; auf die Unterscheidung zwischen dem »Recht *am* Gewerbebetrieb« und dem »Recht *auf* gewerbliche Betätigung« (»Betätigungsrecht«, »Recht *zum* Gewerbebetrieb«) haben auch bereits hingewiesen *Lobe*, MuW VI (1906/07), 164 ff., 167 (Ziff. V); *ders.*, LZ 1908, 934 ff., 939; *R. Isay*, Das Recht am Unternehmen, 1910, S. 15 ff.. Genaugenommen hat »das RG« vor 1900 die gewerbliche Betätigung als solche deliktsrechtlich geschützt. Nach 1900 haben dann die meisten Senate des RG – der I., IV., V., VI., VIII. und IX. ZS – das Recht *am Gewerbebetriebe* als echtes absolutes Recht verstanden, während der II. ZS daran festgehalten hat, § 823 I BGB auch auf rechtswidrige Beeinträchtigungen der gewerblichen Betätigung anzuwenden. Vgl. außer den auf S. 66 ff. erörterten Entscheidungen auch noch RGZ 103, 388 ff., 392 f.; MuW XXII. (1922/23), 117 ff., 119 – Imperial.

[318] *Gieseke*, GRUR 1950, 298 ff., 302.

[319] RG GRUR 1939, 733 ff., 734 a.E. – Fettsäuren; ebenso wohl auch noch der I. ZS in der Entscheidung vom 28.3.1939, GRUR 1939, 787 ff., 788 r.Sp. – Backhilfsmittel; vgl. auch JW 1913, 435 f., 436. Der II. ZS hatte dagegen die unbefugte Verwendung von fremden Betriebsgeheimnissen schon seit 1924 als tatbestandsmäßigen Eingriff in das Recht am Gewerbebetrieb angesehen, vgl. RGZ 109, 272 ff. – Gerbereimaschinen; RGZ 144, 41 ff., 52 f. – Gummiband.

Abtrennmesser-Entscheidung vom 3.10.1941 unter Berufung auf die Rechtsprechung des II. ZS, für die Anwendbarkeit von § 823 I BGB genüge »jede schuldhafte Beeinträchtigung der Betätigung eines anderen, ohne dass ein unmittelbar gegen den Bestand des Betriebes gerichteter Angriff stattgefunden haben müsste«[320].

Bemerkenswert ist, dass es in der Abtrennmesser- Entscheidung nicht darauf ankam, ob § 823 I BGB nur vor bestandsverletzenden oder auch vor bereichsverletzenden Unternehmenseingriffen schützt. Denn der I. ZS hatte über die Haftung für eine unbegründete Patentverwarnung zu befinden, die schon immer als typisch bestandsverletzender Unternehmenseingriff angesehen worden war und die auch der I. ZS in der genannten Entscheidung ausdrücklich zu den bestandsverletzenden Unternehmenseingriffen gerechnet hatte.

4. Zusammenfassung

In der Zeit nach 1909/10 haben sich der I., IV., V., VI., VIII. und IX. ZS unter Abweichung von der vorangegangenen Rechtsprechung des RG zur Ansicht bekannt, dass § 823 I BGB den Gewerbebetrieb nur gegen solche Eingriffe schütze, die sich »*unmittelbar gegen seinen Bestand*« richten[321]. Dazu rechneten sie vor allem unbegründete Schutzrechtsverwarnungen sowie tatsächliche Behinderungen eines Betriebs durch Blockaden und Benutzungssperren, nicht jedoch geschäftsschädigende Äußerungen, Boykottaufforderungen und Aufforderungen zu Sperren sowie das Unterschieben nicht bestellter Waren. Die Ansicht, dass § 823 I BGB den Gewerbebetrieb nur gegen bestandsverletzende Eingriffe schütze haben die genannten Senate soweit ersichtlich niemals aufgegeben. Nur der I. ZS hat sich in einer Entscheidung aus dem Jahre 1941 von dieser von ihm zuletzt noch im Jahre 1938 vertretenen Auffassung distanziert und sich dazu bekannt, dass § 823 I BGB auch gegen bereichsverletzende Unternehmenseingriffe Schutz gewähre[322].

Im Gegensatz zu den genannten Senaten hat der II. ZS auch in der Zeit nach 1909/10 mit § 823 I BGB nicht nur Bestandsschutz, sondern auch Bereichsschutz gewährt. Er hat zwar in drei Entscheidungen aus den Jahren 1915, 1931 und 1938 behauptet, dass § 823 I BGB nur auf bestandsverletzende Unternehmenseingriffe anwendbar sei[323]. Im Widerspruch dazu hat er jedoch in einer größeren Anzahl von Entscheidungen auch bei bereichsverletzenden Unternehmenseingriffen Ansprüche aus § 823 I BGB für begründet gehalten. Aufgrund seiner Zuständigkeit lag der Schwerpunkt der einschlägigen Entschei-

---

320 RG GRUR 1942, 54 ff., 55 – Abtrennmesser.

321 Vgl. die Angaben in Fußn. 134.

322 RG GRUR 1942, 54 ff., 55 – Abtrennmesser.

323 RG GRUR 1916, 95 – Seydlitz; MuW 1931, 200 ff., 202 – Separatisten II; GRUR 1939, 397 ff., 404 – Hausbock; andeutungsweise auch in RGZ 73, 253 ff., 256 – Hustentropfen.

dungen auf dem Gebiete des gewerblichen Rechtsschutzes bzw. des Wettbewerbs- und Warenzeichenrechts[324]. Zwischen Ansprüchen aus dem UWG und aus § 823 I BGB hielt er Anspruchskonkurrenz für gegeben, und zwar nicht »einwirkende« Anspruchskonkurrenz, sondern unbeschränkte Anspruchskonkurrenz[325]. Ansprüche aus dem UWG, die mit Ansprüchen aus § 823 I BGB konkurrierten, konnten nicht nur am Gerichtsstand des § 24 UWG (jetzt § 14 UWG), sondern auch am Gerichtsstand des § 32 ZPO geltend gemacht werden[326]. Außerdem unterwarf er konkurrierende Ansprüche aus dem UWG und aus § 823 I BGB nicht einheitlich der kurzen Verjährungsregelung des § 21 UWG (jetzt § 11 UWG). Vielmehr wendete er auf Ansprüche aus § 823 I BGB, auch wenn sie mit UWG-Ansprüchen konkurrierten, die längere Verjährungsfrist des § 852 BGB (jetzt §§ 195, 199 BGB) an. Ansprüche aus § 823 I BGB wegen rechtswidrigen Wettbewerbs konnten daher auch dann noch geltend gemacht werden, wenn die kurze Verjährungsfrist für konkurrierende UWG-Ansprüche abgelaufen war[327]. Dadurch wurde, da der II. ZS zuletzt *alle* rechtswidrigen Wettbewerbshandlungen für rechtswidrige Eingriffe in das Recht am Gewerbebetrieb hielt[328], die kurze Verjährungsfrist des § 21 UWG im praktischen Ergebnis durch die längere des § 852 BGB ersetzt.

Der II. ZS hat den Bereichsschutz nicht, wie manchmal behauptet wird, auf das Gebiet des gewerblichen Rechtsschutzes, der gewerblichen Schutzrechte oder des Wettbewerbs- und Warenzeichenrechts *beschränkt*. Von einer Beschränkung des Bereichsschutzes auf die genannten Gebiete ist nicht nur in keiner einzigen Entscheidung die Rede. Vielmehr hat er auch bei Unternehmensverletzungen außerhalb dieser Gebiete in mehreren Entscheidungen Ansprüche aus § 823 I BGB gewährt[329].

Fragt man nach den Gründen, die den II. ZS – nach 1941 auch den I. ZS – dazu bewogen haben könnten, die Vorschrift des § 823 I BGB im Widerspruch

---

[324] Vgl. RG JW 1915, 327 f. – Pilsener Bier; JW 1917, 712 ff. – Nähmaschine; RGZ 109, 272 ff., 276 – Gerbereimaschinen; GRUR 1929, 113 ff., 115 = MuW 1929, 28 ff. – Schlichte; MuW 1929, 65 ff., 68 – Schlichte-König; MuW 1931, 276 ff., 277 f. – Wasserreinigungsanlagen; RGZ 132, 311 ff., 316; RGZ 144, 41 ff., 52 f. – Gummiband; GRUR 1935, 577 ff., 583 – Bandmotiv; MuW 1936, 143 ff., 147 – Stiefeleisenpresse; GRUR 1938, 784 ff. – Cyklop; GRUR 1939, 494 ff. = RGZ 158, 377 ff., 379 – Rundfunkeinrichtungen; GRUR 1940, 375 ff., 378 – Naturessig; GRUR 1942, 364 ff., 365 – Förderanlagen.

[325] Vgl. vor allem RG GRUR 1940, 375 ff., 378 – Naturessig.

[326] RG JW 1929, 3070; RGZ 123, 120 ff., 129; GRUR 1931, 1299 ff., 1300 – Hellegold; JW 1936, 923; GRUR 1939, 407 ff., 409, 412; ebenso später der BGH, BGHZ 15, 338 ff., 355 f. – GEMA; GRUR 1955, 101 – Blitzableiter.

[327] Vgl. RG GRUR 1940, 375 ff., 378 – Naturessig; GRUR 1942, 364 ff., 365 – Förderanlagen.

[328] Vgl. RGZ 163, 21 ff., 32 – Kfz-Unfall.

[329] Vgl. RGZ 109, 50 ff., 52 – Wobbe (Medaillenmissbrauch); MuW 1929, 378 ff. – Ersatzmittel (Aufforderung der AOK zur Sperre bestimmter Arzneimittel); GRUR 1940, 87 f., 88 – Nichtarisches Unternehmen (geschäftsschädigende Äußerung); GRUR 1944, 152 ff. – Nazifirma (geschäftsschädigende Äußerung).

zu den übrigen Senaten des RG auch auf bereichsverletzende Eingriffe anzuwenden, so gelangt man zu der erstaunlichen Feststellung, dass es *nicht Lücken* im System der delikts- und wettbewerbsrechtlichen *Anspruchsnormen*, die das Unternehmen vor bereichsverletzenden Eingriffen schützen, gewesen sein können. Denn in fast[330] allen *wettbewerbsrechtlichen* Entscheidungen, in denen der II. ZS Ansprüche aus § 823 I BGB gewährt hat, erfüllten die rechtswidrigen Unternehmensverletzungen immer zugleich auch die Tatbestandsvoraussetzungen einer wettbewerbsrechtlichen Anspruchsnorm. In den *nicht-wettbewerbsrechtlichen* Entscheidungen waren neben Ansprüchen aus § 823 I BGB unter dem Gesichtspunkt eines Eingriffs in das Recht am Gewerbebetrieb auch andere deliktsrechtliche Ansprüche, nämlich aus § 823 I BGB wegen Verletzung des »persönlichen Rechts« an Diplomen, Medaillen oder sonstigen Auszeichnungen oder aus § 824 BGB wegen unwahrer geschäftsschädigender Tatsachenbehauptungen, ohne weiteres erfüllt. Nur in Bezug auf die Ersatzmittel-Entscheidung vom 7.6.1929[331] lässt sich nicht mit Sicherheit behaupten, dass neben Ansprüchen aus § 823 I BGB auch Ansprüche aus § 826 BGB *ohne weiteres* begründet gewesen wären; der II. ZS hat diese Frage offen gelassen, nachdem er zum Ergebnis gelangt war, dass Ansprüche aus § 823 I BGB bestehen.

Auch die praktischen Auswirkungen auf dem Gebiete der sogenannten *Ergänzungsnormen*, insbesondere der *Gerichtsstands- und Verjährungsregelungen*, haben den I. und II. ZS sicher nicht dazu veranlasst, § 823 I BGB im Widerspruch zu den übrigen Senaten des RG auf *bereichsverletzende* Unternehmenseingriffe anzuwenden. Denn in den ersten Entscheidungen, in denen sich der II. ZS zum Bereichsschutz nach § 823 I BGB bekannt hat, waren diese Auswirkungen nicht relevant.

Besonders bemerkenswert ist, dass der II. ZS einerseits und der I., IV., V., VIII. und IX. ZS andererseits nahezu drei Jahrzehnte lang über den Schutzbereich des Rechts am Gewerbebetrieb divergierende Auffassungen vertreten haben, ohne es für notwendig gehalten zu haben, sich mit der Gegenauffassung auseinanderzusetzen oder eine Entscheidung des Großen Zivilsenats herbeizuführen. Erstaunlich ist auch, dass nicht nur der VI. ZS in seiner Compretten I-Entscheidung vom 24.3.1930, sondern sogar der II. ZS in seiner Separatisten II-Entscheidung vom 3.2.1931 und in seiner Hausbock-Entscheidung vom 17.8.1938 behaupteten, nach »feststehender Rechtsprechung« bzw. »ständiger Rechtsprechung« schütze § 823 I BGB den Gewerbebetrieb nur

330 Nur in seiner Nähmaschine-Entscheidung vom 2.1.1917 beschränkte sich der II. ZS auf die Gewährung von Ansprüchen aus § 823 I BGB; Ansprüche aus § 826 BGB, die das Berufungsgericht mit Recht für begründet gehalten hatte, ließ der II. ZS ausdrücklich dahingestellt; auf Ansprüche aus § 1 UWG, die ebenfalls begründet gewesen wären, ging er nicht ein.

331 RG MuW 1929, 378 ff. – Ersatzmittel.

vor bestandsverletzenden Eingriffen[332], obwohl der II. ZS selbst in einer größeren Anzahl von Entscheidungen mit § 823 I BGB auch Bereichsschutz gewährt hatte[333].

[332] RG LZ 1930, 1185 ff., 1186 – Compretten I; MuW 1931, 200 ff., 202 – Separatisten II; GRUR 1939, 397 ff., 404 – Hausbock.

[333] RG JW 1915, 327 f. – Pilsener Bier; JW 1917, 712 ff. – Nähmaschine; RGZ 109, 50 ff., 52 – Wobbe; RGZ 109, 272 ff., 276 – Gerbereimaschinen; GRUR 1929, 113 ff., 115 = MuW 1929, 28 ff. – Schlichte; MuW 1929, 65 ff., 68 – Schlichte-König; MuW 1929, 378 ff., 380 – Ersatzmittel; MuW 1931, 276 ff., 277 f. – Wasserreinigungsanlagen; RGZ 132, 311 ff., 316; RGZ 144, 41 ff., 52 f. – Gummiband; GRUR 1935, 577 ff., 583 – Bandmotiv; MuW 1936, 143 ff., 147 – Stiefeleisenpresse; GRUR 1938, 784 ff. – Cyklop; GRUR 1939, 494 ff. – Rundfunkeinrichtungen.

Kapitel 2

Die Rechtsprechung des Bundesgerichtshofs und des Bundesarbeitsgerichts

Ebenso wie in der Rechtsprechung des RG hat der Unternehmensschutz nach § 823 I BGB auch in der Rechtsprechung des BGH und des BAG mehrfach einen Inhalts- und Funktionswandel erfahren:

(1) Der BGH und das BAG haben den Schutzbereich des Rechts am Gewerbebetrieb über die Rechtsprechung des RG hinaus ausgeweitet. Abweichend von der Rechtsprechung der meisten ZS des RG haben sie den Schutz auf bereichsbezogene Unternehmenseingriffe erstreckt, wenn diese betriebsbezogen waren.

(2) Ursprünglich ist der BGH davon ausgegangen, dass die Rechtswidrigkeit eines unmittelbaren Unternehmenseingriffs indiziert sei; später hat er eine positive Bestimmung der Rechtswidrigkeit durch eine umfassende Interessenabwägung für erforderlich gehalten.

(3) Bis 1961 hat der BGH angenommen, dass zwischen Ansprüchen aus § 823 I BGB unter dem Gesichtspunkt eines Eingriffs in das Recht am Gewerbebetrieb und konkurrierenden Ansprüchen aus dem BGB und dem Wettbewerbsrecht Anspruchskonkurrenz bestehe; seit 1961 misst er dem Unternehmensschutz nach § 823 I BGB grundsätzlich nur noch eine lückenfüllende Funktion bei. Im Verhältnis zu Ansprüchen aus § 826 BGB ist die Rechtsprechung des BGH widersprüchlich.

Zwischen dem unter (2) und dem unter (3) genannten Wandel der Rechtsprechung des BGH dürfte ein sachlicher und zeitlicher Zusammenhang bestehen. Er lässt sich jedoch nicht beweisen, sondern nur vermuten, da entsprechende Hinweise in der Rechtsprechung fehlen und der unter (2) genannte Wandel der Rechtsprechung zeitlich nicht ganz genau zu fixieren ist. Deshalb empfiehlt es sich nicht, »die Rechtsprechung« des BGH und des BAG ebenso in Phasen aufzuteilen, wie dies bei der Darstellung der Rechtsprechung des RG als zweckmäßig erschienen ist. Am besten lässt sich die Rechtsprechung des BGH und BAG zum Unternehmensschutz nach § 823 I BGB wiedergeben, wenn man das oben bereits genannte Gliederungsschema zugrunde legt, d.h. folgende Fragen voneinander trennt:

(1) Welche Unternehmensbeeinträchtigungen bewerten der BGH und das BAG als *tatbestandsmäßige* Eingriffe in das Recht am Gewerbebetrieb?

(2) Wie bestimmen der BGH und das BAG die *Rechtswidrigkeit* eines Unternehmenseingriffs?

(3) In welchem Verhältnis stehen Ansprüche aus § 823 I BGB unter dem Gesichtpunkt eines Eingriffs in das Recht am Gewerbebetrieb *zu konkurrierenden* Ansprüchen?

Ebenso, wie schon für die Rechtsprechung des RG, ist auch für die des BGH kennzeichnend, dass Abweichungen von einer vorangegangenen Entscheidungspraxis häufig nicht oder nur sehr unzulänglich begründet worden sind. Zum Teil wurden auch Änderungen der Rechtsprechung kaschiert; durch Hinweise auf Präjudizien, die nicht einschlägig waren, wurde eine Kontinuität der Rechtsprechung behauptet, die in Wirklichkeit nicht bestanden hat.

I. Ausweitung des Bereichsschutzes

Nach dem Zweiten Weltkrieg übernahmen der BGH und das BAG die ursprünglich nur vom II. ZS und später auch vom I. ZS des RG vertretene Ansicht, dass § 823 BGB den Gewerbebetrieb nicht nur vor bestandsverletzenden, sondern auch vor *bereichsverletzenden* Eingriffen schütze. Aufgrund ihrer Zuständigkeit hatten diese beiden Senate des RG allerdings überwiegend nur auf dem Gebiete des gewerblichen Rechtsschutzes bzw. des Wettbewerbs- und Warenzeichenrechts mit § 823 I BGB Bereichsschutz gewährt. Demgegenüber hatten die übrigen Senate des RG, insbesondere der VI. ZS, in ständiger Rechtsprechung daran festgehalten, dass § 823 I BGB einen Gewerbebetrieb nur vor bestandsverletzenden Eingriffen schütze; aufgrund ihrer Zuständigkeit waren diese Senate allerdings fast ausschließlich mit Fällen außerhalb des gewerblichen Rechtsschutzes befasst. Die unterschiedliche Entscheidungspraxis der verschiedenen Senate des RG führte zu der Fehlvorstellung, dass das »Reichsgericht« den *Bereichsschutz* nach § 823 I BGB auf das Gebiet des gewerblichen Rechtsschutzes beschränkt und außerhalb dieses Rechtsgebiets nur gegen *bestandsverletzende* Unternehmenseingriffe mit § 823 I BGB Schutz gewährt habe. Diese unterschiedliche Behandlung von Unternehmenseingriffen auf dem Gebiete des gewerblichen Rechtsschutzes einerseits und Unternehmenseingriffen außerhalb dieses Rechtsgebiets andererseits wurde als sachlich nicht gerechtfertigt empfunden[334], und der BGH und das BAG schufen eine Bereinigung der Rechtslage zugunsten einer *Ausweitung des Bereichsschutzes* auf *alle* Rechtsgebiete[335]. Zum Schutzbereich des Rechts am Gewerbebetrieb rechnet

---

[334] Vgl. BGHZ 3, 270 ff., 279 – Constanze I; BGHZ 29, 65 ff., 67 ff. – Stromkabel I.

[335] Grundlegend BGHZ 3, 270 ff., 279 f. – Constanze I; zur Rechtsprechung des BGH und des BAG vgl. außerdem die Nachweise in den folgenden Fußnoten. Die Möglichkeit einer sinnvollen Unterscheidung zwischen bestands- und bereichsverletzenden Unternehmenseingriffen bezweifeln *Fikentscher*, in: Festgabe für Kronstein, 1967, S. 261 ff., 276, 277;

der BGH alles, »was in seiner Gesamtheit den Gewerbebetrieb zur Entfaltung und Betätigung in der Wirtschaft befähigt, also nicht nur Betriebsräume und -grundstücke, Maschinen und Gerätschaften, Einrichtungsgegenstände und Warenvorräte, sondern auch Geschäftsverbindungen, Kundenkreis und Außenstände«; nach § 823 I BGB soll das Unternehmen »in seiner wirtschaftlichen Tätigkeit, in seinem Funktionieren vor widerrechtlichen Eingriffen bewahrt bleiben«[336].

Die Weichen für diese Rechtsentwicklung stellte der BGH schon in seiner Constanze I-Entscheidung vom 26.10.1951[337]. Die Begründung dieser Entscheidung ist allerdings nicht sehr überzeugend. Sowohl wegen ihrer grundlegenden Bedeutung für die weitere Rechtsentwicklung als auch wegen ihrer Anfechtbarkeit soll sie im Folgenden ausführlich wiedergegeben werden.

In der Constanze I-Entscheidung ging es um die delikts- und wettbewerbsrechtliche Beurteilung geschäftsschädigender Äußerungen, die in einer kirchlichen Wochenzeitschrift über die Zeitschrift Constanze veröffentlicht worden waren. In der Dekanatsbeilage der Wochenschrift »Kirche und Leben, Kirchenblatt für das Bistum M.« war unter der Überschrift »Die Lesemappe des P.-Ringes in jede Familie« den Verlegern der Frauenzeitschrift Constanze vorgeworfen worden, sie »machten mit dem scheinbaren Zusammenbruch der Begriffe von Anstand und Würde ihr Geschäftchen; sie vertauschten die saubere kaufmännische Werbung und Absatzkalkulation mit der gewissenlosen Spekulation auf die primitiven Instinkte eines müde gewordenen Volkes«; die Zeitschrift Constanze sei »eine Blüte aus dem Sumpf der fragwürdigen Kulturerzeugnisse nach der Art der Magazine« zu nennen; der christliche Leser der Constanze vergesse mit dem Empfang dieser Zeitschrift, was er der Ehre seiner Frau und Tochter, und was er der Erziehung seiner heranwachsenden Kinder schuldig sei. Anschließend hieß es in diesem Artikel, der Christ könne sich aus anderen Zeitschriften ein Bild von der Welt machen und er habe die Möglichkeit, diesen Dingen gegenüber einen neuen Standpunkt zu beziehen. Seit ein paar Monaten erscheine auf Wunsch des Bischofs wöchentlich regelmäßig die Lesemappe des P.-Ringes, die an Reichhaltigkeit, Aktualität und Aufmachung den Erzeugnissen anderer Unternehmen nicht nachstehe und sie an Preiswürdigkeit übertreffe[338].

Der BGH hielt deliktsrechtliche Sanktionen für geboten. Nach seiner Ansicht waren jedoch die Voraussetzungen der in Betracht gezogenen Vorschriften der §§ 824, 826 BGB, 1, 14 UWG nicht erfüllt. Ansprüche aus den §§ 824 BGB, 14 UWG wegen unwahrer (oder nicht erweislich wahrer) Tatsachenbehaup-

---

Hueck/Nipperdey, Lehrbuch des Arbeitsrechts II 2, S. 994; ebenso schon *Callmann*, ZHR 97 (1932), 129 ff. , 151 f.; *Lobe*, LZ 1931, 664 f.

[336] So BGHZ 29, 65 ff., 70 – Stromkabel I.

[337] BGHZ 3, 270 ff., 279 f. – Constanze I.

[338] So die Wiedergabe des Sachverhalts in BGHZ 3, 270 ff., 271 f. – Constanze I.

tungen lehnte der BGH ab, weil er die geschäftsschädigenden Äußerungen, die er zu beurteilen hatte, nicht für Tatsachenbehauptungen, sondern für Werturteile hielt[339]. Diese Auffassung lässt sich allerdings kaum vereinbaren mit der vom BGH ebenfalls in der Constanze I-Entscheidung getroffenen Feststellung, dass »die fließende Grenze zwischen Tatsachenbehauptungen und Werturteilen oder bloßen Meinungsäußerungen *zu Gunsten der Tatsachenbehauptungen möglichst weit zu ziehen* (sei), weil sich letztlich jedes Urteil auf äußere und innere Tatsachen stützt«[340]. Wohl mit Recht wurde im Schrifttum darauf hingewiesen, dass die herabwürdigende Behauptung, die Zeitschrift Constanze sei den Magazinen aus dem Sumpf der fragwürdigen Kulturerzeugnisse gleich zu stellen, eine nachprüfbare Tatsachenbehauptung gewesen sei[341]. Erwähnenswert ist in diesem Zusammenhang auch die Entscheidung des österreichischen OGH vom 11.9.1962, in der er die Behauptung, eine Zeitung sei »minderwertig« und eine »Sumpfblüte« – die insoweit bestehende sachverhaltliche Parallele zur Constanze I-Entscheidung des BGH ist augenfällig –, nicht als Werturteil, sondern als nachprüfbare Tatsachenbehauptung bewertet hat[342].

Zur Anwendbarkeit der §§ 826 BGB, 1 UWG erklärte der BGH *allgemein*, dass »der Rechtsschutz bei schädigenden Werturteilen, die nicht den *Makel der Sittenwidrigkeit* (Hervorhebung von mir) tragen und deshalb nicht unter die Generalklausel des § 1 UnlWG, § 826 BGB fallen, unvollkommen (wäre), wenn sie nicht als Verletzungshandlungen gegenüber dem Recht am Gewerbebetrieb gewertet werden könnten«[343].

Diese Ausführungen lassen nicht einmal den *Versuch* einer Subsumtion unter die §§ 826 BGB, 1 UWG erkennen. Desgleichen vermisst man Ausführungen darüber, ob die restriktive, moralisierende Handhabung von § 826 BGB und § 1 UWG a.F. (»Makel der Sittenwidrigkeit«) der lückenfüllenden Funktion dieser Vorschriften gerecht wird bzw. wurde. Mit Recht hat *Spengler* bereits damals zur Constanze I-Entscheidung bemerkt, dass die Prüfung der *Rechtswidrigkeit* nach § 823 I BGB keine weniger sorgsame Interessenabwägung erfordere als sie bei der Prüfung der *Sittenwidrigkeit* nach § 826 BGB geboten sei[344]. Im selben Sinne wie *Spengler* hat der BGH in einer Entscheidung aus dem Jahre 1962 zum betrieblichen Geheimnisschutz ausgeführt, dass die Feststellung der Rechtswidrigkeit eines Eingriffs in das Recht am Gewerbebetrieb nach § 823 I BGB

---

339 BGHZ 3, 279; vgl. auch BGHZ 45, 296 ff., 303 f. – Höllenfeuer; BGH GRUR 1969, 624 ff., 627 – Hormoncreme.

340 BGHZ 3, 273; Hervorhebung von mir.

341 So *Kleine*, JZ 1952, 229 ff. (Anm. zur Constanze I-Entscheidung); ähnlich *Wenzel*, GRUR 1970, 278 ff., 281; vgl. auch *Suppes*, Die Rechtsprechung des RG und des BGH zum Recht am eingerichteten und ausgeübten Gewerbebetrieb, 1956, S. 27 ff., 29, wo auch Ansprüche aus § 823 II BGB i.V.m. § 186 StGB für begründet gehalten werden.

342 OGH JBl. 1963, 267 = ÖBl. 1963, 5.

343 BGHZ 3, 279.

344 *Spengler*, WuW 1953, 195 ff., 199.

»in derselben Weise wie bei der Anwendung der §§ 826 BGB, 1 UWG« einer sorgfältigen Abwägung alle Umstände bedürfe[345].

Interessant in Bezug auf den Vorwurf der Sittenwidrigkeit ist auch der weitere Verlauf des Constanze-Falles, der mit der Constanze I-Entscheidung des BGH noch nicht seinen Abschluss gefunden hatte. Nachdem der BGH diesen Fall zur weiteren Sachaufklärung an das Berufungsgericht zurückverwiesen hatte und dieses u.a. zu der Feststellung gelangt war, dass die gerügten geschäftsschädigenden Äußerungen *Wettbewerbszwecken* gedient hatten, wurde der Constanze-Fall wenige Zeit später erneut dem BGH zur Entscheidung vorgelegt. Diesmal hatte der BGH keine Bedenken gegen den Vorwurf der Sittenwidrigkeit; unter dem Gesichtspunkt *sittenwidriger vergleichender Werbung* gewährte er in seiner Constanze II-Entscheidung vom 6.7.1954 ohne weiteres Ansprüche aus der Sittenwidrigkeitsklausel des § 1 UWG[346].

Die Folge seiner unnötig restriktiven Auslegung der §§ 824, 826 BGB und der §§ 1, 14 UWG a.F. war, dass sich der BGH in der Constanze I-Entscheidung genötigt sah, den schon seinerzeit heftig kritisierten Schutz des Rechts am Gewerbebetrieb nach § 823 I BGB auszuweiten[347]. In ausdrücklicher Abkehr von der Rechtsprechung des RG erklärte er, dass *»kein sachlicher Grund«* bestehe, einen Gewerbebetrieb nach § 823 I BGB nur gegen unmittelbare Eingriffe in seinen *Bestand* umfassend zu schützen, den Schutz vor widerrechtlichen Beeinträchtigungen der gewerblichen Betätigung durch unmittelbare Eingriffe in den *Bereich* eines Gewerbebetriebs dagegen auf das Gebiet des Wettbewerbs- und Warenzeichenrechts zu beschränken[348]. Ebenso wie das *Eigentum* nicht nur in seinem Bestand, sondern auch in seinen einzelnen Ausstrahlungen durch § 823 I BGB vor unmittelbaren Eingriffen geschützt sei, müsse nach dieser Vorschrift auch das *Recht am Gewerbebetrieb* »nicht nur in seinem eigentlichen Bestand, sondern auch in seinen einzelnen Erscheinungsformen, wozu der gesamte gewerbliche Tätigkeitskreis zu rechnen ist, vor unmittelbaren Störungen bewahrt bleiben«[349].

---

[345] BGH GRUR 1963, 367 ff., 369 r. Sp. – Industrieböden; anders allerdings wohl BGHZ 59, 30 ff., 34 – Blockade I, wo festgestellt wird, dass nicht jede rechtswidrige Unternehmensverletzung zugleich auch sittenwidrig sei.

[346] BGHZ 14, 163 ff., 171 f. – Constanze II; ebenso schon *Kleine*, JZ 1952, 229 ff., 230.

[347] Zur Kritik des Rechts am Gewerbebetrieb vgl. aus der Zeit vor 1951 vor allem *Nipperdey*, in: FS für Heymann, 1931, Bd. II, S. 445 ff.; *Gieseke*, GRUR 1950, 298 ff.; *ders.*, in: FS für Heymann, 1940, S. 112 ff.

[348] BGHZ 3, 270 ff., 279 – Constanze I; ebenso BGHZ 23, 157 ff., 162 – Verkaufsbaracken;. *Gieseke*, GRUR 1950, 298 ff., 301, 306 (III.).

[349] BGHZ 3, 279 f. – Constanze I; ebenso BGHZ 23, 157 ff., 162, 163 – Verkaufsbaracken; *Lindenmaier* behauptete in WuW 1953, 592 f., 593 sogar, dass in den Entscheidungen RG GRUR 1940, 375 ff., 378 und RG GRUR 1942, 364 ff., 365 eine Beschränkung des Bereichsschutzes auf das Gebiet des Wettbewerbs- und Warenzeichenrechts fehle. Dazu ist zu bemerken, dass in GRUR 1940, 378 vom Bereichsschutz auf dem Gebiet des Wettbewerbs- und Warenzeichenrechts ausdrücklich die Rede ist. Außerdem handelte es sich in beiden Ent-

Diese Argumentation des BGH ist in mehrfacher Hinsicht fragwürdig:

(1) Bemerkenswert ist es, den umfassenden Schutz des Gewerbebetriebs nach § 823 I BGB damit zu rechtfertigen, dass auch das *Eigentum* nach § 823 I BGB nicht nur in seinem Bestand, sondern auch in seinen einzelnen Ausstrahlungswirkungen vor unmittelbaren Eingriffen geschützt sei. Stichhaltig wäre diese Begründung nur, wenn das Recht am Gewerbebetrieb und das Eigentum vergleichbare Rechte wären und ihr deliktsrechtlicher Schutz nach § 823 I BGB nach vergleichbaren Regeln vorzunehmen wäre. In der Tat wurde vor allem in der Zeit kurz vor und kurz nach der Constanze I-Entscheidung die Einbeziehung des Rechts am Gewerbebetrieb in den Schutzbereich des § 823 I BGB im Schrifttum verschiedentlich damit gerechtfertigt, dass zwischen dem Eigentum und dem Recht am Gewerbebetrieb eine gewisse Verwandtschaft bestehe und dass das Recht am Gewerbebetrieb ein »eigentumsähnliches« Recht sei[350]. Heute ist man sich hingegen mit Recht darin einig, dass das Recht am Gewerbebetrieb, so wie es von der Rechtsprechung verstanden wird, mit dem durch § 823 I BGB geschützten »Eigentum« nicht vergleichbar ist. Besonders deutlich zeigt sich dies an den sog. Stromkabelfällen, über die der BGH zu befinden hatte: Wird durch eine Unterbrechung der Stromzufuhr ein Betrieb lahm gelegt, so fehlt es nach ständiger Rechtsprechung des BGH an einem *tatbestandsmäßigen* Eingriff in das Recht am Gewerbebetrieb; entgangener Gewinn kann nicht nach § 823 I BGB unter dem Gesichtpunkt eines Eingriffs in das Recht am Gewerbebetrieb ersetzt verlangt werden[351]. Wird hingegen durch die Unterbrechung der Stromzufuhr betriebliches Eigentum verletzt – es verderben z.B. angebrütete Eier in einem elektrischen Brutofen –, dann stellt dies nach Ansicht des BGH eine *tatbestandsmäßige* Eigentumsverletzung dar; unter dem Gesichtpunkt einer Eigentumsverletzung nach § 823 I BGB kann auch Ersatz des entgangenen Gewinns verlangt werden[352]. Auch die *Rechtswidrigkeit* einer Eigentumsverletzung bestimmt der BGH heute in anderer Weise als die Rechtswidrigkeit eines Eingriffs in das Recht am Gewerbebetrieb. Ursprünglich nahm er zwar an, dass nicht nur die Rechtswidrigkeit einer Eigentumsverletzung, sondern auch – so die Constanze I-Entscheidung – die Rechtswidrigkeit einer

---

scheidungen um Wettbewerbsstreitigkeiten (täuschende Werbung und vergleichende Werbung), sodass schon aus diesem Grunde eine ausdrückliche Beschränkung des Bereichsschutzes auf das Gebiet des Wettbewerbs- und Warenzeichenrechts entbehrlich war.

[350] Vgl. *Ballerstedt*, JZ 1951, 486ff., 488; *J. v. Gierke*, ZHR 111 (1948), 1ff., 14; *v. Godin*, Nutzungsrecht an Unternehmen und Unternehmensbeteiligungen, 1949, S. 13; *Lindenmaier*, WuW 1953, 592; vgl. auch *Preusche*, Unternehmensschutz und Haftungsbeschränkung im Deliktsrecht, 1974, S. 28; gegen diese Gleichstellung wenden sich mit Recht *Müller-Erzbach*, JZ 1952, 193ff., 198; *Nettesheim*, BB 1976, 18f., 19.

[351] Grundlegend BGHZ 29, 65ff. – Stromkabel I; ebenso BGHZ 41, 123ff., 126f. – Bruteier; BGHZ 66, 388ff., 393 Stromkabel II.

[352] So BGHZ 41, 123ff. – Bruteier.

Unternehmensverletzung indiziert sei[353]. In seiner neueren Rechtsprechung hält er hingegen nur noch die Rechtswidrigkeit einer unmittelbaren Eigentumsverletzung für indiziert; die Rechtswidrigkeit eines unmittelbaren Eingriffs in das Recht am Gewerbebetrieb bestimmt er hingegen positiv durch Interessenabwägung[354].

(2) Fragwürdig war es auch, wenn der BGH aus der fehlenden Rechtfertigung für die – angebliche – Beschränkung des Bereichsschutzes auf das Gebiet des Wettbewerbs- und Warenzeichenrechts folgerte, dass dem Gewerbebetrieb auch auf anderen Rechtsgebieten Bereichsschutz zu gewähren sei[355]. Denn zum einen hatte das RG – genauer: der I. und II. ZS des RG – den Schutz des Rechts am Gewerbebetrieb nicht, wie der BGH glaubte, auf das Gebiet des Wettbewerbs- und Warenzeichenrechts beschränkt; dies haben die Ausführungen auf S. 78 ff., 95 f. gezeigt. Außerdem hätte es näher gelegen, wenn der BGH dem RG schon unterstellte, es habe den Bereichsschutz des Rechts am Gewerbebetrieb auf das Gebiet des Wettbewerbs- und Warenzeichenrechts beschränkt, zu prüfen, ob das RG *mit Recht* auf diesem Gebiet Bereichsschutz nach § 823 I BGB gewährt habe. Dies zu prüfen bestand vor allem deshalb Anlass, weil die meisten ZS des RG einen Bereichsschutz generell abgelehnt hatten und bereits zu dem Zeitpunkt, in dem die Constanze I-Entscheidung des BGH ergangen ist, mit gewichtigen Gründen Kritik an der Einbeziehung des Rechts am Gewerbebetrieb in den Schutzbereich des § 823 I BGB geübt worden war[356].

II. Die Beschränkung des Bereichsschutzes auf unmittelbare bzw. betriebsbezogene Unternehmenseingriffe

Um eine »übermäßige Ausweitung« des deliktsrechtlichen Unternehmensschutzes zu vermeiden, wendet der BGH § 823 I BGB nur auf *unmittelbare* Unternehmenseingriffe an[357]. Einen Unternehmenseingriff hält er nur dann für »unmittelbar«, wenn er »irgendwie gegen den Betrieb als solchen gerichtet« ist, wenn er »*betriebsbezogen*« ist[358]. Betriebsbezogen ist ein Eingriff, wenn er sich

---

353 BGHZ 3, 270 ff., 280 – Constanze I.

354 Vgl. vor allem BGHZ 45, 296 ff., 307 f. – Höllenfeuer; BGHZ 59, 30 ff., 34 – Blockade I; BGHZ 65, 325 ff., 331 – Warentest II.

355 Gegen die Berechtigung einer Beschränkung des Bereichsschutzes auf das Gebiet des gewerblichen Rechtsschutzes bzw. des Wettbewerbs- und Warenzeichenrechts auch *Gieseke*, GRUR 1950, 298 ff., 301, 306 (III.).

356 Vgl. vor allem *Nipperdey*, in: FS für Heymann, 1931, Bd. II, S. 445 ff.; *Gieseke*, GRUR 1950, 298 ff.

357 Vgl. vor allem BGHZ 29, 65 ff., 70 ff. – Stromkabel; ebenso BGHZ 69, 128 ff., 139 – Fluglotsenstreik I; ebenso andeutungsweise auch schon BGHZ 3, 270 ff., 279 f. – Constanze I; vgl. weiterhin auch schon RGZ 132, 311 ff., 317.

358 So BGHZ 29, 65 ff., 72, 74 – Stromkabel I; ebenso schon BGH LM Nr. 4 zu BGB § 823

gegen den Betrieb als solchen richtet oder wenn er die Grundlagen des Betriebes bedroht oder gerade den Funktionszusammenhang der Betriebsmittel auf längere Zeit aufhebt oder seine Tätigkeit als solche in Frage stellt[359]. An der geforderten Betriebsbezogenheit fehlt es nach Ansicht des BGH dann, wenn die unternehmensschädigende Handlung »vom Gewerbebetrieb ohne weiteres ablösbare Rechte oder Rechtsgüter« betrifft[360].

1. Betriebsbezogene Unternehmenseingriffe

Zu den *betriebsbezogenen* Unternehmenseingriffen zählt die Rechtsprechung

- geschäftsschädigende Äußerungen, die sich unmittelbar auf ein bestimmtes Unternehmen, seine Leistungen oder seinen Inhaber beziehen[361]; sie müssen sich allerdings nicht gezielt *gegen* ein Unternehmen richten; vielmehr genügen auch z.B. vergleichende Warentests, in denen ein Unternehmen mit seinen Leistungen ungünstig abschneidet[362];
- Boykottaufforderungen gegen ein Unternehmen[363];

(Da); ebenso ferner BGHZ 55, 153 ff., 161 = NJW 1971, 647 ff. – Schuten im Fleet; BGHZ 66, 388 ff., 393 = NJW 1976, 1740; BGHZ 69, 128 ff., 139 = NJW 1977, 1875 – Fluglotsenstreik I; BGH NJW 1983, 812 ff., 813; BGHZ 86, 152 ff., 156 – Elbe-Seitenkanal; BGHZ 90, 113 ff., 123 = NJW 1984, 1607 – Bürgerinitiative; BGH NJW 2003, 1040 f., 1041 – Eiskunstläuferin.

[359] BGH NJW 1983, 812 ff., 813.

[360] Vgl. BGHZ 29, 65 ff., 74 – Stromkabel I; BGHZ 55, 153 ff., 161 – Schuten im Fleet; BGH NJW 2003, 1040 f., 1041 – Eiskunstläuferin; BGH NJW 2004, 356; aus dem Schrifttum vgl. Palandt/*Sprau*, BGB § 823 Rn. 128.

[361] Vgl. BGHZ 3, 270 ff., 279 ff. – Constanze I; BGHZ 8, 142 ff., 144 – Schwarze Listen; BGH GRUR 1956, 212 ff., 213 – Wirtschaftsprüfer; BGHZ 36, 18 ff., 23 – Konkursantrag; BGH GRUR 1964, 392 ff. – Weizenkeimöl; BGH GRUR 1966, 386 – Warentest I; BGHZ 45, 296 ff. – Höllenfeuer; BGH JZ 1968, 231 f., 232 – Birgit Malmström; BGH GRUR 1970, 465 ff., 466 – Prämixe; BGHZ 65, 325 ff., 330 ff. – Warentest II (ausführlicher in DB 1976, 283 ff.); BGHZ 80, 25 ff. – Wallraff; BGHZ 90, 113 ff., 123 = NJW 1984, 1607 – Bürgerinitiative; BGH NJW 1987, 2222 ff., 2225 – Warentest IV; BGH NJW 1989, 1923 – Warentest V; BGH NJW 2006, 830 ff. – KirchMedia.

[362] Vgl. BGH GRUR 1966, 386 ff. – Warentest I; BGHZ 65, 325 ff. – Warentest II; BGH NJW 1987, 2222 ff., 2225 – Warentest IV; BGH NJW 1989, 1923 – Warentest V.

[363] BVerfG NJW 1987, 381 ff. – Mietboykott; BGHZ 24, 200 ff. – Spätheimkehrer; BGH NJW 1964, 29 ff. – Blinkfüer; BGH GRUR 1965, 440 ff., 442 – Milchboykott; BAG NJW 1977, 318 ff.; ebenso LAG Baden-Württemberg (Stuttgart) AR-Blattei, Boykott, Sperre, Entsch. 1 (mit Anm. von *Löwisch*); OLG Hamburg, MDR 1952, 295 ff., 296; OLG Düsseldorf, WuW 1953, 232 ff. (mit Anm. von *Hefermehl*, S. 234 ff.); OLG Hamburg, NJW 1962, 917 ff. – Blinkfüer; OLG Köln, NJW 1965, 2345 – Anzeigenboykott; OLG Stuttgart, GRUR 1975, 505 ff. = WRP 1975, 611 ff. – Piz Buin; OLG Stuttgart, GRUR-RR 2006, 20 ff. – Absperrband-Aktion; LG Stuttgart, WuW/E LG/AG 391 ff. – Transparentenwerbung; LG Stuttgart, NJW 1956, 1073 – Käuferstreik; das RG hatte hingegen in Boykottaufforderungen keine tatbestandsmäßigen Eingriffe in das Recht am Gewerbebetrieb gesehen, weil sie nicht »bestandsverletzend« sind, vgl. RGZ 76, 35 ff., 48 f. – Fürstenhof (»Zehlendorfer Saalboykott«); RG JW 1915, 913 ff., 915 – Leipziger Zeitungsstreit.

- physische Unternehmensbehinderungen, z.B. durch Unternehmensblockaden[364] oder durch Bauarbeiten und durch Lagerung von Baumaterial vor einem Geschäftsbetrieb[365];
- Streikaufrufe[366];
- unbegründete Schutzrechtsverwarnungen in Form sog. Herstellerverwarnungen, durch die dem wegen angeblicher Schutzrechtsverletzung Verwarnten ein Schaden entsteht[367];
- unbegründete Abnehmerverwarnungen, durch die (außer den verwarnten Abnehmern) auch der Lieferant zur Einstellung der vermeintlichen Schutzrechtsverletzung veranlasst werden soll[368];
- die unbefugte Benutzung fremder Betriebsgeheimnisse[369];

---

[364] Vgl. BGHZ 59, 30 ff., 35 – Blockade I; BGH NJW 1972, 1571 ff., 1572 – Blockade II; BAGE 59, 48 ff., 54 – Stuttgarter Zeitung; BAGE 59, 364 ff., 389 – Tiefdruckerei.

[365] Vgl. BGH VersR 1961, 831 ff. – Bauarbeiten; vgl. auch OLG Düsseldorf BB 1957, 1194 u. NJW 1961, 1925 = BB 1962, 159.

[366] Vgl. BGHZ 69, 128 ff., 139 f. – Fluglotsenstreik I; ebenso in st. Rspr. das BAG in den Entscheidungen AP Nr. 2, 33, 34, 62, 76, 81, 85, 106, 108, 109, 111, 116, 162 zu Art. 9 GG Arbeitskampf; AP Nr. 1, 2 zu § 1 TVG Friedenspflicht; ebenso LAG Düsseldorf, RdA 1953, 393 u. RdA 1954, 117, 118; LAG Frankfurt, RdA 1953, 195 u. 354; LAG Freiburg, RdA 1953, 360; NJW 1953, 1278; LAG München, RdA 1953, 278; vgl. auch LAG Berlin, NJW 1954, 124 ff., 125.

[367] Vgl. BGHZ 28, 203 ff., 205 = GRUR 1959, 152 ff. – Berliner Eisbein; BGH GRUR 1959, 331 ff., 332 – Dreigroschenroman; BGHZ 38, 200 ff., 205 = GRUR 1963, 255 ff. – Kindernähmaschinen; BGHZ 62, 29 ff., 32 f. = GRUR 1974, 290 ff. – maschenfester Strumpf; BGH GRUR 1976, 715 ff., 716 f. = WRP 1976, 682 ff., 683 – Spritzgießmaschine; BGH GRUR 1996, 812 ff., 813 – Unterlassungsurteil gegen Sicherheitsleistung; BGH GRUR 1997, 741 ff., 742 – Chinaherde; BGH GRUR 1997, 896 ff., 897 – Mecki-Igel III; BGH GRUR 2001, 54 ff., 55 – Subway/Subwear; BGH GSZ GRUR 2005, 882 ff. – Unberechtigte Schutzrechtsverwarnung; BGH GRUR 2006, 432 ff. – Verwarnung aus Kennzeichenrecht II; vgl. auch BGH GRUR 2004, 958 ff. – Verwarnung aus Kennzeichenrecht I; BGH GRUR 1969, 479 ff. – Colle de Cologne.

[368] Vgl. BGHZ 1, 194 ff., 198 = GRUR 1951, 314 ff. – Motorblock; BGHZ 2, 387 ff., 393 = GRUR 1951, 452 ff. – Mülltonnen II; BGHZ 13, 210 ff., 216 = GRUR 1954, 391 ff. – Prallmühle; BGHZ 14, 286 ff., 291 f. = GRUR 1955, 150 ff. – Farina Belgien; BGHZ 32, 133 ff., 140 = GRUR 1961, 33 ff. – Dreitannen; BGH WRP 1968, 50 ff., 51 – Spielautomat; BGH GRUR 1966, 386 – Wärmeschreiber II; BGH vom 15.6.1967 – Einsäulentisch, unveröffentlicht, Az I b ZR 157/64; BGHZ 71, 86 ff., 90 = GRUR 1978, 492 ff. – Fahrradgepäckträger; BGH GRUR 1979, 332 ff., 333 – Brombeerleuchte; BGH GRUR 1995, 424 ff., 425 – Abnehmerverwarnungen; BGH GRUR 2001, 54 ff., 55 – Subway/Subwear; BGH GSZ GRUR 2005, 882 ff., 884 – Unberechtigte Schutzrechtsverwarnung; BGH GRUR 2006, 217 – Detektionseinrichtung I; BGH GRUR 2006, 219 – Detektionseinrichtung II; BGH GRUR 2006, 433 ff. – Unbegründete Abnehmerverwarnung; vgl. auch BGH GRUR 1955, 390 ff. – Schraubenmuttern; BGH GRUR 1963, 197 ff. – Zahnprothesen-Pflegemittel.

[369] Vgl. BGHZ 16, 172 ff., 175, 176 = GRUR 1955, 388 ff. – Dücko; BGHZ 17, 41 ff., 51 – Kokillenguß; BGH GRUR 1960, 554 ff., 555 – Handstrickverfahren. In seiner Kokillenguß-Entscheidung berief sich der BGH auf die Fettsäuren-Entscheidung des RG, GRUR 1939, 733 ff., 734; in dieser hat jedoch das RG für die Anwendbarkeit von § 823 I BGB einen bestandsverletzenden Unternehmenseingriff gefordert und die unzulässige Benutzung oder Weitergabe von Betriebsgeheimnissen nicht als einen derartigen Unternehmenseingriff ange-

- die »Verwässerung« berühmter Marken[370];
- die Verletzung des Service-Systems eines vertriebsbindenden Herstellers durch einen Außenseiter seiner Vertriebsbindung[371];
- sowie die »meisten« Wettbewerbshandlungen, ohne dass näher gesagt wurde, welche Wettbewerbshandlungen dazu zu rechnen seien und welche nicht[372].

---

sehen. In neueren Entscheidungen ist der BGH ohne die Anspruchsgrundlage des § 823 I BGB (Recht am Gewerbebetrieb) ausgekommen, vgl. BGHZ 38, 391 ff. = GRUR 1963, 367 ff. – Industrieböden; BGH GRUR 1964, 31 ff. – Petromax II; BGH GRUR 1966, 152 ff. – Nitrolingual; BGH GRUR 1973, 811 ff. – Betriebsspionage; BGH GRUR 1977, 539 ff. – Prozeßrechner.

[370] So erstmals der BGH in seiner unveröffentlichten 4711–Entscheidung vom 8.7.1958, Az. I ZR 68/57 ohne Stellungnahme zur früheren Rechtsprechung des BGH und des RG, die mit den §§ 826 BGB, 1 UWG ausgekommen waren. Eine Begründung für die Notwendigkeit eines Rückgriffs auf § 823 I BGB bot der BGH erst in seiner Quick-Entscheidung vom 11.11.1958, BGHZ 28, 320 ff., 328 f. In dieser Entscheidung erklärte der BGH, dass man § 823 I BGB anwenden müsse, wenn zwischen Kl. und Bekl. kein *Wettbewerbsverhältnis* bestehe. Diese Ausführungen haben jedoch nur den Wert eines »obiter dictum«, denn im Quick-Fall bestand zwischen Kl. und Bekl. ein Wettbewerbsverhältnis; außerdem fehlte es an einer rechtswidrigen Verwässerung, sodass theoretische Erörterungen zur Frage der Anwendbarkeit von § 823 I BGB unnötig waren. Wenige Zeit später hat es jedoch der BGH bereits als »feststehende Rechtsprechung« bzw. als »gefestigte Rechtsprechung« bezeichnet, dass § 823 I BGB (Recht am Gewerbebetrieb) berühmte Marken vor Verwässerung schütze, so BGH GRUR 1961, 280 ff., 282 – Tosca; BGH GRUR 1960, 550 – Promonta (unter Bezug auf die insoweit gerade nicht einschlägigen Entscheidungen RGZ 170, 151 – Bayer-Kreuz; RG GRUR 1951, 332 – Koh-i-noor; BGHZ 19, 23 – Magirus); ebenso im Ergebnis BGH GRUR 1983, 467 ff., 468 – Photokina; vgl. dazu *Sack*, WRP 1985, 459 ff., 465; *ders.*, RIW 1985, 597 ff.; zur Verwässerung der Verkehrsgeltung einer Fernsprechnummer vgl. schon BGHZ 8, 387 ff. = GRUR 1953, 290 ff. In seiner Zonenbericht-Entscheidung vom 14.4.1965, GRUR 1965, 547 ff., 549 f., hat der BGH mögliche Fallgestaltungen genannt, in denen eine lückenfüllende Anwendung von § 823 I geboten sein könnte. Ansprüche aus § 823 I BGB gewährte jedoch noch z.B. das OLG Hamburg in seiner Asbach Uralt-Entscheidung, GRUR 1973, 94 ff.; § 12 BGB analog (jetzt § 15 III MarkenG) hätte ausgereicht.

[371] BGH GRUR 1978, 364 ff. = WRP 1968, 364 ff. – Golfrasenmäher. Nach Ansicht des BGH schieden Unterlassungsansprüche aus § 1 UWG aus, weil zwischen dem amerikanischen Hersteller der Golfrasenmäher, für den ein deutscher Händler in Prozessstandschaft klagte, und dem bekl. deutschen Händler, der als Außenseiter in das Vertriebssystem des Herstellers eingedrungen war, kein *Wettbewerbsverhältnis* bestand. Demgegenüber hatte der BGH früher keine Bedenken dagegen gehabt, in vergleichbaren Fällen, in denen ein Außenseiter in ein Preisbindungs- oder Vertriebsbindungssystem eingedrungen war, dem Hersteller Ansprüche aus § 1 UWG zu gewähren. Unterlassungsansprüche aus § 826 BGB i.V.m. § 1004 BGB analog zog der BGH gar nicht erst in Betracht; von dieser Entscheidung distanzierte sich der BGH zehn Jahre später ausdrücklich, BGH GRUR 1988, 826 ff., 827 (vor II. 2.) – Entfernung von Kontrollnummern II.

[372] Vgl. BGHZ 36, 252 ff., 257 – Gründerbildnis; BGH GRUR 1974, 99 ff., 100 – Brünova; ebenso der Bericht des Rechtsausschusses zur UWG-Novelle von 1969, GRUR 1969, 338 ff., 340 (zu Art. 1 Nr. 5); ebenso auch schon RGZ 132, 311 ff., 317; in RGZ 163, 21 ff., 32 Kfz.-Unfall hat das RG sogar *alle* rechtswidrigen Wettbewerbshandlungen als rechtswidrige Eingriffe in das Recht am Gewerbebetrieb angesehen.

Widersprüchlich ist die Rechtsprechung des BGH zur Frage, ob Unternehmensschäden infolge der Benutzung sachmangelhaft hergestellter Waren betriebsbezogene Unternehmenseingriffe darstellen. In den Entscheidungen »Prüfzeichen« von 1974 und »Hebebühne« von 1983 verneinte er dies ausdrücklich[373]; in der Baustromverteiler-Entscheidung von 1990 bejahte er hingegen Betriebsbezogenheit[374]. Im Prüfzeichenfall hatte ein Tiefbauunternehmen (Kläger) im Auftrag einer Gemeinde Wasserleitungsrohre, die es über einen Zwischenhändler vom Produzenten (Bekl.) erworben hatte, verlegt. Sie waren infolge von Sachmängeln nach wenigen Monaten defekt. Das Unternehmen musste neue Rohre verlegen und nahm den Produzenten auf Schadensersatz in Anspruch. Der BGH lehnte Schadensersatzansprüche unter allen möglichen Gesichtspunkten ab, solche aus § 823 I BGB wegen eines Eingriffs in das Recht am Gewerbebetrieb mangels Betriebsbezogenheit. In der Hebebühne-Entscheidung von 1983, die Schäden eines Kfz.-Betriebs betraf, die dieser wegen der Unbenutzbarkeit einer fehlerhaft hergestellten Kfz-Hebebühne erlitten hatte, hat der BGH ebenfalls Ansprüche aus § 823 I BGB wegen eines Eingriffs in das Recht am Gewerbebetrieb wegen fehlender Betriebsbezogenheit verneint. Im Widerspruch zu den genannten Entscheidungen hat er hingegen in der Baustromverteiler-Entscheidung von 1990 – einem Nichtannahmebeschluss – entschieden, dass ein betriebsbezogener Unternehmenseingriff vorliege, wenn der Betrieb auf einer Baustelle wegen des Kurzschlusses eines fehlerhaft hergestellten Baustromverteilers sechs Wochen zum Erliegen kommt.

2. Nicht-betriebsbezogene Unternehmenseingriffe

Nicht zu den unmittelbaren, betriebsbezogenen Unternehmenseingriffen zählt der BGH Unternehmensbeeinträchtigungen

- durch die fahrlässige Unterbrechung der Stromzufuhr[375];
- durch die fahrlässige Verletzung von Arbeitnehmern des betroffenen Betriebs[376];

---

[373] BGH NJW 1974, 1503 ff., 1504 – Prüfzeichen; BGH NJW 1983, 812 ff., 813 – Hebebühne; in der Entscheidung »Fugendichtungsmasse« von 1989, NJW 1989, 1029 f., erwähnte der BGH das Recht am Gewerbebetrieb mit keinem Wort.

[374] BGH VersR 1990, 1283 f. = NJW 1992, 41 ff., 42 – Baustromverteiler.

[375] So grundlegend BGHZ 29, 65 ff., 74 – Stromkabel I; ebenso BGHZ 41, 123 ff. – Bruteier (in dieser Entscheidung wurden jedoch Ansprüche aus § 823 I BGB wegen Verletzung des Eigentums an Bruteiern bejaht); BGHZ 66, 388 ff.; BGH NJW 1977, 2208 ff.; 2209; ebenso für das österreichische Recht OGH JBl. 1973, 579; umfassend dazu die rechtsvergleichende Arbeit von *Taupitz*, Haftung für Energieleiterstörungen durch Dritte, 1981.

[376] Vgl. BGHZ 7, 30 ff., 36 ff. – Wachpolizisten; BGHZ 29, 65 ff., 74 – Stromkabel I; BGH NJW 2003, 1040 f., 1041 f. – Eiskunstläuferin.

- durch die fahrlässige Beschädigung von Betriebsfahrzeugen und Maschinen[377];
- durch unbegründete »Abnehmerverwarnungen«, wenn der Lieferant der unbegründet verwarnten Abnehmer nicht als möglicher Schutzrechtsverletzer in Betracht kommt, d.h. wenn mit der Abnehmerverwarnung nicht zugleich eine Kritik an den Leistungen des Lieferanten verbunden ist[378];
- durch geschäftsschädigende Äußerungen, die sich nicht unmittelbar mit dem betroffenen Unternehmen und seinen Leistungen befassen, sondern die ein Unternehmen nur mittelbar, z.B. durch die Kritik an einer bestimmten Warengattung, betreffen, ohne dass ein konkreter Bezug auf die Waren des betroffenen Unternehmens hergestellt wurde[379].
- Auch ein unbegründeter Rückerstattungsantrag auf Rückgabe eines mit einem Gewerbebetrieb verbundenen Grundstücks, der die treuhänderische Verwaltung des Grundstücks nach MRG 1953 zur Folge hatte, wurde vom BGH nicht als unmittelbarer, betriebsbezogener Eingriff angesehen[380].

III. Die Bestimmung der Rechtswidrigkeit

1. Die Rechtsprechung des BGH

a) 1. Phase: Rechtswidrigkeitsindikation

In seiner früheren Rechtsprechung zum Unternehmensschutz nach § 823 I BGB ist der BGH davon ausgegangen, dass die Rechtswidrigkeit eines Eingriffs in das Recht am Gewerbebetrieb, ebenso wie z.B. die Rechtswidrigkeit einer Eigentumsverletzung nach § 823 I BGB, indiziert sei und nur entfalle, wenn Rechtfertigungsgründe vorliegen[381]. Als Rechtfertigungsgrund hat in der Rechtsprechung des BGH zum Unternehmensschutz nur die »Wahrnehmung berechtigter Interessen« Bedeutung erlangt[382]. Ob die Voraussetzungen dieses Rechtfertigungsgrundes im Einzelfall erfüllt waren, ermittelte der BGH durch

---

377 Vgl. BGHZ 29, 65 ff., 74 – Stromkabel I.

378 Vgl. BGH GRUR 1977, 805 ff., 807 – Klarsichtverpackung; a.A. OLG Köln, WRP 1976, 49 ff., 51 – Klarsichtverpackung.

379 Vgl. BGH JZ 1964, 509 f. = GRUR 1964, 162 ff., 163 f. – E-Orgeln; BGH JZ 1966, 26 ff., 27 – Schwacke-Bericht; BGH JZ 1967, 94 f. = GRUR 1966, 633 ff., 635 – Teppichkehrmaschine; BGH JZ 1968, 231 f. = GRUR 1967, 540 ff., 542 – Birgit Malmström; BGH JZ 1970, 777 ff., 778 = NJW 1970, 378 ff., 381 – Sportkommission.

380 BGH vom 14.4.1954, LM Nr. 4 zu BGB § 823 (Da) – Rückerstattungsantrag.

381 Vgl. BGHZ 3, 270 ff., 280 – Constanze I; BGHZ 8, 142 ff., 145 – Schwarze Listen; BGHZ 29, 65 ff., 74 – Stromkabel I; vgl. auch BGHZ 24, 200 ff., 206 – Spätheimkehrer.

382 Vgl. BGHZ 3, 270 ff., 280 f. – Constanze I; zur Fragwürdigkeit der Ansicht, dass bei Unternehmensverletzungen durch geschäftsschädigende Äußerungen die »Wahrnehmung berechtigter Interessen« einen Rechtfertigungsgrund darstelle, vgl. die Ausführungen unten auf S. 155 f.

eine Güter- und Pflichtenabwägung[383]. Derjenige, der ein berechtigtes Interesse nur durch den Eingriff in den Gewerbebetrieb eines anderen wahrnehmen konnte, hatte nach Ansicht des BGH »das kleinste Rechtsübel, das schonendste Mittel zu wählen«[384].

b) 2. Phase: Interessenabwägung

Das Rechtswidrigkeitsindikationsmodell zur Feststellung der Rechtswidrigkeit eines Unternehmenseingriffs hat der BGH aufgegeben. In seiner neueren Rechtsprechung hält er die Rechtswidrigkeit eines betriebsbezogenen Unternehmenseingriffs nicht mehr für indiziert. Vielmehr fordert er eine positive Bestimmung der Rechtswidrigkeit durch eine *Interessenabwägung*[385]. Zu diesem Wandel seiner Rechtsprechung hat sich der BGH, soweit ersichtlich, erstmals in seiner Höllenfeuer-Entscheidung vom 21.6.1966 *ausdrücklich* bekannt[386]. Jedoch gibt es auch schon frühere Entscheidungen, die die Annahme rechtfertigen, dass der BGH die Rechtswidrigkeit eines Unternehmenseingriffs nicht mehr für indiziert hielt, sondern positiv durch eine Interessenabwägung festgestellt wissen wollte[387]. Genannt sei z.B. die Industrieböden-Entscheidung vom 21.12.1962, in der es zur Frage der Rechtswidrigkeit und Sittenwidrigkeit der Preisgabe von Betriebsgeheimnissen durch frühere Angestellte heißt: »Denn auch bei Anwendung dieser Vorschrift (scil. des § 823 I BGB) könnte die *Rechtswidrigkeit* des Eingriffs in den Gewerbebetrieb nicht schon mit der Auswertung des Geheimnisses *ohne weiteres* als gegeben angesehen werden; es bedürfte vielmehr auch in diesem Rahmen einer *sorgfältigen Abwägung* aller Umstände, insbesondere der schutzwürdigen Interessen der Arbeitgeber gegen die des entlassenen Angestellten in derselben Weise wie bei der Anwendung der §§ 1 UWG, 826 BGB«[388].

In seiner Höllenfeuer-Entscheidung vom 21.6.1966 rechtfertigte der BGH die Aufgabe des Rechtswidrigkeitsindikationsmodells jedenfalls für den Bereich der Äußerungsdelikte mit dem Grundrecht der Meinungsfreiheit nach Art. 5 GG, das auch für die Auslegung privatrechtlicher Normen von Bedeu-

---

383 Vgl. BGHZ 3, 270 ff., 281 – Constanze I; BGHZ 29, 65 ff., 74 – Stromkabel I.

384 BGHZ 3, 270 ff., 281 – Constanze I.

385 Vgl. BGHZ 38, 391 ff., 395 = GRUR 1963, 367 ff., 369 – Industrieböden; BGH WRP 1965, 97 (Ls. 3), 99 – Kaugummikugeln; BGHZ 45, 296 ff., 306 f. – Höllenfeuer; BGH GRUR 1969, 304 ff., 305 – Kredithaie; BGHZ 59, 30 ff., 34 – Blockade I; BGH NJW 1972, 1571 ff., 1572 f. – Blockade II; BGHZ 65, 325 ff., 331 – Warentest II; BGHZ 74, 9 ff., 14; BGHZ 80, 25 ff., 27 ff. – Wallraff; BGHZ 90, 113 ff., 123, 125 f. – Bürgerinitiative; BGHZ 138, 311 ff., 318 ff. = NJW 1998, 2141 – Appartement-Anlage; BGH WM 2005, 1235 ff., 1239; BGH NJW 2006, 830 Ls. 11, Rn. 97, 104, 124, 126 – KirchMedia.

386 BGHZ 45, 296 ff., 306 ff. – Höllenfeuer.

387 Vgl. BGHZ 38, 391 ff., 395 – Industrieböden; BGH WRP 1965, 97 (Ls. 3), 99 – Kaugummikugeln.

388 BGH a.a.O.; Hervorhebungen von mir.

tung sei. Die Anwendung des Schemas der indizierten Rechtswidrigkeit und der ausnahmsweisen Rechtfertigung auf den Tatbestand der Beeinträchtigung des eingerichteten Gewerbebetriebs habe tendenziell dazu geführt, einen negativen Kritik keinen allzu großen Spielraum zu geben, wenn durch sie gewerbliche Belange berührt werden. Dies sei mit Art. 5 GG nicht vereinbar[389].

2. Die Rechtsprechung des BAG

In Übereinstimmung mit der früheren Rechtsprechung des BGH hat eine im streikrechtlichen Schrifttum ursprünglich sehr verbreitete Ansicht angenommen, dass die Rechtswidrigkeit von Unternehmensverletzungen durch Streiks und Streikaufrufe indiziert sei und nur entfalle, wenn diese Unternehmenseingriffe *sozialadäquat* seien; in der Sozialadäquanz sah man einen Rechtfertigungsgrund[390]. Einer der bedeutendsten Vertreter dieser Auffassung war *Nipperdey*[391], der erste Präsident des BAG. Während es nicht zuletzt auf seinen Einfluss zurückzuführen ist, dass das BAG seine Rechtsprechung zum deliktsrechtlichen Unternehmensschutz gegen rechtswidrige Streiks und Streikaufrufe ganz auf die Vorschrift des § 823 I BGB (Recht am Gewerbebetrieb) gestützt hat[392], ist dieses Gericht, soweit ersichtlich, zu keiner Zeit der von ihm ursprünglich befürworteten Rechtswidrigkeitsindikationstheorie gefolgt[393]. Vielmehr prüfte es immer *positiv*, ob Unternehmensverletzungen durch Streiks und Streikaufrufe aufgrund besonderer Umstände – z.B. wegen Tarifwidrigkeit, wegen der Unzulässigkeit des verfolgten Ziels, wegen der Unzulässigkeit

---

[389] BGHZ 45, 296 ff., 306 ff. – Höllenfeuer.

[390] So vor allem *Nipperdey*, RdA 1954, 436 f., 437; *ders.*, in: Festschrift für Sitzler, 1956, S. 79 ff., 95; *ders.*, NJW 1957, 1777 ff., 1779 (anders noch *ders.* in seinem Zeitungsstreik-Gutachten von 1953; wiederum anders auch *ders.* in NJW 1967, 1985 ff., 1992); *Bulla*, RdA 1962, 6 ff., 7, 9; *Dietz*, in: Festschrift für Herschel, 1955, S. 47 f.; *ders.*, JuS 1968, 1 ff., 6; *ders.*, ZAS 1970, 41 ff., 44; *Döhner*, Der Sympathiearbeitskampf, S. 41, *Haupt*, Sympathiestreik, 1966, S. 108; *Herschel*, AuR 1970, 193 ff., 197; *Hohenester*, Die Grenzen der Streikfreiheit, 1956, S. 39 f.; *A. Hueck*, in: Forsthoff/Hueck, Zeitungsstreik-Gutachten, 1952, S. 44 ff.; *ders.*, in: FS für Herschel, 1955, S. 27 ff., 35 ff., 36; *ders.*, RdA 1956, 201 ff., 203, 205; *Lochow*, Die Problematik des politischen Streiks, 1966, S. 115; *Niese*, Streik- und Strafrecht, 1954, S. 28 ff., 38, 39 f., 52; *Nikisch*, Arbeitsrecht II, S. 132 (jedoch mit Bedenken); *Siebrecht*, Das Recht im Arbeitskampf, S. 34, 65; *Weireter*, Die Sozialadäquanz, 1965, S. 56, 72, 75; kritisch dazu *Deutsch*, Fahrlässigkeit und erforderliche Sorgfalt, 1963, S. 247, 250; *Finger*, JZ 1976, 653 ff., 654; *Hacker*, Das Verhältnis von Sittenwidrigkeit und sozialer Inadäquanz bei Arbeitskämpfen, 1963, S. 80 f.; *Hafferburg*, NJW 1959, 1398 f.; *Hörl*, Sozialadäquanz, 1970, S. 108 ff., 128 Fußn. 3; *Larenz*, NJW 1955, 521 ff., 522 f.

[391] Vgl. die Angaben in der Fußn. zuvor.

[392] *Nipperdey* war ursprünglich einer der entschiedensten Gegner des »Rechts am Gewerbebetrieb« und seines Schutzes nach § 823 I BGB, vgl. seine Ausführungen in der Festschrift für Heymann, 1931, Bd. II, S. 445 ff.; vgl. auch *dens.*, SJZ 1949, 811 ff., 814 a.E.; seit seinem Zeitungsstreik-Gutachten von 1953 war er jedoch ein engagierter Befürworter eines auf § 823 I BGB gestützten Unternehmensschutzes.

[393] Vgl. vor allem BAG AP Nr. 2 zu Art. 9 GG Arbeitskampf.

der eingesetzten Mittel oder wegen der Unverhältnismäßigkeit von Mittel und Ziel – als rechtswidrig zu bewerten waren. Mit Recht betonte daher *Nipperdey* später, dass es dogmatisch korrekter sei, »von der Sozialinadäquanz als positivem, unrechtskonstituierendem Rechtswidrigkeitselement als von der Sozialadäquanz als Unrechtsausschließungsgrund« zu sprechen[394]. Den Begriff der »Sozialadäquanz« verwendete das BAG zwar mehrfach, jedoch nicht in der Bedeutung eines Rechtfertigungsgrundes, sondern als »Breviloquenz für rechtlich zulässige Verhaltensweisen«[395]. Die Feststellung, dass ein Arbeitskampf sozialadäquat gewesen sei, diente *nicht der Begründung* dafür, dass er auch als rechtmäßig zu bewerten sei; vielmehr war die Feststellung der Sozialadäquanz *das Ergebnis* der positiven Rechtswidrigkeitsprüfung. Sozialadäquat bedeutete nichts weiter als rechtmäßig und sozialinadäquat soviel wie rechtswidrig. Die Begriffe »sozialadäquat« und »sozialinadäquat« waren also überflüssig. Es verwundert daher nicht, dass das BAG in späteren Entscheidungen auf die Verwendung dieser Begriffe verzichtet hat[396].

IV. Der geschützte Personenkreis

Mit dem Recht am Gewerbebetrieb schützte die Rechtsprechung ursprünglich nur Unternehmen der Industrie, des Handels, des Handwerks sowie Privatkliniken[397]. In seiner Baustromverteiler-Entscheidung von 1990, einem Nichtannahmebeschluss, hat der BGH den Adressatenkreis ohne nähere Begründung auf eine *Arbeitsgemeinschaft* von Bauunternehmen erstreckt[398].

Anders als bei Privatklinken hat es die Rechtsprechung immer abgelehnt, freie Berufe, z.B. auch Ärzte, in den Schutz des »Rechts am Gewerbebetrieb« einzubeziehen oder ihnen nach § 823 I BGB einen entsprechenden Schutz zu gewähren[399]. Denn die ärztliche Tätigkeit außerhalb einer Privatklinik sei »we-

---

394 *Nipperdey*, in: Hueck/Nipperdey, Lehrbuch des Arbeitsrecht II 2, S. 1003.

395 So zutreffend *Nipperdey*, a.a.O., S. 1000 ff.; *ders.*, NJW 1967, 1985 ff., 1992.

396 Vgl. BAG AP Nr. 34 zu Art. 9 GG Arbeitskampf; vgl. auch schon BAG AP Nr. 32 zu Art. 9 GG Arbeitskampf, Bl. 10, wo das BAG feststellte, dass wegen des Zusammenhangs von Arbeitskampfrecht und Tarifvertrag und wegen der Notwendigkeit einer Streikkontrolle nur gewerkschaftlich geführte Streiks zulässig seien, um anschließend zu erklären, dass es deshalb auf die Frage der Sozialadäquanz des Näheren nicht mehr ankomme.

397 Zum Schutze von Privatkliniken vgl. RG JW 1902, Beil. S. 227 ff.; RGZ 64, 155 ff., 157; vgl. auch RGZ 94, 109 ff., 110 (betreffend das Steuerrecht); BGHZ 33, 321 ff., 335 f.

398 BGH NJW 1992, 41 ff. = VersR 1990, 1283 f. – Baustromverteiler.

399 Vgl. RGZ 64, 155 ff., 156; OLG Karlsruhe, NJW 1963, 2374 ff., 2375; LG Aschaffenburg, VersR 1964, 759 f.; offengelassen in RGZ 155, 234 ff., 239; a.A. AG Tauberbischofsheim, NJW-RR 1993, 482 f. (Beeinträchtigung eines Psychotherapeuten durch Geruchsimmissionen); LG Köln, VersR 1971, 215; OLG München, NJW 1977, 1106; OLG Düsseldorf, VersR 2003, 984 ff., 985 (Zahnarzt); vgl. auch OLG Hamburg, NJW-RR 1999, 1060 – Bild Dir keine Meinung (betreffend Künstler); a.A. im Schrifttum *v. Caemmerer*, DJT-FS 1960, Bd. II,

gen des dabei obwaltenden höheren wissenschaftlichen und sittlichen Interesses außerhalb des materiellen Gewerbebegriffs der GewO«[400]. Der BGH konnte diese Frage bisher, soweit ersichtlich, offen lassen[401].

Auch dem Alleingesellschafter einer GmbH hat die Rechtsprechung keinen dem »Recht am Gewerbebetrieb« vergleichbaren Schutz gewährt[402]. Das Halten von GmbH-Anteilen sei keine gewerbliche Tätigkeit, sondern reine Vermögensverwaltung und die Geschäftsführung einer GmbH keine selbständige, sondern eine angestellte berufliche Tätigkeit[403]. Werde ein geschäftsführender Alleingesellschafter einer GmbH, der die korporative Haftungsbeschränkung genieße, im Wirtschaftsleben rechtlich grundsätzlich nicht als Unternehmer i.S.d. § 14 BGB, sondern als Privatperson behandelt, sei es nur konsequent, ihm den besonderen Vermögensschutz, den der Inhaber eines Gewerbebetriebs nach ständiger Rechtsprechung genießt, zu versagen[404]. Ein solcher Schutz sei auch – anders als beim Recht am Gewerbebetrieb – zur Schließung von Schutzlücken nicht notwendig; denn für einen eigenen Schutz des geschäftsführenden Alleingesellschafters nach § 823 I BGB bestehe kein Bedürfnis, da er mittelbar von einem Anspruch profitiere, der der ihm gehörenden GmbH bei einem rechtswidrigen Eingriff in ihren eingerichteten und ausgeübten Gewerbebetrieb zustehe[405].

V. Konkurrenzen; die Funktion des Rechts am Gewerbebetrieb im System des Deliktsrechts

1. Die Rechtsprechung des BGH

a) 1. Phase: Anspruchskonkurrenz

In den 50er Jahren hat der BGH im Recht am Gewerbebetrieb ein vollwertiges »sonstiges Recht« i.S.v. § 823 I BGB gesehen. Demgemäß hat er zwischen Ansprüchen aus § 823 I BGB (Recht am Gewerbebetrieb) und konkurrierenden Ansprüchen aus den §§ 823, 824 BGB Anspruchskonkurrenz angenommen.

S. 49 ff., 90; *Deutsch*, JZ 1963, 385 ff., 388; *Fikentscher*, in: Festgabe für Kronstein, 1967, S. 261 ff., 265 f., 277, 281 ff., 284; MünchKomm/*Mertens*, 3. Aufl., BGB § 823 Rn. 488; Palandt/*Sprau*, BGB § 823 Rn. 127; *Puttfarcken*, GRUR 1962, 500 ff.; Soergel/*Zeuner*, BGB § 823 Rn. 151; Staudinger/*Schäfer*, BGB § 823 Rn. 192; *Taupitz*, Haftung für Energieleiterstörungen durch Dritte, S. 153 f., 208.

400 RGZ 64, 155 ff., 157.

401 Vgl. BGH GRUR 1965, 690 ff., 694 (3.) – Facharzt.

402 BGH NJW 2006, 830 Rn. 91 – KirchMedia; ebenso *Spindler*, in: Bamberger/Roth, BGB § 823 Rn. 105 Fußn. 527; a.A. OLG München, NJW-RR 1991, 928 ff., 929.

403 BGH NJW 2006, 830 Ls. 8, Rn. 91 – KirchMedia.

404 BGH NJW 2006, 830 Rn. 91 – KirchMedia.

405 BGH NJW 2006, 830 Rn. 91 – KirchMedia.

Desgleichen hat er in Übereinstimmung mit dem RG zwischen Ansprüchen aus § 823 I BGB (Recht am Gewerbebetrieb) und konkurrierenden Ansprüchen aus dem UWG (unbeschränkte) Anspruchskonkurrenz bejaht[406]. Letzteres hatte zur Folge, dass Ansprüche wegen unlauterer Wettbewerbshandlungen, die rechtswidrige Eingriffe in das Recht am Gewerbebetrieb darstellten, nicht in der kurzen Verjährungsfrist des § 21 UWG (jetzt § 11 UWG), sondern durch die Anwendung von § 823 I BGB erst in der wesentlich längeren des § 852 BGB (jetzt §§ 195, 199 BGB) verjährten[407]; dies traf für die meisten Unternehmensverletzungen durch Wettbewerbshandlungen zu, da nach Ansicht des BGH die meisten rechtswidrigen Wettbewerbshandlungen zugleich auch rechtswidrige Eingriffe in das Recht am Gewerbebetrieb sind[408]. Außerdem eröffnete der BGH durch die Anwendung von § 823 I BGB für die meisten Wettbewerbsstreitigkeiten außer dem wettbewerbsrechtlichen Gerichtsstand des § 24 UWG (jetzt § 14 UWG) auch den – sich vor 1969 davon unterscheidenden – deliktsrechtlichen Gerichtsstand des § 32 ZPO; an diesem konnten außer Ansprüchen aus § 823 I BGB auch UWG-Ansprüche geltend gemacht werden[409].

---

[406] BGHZ 15, 338 ff., 355 f. – Gema; BGH GRUR 1955, 101 – Blitzableiter, BGH GRUR 1959, 31 ff., 33 f. – Feuerzeug; ebenso auch schon das RG in einer Vielzahl von Entscheidungen, vgl. RG JW 1929, 3070; GRUR 1931, 1299 ff., 1300 – Hellegold; Gruchot 72 (1932), 62 ff., 65 – Vitamine; JW 1936, 923; GRUR 1939, 407 ff., 409, 412; GRUR 1939, 494 ff., 498, 400 = (gekürzt) RGZ 158, 377 ff., 379 – Rundfunkeinrichtungen; GRUR 1939, 553 ff.; GRUR 1939, 557 ff., 562; GRUR 1940, 375 ff., 378 – Naturessig; GRUR 1942, 364 ff., 365 – Förderanlagen.

[407] Vgl. BGHZ 15, 338 ff., 355 f. – Gema; BGH GRUR 1959, 31 ff., 33 f. – Feuerzeug; vgl. auch schon RG GRUR 1940, 375 ff., 378 – Naturessig.

[408] Vgl. BGHZ 36, 252 ff., 257 – Gründerbildnis; BGH GRUR 1974, 99 ff., 100 – Brünova; ebenso der Bericht des Rechtsausschusses zur UWG-Novelle 1969, abgedruckt in GRUR 1969, 338 ff., 340 (zu Art. 1 Nr. 5); noch weiter RGZ 163, 21 ff., 32 – Kfz-Unfall, wo *alle* unlauteren Wettbewerbshandlungen als rechtswidrige Unternehmensverletzungen i.S.v. § 823 I BGB bewertet wurden. Ebenso wie der BGH hält auch die h.L. die meisten unlauteren Wettbewerbshandlungen für rechtswidrige Eingriffe in das Recht am Gewerbebetrieb, vgl. die Angaben in Fußn. 592, 593; a.A. (nur »mitbewerberbezogene« Unlauterkeiten seien rechtswidrige Unternehmensverletzungen) *Buchner*, Unternehmensschutz, S. 103, 106; *Katzenberger*, Recht am Unternehmen, S. 49 ff., 56, 57 ff., 71 ff., 80 ff., 140; *Kraft*, Interessenabwägung und gute Sitten im Wettbewerbsrecht, S. 199 f.

[409] Vgl. BGHZ 15, 338 ff., 355 f. – Gema; BGH GRUR 1955, 101 – Blitzableiter; ebenso auch schon das RG seit seiner Hellegold-Entscheidung vom 6.10.1931, GRUR 1931, 1299 ff., 1300; ebenso RG Gruchot 72 (1932), 62 ff., 65 – Vitamine; JW 1932, 3339 f.; JW 1936, 923; GRUR 1939, 407 ff., 409, 412; in früheren Entscheidungen hatte das RG am Gerichtsstand des § 32 ZPO neben Ansprüchen aus dem Deliktsrecht *keine* konkurrierenden UWG-Ansprüche zugelassen, vgl. RGZ 123, 120 ff., 129; JW 1929, 3070; JW 1932, 1883 ff., 1884 – Deutsche Normen (vom 20.5.1931); durch die UWG-Novelle von 1969 wurde die Regelung des § 24 um einen Abs. 2 erweitert, der inhaltlich der Regelung des § 32 ZPO entsprach; die Vorschrift des § 24 UWG umfasste daher auch die Regelung des § 32 ZPO; inzwischen ist der Gerichtsstand des § 24 II UWG mehrfach eingeschränkt worden und jetzt wesentlich enger definiert als der des § 32 ZPO.

Vom Grundsatz der Anspruchskonkurrenz zwischen Ansprüchen aus § 823 I BGB und UWG-Ansprüchen hat der BGH für die Fälle der Beeinträchtigung *gewerblicher Kennzeichnungsmittel* eine Ausnahme gemacht; bestanden z.B. Ansprüche aus § 16 UWG (jetzt § 15 II MarkenG), so verdrängten diese nach Ansicht des BGH aus Gründen der *Spezialität* konkurrierende Ansprüche aus § 823 I BGB[410]. Diese Ausnahme hat er in seiner Fernsprechnummer-Entscheidung vom 30.1.1953[411] wie folgt begründet: »Die Revision übersieht, dass durch die §§ 823, 1004 BGB nur die gewerbliche Betätigung im Allgemeinen und in denjenigen Erscheinungsformen geschützt wird, für die nicht ein besonderer Schutz begründet ist oder bei Erfüllung bestimmter Voraussetzungen begründet werden kann. Deshalb ist für die Anwendung der §§ 823, 1004 BGB regelmäßig dann kein Raum, wenn die Beeinträchtigung eines einzelnen, der gewerblichen Betätigung dienenden Arbeitsmittels in Frage steht, für das als solches aufgrund sonstiger Rechtsnormen Schutz begehrt werden kann. Die Fernsprechnummer der Kl. fällt aber nach dem Gesagten in den Bereich der von § 16 Abs. 3 UWG erfassten Kennzeichnungsmittel und wird nach Maßgabe dieser Bestimmung unter den dort angeführten Voraussetzungen geschützt. Ihr darüber hinaus den Schutz der §§ 823, 1004 BGB zuteil werden zu lassen, ist daher nicht angebracht«.

Diese Ausführungen des BGH erwecken den – unzutreffenden – Eindruck, dass er § 823 I BGB (Recht am Gewerbebetrieb) nur anwenden wollte, wenn das betroffene Unternehmen nicht anderweitig ausreichend geschützt ist. Seine Rechtsprechungspraxis in den 50er Jahren zeigt jedoch eindeutig, dass er nur bei der Beeinträchtigung gewerblicher Kennzeichnungsmittel dem zeichenrechtlichen Schutz – und zwar aus Gründen der *Spezialität* – Vorrang vor dem Unternehmensschutz nach § 823 I BGB gab, während er ansonsten daran festhielt, dass zwischen Ansprüchen aus § 823 I BGB und mit ihnen konkurrierenden Ansprüchen aus dem BGB oder aus dem Wettbewerbsrecht (unbeschränkte) Anspruchskonkurrenz bestehe.

---

[410] Vgl. BGHZ 8, 387 ff., 394 = GRUR 1953, 290 ff., 292 a.E. – Fernsprechnummer; BGHZ 28, 320 ff., 329 f. – Quick; BGH GRUR 1960, 550 – Promonta; ebenso OLG Hamburg, WRP 1959, 306 – Promonta; in der Gründerbildnis-Entscheidung, BGHZ 36, 252 ff., 256 f. scheint der BGH angenommen zu haben, dass Ansprüche aus § 823 I BGB (Recht am Gewerbebetrieb) *wegen ihrer nur lückenfüllenden Funktion* durch Ansprüche aus § 16 UWG a.F. ausgeschlossen wurden.

[411] BGHZ 8, 394 – Fernsprechnummer.

b) 2. Phase: Die grundsätzlich nur lückenfüllende Funktion des Unternehmensschutzes nach § 823 I BGB

aa) Der Grundsatz: Die lückenfüllende Funktion des Unternehmensschutzes nach § 823 I BGB

Einen entscheidenden Wandel seiner eben dargelegten Auffassung zur Funktion des Unternehmensschutzes nach § 823 I BGB im System des Deliktsrechts vollzog der BGH in der Zeit nach 1960. Er gab die Ansicht auf, dass zwischen Ansprüchen aus § 823 I BGB (Recht am Gewerbebetrieb) und konkurrierenden Ansprüchen aus dem BGB oder aus dem Wettbewerbsrecht grundsätzlich Anspruchskonkurrenz bestehe, und wies dem Unternehmensschutz nach § 823 I BGB nur noch eine lückenfüllende Funktion zu.

Grundlegend für diesen Wandel der Rechtsprechung des BGH war seine Gründerbildnis-Entscheidung vom 21.12.1961, in der es u.a. um das Verhältnis von UWG-Ansprüchen zu Ansprüchen aus § 823 I BGB ging[412]. Dazu erklärte der BGH:

»Dieses Recht (scil. das Recht am Gewerbebetrieb) ist von der Rechtsprechung entwickelt worden, da die Generalklausel des § 826 BGB wegen des Erfordernisses eines auf Schädigung gerichteten Vorsatzes den Bedürfnissen des Geschäftslebens nicht genügte und das Gesetz gegen den unlauteren Wettbewerb sich als lückenhaft erwies. Das Reichsgericht und ihm folgend der Bundesgerichtshof haben deshalb stets hervorgehoben, dass eine Anwendung von § 823 Abs. 1 BGB aus dem Gesichtspunkt des Eingriffs in das Recht am eingerichteten und ausgeübten Gewerbebetrieb in der Regel nur in Betracht kommt, wenn es gilt, Lücken zu schließen (so besonders klar RGZ 132, 311, 316; s.a. BGHZ 3, 270, 279; 8, 387, 394; 28, 320, 330; ...). Wenn auch nicht alle Tatbestände eines Wettbewerbsverstoßes sich mit dem bürgerlichrechtlichen Tatbestand eines Eingriffs in das Recht am Gewerbebetrieb decken, so hat doch der Umstand, dass die meisten Wettbewerbshandlungen in den gewerblichen Tätigkeitsbereich anderer Unternehmen eingreifen (RGZ 163, 21, 32), zwangsläufig zur Folge, dass weitgehend eine Überschneidung dieser Sondervorschriften mit dem Schutzbereich des Rechtes am eingerichteten und ausgeübten Gewerbebetrieb stattfindet. Bei solchen Überschneidungen aber sind bei Handlungen zu Zwecken des Wettbewerbs die Rechtsfolgen auf sachlichrechtlichem Gebiet grundsätzlich den wettbewerbsrechtlichen Sondervorschriften zu entnehmen, denen gegenüber das Recht am eingerichteten Gewerbebetrieb nur lückenfüllenden Charakters ist. Dies gilt insbesondere für die in § 21 UWG vorgesehene Sonderregelung der Verjährung von Ansprüchen aus dem Gesetz gegen unlauteren Wettbewerb, in der aus beachtenswerten rechtspolitischen Erwägungen eine kürzere Verjährungsfrist vorgesehen ist als für sonstige unerlaubte Handlungen in § 852 BGB. ... die im Urteil vom 29. April 1958 (GRUR 1959, 31, 34) vertretene entgegengesetzte Auffassung kann nicht mehr aufrechterhalten werden. Das Ergebnis, dass nicht auf dem Weg über das Recht am eingerichteten und ausgeübten Gewerbebetrieb in nahezu allen Fällen des Wettbewerbsverstoßes die Inanspruchnahme der längeren Verjährungsfrist begründet werden kann, entspricht auch der zu billigenden Ab-

[412] BGHZ 36, 252 ff. – Gründerbildnis.

sicht des Gesetzgebers, den Ersatzanspruch aus Wettbewerbsverstößen einer kurzen Verjährung zu unterwerfen«.

Bemerkenswert ist die »Begründung« der Ansicht, dass die Haftung aus § 823 I BGB unter den Gesichtspunkt eines Eingriffs in das Recht am Gewerbebetrieb nur lückenfüllenden Charakter habe. Mit der Berufung auf die Entscheidungen RGZ 132, 311, 316; BGHZ 3, 270, 279; 8, 387, 394; 28, 320, 330 wurde eine Kontinuität der Rechtsprechung behauptet, die in Wirklichkeit nicht bestand. Zwar hatte das RG in der Entscheidung RGZ 132, 311 ff., 316 ausgeführt, dass es beim Schutz des Rechts am Gewerbebetrieb nach § 823 I BGB »um eine auf dem Sondergebiet des gewerblichen Rechtsschutzes vor sich gehende Ausfüllung der in den Einzelvorschriften des Bürgerlichen Gesetzbuches und in den Sondergesetzen enthaltenen Lücken durch Richterrecht zur Deckung schutzwürdiger Interessen« gehe. Die Analyse der Entscheidungen des RG hat jedoch gezeigt, dass Ansprüche aus § 823 I BGB wegen eines Eingriffs in das Recht am Gewerbebetrieb keineswegs *nur* dann gewährt wurden, wenn es galt, Lücken im System der Anspruchsnormen des Delikts- und Wettbewerbsrechts zu schließen. In vielen Fällen, in denen das RG in der Zeit nach 1924 auf dem Gebiet des gewerblichen Rechtsschutzes nach § 823 I BGB dem Unternehmen Bereichsschutz gewährt hat, bestanden auch konkurrierende Ansprüche aus wettbewerbsrechtlichen Vorschriften.

Auch der BGH hat entgegen den Andeutungen in der Gründerbildnis-Entscheidung mit § 823 I BGB keineswegs nur Lücken im delikts- und wettbewerbsrechtlichen Unternehmensschutz gefüllt. In seiner Constanze I-Entscheidung (BGHZ 3, 270 ff., 279) hat er zwar die Ausweitung des Anwendungsbereichs von § 823 I BGB mit der Lückenhaftigkeit des Delikts- und Wettbewerbsrechts gerechtfertigt, jedoch nicht gesagt, dass die Haftung aus § 823 I BGB unter dem Gesichtspunkt eines Eingriffs in das Recht am Gewerbebetrieb *nur dann* in Betracht komme, wenn Lücken zu schließen seien.

Desgleichen finden sich auch in der Quick-Entscheidung (BGHZ 28, 320 ff., 329 f.), auf die sich der BGH in der Gründerbildnis-Entscheidung ebenfalls berufen hat, keine derartigen Ausführungen. Dort erklärte der BGH lediglich, dass die berühmte Marke einer Ware durch die Marke einer anderen Ware jedenfalls dann nicht »verwässert« werde, wenn keine Verwechslungsfähigkeit i.S.d. §§ 24, 25, 31 WZG, 16 UWG vorliege. Da keine Verwechslungsfähigkeit vorlag, verneinte er auch die Verwässerungsgefahr und damit zugleich die Tatbestandsmäßigkeit eines Eingriffs in das Recht am Gewerbebetrieb. Zur umgekehrten Frage, ob durch kennzeichnungsrechtliche Ansprüche solche aus § 823 I BGB ausgeschlossen werden, hat der BGH ausgeführt: » Dass ein Bedürfnis für einen Sonderschutz unter dem Gesichtspunkt der Verwässerungsgefahr nicht besteht, wenn dem Klagebegehren wegen festgestellter Verwechslungsgefahr bereits aus kennzeichnungsrechtlichen Gründen stattzugeben ist, versteht sich von selbst« (BGHZ 28, 330). Diese Ausführungen sind speziell auf das

Kennzeichnungsrecht zugeschnitten; sie erlauben jedoch keine Verallgemeinerung dahingehend, dass dem Unternehmensschutz nach § 823 I BGB generell nur eine lückenfüllende Funktion beigemessen werden sollte.

Lediglich in der Fernsprechnummer-Entscheidung des III. ZS vom 30.1.1953 (BGHZ 8, 387 ff., 394 = GRUR 1953, 290 ff., 292) finden sich Ausführungen, denen man entnehmen könnte, dass der BGH § 823 I BGB bei Unternehmensverletzungen *nur dann* anwenden will, wenn andere Ansprüche nicht bestehen. Denn dort heißt es, »dass durch die §§ 823, 1004 BGB nur die gewerbliche Betätigung im allgemeinen und in denjenigen Erscheinungsformen geschützt wird, für die nicht ein besonderer Schutz begründet ist oder bei Erfüllung bestimmter Voraussetzungen begründet werden kann«. Da das Verhalten des Bekl. den Bereich der von § 16 III UWG a.F. erfassten Kennzeichnungsmittel der Kl. tangiert hatte, hielt der BGH den Schutz aus den §§ 823, 1004 BGB nicht für angebracht. Diese Entscheidung erweckt zwar den Anschein, dass der BGH § 823 I BGB ganz allgemein nur anwenden wollte, um Lücken im Unternehmensschutz zu schließen. Dass dieser Schein trügt, zeigt jedoch, wie bereits auf S. 115 ff. ausgeführt, die sonstige Entscheidungspraxis des BGH in den 50er Jahren. Denn in mehreren Entscheidungen hat der BGH neben wettbewerbsrechtlichen Ansprüchen auch Ansprüche aus § 823 I BGB gewährt und zwischen diesen sogar unbeschränkte Anspruchskonkurrenz bejaht[413].

Die vom BGH in seiner Gründerbildnis-Entscheidung vom 22.12.1961 angeführten Entscheidungen zeigen also nur, dass § 823 I BGB zur Schließung von Lücken im delikts- und wettbewerbsrechtlichen Unternehmensschutz herangezogen wurde und dass Ansprüche aus § 823 I BGB *nur unter besonderen Voraussetzungen*, z.B. bei konkurrierenden zeichenrechtlichen Ansprüchen, abgelehnt wurden. Diese Entscheidungen ergeben jedoch keinesfalls, wie der BGH in seiner Gründerbildnis-Entscheidung behauptete, dass er und das RG in st. Rspr. § 823 I BGB auf Unternehmensverletzungen in der Regel »*nur*« dann angewendet haben, wenn es notwendig war, Lücken im deliktsrechtlichen Unternehmensschutz zu schließen. Vielmehr wurde die Ansicht, »dass eine Anwendung von § 823 Abs. 1 BGB aus dem Gesichtspunkt des Eingriffs in das Recht am eingerichteten und ausgeübten Gewerbebetrieb in der Regel *nur* dann in Betracht kommt, wenn es gilt, Lücken zu schließen«, in der Rechtsprechung *erstmals* vom BGH in seiner Gründerbildnis-Entscheidung vom 22.12.1961 vertreten.

Während es in der Gründerbildnis-Entscheidung noch verhältnismäßig zurückhaltend heißt, dass die Haftung aus § 823 I BGB »*in der Regel nur*« in Betracht komme, wenn Lücken zu schließen seien, bekennt sich der BGH inzwischen in st. Rspr. klar zu der folgenden Ansicht: »Die Haftung aus einem Ein-

---

413 Vgl. BGHZ 15, 338 ff., 355 f. – Gema; BGH GRUR 1955, 101 – Blitzableiter; BGH GRUR 1959, 31 ff., 33 f. – Feuerzeug.

griff in das Recht an einem eingerichteten und ausgeübten Gewerbebetrieb tritt wegen ihres subsidiären Charakters nur ein, wenn eine andere Rechtsgrundlage nicht gegeben ist und der Zusammenhang der auf dem jeweiligen Rechtsgebiet geltenden Normen ergibt, dass eine Lücke besteht, die mit Hilfe des § 823 Abs. 1 BGB geschlossen werden muss«[414]. Die Vorschrift des § 823 I BGB bezeichnet er ausdrücklich, soweit es um die Haftung für Unternehmensverletzungen geht, als einen »*Auffangtatbestand*«[415]. Ansprüche aus § 823 I BGB (Recht am Gewerbebetrieb) werden nach Ansicht des BGH nicht nur ausgeschlossen durch entsprechende Ansprüche aus dem Wettbewerbsrecht[416], sondern auch durch Ansprüche aus dem allgemeinen Deliktsrecht, z.B. durch Ansprüche aus § 823 I BGB wegen Eigentums- oder Besitzverletzung[417] oder durch Ansprüche aus § 824 BGB[418].

---

[414] So wörtlich BGHZ 55, 153 ff., 158 f. – Schuten im Fleet; ebenso fast wörtlich auch schon BGHZ 38, 200 ff., 204 – Kindernähmaschinen; im selben Sinne weiterhin BGHZ 43, 359 ff., 361 – Warnschild; BGH GRUR 1964, 154 ff., 156 – Trockenrasierer (insoweit nicht in BGHZ 40, 136 ff.); BGHZ 45, 296 ff., 307 – Höllenfeuer; BGH GRUR 1964, 218 ff., 219 – Düngekalkhandel; BGH GRUR 1964, 82 ff., 85 – Lesering; BGH GRUR 1965, 547 ff., 548 – Zonenbericht (»in der Regel«); BGH GRUR 1965, 690 ff., 694 (3.) – Facharzt; BGH GRUR 1966, 633 ff., 635 – Teppichkehrmaschine; BGH GRUR 1967, 540 ff., 542 – Birgt Malmström; BGH WRP 1968, 50 ff., 51 – Spielautomat (Ausnahme: das Verhältnis von § 14 UWG zu § 823 BGB); BGH GRUR 1969, 479 ff., 481 – Colle de Cologne; BGH NJW 1969, 1207 ff., 1208; BGHZ 59, 30 ff., 34 – Blockade I; BGHZ 59, 76 ff., 79 – Geschäftsaufgabe; BGH MDR 1974, 921 – Rundfunkinterview; BGH GRUR 1974, 99 ff., 100 – Brünova; BGH GRUR 1975, 89 ff., 91 – Brüning-Memoiren I; BGHZ 65, 325 ff., 328 – Warentest II; BGHZ 69, 128 ff., 138 f. – Fluglotsenstreik I (Ausnahme: das Verhältnis von § 826 zu § 823 I BGB); BGH NJW 1977, 2264 ff., 2265 – Tanklager; BGHZ 74, 9 ff., 18; BGH NJW 1980, 881 ff., 882 – Meßtechnik; BGHZ 105, 346 ff., 350 – Produzentenhaftung für Fischfutter; BGH NJW 1992, 1312; BGHZ 138, 311 ff., 315 – Appartement-Anlage; BGH NJW 2003, 1040 f., 1041 – Eiskunstläuferin; BGH NJW 2006, 830 Rn. 91, 93 – KirchMedia; ebenso das BAG, vgl. BAGE 59, 48 ff., 54 – Stuttgarter Zeitung.

[415] Vgl. BGHZ 45, 296 ff., 307 – Höllenfeuer; BGHZ 59, 76 ff., 79 – Geschäftsaufgabe; BGHZ 65, 325 ff., 328 – Warentest II; BGHZ 66, 388 ff., 393; BGH GRUR 1967, 540 ff., 542 – Birgit Malmström; BGH NJW 1969, 1207 f., 1208 – Hydrokultur; BGH MDR 1974, 921 – Rundfunkinterview; BGH GRUR 1975, 89 ff., 91 – Brüning-Memoiren I; BGHZ 69, 128 ff., 138 f. – Fluglotsenstreik I; BGH NJW 1977, 2264 ff., 2265 – Tanklager; BGHZ 74, 9 ff., 18; BGH NJW 1989, 1923 – Warentest V; BGHZ 138, 311 ff., 315 – Appartement-Anlage; BGH NJW 2003, 1040 f., 1041 – Eiskunstläuferin; BGH NJW 2006, 830 Rn. 91, 93 – KirchMedia.

[416] Vgl. BGHZ 43, 359 ff., 361 – Warnschild; BGH GRUR 1965, 690 ff., 694 (3.) – Facharzt; BGH GRUR 1972, 189 ff., 191 (IV. 2.) – Wandsteckdose II; vgl. auch BGHZ 36, 252 ff., 257 – Gründerbildnis; BGH GRUR 1964, 218 ff., 219 (II. 1., 2.) – Düngekalkhandel; BGH GRUR 1974, 99 ff., 100 (II. 1.) – Brünova; BGH GRUR 1981, 517 ff., 520 (III.) – Rollhocker; BGHZ 115, 210 ff., 212 – Abmahnkostenverjährung; BGH GRUR 1995, 678 ff., 679 (II. 1. a) – Kurze Verjährungsfrist.

[417] Vgl. BGHZ 55, 153 ff., 158 – Schuten im Fleet; BGH NJW 1977, 2264 ff., 2265 – Tanklager.

[418] Vgl. BGH GRUR 1964, 162 ff., 164 – E-Orgeln; BGH GRUR 1966, 633 ff., 635 – Teppichkehrmaschine; BGH GRUR 1967, 540 ff., 542 – Birgit Malmström; BGH GRUR 1968, 205 – Teppichreinigung; BGHZ 59, 76 ff., 79 – Geschäftsaufgabe; BGH MDR 1974, 921 – Brüning-Memoiren I; BGHZ 65, 325 ff., 328 – Warentest II, BGHZ 90, 113 ff., 121 = NJW

Subsidiarität des Rechts am Gewerbebetrieb besteht allerdings nur gegenüber Forderungen gegen denselben Anspruchsgegner[419]. Das heißt z.B., dass ein Anspruch gegen A aus § 280 BGB nicht Ansprüche gegen B aus § 823 I BGB (Recht am Gewerbebetrieb) ausschließt[420].

bb) Die Ausnahme: Anspruchskonkurrenz zwischen Ansprüchen aus § 823 I BGB und § 14 I UWG a.F.

Eine *Ausnahme* vom Grundsatz der nur lückenfüllenden Funktion des Unternehmensschutzes nach § 823 I BGB machte der BGH, wenn ein Unternehmenseingriff außer den Voraussetzungen dieser Vorschrift auch die des § 14 I UWG a.F. erfüllte. In diesen Fällen nahm er zwischen Schadensersatzansprüchen aus § 14 I UWG a.F. und aus § 823 I BGB *Anspruchskonkurrenz* an[421]. Dies hat er in seiner Spielautomat-Entscheidung vom 24.5.1963 damit begründet, dass die Schadensersatzhaftung aus § 823 I BGB im Gegensatz zur Schadensersatzhaftung aus dem Gefährdungstatbestand des § 14 I UWG ein Verschulden voraussetze. Liege ein Verschulden vor, so rechtfertige dies »die Anwendung der dem Verletzten in Bezug auf die Verjährung günstigeren Vorschriften der §§ 823 Abs. 1, 852 BGB«[422].

Die Argumentation des BGH ist durch die UWG-Novelle von 2004 überholt. Denn jetzt erfordert auch die Schadensersatzhaftung aus der Nachfolgeregelung des § 14 UWG a.F., d.h. aus § 4 Nr. 8 i.V.m. §§ 3, 9 UWG, ein Verschulden.

cc) Divergenzen bei der Bestimmung des Verhältnisses von § 823 I BGB zu § 826 BGB

Unklar ist die Auffassung des BGH zum Verhältnis von Ansprüchen aus § 823 I BGB unter dem Gesichtspunkt eines Eingriffs in das Recht am Gewerbebetrieb zu konkurrierenden Ansprüchen aus § 826 BGB.

(1) Nachdem sich der BGH in seiner Gründerbildnis-Entscheidung aus dem Jahre 1961 dazu bekannt hatte, dass der Unternehmensschutz nach § 823 I BGB (grundsätzlich) nur lückenfüllende Funktion habe, hat er zunächst angenommen, dass auch durch Ansprüche *aus § 826 BGB* konkurrierende Ansprüche aus § 823 I BGB (Recht am Gewerbebetrieb) ausgeschlossen werden[423]. In mehreren Entscheidungen heißt es, dass durch Ansprüche aus den §§ 826 BGB, 1 UWG oder aus den §§ 826 BGB, 26 GWB konkurrierende Ansprüche aus

1984, 1607 – Bürgerinitiative; BGH NJW 1989, 1923 – Lautsprecherboxen; BGHZ 138, 311 ff., 315 – Appartement-Anlage; BGH NJW 2006, 830 Ls. 9, Rn. 94 – KirchMedia.

[419] BGH NJW 2006, 830 Ls. 9, Rn. 129 – KirchMedia.

[420] BGH NJW 2006, 830 Rn. 129 – KirchMedia.

[421] BGH WRP 1968, 50 ff., 51 – Spielautomat.

[422] BGH WRP 1968, 50 ff., 51 – Spielautomat.

[423] Vgl. BGH GRUR 1965, 690 ff., 694 a.E. – Facharzt.

§ 823 I BGB (Recht am Gewerbebetrieb) wegen ihrer nur lückenfüllenden Funktion ausgeschlossen seien[424]. Dies begründet die Annahme, dass nicht nur Ansprüchen aus den §§ 1 UWG, 26 GWB (jetzt § 3 UWG, § 21 GWB), sondern auch Ansprüchen aus § 826 BGB der Vorrang vor Ansprüchen aus § 823 I BGB (Recht am Gewerbebetrieb) eingeräumt werden sollte. Für diese Annahme spricht auch die Hörmittelhändler-Entscheidung vom 26.4.1967, in der über die Schadensersatzhaftung wegen eines boykottähnlichen Verhaltens zu befinden war[425]. Das Berufungsgericht hatte Schadensersatzansprüche aus § 1 UWG a.F. sowie aus den §§ 823 I, 826 BGB bejaht. Die Revision hielt hingegen Schadensersatzansprüche aus § 1 UWG für verjährt und bemängelte im Rahmen der Verjährungseinrede, dass das Berufungsgericht nicht dargetan habe, inwiefern ein Verstoß gegen die guten Sitten i.S.v. § 826 BGB gegeben war und deshalb die dreijährige Verjährungsfrist des § 852 BGB a.F. zu Grunde zu legen war, die bei Erhebung der Klage noch nicht verstrichen war. Die Kritik an der Anwendung von § 826 BGB hielt der BGH nicht für gerechtfertigt. Er führte aus, dass das Berufungsgericht die Voraussetzungen des § 826 BGB mit Recht als erfüllt angesehen habe. Zur Anwendbarkeit der vom Berufungsgericht ebenfalls geprüften Vorschrift des § 823 I BGB nahm der BGH hingegen nicht Stellung, obwohl der Vorwurf der Rechtswidrigkeit i. S. dieser Vorschrift vom Standpunkt des BGH aus leichter zu begründen gewesen wäre als der Vorwurf der Sittenwidrigkeit nach § 826 BGB, da er die Sittenwidrigkeit i.S.v. § 826 BGB für eine in objektiver und subjektiver Hinsicht gesteigerte Rechtswidrigkeit hält. Dies rechtfertigt die Annahme, dass er in Übereinstimmung mit seiner vorangegangenen Rechtsprechung dem Unternehmensschutz nach § 823 I BGB auch im Verhältnis zu § 826 BGB nur eine lückenfüllende Funktion beimessen wollte.

Dem steht nicht entgegen, dass der BGH in der Zeit, in der die eben erörterten Entscheidungen ergangen sind, gelegentlich auch zuerst Ansprüche aus § 823 I BGB und erst anschließend Ansprüche aus § 826 BGB geprüft hat[426]. Denn in diesen Entscheidungen hat der BGH Ansprüche aus den §§ 823, 826 BGB am Erfordernis der Rechtswidrigkeit bzw. Sittenwidrigkeit scheitern lassen. Hätte er zuerst Ansprüche aus § 826 BGB geprüft und mangels Sittenwidrigkeit abgelehnt, dann hätte er, da er nicht jede rechtswidrige Unternehmensverletzung für sittenwidrig hielt bzw. hält, anschließend auch noch darlegen müssen, warum er außerdem auch den Vorwurf der Rechtswidrigkeit nach § 823 I BGB nicht für begründet hielt. Wiederholungen in den Entscheidungsgründen wären unvermeidbar gewesen. Begann er dagegen mit § 823 I BGB und

[424] Vgl. BGH GRUR 1964, 154 ff., 156 (II. 3.) – Trockenrasierer II; BGH GRUR 1965, 267 ff., 269 a.E. – Rinderbesamung; BGH GRUR 1965, 690 ff., 694 (3.) – Facharzt; BGH GRUR 1965, 612 (I. 1.) – Warnschild; vgl. auch BGHZ 38, 200 ff., 204, 205 – Kindernähmaschinen.

[425] BGH GRUR 1967, 526 ff., 528 (I. 5.) – Hörmittelhändler.

[426] Vgl. BGH NJW 1964, 29 ff. – Blinkfüer; BGH NJW 1970, 378 ff. – Sportkommission.

hielt er den Vorwurf der Rechtswidrigkeit nicht für begründet, dann konnte er sich – und so ist der BGH auch tatsächlich verfahren – anschließend bei seiner Stellungnahme zur Anwendung von § 826 BGB mit der Feststellung begnügen, dass, wenn schon keine Rechtswidrigkeit gegeben sei, auch und erst recht keine Sittenwidrigkeit anzunehmen sei[427].

(2) In der Folgezeit sind jedoch die verschiedenen Senate des BGH bei der Bestimmung des Verhältnisses von § 823 I BGB (Recht am Gewerbebetrieb) zu § 826 BGB verschiedene Wege gegangen.

Der I. ZS des BGH will offenbar in seiner Rechtsprechung daran festhalten, dass durch Ansprüche aus § 826 BGB konkurrierende Ansprüche aus § 823 I BGB ausgeschlossen werden. Er hat dies zwar, soweit ersichtlich, bisher noch in keiner Entscheidung ausdrücklich gesagt. Dafür spricht jedoch, dass er in Entscheidungen zum betrieblichen Geheimnisschutz nur noch zur Anwendbarkeit der Sondertatbestände der §§ 17 ff. UWG und der Generalklauseln der §§ 1 UWG a.F., 826 BGB Stellung genommen hat, während § 823 I BGB unerwähnt geblieben ist[428], obwohl die Verletzung von Betriebsgeheimnissen in der Rechtsprechung schon immer als tatbestandsmäßiger Eingriff in das Recht am Gewerbebetrieb bewertet worden ist.

Nicht ganz eindeutig scheint die Auffassung des VI. ZS zum Verhältnis von § 826 BGB zu § 823 I BGB (Recht am Gewerbebetrieb) zu sein, wie sie in seiner Blockade I-Entscheidung vom 30.5.1972 zum Ausdruck gekommen ist[429]. In dieser Entscheidung hat er ausgeführt, dass vom Berufungsgericht nicht ausdrücklich festgestellt worden sei, ob der Bekl. mit dem Vorsatz der Vermögensschädigung gehandelt habe. Diese Frage bedürfe jedoch keiner Entscheidung. Zwar könne nach st. Rspr. des BGH eine Schadensersatzpflicht unter dem Gesichtspunkt des Eingriffs in den Gewerbebetrieb nur begründet werden, wenn dies geboten sei, um eine sonst bleibende Lücke im Rechtsschutz zu schließen. Es sei aber ebenfalls anerkannt, dass unmittelbare Eingriffe in einen fremden Gewerbebetrieb eine Ersatzpflicht auch dann auslösen können, wenn sie ohne Schädigungsvorsatz vorgenommen worden seien oder nicht als sittenwidrig zu bewerten seien[430]. Anschließend prüfte der VI. ZS nur Ansprüche aus § 823 I BGB unter dem Gesichtspunkt eines Eingriffs in das Recht am Gewerbebetrieb.

Diese Ausführungen sind vom III. ZS in seiner Fluglotsenstreik I-Entscheidung vom 16.6.1977 dahingehend gedeutet worden, dass der VI. ZS »im Ergebnis« dem Unternehmensschutz nach § 823 I BGB Vorrang vor Ansprüchen aus

---

[427] Vgl. BGH NJW 1964, 29 ff., 33 a.E. – Blinkfüer; BGH NJW 1970, 378 ff., 382 – Sportkommission.

[428] Vgl. BGH GRUR 1977, 539 ff. – Prozeßrechner; BGH GRUR 1973, 483 ff. – Betriebsspionage.

[429] BGHZ 59, 30 ff., 34 – Blockade I.

[430] BGHZ 59, 30 ff., 34 – Blockade I.

§ 826 BGB eingeräumt habe. Mehr spricht jedoch für die gegenteilige Deutung der Blockade I-Entscheidung. Zwar hätten die vom Berufungsgericht getroffenen Feststellungen ausgereicht, eine *vorsätzliche* Vermögensschädigung i.S.v. § 826 BGB zu bejahen. Der VI. ZS war jedoch in dieser Beziehung, wie er ausdrücklich erklärte, anderer Ansicht. Deshalb hatte er nur folgende beiden Möglichkeiten: Entweder er verwies den Rechtsstreit zur Klärung der Frage, ob Vorsatz i.S.v. § 826 BGB gegeben war, an das Berufungsgericht zurück; oder er ließ die Anwendbarkeit von § 826 BGB dahingestellt, da er auf jeden Fall Ansprüche aus § 823 I BGB für begründet hielt. Da nach seiner Ansicht Ansprüche aus § 823 I BGB begründet waren, bestand kein Anlass zur Zurückverweisung; denn eine weitere Sachaufklärung bezüglich des Schädigungsvorsatzes hätte – gleich, ob ihn das Berufungsgericht schließlich bejaht oder verneint hätte – *das Ergebnis* seiner Entscheidung in keiner Weise beeinflussen können, da § 826 BGB keinen weiterreichenden Schutz bietet als § 823 I BGB unter dem Gesichtspunkt eines Eingriffs in das Recht am Gewerbebetrieb, dessen Voraussetzungen nach Ansicht des VI. ZS erfüllt waren. Würde man hingegen – so der III. ZS – aus der Blockade I-Entscheidung herauslesen, dass der VI. ZS dem Unternehmensschutz nach § 823 I BGB Vorrang vor § 826 BGB einräumen wollte, so wäre diese Entscheidung widersprüchlich, da in ihr ausdrücklich darauf hingewiesen wurde, dass der Unternehmensschutz nach § 823 I BGB nur dann eingreife, »wenn dies geboten ist, um eine sonst bleibende Lücke im Rechtsschutz zu schließen«. Bietet § 826 BGB einen ausreichenden Rechtsschutz, dann besteht keine Lücke, die mit § 823 I BGB geschlossen werden könnte. Dies rechtfertigt die Annahme, dass der VI. ZS Ansprüchen aus § 826 BGB, wenn er die dafür erforderlichen Voraussetzungen für erfüllt gehalten hätte, den Vorrang vor Ansprüchen aus § 823 I BGB eingeräumt hätte. Jedenfalls gibt es keine stichhaltigen Gründe für eine gegenteilige Deutung dieser Entscheidung.

Auch in seiner Fluglotsenstreik II-Entscheidung vom 31.1.1978 ist der VI. ZS des BGH offenbar vom Vorrang des § 826 BGB vor § 823 I BGB (Recht am Gewerbebetrieb) ausgegangen. Jedenfalls hat er in dieser Entscheidung den zu beurteilenden Fluglotsenstreik nur an den Voraussetzungen des § 826 BGB gemessen und deren Vorliegen bejaht; zu Ansprüchen aus § 823 I BGB hat er hingegen nicht Stellung genommen[431].

Demgegenüber hat der III. ZS in seiner Fluglotsenstreik I-Entscheidung vom 16.6.1977 ausdrücklich erklärt, dass trotz der nur lückenfüllenden Funktion des auf § 823 I BGB gestützten Unternehmensschutzes dieser nicht durch Ansprüche aus § 826 BGB ausgeschlossen werde[432]. Die Begründung dieser

---

[431] BGHZ 70, 277 ff., 280 – Fluglotsenstreik II.

[432] BGHZ 69, 128 ff., 138 f. – Fluglotsenstreik I; ebenso BAGE 59, 48 ff., 54, 55 – Stuttgarter Zeitung; ebenso im Schrifttum MünchKomm/*Wagner*, BGB § 823 Rn. 188; RGRK/*Steffen*, BGB § 823 Rn. 37, 61; § 826 Rn. 5, 126; Soergel/*Beater*, BGB § 823 Anh V Rn. 19; kritisch

Ansicht ist allerdings sehr unklar. Deshalb erscheint es als angebracht, sie zum Zwecke der anschließenden Analyse wörtlich wiederzugeben:

»Zu den nach § 823 Abs. 1 BGB geschützten ›sonstigen Rechten‹ gehört nach der Rechtsprechung des BGH auch der eingerichtete und ausgeübte *Gewerbebetrieb* (BGHZ 29, 65; RGRK, § 823 Anm. 27). Der Schutz des eingerichteten und ausgeübten Gewerbebetriebes bildet allerdings einen ›Auffangtatbestand‹, der nur zur Anwendung kommen soll, wenn andere Schutzvorschriften nicht durchgreifen (BGHZ 36, 252, 256 f.; 38, 200, 204; 45, 296, 307; BGH NJW 1971, 886; MDR 1974, 921). Diese Auffassung steht hier einer Anwendung des § 823 Abs. 1 BGB nicht deshalb entgegen, weil möglicherweise die Voraussetzungen des § 826 BGB vorliegen. Der richterrechtlich entwickelte Schutz des Gewerbebetriebs als ›sonstiges Recht‹ i.S.v. § 823 Abs. 1 BGB ist nicht zuletzt deshalb eingeführt worden, weil die Bestimmung des § 826 BGB insbesondere im Hinblick auf das Erfordernis eines vorsätzlichen Handelns den Bedürfnissen der Praxis nicht genügte (BGHZ 36, 252, 256). Diese Vorschrift ist – anders als wettbewerbsrechtliche Sondervorschriften – nicht speziell auf den Unternehmensschutz ausgerichtet. Sie gewährt namentlich gegenüber fahrlässigen Eingriffen in den Gewerbebetrieb keinen Schutz. Nicht zuletzt insoweit stellt die Anerkennung des Gewerbebetriebs als ›sonstiges Recht‹ i.S.v. § 823 Abs. 1 BGB einen erweiterten Vermögensschutz vor allem im Verhältnis zu § 824 BGB dar. Schon deshalb gilt der Rechtssatz, dass auf § 823 Abs. 1 BGB als Schutznorm erst zurückzugreifen ist, wenn keine andere Bestimmung zutrifft, bei vorsätzlichen Eingriffen in den fremden Gewerbebetrieb nicht. Auf eine Prüfung der strengeren Voraussetzungen des § 826 BGB kann bei einem solchen Sachverhalt verzichtet werden (Staudinger/*Schäfer*, BGB, 10./11. Aufl., § 823 Rdn. 9; im Ergebnis ebenso BGHZ 59, 30, 34)«[433].

Diese Argumentation des III. ZS des BGH stützt sich offenbar auf folgende drei Prämissen:

(1) Der Schutz des Rechts am Gewerbebetrieb nach § 823 I BGB bildet einen Auffangtatbestand, der nur zur Anwendung kommt, wenn andere »Schutzvorschriften« nicht durchgreifen.
(2) Der Schutz des Rechts am Gewerbebetrieb nach § 823 I BGB ist von der Rechtsprechung nicht zuletzt deshalb zur Schließung von Lücken im deliktsrechtlichen Unternehmensschutz entwickelt worden, weil § 826 BGB wegen des Erfordernisses einer *vorsätzlichen* Schadenszufügung keinen ausreichenden Unternehmensschutz erlaubt.
(3) Der Unternehmensschutz nach § 823 I BGB dient der Ergänzung der wettbewerbsrechtlichen Sondervorschriften und des § 824 BGB. Im Gegensatz zu diesen Vorschriften ist § 826 BGB nicht speziell auf den Unternehmensschutz ausgerichtet.

---

dazu *Larenz/Canaris*, Schuldrecht II/2, § 81 I 4b; *Löwisch/Meier-Rudolph*, JuS 1982, 242; ausdrücklich a.A. Erman/*Schiemann*, BGB § 823 Rn. 62; *Sack*, VersR 2006, 1001 ff., 1004.

[433] Angemerkt sei, dass der Fluglotsenstreik, über den der III. ZS in dieser Entscheidung zu befinden hatte, sowohl vom selben Senat in der Fluglotsenstreik III-Entscheidung vom 22.3.1979, BB 1979, 1377, ausdrücklich als sittenwidrig, als auch vom VI. ZS in der Fluglotsenstreik II-Entscheidung vom 31.1.1978 ausdrücklich als gegen § 826 BGB verstoßend bewertet worden ist, BGHZ 70, 277 ff., 279.

Während sich die unter (1) und (2) genannten Prämissen klar und eindeutig aus den Ausführungen des III. ZS ergeben, lässt sich die unter (3) genannte Prämisse nur erahnen.

Zu (1): Legt man die unter (1) genannte Prämisse zugrunde, so gelangt man nicht zu der vom III. ZS vertretenen Auffassung, sondern zur gegenteiligen Ansicht, nämlich zum Vorrang von § 826 BGB vor § 823 I BGB (Recht am Gewerbebetrieb). Denn soweit § 826 BGB einen ausreichenden Unternehmensschutz gewährt, besteht keine Lücke, die mit dem Auffangtatbestand des § 823 I BGB (Recht am Gewerbebetrieb) geschlossen werden müsste. Dies gilt allerdings nur, wenn man zu den »Schutzvorschriften«, von denen der III. ZS spricht, *alle* Vorschriften rechnet, mit denen ein Unternehmensschutz zu erzielen ist; nur wenn man dies tut, sind die Rechtsprechungsnachweise einschlägig, mit denen der III. ZS seine Auffassung zu belegen versuchte, dass § 823 I BGB (Recht am Gewerbebetrieb) nur dann als Auffangtatbestand anwendbar sei, wenn andere Schutzvorschriften nicht eingreifen. Rechnet man hingegen zu den »Schutzvorschriften« nur diejenigen, die *speziell* auf den Unternehmensschutz ausgerichtet sind, dann erlaubt die unter (1) genannte Prämisse für sich allein *keine* Schlussfolgerung auf das Verhältnis von § 823 I BGB (Recht am Gewerbebetrieb) zu § 826 BGB; außerdem kann sich der III. ZS dann für diese Auffassung nicht auf die von ihm dafür genannten Präjudizien berufen.

Zu (2): Für die Deutung der unter (1) genannten Prämisse in dem Sinne, dass auch § 826 BGB zu den »Schutzvorschriften« gerechnet wurde, deren Lücken mit dem Auffangtatbestand des § 823 I BGB (Recht am Gewerbebetrieb) zu füllen sind, spricht auch die unter (2) genannte Prämisse, nach der die Anerkennung des Unternehmensschutzes gem. § 823 I BGB nicht zuletzt auch deshalb erforderlich gewesen sei, weil die Lücken der speziell auf den Unternehmensschutz ausgerichteten Vorschriften mit § 826 BGB wegen des *Vorsatzerfordernisses* dieser Vorschrift nur beschränkt zu schließen waren. Wenn es aber zutrifft, dass der Unternehmensschutz nach § 823 I BGB von der Rechtsprechung nicht zuletzt auch deshalb entwickelt worden ist, weil § 826 BGB wegen des Vorsatzerfordernisses zur Schließung der Lücken der unternehmensschützenden Sondervorschriften nicht ausreicht, dann bedarf es der Anwendung von § 823 I BGB auf Unternehmensverletzungen nur insoweit, als § 826 BGB wegen des Vorsatzerfordernisses wirklich keinen ausreichenden Unternehmensschutz erlaubt. Ist § 826 BGB hingegen anwendbar, dann verbleibt für § 823 I BGB (Recht am Gewerbebetrieb) kein Raum.

Zu (3): Zum gegenteiligen Ergebnis gelangt man hingegen dann, wenn man entsprechend der unter (3) genannten Prämisse, die sich nur andeutungsweise aus den Ausführungen des III. ZS ergibt, annimmt, dass der Unternehmensschutz nach § 823 I BGB immer schon dann eingreift, wenn die speziell auf den Unternehmensschutz ausgerichteten Vorschriften des Wettbewerbsrechts und des § 824 BGB nicht durchgreifen. Dann hat die *speziell unternehmensschüt-*

zende Generalklausel des § 823 I BGB (Recht am Gewerbebetrieb) Vorrang vor der *allgemeinen* deliktsrechtlichen Generalklausel des § 826 BGB. Bei dieser Argumentation verbleibt allerdings für die Anwendung von § 826 BGB auf Unternehmensverletzungen keinerlei Raum mehr; denn alle vorsätzlichen Unternehmensschädigungen, die gegen die guten Sitten verstoßen, erfüllen immer auch zugleich die Voraussetzungen des § 823 I BGB unter dem Gesichtspunkt eines Eingriffs in das Recht am Gewerbebetrieb. Die vom III. ZS zum Ausgangspunkt seiner Argumentation genommene Feststellung, dass § 826 BGB wegen des *Vorsatzerfordernisses* die Lücken der unternehmensschützenden Vorschriften nicht ausreichend schließen könne und dass nicht zuletzt deshalb der Unternehmensschutz nach § 823 I BGB von der Rechtsprechung entwickelt worden sei, wäre, geht man von der Prämisse (3) aus, unnötig und irreführend. Man wird sogar sagen dürfen, dass sich die unter (2) und (3) genannten Prämissen der Argumentation des III. ZS nicht nur nicht ergänzen, sondern dass sie – wie die gegenteiligen Ergebnisse zeigen, zu denen man mit ihnen gelangt – einander sogar ausschließen.

Damit ist auch bereits ein weiterer kritischer Punkt der Fluglotsenstreik I-Entscheidung des III. ZS angesprochen. Indem er vor allem die unter (1) genannte Prämisse mit ausführlichen Rechtsprechungsnachweisen belegte und auch für seine Prämissen (2) und (3) Rechtsprechung angeführt hat, erweckt er den *unzutreffenden* Eindruck, dass sich seine Entscheidung im Einklang mit der Rechtsprechung des BGH befinde. In Wirklichkeit war er jedoch, wie die vorangegangenen Ausführungen gezeigt haben, von dieser abgewichen. Nicht nur die von ihm mit Rechtsprechungsnachweisen belegten Prämissen (1) und (2) führen zusammengenommen zum gegenteiligen Ergebnis, zu dem der III. ZS gelangt ist. Auch die Behauptung, dass der VI. ZS in seiner Blockade I-Entscheidung (BGHZ 59, 30 ff., 34) »im Ergebnis« vom Vorrang des Unternehmensschutzes gem. § 823 I BGB vor § 826 BGB ausgegangen sei, ist unhaltbar; denn der VI. ZS hat sich, wie schon dargelegt, in dieser Entscheidung ausdrücklich zu der Auffassung bekannt, dass der Unternehmensschutz nach § 823 I BGB nur eine lückenfüllende Funktion habe, und er hat nur deshalb auf diese Vorschrift statt auf § 826 BGB zurückgegriffen, weil das Berufungsgericht nicht ausdrücklich festgestellt hatte, dass der Bekl. mit dem *Vorsatz* der Vermögensschädigung gehandelt habe.

dd) Zur Behauptung, der BGH nehme seit 1961 zwischen Ansprüchen aus § 823 I BGB und aus dem UWG »einwirkende Anspruchskonkurrenz« an

Entgegen der hier vertretenen Auffassung behaupten manche Autoren, dass der BGH auch nach seiner Gründerbildnis-Entscheidung aus dem Jahre 1961 am Grundsatz der *Anspruchskonkurrenz* zwischen Ansprüchen aus § 823 I BGB (Recht am Gewerbebetrieb) und konkurrierenden Ansprüchen aus dem Wettbewerbsrecht festgehalten habe. Zwar habe der BGH seit seiner Gründerbildnis-Entscheidung, um ein »Leerlaufen« der kurzen Verjährungsfrist des § 21 UWG (jetzt § 11 UWG) zu vermeiden, die zuletzt in seiner Feuerzeugentscheidung vom 29.4.1958 (GRUR 1959, 31 ff., 33 f.) vertretene Ansicht aufgegeben, dass zwischen Ansprüchen aus § 823 I BGB und aus dem UWG *unbeschränkte* Anspruchskonkurrenz bestehe. Man glaubt jedoch, der BGH nehme seit 1961 *einwirkende* Anspruchskonkurrenz in dem Sinne an, dass für Ansprüche aus § 823 I BGB (Recht am Gewebebetrieb), wenn sie mit UWG-Ansprüchen konkurrieren, statt der Verjährungsregelung des § 852 BGB (jetzt §§ 195, 199 BGB) die des § 21 UWG (jetzt § 11 UWG) analog anzuwenden sei[434].

An dieser Ansicht ist zutreffend, dass der BGH mehrfach erklärt hat, dass bei unlauterem Wettbewerb nicht nur Ansprüche aus dem UWG, sondern auch Ansprüche aus § 823 I BGB (Recht am Gewerbebetrieb) der kurzen wettbewerbsrechtlichen Verjährungsfrist des § 21 UWG (jetzt § 11 UWG) unterliegen[435]. Dies muss jedoch nicht in dem Sinne gedeutet werden, dass er einwirkende Anspruchskonkurrenz zwischen Ansprüchen aus dem UWG und aus § 823 I BGB (Recht am Gewerbebetrieb) angenommen habe. Gegen diese Deutung der Rechtsprechung des BGH spricht vor allem, dass er seit seiner Gründerbildnis-Entscheidung immer wieder die nur lückenfüllende, subsidiäre Funktion der Haftung aus § 823 I BGB unter dem Gesichtspunkt eines Eingriffs in das Recht am Gewerbebetrieb betont hat. Er hat immer wieder hervorgehoben, dass die Haftung aus § 823 I BGB wegen eines Eingriffs in das Recht am Gewerbebetrieb wegen ihres nur lückenfüllenden Charakters nur dann eintrete, wenn eine andere Rechtsgrundlage nicht gegeben sei und der Zusammenhang der auf dem jeweiligen Rechtsgebiet geltenden Normen ergebe, dass eine Lücke bestehe, die mit Hilfe des § 823 I BGB geschlossen werden müsse. Wenn aber der BGH der Haftung aus § 823 I BGB für Unternehmensverletzungen nur eine lückenfüllende Funktion beimisst, so lässt sich seine Rechtsprechung nicht dahingehend deuten, dass er zwischen Ansprüchen aus dem UWG und aus § 823 I BGB (einwirkende) Anspruchskonkurrenz angenommen habe. Subsidiarität der Ansprüche aus § 823 I BGB und Anspruchskonkurrenz zwischen ihnen und UWG-Ansprüchen schließen sich gegenseitig aus; entweder sind die

---

434 Vgl. *Buchner*, Unternehmensschutz, S. 96, 105; *Georgiades*, Die Anspruchskonkurrenz im Zivilrecht und Zivilprozessrecht, S. 217 f.; *v. Gierke/Sandrock* I, S. 199; *v. Godin*, Wettbewerbsrecht, § 1 UWG Anm. 22; *Katzenberger*, Recht am Unternehmen, S. 143, 144; *G. Schäfer*, Nachahmungsschutz für Erfolgssysteme, 1977, S. 130 f.; *Traub*, NJW 1964, 2237 ff., 2240.

435 Vgl. BGH GRUR 1964, 218 ff., 219 (II. 1., 2.) – Düngekalkhandel; BGH GRUR 1974, 99 ff., 100 (II. 1.) – Brünova; BGH GRUR 1981, 517 ff., 520 (III.) – Rollhocker; BGHZ 115, 210 ff., 212 – Abmahnkostenverjährung; BGH GRUR 1995, 678 ff., 679 (II. 1. a) – Kurze Verjährungsfrist; vgl. auch OLG Nürnberg, BB 1971, 1171; Fezer/*Büscher*, UWG II, 2005, § 11 Rn. 7; a.A. BGH GRUR 1959, 31 ff., 34 – Feuerzeug als Werbegeschenk (dagegen jedoch ausdrücklich BGHZ 36, 252 ff., 257 – Gründerbildnis).

Ansprüche aus § 823 I BGB (Recht am Gewerbebetrieb) nur lückenfüllender Natur oder sie stehen in Anspruchskonkurrenz mit UWG-Ansprüchen.

Der aufgezeigte Widerspruch lässt sich auflösen, wenn man diejenigen Entscheidungen, aus denen manche herauslesen wollen, dass der BGH von einwirkender Anspruchskonkurrenz ausgehe, wie folgt deutet: Die meisten Wettbewerbshandlungen sind betriebsbezogene Unternehmenseingriffe. Das darf jedoch nicht dazu führen, dass die kurze wettbewerbsrechtliche Verjährungsfrist »leerläuft«, indem man *nach* Ablauf der kurzen wettbewerbsrechtlichen Verjährungsfrist des § 11 UWG (früher § 21 UWG) und *vor* Ablauf der längeren deliktsrechtlichen Verjährungsfrist der §§ 195, 199 BGB (früher § 852 BGB) § 823 I BGB unter dem Gesichtspunkt eines Eingriffs in das Recht am Gewerbebetrieb lückenfüllend anwendet. Konkurrieren UWG-Ansprüche mit solchen aus § 823 I BGB (Recht am Gewerbebetrieb), dann unterliegen auch letztere der kurzen wettbewerbsrechtlichen Verjährungsfrist. Es besteht dann allerdings auch keine durch unterschiedlich lange Verjährungsfristen bedingte Lücke, die man mit § 823 I BGB füllen könnte.

Folgerichtig hat der BGH außerdem – in umgekehrter Richtung – klargestellt, dass sich die Verjährung von UWG-Ansprüchen auch dann nach der Verjährungsregelung des UWG richtet, wenn die zum Schadensersatz verpflichtende Handlung zugleich einen Eingriff in das Recht am Gewerbebetrieb darstellt[436].

2. Die Rechtsprechung des BAG

Im Gegensatz zum BGH hat das BAG zur Funktion des Unternehmensschutzes nach § 823 I BGB im System des allgemeinen Deliktsrechts nie näher Stellung genommen. Nur so viel lässt sich feststellen, dass in der Streikrechtsprechung des BAG die Vorschrift des § 823 I BGB die des § 826 BGB vollständig verdrängt hat[437]. Dies lässt jedoch nicht den Schluss zu, dass das BAG das Recht am Gewerbebetrieb als vollwertiges »sonstiges Recht« i.S.v. § 823 I BGB anerkennt und dem Unternehmensschutz nach § 823 I BGB denselben Rang einräumt, wie etwa dem Eigentumsschutz nach § 823 I BGB. Denn auch in der Rechtsprechung des BGH zum deliktsrechtlichen Unternehmensschutz ist die Vorschrift des § 826 BGB nahezu vollständig durch die des § 823 I BGB (Recht am Gewerbebetrieb) verdrängt worden, obwohl der BGH dem Unternehmensschutz nach § 823 I BGB grundsätzlich nur eine lückenfüllende Funktion beimisst.

---

[436] BGHZ 36, 252 (Ls.) – Gründerbildnis; BGH GRUR 1964, 218 ff., 219 (II. 1.) – Düngekalkhandel.

[437] Ausführlicher dazu in Teil 2, S. 244 ff.

3. Die nach der Rechtsprechung des BGH und des BAG im Anwendungsbereich von § 823 I BGB verbliebenen Fallgruppen von Unternehmenseingriffen

Obwohl sich der BGH seit seiner Gründerbildnis-Entscheidung vom 21.12.1961 in st. Rspr. grundsätzlich zur nur lückenfüllenden Funktion des Unternehmensschutzes nach § 823 I BGB bekennt, hat er seit dieser Zeit nur wenige Fallgruppen von Unternehmensverletzungen, auf die er zuvor § 823 I BGB angewendet hat, aus dieser Vorschrift herausgenommen und in andere Vorschriften verlagert. Der wohl entscheidende Grund dafür ist, dass er nicht jede *rechtswidrige* Unternehmensverletzung für *sittenwidrig* i.S.d. §§ 826 BGB, 1 UWG hält bzw. hielt[438]. Als weiteren Grund nennt er, dass mit § 826 BGB nur *vorsätzliche* Unternehmenseingriffe zu erfassen seien, während § 823 I BGB auch gegen fahrlässige Unternehmensverletzungen Schutz gewähre[439].

Ansprüche aus dem UWG erfordern nach der ausdrücklichen Regelung in den §§ 8, 9 i.V.m. § 2 I Nr. 3 UWG ein Wettbewerbsverhältnis zwischen den Parteien. Schon vor der UWG-Novelle von 2004 hat der BGH Ansprüche aus dem UWG am Fehlen eines Wettbewerbsverhältnisses scheitern lassen und auf § 823 I BGB zurückgegriffen[440].

Welche Fälle von Unternehmensverletzungen nach Ansicht des BGH und des BAG heute noch einen Rückgriff auf § 823 I BGB erfordern, soll im Folgenden dargelegt werden:

a) Die wichtigste Fallgruppe von Unternehmensverletzungen, auf die der BGH § 823 I BGB anwendet, bilden rechtswidrige geschäftsschädigende Äußerungen in Form von Werturteilen, bloßen Meinungsäußerungen und unnötig herabsetzenden wahren Tatsachenbehauptungen, die nicht Zwecken des Wettbewerbs dienen[441]. Auf diesem Gebiet hat § 823 I BGB die Generalklausel des § 826 BGB, die noch in der Rechtsprechung des RG die maßgebliche Anspruchsgrundlage gewesen war, völlig verdrängt. Demgegenüber erfasst er

[438] Vgl. z.B. BGHZ 59, 30 ff., 34 – Blockade I; BGH GRUR 1963, 255 ff., 257 – Kindernähmaschinen (insoweit nicht abgedruckt in BGHZ 38, 200 ff.).

[439] Vgl. BGHZ 36, 252 ff., 257 – Gründerbildnis; BGHZ 59, 30 ff., 34 – Blockade I; BGHZ 69, 128 ff., 139 – Fluglotsenstreik I.

[440] Vgl. vor allem BGHZ 28, 320 ff., 328 f. – Quick; BGH GRUR 1978, 364 ff., 367 – Golfrasenmäher.

[441] Vgl. aus der Rspr. nach 1961 die Entscheidungen BGH GRUR 1964, 392 ff. – Weizenkeimöl; BGH GRUR 1966, 386 – Warentest I; BGHZ 45, 296 ff. – Höllenfeuer; BGH JZ 1968, 231 f. – Birgit Malmström; BGH GRUR 1970, 465 ff. – Prämixe; BGHZ 65, 325 ff., 330 ff. – Warentest II; BGHZ 80, 25 ff. – Wallraff; BGHZ 90,113 ff. – Bürgerinitiative; BGH NJW 1987, 2746 – Formaldehyd; BGH NJW 1987, 2222 ff., 2223 – test Kompass (Warentest IV); BGH NJW 1989, 1923 f. – Warentest V, BGH GRUR 1997, 942 ff. – Druckertest; BGHZ 138, 311 ff. – Appartement-Anlage; BGH NJW 1999, 279 ff. – Autovermietung; BGH WRP 2000, 177 ff. – Korruption am Bau; BGH NJW 2002, 1192 ff. – Käse-Vergleich; BGH NJW 2006, 830 ff. – KirchMedia.

rechtswidrige geschäftsschädigende Äußerungen *wettbewerblicher* Natur in Form von Werturteilen, bloßen Meinungsäußerungen oder unnötig herabwürdigenden wahren Tatsachenbehauptungen fast ausschließlich mit dem UWG[442]. Vor der UWG-Novelle 2004 war es die Generalklausel des § 1 UWG a.F.; seit 2004 sind es vor allem die Generalklausel des § 3 UWG sowie die Spezialregelungen in § 4 Nr. 7 und § 6 II Nr. 4, 5 UWG.

Auf geschäftsschädigende Äußerungen in Form von *unwahren Tatsachenbehauptungen* nicht-wettbewerblicher Natur wendet der BGH nur noch § 824 BGB und § 823 II BGB i.V.m. den §§ 186 ff. StGB an[443]. Bei unwahren oder nicht erweislich wahren Tatsachenbehauptungen wettbewerblicher Natur, die auf einem Verschulden des Verletzers beruhen, hielt er hingegen Anspruchskonkurrenz zwischen Ansprüchen aus § 14 I UWG a.F. (jetzt § 4 Nr. 8 i.V.m. §§ 3, 9 UWG) und aus § 823 I BGB für gegeben[444].

b) Die zweite Fallgruppe rechtswidriger Unternehmensverletzungen, auf die der BGH noch § 823 I BGB anwendet, bilden rechtswidrige *Boykottaufforderungen* nicht-wettbewerblicher Natur[445]. Waren sie wettbewerblicher Natur, so kam er, soweit nicht schon die besonderen Voraussetzungen von § 21 GWB (früher § 26 I GWB) und § 4 Nr. 8 UWG (früher § 14 UWG) vorlagen mit § 1 UWG a.F. aus.

c) Unbeeinflusst von dem nach 1961 eingetretenen Wandel der Auffassung über die Stellung der Haftung aus § 823 I BGB für Unternehmensverletzungen im System des allgemeinen Deliktsrechts blieb auch die Streikrechtsprechung des BGH und des BAG. Auf rechtswidrige *Streiks und Streikaufforderungen* wenden sie § 823 I BGB an[446].

d) Auch auf *Unternehmensblockaden* scheint der BGH trotz seines Bekenntnisses zur Subsidiarität der Haftung aus § 823 I BGB für Eingriffe in das Recht am Gewerbebetrieb grundsätzlich nur diese Vorschrift, nicht dagegen § 826 BGB anwenden zu wollen[447].

---

442 Die soweit ersichtliche einzige Ausnahme bilden *fahrlässig* unbegründete Abnehmerverwarnungen wettbewerblicher Natur, auf die er § 1 UWG a.F. nicht anwenden zu können glaubte, weil es an der für den Vorwurf der Sittenwidrigkeit geforderten Kenntnis aller sittenwidrigkeitsbegründenden Tatumstände fehlte; vgl. dazu z.B. BGH GRUR 1979, 332 ff. – Brombeerleuchte.

443 Vgl. die Angaben in Fußn. 418.

444 So BGH WRP 1968, 50 ff., 51 – Spielautomat.

445 Vgl. BGH NJW 1964, 29 ff. – Blinkfüer.

446 Ansprüche aus § 826 BGB wurden hingegen bejaht in BGHZ 70, 227 ff., 229 – Fluglotsenstreik II; vgl. auch BGH BB 1979, 1377 – Fluglotsenstreik III, wo ebenfalls ein Sittenverstoß angenommen wurde; in dieser Entscheidung ging es allerdings um Ansprüche aus § 839 BGB und die Feststellung eines Verstoßes gegen die guten Sitten diente nur inzident dem Nachweis einer Amtspflichtverletzung i.S.d. Vorschrift.

447 Vgl. BGH NJW 1972, 1571 ff., 1572 ff. – Blockade II, wo in Bezug auf die zu beurteilende Blockade nur § 823 I BGB geprüft wurde; § 826 BGB wurde nicht in Betracht gezogen, ohne dass Gründe dafür genannt wurden; vgl. auch die am selben Tage ergangene Blockade

e) Der BGH hält weiterhin bei Unternehmensverletzungen durch *fahrlässig unbegründete Schutzrechtsverwarnungen* an der Anwendung von § 823 I BGB fest. Mit dieser Vorschrift schützt er nicht nur den unbegründet *Verwarnten*, der durch die Verwarnung einen Schaden erlitten hat, indem er z.B. die Verwarnung befolgt und seine Produktion bzw. seinen Vertrieb entsprechend beschränkt hat[448]. Aus § 823 I BGB gewährt er auch dem *Lieferanten* des unbegründet Verwarnten Ansprüche (sog. Abnehmerverwarnungen), wenn die Verwarnung die Behauptung implizierte, dass auch der Lieferant des Verwarnten Schutzrechtsverletzungen begehe[449]. Die §§ 826 BGB, 1 UWG a.F. bieten bzw. boten nach Ansicht des BGH gegen fahrlässig unbegründete Schutzrechtsverwarnungen keinen ausreichenden Schutz, da der Vorwurf der Sittenwidrigkeit grundsätzlich die Kenntnis aller sittenwidrigkeitsbegründenden Tatumstände voraussetze, woran es bei fahrlässiger Unkenntnis der Unbegründetheit der Verwarnung fehle[450].

f) Auch gegen Unternehmensverletzungen durch die *Verwässerung berühmter Marken* hat der BGH in der Zeit nach 1961 Schutz mit § 823 I BGB gewährt[451]. In seiner Kaffeekanne-Entscheidung vom 27.9.1963 und in seiner Kupferberg-Entscheidung vom 10.11.1965 hat er diese Vorschrift als mögliche

---

I-Entscheidung, BGHZ 59, 30 ff. , 34, in der auf Ansprüche aus § 826 BGB nicht näher eingegangen wurde, weil das Berufungsgericht nicht ausdrücklich festgestellt hatte, dass die Bekl. mit dem *Vorsatz* der Vermögensschädigung vorgegangen waren; vgl. auch schon RGZ 76, 35 ff., 44, 46 – Fürstenhof.

[448] Vgl. aus der Rechtsprechung nach 1961 die Entscheidungen BGHZ 38, 200 ff. = (ausführlicher) GRUR 1963, 255 ff. – Kindernähmaschinen; BGH GRUR 1966, 386 – Wärmeschreiber II; BGHZ 62, 29 ff. – maschenfester Strumpf; BGH GRUR 1976, 715 ff. – Spritzgießmaschine; BGH GRUR 1996, 812 ff. – Unterlassungsurteil gegen Sicherheitsleistung; BGH GRUR 1997, 741 ff. – Chinaherde; BGH GRUR 1997, 896 f. – Mecki-Igel III; BGH GRUR 2001, 54 ff. – Subway/Subwear; BGH GRUR 2004, 958 ff. – Verwarnung aus Kennzeichenrecht I; BGH GSZ GRUR 2005, 882 ff. – Unberechtigte Schutzrechtsverwarnung; BGH GRUR 2006, 432 ff. – Verwarnung aus Kennzeichenrecht II; vgl. auch BGH GRUR 1969, 479 ff. – Colle de Cologne.

[449] Vgl. aus der Rspr. nach 1961 die Entscheidungen BGH WRP 1968, 50 ff. – Spielautomat (vom 24.5.1963); BGH GRUR 1966, 386 – Wärmeschreiber II; BGH vom 15.6.1967, unveröffentlicht, Az. I b ZR 157/64 – Einsäulentisch; BGH GRUR 1968, 382 ff. – Favorit; BGH GRUR 1970, 567 ff. – Feldflasche; BGH GRUR 1974, 99 ff. – Brünova; BGHZ 71, 86 ff. – Fahrradgepäckträger II; BGH GRUR 1979, 332 ff. – Brombeerleuchte; BGH GRUR 1995, 424 ff. – Abnehmerverwarnungen; BGH GRUR 2001, 54 ff. – Subway/Subwear; BGH GSZ GRUR 2005, 882 ff. – Unberechtigte Schutzrechtsverwarnung; BGH GRUR 2006, 217 ff. – Detektionseinrichtung I; BGH GRUR 2006, 219 ff. – Detektionseinrichtung II; BGH GRUR 2006, 433 ff. – Unbegründete Abnehmerverwarnung; vgl. jedoch auch BGH GRUR 1977, 805 ff. – Klarsichtverpackung, wo die Betriebsbezogenheit des Eingriffs in den Gewerbebetrieb des betroffenen Lieferanten verneint wurde, weil sich die Abnehmerverwarnung nach Ansicht des BGH nicht zugleich auch gegen den Lieferanten gewendet hatte.

[450] So besonders deutlich BGH GRUR 1963, 255 ff., 257 – Kindernähmaschinen (insoweit nicht abgedruckt in BGHZ 38, 200 ff.); vgl. auch BGHZ 62, 29 ff., 33 – maschenfester Strumpf.

[451] BGH GRUR 1983, 467 ff., 468 (II. 2.) – Photokina; vgl. auch BGH GRUR 1965, 550 ff.

Anspruchsgrundlage erwähnt. In der Kaffeekanne-Entscheidung, in der es um die Verwässerung einer berühmten Marke durch Mitbewerber ging, hielt er jedoch Ansprüche aus § 823 I BGB nicht für begründet[452]; in der Kupferberg-Entscheidung beschränkte er sich auf die Prüfung des § 12 BGB, dessen Voraussetzungen er als erfüllt ansah[453]. Jedoch hat der BGH in seiner Zonenbericht-Entscheidung vom 14.4.1965 mögliche Fallgestaltungen aufgezeigt, die einen auf § 823 I BGB gestützten Schutz berühmter Marken gegen Verwässerung erforderlich machen können[454]. Inzwischen gehört diese Fallgruppe in den Anwendungsbereich von § 14 II Nr. 3 MarkenG bzw. Art. 9 I Buchst. c GMV, die in ihrem Anwendungsbereich konkurrierende Ansprüche aus § 823 I BGB verdrängen (sog. Vorrangthese).

g) Eine weitere Fallgruppe von Unternehmensverletzungen, die der BGH nur mit § 823 I BGB (Recht am Gewerbebetrieb) bewältigen zu können glaubte, war die Störung eines vom Hersteller technischer Geräte errichteten *Service-Systems*. Es gibt allerdings nur *eine einzige* einschlägige Entscheidung des BGH zu dieser Fallgruppe von Unternehmensverletzungen, nämlich die Golfrasenmäher-Entscheidung vom 10.2.1978[455]. In ihr hat der BGH die Entfernung der vom Hersteller an seinen Golfrasenmähern angebrachten Nummernschilder, die im Rahmen eines Service-Systems auch zur Überwachung der Funktionsfähigkeit und Betriebssicherheit der Geräte dienen sollten, als rechtswidrigen Eingriff in das Recht am Gewerbebetrieb des Herstellers bewertet. Ansprüche aus § 1 UWG a.F. hat der BGH nicht für begründet erachtet, da zwischen dem (amerikanischen) Hersteller – für ihn hatte allerdings in Prozessstandschaft ein mit dem Beklagten in Wettbewerb stehender deutscher Händler geklagt – und dem Beklagten *kein Wettbewerbsverhältnis* bestanden hat[456]. Im Jahre 1988 hat sich der BGH jedoch ausdrücklich von der Ansicht distanziert, dass auf § 823 I BGB (Recht am Gewerbebetrieb) zurückgegriffen werden müsse. Nun bejahte er ein *Wettbewerbsverhältnis* zwischen dem Vertriebsbinder und dem Außenseiter[457].

h) Bei Unternehmensschädigungen durch die *Verletzung von Betriebsgeheimnissen* hat die Vorschrift des § 823 I BGB in der Zeit nach 1961 keine praktische Bedeutung erlangt. Die Industrieböden-Entscheidung vom 21.12.1962 war, soweit ersichtlich, die letzte Entscheidung zum Unternehmensschutz gegen Geheimnisverletzungen, in der der BGH neben den §§ 1, 17 UWG, 826 BGB auch die Vorschrift des § 823 I BGB ernsthaft als Anspruchsgrundlage erwähnt hat. Er

– Promonta; BGH GRUR 1990, 711 ff., 712 (III.) – »Telefonnummer 4711«; BGH GRUR 1991, 863 ff., 865 ff. (II.).

452 BGH GRUR 1964, 71 ff., 76 – Kaffeekanne.

453 BGH GRUR 1966, 623 ff. – Kupferberg.

454 BGH GRUR 1965, 547 ff., 549 f. (Buchst. b) – Zonenbericht.

455 BGH GRUR 1978, 364 ff. – Golfrasenmäher.

456 BGH GRUR 1978, 367 – Golfrasenmäher.

457 BGH GRUR 1988, 826 ff., 827 (vor 2.) – Entfernung von Kontrollnummern II.

hat jedoch den Fall an das Berufungsgericht zur weiteren Sachaufklärung zurückverwiesen und sich in dieser Entscheidung einer abschließenden Stellungnahme zur zukünftigen Anwendbarkeit von § 823 I BGB auf Geheimnisverletzungen enthalten[458]. In der Folgezeit findet sich keine Entscheidung mehr, in der der BGH die Vorschrift des § 823 I BGB als mögliche Anspruchsgrundlage geprüft hat. Vielmehr beschränkte er sich auf die Vorschriften der §§ 1, 17 ff. UWG, 826 BGB[459].

i) Auch die große Fallgruppe rechtswidriger *Wettbewerbshandlungen*[460] spielt heute in der Rechtsprechung des BGH zum Unternehmensschutz nach § 823 I BGB keine Rolle mehr, soweit es sich nicht um fahrlässig unbegründete Schutzrechtsverwarnungen handelt. Im Gegensatz zu den §§ 824, 826 BGB hält er § 823 I BGB auch nicht zu dem Zweck für anwendbar, den Verletzten in den Genuss der günstigen Verjährungsfrist der §§ 195, 199 BGB (früher § 852 BGB) kommen zu lassen, die wesentlich länger ist als die wettbewerbsrechtliche Verjährungsfrist des § 11 UWG (früher § 21 UWG). Auch nach Ablauf der kurzen wettbewerbsrechtlichen Verjährungsfrist hält er eine lückenfüllende Anwendung von § 823 I BGB auf rechtswidrige Wettbewerbshandlungen nicht für zulässig. Er will damit vermeiden, dass die kurze wettbewerbsrechtliche Verjährungsfrist praktisch durch die längere des allgemeinen Deliktsrechts ersetzt wird, weil er die meisten unlauteren Wettbewerbshandlungen für rechtswidrige Unternehmensverletzungen i.S.v. § 823 I BGB hält[461]. Nur bei schuldhaften Verstößen gegen § 14 I UWG a.F. und bei fahrlässig unbegründeten Schutzrechtsverwarnungen wettbewerblicher Natur machte er eine Ausnahme von diesem Grundsatz. Bei schuldhaften Verstößen gegen § 14 I UWG a.F. nahm er, wie bereits ausgeführt, unbeschränkte Anspruchskonkurrenz zwischen Ansprüchen aus dieser Vorschrift und aus § 823 I BGB an[462]; bei *fahrlässig* unbegründeten Schutzrechtsverwarnungen wettbewerblicher Natur – das ist der

---

[458] BGHZ 38, 391 ff. – Industrieböden; vgl. auch BGH GRUR 1963, 207 ff., 210 – Kieselsäure, wo der BGH im Zusammenhang mit der kartellrechtlichen Beurteilung eines Know-how-Vertrages ausführte, dass »Betriebsgeheimnisse« einen durch die Vorschriften der §§ 823, 826 BGB, §§ 1, 17, 18 UWG geschützten Vermögenswert darstellen, oft sogar wertvoller als ein gewerbliches Schutzrecht seien und in der Form eines Geheimverfahrens den wesentlichen Wertfaktor eines Betriebs bilden können; beiläufig erwähnt wurde das Recht am Gewerbebetrieb im Zusammenhang mit Betriebsgeheimnissen nochmals in BGHZ 107, 117 ff., 122 – Forschungskosten.

[459] Vgl. BGH GRUR 1964, 31 ff. – Petromax II; BGH GRUR 1966, 152 ff. – Nitrolingual; BGH GRUR 1973, 483 ff. – Betriebsspionage; BGH GRUR 1977, 539 ff. – Prozeßrechner; ebenso auch schon BGH GRUR 1961, 40 ff. – Wurftaubenpresse; BGH GRUR 1958, 297 ff. – Petromax I; BGH GRUR 1958, 346 ff. – Spitzenmuster; BGH GRUR 1955, 424 ff.

[460] Der BGH hält die »meisten« unlauteren Wettbewerbshandlungen für rechtswidrige Eingriffe in das Recht am Gewerbebetrieb, vgl. BGHZ 36, 252 ff., 257 – Gründerbildnis; BGH GRUR 1974, 99 ff., 100 – Brünova.

[461] So vor allem BGHZ 36, 252 ff., 257 f. – Gründerbildnis; vgl. auch die Angaben in den Fußn. 408, 592, 593.

[462] BGH WRP 1968, 50 ff., 51 – Spielautomat.

Regelfall – hielt er die Vorschriften des UWG bisher nicht für anwendbar und einen Rückgriff auf § 823 I BGB für geboten[463].

j) In seiner Baumstromverteiler-Entscheidung von 1990 bejahte der BGH erstmalig und bisher auch einmalig Schadensersatzansprüche einer Arbeitsgemeinschaft von Unternehmen aus § 823 I BGB unter dem Gesichtspunkt eines Eingriffs in das Recht am Gewerbebetrieb gegen einen Produzenten, der fahrlässig mangelhaft hergestellte Waren (Baustromverteiler) geliefert hatte, durch deren Einsatz auf der Baustelle die Unternehmen einen reinen Vermögensschaden (Bauverzögerung; Aufwendungen für das Leerpumpen der Baustelle) erlitten hatten[464].

---

[463] Anders jedoch der Vorlagebeschluss des I. ZS des BGH, GRUR 2004, 958 ff. – Verwarnung aus Kennzeichenrecht I.

[464] BGH VersR 1990, 1283 f. = NJW 1992, 41 ff. – Baustromverteiler; kritisch zum Schutz nach § 823 I BGB *Sack*, VersR 2006, 582 ff., 585; *Larenz/Canaris*, Schuldrecht II/2, S. 559; Soergel/*Beater*, BGB Bd. 12, 13. Aufl., 2005, § 823 Anh V Rn. 38.

Teil 2

Dogmatik

Kapitel 3

Kritik am Schutz des Rechts am Gewerbebetrieb nach § 823 I BGB

Die Anerkennung eines Rechts am Gewerbebetrieb und dessen Schutz nach § 823 I BGB begegnet schon seit Jahrzehnten heftiger Kritik[465]. Es sei in § 823 I BGB ein »Fremdkörper«.

Zweifelhaft ist bereits, ob es sich beim Recht am Gewerbebetrieb überhaupt um ein »Recht« oder nur um ein Bündel rechtlich geschützter Interessen handelt. Nicht jedes Interesse, das durch spezielle gesetzliche Regelungen geschützt wird, ist deshalb schon ein Recht i.S.v. § 823 I BGB. Das zeigt insbesondere das Verhältnis von § 823 I zu § 823 II BGB[466]. Das wurde verkannt, als man aus den

---

[465] Vgl. *v. Caemmerer*, in: DJT-FS 1960, Bd. II, S. 49 ff., 89 f.; *Canaris*, in: 2. FS für Larenz, 1983, S. 27 ff., 31; *ders.*, VersR 2005, 577 ff., 582, 583 (»systemwidrig und hybrid«; »Missgeburt«); *Larenz/Canaris*, Schuldrecht II/2, S. 537 ff., 560 f.; *Colneric*, in: Däubler (Hrsg.), Arbeitskampfrecht, 2. Aufl., 1987, Rn. 1156 ff., 1159; *E. Deutsch*, JZ 1963, 583 ff., 587; *Enneccerus/Lehmann*, Recht der Schuldverhältnisse, 12. Aufl. 1932, S. 769 (»Normenerschleichung«); Erman/*Schiemann*, BGB § 823 Rn. 50 ff., 65; *Esser*, Schuldrecht, 1. Aufl. 1949, S. 468; *Jansen*, Die Struktur des Haftungsrechts, 2003, S. 486; *Larenz*, Schuldrecht BT, § 72 III b; *Nipperdey*, in: FS für Heymann, Bd. II, 1931, S. 445 ff.; *L. Raiser*, JZ 1961, 465 ff., 472; *Reuthal*, Diss., S. 27 f., 31, 38, 39, RGRK/*Steffen*, BGB § 823 Rn. 36; *K. Schmidt*, JuS 1993, 985 ff., 988; *Schnug*, JA 1985, 622; *Schwitanski*, Deliktsrecht, Unternehmensschutz und Arbeitskampfrecht, 1986, insb. S. 310 ff.; *Spindler*, in: Bamberger/Roth, BGB § 823 Rn. 104; *Wiethölter*, KritJ 1970, 128 ff., 130; *Zöllner*, JZ 1997, 293 ff., 295; *a.A.*, d.h. für systemgerecht halten das Recht am Gewerbebetrieb im Schrifttum *Buchner*, Unternehmensschutz, S. 246 f., 250 f., 259 ff.; *Fabricius*, AcP 160 (1961), 304; *Frank*, JA 1979, 583 ff., 586 f.; *Hubmann*, ZHR 117 (1954), 73 ff.; *Preusche*, Unternehmensschutz, S. 105 ff.; *Säcker*, ZRP 1969, 60 ff., 61; *Schildt*, WM 1996, 2261 ff., 2266; Soergel/*Beater*, BGB § 823 Anh V, Rn. 5 ff., 11; *Stadtmüller*, Diss., S. 226 f.; Staudinger/*Hager* (1999) BGB § 823 Rn. D 3, 5; *Hans Stoll*, Richterliche Fortbildung und gesetzliche Überarbeitung des Deliktsrechts, 1984, S. 40; *Zeuner*, in: 25 Jahre Karlsruher Forum, 1983, S. 196 ff., 197; für eine *Analogie* zu den Schutzobjekten des § 823 I BGB Erman/*Schiemann*, BGB § 823 Rn. 51, 52, 55.

[466] So zutreffend bereits RGZ 73, 253 ff., 256 – Hustentropfen; ebenso *Berner*, Der Schutz gegen Kreditgefährdung im Zivilrecht, 1914, S. 29 f.; *Bode*, Der Gewerbebetrieb als subjektives Recht i.S.d. § 823 Abs. 1 BGB, 1931, S. 15, 29, 45; *v. Caemmerer*, in: DJT-FS 1960, Bd. II, S. 49 ff., 89; *Cosack*, Lehrbuch des Handelsrechts, 7. Aufl., 1909/10, S. 52; *Deutsch*, Allgemeines Haftungsrecht, Rn. 69; *ders.*, JZ 1963, 385 ff., 389; *Diederichsen*, Die Flucht des Gesetzgebers aus der politischen Verantwortung im Zivilrecht, 1974, S. 30 f.; *Enneccerus/Lehmann*, Recht der Schuldverhältnisse, S. 2, 935; Erman/*Schiemann*, BGB § 823 Rn. 49, 50; *J. Friese*, Bedarf das Unternehmen des Schutzes nach § 823 Abs. 1 BGB?, 1934, S. 9, 16; *O. v. Gierke*, Deutsches Privatrecht, Bd. I, 1895, S. 251 ff.; *Medicus*, Bürgerliches Recht, Rn. 614; *Nipperdey*, in: FS für Heymann, 1931, Bd. II, S. 445; *ders.*, NJW 1967, 1985 ff., 1986; *Oertmann*, DJZ

unternehmensschützenden Vorschriften des Deliktsrechts und des UWG abzuleiten versuchte, dass es ein Recht am Gewerbebetrieb bzw. ein Recht auf wirtschaftliche Betätigung gebe und dass dieses Recht, jedenfalls soweit es durch die genannten Vorschriften geschützt werde, auch ein sonstiges Recht i.S.v. § 823 I BGB sei.

Doch selbst wenn das Recht am Gewerbebetrieb *begrifflich* als »Recht« zu bewerten wäre – und dies hängt letztlich davon ab, wie man den Begriff »Recht« definiert –, so wäre es nicht schon deshalb auch ein »sonstiges Recht« i.S.v. § 823 I BGB[467]. Denn § 823 I BGB schützt entgegen seinem zu weit gefassten Wortlaut keineswegs jedes »Recht«. So ist z.B. eine Forderung nach einhelliger Meinung zwar ein »Recht«; dennoch lehnt man es zutreffend ab, Forderungen zu den »sonstigen Rechten« i.S.v. § 823 I BGB zu rechnen[468]. Wesentliche Anhaltpunkte dafür, ob ein rechtlich geschütztes Interesse die Voraussetzungen eines »sonstigen Rechts« i.S.v. § 823 I BGB erfüllt, liefern die in dieser Vorschrift ausdrücklich genannten Rechtsgüter und Rechte[469]. Von diesen unterscheidet sich das Recht am Gewerbebetrieb, so wie es die h.M. versteht, erheblich[470]. Denn es ist nur gegen betriebsbezogene Eingriffe geschützt, es hat keinen Zuweisungsgehalt, die Rechtswidrigkeit ist auch bei vorsätzlichen Eingriffen nicht

---

1904, 616 ff., 619; RGRK/*Steffen*, BGB § 823 Rn. 36; Staudinger/*Schäfer*, BGB § 823 Anm. 54; *Steindorff*, JZ 1960, 582 f.; *H. H. Wagner*, Das sog. Recht am Gewerbebetrieb, 1933, S. 2 f.; *Wiethölter*, KritJ 1970, 128; vgl. weiterhin RGZ 56, 271 ff., 275; a.A. unter Berufung auf Ihering allerdings *Fraenkel*, Der Schutz der Ehre, 1908, S. 29 f.; *Herzfeld*, Das absolute Recht am Gewerbebetriebe, 1905, S. 17, 20 f., 34, 35, 41; *A. Hueck*, Unkörperliche Geschäftswerte, 1913, S. 36 ff., 49, 56 ff.; *Ide*, Der Begriff des sonstigen Rechts in § 823 Abs. 1 BGB, 1900, S. 20, 24, 25; *Jans*, Das Recht am Unternehmen und die Wirtschaftsordnung, 1936, S. 39 ff., 48 ff.; *Kohler*, IherJb 18, 186 ff., 196; *Lauber*, Wie weit besteht nach dem UWG und dem BGB ein subjektives Recht am Gewerbebetrieb, 1910, S 32 ff.; *v. Liszt*, Deliktsobligationen, 1898, S. 26; *Traeger*, Gruchot 36 (1892), 196 ff., 212.

[467] Vgl. *H. Lehmann*, MDR 1952, 297 u. NJW 1959, 670 bezeichnete die Einreihung des Rechts am Gewerbebetrieb unter die »sonstigen Rechte« i.S.v. § 823 I BGB als Normerschleichung durch bloße *begriffliche Einreihung* unter ein allgemeines Begriffsschema; ähnlich *v. Caemmerer*, DJT-FS 1960, Bd. II, S. 49 ff., 89; *Hefermehl*, WuW 1953, 234 ff., 236; *Hopt*, Schadensersatz aus unberechtigter Verfahrenseinleitung, S. 223 Fußn. 2; *Kraft*, Interessenabwägung und gute Sitten im Wettbewerbsrecht, S. 171; *Schwitanski*, Deliktsrecht, Unternehmensschutz und Arbeitskampfrecht, 1986, S. 310 ff.; *Spengler*, WuW 1953, 195 ff., 200; *Weitnauer*, DB 1963, 55 ff., 56 a.E.

[468] Vgl. RGZ 57, 353 ff., 355; RGZ 111, 298 ff., 302; BGHZ 12, 317 f.; *Koziol*, Die Beeinträchtigung fremder Forderungsrechte, 1967; *Kraßer*, Der Schutz vertraglicher Rechte gegen Eingriffe Dritter, S. 158 ff.; *Löwisch*, Der Schutz relativer Rechte, 1970; *Rehbein*, Die Verletzung von Forderungsrechten durch Dritte, 1968.

[469] Vgl. *Diederichsen*, Die Flucht des Gesetzgebers aus der politischen Verantwortung im Zivilrecht, S. 30 f., der fordert, dass ein »sonstiges Recht« i.S.v. § 823 I BGB von der Dignität des in dieser Vorschrift ausdrücklich genannten Eigentums sein müsse. An Rechten nennt § 823 I BGB wohl gemerkt nur eines, das Eigentum; allein aus *sprachlichen* Gründen soll im Folgenden von den in § 823 I BGB genannten Rechtsgütern und Recht*en* die Rede sein.

[470] Vgl. Erman/*Schiemann*, BGB § 823 Rn. 49; RGRK /*Steffen*, BGB § 823 Rn. 36; *K. Schmidt*, JuS 1993, 985 ff., 986.

indiziert, sondern durch eine Interessenabwägung festzustellen, und sein Schutz nach § 823 I BGB ist nur subsidiär, tritt also hinter anderen Anspruchsgrundlagen zurück[471].

Der Kritik an der Anerkennung eines Rechts am Gewerbebetrieb und seiner Einbeziehung in § 823 I BGB wurde entgegengehalten, sie sei in Anbetracht einer jahrzehntelangen Rechtsprechung, die dieses Recht mit § 823 I BGB schützt, nicht sinnvoll[472]. Daran ist sicher zutreffend, dass dieser Rechtskonstruktion mit Kritik allein offenbar nicht beizukommen ist. Tatsache ist jedoch auch, dass der Schutz des Rechts am Gewerbebetrieb mit § 823 I BGB wegen der anhaltenden Kritik seit über 4 Jahrzehnten in der Rechtsprechung nur noch eine lückenfüllende Funktion hat[473]. Es soll im Folgenden nachgewiesen werden, dass in fast allen einschlägigen Fällen, in denen der BGH mit § 823 I BGB Schutz gewährt hat, keine Lücke besteht, wenn man die wettbewerbsrechtliche Generalklausel des § 3 UWG und die deliktsrechtliche Generalklausel des § 826 BGB ihrer lückenfüllenden Funktion entsprechend auslegt und anwendet. Nur bei ein bzw. zwei verbleibenden Ausnahmefällen, die *fahrlässige* Unternehmensschädigungen betrafen[474], passen § 3 UWG bzw. §826 BGB nicht; es ist jedoch ein Rückgriff auf § 311 III BGB bzw. auf § 823 I BGB unter dem Gesichtspunkt einer Eigentumsverletzung möglich, so dass auch insoweit keine Lücke besteht.

In den folgenden Ausführungen soll zunächst gezeigt werden, dass das Recht am Gewerbebetrieb in seiner jetzigen Ausgestaltung durch die Rechtsprechung sich erheblich von den »klassischen« Rechtsgütern und Rechten des § 823 I BGB unterscheidet, d.h. in dieser Vorschrift ein Fremdkörper ist, und deshalb mit Recht nur einen lückenfüllenden Schutz genießt.

---

471 Erman/*Schiemann*, a.a.O.; RGRK/*Steffen*, a.a.O.

472 Vgl. Erman/*Schiemann*, BGB § 823 Rn. 50; *Frank*, JA 1979, 583 ff., 586 f.; vgl. auch *Säcker*, ZRP 1969, 60 ff., 61.

473 Insoweit grundlegend BGBZ 36, 252 ff. – Gründerbildnis.

474 Vgl. BGH NJW 1992, 41 ff. – Baustromverteiler, betreffend die Produzentenhaftung für reine Vermögensschäden mittelbarer Abnehmer wegen fehlerhaft hergestellter Produkte; u.U. auch BGH NJW 1972, 101 f. – Muschelbänke, betreffend Amtshaftung nach § 839 BGB i.V.m. Art. 34 GG für fahrlässig von einem Angestellten des öffentlichen Dienstes verursachte Verseuchung von Muschelbänken; bei den fahrlässig unbegründeten Schutzrechtsverwarnungen handelt es sich hingegen um vorsätzliche Unternehmensschädigungen in fahrlässiger Verkennung der Schutzrechtslage; bei ihnen passen § 3 UWG bzw. § 826 BGB.

I. Die wesentlichen Unterschiede zwischen dem Recht am Gewerbebetrieb und den »klassischen« Rechtsgütern und Rechten des § 823 I BGB

1. Das Erfordernis der Betriebsbezogenheit des Eingriffs

Nach § 823 I BGB sind die in dieser Vorschrift genannten Rechtsgüter, das Eigentum und die »sonstigen Rechte« im Sinne dieser Vorschrift sowohl gegen *vorsätzliche* als auch gegen *fahrlässige* Verletzungshandlungen geschützt. Die Schadensersatzhaftung aus § 823 I BGB für fahrlässige Eingriffe in die »klassischen« Rechtsgüter und Rechte des § 823 I BGB ist von wesentlich größerer praktischer Bedeutung als die Haftung für vorsätzliche Verletzungshandlungen.

Anders ist dies beim Recht am Gewerbebetrieb. Dessen Schutz hat der BGH auf betriebsbezogene Eingriffe beschränkt, was im praktischen Ergebnis – von zwei unnötigen und zweifelhaften »Ausreißern« abgesehen[475] – einer Beschränkung des Schutzes auf *vorsätzliche* Schadenszufügungen gleichkam.

a) Die Kriterien der Betriebsbezogenheit

Nach ständiger Rechtsprechung des BGH schützt § 823 I BGB das Recht am Gewerbebetrieb nur gegen betriebsbezogene Eingriffe[476]. Nach Ansicht des BAG sind Eingriffe in das Recht am Gewerbebetrieb unmittelbar, »die irgendwie gegen den Betrieb als solchen gerichtet, also betriebsbezogen sind und nicht vom Gewerbebetrieb ohne weiteres ablösbare Rechte und Rechtsgüter betreffen«[477]. Unter betriebsbezogenen Eingriffen versteht man Handlungen, die die Grundlagen eines Betriebs bedrohen oder gerade den Funktionszusammenhang der Betriebsmittel auf längere Zeit aufheben oder seine Tätigkeit als solche

---

[475] BGH NJW 1972, 101 f., 102 – Muschelbänke; BGH NJW 1992, 41 ff., 42 – Baustromverteiler.

[476] BGHZ 29, 65 ff., 75 – Stromkabel; BGH NJW 1969, 1207 ff., 1208; BGHZ 55, 153 ff., 161 – Schuten im Fleet; BGHZ 59, 30 ff., 35 – Blockade I; BGH NJW 1974, 1503 ff., 1505 – Blockade II; BGHZ 69, 128 ff., 139 – Fluglotsenstreik I; BGH NJW 1977, 2264 ff., 2265 – Tanklager; BGHZ 74, 9 ff., 18; BGH NJW 1980, 881 ff., 882; BGHZ 76, 387 ff., 395 – Fluglotsenstreik II; BGH NJW 1981, 2416; BGHZ 86, 152 ff., 156 – Elbe-Seitenkanal; BGH NJW 1983, 812 ff., 813 – Hebebühne; BGHZ 90, 113 ff., 123 – Bürgerinitiative; BGH NJW 1985, 1620 ff., 1621; BGH NJW 1987, 2222, 2225; BGH NJW 1992, 41 ff., 42 – Baustromverteiler; BGH NJW 1992, 1225 ff., 1227; BGH NJW 1992, 1312; BGH NJW 1997, 3304 ff., 3308; BGH NJW 1998, 2141 ff., 2143; BGH NJW 2003, 1040 f., 1041 – Eiskunstläuferin; BGH NJW 2006, 830 Rn. 123 – KirchMedia; BAG NJW 1989, 61 ff., 62.

[477] BAGE 59, 48 ff., 55 – Stuttgarter Zeitung; ebenso BGH NJW 2003, 1040 f., 1041; aus dem Schrifttum vgl. Staudinger/*Hager* (1999) BGB § 823 Rn. D 9, 11 ff.; krit. dazu Erman/*Schiemann*, BGB § 823 Rn. 65.

in Frage stellen[478]. Betriebsbezogenheit liege vor, wenn der Schädiger gewerbliche Betätigungen und Verwertungshandlungen für sich beanspruche, die wirtschaftlich dem Unternehmen vorbehalten seien; andere Beeinträchtigungen seien in aller Regel nur betriebsbezogen, wenn sie die Grundlagen oder den Bestand des Gewerbebetriebs bedrohen[479].

Diese Definitionen sind sehr vage[480]. Sie orientieren sich in abstrakter Form an der bisherigen Kasuistik, umschreiben sie jedoch nicht ausreichend präzis. Die Betriebsbezogenheit sei kein Tatsachenbegriff, sondern ein Wertungsbegriff[481]. Eine subsumtionsfähige Definition sei nur bedingt möglich[482]. Vielmehr seien Fallgruppen zu entwickeln[483]. Dabei bleibt freilich offen, anhand welcher Kriterien die Fallgruppen zu entwickeln sind.

Zu den betriebsbezogenen Eingriffen zählt die Rechtsprechung geschäftsschädigende Äußerungen, Boykottaufforderungen, Betriebsblockaden, unbegründete Schutzrechtsverwarnungen in den beiden Varianten der Hersteller- und der Abnehmerverwarnungen, in einem Einzelfall die Unternehmensbeeinträchtigung durch Lieferung fahrlässig fehlerhaft hergestellter Ware, vorrübergehend die Behinderung einer Vertriebsbindung durch Unkenntlichmachung der Fabrikationsnummern sowie vor dem MarkenG auch die Verwässerung berühmter Marken.

b) Vom Gewerbebetrieb ablösbare Rechte und Rechtsgüter

Nicht betriebsbezogen sind nach st. Rspr. Unternehmensbeeinträchtigungen durch Eingriffe in vom Gewerbebetrieb ohne weiteres *ablösbare* Rechte und Rechtsgüter[484], z.B. Unternehmensbeeinträchtigungen durch Unterbrechung

---

478 BGH NJW 1983, 812 ff., 813 – Hebebühne; ebenso RGRK/*Steffen*, BGB § 823 Rn. 43; Staudinger/*Hager* (1999) BGB § 823 Rn. D 11.

479 RGRK/*Steffen*, BGB § 823 Rn. 45.

480 Vgl. BAGE 59, 48 ff., 55 – Stuttgarter Zeitung; RGRK/*Steffen*, BGB § 823 Rn. 41 (»wenig scharfes Wertungskriterium«).

481 RGRK/*Steffen*, BGB § 823 Rn. 42, 43.

482 Soergel/*Beater*, BGB § 823 Anh V Rn. 35.

483 Soergel/*Beater*, BGB § 823 Anh V Rn. 35; *Schildt*, WM 1996, 2261 ff., 2262.

484 BGHZ 29, 65 ff., 74 – Stromkabel I; BGHZ 55, 153 ff., 161 – Schuten im Fleet; BGHZ 66, 388 ff., 393 = BGH NJW 1969, 2046; BGH NJW 1972, 1571 ff., 1572; BGH NJW 1977, 2313 ff.; BGHZ 69, 128 ff., 139 – Fluglotsenstreik I; BGHZ 86, 152 ff., 156 – Elbe-Seitenkanal; BGH NJW 1983, 812 ff., 813 – Hebebühne; BGH NJW 2004, 356 ff., 358 (c); BAGE 59, 48 ff., 55 – Stuttgarter Zeitung; ähnlich auch schon BGHZ 8, 387 ff., 394 f. – Fernsprechnummer; ebenso im Schrifttum; *Lehmann*, NJW 1959, 670; Soergel/*Zeuner*, BGB § 823 Rn. 113; vgl. auch *Larenz/Canaris*, Schuldrecht II/2 § 81 I 1 b, S. 540; a.A. *Brüggemeier*, Haftungsrecht, S. 381 mit Fußn. 994; *Buchner*, Unternehmensschutz, S. 109.

der Stromzufuhr[485], durch Verletzung von Betriebsangehörigen[486] oder durch die Beschädigung von Maschinen und Betriebsfahrzeugen[487].

Im Schrifttum wurde mit Recht darauf hingewiesen, dass hinter dem Kriterium der ablösbaren Rechte und Rechtsgüter letztlich die Überlegung steht, unübersehbare und uferlose Haftungsrisiken auszuschließen[488].

c) Die Inkonsistenz der Unterscheidung zwischen betriebsbezogenen Eingriffen und Eingriffen in vom Betrieb ohne weiteres ablösbare Rechte und Rechtsgüter

Die Unterscheidung zwischen betriebsbezogenen Eingriffen in das Recht am Gewerbebetrieb und Eingriffen in vom Betrieb ohne weiteres ablösbare Rechte und Rechtsgüter begegnet erheblichen Bedenken. Denn sie hat wenig überzeugende Konsequenzen, von denen im Folgenden nur die augenfälligsten aufgezeigt werden sollen.

(1) Bedenken begegnet die Unterscheidung zwischen betriebsbezogenen Eingriffen in einen Gewerbebetrieb und Eingriffen in von ihm ohne weiteres ablösbare Rechte und Rechtsgüter in erster Linie deshalb, weil ein Gewerbebetrieb eine *komplexe Organisation* ist. Seine notwendigen Elemente sind im Wesentlichen die von ihm ablösbaren Rechte und Rechtsgüter, nämlich Betriebsangehörige, Maschinen und Geräte für Produktion und Vertrieb, Betriebsfahrzeuge, Betriebsgrundstücke und Gebäude, gewerbliche Schutzrechte und Urheberrechte, Know-How usw. Deren »Ablösung« kann die Funktionsfähigkeit und Effizienz eines Gewerbebetriebs erheblich beeinträchtigen und ihn gegebenenfalls auch ganz lahm legen.

(2) Es kann davon ausgegangen werden, dass Eingriffe in vom Betrieb ablösbare Rechte und Rechtsgüter dann als betriebsbezogen bewertet worden wären, wenn sie *bewusst und gewollt* mit dem Zweck erfolgt wären, die betroffenen Betriebe zu schädigen[489]. Dies wäre jedoch nicht möglich, wenn Eingriffe in ablösbare Unternehmenselemente nicht betriebsbezogen sind.

---

[485] BGHZ 29, 65 ff., 74 – Stromkabel I; BGHZ 41, 123 ff., 126 – Bruteier (jedoch Ansprüche aus § 823 I BGB wegen Verletzung des Eigentums an den angebrüteten Bruteiern); BGH NJW 1977, 1147; BGH NJW 1977, 2208.

[486] Vgl. BGHZ 7, 30 ff., 36 – Wachpolizisten; BGHZ 29, 65 ff., 74 – Stromkabel I; BGH NJW 2003, 1040 f. – Eiskunstläuferin; OLG Celle BB 1960, 117 (Verletzung des Geschäftsführers).

[487] BGHZ 29, 65 ff., 74 – Stromkabel I; RGZ 163, 31 ff., 32; a.A. RGZ 105, 213 ff., 218.

[488] *Larenz/Canaris*, Schuldrecht II/2, § 81 I 2 c, S. 541; RGRK/*Steffen*, BGB § 823 Rn. 44; ebenso allgemein zum Kriterium der Betriebsbezogenheit *Löwisch/Meier-Rudolph*, JuS 1982, 237 ff., 239; *Schlechtriem*, in: FS für Deutsch, 1999, S. 317 ff., 318.

[489] Einen solchen Fall hatte der BGH soweit ersichtlich noch nicht zu entscheiden; in diesem Sinne jedoch *v. Caemmerer*, ZHR 127 (1985), 241 ff., 247; *Larenz*, NJW 1956, 1719 f.; *Taupitz*, Haftung für Energieleiterstörungen durch Dritte, 1981, S. 161 ff.

(3) Geschäftsschädigende Äußerungen oder Boykottaufforderungen erfüllen die Voraussetzungen eines tatbestandsmäßigen Eingriffs in das Recht am Gewerbebetrieb auch dann, wenn sie den betroffenen Betrieb nur geringfügig beeinträchtigen; wird dagegen der gesamte Betrieb z.B. infolge einer Unterbrechung der Stromzufuhr durch eine fahrlässige Stromkabelbeschädigung lahmgelegt, so soll, damit eine übermäßige Ausweitung des Unternehmensschutzes verhindert wird, kein tatbestandsmäßiger Unternehmenseingriff anzunehmen sein.

(4) Wird ein Unternehmen durch eine fahrlässige Stromkabelbeschädigung zur vorübergehenden Produktionseinstellung *gezwungen*, so soll dies kein tatbestandsmäßiger Unternehmenseingriff sein; wenn dagegen ein Unternehmer aufgrund einer fahrlässig unbegründeten Schutzrechtsverwarnung *freiwillig* seine Produktion einstellt oder beschränkt, dann liegt nach Ansicht des BGH ein tatbestandsmäßiger Eingriff in das Recht am Gewerbebetrieb vor.

(5) Wenn durch eine fahrlässige Stromkabelbeschädigung die Maschinen oder Produkte eines Unternehmens beschädigt werden, dann kann es auch den dadurch entgangenen Gewinn unter dem Gesichtspunkt einer Eigentumsverletzung nach § 823 I BGB ersetzt verlangen[490]; wurde durch die Stromkabelbeschädigung jedoch »nur« der Betrieb lahmgelegt, ohne dass damit Sachbeschädigungen verbunden waren, dann hält der BGH, um eine uferlose Haftung zu vermeiden, einen betriebsbezogenen Unternehmenseingriff nicht für gegeben. Mit Recht wurde die unterschiedliche Behandlung der beiden genannten Fälle als »etwas pauschal und roh«, als willkürlich und widersprüchlich angesehen[491]. Sogar der BGH räumte ein, dass es sich um eine »etwas zufällige Abgrenzung« handle[492].

(6) Die Willkürlichkeit dieser Differenzierung wird besonders deutlich, wenn man die beiden Fälle dahingehend variiert, dass im ersten Fall ein dem betroffenen Unternehmer, im zweiten Fall ein dem zuleitenden E-Werk gehörendes Stromkabel beschädigt wurde. Nur im ersten Fall könnte der betroffene Unternehmer – unter dem Gesichtspunkt einer Eigentumsverletzung – den durch den Produktionsausfall verursachten Schaden ersetzt verlangen. Demgegenüber will der BGH an seiner Rechtsprechung festhalten; denn sie beruhe »auf einer verbindlichen allgemeinen Entscheidung des geltenden Deliktsrechts«. Ein Grund, auf sie zugunsten von Gewerbetreibenden zu verzichten, könne nicht anerkannt werden[493]. Damit bezog sich der BGH auf die in un-

---

490 Vgl. BGHZ 41, 123 ff. – Bruteier; vgl. auch den öst. OGH JBl. 1973, 581.

491 Vgl. *v. Caemmerer*, ZHR 127 (1965), 241 ff., 247; *Kramer*, JZ 1976, 338 ff., 345; *ders.*, ZVR 1974, 129 ff.; *Löwisch/Meier-Rudolph*, JuS 1982, 237 ff., 243; *Schildt*, WM 1996, 2261 ff., 2262 f., 2264; vgl. auch BGHZ 66, 388 ff., 394; a.A. *Migsch*, VersRdsch 1974, 14 ff.; *Welser*, ÖJZ 1975, 37 ff., 41 f.

492 BGHZ 66, 388 ff., 394.

493 So BGHZ 66, 388 ff., 394.

serem Deliktsrecht getroffene Unterscheidung zwischen dem Schutz von Rechten und Rechtsgütern einerseits und dem reinen Vermögensschutz andererseits. Systematisch überzeugend wäre die Argumentation des BGH allerdings nur, wenn man es ablehnt, ein »Recht am Gewerbebetrieb« anzuerkennen. Bejaht man hingegen die Existenz dieses Rechts, dann geht es bei Unternehmensbeeinträchtigungen durch Unterbrechung der Stromzufuhr gerade nicht nur um reine Vermögensschäden, sondern um Schäden, die aus der Beeinträchtigung eines Rechts resultieren.

(7) Damit stellt sich die Frage, welchen Zweck der BGH mit dem Kriterium der vom Betrieb ablösbaren Rechte und Rechtsgüter verfolgte. Dazu hat er nie ausdrücklich Stellung genommen, so dass man auf Vermutungen angewiesen ist. Naheliegend ist die Annahme, dass der BGH mit dem Kriterium der ablösbaren Rechte und Rechtsgüter eine unübersehbare und uferlose Haftung von Schädigern vermeiden wollte[494]. Dies gilt vor allem für Unternehmensbeeinträchtigungen durch Unterbrechung der Energie- und Wasserzufuhr und durch die Verletzung von Betriebsangehörigen.

Die folgenden Ausführungen werden zeigen, dass die Haftungsbeschränkung letztlich nur *fahrlässige* Unternehmenseingriffe traf. Von zwei Ausnahmen aus den Jahren 1971 und 1990 abgesehen, die man als »Ausreißer« bezeichnen darf, hat der BGH soweit ersichtlich niemals gegen fahrlässige Unternehmenseingriffe mit dem Recht am Gewerbebetrieb Schutz gewährt[495].

d) Betriebsbezogene und fahrlässige Unternehmenseingriffe

Betriebsbezogen waren in der umfangreichen Rechtsprechung des BGH bisher – von den ein bzw. zwei bereits genannten »Ausreißern« abgesehen – nur *bewusste und gewollte* Unternehmenseingriffe. Daraus hat ein Teil des Schrifttums mit Recht gefolgert, Betriebsbezogenheit sei gleichzusetzen mit Vorsatz[496], mit Zweckbezogenheit bzw. Zielbezogenheit[497], mit Intentionalität bzw. intentionaler Gerichtetheit[498] oder mit Finalität[499].

---

[494] Vgl. RGRK/*Steffen*, BGB § 823 Rn. 44; *Larenz/Canaris*, Schuldrecht II/2, § 81 I 2 c, S. 541; vgl. auch *Taupitz*, Haftung für Energieleiterstörungen durch Dritte, 1981, S. 201 ff. mit rechtsvergleichenden Hinweisen.

[495] BGH NJW 1972, 101 f., 102: fahrlässige Verseuchung von Muschelbänken; BGH NJW 1992, 41 ff. – Baustromverteiler: Unternehmensschädigung durch Lieferung eines fahrlässig fehlerhaft hergestellten Baustromverteilers.

[496] *Hauß*, Anm. zu LM Nr. 16 zu § 823 (Ai) BGB; *Lehmann*, NJW 1959, 670; a.A. ausdrücklich BGHZ 69, 128 ff., 139 – Fluglotsenstreik I; RGRK/*Steffen*, BGB § 823 Rn. 43; Erman/*Schiemann* BGB § 823 Rn. 63.

[497] *Larenz*, NJW 1956, 1719 (dagegen ausdrücklich BGHZ 29, 65 ff., 72 – Stromkabel I); *Fabricius*, JuS 1961, 151; *Neumann-Duesberg*, NJW 1968, 1990.

[498] *Larenz/Canaris*, Schuldrecht II/2, § 81 I 2 a, S. 540, 542.

[499] AG Tauberbischofsheim NJW-RR 1993, 482 f., 483.

Dieser Interpretation des Kriteriums der Betriebsbezogenheit haben allerdings der BGH und ein Teil des Schrifttums widersprochen. Zwar könne sich die Betriebsbezogenheit auch aus der Willensrichtung der Unternehmensbeeinträchtigung ergeben[500]. Die Einbeziehung des Rechts am Gewerbebetrieb in den Schutz durch § 823 I BGB sei jedoch vor allem auch deshalb erforderlich, weil nur so ein ausreichender Unternehmensschutz gegen *fahrlässige* Unternehmenseingriffe zu erreichen sei; mit dem Vorsatztatbestand des § 826 BGB sei dies nicht möglich, und auch die Sondertatbestände des Deliktsrechts und die Vorschriften des UWG böten keinen ausreichenden Schutz[501].

Tatsächlich haben jedoch das RG und der BGH in st. Rspr. in fast allen Entscheidungen nur gegen *bewusste und gewollte* Unternehmenseingriffe mit § 823 I BGB Schutz gewährt, d.h. gegen Unternehmenseingriffe, die *vorsätzliche* Schadenszufügungen i.S.v. § 826 BGB darstellen[502]. Dazu gehören vor allem geschäftsschädigende Äußerungen, Boykottaufforderungen, Streikaufrufe, Betriebsblockaden, die Verwässerung berühmter Marken und die Durchbrechung von Vertriebsbindungen.

Auch *fahrlässig* unbegründete Schutzrechtsverwarnungen, durch die die verwarnten Unternehmen und gegebenenfalls – bei sog. Abnehmerverwarnungen – auch deren Lieferanten Schaden erleiden, sind bewusste und gewollte Schadenszufügungen und als solche *vorsätzliche* Schadenszufügungen i.S.v. § 826 BGB[503]. Fahrlässig ist bei ihnen nur die Verkennung der Schutzrechtslage. Damit sind sie zwar keine vorsätzlichen Eingriffe in das Recht am Gewerbebetrieb *i.S.v. § 823 I BGB*, weil nach der im Zivilrecht (noch) herrschenden Vorsatztheorie der Vorsatz in § 823 I BGB ein Rechtswidrigkeitsbewusstsein erfordert. Es sind jedoch vorsätzliche Schadenszufügungen *i.S.v. § 826 BGB*, weil beim Vorsatzbegriff

---

[500] Vgl BGHZ 69, 128 ff., 139 – Fluglotsenstreik I; RGRK/*Steffen*, BGB § 823 Rn. 43; Soergel/*Beater*, BGB § 823 Anh V Rn. 31.

[501] So BGHZ 29, 65 ff., 72 – Stromkabel I; BGHZ 36, 252 ff., 256 – Gründerbildnis; BGHZ 69, 128 ff., 139 – Fluglotsenstreik I; ebenso im Schrifttum *Bieling*, Die Rechtswidrigkeit von unternehmensschädigenden Demonstrationen, S. 27; *Bode*, Der Gewerbebetrieb als subjektives Recht i.S. des § 823 Abs. 1 BGB, 1931, S. 8; *v. Caemmerer*, in: DJT-FS 1960, Bd. II, S. 49 ff., 81 ff., 89 f.; Erman/*Schiemann*, BGB § 823 Rn. 63; *Hueck/Nipperdey*, Lehrbuch des Arbeitsrechts II 2, S. 993; *R. Isay*, Das Recht am Unternehmen, 1910, S. 66; *Katzenberger*, Recht am Unternehmen, S. 31; *Knopp*, in: Festgabe für Hefermehl, 1972, S. 403 ff., 410; *v. Köller*, Meinungsfreiheit und unternehmensschädigende Äußerung, S. 50 Fußn. 125; *Löwisch*, Der Deliktsschutz relativer Rechte, S. 124; RGRK/*Steffen*, BGB § 823 Rn. 43; Staudinger/*Schäfer*, BGB § 826 Anm. 9; *Wiethölter*, KritJ 1970, 121 ff., 126 (a); vgl. auch die im Schrifttum vorgebrachten Bedenken, mit § 823 I BGB das Vorsatzerfordernis des § 826 BGB zu umgehen, so *Finger*, BB 1971, 1331; *Michaelis*, Das Recht am Unternehmen, S. 87 ff., 89 f.; *Nipperdey*, in: FS für Heymann, 1931, Bd. II, S. 445 ff., 478; *Salinger*, Gruchot 62 (1918), 289 ff., 297, 310; *Spengler*, GRUR 1958, 212 ff., 215 (3); *Wiethölter*, KritJ 1970, 125 ff., 133.

[502] Wiederum abgesehen von den soweit ersichtlich beiden einzigen Ausnahmen in BGH NJW 1972, 101 f., 102 – Muschelbänke; BGH NJW 1992, 41 ff., 42 – Baustromverteiler.

[503] Vgl. *Sack*, Unbegründete Schutzrechtsverwarnungen, 2006, S. 36 ff.; *ders.*, WRP 2005, 253 ff., 258; *ders.*, NJW 2006, 945.

dieser Vorschrift nach ebenfalls ganz h.M. die Vorsatztheorie nicht anwendbar ist[504]. Abweichend von einer verbreiteten Ansicht erfordert der Vorsatz i.S.v. § 826 BGB außer der bewussten und gewollten Schadenszufügung auch keine Kenntnis aller weiteren sittenwidrigkeitsbegründenden Tatumstände[505]. Schadenszufügungen durch unbegründete Schutzrechtsverwarnungen sind also auch dann *vorsätzlich* i.S.v. § 826 BGB, wenn der Schutzrechtsinhaber die Schutzrechtslage *fahrlässig* falsch eingeschätzt hat.

Bei *fahrlässigen* Unternehmenseingriffen, nämlich bei der fahrlässigen Unterbrechung der Energie- oder Wasserzufuhr, bei der fahrlässigen Verletzung von Betriebsangehörigen oder bei der fahrlässigen Blockierung der öffentlichen Zufahrtswege zu einem Unternehmen hat die Rechtsprechung hingegen die erforderliche Betriebsbezogenheit verneint und deshalb Schadensersatzansprüche aus § 823 I BGB unter dem Gesichtspunkt eines Eingriffs in das Recht am Gewerbebetrieb bisher – von den zwei bereits erwähnten »Ausreißern« abgesehen – abgelehnt[506]. Bejaht hat er die Betriebsbezogenheit eines fahrlässigen Unternehmenseingriffs nur in den beiden Entscheidungen »Muschelbänke« von 1971 und »Baustromverteiler« von 1990[507]. In der bemerkenswert wenig beachteten Baustromverteiler-Entscheidung ging es um die Frage, ob eine Gruppe von Unternehmen (Arbeitsgemeinschaft), die über einen Zwischenhändler einen mangelhaften Baustromverteiler erworben und bei dessen Benutzung einen reinen Vermögensschaden erlitten hatte, vom Produzenten nach § 823 I BGB wegen eines Eingriffs in das Recht am Gewerbebetrieb Schadensersatz verlangen kann, wenn die Mangelhaftigkeit des Produkts auf Fahrlässigkeit des Produzenten beruhte. Der BGH hat in einem Nichtannahmebeschluss, abweichend von der berufungsgerichtlichen Entscheidung des OLG Karlsruhe und im Widerspruch zu früheren Entscheidungen ohne nähere Begründung die Lieferung des mangelhaften Produkts und den dadurch verursachten Schaden der betroffenen Unternehmen als *betriebsbezogenen* Eingriff in deren Recht am Gewerbebetrieb bewertet[508].

---

504 Ausführlicher dazu *Sack*, NJW 2006, 945 ff., 946.

505 Ausführlicher dazu *Sack*, NJW 2006, 945 ff., 947 f.

506 BGHZ 7, 30 ff., 36 – Wachpolizisten; BGHZ 29, 65 ff., 70 ff., 73 – Stromkabel I; BGHZ 41, 123 ff., 126 ff. – Bruteier; BGH NJW 1968, 1279 ff., 1280; BGH NJW 1976, 1740 f., 1741 (2); BGH NJW 1977, 2264 ff., 2265 (2) – Tanklager.

507 BGH NJW 1972, 101 f., 102 – Muschelbänke; BGH NJW 1992, 41 ff., 42 – Baustromverteiler.

508 BGH NJW 1992, 41 f. – Baustromverteiler; ablehnend dazu *Larenz/Canaris*, Schuldrecht II/2, § 81 III 5 c, S. 559; *Sack*, VersR 2006, 582 ff., 585; Soergel/*Beater*, BGB § 823 Anh V Rn. 38; anders auch der BGH in den Entscheidungen BGH NJW 1974, 1503 ff., 1505 (II. 1.) – Prüfzeichen; BGH NJW 1983, 812 ff., 813 (II. 1. a, bb) – Hebebühne; in seiner Entscheidung »Fugendichtungsmasse«, NJW 1989, 1029 f., die einen gleichgelagerten Fall betraf, hat der BGH die Möglichkeit der Haftung wegen eines betriebsbezogenen Eingriffs in das Recht am Gewerbebetrieb nicht einmal erwähnt; zu dieser Fallgruppe – Produzentenhaftung für reine Vermögensschäden mittelbarer Abnehmer – ausführlich *Sack*, VersR 2006, 582 ff. und unten S. 291 ff.

Auch in seiner Muschelbänke-Entscheidung vom 14.10.1971 hat der BGH (III. ZS) eine fahrlässige Unternehmensbeeinträchtigung als betriebsbezogenen Eingriff in das Recht am Gewerbebetrieb bewertet[509]. Der Bedienstete einer Gemeinde hatte *fahrlässig* ungenügend geklärte Abwässer über die Kanalisation in die Nordsee in der Nahe von Muschelbänken eingeleitet und dadurch die Muscheln des Klägers, der sie mit behördlicher Erlaubnis auf den Muschelbänken züchtete, verseucht. Der BGH hielt Ansprüche aus § 839 BGB i.V.m. Art. 34 GG für begründet; die Einleitung der Abwässer sei ein betriebsbezogener Eingriff in den Gewerbebetrieb des Kl. gewesen. Die Betriebsbezogenheit wurde nicht näher begründet, sondern apodiktisch festgestellt. Zur Möglichkeit einer Verletzung des Eigentums bzw. eines Aneignungsrechts des Kl. und zur Subsidiarität des Rechts am Gewerbebetrieb hat der BGH kein Wort verloren.

Wenn man von den eben erwähnten Entscheidungen »Muschelbänke« und »Baustromverteiler« absieht, die als »Ausreißer« angesehen werden können, hat der BGH mit der Beschränkung des Schutzes des Rechts am Gewerbebetrieb auf betriebsbezogene Eingriffe nur gegen bewusste und gewollte Unternehmensschädigungen, d.h. gegen *vorsätzliche* Schadenszufügungen i.S.v. § 826 BGB geschützt[510]. Diese Beschränkung des Unternehmensschutzes steht in einem klaren Widerspruch zum Wortlaut von § 823 I BGB, der die von ihm erfassten Rechtsgüter und Rechte auch gegen *versehentliche* Verletzungshandlungen schützt, wenn der Verletzer fahrlässig gehandelt hat.

2. Die Feststellung der Rechtswidrigkeit: von der Rechtswidrigkeitsindikation zur Interessenabwägung

a) Das Verhältnis der Rechtswidrigkeitsindikation zur Wettbewerbsfreiheit, Meinungsfreiheit und zum Streikrecht

(1) Das Recht am Gewerbebetrieb unterscheidet sich von den »klassischen« Rechtsgütern und Rechten des § 823 I BGB auch und vor allem durch den Grad der *Unrechtsvertypung*. Während die Reichweite der in § 823 I BGB genannten Rechtsgüter und Rechte verhältnismäßig klar bestimmt und abgegrenzt ist, so dass man von vertypten Unrechtstatbeständen sprechen kann[511], fehlt dem

---

[509] BGH NJW 1972, 101 f., 102 – Muschelbänke.

[510] Vgl. *Sack* VersR 2006, 582 ff., 585; *Hauß*, Anm. zu LM Nr. 16 zu § 823 (Ai) BGB; *Larenz*, NJW 1956, 1719: *Lehmann*, NJW 1959, 67.

[511] In BGHZ 7, 30 ff., 36 ist vom »System der spezialisierten Haftungstatbestände« die Rede; aus dem Schrifttum vgl. *Bieling*, Die Rechtswidrigkeit von unternehmensschädigenden Demonstrationen, S. 31, 32; *Deutsch*, JZ 1963, 385 ff., 387, 389, 391 Fußn. 109; *Fikentscher*, Schadensersatz aus rechtswidrigem Streik, S. 69, 70 f., 111, 112; *Gieseke*, GRUR 1950, 298 ff., 301 f.; *Heckelmann*, AuR 1970, 166 ff., 173; *Katzenberger*, Recht am Unternehmen, S. 17 ff., 19; *Larenz*, Schuldrecht II, 12. Aufl., 1981, S. 632; *ders.*, NJW 1955, 521 ff., 523, 524; *Leine-*

Recht am Gewerbebetrieb als solchem eine vergleichbare Bestimmtheit und Abgrenzung; es enthält als solches keinen gesetzlich vertypten Unrechtstatbestand, aus dem sich die deliktsrechtlich erheblichen Verhaltensnormen ableiten lassen[512]. Im Gegensatz zu den klassischen Rechtsgütern und Rechten, deren Schutz der Gesetzgeber mit § 823 I BGB bezweckte, ist das Recht am Gewerbebetrieb eine (partielle) *Generalklausel*[513], ein »offener Tatbestand« von general-

---

mann, AuR 1970, 289 ff., 292; *Nipperdey*, NJW 1967, 1985 ff., 1987 (III. 1.); *Steindorff*, JZ 1960, 582 ff., 583; *Zeuner*, JZ 1961, 41 ff., 45; vgl. auch *K. Schmidt*, JuS 1993, 985 ff., 987 (»Mindestmaß an Konturiertheit«).

[512] Vgl. *Benitz*, Schadenszurechnung bei qualifiziertem Verschuldenserfordernis, S. 24; *Deutsch*, JZ 1963, 385 ff., 387, 389, 391 Fußn. 109; *ders.*, JuS 1967, 152 ff., 154; *Fikentscher*, Schadensersatz aus rechtswidrigem Streik, S. 69, 70 f., 112 f., 114 ff.; *Finger*, JZ 1976, 653 ff., 654; *Gieseke*, GRUR 1950, 298 ff., 301 f.; *Koebel*, JZ 1960, 433 ff., 434; *Kraft*, Interessenabwägung und gute Sitten im Wettbewerbsrecht, 1963, S. 172; *Larenz*, Anm. zu AP Nr. 2 zu Art. 5 I GG Meinungsfreiheit, Bl. 130 R; *ders.*, NJW 1955, 521; *Nikisch*, Arbeitsrecht II, S. 117 f.; *Nipperdey*, in: FS für Heymann, 1931, Bd. II, S. 445 ff., 452 f., 473 f., 475; *ders.*, NJW 1967, 1985 ff., 1988; *Schippel*, GRUR 1959, 284; Staudinger/*Schäfer*, BGB § 823 Anm. 3; *Steindorff*, JZ 1960, 582 ff., 583; *Ulmer/Reimer*, Unlauterer Wettbewerb III, S. 277; *Weitnauer*, VersR 1970, 585 ff., 589; *Wiethölter*, KritJ 1970, 121 ff.; *Zeuner*, JZ 1961, 41 ff., 45; a.A. jedoch *Nipperdey* in seinem Zeitungsstreik-Gutachten, 1953, S. 33, wo er einerseits zu den sonstigen Rechten i.S.v. § 823 I BGB nur klar bestimmte und erfassbare Unrechtstatbestände rechnete und andererseits das Recht am Gewerbebetrieb in den Schutzbereich des § 823 I BGB einbezog. Der hier vertretenen Auffassung steht nicht entgegen, dass die Rspr. im Laufe der vergangenen Jahrzehnte im Rahmen des § 823 I BGB zum Schutze des Unternehmens vertypte Unrechtstatbestände entwickelt hat, die »zusammengebündelt« die derzeitige Reichweite des Rechts am Gewerbebetrieb ausmachen, vgl. jedoch *Katzenberger*, Recht am Unternehmen, S. 172.

[513] Vgl. BGH GRUR 1963, 277 ff., 278 – Maris; OLG Stuttgart, NJW 1964, 595; *Adomeit*, JZ 1970, 495 Fußn. 2, 496; *Arnold*, Das Recht am Unternehmen, S. 101; *Assmann/Kübler*, ZHR 142 (1978), 413 ff., 422, 423, 425; *W. G. Becker*, Das Recht der unerlaubten Handlungen, S. 338, 339; *Benitz*, Schadenszurechnung bei qualifiziertem Verschuldenserfordernis, S. 24; *Bieling*, Die Rechtswidrigkeit von unternehmensschädigenden Demonstrationen, S. 33; *v. Caemmerer*, DJT-FS 1960, Bd. II, S. 49 ff., 71, 89, 30, 113; *ders.*, Karlsruher Forum 1961, 19, 22 = Gesammelte Schriften I, S. 554 ff., 555, 565; *Däubler*, Der Streik im öffentlichen Dienst, S. 248; *Deutsch*, JZ 1963, 385 ff., 386, 387, 388; *ders.*, JZ 1964, 510 f., 511; *ders.*, JuS 1967, 152 ff., 153; *ders.*, JZ 1968, 721 ff., 723 f.; *ders.*, in: FS für Friedrich Weber, 1975, S. 125 ff., 126, 132; *Diederichsen/Marburger*, NJW 1970, 777 ff., 778; *Fenn*, JuS 1965, 175 ff., 183; *Fikentscher*, in: Festgabe für Kronstein, S. 261 ff., 264, 287; *Fikentscher/Heinemann*, Schuldrecht, Rn. 1580; *Hauß*, Anm. zu BGH LM Nr. 18 zu BGB § 823 (Ai); *Heckelmann*, AuR 1970, 166 ff., 172; *Hefermehl*, GRUR 1962, 611 ff., 614; *R. Hoffmann*, AuR 1968, 33 ff., 36; *Hopt*, Schadensersatz aus unberechtigter Verfahrenseinleitung, S. 222, 224, 225, 228, 242; *Horn*, Die unberechtigte Verwarnung aus gewerblichen Schutzrechten, S. 91; *ders.*, GRUR 1974, 235 ff., 236; *Hueck/Nipperdey*, Lehrbuch des Arbeitsrechts II 2, S. 1003; *Kneppe*, Das Recht am Gewerbebetrieb, S. 104, 106; *Knöpfle*, Der Rechtsbegriff »Wettbewerb« und die Realität des Wirtschaftslebens, S. 40; *Knopp*, GRUR 1967, 533; *ders.*, in: Rechtsfragen der Gegenwart, Festgabe für Hefermehl, 1972, S. 403 ff., 406, 412; *v. Köller*, Meinungsfreiheit und unternehmensschädigende Äußerung, S. 41, 55, 56 f., 65, 205 Fußn. 89; *Kohl*, Die Verwässerung berühmter Kennzeichen, S. 66; *Kraßer*, GRUR 1977, 177 ff., 189; *Kübler*, Wirtschaftsordnung und Meinungsfreiheit, S. 3 f. mit Fußn. 2, S. 20; *ders.*, JZ 1967, 177 ff., 178; *ders.*, AcP 172 (1972), 127 ff., 191; *Larenz*, Anm. zu BGH AP Nr. 2 zu Art. 5 I GG Meinungsfreiheit, Bl. 130 R; *Leine-*

klauselartiger Weite[514], eine Leerformel[515], ein bloßer »Rahmentatbestand« oder »Rechtsrahmen«[516]. Bezieht man das Recht am Gewerbebetrieb in den Schutzbereich des § 823 I BGB ein, so sprengt man das System der *vertypten* Unrechtstatbestände, auf die diese Vorschrift zugeschnitten ist[517].

Dieser Unterschied im Grad der Unrechtsvertypung zwischen den klassischen Rechtsgütern und Rechten i.S.v. § 823 I BGB und dem Recht am Gewerbebetrieb hat Auswirkungen auf die Feststellung der Rechtswidrigkeit. Nach herkömmlicher Ansicht ist zumindest bei vorsätzlichen Verletzungen der in § 823 I BGB ausdrücklich genannten Rechtsgüter und Rechte, weil es sich um vertypte Unrechtstatbestände handelt, die Rechtswidrigkeit indiziert[518].

---

mann, AuR 1970, 289 ff., 292; *Löhr*, BB 1974, 1140 ff., 1141; *Löwisch*, Der Deliktsschutz relativer Rechte, S. 218 Fußn. 210; *Maass*, Information und Geheimnis im Zivilrecht, S. 112; *Mertens*, AcP 178 (1978), 227 ff., 237, 252; *Möschel*, JuS 1977, 1 ff., 4; *Nahme*, GRUR 1964, 484 ff., 486 (III. 2.); *Nettesheim*, BB 1976, 18 f., 19; *Neumann-Duesberg*, Anm. zu Schulze, Rechtsprechung zum Urheberrecht, BGHZ Nr. 141 ff., S. 10 ff., 12; *Nipperdey*, NJW 1967, 1985 ff., 1988, 1993; *Pawlowski*, Der Rechtsbesitz, S. 125; *Pertenhammer*, Die Rechtsprechung des BVerfG zur gewerbeschädigenden Äußerung, S. 16, 18, 19, 81; *Pfister*, Das technische Geheimnis »Know how« als Vermögensrecht, S. 98, 104; *L. Raiser*, JZ 1961, 465 ff., 469; *Th. Raiser*, Das Unternehmen als Organisation, S. 41; *Ramm*, AuR 1966, 161 ff., 163; *Reinermann*, Der Sympathiestreik, S. 32; *Säcker*, ZRP 1969, 60 ff., 61; *Schildt*, WM 1996, 2261 ff., 2264; *Schlechtriem*, in: FS für Deutsch, 1999, S. 317 ff., 318; *Schnug*, JA 1985, 440 ff., 443 f.; *Schricker*, GRUR 1976, 528 ff., 543 Fußn. 74; *Schultz-Süchting*, Dogmatische Untersuchungen zur Frage eines Schadensersatzanspruches bei ungerechtfertigter Inanspruchnahme eines gerichtlichen Verfahrens, S. 76, 106 Fußn. 2, 161; *Seiter*, Streikrecht und Aussperrungsrecht, S. 452 Fußn. 47; *Spengler*, GRUR 1958, 212 ff., 213; Staudinger/*Schäfer*, BGB § 823 Anm. 376; *Steindorff*, JZ 1960, 582 ff., 583; *Uhlitz*, NJW 1966, 2097; *E. Ulmer*, Vergleichende Warentests, S. 19; *Ulmer/Reimer*, Unlauterer Wettbewerb III, S. 407; *Völp*, WRP 1963, 109 ff., 113; *Weick*, Der Boykott zur Verfolgung nichtwirtschaftlicher Interessen, S. 49, 50, 51, 143, 145; *Weitnauer*, JurJb 4 (1963/64), 214 ff., 217; *ders.*, VersR 1963, 101 ff., 107; *Wiethölter*, KritJ 1970, 121 ff., 132; *Zeuner*, RdA 1971, 1 ff., 3 f.

[514] Vgl. BGH DB 1976, 283 ff., 286 – Warentest II (insoweit nicht abgedruckt in BGHZ 65, 325 ff.); BGHZ 74, 9 ff., 12; *Bieling*, a.a.O., S. 33; *Bofinger*, NJW 1965, 1883 ff., 1837; *Deutsch*, JZ 1963, 385 ff., 387; *ders.*, JZ 1968, 721 ff., 724; *ders.*, JZ 1976, 451 f.; *Heckelmann*, AuR 1970, 166 ff., 173; *Hellwig*, NJW 1968, 1072 ff., 1076; *Hopt*, a.a.O., S. 230; *Kirchhof*, Unterschiedliche Rechtswidrigkeiten in einer einheitlichen Rechtsordnung, 1978, S. 26; *v. Köller*, a.a.O., S. 42, 55; *Kraft/Hönn*, GRUR 1974, 191 ff., 198; *Nettesheim*, BB 1976, 18 f., 19; *Nipperdey*, NJW 1967, 1985 ff., 1988; *Pertenhammer*, a.a.O., S. 19; *Säcker*, ZRP 1969, 60 ff., 61; *Weick*, a.a.O., S. 51; *Wiemann*, Der Deliktsschutz des Unternehmens im deutschen und französischen Recht, S. 48; vgl. auch *P. Schwerdtner*, Das Persönlichkeitsrecht, S. 97.

[515] *Wiethölter*, KritJ 1970, 121 ff., 132.

[516] Vgl. *Fikentscher/Heinemann*, Schuldrecht, Rn. 1580, 1582; *Nipperdey*, NJW 1967, 1985 ff., 1988; *Säcker*, ZRP 1969, 60 ff., 61 Fußn. 16, 62; *Schildt*, WM 1996, 2261 ff., 2264; *Schlechtriem*, in: FS für Deutsch, 1999, S. 317 ff., 318.

[517] So zutreffend *Benitz*, Schadenszurechnung bei qualifiziertem Verschuldenserfordernis, S. 25; *v. Caemmerer*, DJT-FS 1960, Bd. II, S. 49 ff., 69; *Deutsch*, JZ 1963, 385 ff., 386; *Larenz*, Schuldrecht II, 12. Aufl., 1981, S. 632; *Nipperdey*, NJW 1967, 1985 ff., 1987 (III. 1.).

[518] So die Motive II S. 726; aus der Rechtsprechung vgl. RGZ 50, 60 ff., 65; RG JW 1926, 364 ff., 365; BGHZ 3, 270 ff., 280 – Constanze I; BGHZ 8, 142 ff., 145 – Schwarze Listen; BGHZ 24, 21 ff., 27 f. – Trambahn; BGHZ 29, 65 ff., 74 – Stromkabel I; BGHZ 45, 296 ff., 307

Auch bei der Verletzung des Rechts am Gewerbebetrieb ist die Rechtsprechung ursprünglich davon ausgegangen, dass der Verletzungserfolg als solcher die Rechtswidrigkeit indiziere[519]. Diese Ansicht hat der BGH jedoch schon lange aufgegeben[520]. Nach inzwischen st. Rspr. und nach h.L. ist die Rechtswidrigkeit eines Eingriffs in das Recht am Gewerbebetrieb durch eine *Interessenabwägung* festzustellen[521].

– Höllenfeuer; BGHZ 74, 9 ff., 14; BGHZ 90, 255 ff., 257 f.; BGHZ 118, 201 ff., 207 (4.); BGH NJW 1993, 2614; aus dem Schrifttum vgl. statt vieler *Deutsch*, Allgemeines Haftungsrecht, S. 38 f. Rn. 53; Erman/*Schiemann*, BGB § 823 Rn. 146; *Fabricius*, AcP 160 (1961), 273 ff., 295, 296 f.; *Fikentscher/Heinemann*, Schuldrecht, Rn. 1571; *Kreft*, WiVerw 1978, 193 ff., 196; *Larenz/Canaris*, Schuldrecht II/2, § 75 II 2 c, S. 363; *Medicus*, Schuldrecht II, S. 283 Rn. 748; *Nipperdey*, in: FS für Heymann, 1931, Bd. II, S. 445 ff., 449, 475 f.; Palandt/*Sprau*, BGB § 823 Rn. 24, 25; *L. Raiser*, JZ 1961, 465 ff., 469; *Reuthal*, Diss., S. 8–10, 39, 41 f.; RGRK/*Steffen*, BGB § 823 Rn. 107, 110; *Schlechtriem*, Schuldrecht BT, S. 366 Rn. 856; *Schnug*, JA 1985, 440 ff., 443; Soergel/*Spickhoff*, BGB § 823 Rn. 4 a ff., 18; Staudinger/*Hager* (1999) BGB § 823 Rn. A 3, 6; *E. Wolf*, JuS 1968, 77 ff., 78 f.; *Zeuner*, JZ 1961, 41 ff., 45; Soergel/*Zeuner* BGB § 823 Rn. 156; krit. u.a. MünchKomm/*Wagner*, BGB § 823 Rn. 4 ff.

[519] BGHZ 3, 270 ff., 279 f. – Constanze I; BGHZ 8, 142 ff., 145 – Schwarze Listen; BGHZ 24, 200 ff., 206 – Spätheimkehrer; BGHZ 29, 65 ff., 74 – Stromkabel I; aus dem Schrifttum vgl. statt vieler *Bahrsel*, Das Recht am Gewerbebetrieb, 1933, S. 70; *Bulla*, RdA 1962, 6 ff., 7; *Dietz*, JuS 1968, 1 ff., 5 f.; *Fabricius*, RdA 1962, 95 ff., 97; *ders.*, AcP 160 (1961), 273 ff., 295, 296 f.; *Fay*, Schadensersatzansprüche der Arbeitgeberseite bei Streiks, S. 59; *Haßkamp*, Schadenersatzverpflichtung einzelner Arbeitnehmer beim Streik, S. 43 f.; *Haupt*, Sympathiestreik, S. 99; *Hubmann*, ZHR 117 (1955), 41 ff., 50 ff., 77 f.; *ders.*, JZ 1957, 753 ff., 754; *Moser v. Filseck*, GRUR 1963, 182 ff., 186; *Nipperdey*, Zeitungsstreik-Gutachten, 1953, S. 34 ff. (auf S. 37 ff., 40 unter Aufgabe seiner in der Festschrift für Heymann, 1931, Bd. II, S. 445 ff. geäußerten gegenteiligen Auffassung); *ders.*, in: FS für Sitzler, S. 79 ff., 95 ff.; *ders.*, DVBl 1958, 445 ff., 450; *Otte*, Das subjektiv-private Arbeitskampfrecht, S. 148 ff.,150; *Reichenstein*, Der Rechtsschutz des Unternehmens, S. 44 ff.; *v. Richthofen*, Zulässigkeit und Schranken vergleichender Warentests zur Verbraucheraufklärung, S. 50 f.; *Schippel*, GRUR 1959, 284; *Kurt Schramm*, Inwieweit ist der Gewerbebetrieb nach den Vorschriften des BGB geschützt?, 1903, S. 43 ff.; ebenso auch, allerdings mit erheblichen Bedenken, *Enneccerus/Lehmann*, Recht der Schuldverhältnisse, S. 942; ebenso wohl auch *Katzenberger*, Recht am Unternehmen, S. 173 f.; *Nastelski*, GRUR 1957, 1 ff., 6 r.Sp.; ebenso weiterhin *Preusche*, Unternehmensschutz, S. 20 ff., der allerdings den Schutzbereich des Rechts am Gewerbebetrieb sehr viel enger bestimmt als die h.M.

[520] So besonders deutlich BGHZ 45, 296 ff., 306 ff. – Höllenfeuer.

[521] Vgl. BGH GRUR 1963, 367 ff., 369 – Industrieböden; BGHZ 45, 296 ff., 306 ff. – Höllenfeuer; BGH GRUR 1969, 304 ff., 305 – Kredithaie; BGH NJW 1970, 187 ff., 189; BGHZ 59, 30 ff., 34 – Blockade I; BGH NJW 1972, 1571 f., 1572 – Blockade II; BGHZ 65, 325 ff., 331 – Warentest II; BGH NJW 1980, 881 ff., 882; BGHZ 74, 9 ff., 14; BGHZ 80, 25 ff., 27 ff. – Wallraff; BGHZ 90, 113 ff., 123, 125 f. – Bürgerinitiative; BGHZ 138, 311 ff., 318 ff. = NJW 1998, 2141 – Appartement-Anlage; BGH NJW 1998, 279 ff., 281, 282; BGH WM 2005, 1235 ff., 1239; BGH NJW 2006, 830 ff. Ls. 11, Rn. 97, 104, 124, 126 – KirchMedia; BGH WRP 2006, 468 ff., 470 – Verwarnung aus Kennzeichenrecht II; BAGE 59, 48 ff., 57 f. – Stuttgarter Zeitung; aus dem umfangreichen Schrifttum vgl. *Adomeit*, JZ 1970, 495 ff., 499 f. – *Baumbach/Hefermehl*, Wettbewerbsrecht, Allg. Rn. 127, Einl. UWG Rn. 355, § 1 UWG Rn. 1; Bamberger/Roth/*Spindler*, BGB § 823 Rn. 104, 112; *Brüggemeier*, Deliktsrecht, 1986, S. 237; *ders.*, Haftungsrecht, S. 367, 371 f.; *Buchner*, Unternehmensschutz, S. 110 ff., 113 f., 116; *v. Caemmerer*, in: DJT-FS 1960, Bd. II, S. 49 ff., 89 ff., 91, 92; *Deutsch*, JZ 1963, 385 ff., 387; *ders.*,

Davon machte der BGH – entgegen einer verbreiteten Ansicht im Schrifttum[522] – auch bei unbegründeten Schutzrechtsverwarnungen keine Ausnahme; er bewertet sie nicht als rechtswidrig, weil sie betriebsbezogene Eingriffe in das Recht am Gewerbebetrieb sind, – betriebsbezogen wären sogar begründete Verwarnungen –, sondern wegen ihrer Unbegründetheit[523].

Die Anwendung des Rechtswidrigkeitsindikationsmodells bei Eingriffen in das Recht am Gewerbebetrieb hat der BGH mit Recht aufgegeben. Denn das Recht am Gewerbebetrieb ist nicht so klar bestimmt und abgegrenzt, dass seine Verletzung ohne weiteres die Vermutung der Rechtswidrigkeit begründen, d.h. die Rechtswidrigkeit indizieren könnte[524]. Die Rechtswidrigkeit eines Unternehmenseingriffs ergibt sich nicht bereits aus dem betriebsbezogenen Eingriff. Vielmehr setzt sie immer das *Hinzutreten besonderer Umstände* voraus, nämlich die Verletzung besonderer, von der Rechtsprechung bereits entwickelter oder noch zu entwickelnder unternehmensschützender Verhaltensnormen[525]. Diese Verhaltensnormen lassen sich nicht aus dem Recht am Gewerbebetrieb ableiten, sondern begründen umgekehrt ihrerseits erst das, was das »Recht am

---

Allgemeines Haftungsrecht, S. 50 Rn. 69; *Enneccerus/Lehmann*, Recht der Schuldverhältnisse, S. 934; *Fikentscher*, in: Festgabe für Kronstein, 1967, S. 274 f., 287, 291; *Fikentscher/Heinemann,* Schuldrecht, Rn. 1571; *Götz*, Diss., S. 183; *Konzen*, Rechtsverhältnisse zwischen Prozßparteien, S. 304 f., 307, 310, 325; *Kreft*, WiVerw 1978, 193 ff., 196; *Löwisch/Meier-Rudolph*, JuS 1982, 237 ff., 239; MünchKomm/*Wagner*, BGB § 823 Rn. 184, 186, 187; *Nipperdey*, in: FS für Heymann, 1931, Bd. II, S. 445 ff., 481, 483 ff.; *ders.*, NJW 1967, 1985 ff., 1988, 1992; *Preusche*, Unternehmensschutz, S. 52; *L. Raiser*, JZ 1961, 465 ff., 469; RGRK/*Steffen*, BGB § 823 Rn. 36, 46; *Sack*, WRP 1976, 733 ff., 736; *Schippel*, Das Recht am eingerichteten und ausgeübten Gewerbebetrieb, S. 65 ff., 67 ff., 105 f.; *Schnug*, JA 1985, 440 ff., 443; Soergel/*Beater*, BGB § 823 Anh V Rn. 14, 32, 39; Soergel/*Zeuner*, BGB § 823 Rn. 115; *Stadtmüller,* Diss., S. 134 ff., 233 f., 235 ff.; Staudinger/*Hager* (1999) BGB § 823 Rn. D 4; differenzierend Erman/*Schiemann*, BGB § 823 Rn. 4, 49, 63, 66 f., 71; krit. *Kübler*, AcP 172 (1972), 177 ff., 198.

[522] Vgl. *Beier/Wieczorek*, GRUR 1976, 566 ff., 572; *Blaurock*, Die Schutzrechtsverwarnung, Diss. Freiburg 1970, S. 60; Erman/*Schiemann*, BGB § 823 Rn. 66; *Fenn*, ZHR 132 (1969), 344 ff., 363; *Horn*, Die unberechtigte Verwarnung aus gewerblichen Schutzrechten, 1971, S. 102 f.; *Reuthal*, Die unberechtigte wettbewerbsrechtliche Abmahnung ..., 1985, S. 30 f.; *Rogge*, WRP 1965, 40 (I. 2.); *Schrauder*, Wettbewerbsverstöße als Eingriffe in das Recht am Gewerbebetrieb, 1970, S. 186; *Stadtmüller,* Diss., S. 368; *Teplitzky*, GRUR 2005, 9 ff., 12 f.; *ders.*, WRP 2005, 1433 f.; *Wagner* in MünchKomm, BGB § 823 Rn. 192; *Wagner/Thole*, NJW 2005, 3470 ff., 3471 f.

[523] Vgl. *Sack*, Unbegründete Schutzrechtsverwarnungen, 2006, S. 54 f.

[524] Vgl. *Deutsch*, JZ 1963, 385 ff., 387, 391 Fußn. 109; *Fikentscher*, Schadensersatz aus rechtswidrigem Streik, S. 114 ff.; *Larenz*, Anm. zu AP Nr. 2 zu Art. 5 I GG Meinungsfreiheit, Bl. 130 R; *Nikisch*, Arbeitsrecht II, S. 117 f.; *Nipperdey*, NJW 1967, 1985 ff., 1988; *Steindorff*, JZ 1960, 582 ff., 583; *Zeuner*, JZ 1961, 41 ff., 45.

[525] Vgl. *Deutsch*, JZ 1963, 385 ff., 387; *Glückert*, AcP 166 (1966), 311 ff., 322; *Hacker*, Das Verhältnis von Sittenwidrigkeit und sozialer Inadäquanz bei Arbeitskämpfen, 1963, S. 55; *Hopt*, Schadensersatz aus unberechtigter Verfahrenseinleitung, S. 224, 225, 228; *v. Köller*, Meinungsfreiheit und unternehmensschädigende Äußerung, S. 56; *Larenz*, Karlsruher Forum 1959, 18; *Nipperdey*, NJW 1967, 1985 ff., 1988; *Schultz-Süchting*, a.a.O., S. 76 f.; *Seiter*, Streikrecht und Aussperrungsrecht, S. 452 Fußn. 47; *Steindorff*, JZ 1960, 582 ff., 583; *Wiethölter*, KritJ 1970, 121 ff., 131 f.

Gewerbebetrieb« ausmacht; so gesehen ist das Recht am Gewerbebetrieb ein »Bündel unternehmensschützender Verhaltensnormen«[526].

(2) Bei Unternehmenseingriffen stünde die Annahme indizierter Rechtswidrigkeit aber vor allem im Widerspruch zu dem unsere Wirtschaftsordnung beherrschenden Grundsatz der *Wettbewerbsfreiheit*[527]. Geht man mit dem BGH davon aus, dass die meisten Wettbewerbshandlungen betriebsbezogene Eingriffe in das Recht am Gewerbebetrieb darstellen[528], und nähme man mit der früheren Rspr. des BGH an, dass die Rechtswidrigkeit eines betriebsbezogenen Unternehmenseingriffs indiziert sei, so wäre bei fast allen Wettbewerbshandlungen die Rechtswidrigkeit indiziert; es spräche eine Vermutung für die Rechtswidrigkeit von Wettbewerbshandlungen[529]. Ein Wettbewerbsteilnehmer, der durch sein Wettbewerbshandeln die gewerbliche Betätigung eines Mitbewerbers beeinträchtigt hat, könnte dem Vorwurf der Rechtswidrigkeit nur entgehen, wenn er sich auf einen Rechtsfertigungsgrund berufen könnte. Als ein solcher käme nur die »Wettbewerbsfreiheit« oder »die Wahrnehmung berechtigter Interessen« in Form wettbewerblicher Betätigung in Betracht[530]. Bei

---

526 Vgl. *Fikentscher/Heinemann*, Schuldrecht, Rn. 1580; *Fikentscher*, in: Festgabe für Kronstein, S. 261 ff., 263 f., 275, 287; *Rödig*, Erfüllung des Tatbestandes des § 823 Abs. 1 BGB durch Schutzgesetzverstoß, S. 64; *P. Schwerdtner*, Das Persönlichkeitsrecht, S. 97; vgl. auch *Säcker*, ZRP 1969, 60 ff., 61 Fußn. 16; *Seiter*, a.a.O., S. 467; *Th. Fischer*, SchweizMitt. 1961, 107 ff., 109.

527 Vgl. *Bahrsel*, Das Recht am Gewerbebetrieb, S. 53 f.; *Baumbach*, MuW 30 (1930), 2; *Begemann*, Der Streik und das Recht am Gewerbebetrieb, S. 28 f.; *Franz Böhm*, Wettbewerb und Monopolkampf, S. 288; *Bruchhausen*, Mitt. 1969, 286 ff., 287; *Deutsch*, JZ 1963, 385 ff., 387; *H. Friese*, Das Recht am Markenartikel, 1930, S. 102; *ders.*, MuW 31 (1931), 128 ff., 132 f.; *J. Friese*, Bedarf das Unternehmen des Schutzes nach § 823 Abs. 1 BGB?, 1934, S. 30, 38; *v. Gierke/Sandrock* I, S. 204; *Gieseke*, GRUR 1950, 298 ff., 302, 303; *H. Isay*, Das Rechtsgut des Wettbewerbsrechtes, S. 30; *R. Isay*, Das Recht am Unternehmen, S. 58; *Katzenberger*, Recht am Unternehmen, S. 41 (vor c), 44, 45; *Kraft*, Interessenabwägung und gute Sitten im Wettbewerbsrecht, S. 172; *Medicus*, Bürgerliches Recht, Rn. 611, 614; *Mestmäcker*, JZ 1958, 521 ff., 526; *Müller-Erzbach*, ZHR 71 (1912), 417 ff., 425; *Nipperdey*, in: FS für Heymann, 1931, Bd. II, S. 445 ff., 476, 479; *L. Raiser*, JZ 1961, 465 ff., 469 f.; *Reuthal*, Diss., S. 34 f.; *Salinger*, Gruchot 62 (1918), 289 ff., 291; *Schildt*, WM 1996, 2261 ff., 2263, 2264; *R. Schlesinger*, Der Wert des geschlossenen Unternehmens ..., 1933, S. 12; *Stadtmüller*, Diss., S. 358; *Stein*, Die rechtliche Beurteilung von Arbeitkämpfen in lebenswichtigen Betrieben, S. 65; *Traub*, NJW 1964, 2237 ff., 2239; *H. H. Wagner*, Das sog. Recht am Gewerbebetrieb, 1933, S. 51; vgl. auch BGHZ 25, 369 ff., 372 – Whipp; *Gieseke*, in: FS für Heymann, 1940, Bd. II, S. 112 ff., 147; *Hacker*, Das Verhältnis von Sittenwidrigkeit und sozialer Inadäquanz bei Arbeitskämpfen, 1963, S. 4 f.; *Mestmäcker*, BB 1961, 945 ff., 947; *Reinhardt*, Karlsruher Forum 1961, 3 ff., 11; a.A. jedoch *Mebus*, System der Schadensersatzansprüche beim »Streik«, 1970, S. 22 f.

528 Vgl. z.B. BGHZ 36, 252 ff., 257 – Gründerbildnis; BGH GRUR 1974, 99 ff., 100 – Brünova.

529 Darauf wurde mit Recht hingewiesen von *Katzenberger*, Recht am Unternehmen, S. 41 (vor c), 44; ebenso auch schon *Bahrsel*, Das Recht am Gewerbebetrieb, 1933, S. 53 f.

530 So *Mebus*, a.a.O., S. 42; ebenso wohl auch *Reichenstein*, a.a.O., S. 44 f.; *Kurt Schramm*, a.a.O., S. 45 (der aus § 1 GewO abgeleitete Grundsatz der Gewerbefreiheit als Rechtsfertigungsgrund).

dieser Konstruktion würde aus dem *Grundsatz* der Wettbewerbsfreiheit unversehens ein Rechtfertigungsgrund[531]. Unser geltendes Deliktsrecht versteht jedoch Rechtfertigungsgründe als *Ausnahmetatbestände*. Der Grundsatz der Wettbewerbsfreiheit würde also, legt man das für die klassischen Rechtsgüter und Rechte geltende Rechtswidrigkeitsindikationsmodell zugrunde, zum *ausnahmsweisen* Rechtfertigungsgrund. Dies ist mit unserer Rechtsordnung, die sich zum Grundsatz der Wettbewerbsfreiheit bekennt, nicht vereinbar. Geht man vom Grundsatz der Wettbewerbsfreiheit aus, dann sind Wettbewerbshandlungen grundsätzlich als rechtmäßig anzusehen. Für ihre Rechtmäßigkeit spricht eine Vermutung. Nur bei Vorliegen besondere Umstände dürfen Wettbewerbshandlungen als rechtswidrig bewertet werden[532]. Soweit die Rechtsordnung diese Umstände nicht ausdrücklich durch Sondertatbestände festgelegt hat, lässt sich die Rechtswidrigkeit einer Wettbewerbshandlung nur positiv durch eine Interessenabwägung bestimmen.

(3) Gegen die Rechtswidrigkeitsindikation von betriebsbezogenen Eingriffen in das Recht am Gewerbebetrieb spricht auch Art. 5 GG. Denn bei einem Großteil der Unternehmenseingriffe, die die Rechtsprechung bisher mit § 823 I BGB erfasst hat, handelt es sich um *geschäftsschädigende Äußerungen* und *Boykottaufforderungen*. Sie sind Meinungsäußerungen und genießen als solche grundsätzlich den Schutz der *Meinungsfreiheit* nach Art. 5 GG[533]. Aus Art. 5

---

[531] Zutreffend *H. Friese*, Das Recht am Markenartikel, S. 102; *ders.*, MuW 31 (1931), 128 ff., 132 a.E..

[532] Vgl. *Baumbach/Hefermehl*, Wettbewerbsrecht, Allg. Rn. 130; *v. Caemmerer*, in: DJT-FS 1960, Bd. II, S. 49 ff., 91 f.; *Deutsch*, JZ 1963, 385 ff., 387; *H. Friese*, MuW 31 (1931), 128 ff., 132 f.; *A. Hueck*, Unkörperliche Geschäftswerte, 1913, S. 50, 51 f.; *R. Isay*, Das Recht am Unternehmen, 1910, S. 59; *Katzenberger*, Das Recht am Unternehmen, S. 41, 44; *Larenz*, Anm. zu AP Nr. 2 zu Art. 5 I GG Meinungsfreiheit, Bl. 131 – Blinkfüer; *Nipperdey*, NJW 1957, 1777 ff., 1778; vgl. auch BGHZ 25, 369 ff., 372 a.E. – Whipp; OLG Stuttgart, WRP 1973, 600 ff., 606; *Schlesinger*, Der Wert des geschlossenen Unternehmens ..., S. 12; *Weitnauer*, DB 1962, 461.

[533] Vgl. BGH NJW 2006, 830 ff. Rn. 99 – KirchMedia; die Einbeziehung von Boykottaufforderungen in den Schutzbereich des Art. 5 GG ist streitig; für eine Einbeziehung BVerfGE 7, 198 ff., 203 ff. – Lüth; BVerfGE 25, 256 ff. – Blinkfüer; BGH NJW 1964, 29 ff., 30 – Blinkfüer; BGHZ 59, 30 ff., 35 ff. – Blockade I; OLG Köln, NJW 1965, 2345 – Anzeigenboykott; OLG Stuttgart, WRP 1975, 611 ff. = GRUR 1975, 505 ff. – Piz Buin; LG Stuttgart, WuW/E LG/AG 395 – Piz Buin; LG Stuttgart, WuW/E LG/AG 391 ff. = WRP 1975, 619 ff., 620 – Transparentenwerbung; *Arndt*, NJW 1964, 23 f.; *ders.*, NJW 1966, 869 ff., 871; *Bettermann*, JZ 1964, 608; *Biedenkopf*, JZ 1965, 553 ff.; *Helle*, NJW 1964, 1497 ff., 1498; *Kübler*, AcP 172 (1972), 177 ff., 191, 197 Fußn. 152; *Larenz*, Anm. zu AP Nr. 2 zu Art. 5 I GG Meinungsfreiheit; *Pertenhammer*, Die Rechtsprechung des BVerfG zur gewerbeschädigenden Äußerung aus kritischer Sicht, 1974, S. 109; *a.A.* BGH NJW 1954, 147 a.E.; OLG Düsseldorf, WuW 1953, 232 ff., 234; OLG Hamburg, MDR 1952, 295 ff., 296; *Lerche*, in: FS für Geb. Müller, 1970, S. 197 ff., 198, 200, 203 f.; *ders.*, AfP 1973, 411; *Nipperdey*, DVBl. 1958, 445 ff., 446, 449 ff.; *Redeker*, NJW 1956, 1073 f.; *Seiter*, Streikrecht und Aussperrungsrecht, 1975, S. 502 Fußn. 86; *Schluep*, in: FS für A. Troller, 1976, S. 225 ff., 235; *Weick*, Der Boykott zur Verfolgung nichtwirtschaftlicher Interessen, 1971, S. 76 f., 97 ff., 99, 103 f.

GG folgt, dass eine Meinungsäußerung nur dann als rechtswidrig bewertet werten darf, wenn *besondere* Umstände vorliegen, die ihre Rechtswidrigkeit begründen. Legt man dagegen das für § 823 I BGB geltende Rechtswidrigkeitsindikationsmodell zugrunde, dann wäre die Rechtswidrigkeit einer jeden geschäftsschädigenden Äußerung indiziert[534]. Sie würde nur entfallen, wenn sich der Äußernde auf einen Rechtfertigungsgrund berufen könnte. Als solcher käme nur – unmittelbar oder mittelbar, eingebettet in den angeblichen Rechtfertigungsgrund »Wahrnehmung berechtigter Interessen« – die Meinungsfreiheit in Betracht[535]. Dies stünde jedoch im Widerspruch zu Art. 5 I GG, der der Meinungsfreiheit den Rang eines Grundrechts einräumt[536]. Zwar genießt auch die wirtschaftliche Betätigung gem. Art. 2 I, 12, 14 GG Grundrechtsschutz. Dieser reicht jedoch nicht soweit, dass er auf dem Gebiet des Unternehmensdeliktsrechts aus dem Grundrecht der Meinungsfreiheit einen Rechtfertigungsgrund, d.h. einen Ausnahmetatbestand machte. Vielmehr sind die Grenzen zwischen der grundrechtlich geschützten gewerblichen Betätigung und dem Grundrecht der Meinungsfreiheit durch eine *Interessenabwägung* zu bestimmen[537]. Dabei ist davon auszugehen, dass Meinungsäußerungen, auch wenn sie sich geschäftsschädigend auswirken, grundsätzlich zulässig sind und erst bei Vorliegen besonderer Umstände, die über die geschäftsschädigende Wirkung hinausgehen, als rechtswidrig bewertet werden dürfen[538]. Es spricht eine »Vermutung zu Gunsten der freien Rede«[539].

---

[534] So früher der BGH in den Entscheidungen BGHZ 3, 270ff., 280f. – Constanze I; BGHZ 8, 142ff., 145 – Schwarze Listen; BGHZ 24, 200ff., 206 – Spätheimkehrer; diese Rechtsprechung hat der BGH ausdrücklich aufgegeben in BGHZ 45, 296 ff., 306 ff. – Höllenfeuer.

[535] So wohl OLG Hamburg, MDR 1952, 295 ff., 296; *Leinemann*, AuR 1970, 289 ff., 299; vgl. auch *Herschel*, AuR 1970, 193 ff., 194.

[536] Zutreffend gegen die Ansicht, dass Art. 5 I GG nur einen »Rechtfertigungsgrund« für geschäftsschädigende Äußerungen enthalte, BGHZ 45, 296 ff., 306 ff. – Höllenfeuer (ebenso auch schon in Bezug auf Persönlichkeitsverletzungen BGHZ 36, 77 – Waffenhändler); *Arndt*, NJW 1964, 1310 ff., 1312; *Hauß*, DRiZ 1970, 39; *v. Köller*, Meinungsfreiheit und unternehmensschädigende Äußerung, S. 121, 124; *Larenz/Canaris*, Schuldrecht II/2, S. 543 (3.), 548 f., 551, 561; *H. Lehmann* MDR 1952, 297; *Neumann-Duesberg*, Anm. zu Schulze, Rechtsprechung zum Urheberrecht, BGHZ Nr. 141 und zu Schulze, OLGZ Nr. 87; *Eike Schmidt*, JZ 1970, 8 ff., 10; *Weides*, WRP 1976, 585 ff., 588; *Weireter*, Die Sozialadäquanz, S. 16; ebenso *Bettermann*, JZ 1964, 601 ff., 607 speziell in Bezug auf die Pressefreiheit.

[537] Vgl. BGHZ 45, 296ff., 306ff. – Höllenfeuer; BGH GRUR 1969, 304 ff., 305 – Kredithaie; BGH NJW 2006, 830 ff. Rn. 99, 100 .– KirchMedia; LG Berlin, DB 1976, 528 f.; LG Frankfurt, BB 1969, 1478; *Adomeit*, JZ 1970, 495 ff., 498 Fußn. 20; *Bettermann*, JZ 1964, 601 ff., 607; *Koebel*, JZ 1960, 433 ff., 434; *H. Lehmann*, MDR 1952, 297 f., 298; *Weides*, WRP 1976, 585 ff., 588.

[538] Vgl. BGHZ 45, 296 ff., 307 – Höllenfeuer; BGH GRUR 1967, 113 – Leberwurst; BGH GRUR 1969, 304 ff., 305 – Kredithaie; BGHZ 65, 325 ff., 331 f. – Warentest II; BGH NJW 2006, 830 ff. Rn. 100 – KirchMedia; OLG Stuttgart, WRP 1975, 611 ff., 612 – Piz Buin; LG Stuttgart, WuW/E LG/AG 391 ff. – Transparentenwerbung; LG Berlin, NJW 1976, 1456 f. – Sportwagen; LG Frankfurt, BB 1969, 1478; *Arndt*, NJW 1964, 1310 ff., 1312; *Biedenkopf*, JZ

(4) Was für das Grundrecht der Meinungsfreiheit gesagt wurde, gilt entsprechend auch für das durch Art. 9 III GG garantierte *Streikrecht*. Wenn man aus Art. 9 III GG eine Garantie des Streikrechts ableitet, dann geht es nicht an, bei Unternehmensverletzungen durch Streiks und Streikaufrufe – die zweifellos betriebsbezogene Unternehmenseingriffe sind – die Rechtswidrigkeit für indiziert zu halten, d.h. die Rechtswidrigkeit zu vermuten und in der Streikfreiheit bzw. im Recht auf Streik nur einen Rechtfertigungsgrund zu sehen[540]. Es ist nicht miteinander vereinbar, einerseits von einem grundrechtlich durch Art. 9 III GG garantierten Streikrecht auszugehen und andererseits die Rechtswidrigkeit eines jeden Streiks bzw. einer jeden Streikaufforderung zu vermuten, was bei der Anwendung des Rechtswidrigkeitsindikationsmodells zu Bestimmung der Rechtswidrigkeit von Eingriffen in das Recht am Gewerbebetrieb nach § 823 I BGB der Fall wäre. Vielmehr sind die Grenzen der durch Art. 9 III GG garantierten Streikfreiheit einerseits und der durch Art. 2, 12, 14 GG geschützten Freiheit der wirtschaftlichen Betätigung andererseits durch eine *Interessenabwägung* zu bestimmen.

(5) *Zwischenergebnis*: Zusammenfassend lässt sich also sagen: Die Rechtswidrigkeit einer Unternehmensverletzung ergibt sich nicht, wie bei der Verletzung der klassischen Rechtsgüter und Rechte i.S.v. § 823 I BGB, unmittelbar aus dem Eingriff in das Unternehmen, sondern mittelbar aus dem Verstoß gegen Verhal-

---

1965, 553; *v. Caemmerer*, DJT-FS 1960, Bd. II, S. 49 ff., 92; *Deutsch*, JZ 1963, 385 ff., 387; *Emmerich*, JuS 1976, 329 f., 330; *v. Godin*, Wettbewerbsrecht, § 1 UWG Anm. 202; *v. Köller*, Meinungsfreiheit und unternehmensschädigende Äußerung, S. 51; *Kohlhaas*, Der Eingriff in den eingerichteten und ausgeübten Gewerbebetrieb, S. 133; *Kübler*, AcP 172 (1972), 177 ff., 195 f.; *Lerche*, in: FS für Geb. Müller, 1973, S. 197; *Löhr*, MA 1974, 498 ff., 502; *Schricker*, GRUR 1976, 274 ff., 276; *Weireter*, Die Sozialadäquanz, S. 16; ebenso speziell in Bezug auf *Boykottaufforderungen* BVerfGE 7, 198 ff. – Lüth; BVerfGE 25, 256 ff., 264 – Blinkfüer; BGH NJW 1964, 29 ff. – Blinkfüer; BAG NJW 1977, 318 f., 319; OLG Köln, NJW 1965, 2345 ff., 2347 – Anzeigenboykott; OLG Stuttgart, WRP 1975, 611 ff. – Piz Buin; LG Stuttgart, NJW 1956, 1073 ff., 1074; *Birk*, AuR 1974, 289 ff., 297 ff.; *ders.*, AuR 1977, 235 ff., 239; *v. Godin*, Wettbewerbsrecht, § 1 UWG Anm. 192; *Helle*, NJW 1964, 1497 ff., 1498; *Hueck/Nipperdey*, Lehrbuch des Arbeitsrechts II 2, S. 909 f.; *v. Köller*, a.a.O., S. 261; *Kübler*, Wirtschaftsordnung und Meinungsfreiheit, S. 11; *ders.*, AfP 1973, 405 ff., 409; *Nikisch*, Arbeitsrecht II, S. 99 f.; *Reuß*, AcP 156 (1957), 85 ff., 94 f., 108, 109, 113; *Rinck*, BB 1961, 613 f., 614.

[539] BGH NJW 2006, 830 Rn. 100, 103, 104 – KirchMedia.

[540] So jedoch im Ergebnis *Nipperdey*, Zeitungsstreik-Gutachten, 1953; *ders.*, SJZ 1949, 811 ff., 816; *Fay*, Diss., S. 63 f.; *Otte*, Das subjektiv-private Arbeitskampfrecht, S. 148 ff., 150; *Ramm*, AuR 1967, 97 ff., 108, 109 f.; LAG Berlin, RdA 1954, 76 ff., 78; zutreffend hingegen BAG AP Nr. 47 zu Art. 9 GG Arbeitskampf; *U. Baur*, Der politische Streik, S. 85; *Brüggemeier*, Haftungsrecht, S. 371 f., *Begemann*, Der Streik und das Recht am Gewerbebetrieb, S. 37; *Hacker*, Das Verhältnis von Sittenwidrigkeit und sozialer Inadäquanz bei Arbeitskämpfen, S. 4, 81 f.; *Heckelmann*, AuR 1970, 166 ff., 173; *Käppler*, JuS 1990, 618 ff., 619; *Mebus*, a.a.O., S. 46 f.; *Gerh. Müller*, RdA 1971, 321 ff., 323; *ders.*, in: Arbeitskonflikte und Arbeitskampf, 1973, S. 63 ff., 85 f.; *Stein*, Die rechtliche Beurteilung von Arbeitskämpfen in lebenswichtigen Betrieben, S. 65; *Weireter*, Die Sozialadäquanz, S. 16; ebenso im Ergebnis auch schon *A. Hueck*, Unkörperliche Geschäftswerte, 1913, S. 71.

tensnormen des Wettbewerbsrechts, des Arbeitsrechts und sonstiger Rechtsgebiete, in denen Unternehmensverletzungen relevant werden[541]. Nicht das Recht am Gewerbebetrieb bestimmt die Grenzen unternehmensschädigender Eingriffe, sondern die Verhaltensnormen des Arbeitsrechts, des Wettbewerbsrechts usw. bestimmen ihrerseits den Umfang des Unternehmensschutzes nach § 823 I BGB[542]. Das Unternehmen genießt also nur Schutz vor der Verletzung einzelner bestimmter Verhaltenspflichten. Soweit Wettbewerbshandlungen, geschäftsschädigende Meinungsäußerungen und Boykottaufforderungen sowie Streiks und Streikaufrufe nicht bereits durch spezielle Vorschriften untersagt sind, müssen Inhalt und Grenzen der Wettbewerbs-, Meinungs- und Streikfreiheit *positiv durch Interessenabwägung* festgestellt werden.

(6) Bei der Verletzung der klassischen Rechtsgüter und Rechte des § 823 I BGB ist die Rechtswidrigkeit vorsätzlicher Verletzungshandlungen nicht nur indiziert, sondern nach der gesetzlichen Wertung auch in tatsächlicher Hinsicht der Regelfall, von dem auszugehen ist. Rechtfertigungsgründe versteht man als Ausnahmetatbestände. Sie greifen nur ausnahmsweise ein, wenn besondere Umstände vorliegen. Rechtswidrigkeit und Rechtfertigung stehen also bei der Verletzung der in § 823 I BGB genannten Rechtsgüter und Rechte nach der rechtlichen Wertung im Verhältnis von Regel und Ausnahme zueinander; zwischen Rechtswidrigkeit und Rechtfertigung besteht ein rechtlicher »Regel-Ausnahme-Mechanismus«[543].

Genau umgekehrt verhält es sich hingegen bei Eingriffen in das Recht am Gewerbebetrieb. Auch wenn man davon ausgeht, dass die Rechtswidrigkeit eines Eingriffs in das Recht am Gewerbebetrieb durch den tatbestandsmäßigen Erfolg einer Unternehmensschädigung indiziert sei, so haben doch die »Rechtfertigungsgründe« der Wettbewerbsfreiheit, Meinungsfreiheit und Streikfreiheit sowie der »Wahrnehmung berechtigter Interessen« und der »Sozialadäquanz« *im praktischen Ergebnis* zur Folge, dass Eingriffe in das Recht am Gewerbebetrieb *ohne das Hinzutreten besonderer Umstände* grundsätzlich nicht rechtswidrig sind. Überspitzt formuliert kann man sogar sagen, dass bei Unternehmensschädigungen die *Rechtmäßigkeit* indiziert sei[544]. Die genannten

---

541 Vgl. *Adomeit*, JZ 1970, 495 ff., 496; *Fikentscher/Heinemann*, Schuldrecht, Rn. 1582; *Galperin*, in: FS für *Nipperdey*, 1965, Bd. II, S. 197 ff., 208, 209 ff.; *Nikisch*, Arbeitsrecht II, S. 137 f.; *Nipperdey*, NJW 1967, 1985 ff., 1988; *Säcker*, ZRP 1969, 60, 63, 65; *Seiter*, Streikrecht und Aussperrungsrecht, S. 455; *Steindorff*, JZ 1960, 582 ff., 583; *Weireter*, Die Sozialadäquanz, S. 15 f.; *Wiethölter*, KritJ 1970, 121 ff., 131 f.

542 Vgl. *Fikentscher/Heinemann*, Schuldrecht, Rn. 1582.

543 Vgl. *Adomeit*, JZ 1970, 495 ff., 496; *Begemann*, Der Streik und das Recht am Gewerbebetrieb, S. 39, 61; *Gieseke*, GRUR 1950, 298 ff., 303; *Hörl*, Sozialadäquanz, S. 17; *Nipperdey*, in: FS für Heymann, 1931, Bd. II, S. 445 ff., 475 f.; *Reimer*, LZ 1932, 1340 ff., 1345; *Völp*, WuW 1956, 31 ff., 37; *Voigt*, Das Recht am Gewerbebetrieb, S. 144 f.; vgl. auch schon *Hold v. Ferneck*, Die Rechtswidrigkeit, Bd. I, 1903, S. 296 ff..

544 Vgl. *Begemann*, Der Streik und das Recht am Gewerbebetrieb, S. 37; *Fikentscher*, in: Festgabe für Kronstein, S. 261 ff., 287; *Galperin*, in: FS für Nipperdey, 1965, Bd. II, S. 197 ff.,

»Rechtfertigungsgründe« bewirken, dass bei Eingriffen in das Recht am Gewerbebetrieb die Rechtmäßigkeit (»Rechtfertigung«) die Regel, die Rechtswidrigkeit die Ausnahme ist[545]. Der bei der Verletzung der ausdrücklich in § 823 I BGB genannten Rechtsgüter und Rechte geltende Regel-Ausnahme-Mechanismus von Rechtswidrigkeit und Rechtfertigung verkehrt sich also bei Eingriffen in das Recht am Gewerbebetrieb in sein Gegenteil[546]: die Verletzung der klassischen Rechte und Rechtsgüter ist ohne Hinzutreten besonderer Umstände rechtswidrig und nur ausnahmsweise gerechtfertigt, wenn besondere rechtfertigende Umstände vorliegen; Unternehmensverletzungen sind dagegen ohne Hinzutreten besonderer Umstände rechtmäßig und nur dann rechtswidrig, wenn besondere rechtswidrigkeitsbegründende Umstände vorliegen.

b) Folgerung: Interessenabwägung statt Rechtswidrigkeitsindikation

Die vorangegangenen Ausführungen ergeben, dass der BGH seine ursprüngliche Auffassung, die Rechtswidrigkeit eines betriebsbezogenen Unternehmenseingriffs sei indiziert, mit Recht aufgegeben hat. Soweit sich die Rechtswidrigkeit eines Unternehmenseingriffs bei Vorliegen besonderer Umstände nicht aus speziellen gesetzlichen Regelungen ergibt, muss sie positiv durch eine *Interessenabwägung* bestimmt werden[547].

Damit sprengt das Recht am Gewerbebetrieb jedoch das »System der vertypten Unrechtstatbestände« des § 823 I BGB[548]. Es ist wegen der fehlenden Rechtswidrigkeitsindikation in § 823 I BGB ein Fremdkörper[549].

206; *v. Gierke/Sandrock* I, S. 201, 207; *Glückert*, AcP 166 (1966), 311 ff., 322; *Kraft*, Interessenabwägung und gute Sitten im Wettbewerbsrecht, S. 169, 172; *Nettesheim*, BB 1976, 18 f., 19; *Reimer*, LZ 1932, 1340 ff., 1345; *Wagner*, Das sog. Recht am Gewerbebetrieb, S. 51; *Weick*, Der Boykott zur Verfolgerung nichtwirtschaftlicher Interessen, S. 51; *Wussow*, NJW 1958, 891; *Zeuner*, JZ 1961, 41 ff., 45; vgl. auch OLG Frankfurt, NJW 1969, 2096; LG Stuttgart, WRP 1975, 619 ff., 620 – Piz Buin.

545 Vgl. *Adomeit*, JZ 1970, 495 ff., 496; *Begemann*, a.a.O., S. 37; *Gieseke*, GRUR 1950, 298 ff., 303; *Schrauder*, Wettbewerbsverstöße, S. 270; *Wiethölter*, KritJ 1970, 121 ff., 132; *Wussow*, NJW 1958, 891; *Zeuner*, JZ 1961, 41 ff., 45.

546 Vgl. *Adomeit*, a.a.O.; *Begemann*, a.a.O., S. 39; *Gieseke*, GRUR 1950, 298 ff., 303; *Reimer*, LZ 1932, 1340 ff., 1345 f.; *Säcker*, ZRP 1969, 60 ff., 61; *Traub*, NJW 1964, 2237 ff., 2239 (für den Bereich des Wettbewerbsrechts); *Völp*, WuW 1956, 31 ff., 37; *Voigt*, Das Recht am Gewerbebetrieb, S. 145; *Wagner*, Das sog. Recht am Gewerbebetrieb, S. 51; *Wussow*, NJW 1958, 891; vgl. jedoch *Wiethölter*, KritJ 1970, 121 ff., 132, der behauptet, dass im Arbeitskampf das Recht am Gewerbebetrieb zum absoluten Recht befördert werde, wodurch jeder Eingriff, jede Verletzung, z.B. durch Streik, zunächst als Unrecht gestempelt und eine mögliche Rechtfertigung in der sozialen Adäquanz geschaffen werde.

547 Vgl. die Angaben in Fußn. 521.

548 *Larenz*, Schuldrecht II, 12. Aufl., 1981, S. 632; vgl. auch *v. Caemmerer*, DJT-FS 1960, Bd. II, S. 49 ff., 69; *Deutsch*, JZ 1963, 385 ff., 387.

549 Vgl. schon *Nipperdey*, in: Verhandlungen des 34. DJT, 1926, S. 403; *ders.*, in: FS für Heymann, 1931, Bd. II, S. 445 ff., 475 f.; vgl. auch RGRK/*Steffen*, BGB § 823 Rn. 36 (»Einbruch in das Haftungskonzept« des Abs. 1 von § 823 BGB).

3. Kein Zuweisungsgehalt des Rechts am Gewerbebetrieb

Das von § 823 I BGB ausdrücklich geschützte Eigentum sowie alle in dieser Vorschrift genannten Rechtsgüter haben einen sog. *Zuweisungsgehalt*. Sie sind ihrem Inhaber zum Haben und Nutzen zugewiesen[550]. Ein derartiger Zuweisungsgehalt fehlt dem Recht am Gewerbebetrieb[551]. Es würde unserer auf dem Grundsatz der Wettbewerbsfreiheit aufbauenden Wettbewerbsordnung zuwiderlaufen, einem Unternehmen einen festen Tätigkeitsbereich zuzuweisen und diesen nach § 823 I BGB mit Abwehr- und Schadensersatzansprüchen zu schützen[552]. Wer am wirtschaftlichen Wettbewerb teilnimmt, muss sich ständig aufs Neue um die Erhaltung seines Kundenstammes, der nach der Rechtsprechung des BGH und nach h.L. den wichtigsten Schutzbereich des Rechts am Gewerbebetrieb ausmacht, bemühen[553].

4. Privilegierung von Gewerbevermögen

Nach Ansicht des BGH und des BAG ist eine Privilegierung von Gewerbevermögen ohne Sachgrund ungerechtfertigt[554]. Es sei nicht Sinn des Rechts am Gewerbebetrieb – so der BGH in einer neueren Entscheidung wörtlich –, »dem Gewerbetreibenden einen Schadensersatzanspruch für solche Vermögensschäden zu gewähren, die ein anderer unter sonst gleichen Umständen ersatzlos hinnehmen müsste, im Streitfall also eine vorrübergehende Behinderung des Gemeingebrauchs an einer Straße. Dieser Grundsatz darf nicht auf dem Umweg über den Schutz des eingerichteten und ausgeübten Gewerbebetriebs außer Kraft gesetzt werden. Deshalb ist auch eine *spezifische Betriebsbezogenheit* eines solchen Eingriffs zu verneinen. An dieser fehlt es, wenn auch jeder andere Rechtsträger einer entsprechenden Behinderung ausgesetzt sein kann und sie

---

550 Vgl. *L. Raiser*, JZ 1961, 465 ff.; vgl. auch *Jansen*, Die Struktur des Haftungsrechts, 2003, S. 476 ff., 486; unerheblich für die Annahme eines Zuweisungsgehalts ist hingegen, wie die in § 823 I BGB genannten Rechtsgüter »Leben, Körper, Gesundheit und Freiheit« zeigen, ob sie übertragbar oder verpfändbar sind.

551 *Assmann/Kübler*, ZHR 142 (1978), 413 ff., 422 mit Fußn. 48; *Baumbach/Hefermehl*, Wettbewerbsrecht, Allg. Rn. 114; *Benitz*, Schadenszurechnung bei qualifiziertem Verschuldenserfordernis, S. 24; *Bruchhausen*, Mitt. 1969, 286 ff., 287; *Buchner*, Unternehmensschutz, S. 265; *v. Caemmerer*, DJT-FS 1960, Bd. II, S. 49 ff., 89; *Deutsch*, JZ 1963, 385 ff., 387; *Hopt*, Schadensersatz aus unberechtigter Verfahrenseinleitung, S. 223, 230 Fußn. 6; *Larenz/Canaris*, Schuldrecht II/2, § 81 II 2, S. 545 f. mit Fußn. 18; *Mestmäcker*, JZ 1958, 521 ff., 526; *L. Raiser*, JZ 1961, 465 ff., 469; *K. Schmidt*, JuS 1993, 986; *Schnug*, JA 1985, 440 ff., 443; vgl. auch BGH GRUR 1978, 492 ff., 496 l. Sp. oben; nach *Buchner*, Unternehmensschutz, S. 265 steht der fehlende Zuweisungsgehalt allerdings der Anerkennung des Rechts am Gewerbebetrieb nicht entgegen; ebenso *Preusche*, Unternehmensschutz, S. 102 f.; *Stadtmüller*, Diss., S. 222 ff., 224; vgl. auch *Jansen*, Die Struktur des Haftungsrechts, 2003, S. 485, 495 ff.

552 So zutreffend *L. Raiser*, JZ 1961, 465 ff., 469; *Bruchhausen*, Mitt. 1969, 286 ff., 287.

553 Vgl. *Larenz/Canaris*, Schuldrecht II/2, § 81 II 1, S. 544 f. mit Fußn. 18.

554 Vgl. BGH NJW 1977, 2264 ff., 2265 – Tanklager; BGH NJW 1983, 812 ff., 813 (II. 2. a,

dann nach den das Haftungsrecht prägenden wertenden Zurechnungsgrundsätzen entschädigungslos hinnehmen müsste. Das aber ist bei einer vorübergehenden Behinderung der Straßenbenutzung der Fall«[555].

Diese Ansicht steht allerdings in einem offensichtlichen Widerspruch zu der vom BGH vertretenen Ansicht, dass das Recht am Gewerbebetrieb notwendig sei, um Gewerbebetriebe ausreichend zu schützen, weil das für jedermann geltende Haftungsrecht Gewerbetreibenden vor allem gegen fahrlässige Unternehmenseingriffe keinen ausreichenden Schutz biete. Vor allem die Generalklausel des § 826 BG sei sowohl wegen des Vorsatzerfordernisses als auch wegen des Tatbestandsmerkmals der Sittenwidrigkeit zu eng; nicht jeder rechtswidrige Eingriff in das Recht am Gewerbebetrieb sei auch sittenwidrig i.S.v. § 826 BGB. Das Recht am Gewerbebetrieb schaffe einen besonderen Vermögensschutz, den andere – z.B. Alleingesellschafter oder Privatpersonen – nicht genießen[556].

Eine Unternehmensprivilegierung will der BGH durch das Erfordernis der Betriebsbezogenheit eines Unternehmenseingriffs und durch die Feststellung der Rechtswidrigkeit mittels einer Interessenabwägung verhindern[557]. Auch mit dieser Einschränkung erweckt jedoch die Anerkennung eines Rechts am Gewerbebetrieb den Eindruck einer Privilegierung von Gewerbevermögen.

Ein weiterer Vorschlag zur Vermeidung einer Privilegierung von Gewerbevermögen will den Schutz des Gewerbebetriebs auf »betriebsspezifische« Schäden beschränken[558]. Damit vermeidet man zwar eine Diskriminierung sonstigen Vermögens. Jedoch hätte dieser Ansatz bei konsequenter Anwendung eine ganz erhebliche Einschränkung des bisherigen Schutzes von Gewerbebetrieben zur Folge. Dies gilt z.B. für geschäftsschädigende Äußerungen, Boykottaufforderungen oder auch Schutzrechtsverwarnungen, die nicht nur eingerichtete und ausgeübte Gewerbebetriebe, sondern z.B. auch freie Berufe treffen können.

---

bb) – Hebebühne; BGHZ 90, 113 ff., 122, 123 = NJW 1984, 1607 – Bürgerinitiative; BGH NJW 1985, 1620 f., 1621 (2.) – Mietboykott; BGH NJW 2003, 1040 f., 1041 – Eiskunstläuferin; BGH NJW 2004, 356 ff., 358 (c) – Halteverbote; BAGE 59, 48 ff., 55 – Stuttgarter Zeitung; AG Tauberbischofsheim, NJW-RR 1993, 482 f., 483 – Psychotherapeut; Erman/*Schiemann*, BGB § 823 Rn. 49; *Kisseler*, Diss., S. 3 ff., 22 ff.; *Kreft*, WiVerw 1978, 193 ff., 197; *Kübler*, AcP 172 (1972), 177 ff., 190; *Larenz/Canaris*, Schuldrecht II/2, S. 542, 547, 555, 556; *L. Raiser*, JZ 1961, 469 f.; RGRK/*Steffen*, BGB § 823 Rn. 36, 37, 44; *Schlechtriem*, in: FS für Deutsch, 1999, S. 317 ff., 324; *K. Schmidt*, JuS 1993, 985 ff., 986 (II. 2.); *Schnug*, JA 1985, 440 ff., 445; Soergel/*Beater*, BGB § 823 Anh V Rn. 6; *Stadtmüller*, Diss., S. 228; *Wiethölter*, KritJ 1970, 121 ff., 125, 128; *Zöllner*, JZ 1997, 293 ff., 295 (e); vgl. auch AK/*Däubler*, BGB § 823 Rn. 48, 49; *Schildt*, WM 1996, 2261 ff., 2265.

555 BGH NJW 2004, 356 ff., 358 (c) – Halteverbote.

556 So BGH NJW 2006, 830 Rn. 91 – KirchMedia.

557 BGHZ 90, 113 ff., 123 – Bürgerinitiative; ebenso RGRK/*Steffen*, BGB § 823 Rn. 36, 37, 44; vgl. auch Staudinger/*Hager* (1999) BGB § 823 Rn. D 12.

558 Vgl. *Larenz/Canaris*, Schuldrecht II/2, § 81 I 2 f, S. 542; ähnlich wohl auch BGH NJW 2004, 356 ff., 358 (c) – Halteverbote.

Auch der umgekehrte Weg wurde zur Vermeidung einer Privilegierung von Gewerbevermögen beschritten. Er besteht in dem Vorschlag, die sonstigen Rechte in § 823 I BGB auszuweiten. Es bestehe kein Grund, freie Berufe nicht in gleicher Weise zu schützen wie Gewerbebetriebe[559]. Auch nicht etablierte und »potenzielle« Gewerbebetriebe, die noch mehr gefährdet seien als eingerichtete und ausgeübte Gewerbebetriebe, müsse man in gleicher Weise schützen[560]. Private Vermieter von Wohnungen müsse man nach § 823 I BGB – z.B. bei Aufforderungen zum Mietboykott – in gleicher Weise schützen wie gewerbliche Vermieter[561].

Gegen geschäftsschädigende Äußerungen, z.B. über die Zahlungsfähigkeit oder Zahlungsbereitschaft[562], seien Arbeitnehmer genauso schützwürdig wie Gewerbebetriebe[563]. Arbeitnehmern müsse man ein Recht am Arbeitsplatz gewähren[564]; dies hätte freilich eine erhebliche Ausweitung des Kündigungsschutzes zur Folge und wäre mit den Grundsätzen des geltenden Kündigungsschutzrechts nicht vereinbar.

Der weiteste und konsequenteste Vorschlag einer Ausweitung des § 823 I BGB zur Vermeidung der Privilegierung von Gewerbevermögen bestand darin ein »Recht auf Bürgerfreiheit« oder »Bürgerrecht« anzuerkennen. Zumindest dieser Vorschlag ist jedoch unvereinbar mit dem System des geltenden Deliktsrechts. Denn § 823 I BGB würde zur umfassenden Generalklausel ausgeweitet. Genau dies wollte allerdings der Gesetzgeber des BGB nicht. Er wollte nur eine begrenzte deliktsrechtliche Generalklausel. Dieser Wille ist in der auf vorsätzliche Schadenszufügungen begrenzten Generalklausel des § 826 BGB deutlich zum Ausdruck gekommen.

Ein ausreichender Schutz von Unternehmen ohne Privilegierung von Gewerbevermögen lässt sich mit der hier vertretenen Ansicht bewirken:

---

[559] Vgl. *v. Caemmerer*, in: DJT-FS 1960, S. 49 ff., 90; *Fikentscher*, in: Festgabe für Kronstein, S. 261 ff., 265; *K. Schmidt*, JuS 1993, 985 ff., 988; gegen die Ungleichbehandlung auch Erman/*Schiemann*, BGB § 823 Rn. 60; *Kreft*, WiVerw 1978, 193 ff., 195; *Larenz/Canaris*, Schuldrecht II/2, S. 561; *Nipperdey*, NJW 1967, 1985 ff., 1987; vgl. auch *Deutsch*, JZ 1963, 385 ff., 388; *Stadtmüller*, Diss., S. 182.

[560] *Fikentscher*, in: Festgabe für Kronstein S. 261 ff., 266; a.A. zu Art. 14 GG BGHZ 132, 181 ff., 187.

[561] Vgl. jedoch BGH NJW 1985, 1620 ff., 1621 – Mietboykott; gegen eine Privilegierung gewerblicher Vermieter gegenüber privaten Vermietern *Larenz/Canaris*, Schuldrecht II/2, § 81 III 3 d, S. 553.

[562] Vgl. BGHZ 8, 142 – Langsame Zahler.

[563] Vgl. *Larenz/Canaris*, Schuldrecht II/2, § 81 III 1 a, S. 542; vgl. auch *Nipperdey*, NJW 1967, 1985 ff., 1987 Fußn. 15; *Säcker*, AuR 1965, 353 ff., 361 Fußn. 69; AK/*Däubler*, BGB § 823 Rn. 53.

[564] Offen gelassen vom BAG NJW 1999, 164 (Ls.), 166 (2.); vgl. auch die Angaben in den Fußn. 980 ff.

(1) Die Unlauterkeit nach § 3 UWG ist in gleicher Weise durch eine Interessenabwägung festzustellen wie die Rechtswidrigkeit eines Eingriffs in das Recht am Gewerbebetrieb.

(2) Ansprüche aus § 823 I BGB wegen eines Eingriffs in das Recht am Gewerbebetrieb sind auch gegenüber Ansprüchen aus § 826 BGB subsidiär. Vorsätzlich ist jede bewusste und gewollte Schadenszufügung, wobei dolus eventualis genügt. Die Sittenwidrigkeit nach § 826 BGB ist in gleicher Weise durch eine Interessenabwägung festzustellen wie die Rechtswidrigkeit eines Eingriffs in das Recht am Gewerbebetrieb nach § 823 BGB.

(3) Im Sonderfall der Produzentenhaftung für reine Vermögensschäden mittelbarer Abnehmer bieten der Vertrag mit Schutzwirkung für Dritte bzw. – m.E. vorzugswürdig – § 311 III BGB ausreichenden Schutz.

Der Schutz aus den genannten Vorschriften kommt nicht nur Gewerbebetrieben, sondern jedermann zugute.

5. Die Subsidiarität des Rechts am Gewerbebetrieb

a) Die Rechtfertigung der nur lückenfüllenden Funktion des Rechts am Gewerbebetrieb

Die vorangegangenen Ausführungen haben gezeigt, dass sich das Recht am Gewerbebetrieb ganz erheblich von den klassischen Rechtsgütern und Rechten des § 823 I BGB unterscheidet:

(1) Der BGH schützte Gewerbebetriebe – von zwei Ausreißern abgesehen – mit diesem Recht nur gegen bewusste und gewollte Eingriffe, während die klassischen Rechtsgüter und Rechte auch gegen versehentliche Eingriffe geschützt sind, wenn fahrlässig gehandelt wurde.

(2) Bei Eingriffen in die klassischen Rechtsgüter und Rechte ist die Rechtswidrigkeit indiziert; dies gilt jedenfalls dann, wenn sie bewusst und gewollt verletzt worden sind. Demgegenüber ist bei Eingriffen in das Recht am Gewerbebetrieb – auch bei bewussten und gewollten – die Rechtswidrigkeit in jedem Fall durch eine Interessenabwägung festzustellen.

(3) Im Gegensatz zu den klassischen Rechtsgütern und Rechten i.S.v. § 823 I BGB hat das Recht am Gewerbebetrieb keinen – oder jedenfalls keinen vergleichbaren – Zuweisungsgehalt.

(4) Das Recht am Gewerbebetrieb privilegiert – entgegen den Beteuerungen des BGH und des BAG – nach seinem Zweck Gewerbevermögen, während die klassischen Rechtsgüter und Rechte des § 823 I BGB jedermann schützen.

Deshalb ist es schon seit über vier Jahrzehnten h.M., dass sich das Recht am Gewerbebetrieb nicht richtig in die Vorschrift des § 823 I BGB einfügt[565]. Es ist

---

[565] Vgl. statt vieler *Assmann/Kübler*, ZHR 142 (1978), 413 ff., 423; *Böhm*, Wettbewerb und Monopolkampf, S. 289; *v. Caemmerer*, DJT-FS 1960, Bd. II, S. 49 ff., 55 f., 69, 89 f.; *Deutsch*,

in § 823 I BGB ein *Fremdkörper*. Zutreffend sieht man in der Einbeziehung des Rechts am Gewerbebetrieb in den Schutzbereich des § 823 I BGB einen »Notbehelf«[566] oder eine »Verlegenheitskonstruktion«[567]. Manche bezeichnen die Einbeziehung des Rechts am Gewerbebetrieb in die »sonstigen Rechte« i.S.v. § 823 I BGB auch als »Normerschleichung« bzw. »Rechtsfolgeerschleichung« durch bloße *begriffliche* Einreihung dieses Rechts unter ein allgemeines Begriffsschema[568]; von nicht wenigen Autoren wird ein auf § 823 I BGB gestützter Unternehmensschutz als dogmatisch unhaltbar und überflüssig gänzlich abgelehnt[569].

Deshalb lässt sich die Anwendung von § 823 I BGB auf Unternehmensverletzungen nur dann rechtfertigen, wenn unser Recht eine *Lücke* im Unternehmensschutz aufweist und ein *nachweisbares Rechtsbedürfnis* besteht, die Lücke *auf diese Weise* zu schließen[570]. Es ist daher der vom BGH seit seiner Gründer-

JZ 1963, 385 ff., 386, 387, 391 Fußn. 109; *Fikentscher*, in: Festgabe für Kronstein, S. 261 ff., 263 f., 274, 287, 289; *Gieseke*, GRUR 1950, 298 ff., 301 f., 303; *Glückert*, AcP 166 (1966), 311 ff., 322, 323 f.; *Kübler*, AcP 172 (1972), 177 ff., 191, 195 ff.; *Kunze*, WRP 1965, 7 ff., 10; *Mestmäcker*, JZ 1958, 521 ff., 526; *Nipperdey*, in: FS für Heymann, 1931, Bd. II, S. 445 ff.; *L. Raiser*, JZ 1961, 465 ff., 469, 472; *Reinhardt*, Karlsruher Forum 1961, 3 ff., 10 ff.; *Rosenthal*, Gruchot 63 (1919), 715; *Salinger*, Gruchot 62 (1918), 289 ff., 296 f.; *Steindorff*, JZ 1960, 582 ff. 583; *H. H. Wagner*, Das sog. Recht am Gewerbebetrieb, 1933, S. 54 ff., 60 ff.; *Weitnauer*, DB 1963, 55 ff., 56 a.E.; *Wiethölter*, KritJ 1970, 121 ff.; *Zeuner*, JZ 1961, 41 ff., 45. Die vor allem in den 50er Jahren vorherrschende Ansicht, dass das Recht am Gewerbebetrieb ein *vollwertiges* »sonstiges Recht« i.S.v. § 823 I BGB darstelle, wird heute im Schrifttum kaum mehr vertreten, so jedoch z.B. *Callmann*, Der Unlautere Wettbewerb, S. 74; *Hubmann*, ZHR 117 (1955), 41 ff., 77 f.; *Kraft*, Interessenabwägung und gute Sitten im Wettbewerbsrecht, 1963, S. 171; *Müller-Erzbach*, JZ 1952, 193 ff., 196; *Nipperdey*, in FS für Sitzler, 1956, S. 79 ff.; *ders.*, DVBl. 1958, 445 ff. (den gegenteiligen Standpunkt hatte *Nipperdey* noch in der FS für Heymann, 1931, Bd. II, S. 445 ff. und andeutungsweise auch noch in SJZ 1949, 811 ff. vertreten).

[566] Vgl. *Fikentscher*, in: Festgabe für Kronstein, S. 261 ff., 263 f.

[567] Vgl. *Rosenthal*, Gruchot 63 (1919), 715.

[568] So *H. Lehmann*, MDR 1952, 297; *ders.*, NJW 1959, 670 (zurückhaltender *ders.* in *Enneccerus/Lehmann*, Recht der Schuldverhältnisse, S. 941); ebenso *v. Caemmerer*, in: DJT-FS 1960, Bd. II, S. 49 ff., 89; *Hefermehl*, WuW 1953, 234 ff., 236; *Hopt*, Schadensersatz aus unberechtigter Verfahrenseinleitung, S. 223 Fußn. 2; *Kraft*, Interessenabwägung und gute Sitten im Wettbewerbsrecht, S. 171; *Spengler*, WuW 1953, 195 ff., 200; *Weitnauer*, DB 1963, 55 ff., 56 a.E.

[569] Vgl. *Andresen*, Warentest und Pressefreiheit, S. 148 ff., 215; *Assmann/Kübler*, ZHR 142 (1978), 413 ff., 423; *Benitz*, Schadenzurechnung bei qualifiziertem Verschuldenserfordernis, S. 24 f.; Erman/*Schiemann*, BGB § 823 Rn. 50; *Gieseke*, GRUR 1950, 298 ff.; *Kübler*, AcP 172 (1972), 177 ff., 195 ff.; *Larenz/Canaris*, Schuldrecht II/2, § 81 III, S. 546 ff.; *Nipperdey*, in: FS für Heymann, 1931, Bd. II, S. 445 ff. (anders jedoch seit seinem Zeitungsstreik-Gutachten von 1953); *L. Raiser*, JZ 1961, 465 ff., 469 f.; *Reimer*, Wettbewerbs- und Warenzeichenrecht, S. 8 ff., 10 a.E.; *Salinger*, Gruchot 62 (1918), 289 ff., 296 f., 300; *Völp*, WRP 1963, 109 ff., 113; *H. H. Wagner*, Das sog. Recht am Gewerbebetrieb, 1933, S. 54 ff., 60 ff.; *Wiethölter*, KritJ 1970, 121 ff.; *E. Wolf*, in: FS für v. Hippel, 1967, S. 665 ff.

[570] In diesem Sinne der BGH seit 1961 in st. Rspr., vgl. BGHZ 36, 252 ff., 256 f. – Gründerbildnis; BGHZ 38, 200 ff., 204 – Kindernähmaschinen; BGHZ 38, 391 ff., 394 – Industrieböden; BGH GRUR 1964, 162 ff., 164 – E-Orgeln; BGHZ 43, 359 ff., 361 – Warnschild; BGHZ

bildnis-Entscheidung vom 22.12.1961 in st.Rspr. vertretenen Ansicht, der sich die h.L. angeschlossen hat, zu folgen, dass der Unternehmensschutz nach § 823 I BGB – wenn überhaupt – nur dann eintritt, wenn eine andere Rechtsgrundlage nicht gegeben ist und der Zusammenhang der auf dem jeweiligen Rechtsgebiet

45, 296 ff., 307 – Höllenfeuer; BGH GRUR 1965, 690 ff., 694 (3.) – Facharzt; BGH GRUR 1967, 540 ff., 542 – Birgit Malmström; BGH GRUR 1968, 205 ff., 206 – Teppichreinigung; BGH GRUR 1969, 479 ff., 481 – Colle de Cologne; BGHZ 55, 153 ff., 158 f. – Schuten im Fleet; BGH GRUR 1971, 517 ff., 518 – SWOPS; BGHZ 59, 30 ff., 34 – Blockade I; BGH GRUR 1974, 99 ff., 100 – Brünova; BGHZ 62, 29 ff., 32 f. – maschenfester Strumpf; BGHZ 65, 325 ff., 328 – Warentest II; BGHZ 69, 128 ff., 138 f. – Fluglotsenstreik I; BGH GRUR 1983, 467 ff., 468 (II. 1.) – Photokina; BGHZ 90, 113 ff., 122 – Bürgerinitiative; BGHZ 105, 346 ff., 350 – Produzentenhaftung für Fischfutter; BGH VersR 1992, 363 ff., 364; BGH NJW 2003, 1040 f., 1041 – Eiskunstläuferin; BAGE 59, 48 ff., 54, 55 – Stuttgarter Zeitung; ebenso schon BGHZ 8, 387 ff., 394 f. – Fernsprechnummer; a.A. jedoch BGH GRUR 1959, 31 ff., 34 – Feuerzeug als Werbegeschenk (diese Ansicht wurde jedoch ausdrücklich in der Gründerbildnis-Entscheidung, BGHZ 36, 252 ff., 257, aufgegeben); ebenso wie der BGH im Schrifttum Bamberger/Roth/*Spindler*, BGB § 823 Rn. 104, 114; *Bieling*, Die Rechtswidrigkeit von unternehmensschädigenden Demonstrationen, S. 33, 63; *Blaurock*, Die Schutzrechtsverwarnung, S. 70 f., 73, 76, 79, 93 f.; *Brinkmann*, WRP 1963, 291 ff., 294 f.; *Buchner*, Unternehmensschutz, S. 85 ff., 93, 171, 173, 195; *ders.*, DB 1979, 1069 f., *v. Caemmerer*, DJT-FS 1960, Bd. II, S. 49 ff., 69, 90 f.; *Canaris*, in: 2. FS für Larenz, 1983, S. 27 ff., 63 a.E.; *ders.*, VersR 2005, 577 ff., 582; *Däubler*, JuS 1969, 49 ff., 52; *Deutsch*, Verhandlungen des 51. DJT, 1976, Bd. I, E 25; *ders.*, JZ 1963, 385 ff., 387; *ders.*, JZ 1966, 27 f., 28; *ders.*, JuS 1967, 152 ff., 157; *ders.*, JZ 1968, 232 f., 233; *Eichmann*, Die vergleichende Werbung in Theorie und Praxis, S. 14; Erman/*Schiemann*, BGB § 823 Rn. 49, 61 f.; *Fenn*, JuS 1965, 175 ff., 183; *Fikentscher*, in: Festgabe für Kronstein, S. 261 ff., 264, 289, 293, 294, 297; *v. Gierke/Sandrock* I, S. 202 ff.; *Gieseke*, GRUR 1950, 298 ff., 304, 305; *Hatzius*, Juristische Analysen 1970, 570 ff., 586, 588; *Herschel*, DB 1975, 690 ff., 691; *Horn*, Die unberechtigte Verwarnung aus gewerblichen Schutzrechten, S. 189 f., 192; *Katzenberger*, Recht am Unternehmen, S. 31 f., 48, 86, 144 ff., 159 ff.; *Kleine*, GRUR 1967, 542 a.E.; *Kneppe*, Das Recht am Gewerbebetrieb, S. 80, 82 f., 102, 108; *Knopp*, in: Rechtsfragen der Gegenwart, Festgabe für Hefermehl, S. 403 ff., 410; *v. Köller*, Meinungsfreiheit und unternehmensschädigende Äußerung, S. 87 f., 91; *Kohlhaas*, Diss., S. 66 ff.; *Kraßer*, Der Schutz von Preis- und Vertriebsbindungen gegenüber Außenseitern, S. 240 f.; *Kreft*, WiVerw 1978, 193 ff., 196; *Kunze*, Der Behinderungswettbewerb, S. 39 ff., 42 f., 93; *ders.*, WRP 1965, 7, 8; *Lindenmaier*, WuW 1953, 592 ff., 593; *Löwisch/Meier-Rudolph*, JuS 1982, 237 ff., 239; MünchKomm/*Wagner*, BGB § 823 Rn. 188 mit Fußn. 843; *Nikisch*, Arbeitsrecht II, S. 117 f.; *Nipperdey*, NJW 1967, 1985 ff., 1987, 1989, 1992, 1994; *Ohl*, GRUR 1966, 172 ff., 179; Palandt/*Sprau*, BGB § 823 Rn. 126; PWW/*Schaub*, BGB § 823 Rn. 81; *Reimer/v. Gamm* II, S. 23, 456; RGRK/*Steffen*, BGB § 823 Rn. 36, 37; *Sack*, WRP 1976, 733 ff., 736 (vor III.); *K. Schmidt*, JuS 1983, 985 ff., 988 f.; *Kurt Schramm*, Inwieweit ist der Gewerbebetrieb nach den Vorschriften des BGB geschützt?, 1903, S. 40 f.; *Schrauder*, Wettbewerbsverstöße als Eingriffe in das Recht am Gewerbebetrieb, 1970, S. 287 ff., 292; *Schricker*, AcP 172 (1972), 203 ff., 209 f.; *ders.*, GRUR 1976, 528 ff., 543 Fußn. 74; *Schwitanski*, Deliktsrecht, Unternehmensschutz und Arbeitskampfrecht, 1986, S. 72; *Scriba*, Diss., S. 17 ff.; Soergel/*Zeuner*, BGB V/2, 12. Aufl. 1999, vor § 823 Rn. 37, 39; § 823 BGB Rn. 109, 114; Staudinger/*Hager* (1999) BGB § 823 Rn. D 20 ff.; *Steindorff*, Wirtschaftsrecht, S. 58; *Taupitz*, Haftung für Energieleiterstörungen durch Dritte, S. 154; *Traub*, NJW 1964, 2237, 2240; *Völp*, WRP 1963, 109 ff., 114; *Witthuhn*, Die Ausgestaltung der private Klage im Wirtschaftsrecht, 1976, S. 18, 20; *a.A.*, d.h. gegen eine nur subsidiäre Anwendung des Rechts am Gewerbebetrieb, *Fikentscher*, Wirtschaftsrecht II, 1983, S. 111; *Larenz/Canaris*, Schuldrecht II/2, § 81 I 4 b, S. 543 sehen im Subsidiaritätsdogma im Privatrecht einen Fremdkörper; es gebe nur entweder Anspruchskonkurrenz oder Spezialität; *Nip-*

geltenden Normen ergibt, dass eine Lücke im Unternehmensschutz besteht, die nur mit Hilfe von § 823 I BGB geschlossen werden kann[571]. Die Vorschrift des § 823 I BGB ist, soweit es den Schutz des Rechts am Gewerbebetrieb betrifft, nach inzwischen h.M. nur ein »Auffangtatbestand«[572]. Dieser Unterschied zu den klassischen Rechtsgütern und Rechten des § 823 I BGB besteht auch dann, wenn man den Grundsatz der Subsidiarität des Schutzes des Rechts am Gewerbebetrieb – m.E. ungerechtfertigt – im Verhältnis zu § 826 BGB und zu § 4 Nr. 8 i.V.m. §§ 3, 8, 9 UWG (früher § 14 UWG) einschränkt. Ausführlicher dazu anschließend unter b, aa (2) und bb (2).

b) Folgerungen aus der Subsidiarität des Rechts am Gewerbebetrieb

aa) Konkurrierende Ansprüche aus dem allgemeinen Deliktsrecht

(1) Ansprüche aus den §§ 823, 824 BGB. Es bedarf keines lückenfüllenden Schutzes des Rechts am Gewerbebetrieb nach § 823 I BGB. wenn Sondertatbestände des allgemeinen Deliktsrechts denselben Schutz bieten, Ansprüche aus § 823 I BGB (Recht am Gewerbebetrieb) werden daher ausgeschlossen

– durch Ansprüche aus § 823 I BGB unter dem Gesichtspunkt einer Eigentums- oder Besitzverletzung[573],

perdey, in: FS für Heymann, 1931, Bd. II, S. 483 f. sieht im Rechtsbedürfnis allein keinen Grund für die Schaffung von Rechtskonstruktionen, die mit dem Rechtssystem nicht in Einklang zu bringen sind, so dass er den Schutz des Rechts am Gewerbebetrieb aus diesem Grunde ablehnt; ebenso wie Nipperdey auch *H. H. Wagner*, Das sog. Recht am Gewerbebetrieb, 1933, S. 54.

[571] Vgl. vor allem BGHZ 36, 252 ff., 257 – Gründerbildnis; BGHZ 28, 200 ff., 204 – Kindernähmaschinen; BGHZ 55, 153 ff., 158 f. – Schuten im Fleet; BGHZ 59, 30 ff., 34 – Blockade I; BGH NJW 1989, 1923 – Warentest V; BGHZ 105, 346 ff., 350 – Produzentenhaftung für Fischfutter; BGH NJW 2003, 1040 f., 1041 – Eiskunstläuferin; BGH NJW 2006, 830 Rn. 93 – KirchMedia.

[572] So zutreffend BGH GRUR 1966, 633 ff., 635 – Teppichkehrmaschine; BGH GRUR 1967, 540 ff., 542 – Birgit Malmström; BGHZ 45, 296 ff., 307 – Höllenfeuer; BGHZ 59, 76 ff., 79 – Geschäftsaufgabe; BGH GRUR 1975, 89 ff., 91 – Brüning-Memoiren; BGHZ 69, 128 ff., 138 f. – Fluglotsenstreik I; BGH NJW 1977, 2264 ff., 2265 – Tanklager; BGHZ 74, 9 ff., 18; BGH NJW 1989, 1923 – Warentest V; BGHZ 105, 346 ff., 350 – Produzentenhaftung für Fischfutter; BGH NJW 2003, 1040 f., 1041 – Eiskunstläuferin; BGH NJW 2006, 830 Rn. 93 – KirchMedia; BAGE 59, 48 ff., 55 – Stuttgarter Zeitung (»Auffangnorm«); ebenso im Schrifttum *Assmann/Kübler*, ZHR 142 (1978), 413 ff., 422; *Brinkmann*, BB 1978, 468; *Deutsch*, JZ 1968, 232 f., 233; *Fritze*, NJW 1968, 2358 ff., 2359; *Nipperdey*, NJW 1967, 1985 ff., 1989, 1992; Palandt/*Sprau*, BGB § 823 Rn. 126; *Reimer/v. Gamm* II, S. 23; RGRK/*Steffen*, Vor § 823 BGB Rn. 47, 48; *Seidler*, in: FS für Wendel, 1969, S. 46 f.; Staudinger/*Hager* (1999) BGB § 823 Rn. D 20; *P. Ulmer*, WRP 1975, 549 ff., 559; *Weitnauer*, DB 1976, 1413 Fn. 64.

[573] Vgl. BGHZ 55, 153 ff., 158 f. – Schuten im Fleet; BGH NJW 1977, 2264 ff., 2265 – Tanklager; BGHZ 105, 346 ff., 350 = NJW 1989, 707 ff., 708 (II.1.) – Produzentenhaftung für Fischfutter; BGH NJW 1974, 1869 ff., 1870 – Abbrucharbeiten (Besitzverletzung); *Buchner*, Unternehmensschutz, S. 87 f.; *Deutsch*, Verhandlungen des 51. DJT, 1976, Bd. I, E 25 f.; PWW/*Schaub*, BGB § 823 Rn. 81; vgl. auch *v. Caemmerer*, DJT-FS 1960, Bd. II, S. 90; RGRK/*Steffen*, BGB § 823 Rn. 44; *Stadtmüller*, Diss., S. 117.

- durch Ansprüche aus § 823 I BGB unter dem Gesichtspunkt einer Verletzung des allgemeinen Persönlichkeitsrechts, obwohl dieses seinerseits ein Auffangtatbestand ist, bei Beeinträchtigung des Rufes des Inhabers oder Vorstandes eines Gewerbebetriebs[574],
- durch Ansprüche aus § 823 II BGB[575]
- durch Ansprüche aus § 824 BGB[576].

(2) Ansprüche aus § 826 BGB. Auch wenn Ansprüche *aus § 826 BGB* begründet sind, besteht keine Lücke, die mit § 823 I BGB (Recht am Gewerbebetrieb) gefüllt werden müsste. Ansprüche aus § 826 BGB stehen deshalb einer Anwendung von § 823 I BGB unter dem Gesichtspunkt eines Eingriffs in das Recht am Gewerbebetrieb entgegen[577]. In Anbetracht der ausschließlich lückenfüllenden

[574] *Enneccerus/Nipperdey*, AT § 133 IV; Erman/*Schiemann*, BGB § 823 Rn. 61; *Larenz/Canaris*, Schuldrecht II/2, § 81 III 1 a, S. 547; Staudinger/*Hager* (1999) BGB § 823 Rn. D 22, 23; ebenso wohl auch der BGH, wenn er neben einer Verletzung des allgemeinen Persönlichkeitsrechts das Recht am Gewerbebetrieb unerwähnt lässt, vgl. BGH NJW 1994, 1281 ff. – Bilanzanalyse; a.A. Soergel/*Beater*, BGB § 823 Anh V Rn. 18 (vgl. auch Rn. 98 ff.).

[575] Zum Vorrang von Ansprüchen aus § 823 II BGB i.V.m. § 186 StGB vgl. BGH NJW 1992, 1312; vgl. auch BGHZ 90, 113 ff., 122 – Bürgerinitiative; *v. Caemmerer*, DJT-FS 1960, Bd. II, S. 90; PWW/*Schaub*, BGB § 823 Rn. 81, 101; Staudinger/*Hager* (1999) BGB § 823 Rn. D 22, 26; ebenso wohl auch BGH GRUR 1960, 135; BGHZ 38, 200 ff., 204, 205 – Kindernähmaschinen; a.A. früher RGZ 95, 339; RG GRUR 1939, 397; RG GRUR 1940, 375 ff., 378 – Naturessig; a.A. auch *Hartje*, Der Sympathiearbeitskampf, S. 249 f., der annimmt, dass die §§ 823 II, 826 BGB neben § 823 I BGB keine Bedeutung haben.

[576] Vgl. BGH GRUR 1964, 162 ff., 164 – E-Orgeln; BGH GRUR 1966, 633 ff., 635 – Teppichkehrmaschine; BGH GRUR 1967, 540 ff., 542 – Birgit Malmström; BGH GRUR 1968, 205 – Teppichreinigung; BGHZ 45, 296 ff., 307 – Höllenfeuer; BGHZ 59, 76 ff., 79 – Geschäftsaufgabe; BGH MDR 1974, 921 – Rundfunkinterview; BGH GRUR 1975, 89 ff., 91 – Brüning-Memoiren; BGHZ 65, 325 ff., 328 – Warentest II; BGH NJW 1980, 881 ff., 882; BGHZ 90, 113 ff., 121 f. – Bürgerinitiative; BGH NJW 1989, 1923 – Warentest V; BGHZ 138, 311 ff., 315 – Appartement-Anlage; BGH NJW 1992, 1312; BGH NJW 1998, 2141 ff., 2142; BGH NJW 2006, 830 Ls. 9, Rn. 94 – KirchMedia; OLG Hamm, VersR 1993, 231; OLG München, NJW-RR 1997, 1330; OLG München, NJW 2004, 224 ff., 228; ebenso im Schrifttum *Assmann/Kübler*, ZHR 142 (1978), 413 ff., 422; *Blaurock*, Die Schutzrechtsverwarnung, S. 79, 94 f.; *Buchner*, Unternehmensschutz, S. 85, 88 a.E., 213, 257; *Bütter/Tonner*, BKR 2005, 344 ff., 350; *v. Caemmerer*, DJT-FS 1960, Bd. II, S. 90; *Deutsch*, JZ 1964, 510 f., 511; *ders.*, JZ 1966, 27 f., 28; *ders.*, JZ 1968, 232 f., 233; Erman/*Schiemann*, BGB § 823 Rn. 61; § 824 Rn. 1; *Fenn*, JuS 1965, 175 ff., 183; *Fikentscher*, in: Festgabe für Kronstein, S. 261 ff., 295 (3. b, 4. b); *v. Godin*, Wettbewerbsrecht, UWG § 14 Anm. 2; *Kleine*, GRUR 1967, 542; *v. Köller*, Meinungsfreiheit und unternehmensschädigende Äußerung, S. 88; *Larenz/Canaris*, Schuldrecht, II/2, § 81 III 1 b, S. 547 f.; *Mestmäcker*, JZ 1958, 521 ff., 526; MünchKomm/*Wagner*, BGB § 823 Rn. 188, 198; § 824 Rn. 5; *Ed. Reimer/v. Gamm* II, S. 22, 456, 463; *Ernst Reimer*, GRUR 1964, 164 f., 165; RGRK/*Steffen*, BGB § 823 Rn. 37; § 824 Rn. 3; *Schrauder*, Wettbewerbsverstöße, S. 254 f.; *Spindler*, in: Bamberger/Roth, BGB § 823 Rn. 116; Staudinger/*Hager* (1999) BGB § 823 Rn. D 23, 26; § 824 Rn. 3; *Steinmeyer*, JZ 1989, 781 ff., 783, 784 a.E.; *Voigt*, Das Recht am Gewerbebetrieb, S. 138; *Weitnauer*, DB 1959, 1187; *ders.*, DB 1976, 1365 ff., 1413 ff., 1413 Fn. 64; zweifelnd *Wenzel*, GRUR 1966, 636; a.A. (Anspruchskonkurrenz) RG LZ 1907, 744; RG GRUR 1942, 364 ff., 365.

[577] Vgl. BGH GRUR 1964, 154 ff., 156 (II. 3.) – Trockenrasierer II; BGH GRUR 1965,

Funktion des Unternehmensschutzes nach § 823 I BGB (Recht am Gewerbebetrieb) lässt sich weder die Auffassung halten, dass zwischen Ansprüchen aus § 826 BGB und aus § 823 I BGB (Recht am Gewerbebetrieb) *Anspruchskonkurrenz* bestehe, weil sich die Regelungsbereiche dieser beiden Vorschriften nur teilweise decken oder weil § 826 BGB nicht speziell dem Unternehmensschutz diene[578], noch gar die Ansicht, dass der Schutz des Rechts am Gewerbebetrieb nach § 823 I BGB Vorrang vor der allgemeinen deliktsrechtlichen Generalklausel des § 826 BGB genieße[579].

In seiner Entscheidung »Fluglotsenstreik I« vom 16.6.1977 hat der III. ZS des BGH allerdings den gegenteiligen Standpunkt vertreten. Er hat den Vorrang von Ansprüchen aus § 823 I BGB unter dem Gesichtspunkt eines Eingriffs in das Recht am Gewerbebetrieb vor Ansprüchen aus § 826 BGB wie folgt begründet[580]:

---

267 ff., 269 a.E. – Rinderbesamung; BGH GRUR 1965, 612 (I. 1.) – Warnschild; BGH GRUR 1965, 690 ff., 694 (3.) – Facharzt; ebenso wohl auch die folgenden Entscheidungen, in denen § 823 I BGB unter dem Gesichtspunkt eines Rechts am Gewerbebetrieb gar nicht geprüft wurde, BGH GRUR 1967, 526 ff., 528 a.E. – Hörmittelhändler; BGH GRUR 1977, 539 ff., 541 – Prozeßrechner; BGHZ 70, 277 ff., 279 ff. = NJW 1978, 816 ff. – Fluglotsenstreik II; a.A. BGHZ 69, 128 ff., 139 – Fluglotsenstreik I; nicht eindeutig BGHZ 59, 30 ff., 34 – Blockade I; im Schrifttum ebenso wie hier, d.h. Vorrang von § 826 BGB, *Buchner*, Unternehmensschutz, S. 93 f., 98 f., 170 f., 173, 195, 205 a.E., 233, 256, 257; Erman/*Schiemann*, BGB § 823 Rn. 62; *Kohlhaas*, Der Eingriff in den eingerichteten und ausgeübten Gewerbebetrieb, S. 122 (vgl. auch S. 78 ff., 90 ff.); *Kübler*, AcP 172 (1972), 177 ff., 195 ff., 196 mit Fn. 149; *Löwisch/Meier-Rudolph*, JuS 1982, 237 ff., 239; *Rosenthal*, LZ 1931, 411 ff.; *Schwitanski*, Deliktsrecht, Unternehmensschutz und Arbeitskampfrecht, S. 84; a.A. (d.h. Vorrang von § 823 I BGB) MünchKomm/*Wagner*, BGB § 823 Rn. 188; PWW/*Schaub*, BGB Rn. 81; RGRK/*Steffen*, BGB § 823 Rn. 37; § 826 Rn. 5, 126; Soergel/*Beater*, BGB § 823 Anh V Rn. 19; *Stadtmüller*, Diss., S. 92, 94 f., 114, 172, 375.

578 So jedoch *Merten*, AfP 1973, 354 f.; *v. Köller*, Meinungsfreiheit und unternehmensschädigende Äußerung S. 56 f., 66 f., 88; *Hartje*, Der Sympathiearbeitskampf, S. 249 (der zudem annimmt, § 826 BGB habe neben § 823 I BGB keine Bedeutung mehr); *Otte*, Das subjektiv-private Arbeitskampfrecht, S. 28 Fn. 1; dagegen zutreffend *Katzenberger*, Das Recht am Unternehmen, S. 134 f., 145; *Kunze*, Der Behinderungswettbewerb, S. 44.

579 So jedoch der III. ZS des BGH, BGHZ 69, 128 ff., 139 – Fluglotsenstreik I; ebenso im Ergebnis die in den 50er Jahren herrschende, heute jedoch nur noch vereinzelt vertretene Ansicht, dass das Recht am Gewerbebetrieb ein vollwertiges, dem Eigentum vergleichbares »sonstiges Recht« i.S.v. § 823 I BGB sei, vgl. *Enneccerus/Nipperdey*, AT I, S. 436; *Hueck/Nipperdey*, Lehrbuch des Arbeitsrechts II 2, S. 991, 1035; *Nipperdey*, Zeitungsstreik-Gutachten 1953, S. 33; *ders.*, in: FS für Sitzler, 1956, S. 79 ff., 87, 89; *ders.*, DVBl. 1958, 445 ff., 446; *ders.*, NJW 1967, 1985 ff., 1988 ff.; *Hacker*, Das Verhältnis von Sittenwidrigkeit und sozialer Inadäquanz bei Arbeitskämpfen, 1963, S. 95 f. (anders jedoch S. 145, wo Anspruchskonkurrenz für möglich gehalten wird); *Haupt*, Der Sympathiestreik, 1966, S. 145; *Knopp*, in: Festgabe für Hefermehl, 1972, S. 403 ff., 410; *Wunsch*, Die Entwicklung des Rechts am Gewerbebetrieb, 1969, S. 222.

580 BGHZ 69, 128 ff., 139 – Fluglotsenstreik I; kritisch dazu *Larenz/Canaris*, Schuldrecht II/2, § 81 I 4 b; *Löwisch/Meier-Rudolph*, JuS 1982, 242; a.A. Erman/*Schiemann*, BGB § 823 Rn. 62; *Sack*, VersR 2006, 1001 ff., 1004; vgl. auch *Buchner*, DB 1979, 1069 ff., 1072.

»Der richterrechtlich entwickelte Schutz des Rechts am Gewerbebetrieb als ›sonstiges Recht‹ im Sinne von § 823 Abs. 1 BGB ist nicht zuletzt deshalb eingeführt worden, weil die Bestimmung des § 826 BGB insbesondere im Hinblick auf das Erfordernis eines vorsätzlichen Handelns den Bedürfnissen der Praxis nicht genügte (BGHZ 36, 252, 256). Diese Vorschrift ist – anders als wettbewerbsrechtliche Sondervorschriften – nicht speziell auf den Unternehmensschutz ausgerichtet. Sie gewährt namentlich gegenüber fahrlässigen Eingriffen in den Gewerbebetrieb keinen Schutz. Nicht zuletzt insoweit stellt die Anerkennung des Gewerbebetriebs als ›sonstiges Recht‹ im Sinne von § 823 Abs. 1 BGB einen erweiterten Vermögensschutz vor allem im Verhältnis zu § 824 BGB dar. Schon deshalb gilt der Rechtssatz, dass auf § 823 Abs. 1 BGB als Schutznorm erst zuzugreifen ist, wenn keine andere Bestimmung zutrifft, bei vorsätzlichen Eingriffen in den fremden Gewerbebetrieb nicht. Auf eine Prüfung der strengeren Vorschriften des § 826 BGB kann bei einem solchen Sachverhalt verzichtet werden.«

Diese Argumentation ist sehr unklar. Falls der BGH meinte, dass das Recht am Gewerbebetrieb erforderlich gewesen sei, um gegen fahrlässige Unternehmenseingriffe ausreichend schützen zu können, wäre dies kein Argument gegen die Anwendung von § 826 BGB, wenn ein *vorsätzlicher* Unternehmenseingriff vorliegt, der die Voraussetzungen des § 826 BGB erfüllt. Denn dann besteht keine Notwendigkeit eines Rückgriffs auf das zweifelhafte Recht am Gewerbebetrieb.

Es kann jedoch auch sein, dass der BGH mit dem Hinweis darauf, dass § 826 BGB »nicht speziell auf den Unternehmensschutz ausgerichtet« sei, sagen wollte, dass die Regelung des § 823 I BGB unter dem Gesichtspunkt eines Eingriffs in das Recht am Gewerbebetrieb die *speziellere*, nämlich speziell auf den Unternehmensschutz ausgerichtete Regelung sei. Diese Argumentation wäre auch zweifellos zutreffend, wenn sich das Recht am Gewerbebetrieb ohne weiteres in § 823 I BGB einfügen würde. Genau dies ist jedoch nicht der Fall, und genau deshalb lässt sich der Schutz des Rechts am Gewerbebetrieb mit § 823 I BGB – wenn überhaupt – nur rechtfertigen, um ansonsten verbleibende Schutzlücken zu schließen. Solche Schutzlücken bestehen jedoch nicht, soweit § 826 BGB eingreift.

Außerdem steht die Ansicht des III. ZS in der Entscheidung »Fluglotsenstreik I« im Widerspruch zur Ansicht anderer Senate, nämlich des Ib-ZS, des I. ZS und des Kartellsenats, die in einschlägigen Fällen zum Teil § 826 BGB ausdrücklich den Vorrang vor § 823 I BGB (Recht am Gewerbebetrieb) eingeräumt[581] oder neben Ansprüchen aus § 826 BGB mögliche Ansprüche aus § 823 I BGB gar nicht erst erwähnt haben[582]. Auch der VI. ZS hat in seiner einschlä-

---

[581] BGH Ib-ZS GRUR 1965, 612 (I. 1.) – Warnschild; BGH Ib-ZS GRUR 1965, 690 ff., 694 (3.) – Facharzt; BGH KZR GRUR 1964, 154 ff., 156 (II. 3.) – Trockenrasierer II; BGH KZR GRUR 1965, 267 ff., 269 a.E. – Rinderbesamung.

[582] BGH Ib-ZS GRUR 1967, 526 ff., 528 a.E. – Hörmittelhändler; BGH I. ZS GRUR 1977, 539 ff., 541 – Prozeßrechner.

gigen Entscheidung »Fluglotsenstreik II« von 1977 nur § 826 BGB geprüft[583]. In seiner Entscheidung »Blockade I« von 1972 hatte der VI. ZS allerdings § 823 I BGB angewendet, jedoch offenbar nur deshalb, weil das Berufungsgericht zum Vorsatz des Schädigers nach § 826 BGB keine ausreichenden Feststellungen getroffen hatte[584].

bb) Das Verhältnis des Unternehmensschutzes nach § 823 I BGB zu Ansprüchen aus dem UWG

(1) Kein Grund für eine lückenfüllende Anwendung von § 823 I BGB (Recht am Gewerbebetrieb) besteht ferner, wenn Ansprüche aus dem UWG denselben Unternehmensschutz bieten[585]; Ansprüche aus § 823 I BGB (Recht am Gewerbebetrieb) werden daher ausgeschlossen durch Ansprüche aus der Generalklausel des § 3 UWG (früher § 1 UWG a.F.)[586] sowie durch Ansprüche aus den Son-

---

583 BGHZ 70, 277 ff., 279 ff. = NJW 1978, 816 ff. – Fluglotsenstreik II.

584 BGHZ 59, 30 ff., 34, 35 – Blockade I, wo auf die ungenügenden Feststellungen des Berufungsgerichts zum Vorsatz ausdrücklich hingewiesen wird; unklar insoweit BGHZ 80, 25 ff., 27 f. – Wallraff.

585 Vgl. BGHZ 8, 387 ff., 394 f. – Fernsprechnummer; BGHZ 14, 163 ff., 171 – Periodische Druckschrift; BGHZ 36, 252 ff., 257 – Gründerbildnis; BGHZ 38, 200 ff., 204 – Kindernähmaschinen; BGH GRUR 1964, 154 ff., 156 – Trockenrasierer; BGH GRUR 1964, 218 ff., 219 – Düngekalkhandel; BGH GRUR 1965, 690 ff., 694 – Facharzt; BGHZ 43, 359 ff., 361 – Warnschild; BGHZ 45, 296 ff., 307 – Höllenfeuer; BGH GRUR 1969, 479 ff., 481 – Colle de Cologne; BGH GRUR 1974, 99 ff., 100 – Brünova; BGH GRUR 1988, 826 ff., 827 f. – Entfernung von Kontrollnummern II; a.A. noch BGH GRUR 1959, 31 ff., 34 – Feuerzeug; ebenso wie hier im Schrifttum *Blaurock*, Die Schutzrechtsverwarnung, S. 70, 73, 76, 79, 93 f.; *Brinkmann*, WRP 1963, 291 ff., 294 f.; *Buchner*, Unternehmensschutz, S. 85, 195; *v. Caemmerer*, DJT-FS 1960, Bd. II, S. 49 ff., 90 ff.; *Däubler*, JuS 1969, 49 ff., 52; Erman/*Schiemann*, BGB § 823 Rn. 61; *Fikentscher*, in: Festgabe für Kronstein, S. 289, 293, 294, 297; *v. Gamm*, WZG, Einf. 92, S. 68; *v. Gierke/Sandrock* I, S. 202 f., 305; *Gieseke*, GRUR 1950, 298 ff., 304, 308; *Hatzius*, Juristische Analysen 1970, 586, 588; *Horn*, Die unberechtigte Verwarnung aus gewerblichen Schutzrechten, S. 189 f., 192; *Katzenberger*, Recht am Unternehmen, S. 86, 144 ff.; *Knopp*, in: Rechtsfragen der Gegenwart, Festgabe für Hefermehl, 1972, S. 403 ff., 410; *v. Köller*, Meinungsfreiheit und unternehmensschädigende Äußerung, S. 90 ff.; *Kunze*, Der Behinderungswettbewerb, 1963, S. 39 ff., 93; *ders.*, WRP 1965, 7, 8; *Lindenmaier*, WuW 1953, 592; *Löwisch/Meier-Rudolph*, JuS 1982, 237 ff., 239; *Müller-Bidinger* in: Ullmann, jurisPK-UWG § 4 Nr. 10 Rn. 148; *Reimer/v. Gamm* II, S. 23; RGRK/*Steffen*, BGB § 823 Rn. 47, 48; *Sack*, in: FS für Ullmann, 2006, S. 825 ff., 828 ff.; *ders.*, WRP 1976, 733 ff., 736 (vor III.); *Sandrock*, JuS 1971, 57 ff., 59; *Schrauder*, Wettbewerbsverstöße, S. 287 ff., 292; *Schricker*, AcP 172 (1972), 203 ff., 209 f.; *ders.*, GRUR 1976, 528 ff., 543 Fn. 74; Soergel/*Beater*, BGB § 823 Anh V Rn. 15, 17; Staudinger/*Hager* (1999) BGB § 823 Rn. D 21, 27, 31; a.A. *Fikentscher*, Wirtschaftsrecht II, 1983, S. 111 (c).

586 So zu § 1 UWG a.F. BGHZ 43, 359 ff., 361 – Warnschild; BGH GRUR 1965, 690 ff., 694 (3.) – Facharzt; ebenso im Schrifttum *Bock*, BB 1958, 957; *Buchner*, Unternehmensschutz, S. 91, 93 f., 151, 213, 256, 257; *v. Gamm*, WZG, Einf. 92, S. 68; *Hoepffner*, GRUR 1964, 87 ff., 88; *Katzenberger*, Recht am Unternehmen, S. 130; *v. Köller*, Meinungsfreiheit und unternehmensschädigende Äußerung, S. 91; *Kunze*, Der Behinderungswettbewerb, S. 42 f., 93; *Sack*, in: FS für Ullmann, 2006, S. 825 ff., 828 ff.; *ders.*, WRP 1976, 733 ff., 736 (vor III.); a.A. *Fikentscher*, Wirtschaftsrecht II, S. 111.

dertatbeständen des UWG, wie z.B. durch Ansprüche aus § 4 Nr. 7, § 4 Nr. 8 oder § 6 i.V.m. §§ 3, 8, 9 UWG[587]. Mit Recht hat der BGH seine frühere, vom RG übernommene Ansicht aufgegeben, dass zwischen Ansprüchen aus § 823 I BGB und aus dem UWG Anspruchskonkurrenz bestehe[588]. Sie lässt sich nicht damit begründen, dass sich die Regelungsbereiche des UWG und des § 823 I BGB (Recht am Gewerbebetrieb) nur teilweise überlagern[589]. Denn wenn keine Lücke im Unternehmensschutz besteht, die es mit § 823 I BG zu schließen gilt, dann sind Ansprüche aus dieser Vorschrift schon gar nicht erst begründet.

Mit der lückenfüllenden Funktion des Unternehmensschutzes nach § 823 I BGB lässt sich allerdings nur die Ansicht begründen, dass Ansprüche aus § 823 I BGB (Recht am Gewerbebetrieb) ausgeschlossen sind, *soweit* Ansprüche aus dem UWG tatsächlich bestehen. Diese Feststellung ist deshalb von Bedeutung, weil Ansprüche aus dem UWG nach § 11 (früher § 21 UWG) einer wesentlich kürzeren Verjährungsfrist unterliegen als Ansprüche aus dem allgemeinen Deliktsrecht, für die die Verjährungsregelung der §§ 195, 199 BGB (früher § 852 BGB) gilt. Stellt man *allein* auf die lückenfüllende Funktion der Ansprüche aus

---

[587] Vgl. *Blaurock*, Die Schutzrechtsverwarnung, S. 79, 94 f.; *Buchner*, Unternehmensschutz, S. 88 a.E., 213, 214; *B. Droste*, Die Kreditschädigung nach § 824 BGB, 1915, S. 14; *v. Gierke/Sandrock* I, S. 305; *v. Godin*, Wettbewerbsrecht, UWG § 14 Anm. 2; *v. Köller*, Meinungsfreiheit und unternehmensschädigende Äußerung, S. 92 f. mit Fußn. 23; *Ohl*, GRUR 1966, 386; *Reimer/v. Gamm* II, S. 456, 463; *Schrauder*, Wettbewerbsverstöße, S. 254; *Scriba*, Unternehmensschutz, S. 76, 80; *Voigt*, Das Recht am eingerichteten und ausgeübten Gewerbebetrieb, S. 138; a.A. (unbeschränkte Anspruchskonkurrenz) BGH WRP 1968, 50 ff., 51 – Spielautomat; *Ulmer/Reimer*, Unlauterer Wettbewerb III, S. 352 Fußn. 402.

[588] So noch BGHZ 15, 338 ff., 355 f. – GEMA; BGH GRUR 1954, 333 ff., 335; BGH GRUR 1955, 101 – Blitzableiter; BGH GRUR 1959, 31 ff., 33 – Feuerzeug; BGH GRUR 1960, 331; Anspruchskonkurrenz nahm auch das RG an in den Entscheidungen RGZ 123, 120 ff., 129; JW 1929, 3070; GRUR 1931, 1299 ff., 1300 – Hellegold; Gruchot 72 (1932), 62 ff., 65 – Vitamine; JW 1932, 1883 ff., 1884 – Deutsche Normen; GRUR 1936, 929; GRUR 1939, 407 ff., 409, 412; GRUR 1939, 495 ff., 498, 500 = RGZ 158, 377 ff., 379; GRUR 1939, 557 ff., 562; GRUR 1940, 375 ff., 378 – Naturessig; GRUR 1942, 364 ff., 365 – Förderanlagen; im Schrifttum haben sich für Anspruchskonkurrenz ausgesprochen *Fikentscher*, Wettbewerb und gewerblicher Rechtsschutz, S. 155 ff., 274 ff., 277; *Georgiades*, Die Anspruchskonkurrenz im Zivilrecht und Zivilprozessrecht, S. 216 ff. (einwirkende Anspruchskonkurrenz); *v. Godin*, Wettbewerbsrecht, UWG § 1 Anm. 22; *Grub*, GRUR 1964, 15 f., 16; *Hefermehl*, in: FS für Nipperdey, 1955, S. 283 ff., 288; *Kirchberger*, LZ 1915, 729 ff., 730, 731; *Rosenthal/Leffmann*, UWG, S. 28 f.; *Schippel*, Das Recht am eingerichteten und ausgeübten Gewerbebetrieb, S. 82 ff., 84; *Spengler*, GRUR 1950, 545 ff., 550; *Stadtmüller*, Diss., S. 108 ff., 113 ff., 117 (einwirkende Anspruchskonkurrenz); ebenso wohl auch *Gieseke*, GRUR 1950, 298 ff., 307; *Preusche*, Unternehmensschutz, S. 26 mit Fußn. 92; *Baumbach*, Wettbewerbsrecht, 2. Aufl., S. 91 und DJZ 1931, 58 ff., 61 forderte sogar eine Verlagerung der auf § 1 UWG gestützten Rechtssprechung auf § 823 I BGB, um der moralisierenden Anwendung des § 1 UWG zu entgehen und größere Rechtssicherheit zu erreichen; ebenso wie *Baumbach* auch *Kirchberger*, Unlauterer, sittenwidriger und unerlaubter Wettbewerb, S. 77; *Lobe*, GRUR 1931, 1215 ff., 1217 f.; dagegen *Fikentscher*, Wettbewerb und gewerblicher Rechtsschutz, S. 155; *Reimer*, LZ 1932, 1340 ff.; *ders.*, Wettbewerbs- und Warenzeichenrecht, S. 8; *Rosenthal*, LZ 1931, 409 ff., 411 ff.

[589] So früher jedoch noch *Hefermehl*, in: FS für Nipperdey, 1955, S. 283 ff., 288.

§ 823 I BGB unter dem Gesichtpunkt eines Eingriffs in das Recht am Gewerbebetrieb ab, dann wird dadurch noch nicht ausgeschlossen, diese Ansprüche in der Zeit nach Ablauf der kurzen wettbewerbsrechtlichen Verjährungsfrist (§ 11 UWG; früher § 21 UWG) bis zum Ablauf der längeren deliktsrechtlichen Verjährungsfrist nach §§ 195, 199 BGB (früher § 852 BGB) Platz greifen zu lassen[590]. Dagegen spricht jedoch, dass auf diese Weise die vom Gesetzgeber aus beachtenswerten rechtspolitischen Erwägungen für Ansprüche aus dem UWG vorgesehene kurze Verjährungsfrist des § 11 UWG weitgehend »leerlaufen« und durch die längere der §§ 195, 199 BGB ersetzt würde[591]. Denn nach h.M. sind die *meisten* unlauteren Wettbewerbshandlungen zugleich auch rechtswidrige Unternehmenseingriffe nach § 823 I BGB[592]; zum Teil wurde sogar angenommen, dass *alle* unlauteren Wettbewerbshandlungen rechtswidrige Unternehmensverletzungen i.S.v. § 823 I BGB darstellen[593].

Würde man nach Ablauf der Verjährungsfrist des § 11 UWG Ansprüche aus § 823 I BGB (Recht am Gewerbebetrieb) gewähren und unbeschränkte Anspruchskonkurrenz zwischen ihnen und konkurrierenden Ansprüchen aus dem UWG annehmen, dann würden im praktischen Ergebnis die meisten Ansprüche wegen unlauteren Wettbewerbs nicht mehr in der kurzen Verjährungsfrist des § 11 UWG, sondern in der wesentlich längeren der §§ 195, 199 BGB verjähren.

Die Auffassung, dass Ansprüche aus § 823 I BGB (Recht am Gewerbebetrieb) durch konkurrierende Ansprüche aus dem UWG vollständig ausge-

---

590 Nach *Buchner*, Unternehmensschutz, S. 106 f., 213 (vor 2.), kommen Ansprüche aus § 823 I BGB wegen wettbewerblicher Unternehmensverletzungen dann in Betracht, wenn wettbewerbsrechtliche Ansprüche verjährt sind, jedoch die deliktsrechtliche Verjährungsfrist noch nicht abgelaufen ist.

591 Vgl. BGHZ 36, 252 ff., 257 – Gründerbildnis; BGH GRUR 1964, 218 ff., 219 Düngekalkhandel; BGH GRUR 1974, 99 ff., 100 – Brünova; *v. Caemmerer*, DJT-FS 1960, Bd. II, S. 49 ff., 91 Fußn. 185; *Kunze*, Behinderungswettbewerb, S. 43; *Reimer/v. Gamm* II, S. 23; Soergel/*Beater*, BGB § 823 Anh V Rn. 15; Staudinger/*Hager* (1999) BGB § 823 Rn. D 23; vgl. auch *Preusche*, Unternehmensschutz, S. 26.

592 Vgl. BGHZ 36, 252 ff., 257 – Gründerbildnis; BGH GRUR 1974, 99 ff., 100 – Brünova; ebenso auch schon RG JW 1910, 120 ff., 122 – Pilsener Brauhaus; RG JW 1936, 923 ff., 926; ebenso im Schrifttum *H. Friese*, Das Recht am Markenartikel, 1930, S. 102; *ders.*, MuW 1931, 128 ff., 132; *Grub*, GRUR 1964, 15; *Hatzius*, Juristische Analysen 1970, 570 ff., 584; *Herber*, GRUR 1956, 534 ff., 535; *Kunze*, Der Behinderungswettbewerb, S. 43; *Larenz*, Anm. zu AP Nr. 2 zu Art. 5 I GG Meinungsfreiheit, Bl. 130 f.; *Lichtenstein/Körner*, GRUR 1966, 243; *Lobe*, Die Bekämpfung unlauteren Wettbewerbs I, S. 121 ff., 123; *ders.*, MuW 9 (1909/10), 327 ff., 328 f.; *Rosenthal*, LZ 1910, 107 ff., 108, 109, 111; *Traub*, NJW 1964, 2237; a.A. (nur »mitbewerberbezogene« Unlauterkeiten, wie z.B. Anschwärzung, bezugnehmende Werbung, Vernichtungsunterbietungen usw., sind betriebsbezogene Unternehmenseingriffe); *Buchner*, Unternehmensschutz, S. 103, 106; *Katzenberger*, Recht am Unternehmen, S. 49 ff., 56, 57 ff., 71 ff., 80 ff., 140; *Kraft*, Interessenabwägung und gute Sitten im Wettbewerbsrecht, S. 199 f.

593 So RGZ 163, 21 ff., 32.

schlossen werden, lässt sich also nur *mit zwei einander ergänzenden Argumenten* begründen:

Aus der lückenfüllenden Funktion des Unternehmensschutzes nach § 823 I BGB ergibt sich nur, dass Ansprüche aus dieser Vorschrift ausscheiden, soweit Ansprüche aus dem UWG bestehen; nach Ablauf der Verjährungsfrist des § 11 UWG stünde die lückenfüllende Funktion des Unternehmensschutzes nach § 823 I BGB einer Anwendung dieser Vorschrift auf die meisten unlauteren Wettbewerbshandlungen nicht mehr entgegen.

Der vom Gesetzgeber mit der kurzen Verjährungsfrist des § 11 UWG verfolgte rechtspolitische Zweck verbietet es hingegen, diese Vorschrift durch Anwendung von § 823 I i.V.m. §§ 195, 199 BGB auf die meisten unlauteren Wettbewerbshandlungen praktisch »leerlaufen« zu lassen.

(2) Vor der UWG-Novelle 2004 hat der BGH zwischen Ansprüchen aus § 14 I UWG a.F. wegen Anschwärzung und Ansprüchen aus § 823 I BGB wegen eines Eingriffs in das Recht am Gewerbebetrieb Anspruchskonkurrenz angenommen[594] und jeden dieser Ansprüche der für ihn im Gesetz vorgesehenen Verjährungsfrist unterworfen[595]. Seine Ansicht hat der BGH damit begründet, dass Ansprüche aus § 14 I UWG a.F. *kein Verschulden* voraussetzen. Trete dieses Merkmal hinzu, rechtfertige dies die Anwendung der dem Verletzten in Bezug auf die Verjährung günstigeren Vorschrift des § 823 I BGB i.V.m. § 852 BGB (jetzt §§ 195, 199 BGB)[596].

Dieser Begründung hat die UWG-Novelle von 2004 den Boden entzogen. Denn nach § 9 UWG erfordert die Schadensersatzhaftung für UWG-Verstöße in jedem Fall ein Verschulden. Dies gilt nach dem insoweit eindeutigen Wortlaut von § 9 UWG auch für Verstöße gegen § 4 Nr. 8 UWG[597].

Die Fortführung der früher h.M. kann auch nicht damit begründet werden, dass mit der UWG-Novelle 2004 insoweit keine Änderung des Verhältnisses

---

594 BGH WRP 1968, 50 ff., 51 – Spielautomat; BGH LM Nr. 8 zu § 14 UWG – Schleuderpreise; ebenso *E. Reimer*, Wettbewerbs- und Warenzeichenrecht, 3. Aufl., 1954, S. 741; *E. Ulmer/D. Reimer*, Unlauterer Wettbewerb III, Deutschland, 1968, S. 352 Fußn. 409; a.A. (Vorrang von § 14 I UWG a.F.) *Blaurock*, Die Schutzrechtsverwarnung, S. 79, 94 f.; *Buchner*, Unternehmensschutz, S. 88 a.E. 213, 214; *v. Köller*, Meinungsfreiheit und unternehmensschädigende Äußerung, S. 92 mit Fußn. 23; *Larenz/Canaris*, Schuldrecht II/2; S. 543 f.; *Ohl*, GRUR 1966, 386; *Schrauder*, Wettbewerbsverstöße als Eingriffe in das Recht am Gewerbebetrieb, S. 254; Staudinger/*Hager* (1999) BGB § 823 Rn. D 21 a.E.

595 BGH WRP 1968, 50 ff., 51 – Spielautomat.

596 BGH WRP 1968, 50 ff., 51 – Spielautomat; gegen dieses Argument *Larenz/Canaris*, Schuldrecht II/2, S. 543 f.; *Sack*, in: FS für Ullmann, 2006, S. 825 ff., 831 ff.; Staudinger/*Hager* (1999) BGB § 823 Rn. D 21.

597 *Bruhn*, in: Harte/Henning, UWG, § 4 Nr. 8 Rn. 36 f.; a.A. allerdings *V. Deutsch*, in: Ahrens (Hrsg.), Der Wettbewerbsprozess, 5. Aufl., 2005, Kap. 3 Rn. 33, S. 73; *Omsels*, in: Harte/Henning, UWG, § 4 Nr. 10 Rn. 172 a.E.; a.A. wohl auch Soergel/*Beater*, BGB, 13. Aufl., 2005, § 823 Anh V Rn. 68, 73, missverständlich Begr.Reg.-Entw. BT-Drucks. 15/1487, S. 23 zu § 9.

von § 4 Nr. 8 i.V.m. §§ 3, 9 UWG zu § 823 I BGB bezweckt worden sei. Dies gilt umso mehr, weil die Begründung der Ansicht, dass zwischen Ansprüchen aus § 823 I BGB (Recht am Gewerbebetrieb) und § 14 I UWG a.F. Anspruchskonkurrenz bestanden habe, schon vor der UWG-Novelle 2004 unhaltbar war. Die Tatsache, dass der Gesetzgeber – abweichend von der im UWG grundsätzlich geltenden Verschuldenshaftung für Schadensersatzansprüche – bei Schadensersatzansprüchen aus § 14 I UWG a.F. wegen der besonderen Gefährlichkeit der von dieser Vorschrift erfassten Wettbewerbsverstöße eine besonders strenge, nämlich verschuldensunabhängige Schadensersatzhaftung vorgesehen hatte, rechtfertigte es nicht, im Falle eines *schuldhaften* Verstoßes gegen diese Vorschrift eine *weitere Haftungsverschärfung* durch die Anwendung vor § 823 I BGB i.V.m. § 852 BGB a.F. bzw. §§ 195, 199 BGB vorzunehmen. Denn der Grund für die unterschiedlichen Verjährungsfristen des Wettbewerbsrechts und des allgemeinen Deliktsrechts lag bzw. liegt nicht in unterschiedlichen Verschuldensvoraussetzungen für die Schadensersatzhaftung. Mit Ausnahme von § 14 I UWG a.F. machten alle übrigen Schadensersatzregelungen des UWG die Schadensersatzhaftung von einem Verschulden abhängig. Dennoch verjährten auch diese Schadensersatzansprüche in der kurzen Verjährungsfrist des § 21 UWG a.F. (jetzt § 11 UWG) und verdrängten konkurrierende Schadensersatzansprüche aus § 823 I BGB (Recht am Gewerbebetrieb), so dass bei diesen für die Anwendung von § 852 BGB a.F. i.V.m. § 823 I BGB kein Raum war[598]. Außerdem gelten die unterschiedlichen Verjährungsfristen des UWG und des allgemeinen Deliktsrechts auch für verschuldensunabhängige Unterlassungs- und Beseitigungsansprüche. Die Verjährungsfristen des UWG und des allgemeinen Deliktsrechts hat der Gesetzgeber auch nicht deshalb unterschiedlich geregelt, weil er in Wettbewerbsverstößen (typischerweise) leichtere Rechtsverletzungen sieht als in Verstößen gegen das allgemeine Deliktsrecht. Vielmehr beruhen die unterschiedlichen Verjährungsfristen darauf, dass der Gesetzgeber bei Wettbewerbsstreitigkeiten generell ein besonderes wirtschaftliches Bedürfnis sieht, sie einer *möglichst schnellen* Klärung zu zuführen[599]. Dieses wirtschaftliche Bedürfnis bestand auch bei *schuldhaften* Verstößen gegen § 14 UWG a.F.

Deshalb gibt es auch bei Ansprüchen aus § 4 Nr. 8 i.V.m. §§ 3, 8, 9 UWG keinen Anlass, vom Grundsatz abzuweichen, dass UWG-Ansprüche konkurrierende Ansprüche aus § 823 I BGB wegen eines Eingriffs in das Recht am Gewerbebetrieb verdrängen[600].

---

598 So der BGH in st. Rspr. seit BGHZ 36, 252 ff., 256 f. – Gründerbildnis.

599 Vgl. *Sack*, in: Kramer/Mayrhofer (Hrsg.), Konsumentenschutz im Privat- und Wirtschaftsrecht, 1977, S. 99 ff., 111 f.

600 Vgl. *Köhler*, in: Hefermehl/Köhler/Bornkamm, UWG § 4 Rn. 8. 9; a.A. MünchKomm/*Wagner*, BGB § 823 Rn. 188.

cc) Das Verhältnis des Unternehmensschutzes nach § 823 I BGB zu sonstigen Ansprüchen

Nicht nur das allgemeine Deliktsrecht der §§ 823 ff. BGB und das UWG, sondern auch andere Rechtsgebiete enthalten unternehmensschützende Vorschriften, die, soweit sie eingreifen, eine lückenfüllende Anwendung des § 823 I BGB (Recht am Gewerbebetrieb) entbehrlich machen. So werden Ansprüche aus § 823 I BGB z.B. ausgeschlossen durch konkurrierende Ansprüche aus dem MarkenG[601], aus § 12 BGB[602] oder aus dem GWB, z.B. aus den §§ 21 II, 33 GWB[603] oder aus den §§ 20, 21 I i.V.m. § 33 GWB[604].

Auch soweit *vertragsrechtliche* Ansprüche bestehen, bedarf es keiner lückenfüllenden Anwendung von § 823 I BGB[605]. So haften z.B. nach einem rechtswidrigen Streik die *Arbeitnehmer*, die die Arbeit niedergelegt haben, wegen Verletzung des Arbeitsvertrags. Die Rechtswidrigkeit eines Streiks ist für den Bereich des Arbeitsvertragsrechts und den des Deliktsrechts einheitlich zu bestimmen. Dazu hat der Große Senat des BAG ausgeführt:

»1. Die rechtliche Bewertung des Streiks und des Arbeitskampfs überhaupt muss einheitlich erfolgen und seinem kollektivrechtlichen Wesen gerecht werden.

2. Bei dem legitimen gewerkschaftlichen Streik gibt diese Legitimität der Gesamtaktion ihr entscheidendes rechtliches Gepräge, so dass nicht nur die zum Streik auffordernde Gewerkschaft, sondern auch die daraufhin die Arbeit

---

601 So zu § 14 MarkenG BGH GRUR 1999, 161 ff., 162 – MAC Dog; BGH GRUR 1999, 992 ff., 995 – BIG PACK; BGH GRUR 2000, 70 ff., 73 – Szene; BGH GRUR 2000, 608 ff., 610 – ARD-1; BGH GRUR 2002, 167 ff., 171 – Bit/Bud; BGH GRUR 2002, 340 ff., 342 (4.) – Fabergé; BGH GRUR 2002, 622 ff., 623 – shell.de; BGH GRUR 2003, 332 ff., 335 f. – Abschlussstück; BGH GRUR 2003, 973 ff., 974 – Tupperwareparty; BGH GRUR 2005, 163 ff., 165 (3. b) Aluminiumräder; *Ingerl*, WRP 2004, 809 ff., 810 f., 816; *Ingerl/Rohnke*, MarkenG, § 2 Rn. 2; *Piper*, GRUR 1996, 429 ff., 435; *Sack*, GRUR 1995, 81 ff., 93; *ders.*, WRP 2004, 1405 ff., 1413; a.A. *Fezer*, WRP 2000, 863 ff., 865 ff.; *ders.*, Markenrecht, § 2 MarkenG Rn 2 ff., 10 ff.; *V. Deutsch*, WRP 2000, 854; *Ströbele/Hacker*, MarkenG, 8. Aufl., § 2 Rn. 55; a.A., d.h. für Anspruchskonkurrenz zwischen markenrechtlichen und wettbewerbsrechtlichen Ansprüchen, auch noch BGH GRUR 1998, 697 ff., 699 – Venus-Multi; BGH GRUR 1998, 934 ff., 937 – Wunderbaum; für den Vorrang von Ansprüchen aus § 16 UWG a.F. (jetzt § 15 III MarkenG) BGHZ 8, 387 ff., 394 – Fernsprechnummer.

602 Vgl. BGH GRUR 1966, 623 ff. – Kupferberg; in dieser Entscheidung, in der es um den Schutz eines berühmten Unternehmenskennzeichens gegen Verwässerung ging, hat der BGH zwar neben Ansprüchen aus § 12 BGB auch solche aus § 823 I BGB in Betracht gezogen; geprüft hat er jedoch schließlich nur die Anwendbarkeit von § 12 BGB; seit 1995 wäre die Vorschrift des § 15 III MarkenG einschlägig; vgl. auch noch BGH GRUR 1960, 550 – Promonta; BGHZ 91, 117 ff., 120.

603 Vgl. *v. Gierke/Sandrock* I, 204; *Sandrock*, JuS 1971, 57 ff., 59.

604 So speziell zum Verhältnis von § 823 I BGB zu § 26 II GWB a.F. BGH WuW/E BGH 647 ff., 652 – Rinderbesamung.

605 Vgl. RGRK/*Steffen*, BGB § 823 Rn. 58 a.E.; *Schlechtriem*, in: FS für Deutsch, 1999, S. 317 ff. passim.

ohne Kündigung niederlegenden Arbeitnehmer nicht vertragswidrig und nicht rechtswidrig handeln.«[606].

Ferner schließen *quasivertragliche* Ansprüche aus § 311 III BGB bzw. Ansprüche aus *Vertrag mit Schutzwirkung für Dritte* konkurrierende Ansprüche aus § 823 I BGB (Recht am Gewerbebetrieb) aus. Das gilt z.B. für den Fall der Produzentenhaftung für reine Vermögensschäden mittelbarer gewerblicher Abnehmer, die durch Lieferung mangelhafter Produkte verursacht worden sind. In einem solchen Fall hatte der BGH in seiner Baustromverteiler-Entscheidung von 1990 mit § 823 I BGB wegen eines schuldhaften Eingriffs in den Gewerbebetrieb Schutz gewährt[607]. Diese Entscheidung stand im Widerspruch zu vorangegangenen BGH-Entscheidungen[608]. Soweit man, wie in dieser Arbeit vorgeschlagen, eine Haftung aus Vertrag mit Schutzwirkung für Dritte oder – noch besser – aus § 311 III BGB bejaht[609], ist für die Anwendung von § 823 I BGB unter dem Gesichtspunkt eines Eingriffs in das Recht am Gewerbebetrieb wegen der nur lückenfüllenden Funktion dieses Haftungstatbestandes kein Raum.

II. Argumente zur Rechtfertigung des Rechts am Gewerbebetrieb

1. Die gewohnheitsrechtliche Anerkennung des Rechts am Gewerbebetrieb

Die Anerkennung eines Rechts am Gewerbebetrieb und seines Schutzes nach § 823 I BGB wird von einem Teil seiner Befürworter damit gerechtfertigt, dass es *gewohnheitsrechtliche* Geltung erlangt habe[610]. Diese Entwicklung sei sachlich gut begründet, so dass kein Anlass bestehe, sie nach 100 Jahren umzukeh-

---

[606] BAG GS vom 28.1.1955, BAGE 1, 291 = AP Nr. 1 zu Art. 9 GG Arbeitskampf, Ls. 1 u. 2.

[607] BGH VersR 1990, 1283 ff. = NJW 1992, 41 ff. – Baustromverteiler; krit. dazu *Sack*, VersR 2006, 582 ff., 585.

[608] Vgl. BGH NJW 1974, 1503 ff., 1505 (II. 1.) – Prüfzeichen; BGH NJW 1983, 812 ff., 813 (II. 1. a, bb) – Hebebühne; BGH NJW 1989, 1029 f. – Fugendichtungsmasse.

[609] Vgl. unten S. 298 ff.; ebenso *Sack*, VersR 2006, 582 ff., 586 ff., 588.

[610] Vgl. *Deutsch*, JuS 1967, 152 ff., 153 f.; *Frank*, JA 1979, 586 f.; *Hauss*, Anm. zu BGH LM Nr. 16 zu § 823 (Ai) BGB; *Hubmann*, GRUR 1956, 525; *A. Hueck*, in: FS für Herschel, 1955, S. 35 f.; *Nipperdey*, NJW 1967, 1985 ff., 1987; *Otto*, in: MünchArbR, 2. Aufl. 2000, § 289 Rn. 6, S. 715; *Reuthal*, Diss. S. 25; *Säcker*, AuR 1965, 353 ff., 361 Fußn. 69; *Schippel*, Das Recht am Gewerbebetrieb, S. 2 f.; Staudinger/*Schäfer*, 12. Aufl., BGB § 823 Rn. 150; vgl. auch *Brox/Rüthers*, Arbeitskampfrecht, Rn. 335 (»möglicherweise bereits eine gewohnheitsrechtliche Verfestigung«); *v. Caemmerer*, DJT-FS 1960, Bd. II, S. 49 ff., 89 (Das Recht am Gewerbebetrieb hat «vielleicht sogar schon fast gewohnheitsrechtliche Kraft erlangt«); *K. Schmidt*, JuS 1993, 985 ff., 986; a.A. *Buchner*, Unternehmensschutz, S. 25 ff., 30 f.; Erman/*Schiemann*, BGB § 823 Rn. 50; *Kübler*, AcP 172 (1972), 177 ff., 184; *ders.*, AfP 1973, 405 ff., 406; *Larenz/Cana-*

ren, das Recht am Gewerbebetrieb zu verdammen und die Tür zu weiteren Rechtsfortbildungen in geeigneten Fällen zu verschließen[611]. Es sei kaum aussichtsreich, die Berechtigung des Rechts am Gewerbebetrieb überhaupt in Frage zu stellen[612]. Diese Rechtfertigung des Rechts am Gewerbebetrieb stößt aus mehreren Gründen auf Bedenken.

(1) Es ist bereits zweifelhaft, ob ein Rechtsinstitut als solches gewohnheitsrechtsfähig ist, da es keinen Normcharakter hat, sondern nur ein Rechtsrahmen ist, in dem unternehmensschützende Verhaltensnormen Platz finden[613]. Nach *Larenz/Canaris* kann Gewohnheitsrecht niemals eine dogmatische Einordnung zementieren[614]. Davon zu unterscheiden ist, ob einzelne zum Recht am Gewerbebetrieb entwickelte Verhaltensnormen gewohnheitsrechtliche Geltung erlangt haben[615] und als solche Schutzgesetze i.S.v. § 823 II BGB darstellen[616].

(2) Auch wenn man das Recht am Gewerbebetrieb für gewohnheitsrechtsfähig hielte, fehlten die Voraussetzungen einer gewohnheitsrechtlichen Anerkennung, da dieses Recht seit Jahrzehnten heftig kritisiert wird[617]. Auch in neuerer Zeit ist die Kritik nicht verstummt[618].

(3) Diesem Einwand könnte entgegengehalten werden, dass die Rechtsprechung das Recht am Gewerbebetrieb seit immerhin über 100 Jahren anerkennt und schützt. Dies gilt allerdings seit über 40 Jahren nur noch mit einer erheblichen Einschränkung: Der Schutz des Rechts am Gewerbebetrieb mit § 823 I BGB hat nur eine *lückenfüllende* Funktion. Die Ausnahme, die der III. ZS des BGH – abweichend von anderen Senaten des BGH – von der lückenfüllenden

---

ris, Schuldrecht II/2, § 81 IV 1 c, S. 562; *Schnug*, JA 1985, 440 ff., 444; *Schrauder*, Wettbewerbsverstöße, S. 150 ff.; *Wiethölter*, KritJ 1970, 121 ff., 122.

611 MünchKomm/*Wagner*, BGB § 823 Rn. 182 a.E.; a.A. *Larenz/Canaris*, Schuldrecht II/2, S. 545, 560 ff.

612 Erman/*Schiemann*, BGB § 823 Rn. 50; ähnlich *Frank*, JA 1979, 583 ff., 586 f.; *Säcker*, ZRP 1969, 60 ff., 61; Staudinger/*Schäfer*, BGB § 823 Rn. 150; *Taupitz*, Haftung für Energieleiterstörungen durch Dritte, 1981, S. 150; gegen dieses Argument *Schwitanski*, Deliktsrecht, Unternehmensschutz und Arbeitskampfrecht, 1986, S. 88 a.E.

613 *Buchner*, Unternehmensschutz, S. 28, 29, 31; *Deutsch*, JZ 1963, 385 ff., 391 Fußn. 109; *v. Köller*, Meinungsfreiheit und unternehmensschädigende Äußerung, S. 45; *Schrauder*, Wettbewerbsverstöße, S. 170; *Steindorff*, JZ 1960, 582 ff., 584, *Taupitz*, a.a.O., S. 150.

614 *Larenz/Canaris*, Schuldrecht II/2, § 81 IV 1 c, S. 562; ebenso *Buchner*, Unternehmensschutz, S. 31.

615 Erman/*Schiemann*, BGB § 823 Rn. 58; vgl. auch *Larenz/Canaris*, Schuldrecht II/2, § 81 IV I c, S. 562.

616 So in Bezug auf die Arbeitskampfregeln des BAG Erman/*Schiemann*, BGB § 823 Rn. 58.

617 Vgl. *Buchner*, Unternehmensschutz, S. 25 ff., 30 f.; Erman/*Schiemann*, BGB § 823 Rn. 50; *Kübler*, AcP 172 (1972), 177 ff., 184; *ders.*, AfP 1973, 405 ff., 406; PWW/*Schaub*, BGB § 823 Rn. 79; *Schrauder*, Wettbewerbsverstöße S. 150 ff.; *Wiethölter*, KritJ 1970, 121.

618 Vgl. dazu *Sack*, VersR 2006, 1001 ff.

Funktion des Rechts am Gewerbebetrieb im Verhältnis zu § 826 BGB gemacht hat[619], genießt ihrerseits keine gewohnheitsrechtliche Geltung[620].

2. Die Notwendigkeit eines Schutzes gegen fahrlässige Unternehmenseingriffe

Das zweite Argument zur Rechtfertigung des Schutzes des Rechts am Gewerbebetrieb nach § 823 I BGB lautet, dass nur so der erforderliche Unternehmensschutz gegen *fahrlässige* Unternehmenseingriffe zu erreichen sei, weil § 826 BGB wegen des Vorsatzerfordernisses nicht anwendbar sei[621]. Gemeint sind vor allem fahrlässig unbegründete Schutzrechtsverwarnungen[622]. Auch zum Schutze gegen fahrlässige herabsetzende Werturteile hält man das Recht am Gewerbebetrieb und seinen Schutz nach § 823 I BGB für erforderlich[623].

Die Argumentation ist ungenau und wegen ihrer Ungenauigkeit letztlich irreführend und unzutreffend. Ihre Ungenauigkeit besteht darin, dass sie nicht zwischen dem Vorsatz i.S.v. § 823 I BGB und i.S.v. § 826 BGB unterscheidet. Die Verletzung eines Rechts oder Rechtsgutes i.S.v. *§ 823 I BGB* ist nach h.M. nur vorsätzlich, wenn der Täter mit Rechtswidrigkeitsbewusstsein handelt. Das Erfordernis des Rechtswidrigkeitsbewusstseins folgt aus der im Zivilrecht (noch) herrschenden Vorsatztheorie zum Vorsatzbegriff. Danach sind z.B. fahrlässig unbegründete Schutzrechtsverwarnungen, bei denen der Schutzrechtsinhaber aufgrund fahrlässiger Verkennung der Schutzrechtslage seine Verwarnung für berechtigt hält, nach *§ 823 I BGB* keine vorsätzlichen Eingriffe in das Recht am Gewerbebetrieb des Verwarnten.

Anders ist jedoch die Beurteilung nach *§ 826 BGB*. Eine Schadenszufügung ist i.S.v. § 826 BGB vorsätzlich, wenn sie bewusst und gewollt durchgeführt

---

619 BGHZ 69, 25 ff., 29 f. – Fluglotsenstreik I.

620 Der weiteren zweifelhaften Ausnahme, die der BGH im Verhältnis zu § 14 UWG a.F. gemacht hat, weil diese Vorschrift ein Gefährdungshaftungstatbestand sei, ist durch die UWG-Novelle von 2004 der Boden entzogen worden, weil die Nachfolgeregelungen – § 4 Nr. 8 i.V.m. §§ 3, 9 UWG – nur eine Verschuldenshaftung vorsehen.

621 Vgl. BGHZ 36, 252 ff., 256 – Gründerbildnis; BGHZ 69, 128 ff., 139 – Fluglotsenstreik I; BGHZ 90, 113 ff., 122 f. – Bürgerinitiative; ebenso im Schrifttum *v. Caemmerer*, DJT-FS 1960, Bd. II, S. 49 ff., 84; *Fikentscher/Heinemann*, Schuldrecht, Rn. 1573; *Löwisch/Meier-Rudolph*, JuS, 1982, 237 ff., 239; MünchKomm/*Wagner*, BGB § 823 Rn. 182, 188; RGRK/*Steffen*, BGB § 826 Rn. 5; *Schwitanski*, Deliktsrecht, Unternehmensschutz und Arbeitskampfrecht, 1986, S. 84; Soergel/*Beater*, BGB § 823 Anh V Rn. 1, 19; *Stadtmüller*, Diss., S. 20, 91, 205; vgl. auch *Deutsch*, JZ 1963, 385 ff., 388 (c).

622 Vgl. *v. Caemmerer*, DJT-FS 1960, Bd. II, S. 49 ff., 84, 89 f.; *Fikentscher/Heinemann*, Schuldrecht, Rn. 1573; *Larenz/Canaris*, Schuldrecht II/2, § 81 I 1 a S. 539, § 81 IV 2 b S. 563; MünchKomm/*Wagner*, BGB § 823 Rn. 191; vgl. auch *Zimmermann/Verse*, in: Falk/Mohnhaupt (Hrsg.), Das Bürgerliche Gesetzbuch und seine Richter, 2000, S. 319 ff., 327.

623 *Fikentscher/Heinemann*, Schuldrecht,Rn. 1575.

worden ist[624]. Ein Rechtswidrigkeitsbewusstsein ist für den Vorsatz i.S.v. § 826 BGB nach einhelliger Meinung nicht erforderlich. Die h.M. hält die im Zivilrecht an sich herrschende Vorsatztheorie beim Vorsatzbegriff des § 826 BGB nicht für anwendbar. Danach sind auch *fahrlässig* unbegründete Schutzrechtsverwarnungen *vorsätzliche* Schadenszufügungen i.S.v. § 826 BGB; fahrlässig ist nur die Verkennung der Schutzrechtslage[625].

Manche verlangen allerdings für den *Vorsatz* nach § 826 BGB über die bewusste und gewollte Schadenszufügung hinaus auch die Kenntnis aller (sonstigen) sittenwidrigkeitsbegründenden Tatumstände. Damit weichen sie jedoch von den Materialien vom BGB ab, ohne dafür eine brauchbare Begründung zu bieten.

Diese Vorbemerkungen zum Vorsatzbegriff des § 823 I BGB und des § 826 BGB sind notwendig, um die These richtig würdigen zu können, dass das Recht am Gewerbebetrieb notwendig sei, um gegen *fahrlässige* Unternehmenseingriffe ausreichen schützen zu können. Denn diese These besagt, dass bei *fahrlässigen* Unternehmenseingriffen ein Rückgriff auf § 823 I BGB erforderlich sei, weil man § 826 BGB mangels Vorsatzes nicht anwenden könne. Die von der Rechtsprechung anerkannten Fallgruppen tatbestandsmäßiger Eingriffe in das Recht am Gewerbebetrieb beweisen allerdings – von einer zweifelhaften Ausnahme abgesehen, die der BGH 1990 gemacht hat[626] – das Gegenteil. Geschäftsschädigende Äußerungen, Boykottaufforderungen, Streikaufrufe sowie Betriebsblockaden sind vorsätzliche Schadenszufügungen i.S.v. § 826 BGB. Auch *fahrlässig* unbegründete Schutzrechtsverwarnungen – auf die sich das Fahrlässigkeitsargument vor allem stützt – sind bewusste und gewollte und deshalb vorsätzliche Schadenszufügungen *i.S.v. § 826 BGB*[627].

Gegen fahrlässig unbegründete Schutzrechtsverwarnungen bietet außerdem spätestens seit der UWG-Novelle von 2004 die Generalklausel des § 3 UWG ausreichenden Schutz. Denn Schutzrechtsverwarnungen dienen nach einhelliger Meinung in aller Regel Zwecken des Wettbewerbs i.S.d. UWG; die Rechtsprechung hat sich bisher soweit ersichtlich ausschließlich mit Schutzrechtsverwarnungen zu befassen gehabt, die Zwecken des Wettbewerbs dienten. Nach § 9 UWG begründen auch fahrlässige UWG-Verstöße Schadensersatzansprüche. Die Kenntnis aller unlauterkeitsbegründenden Tatumstände ist für den Vor-

---

624 Ausführlich dazu *Sack*, NJW 2006, 945 ff.

625 Vgl. *Sack*, Unbegründete Schutzrechtsverwarnungen, S. 36 ff.; *ders.*, NJW 2006, 945 f., a.A. *v. Caemmerer*, DJT-FS 1960, Bd. II, S. 49 ff., 84, 89 f.; *Fikentscher/Heinemann*, Schuldrecht, Rn. 1573.

626 BGH NJW 1992, 41 ff. – Baustromverteiler; erwähnen könnte man auch noch die BGH-Entscheidung «Muschelbänke", NJW 1972, 100 f., 101, in der Ansprüche aus § 839 BGB i.V.m. Art. 34 GG wegen eines fahrlässigen Eingriffs in das Recht am Gewerbebetrieb eines Muschelzüchters bejaht worden sind.

627 *Sack*, Unbegründete Schutzrechtsverwarnungen, 2006, S. 36 ff.; *ders.*, WRP 2005, 253 ff., 258; *ders.*, NJW 2006, 945 f.; a.A. *Brüggemeier*, Haftungsrecht, 2006, S. 362; *Larenz/Canaris*, Schuldrecht II/2, § 81 I 1 e, S. 539 u. § 81 IV 2 b, S. 563.

wurf der *Unlauterkeit* nach § 3 UWG nicht erforderlich[628]. Deshalb hatte der I. Zivilsenat des BGH im Ansatz zutreffend in einem Beschluss vom 12.8.2004 dem Großen Senat in Zivilsachen die Frage vorgelegt, ob sich bei einer schuldhaft unbegründeten Verwarnung aus einem Kennzeichenrecht die Schadensersatzpflicht aus dem UWG ergeben kann[629]. Gemeint war allerdings das UWG von 2004 (§§ 3, 4 Nr. 1, 8, 10 u. § 9). Dieses war jedoch nicht einschlägig, da die Schadenszufügung durch eine unbegründete Schutzrechtsverwarnung vor 2004 erfolgt war, so dass das »alte« UWG maßgeblich war. Das ist wohl der Grund, weshalb der GSZ auf die Vorlagefrage des ersten ZS, ob sich die Haftung aus dem UWG (von 2004) ergeben könne, mit keinem Wort einging und nur lapidar feststellte, dass keine Veranlassung bestehe, von der bisherigen Rechtsprechung abzuweichen. Damit ist jedoch die Frage nach wie vor offen, ob auf fahrlässig unbegründete Schutzrechtsverwarnungen und Schutzrechtsverletzungsklagen aus der Zeit nach 2004 die Vorschriften des neuen UWG anzuwenden sind. Diese Frage ist bei Schutzrechtsverwarnungen, die Zwecken des Wettbewerbs dienen – das ist der Regelfall – zu bejahen.

Gegen versehentliche Unternehmenseingriffe hat die Rechtssprechung hingegen bisher grundsätzlich keinen Schutz gewährt; erwähnt seien fahrlässige Unterbrechungen der Energie- und Wasserzufuhr, die fahrlässige Verletzung von Betriebsangehörigen und die fahrlässige Beschädigung von Betriebsfahrzeugen und Maschinen eines Unternehmens. Nur in einer Entscheidung von 1990 – der bereits erwähnten Baustromverteiler-Entscheidung – hat die Rechtsprechung gegen einen auf Versehen beruhenden Unternehmenseingriff mit § 823 I BGB Schutz gewährt[630]. Diese Entscheidung stammt aus dem Jahre 1990, während das hier kritisierte Fahrlässigkeitsargument wesentlich älter ist

---

[628] Demgegenüber hatte die h.M. zur alten wettbewerbsrechtlichen Generalklausel des § 1 UWG a.F. den Vorwurf der Sittenwidrigkeit von der Kenntnis der sittenwidrigkeitsbegründenden Tatumstände abhängig gemacht (BGH GRUR 1963, 255 ff., 257 – Kindernähmaschinen; BGH GRUR 1991, 914 ff., 915 – Kastanienmuster; BGH GRUR 1992, 448 ff., 450 – Pullovermuster; BGH GRUR 2001, 354 – Verbandsklage gegen Vielfachabmahner), so dass man diese Vorschrift auf fahrlässig unbegründete Schutzrechtsverwarnungen nicht für anwendbar hielt; vgl. BGH GRUR 1963, 255 ff., 257 – Kindernähmaschinen; MünchKomm/*Wagner*, BGB § 823 Rn. 191; vgl. auch den Hinweis darauf durch *Teplitzky*, Wettbewerbsrechtliche Ansprüche und Verfahren, 41. Kap. Rn. 76; eine verbreitete Ansicht hat allerdings das Erfordernis der Kenntnis der sittenwidrigkeitsbegründenden Tatumstände schon seit langer Zeit abgelehnt, vgl. z.B. *Sack*, GRUR 1970, 493 ff., 502.

[629] BGH I. ZS GRUR 2004, 958 = WRP 2004, 1366, mit Anmerkungen von *Lindacher*, EWiR § 823 BGB 3/04, 1123 f.; *Peukert*, Mitt. 2005, 73 ff.; *Sack*, WRP 2005, 253 ff.; *Sessinghaus*, WRP 2005, 823 ff.; *Spickhoff*, LMK 2004, 230 f.; *Teplitzky*, GRUR 2005, 9 ff.; *Vorwerk*, ZIP 2005, 1157 ff.; *Wagner*, ZIP 2005, 49 ff.; BGH GSZ BGHZ 164, 1 ff. = GRUR 2005, 882 ff. = NJW 2005, 3141 ff. = WRP, 1408 ff., mit Anmerkungen von *V. Deutsch*, GRUR 2006, 374 ff.; *Faust*, JZ 2006, 365 ff.; *Haedicke*, Jura 2006, 528 ff., 529; *Meier-Beck*, WRP 2006, 790 ff.; *Sack*, BB 2005, 2368 ff.; *Teplitzky*, WRP 2005, 1433 ff.; *Ullmann*, WRP 2006, 1070 f.; *Wagner/Thole*, NJW 2006, 3470 ff.

[630] BGH NJW 1992, 41 ff. – Baustromverteiler.

und sich soweit ersichtlich nur auf die Fälle der fahrlässig unbegründeten Schutzrechtsverwarnungen bezog.

3. Die unterschiedlichen Anforderungen an die Rechtswidrigkeit nach § 823 I BGB und die Sittenwidrigkeit nach § 826 BGB u. § 1 UWG a.F.

Auch wenn es sich bisher bei fast allen Unternehmenseingriffen, gegen die die Rechtsprechung mit § 823 I BGB Schutz gewährt hat, um *vorsätzliche* Schadenszufügungen i.S.v. § 826 BGB handelte[631], kann ein Rückgriff auf § 823 I BGB als erforderlich erscheinen, wenn man an die *Rechtswidrigkeit* nach § 823 I BGB weniger strenge Anforderungen stellt als an die *Sittenwidrigkeit* nach § 826 BGB. Dann ist es denkbar, dass vorsätzliche Unternehmensschädigungen zwar rechtswidrig nach § 823 BGB, jedoch (noch) nicht sittenwidrig i.S.v. § 826 BGB sind[632]. Das deckt sich im Ergebnis mit der verbreiteten Meinung, dass die Sittenwidrigkeit eine »gesteigerte Form der Rechtswidrigkeit« sei[633]. Vor allem erfordere der Vorwurf der Sittenwidrigkeit in *subjektiver* Hinsicht die Kenntnis aller sittenwidrigkeitsbegründenden Tatumstände, während für die Rechtswidrigkeit nach § 823 I BGB die Verwirklichung eines objektiven Tatbestandes genüge[634].

Diese Ansicht ist nicht haltbar. Denn die *Rechtswidrigkeit* eines Eingriffs in das Recht am Gewerbebetrieb ist nach inzwischen einhelliger Meinung durch eine *Interessenabwägung* festzustellen. Ebenso erfordert es jedoch auch der lückenfüllende Zweck des § 826 BGB, die *Sittenwidrigkeit* durch eine *Interessenabwägung* zu ermitteln. Bei der Interessenabwägung zur Feststellung der Rechtswidrigkeit nach § 823 I BGB und der Sittenwidrigkeit nach § 826 BGB

---

631 Ausnahme ist wiederum die Baustromverteiler-Entscheidung des BGH von 1990, NJW 1992, 41 ff.

632 Vgl. BGHZ 3, 270 ff., 279 – Constanze I (im Gegensatz zu § 823 I BGB passt § 826 BGB nicht für Werturteile, die nicht den »Makel der Sittenwidrigkeit« tragen); BGH GRUR 1963, 255 ff., 257 – Kindernähmaschinen (insoweit nicht abgedruckt in BGHZ 38, 200 ff.); BGHZ 59, 30 ff., 34 – Blockade I (anders jedoch BGH GRUR 1963, 367 ff., 369 r. Sp. – Industrieböden); aus dem Schrifttum vgl. *Hueck/Nipperdey*, Lehrbuch des Arbeitsrechts II 2, S. 992 f.; *Nikisch*, Arbeitsrecht II, S. 139; RGRK/*Steffen*, BGB § 823 Rn. 61 (betreffend Streiks); vgl. auch Staudinger/*Hager* (1999) BGB § 823 Rn. D 5 (das Recht am Gewerbebetrieb ist notwendig, um nicht § 826 BGB über Gebühr zu strapazieren).

633 So *Deutsch*, JZ 1963, 385 ff., 389 (3. a); *ders.*, Fahrlässigkeit und erforderliche Sorgfalt, S. 149 (c); im gleichen Sinne *Callmann*, Der unlautere Wettbewerb, S. 45 ff., 47 (Sittenwidrigkeit als »qualifizierte subjektive Rechtswidrigkeit«); *H. A. Fischer*, Rechtswidrigkeit, S. 77; *Knauth*, Die Bedeutung des Unrechtsbewusstseins für den Vorsatz im Zivilrecht, S. 90; *Mertens*, ZHR 143 (1979), 174 ff., 181; *L. Raiser*, DJT-FS 1960, Bd. I, S. 101 ff., 130; *Rebe*, Privatrecht und Wirtschaftsordnung, S. 108 f., 110, 113 (V. 3.).

634 BGH GRUR 1963, 255 ff., 257 – Kindernähmaschinen (insoweit nicht in BGHZ 38, 200 ff. abgedruckt); *Deutsch*, JZ 1963, 385 ff., 389 (3. a); *ders.*, Fahrlässigkeit und erforderliche Sorgfalt, S. 149 (c).

sind dieselben Interessen und dieselben Wertungskriterien zu berücksichtigen, so dass sie zum selben Ergebnis führen[635].

Der Vorwurf der *Sittenwidrigkeit* nach § 826 BGB erfordert über die bewusste und gewollte Schadenszufügung hinaus keine Kenntnis weiterer sittenwidrigkeitsbegründender Tatumstände. Das ist von praktischer Bedeutung für die Beurteilung *fahrlässig* unbegründeter Schutzrechtsverwarnungen. Wenn sie nach § 823 I BGB rechtswidrig sind, dann sind sie auch sittenwidrig nach § 826 BGB. Die fahrlässige Verkennung der Schutzrechtslage schließt den Vorwurf der Sittenwidrigkeit nach § 826 BGB nicht aus.

Außerdem sind unbegründete Schutzrechtsverwarnungen in aller Regel Wettbewerbshandlungen. Die *Unlauterkeit* nach § 3 UWG ist in gleicher Weise durch eine *Interessenabwägung* festzustellen wie die *Rechtswidrigkeit* des Eingriffs in das Recht am Gewerbebetrieb nach § 823 I BGB.

4. Weite Auslegung des Begriffs »sonstiges Recht« in § 823 I BGB

Nach *Zeuner* passt das Recht am Gewerbebetrieb nur dann nicht in das System des § 823 I BGB, wenn man den Begriff des »sonstigen Rechts« zu eng im Sinne einer eigentumsähnlichen Position auslegt. Widerspruchsfrei sei der Schutz des Rechts am Gewerbebetrieb mit § 823 I BGB hingegen, wenn man den Begriff »Recht« in seiner ursprünglichen weiten Bedeutung versteht[636].

Dem ist entgegenzuhalten, dass eine entsprechend weite Auslegung des Begriffs »sonstiges Recht« in § 823 I BGB diese Vorschrift zu einer umfassenden deliktsrechtlichen Generalklausel machen würde. Dies stünde im Widerspruch zum System des geltenden Deliktsrechts der §§ 823 ff. BGB. Der Gesetzgeber hat eine umfassende deliktsrechtliche Generalklausel ausdrücklich abgelehnt und in Form des § 826 BGB nur eine auf *vorsätzliche* Schadenszufügungen beschränkte Generalklausel vorgesehen. Letzteres entspricht im praktischen Ergebnis auch der Rechtsprechung des BGH, der – von der bereits mehrfach erwähnten Ausnahme abgesehen – mithilfe des Erfordernisses der Betriebsbezogenheit Gewerbebetriebe mit § 823 I BGB nur gegen bewusste und gewollte, d.h. gegen vorsätzliche Schadenszufügungen schützt.

---

[635] So BGH GRUR 1963, 367 ff., 369 r. Sp. – Industrieböden; *Spengler*, WuW 1953, 195 ff., 199.

[636] *Zeuner*, in: 25 Jahre Karlsruher Forum, 1983, S. 196 ff., 197; ähnlich *Fikentscher*, in: Festgabe für Kronstein, 1967, S. 261 ff., 265, 287; *K. Schmidt*, JuS 1993, 985 ff., 987 f.

Kapitel 4

Ausreichender Unternehmensschutz ohne das Recht am Gewerbebetrieb

I. Die Sondertatbestände des Delikts- und Wettbewerbsrechts

1. Ansprüche aus § 823 II BGB

Nach einer verbreiteten Ansicht hat die Rechtsprechung den deliktsrechtlichen Unternehmensschutz voreilig in § 823 I BGB angesiedelt, ohne zuvor die Möglichkeiten der dafür besser geeigneten Vorschrift des § 823 II BGB ausgelotet zu haben[637]. Die Auffassungen darüber, wie dies zu geschehen habe, gehen allerdings weit auseinander.

a) Strafvorschriften

Der Inhaber eines Gewerbebetriebs ist nach § 823 II BGB gegen Unternehmenseingriffe geschützt, die gegen Strafvorschriften verstoßen, z.B.

- wegen übler Nachrede und Verleumdung nach den §§ 186, 187 StGB,
- wegen Nötigung in Form von Betriebsblockaden nach § 240 StGB oder
- wegen vorsätzlicher Beschädigung von Betriebsvermögen nach § 303 StGB.

b) Gewohnheitsrechtlich anerkannte Normen

Zu den Gesetzen i.S.v. Art. 2 EGBGB gehören u.a. gewohnheitsrechtlich anerkannte Rechtsnormen. Sie können auch Schutzgesetze i.S.v. § 823 II BGB sein[638].

---

[637] Vgl. *Benitz*, Schadenszurechnung bei qualifiziertem Verschuldenserfordernis, S. 24 f.; *Bieling*, Die Rechtswidrigkeit von unternehmensschädigenden Demonstrationen, S. 27; *Deutsch*, JZ 1968, 721 ff., 723 f.; *Gieseke*, GRUR 1950, 298 ff., 310 f.; *W. Lorenz*, JZ 1961, 433 ff., 435; *L. Raiser*, JZ 1961, 465 ff., 472 mit Fußn. 72; *ders.*, in: Summum ius summa iniuria, S. 145 ff., 158 f.; *Reinhardt*, JZ 1961, 713 ff., 715 = Karlsruher Forum 1961, 11; *Rödig*, Erfüllung des Tatbestandes des § 823 Abs. 1 BGB durch Schutzgesetzverstoß, S. 64 f.; *Schmiedel*, Deliktsobligationen I, S. 36 ff., 38 f.; *Schramm*, GRUR 1973, 76; *Seiter*, Streikrecht und Aussperrungsrecht, S. 466, 515 Fußn. 11, 526; *Steindorff*, JZ 1960, 582 ff., 583; *Völp*, WuW 1956, 31 ff., 39; *Zeuner*, JZ 1961, 41 ff., 45; vgl. auch *Rödig*, ZHR 138 (1974), 569 ff., 571, 572; *Weitnauer*, AcP 170 (1970), 437 ff., 446 a.E.

[638] Vgl. *Deutsch*, JZ 1963, 385 ff., 390; *Kraßer*, Der Schutz vertraglicher Rechte gegen Ein-

aa) Die gewohnheitsrechtliche Anerkennung des Rechts am Gewerbebetrieb

Das Recht am Gewerbebetrieb wird seit über 100 Jahren als »sonstiges Recht« nach § 823 I BGB geschützt. Daraus wurde abgeleitet, dass es gewohnheitsrechtlich anerkannt und deshalb (auch) nach § 823 II BGB geschützt sei[639].

Diese Ansicht begegnet jedoch Bedenken, auf die bereits oben hingewiesen worden ist. Denn zum einen ist es fraglich, ob das Recht am Gewerbebetrieb Normcharakter i.S.v. Art. 2 EGBGB hat. Es ist als solches keine unternehmensschützende Verhaltensnorm, sondern nur ein Rechtsrahmen bzw. ein Rahmenrecht, in dem unternehmensschützende Verhaltensnormen Platz finden[640]. Außerdem rechtfertigt die seit Jahrzehnten anhaltende Kritik an der Anerkennung eines Rechts am Gewerbebetrieb Zweifel an seiner gewohnheitsrechtlichen Geltung[641]. Eine st.Rspr. reicht für die Begründung von Gewohnheitsrecht nicht aus. Vor allem aber ist das Recht am Gewerbebetrieb in der Rechtsprechung seit über 4 Jahrzehnten nur als Auffangtatbestand anerkannt, der nur lückenfüllend bzw. subsidiär eingreift. Deshalb kann das Recht am Gewerbebetrieb – wenn überhaupt – nur in dieser sehr eingeschränkten Form eine gewohnheitsrechtliche Geltung beanspruchen.

bb) Einzelne unternehmensschützende Verhaltensnormen

Eine andere Frage ist, ob einzelne unternehmensschützende *Verhaltensnormen* gewohnheitsrechtliche Geltung erlangt haben. Bejahen könnte man diese Frage z.B. bei herabsetzender Schmähkritik an einem Gewerbebetrieb, die nach einhelliger Meinung rechtlich zu missbilligen ist. Auch bei einzelnen zum Streikrecht entwickelten Verhaltensnormen kann man gewohnheitsrechtliche Geltung annehmen[642].

Vereinzelt ist auch der in st.Rspr. vertretenen Ansicht, dass unbegründete Schutzrechtsverwarnungen ohne weiteres rechtswidrig seien, gewohnheitsrechtliche Geltung beigemessen worden[643]. Dies ist jedoch in Anbetracht der breiten Kritik des Schrifttums an dieser Rechtsprechung abzulehnen[644]. Auch der I. ZS hat diese Ansicht unlängst in seinem Vorlagebeschluss »Verwarnung

---

griffe Dritter, 1971, S. 212; *Sack*, Unbegründete Schutzrechtsverwarnungen, 2006, S. 23; *Schmiedel*, Deliktsobligationen I, S. 35 f.

639 *Otto*, in: MünchArbR, 2000, § 289 Rn. 6, S. 715; *Reuthal*, Diss., S. 25.

640 Mangels Normcharakter wird die Gewohnheitsrechtsfähigkeit daher zutreffend bestritten von *Buchner*, Unternehmensschutz, S. 28, 29, 31; *Deutsch*, JZ 1963, 385 ff., 391 Fußn. 109; *v. Köller*, Meinungsfreiheit und unternehmensschädigende Äußerung, S. 45; *Schrauder*, Wettbewerbsverstöße, S. 170; *Steindorff*, JZ 1960, 582 ff., 584.

641 Vgl. *Buchner*, Unternehmensschutz, S. 25 ff., 30 f.; *Kübler*, AcP 172 (1972), 177 ff., 184; *ders.*, AfP 1973, 405 ff., 406; *Schrauder*, Wettbewerbsverstöße, S. 150 ff., *Wiethölter*, KritJ 1970, 121 ff.

642 Erman/*Schiemann*, BGB § 823 Rn. 58.

643 Vgl. *Ringel*, Recht am Gewerbebetrieb, 1973, S. 208 ff., 211, 212 f.

644 Vgl. *Sack*, Unbegründete Schutzrechtsverwarnungen, 2006, S. 24 m.w.Nachw. in Fußn. 73.

aus Kennzeichenrecht I« in Zweifel gezogen[645]. Der Große Zivilsenat hat diese Kritik zwar zurückgewiesen[646]. Das reicht jedoch für die Annahme von Gewohnheitsrecht nicht aus.

c) Allgemeine Rechtsgrundsätze

Eine Verlagerung des Unternehmensschutzes von § 823 I BGB in § 823 II BGB hat *Gieseke* wie folgt begründet[647]: Es sei nicht einzusehen, weshalb man nicht auch » allgemeine Grundsätze, die unser soziales Leben beherrschen«, als Schutzgesetze ansehen könne, selbst wenn diese nicht durch Bestimmungen des Grundgesetzes oder in anderer Weise fixiert seien, vielmehr erst erschlossen werden müssten[648]. Wenn man dafür eine positivrechtliche Stütze verlange, so könne man Art. 2 EGBGB, der jede Rechtsnorm unter den Begriff des Gesetzes fallen lasse, in diesem Sinne auffassen, vorausgesetzt, man verbaue sich nicht von vornherein durch eine positivistische Einstellung diese Möglichkeit.

Für *L. Raiser* [649] ist es ethisch und politisch gleich wichtig wie die Anerkennung subjektiver Rechte, »den Einzelnen auch durch das Recht in die ihn umgreifenden, mit anderen verbindenden, als *Ordnungsgefüge* geregelten *Wirkungszusammenhänge* einzufügen, also die *Rechtsinstitute* auszubilden und zu sichern, in denen der Einzelne eine Gliedstellung einnimmt« (Hervorhebungen von L. Raiser). So gelange man zu sekundären Schutzansprüchen, die nicht nur primären subjektiven Rechten dienen. Für das Deliktsrecht bedeute dies eine stärkere Betonung des Schutzes nach § 823 II BGB anstelle der übermäßigen Inanspruchnahme des § 823 I BGB.

Weiterhin ist die Auffassung von *Schmiedel* zu erwähnen. Über den Rahmen des deliktsrechtlichen Unternehmensschutzes hinausgreifend, glaubte er ganz allgemein, dass die mit Generalklauseln – wie z.B. mit der des sog. Rechts am Gewerbebetrieb – notwendig verbundene Ungewissheit vermeidbar gewesen wäre, wenn man statt der Vorschrift des § 823 I BGB die des § 823 II BGB als Instrument für die Fortbildung des Deliktsrechts benutzt hätte[650]. Dann hätte

---

645 BGH GRUR 2004, 958 ff. – Verwarnung aus Kennzeichenrecht; ebenso *Sack*, Unbegründete Schutzrechtsverwarnungen, S. 48 ff., 82 ff.

646 BGH GSZ GRUR 2005, 882 ff. = NJW 2005, 3141 ff. – Unberechtigte Schutzrechtsverwarnung.

647 *Gieseke*, GRUR 1950, 298 ff., 310 f.

648 Ebenso wie *Gieseke* auch *Reinhardt*, Karlsruher Forum 1961, 11; *Rödig*, Erfüllung des Tatbestandes des § 823 Abs. 1 BGB durch Schutzgesetzverstoß, S. 64 f.; *Völp*, WuW 1956, 31 ff., 39; de lege ferenda wurde bereits im Jahre 1926 von *Reichel*, Verhandlungen des 34. DJT, Bd. I, 1926, S. 141 vorgeschlagen, die Vorschrift des § 823 II BGB so zu ändern, dass sie Rechtsfortbildungen erlaube.

649 *L. Raiser*, JZ 1961, 465 ff., 472 mit Fußn. 72.

650 *Schmiedel*, Deliktsobligationen I, S. 38 f.; die Ausführungen von *Schmiedel* betreffen außer dem Unternehmensschutz nach § 823 I BGB auch die im Rahmen dieser Vorschrift entwickelten Normen zum Schutze der Persönlichkeit und die Verkehrssicherungspflichten;

man eigens für § 823 II BGB tatbestandlich genau begrenzte *Bezugsnormen* schaffen können; zugleich hätte sich damit die Richtung andeuten lassen, in der vermutlich weitere Verhaltensweisen in den Anwendungsbereich dieser Vorschrift einbezogen werden würden. So wäre die Rechtsprechung Schritt für Schritt weitergekommen. Eine Verlagerung des bisher mit § 823 I BGB gewährten Unternehmensschutzes auf § 823 II BGB werde zwar wegen eingefahrener Denkgewohnheiten wohl auf allzu starke Widerstände stoßen. Soweit es aber um die künftige Neubildung deliktischer Tatbestände gehe, seien sie dort einzufügen, wo sie systematisch hingehören, nämlich in § 823 II BGB.

Speziell für den Bereich des Streikrechts hat *Steindorff* einen auf § 823 II BGB i.V.m. Art. 9 III GG gestützten Unternehmensschutz vorgeschlagen. Das Streikrecht mitsamt seinen Grenzen sei auf Art. 9 III GG zurückzuführen. Diese grundgesetzliche Norm habe auch zivilrechtliche Auswirkungen. Entnehme man ihr die Grenzen des Streikrechts, so könne sie als Verbotsgesetz i.S.d. § 823 II BGB dienen[651].

In Fortführung des von *Steindorff* gewählten Ansatzes hat *Schramm* die Ansicht vertreten, dass auch Art. 12 GG ein Schutzgesetz i.S.v. § 823 II BGB sei[652].

Die genannten Versuche, den Anwendungsbereich von § 823 II BGB auszuweiten, sind nicht tragfähig. Denn diese Vorschrift ermächtigt den Richter nicht zur *selbständigen* Rechtsfortbildung[653]. Vielmehr darf er mit § 823 II BGB nur den von der Rechtsordnung vorgegebenen Normen deliktsrechtliche Wirkung verleihen (Transformationsfunktion des § 823 II BGB)[654]. Zu diesen Normen gehören zum einen nur die des geschriebenen Rechts sowie gewohnheitsrechtlich geltende Normen[655]. Außerdem muss es sich immer um Normen handeln, die ein bestimmtes Verhalten *gebieten oder verbieten*[656]. Diese Voraussetzungen erfüllen die »allgemeinen Grundsätze« des sozialen Zusammenlebens nicht[657];

---

vgl. zu diesem Buch auch die Besprechung von *Steindorff*, ZHR 139 (1975), 183 ff.; ähnlich wie *Schmiedel* auch *Rödig*, a.a.O., S. 64 f.

[651] *Steindorff*, JZ 1960, 582 ff., 583; ebenso *Emmerich*, JuS 1967, 236 f., 237; a.A. *Brüggemeier*, ZVglRWiss 82 (1983), 62 ff., 85 f.; *Kissel*, Arbeitskampfrecht, S. 729, Rn. 42.

[652] *Schramm*, GRUR 1973, 75 ff., 76.

[653] Zutreffend *Deutsch*, JZ 1963, 385 ff., 389; *Witthuhn*, Die Ausgestaltung der privaten Klage im Wirtschaftsrecht, S. 159; a.A. *Rödig*, a.a.O., S. 64 f.; *Schmiedel*, a.a.O., S. 37 f.

[654] Vgl. *Deutsch*, JZ 1963, 385 ff., 389.

[655] Es entspricht h.M., dass auch gewohnheitsrechtlich anerkannte Normen »Schutzgesetze« i.S.v. § 823 II BGB sein können, vgl. *Deutsch*, JZ 1963, 385 ff., 389, 390; *Kraßer*, Der Schutz vertraglicher Rechte gegen Eingriffe Dritter, S. 212; *Marquitz*, Der Rechtsschutz des kaufmännischen Unternehmens durch die §§ 823 ff BGB., S. 40; *Ringel*, Das Recht am Gewerbebetrieb, S. 210 ff., 211 a.E.; *Schmiedel*, Deliktsobligationen I, S. 35 f.; *Schultz-Süchting*, Dogmatische Untersuchungen zur Frage eines Schadensersatzanspruches bei ungerechtfertigter Inanspruchnahme eines gerichtlichen Verfahrens, S. 162; *Witthuhn*, a.a.O., S. 158.

[656] Vgl. BGH GRUR 1962, 159 ff., 162 – Blockeis; BGH GRUR 1965, 690 ff., 692 a.E. – Facharzt; BGH NJW 1970, 1240.

[657] Zutreffend BGH GRUR 1965, 690 ff., 692 – Facharzt; *Deutsch*, JZ 1963, 385 ff., 389;

auch diejenigen Grundsätze, auf denen die Institutionen und Institute unseres Rechts beruhen, sind keine derartigen Normen. Den allgemeinen Grundsätzen fehlt, wie der BGH mit Recht festgestellt hat, »in jedem Falle die für ein Schutzgesetz wesentliche Voraussetzung, dass es ein bestimmtes Gebot oder Verbot ausspricht und nicht nur allgemeine Grundsätze enthält«[658].

Bedenken begegnet aber auch der Vorschlag, zu den Schutzgesetzen i.S.v. § 823 II BGB die Vorschriften der Art. 9 III und 12 GG zu rechnen[659]. Gegen diese Auffassung spricht ihre Unbestimmtheit. Ebenso wie die Haftung aus § 823 I BGB setzt auch die aus § 823 II BGB Verstöße gegen vertypte Unrechtstatbestände, d.h. gegen Unrechtstatbestände mit vertypten Unrechtsmerkmalen voraus.

Deshalb ist auch der Vorschlag abzulehnen, § 823 II BGB als Instrument zur Rechtsfortbildung zu verstehen, d.h. im Rahmen des § 823 II BGB neue, genau begrenzte Bezugsnormen zu schaffen[660]. Wäre diese Auffassung zutreffend, dann würde § 823 II BGB zur umfassenden deliktsrechtlichen Generalklausel. Die beschränkte Generalklausel des § 826 BGB könnte man streichen. Denn jede Sittennorm i.S.v. § 826 BGB wäre dann zugleich auch ein Schutzgesetz i.S.v. § 823 II BGB. Durch Ansprüche aus § 823 II BGB würden aber konkurrierende Ansprüche aus der Generalklausel des § 826 BGB, die ihrer Natur nach nur ein »Auffangtatbestand« ist, ausgeschlossen[661]. Außerdem ließen sich mit § 823 II BGB – über § 826 BGB hinaus –auch *fahrlässige* Schadenszufügungen erfassen, die gegen die guten Sitten verstoßen. Dies stünde jedoch in einem klaren Widerspruch zum Willen der Verfasser des BGB, wie er in § 826 BGB deutlich zum Ausdruck gekommen ist. Denn in seiner ursprünglichen Fassung gewährte diese Vorschrift (§ 705 E I) nicht nur gegen vorsätzliche, sondern auch gegen fahrlässige Schadenszufügungen, die gegen die guten Sitten verstoßen, Schutz. Die zweite BGB-Kommission hat jedoch den Anwendungsbereich dieser Vorschrift auf vorsätzliche Schadenszufügungen beschränkt, weil sie keinen hinreichenden Anlass sah, auch gegen *fahrlässige* Schadenszufügungen, die ge-

---

Preusche, Unternehmensschutz, S. 60; *Schmiedel*, Deliktsobligationen I, S. 36 f.; *Witthuhn*, a.a.O., S. 159.

[658] BGH GRUR 1965, 690 ff., 692 – Facharzt; vgl. auch BGH NJW 1974, 1240.

[659] So jedoch in Bezug auf Art. 9 III GG *Steindorff*, JZ 1960, 582 ff., 583; *Emmerich*, JuS 1967, 136 f., 137; entsprechend in Bezug auf Art. 12 GG *Schramm*, GRUR 1973, 75 ff., 76. Zwischen den beiden genannten Grundrechtsvorschriften besteht insofern ein Unterschied, als Art. 9 III GG im Gegensatz zu Art. 12 GG eine unmittelbare privatrechtliche Drittwirkung hat; darauf weisen *Steindorff* und *Emmerich* a.a.O., hin. Dieser Unterschied ist jedoch für die Schutzgesetzeigenschaft nach § 823 II BGB unerheblich.

[660] So jedoch *Schmiedel*, Deliktsobligationen I, S. 38.

[661] Entgegen der hier vertretenen Auffassung besteht allerdings nach h.M. zwischen Ansprüchen aus deliktsrechtlichen Sondertatbeständen und Ansprüchen aus der Generalklausel des § 826 BGB Anspruchskonkurrenz. Diese Auffassung wird jedoch der lückenfüllenden Funktion der Generalklausel des § 826 BGB nicht gerecht.

gen die guten Sitten verstoßen, einzuschreiten[662]. Damit wäre es unvereinbar, wenn man richterrechtlich zu entwickelnde Verhaltensnormen anerkennen würde, die mittelbar über § 823 II BGB auch gegen fahrlässige Schädigungshandlungen, die rechtlich zu missbilligen sind, Schutz gewähren.

Aus den vorangegangenen Ausführungen folgt, dass § 823 II BGB nur auf solche Unternehmenseingriffe anwendbar ist, die gegen *vertypte* unternehmensschützende Gebots- oder Verbotsnormen des geschriebenen Rechts oder des Gewohnheitsrechts verstoßen. Damit ist jedoch nur ein verhältnismäßig beschränkter Unternehmensschutz zu erreichen.

2. Ansprüche aus § 823 I BGB (ohne Recht am Gewerbebetrieb)

a) Ansprüche wegen Eigentumsverletzung

Einen, wenn auch recht beschränkten, Schutz des Unternehmens gegen rechtswidrige Eingriffe bietet ferner der *Eigentumsschutz* nach § 823 I BGB. Zu den Eigentumsverletzungen i.S.v. § 823 I BGB gehören vor allem die sog. »*Sachsubstanzverletzungen*«, d.h. Eingriffe in die Substanz der dem Eigentümer gehörenden Sachen. Danach genießt der Inhaber eines Unternehmens Eigentumsschutz gegen die Beschädigung von Betriebsräumen und Betriebsgrundstücken, gegen die Beschädigung von betrieblichen Anlagen, Maschinen und Betriebsfahrzeugen, gegen die Beschädigung der Sachen, die Gegenstand seiner Produktions- und Absatztätigkeit sind[663], sowie gegen die Beschädigung der von ihm hergestellten Produkte.

§ 823 I BGB (Eigentum) schützt den Eigentümer einer Sache grundsätzlich auch dagegen, dass er an deren bestimmungsgemäßem Gebrauch oder Verbrauch ganz oder nur teilweise, längerfristig oder auch nur kurzfristig gehindert wird (»sog. Funktionsverletzungen«)[664]. Der BGH und die h.L. schränken diesen Grundsatz allerdings dahingehend ein, dass die Beeinträchtigung der bestimmungsgemäßen Nutzung einer Sache durch *tatsächliche Einwirkung* auf diese erfolgt sein muß[665]. Die Verwendung des Kriteriums »tatsächliche Einwirkung auf die Sache« ist jedoch missverständlich. Denn damit kann der unzutreffende Eindruck erweckt werden, dass der Eigentumsschutz nach § 823 I BGB nur dann eingreift, wenn der Verletzer auf die fremde Sache in irgendeiner

---

662 Protokolle II, S. 576.

663 Vgl. BGHZ 41, 123 ff., 125 ff. – Bruteier; BGHZ 105, 346 ff., 350 – Produzentenhaftung für Fischfutter.

664 Vgl. BGHZ 55, 153 ff., 159 – Schuten im Fleet; BGHZ 56, 73 ff., 77; BGH NJW 1974, 1869 ff., 1870 – Abbrucharbeiten; BGH NJW 1975, 347 ff., 349; BGH NJW 1977, 2264 ff., 2265 (1. b) – Tanklager; vgl. dazu *Möschel*, JuS 1977, 1 ff.

665 Vgl. BGH a.a.O.; krit. zu diesem Kriterium *Willoweit*, NJW 1975, 1190 ff.; *Fraenkel*, Tatbestand und Zurechnung bei § 823 Abs. 1 BGB, 1978, S. 128; *Brüggemeier*, ZVglRWiss 82 (1983), 62 ff., 82 f.

Weise Zugriff genommen oder sich an ihr zu schaffen gemacht hat. Die einschlägigen Entscheidungen des BGH lassen hingegen erkennen, dass der Ausdruck »tatsächliche Einwirkung auf die Sache« nicht in diesem Sinne zu verstehen ist[666]. Vielmehr will der BGH – und dies zu Recht – mit diesem Kriterium offenbar nur diejenigen Fälle vom Eigentumsschutz nach § 823 I BGB ausschließen, in denen die Beeinträchtigung oder der Entzug des bestimmungsgemäßen Gebrauchs einer Sache *in der Person* des Eigentümers begründet ist. Wer z.B. infolge einer Köperverletzung oder infolge einer Freiheitsbeschränkung daran gehindert ist, sein Eigentum bestimmungsgemäß zu nutzen, hat keine Ansprüche wegen Eigentumsverletzung. Dagegen sind alle Handlungen, die den *Wert der betroffenen Sache als solcher* beeinträchtigen, als »tatsächliche Einwirkung auf diese Sache« zu verstehen[667].

Einen Entzug des bestimmungsgemäßen Gebrauchs durch tatsächliche Einwirkung auf die Sache hat die Rechtsprechung nicht nur im Falle der *Wegnahme* einer Sache angenommen[668]. Die Benutzbarkeit einer Sache kann auch in sonstiger Weise vereitelt werden. Zutreffend hat es der BGH z.B. als Eigentumsverletzung durch Entzug des bestimmungsgemäßen Gebrauchs bewertet, wenn die Benutzbarkeit eines in einer Garage abgestellten Kraftwagens durch widerrechtlich ausgeführte Bauarbeiten vor der Garagenausfahrt für eine gewisse Zeit objektiv unmöglich gemacht wird[669].

Auch im »Unternehmensdeliktsrecht« im weiteren Sinne hat der eben erörterte Eigentumsschutz nach § 823 I BGB praktische Bedeutung erlangt[670]. Ein Beispiel hiefür bietet die Schuten im Fleet-Entscheidung des BGH vom 21.12.1970, in der es um folgenden Fall ging[671]: Zur Stützung einer teilweise eingestürzten Haus- und Ufermauer an einem Fleet war eine Balkensperre angebracht worden; durch sie wurde ein Schiff im Endteil des Fleets mehrere Monate lang so eingeschlossen, dass es nicht benutzt werden konnte. Darin sah der BGH einen Entzug des bestimmungsgemäßen Gebrauchs des Schiffs durch »tatsächliche Einwirkung auf dieses Fahrzeug«. Deshalb hielt er eine Eigentumsverletzung i.S.v. § 823 I BGB für gegeben.

---

[666] Vgl. BGHZ 55, 153 ff., 159 – Schuten im Fleet; BGHZ 56, 73 ff., 76; BGH NJW 1975, 347 ff., 349 (3.); BGH NJW 1977, 2264 ff., 2265 (1. b) – Tanklager.

[667] Ähnlich *Möschel*, JuS 1977, 1 ff., 4; *Boecken*, Deliktsrechtlicher Eigentumsschutz gegen reine Nutzungsbeeinträchtigungen, 1995, S. 221 ff., 223, 382.

[668] Vgl. BGH NJW 1977, 2264 ff., 2265 (1. b) – Tanklager; ungenau ist es, wenn der BGH in dieser Entscheidung den Entzug des bestimmungsgemäßen Gebrauchs durch Wegnahme nicht als Unterfall des Entzugs des bestimmungsgemäßen Gebrauchs durch tatsächliche Einwirkung nennt, sondern beide Fallgruppen nebeneinander aufführt; vgl. auch BGHZ 56, 73 ff., 76 (Haftung des gesetzlichen Vertreters einer juristischen Person nach § 823 I BGB, wenn er bösgläubig für diese Besitz erwirbt); BGH VersR 1975, 658 ff., 659.

[669] Vgl. BGH NJW 1975, 347 ff., 349 (IV. 3.).

[670] Kritisch zur Verlagerung des Unternehmensschutzes in den Eigentumsschutz *Brüggemeier*, ZVglRWiss 82 (1983), 62 ff., 82 f.

[671] BGHZ 55, 153 ff., 159 – Schuten im Fleet.

Über einen weiteren Fall des Entzugs des bestimmungsgemäßen Gebrauchs von Unternehmenseigentum hatte der BGH in seiner Tanklager-Entscheidung vom 21.6.1977 zu befinden[672]: In einem Tanklager war durch das Verschulden des Fahrers eines Tankfahrzeugs ein Brand ausgebrochen, der sich auszuweiten drohte. Aus diesem Grunde hat die Polizei für etwa 2 Stunden die Räumung und Sperrung eines in unmittelbarer Nähe gelegenen Betriebsgrundstücks verfügt. Außerdem wurde durch Einsatzfahrzeuge der Polizei und der Feuerwehr die öffentliche Zufahrtsstraße zum Betrieb blockiert. Diese Blockierung dauerte auch nach Ablauf der polizeilichen Räumungsanordnung noch für etwa 3 Stunden an. Dadurch wurden die mit Material beladenen Fahrzeuge des Unternehmens an der Ausfahrt gehindert. Nach Ansicht des BGH wurde durch die polizeilich verfügte *Räumung und Sperrung* des Betriebsgrundstücks das Eigentumsrecht des Betriebsinhabers, wenn auch nur vorübergehend, so doch empfindlich gestört. Darin sah er eine Eigentumsverletzung nach § 823 I BGB[673]. Demgegenüber verneinte er – abweichend vom Berufungsgericht – eine Eigentumsverletzung, soweit die Betriebsfahrzeuge durch die Blockierung der öffentlichen Zufahrtsstraße an der Ausfahrt gehindert worden waren. Er erklärte es für »abwegig, in der kurzfristigen Störung des öffentlichen Verkehrs auf den Zufahrtswegen zum Grundstück des Kl. eine selbständige Beeinträchtigung des Eigentums am Betriebsgrundstück zu erblicken«[674].

Der vom BGH in der Tanklager-Entscheidung vorgenommenen Abgrenzung des Eigentumsschutzes ist zuzustimmen. Gegen die Annahme des BGH, dass die polizeilich verfügte Räumung und Sperrung des Betriebsgrundstücks eine durch den Brand schuldhaft verursachte Eigentumsverletzung darstelle, wird man kaum berechtige Zweifel vorbringen können. Bedenklich erscheint jedoch auf den ersten Blick die Ansicht des BGH – auch wenn er die Gegenauffassung des Berufungsgerichts schlicht für »abwegig« erklärt hat –, dass es keine Eigentumsverletzung sei, wenn die Betriebsfahrzeuge eines Unternehmens durch eine schuldhaft verursachte Blockierung der öffentlichen Zufahrtsstraße kurzfristig am Ausfahren gehindert werden. Denn in seiner oben bereits genannten Schuten im Fleet-Entscheidung vom 21.12.1970 hatte der BGH anerkannt, dass auch der Entzug des bestimmungsgemäßen Gebrauchs einer Sache – hier eines Schiffes – durch die Blockierung öffentlicher Verkehrswege eine Eigentumsverletzung i.S.v. § 823 I BGB sein könne. Die Bedenken, die sich aus dem Vergleich der Tanklager-Entscheidung mit der Schuten im Fleet-Entscheidung ergeben, hat der BGH mit dem Hinweis auf den »offensichtlichen« Unterschied zwischen den Fällen, die diesen beiden Entscheidungen zugrunde lagen, zu zerstreuen versucht: im Tanklager-Fall sei der Kl. nur durch eine *kurzfris-*

---

[672] BGH NJW 1977, 2264 ff., 2265 – Tanklager; kritisch dazu *Medicus*, Bürgerliches Recht, Rn. 615; *Schildt*, WM 1996, 2261 ff., 2265.

[673] BGH NJW 1977, 2265 (1. b).

[674] BGH NJW 1977, 2265 (2. a); vgl. auch RGRK/*Steffen*, BGB § 823 Rn. 21.

tige Blockierung eines öffentlichen Verkehrsweges an der Benutzung seiner Betriebsfahrzeuge gehindert worden; demgegenüber sei im Fall »Schuten im Fleet« das Schiff des Kl. *monatelang* durch die Blockierung des Fleets eingesperrt und nicht benutzbar gewesen.

Der vom BGH aufgezeigte Unterschied zwischen den beiden Fällen läßt sich nicht leugnen. Die *Zeitdauer* einer Eigentumsbeeinträchtigung ist jedoch für sich allein gesehen kein ausreichendes Kriterium zur Abgrenzung von Eigentumsbeeinträchtigungen, die als Eigentumsverletzungen i.S.v. § 823 I BGB zu bewerten sind, und sonstigen, rechtlich irrelevanten Eigentumsbeeinträchtigungen[675]. Dies zeigt gerade die Tanklager-Entscheidung selbst, um die es hier geht, besonders deutlich. In ihr hatte der BGH keine Bedenken gehabt, in der nur zweistündigen Räumung und Sperrung des Betriebsgrundstücks des Kl. – die Blockierung der Zufahrtsstraße dauerte insgesamt 5 Stunden – eine Eigentumsverletzung zu sehen. Auch wer eine Garagenausfahrt oder eine Betriebsausfahrt nur kurzfristig durch widerrechtliches Parken oder durch widerrechtliche Bauarbeiten blockiert, begeht eine Eigentumsverletzung[676].

Dennoch ist dem BGH Recht zu geben, wenn er Eigentumsbeeinträchtigungen durch kurzfristige Störungen des *öffentlichen Verkehrs* nicht als Eigentumsverletzungen i.S.v. § 823 I BGB bewertet. Den entscheidenden Grund dafür hat er in der Tanklager-Entscheidung in einem anderen Zusammenhange, nämlich bei der Erörterung von Ansprüchen aus § 823 II BGB i.V.m. den Verkehrsvorschriften und Ansprüchen aus § 823 I BGB unter dem Gesichtspunkt eines Eingriffes in das Recht am Gewerbebetrieb genannt. Aus dem Schutzzweck der Verkehrsvorschriften hat er abgleitet, dass Beeinträchtigungen durch kurzfristige Störungen des Verkehrs von jedem Benutzer öffentlicher Verkehrswege als *schicksalhaft* ersatzlos hinzunehmen seien[677]. Entsprechend ist auch der Eigentumsschutz nach § 823 I BGB einzugrenzen[678]. Andernfalls würde die Teilnahme am öffentlichen Verkehr für jedermann zu einem unübersehbaren Risiko. Jeder durch einen Verkehrsunfall oder auch in sonstiger Weise schuldhaft verursachte Verkehrsstau könnte eine uferlose Haftung gegenüber allen davon betroffenen Verkehrsteilnehmern zur Folge habe. Die Einschränkung der Haftung hat jedoch nicht beim Eigentumsverletzungstatbestand, sondern beim Zurechnungstatbestand, z.B. unter dem Gesichtspunkt des allgemeinen Lebensrisikos, zu erfolgen.

Teilt man die Auffassung, dass – von der Ausnahme von Eigentumsbeeinträchtigungen durch kurzfristige Störungen des öffentlichen Verkehrs abgese-

---

675 Vgl. *Grunsky*, AcP 196 (1996), 611 ff., 612; a.A. Bamberger/Roth/*Spindler*, BGB § 823 Rn. 141; vermittelnd *Boecken*, a.a.O., S. 349 f.: Zeitdauer als Abwägungskriterium.

676 Vgl. BGH NJW 1975, 347 ff., 349.

677 BGH NJW 1977, 2264 ff., 2265 (vor 2. b); vgl. auch RGRK/*Steffen*, BGB § 823 Rn. 21.

678 Zur Notwendigkeit einer Einschränkung des Eigentumsschutzes nach § 823 I BGB vgl. *Marschall v. Bieberstein*, in: FS für v. Caemmerer, 1978, S. 111 ff.

hen – die Beeinträchtigung oder gar der Entzug des bestimmungsgemäßen Gebrauchs einer Sache eine Eigentumsverletzung i.S.v. § 823 I BGB darstellt, dann lassen sich rechtswidrige Unternehmensblockaden, auf die der BGH diese Vorschrift bisher nur unter dem Gesichtspunkt eines rechtswidrigen Eingriffs in das Recht am Gewerbebetrieb angewendet hat[679], auch unter dem Gesichtpunkt einer Eigentumsverletzung erfassen[680]. Wer die Betriebsfahrzeuge eines Unternehmens durch eine Unternehmensblockade an der Ausfahrt oder an der Einfahrt in das Unternehmen hindert, begeht in gleicher Weise eine Eigentumsverletzung i.S.v. § 823 I BGB, wie derjenige, der durch widerrechtliches Parken oder durch widerrechtliche Straßenbauarbeiten eine Grundstücks- oder Garagenausfahrt blockiert[681]. Bestehen Ansprüche aus § 823 I BGB wegen Eigentumsverletzung durch Unternehmensblockaden, dann sind konkurrierende Ansprüche aus dieser Vorschrift wegen eines Eingriffs in das Recht am Gewerbebetrieb nicht begründet[682].

In seiner Monographie über deliktsrechtlichen Eigentumsschutz von 1995 hat *Boecken* die Ansicht vertreten, dass auch reine Nutzungsbeeinträchtigungen einer Sache Eigentumsverletzungen i.S.v. § 823 I BGB seien. Deren Rechtswidrigkeit sei jedoch nicht indiziert, sondern durch eine *Interessenabwägung* festzustellen[683]. Diese Ansicht erfasst auch Unternehmenseingriffe, gegen die bisher mit dem Recht am Gewerbebetrieb Schutz gewährt wird; auch gegen Produktionsausfall infolge der Unterbrechung der Stromzufuhr oder gegen Nutzungsausfall wegen Einschränkung des Gemeingebrauchs an öffentlichen Verkehrswegen kann diese Interpretation des Begriffs der Eigentumsverletzung des § 823 I BGB – vorbehaltlich einer Interessenabwägung – schützen[684]. Gegen diese Ansicht spricht jedoch einer der wesentlichen Gesichtspunkte, der auch der Einbeziehung des Rechts am Gewerbebetrieb in § 823 I BGB entgegensteht: Ein Eigentumsschutz, dessen Reichweite erst durch Interessenabwägung festzustellen ist, sprengt das System der *vertypten* Unrechtstatbestände, das § 823 I BGB zugrundeliegt.

---

679 Vgl. BGHZ 59, 30 ff., 34 ff. – Blockade I; BGH NJW 1972, 1571 ff. – Blockade II.

680 Zutreffend *Möschel*, JuS 1977, 1 ff., 4 (2. b); RGRK/*Steffen*, BGB § 823 Rn. 18, 21, 44; Soergel/*Beater*, BGB § 823 Anh V Rn. 58; Staudinger/*Hager* (1999) BGB § 823 Rn. B 98; Bamberger/Roth/*Spindler*, BGB § 823 Rn. 117; nach *Schwitanski*, Deliktsrecht, Unternehmensschutz und Arbeitskampfrecht, 1986, S. 356, 386 f., 395 sind auch unbegründete Schutzrechtsverwarnungen und Streiks Eigentumsverletzungen i.S.v. § 823 I BGB.

681 Vgl. BGH NJW 1975, 347 ff., 349 zur Eigentumsverletzung durch widerrechtliche Straßenbauarbeiten, durch die die Benutzung des in der Garage abgestellten Kraftwagens des Eigentümers objektiv unmöglich gemacht wurde.

682 Vgl. BGHZ 55, 153 ff., 158 f. – Schuten im Fleet; BGH NJW 1977, 2264 ff., 2265 (1. a) – Tanklager; *Taupitz*, Haftung für Energieleiterstörungen durch Dritte, S. 154.

683 *Boecken*, Deliktsrechtlicher Eigentumsschutz gegen reine Nutzungsbeeinträchtigungen, 1995, S. 340 f., 344 ff., 392 f.

684 *Boecken*, a.a.O., S. 247 ff., 254 ff., 384.

b) Ansprüche wegen Freiheitsverletzung

Nach einer vor allem früher verbreiteten Ansicht sind alle Eingriffe in die allgemeine Handlungsfreiheit, d.h. nicht nur Eingriffe in die körperliche Bewegungsfreiheit, sondern auch Eingriffe in die Entschließungsfreiheit und in die wirtschaftliche Betätigungsfreiheit, als »Freiheitsverletzungen« i.S.v. § 823 I BGB zu bewerten[685]. Würde man dieser Ansicht folgen, dann wären viele Unternehmenseingriffe, die die Rechtsprechung als Eingriffe in das Recht am Gewerbebetrieb ansieht, »Freiheitsverletzungen« i.S.v. § 823 I BGB.

Das »Recht am Gewerbebetrieb« würde auch dann an Bedeutung verlieren, wenn man, wie es das RG in seiner Juteplüsch-Entscheidung vom 27.2.1904 zur Frage der Haftung für unbegründete Schutzrechtsverwarnungen getan hat, die Freiheit nur insoweit schützen wollte, als sie eine »*gegenständliche Verkörperung*« gefunden hat[686]. Denn dann wäre § 823 I BGB unter dem Gesichtspunkt einer Freiheitsverletzung auf *Unternehmensblockaden*, durch die die Zulieferung und Auslieferung von Waren verhindert wird, sowie auf *unbegründete Schutzrechtsverwarnungen* anwendbar.

Die Juteplüsch-Entscheidung des RG ist deshalb von besonderem Interesse, weil in ihr erstmals das »Recht am eingerichteten und ausgeübten Gewerbebetrieb« als sonstiges Recht i.S.v. § 823 I BGB anerkannt worden ist. Nachdem das RG in dieser Entscheidung zunächst dargelegt hatte, dass nicht jede Einwirkung auf die »freie Willensbetätigung« eines anderen eine Freiheitsverletzung i.S.v. § 823 I BGB darstelle und dass auch die »freie Erwerbstätigkeit als solche« nicht unter den Schutz dieser Vorschrift falle[687], fuhr es fort, »dass im Gegen-

---

[685] Vgl. *Benkard*, GRUR 1950, 481 ff., 485; *Crome*, System des bürgerlichen Rechts I, 1900, S. 168; *Dernburg*, Das bürgerliche Recht, 1./2. Aufl., 1899, Bd. II, S. 631; *Endemann*, Bürgerliches Recht, 8. Aufl., 1903, § 200 Fußn. 28; *Eckert*, JuS 1994, 625 ff., 630 f.; *van Gelder*, AuR 1969, 207 ff., 208; *van Gelder/Leinemann*, AuR 1970, 1 ff.; *Leinemann*, Der Begriff der Freiheit nach § 823 Abs. 1 BGB, 1969, S. 97 ff.; *ders.*, AuR 1970, 289 ff., 296 ff.; *O. v. Gierke*, Deutsches Privatrecht, Bd. I, 1895, S. 710; *Heck*, Schuldrecht, 1929, S. 450; *Heller*, Der privatrechtliche Schutz der Freiheit, 1917, S. 17 ff., 26 ff.; *Hubmann*, Persönlichkeitsrecht, 1. Aufl., 1953, S. 140 ff., 142 (in der 2. Aufl. dieses Buches leitet *Hubmann* den Schutz der allgemeinen Handlungsfreiheit aus dem allgemeinen Persönlichkeitsrechts ab); *Leßmann*, AcP 170 (1970), 266 ff., 274; *v. Liszt*, Deliktsobligationen, 1898, S. 24; *Lobe*, Unlauterer Wettbewerb I, S. 165; *Lukes*, Vortrag auf der Zivilrechtslehrertagung, berichtet von *Zöllner*, AcP 160 (1961), 538 ff., 542 ff., 544; *Mittweg*, Die unerlaubten Handlungen, 1899, S. 16; *Nörr*, AcP 158 (1959/60), 1 ff., 13, 15; *Planck*, BGB, 1./2. Aufl. 1900, § 823 Anm. 29; 3. Aufl. 1907, § 823 Anm. II. 1. f. (anders in der 4. Aufl., 1928, § 823 BGB Anm. B II. 1. b); *Stadtmüller*, Diss., S. 361; *E. Wolf*, in: FS für v. Hippel, 1967, S. 683 ff.; *ders.*, JuS 1968, 77 ff., 79 f.; *ders.*, in: FS für Max Keller, 1989, S. 359 f.; *Würdinger*, WuW 1953, 721 ff., 733; vgl. auch *Smoschewer*, Ufita 3 (1930), 229 ff., 240; *gegen diese Auffassung* außer den in Fußn. 690 genannten Autoren auch schon ausdrücklich RGZ 48, 114 ff., 123 f.; RGZ 51, 369 ff., 372 f.; RGZ 58, 24 ff., 28 f. – Juteplüsch; RGZ 97, 343 ff., 345 f.; RGZ 100, 213 ff., 214; BGHZ 26, 349 ff., 355; zur Entwicklung der Rechtsprechung vgl. *Deutsch*, in: FS für Hauß, 1978, S. 43 ff., 49 ff.

[686] RGZ 58, 24 ff., 29 f. – Juteplüsch.

[687] RGZ 58, 28 ff., 29 – Juteplüsch.

satz zu der rechtlichen Möglichkeit, ein beliebiges Gewerbe zu betreiben, wie sie der § 1 Gew.O. allgemein gewährt, an dem bereits eingerichteten und ausgeübten Gewerbebetrieb ein subjektives Recht anzuerkennen sei, das unmittelbar verletzt werden könne«[688]. Nach Hinweisen auf frühere Entscheidungen rechtfertigte das RG diese Auffassung mit folgender Begründung: »Dadurch, dass dieses sich bei dem bestehenden selbständigen Gewerbebetriebe *nicht bloß um die freie Willensbetätigung* des Gewerbetreibenden handelt, sondern dieser Wille darin bereits seine *gegenständliche Verkörperung* gefunden hat, ist die feste Grundlage für die Annahme eines subjektiven Rechts an diesem Betriebe gegeben«[689].

In diesen Ausführungen ist die terminologische Nähe zur heute h.M., dass nur Eingriffe in die *körperliche* Bewegungsfreiheit Freiheitsverletzungen i.S.v. § 823 I BGB seien, unverkennbar. Außerdem kann man sich des Eindrucks nicht erwehren, dass das RG in dieser Entscheidung den Schutz des Rechts am Gewerbebetrieb als einen *Unterfall des Freiheitsschutzes* nach § 823 I BGB verstanden hat. Dieser Eindruck wird durch eine Vielzahl späterer Entscheidungen des RG noch erhärtet, in denen vor allem der für Wettbewerbsstreitigkeiten zuständige II. ZS anstatt des Ausdrucks »Eingriff in das Recht am eingerichteten und ausgeübten Gewerbebetrieb« die Ausdrücke »Eingriff in die Freiheit der gewerblichen Betätigung« oder »Eingriff in die (freie) gewerbliche Betätigung« verwendet hat.

Die eben genannten Auffassungen zur Reichweite des Freiheitsschutzes nach § 823 I BGB werden von der heute h.M. mit Recht abgelehnt. Zutreffend bewertet sie nur Eingriffe in die *persönliche körperliche* Bewegungsfreiheit als Freiheitsverletzungen i.S.v. § 823 I BGB[690]. Würde man in den Begriff der Freiheit i.S.v. § 823 I BGB nicht nur die körperliche Bewegungsfreiheit, sondern auch die Entschließungsfreiheit einbeziehen, so würde das von § 823 I BGB geschützte Rechtsgut der Freiheit den Charakter eines vertypten Unrechtstatbestandes mit klaren Konturen verlieren und zur einer Generalklausel werden. Das System der vertypten Unrechtstatbestände, auf die § 823 I BGB zugeschnitten ist, würde, ebenso wie durch die Einreihung des Rechts am Gewerbe-

---

688 RGZ 58, 28 ff., 29 – Juteplüsch.

689 RGZ 58, 29 f. – Juteplüsch; Hervorhebungen vom Verf.

690 Vgl. *Becker*, Das Recht der unerlaubten Handlungen, S. 332; *Deutsch*, in: FS für Hauß, 1978, S. 43 ff., 60; *Enneccerus/Lehmann*, Recht der Schuldverhältnisse, S. 945; *Fikentscher*, Schadensersatz aus rechtswidrigem Streik, S. 112; *Fikentscher/Heinemann*, Schuldrecht, Rn. 1563; *Haupt*, Sympathiestreik, S. 95 f.; *Hueck/Nipperdey*, Lehrbuch des Arbeitsrechts II 2, S. 988 (I. 1. a); *Oertmann*, BGB, 5. Aufl., 1929, § 823 Anm. 2. d; *Planck*, BGB, 4. Aufl., 1928, § 823 Anm. B. II. 1. b (anders noch die Vorauflagen); RGRK/*Steffen*, BGB § 823 Rn. 14; *Salinger*, Gruchot 62 (1918), 289 ff., 290 f.; *Schulz-Schaeffer*, Das subjektive Recht im Gebiet der unerlaubten Handlung, 1915, S. 157; Soergel/*Zeuner*, § 823 BGB Rn. 28, 29; Staudinger/*Schäfer*, BGB 12. Aufl., § 823 Anm. 44 (anders noch die 9. Aufl.); *Stoll*, AcP 162 (1963), 203 ff., 214.

betrieb unter die »sonstigen Rechte«, gesprengt. Die Rechtswidrigkeit einer Freiheitsverletzung wäre bei einem derart weit gefaßten Freiheitsbegriff nicht mehr indiziert. Dies träfe auch dann zu, wenn man mit der h.M. nur bei unmittelbaren oder bei vorsätzlichen Eingriffen in die von § 823 I BGB geschützten Rechtsgüter und Rechte die Rechtswidrigkeit für indiziert hielte. Denn auch bei vorsätzlichen oder unmittelbaren Eingriffen in die wirtschaftliche Betätigungsfreiheit wäre die Rechtswidrigkeit nicht indiziert. Bei einer Beeinträchtigung der wirtschaftlichen Betätigungsfreiheit eines Gewerbetreibenden durch Wettbewerbshandlungen, Boykottaufforderungen oder Streikaufrufe verbieten der Grundsatz der Wettbewerbsfreiheit sowie Art. 5 u. 9 III GG die Annahme indizierter Rechtswidrigkeit. Vielmehr muß bei diesen Unternehmenseingriffen die Rechtswidrigkeit in jedem Einzelfall positiv durch eine Interessenabwägung festgestellt werden. Dafür ist jedoch die Vorschrift des § 826 BGB vorgesehen.

3. Sonstige Anspruchsgrundlagen

Außer der Vorschrift des § 823 BGB (Eigentums-, Freiheits- und Schutzgesetzverletzung) bieten auch noch weitere Sondertatbestände des BGB und des Wettbewerbsrechts einen beschränkten Unternehmensschutz. Genannt seien folgende Regelungen:

a) § 824 BGB schützt gegen unwahre Tatsachenbehauptungen über ein Unternehmen und seine Produkte.

b) § 4 Nr. 8 UWG erklärt wettbewerbliche Tatsachenbehauptungen über ein Unternehmen eines Mitbewerbers, die nicht erweislich wahr sind, für unlauter[691].

c) Unlauter sind nach § 4 Nr. 10 UWG auch Wettbewerbshandlungen, die Mitbewerber gezielt behindern[692].

d) Unlauter ist es außerdem nach § 4 Nr. 7 UWG, die Kennzeichen, Waren, Dienstleistungen, Tätigkeiten oder persönlichen oder geschäftlichen Beziehungen eines Mitbewerbers herabzusetzen oder zu verunglimpfen.

e) Nach § 6 II Nr. 4 u. 5 UWG ist vergleichende Werbung unlauter, wenn durch sie die Wertschätzung des von einem Mitbewerber verwendeten Kennzeichens in unlauterer Weise ausgenutzt oder beeinträchtigt wird oder wenn die Waren, Dienstleistungen, Tätigkeiten oder geschäftlichen Verhältnisse eines Mitbewerbers herabgesetzt oder verunglimpft werden.

f) § 14 II Nr. 3 MarkenG schützt den Inhaber einer Marke gegen die unlautere Ausnutzung oder Beeinträchtigung der Wertschätzung oder Unterscheidungskraft seiner Marke, d.h. gegen unlautere Rufausbeutung, Rufbeeinträchtigung oder Verwässerung seiner Marke.

---

691 Ausführlich dazu *Sack*, Unbegründete Schutzrechtsverwarnungen, S. 152 ff.

692 *Omsels*, WRP 2004, 136 ff.; *Sack*, WRP 2005, 531 ff., 534.

g) Nach § 15 II MarkenG (früher § 16 UWG) kann sich der Inhaber eines Unternehmenskennzeichens gegen die Benutzung verwechslungsfähiger Kennzeichen durch Mitbewerber oder sonstige Dritte wenden.

h) Nach § 15 III MarkenG kann der Inhaber eines bekannten Unternehmenskennzeichens die unlautere Ausnutzung oder Beeinträchtigung der Unterscheidungskraft oder der Wertschätzung seines Zeichens untersagen. Diese Regelung von 1995 ist insoweit an die Stelle der analogen Anwendung von § 12 BGB getreten, mit der man bekannte Unternehmenskennzeichen mit Namensfunktion gegen Rufausbeutung, Rufbeeinträchtigung oder Verwässerung geschützt hat[693].

i) § 21 I GWB untersagt es Unternehmen und Vereinigungen von Unternehmen, ein anderes Unternehmen oder Vereinigungen von Unternehmen in der Absicht, bestimmte Unternehmen unbillig zu beeinträchtigen, zu Liefersperren oder Bezugssperren aufzufordern (»Boykottverbot«).

4. Folgerung: kein ausreichender Unternehmensschutz durch die Sondertatbestände des Delikts- und Wettbewerbsrechts

Mit den Sondertatbeständen des BGB und des Wettbewerbsrechts ist nur ein beschränkter Unternehmensschutz zu erzielen. Auch wenn man die einschlägigen Vorschriften verhältnismäßig weit auslegt, lassen sich mit ihnen nicht alle Unternehmensverletzungen erfassen, die die Rechtsprechung bisher mit § 823 I bewältigt hat. Außerhalb ihres Anwendungsbereichs liegen

- rechtswidrige geschäftsschädigende Äußerungen, die keine Tatsachenbehauptungen darstellen,
- wahre geschäftsschädigende Tatsachenbehauptungen, die im Einzelfall bei Vorliegen besonderer Umstände rechtswidrig seien können,
- rechtswidrige Boykottaufforderungen, die weder die Voraussetzungen des § 21 I GWB noch die von § 824 BGB und § 4 Nr. 8 UWG erfüllen,
- rechtswidrige Unternehmensblockaden, soweit man nicht Ansprüche aus § 823 I BGB unter dem Gesichtspunkt einer Eigentumsverletzung für begründet hält,
- die meisten Formen rechtswidriger Streikaufrufe,
- fahrlässig unbegründete Schutzrechtsverwarnungen, durch die der Verwarnte einen Schaden erleitet[694].

---

[693] Zu § 12 BGB analog vgl. BGH GRUR 1966, 623 ff., 624 f. – Kupferberg.

[694] Gegen unbegründete Abnehmerverwarnungen, durch die Lieferanten des Verwarnten geschädigt werden, bieten hingegen § 4 Nr. 8 i.V.m. §§ 3, 9 UWG und § 824 BGB dem Lieferanten des unbegründet Verwarnten ausreichenden Schutz; ausführlicher dazu *Sack*, Unbegründete Schutzrechtsverwarnungen, 2006, S. 123 ff., 152 ff.

In diesen Fällen glaubt die h.M. nur mit § 823 I BGB unter dem Gesichtspunkt eines Eingriffs in das Recht am Gewerbebetrieb einen ausreichenden Unternehmensschutz gewähren zu können. Da jedoch der Unternehmensschutz nach § 823 I BGB nur lückenfüllender Natur ist, d.h. nur dann eingreift, wenn andere Vorschriften nicht anwendbar sind, stellt sich die Frage, ob nicht mit den Generalklauseln des § 826 BGB bzw. des § 3 UWG (früher § 1 UWG) derselbe oder zumindest teilweise derselbe Unternehmensschutz zu erreichen ist, wie ihn die Rechtsprechung mit § 823 I BGB bietet. Dies wird von der Rechtsprechung und der h.L. im Wesentlichen aus zwei Gründen verneint:

Zum einen hält man nicht jede *rechtswidrige* Unternehmensverletzung auch für *sittenwidrig* i.S.v. § 826 BGB. Außerdem glaubt man, dass speziell auf dem Gebiet nicht-wettbewerblicher Unternehmensverletzungen die Sittenwidrigkeitsklausel des § 826 BGB auch deshalb nicht ausreiche, da sie nur auf *vorsätzliche* Schädigungshandlungen anwendbar sei; der Rückgriff auf § 823 I BGB (Recht am Gewerbebetrieb) habe sich nicht zuletzt auch deshalb als notwendig erwiesen, weil nur auf diese Weise *fahrlässige* Unternehmensverletzungen nicht-wettbewerblicher Natur zu erfassen seien.

Ziel der folgenden Ausführungen ist es nachzuweisen, dass jede nach § 823 I BGB rechtswidrige Unternehmensverletzung zugleich auch gegen die guten Sitten verstößt. Es soll dargelegt werden, dass nicht nur die *Rechtswidrigkeit* einer Unternehmensverletzung nach § 823 I BGB, sondern auch und *in derselben* Weise die Sittenwidrigkeit von Unternehmensverletzungen nach § 826 BGB bzw. ihre Unlauterkeit nach § 3 UWG durch eine *umfassende Interessenabwägung* festzustellen ist. Weiterhin soll gezeigt werden, dass – von einer Ausnahme abgesehen[695] – bei keiner der Fallgruppen von Unternehmensverletzungen, auf die die Rechtsprechung § 823 I BGB anwendet, Ansprüche aus § 826 BGB am Vorsatzerfordernis dieser Vorschrift gescheitert wären.

II. Die Generalklausel des § 3 UWG

Nach § 3 des UWG von 2004 sind unlautere Wettbewerbshandlungen, die geeignet sind, den Wettbewerb zum Nachteil der Mitbewerber, der Verbraucher oder der sonstigen Marktteilnehmer nicht nur unerheblich zu beeinträchtigen, verboten.

Was *unlauter* i.S.v. § 3 UWG ist, bestimmen zum einen die Sondertatbestände der §§ 4–7 UWG. Wenn die dort geregelte Unlauterkeit die Bagatell-

---

[695] BGH NJW 1992, 41 ff. – Baustromverteiler, betreffend die Haftung eines Produzenten für reine Vermögensschäden mittelbarer gewerblicher Abnehmer, die diese durch die Benutzung fahrlässig mangelhaft hergestellter Produkte erlitten haben; zu dieser Entscheidung, die im Widerspruch zu vorangegangenen Entscheidungen des BGH steht, ausführlich *Sack*, VersR 2006, 582 ff. sowie unten Kap. 5, X.

schwelle des § 3 UWG überschreitet, ist sie verboten. Insoweit ist der neue § 3 UWG *der zentrale Verbotstatbestand* für die Sonderregelungen der §§ 4–7 UWG.

Außerdem enthält § 3 UWG auch die neue wettbewerbsrechtliche *Generalklausel.* Denn bei den §§ 4 ff. UWG handelt es sich um einen nicht abschließenden Katalog von Beispielsfällen unlauteren Wettbewerbs[696]. Abweichend von der früheren Generalklausel des § 1 UWG, der *sittenwidrige* Wettbewerbshandlungen untersagte, verwendet die neue wettbewerbsrechtliche Generalklausel des § 3 UWG das Tatbestandsmerkmal der *Unlauterkeit.* Diese Generalklausel hat eine *umfassende lückenfüllende* Funktion, d.h. sie untersagt alle rechtlich zu missbilligenden Wettbewerbshandlungen, für die das UWG keine Sonderregelung vorsieht, wenn diese den Wettbewerb nicht unerheblich beeinträchtigen[697].

Im Schrifttum wird die Ansicht vertreten, dass § 3 UWG – abweichend von der bisherigen Handhabung des § 1 UWG a.F. – eng auszulegen sei[698]. Die Schwelle für das subsidiäre Eingreifen der Generalklausel liege wohl beträchtlich höher als bisher[699]. Nur bei besonders gravierenden Fällen unlauteren Wettbewerbs, bei denen die Unlauterkeit evident sei, greife § 3 UWG lückenfüllend ein[700]. § 3 UWG sei nur noch bei *neu auftretenden* Problemfällen lückenfüllend anzuwenden[701]. Dies wird mit einer durch die UWG-Novelle von 2004 bezweckten Tendenzwende begründet.

Für eine solche Tendenzwende bieten jedoch die Amtlichen Materialien keinerlei Anhaltpunkte. Eine inhaltliche Änderung war mit dem Begriffswechsel – statt Sittenwidrigkeit nunmehr Unlauterkeit – nicht bezweckt[702]. Vielmehr wollte man damit vor allem die »Kompatibilität mit dem Gemeinschaftsrecht« verbessern[703]. Außerdem hielt der Gesetzgeber den Maßstab der guten Sitten für antiquiert, weil er den Wettbewerber unnötig mit dem »Makel der Unsittlichkeit« belaste[704]. Letzteres spricht sogar dafür, die neue Ge-

---

696 Begr.Reg.-Entw., BT-Drucks. 15/1487, S. 13, 17 (zu § 4), 19 (zu Nr. 10).

697 Vgl. *Sack*, WRP 2005, 531 ff., 532.

698 *Schünemann*, in: Harte/Henning, UWG, § 3 Rn. 37 ff.

699 *Henning-Bodewig*, GRUR 2004, 713 ff., 716.

700 *Schünemann*, in: Harte/Henning, UWG, § 3 Rn. 48; *ders.*, WRP 2004, 925 ff., 928; *ders.*, JZ 2005, 271 ff., 278 (»Extrem- und Evidenzfälle unlauteren Wettbewerbshandelns«).

701 *Gärtner/Heil*, WRP 2005, 20 ff., 23, 24 (mit unzutreffender Berufung auf die Begr. Reg.-Entw., BT-Drucks. 15/1487, S. 13).

702 *Emmerich*, Unlauterer Wettbewerb, 7. Aufl., 2004, S. 78; *Henning-Bodewig*, GRUR Int. 2004, 183 ff., 185; *Köhler*, NJW 2004, 2121, 2122; *Sack*, BB 2003, 1073; *ders.*, WRP 2005, 531 ff., 532; *Schünemann*, WRP 2004, 925 ff., 926, 929 f.

703 Begr.Reg.-Entw., BT-Drucks. 15/1487, S. 16 (zu § 1).

704 Begr.Reg.-Entw., BT-Drucks. 15/1487, S. 16 (zu § 1); gegen diese antiquierte Interpretation des Begriffs der Sittenwidrigkeit – der immerhin in einer größeren Anzahl anderer Vorschriften fortbesteht, z.B. in den §§ 138, 817, 818, 826 BGB oder in § 8 II Nr. 5 und § 23 MarkenG – *Sack*, BB 2003, 1073; *Emmerich*, Unlauterer Wettbewerb, S. 78 mit Fußn. 66.

neralklausel des § 3 UWG *weiter* auszulegen als die alte Sittenwidrigkeitsklausel des § 1 UWG a.F..

Abweichend von der alten Sittenwidrigkeitsklausel des § 1 UWG a.F. erfordert die Unlauterkeit nach § 3 UWG nicht die Kenntnis aller sittenwidrigkeits- bzw. unlauterkeitsbegründenden Tatumstände; es genügt der objektive Tatbestand[705]. Dieses Erfordernis hatte die h.M. – zu Unrecht[706] – aus der zur Konkretisierung der *guten Sitten* herangezogenen Anstandsformel sowie aus dem Bezug der guten Sitten auf die Normen der Ethik, Moral und Sittlichkeit abgeleitet. Außerdem sind diese Kriterien speziell auf den Begriff der guten Sitten zugeschnitten und deshalb mit der Ersetzung des Erfordernisses der Sittenwidrigkeit durch das der Unlauterkeit in § 3 UWG obsolet geworden[707].

Soweit sich die *Unlauterkeit* einer Wettbewerbshandlung nicht schon aus den Spezialregelungen der §§ 4 ff. UWG ergibt, ist sie durch eine *umfassende Interessenabwägung* festzustellen[708]. Maßgeblich sind in erster Linie »gesetzliche Wertmaßstäbe«[709], nämlich

- europäisches Recht, einschließlich der einschlägigen Richtlinien[710],
- verfassungsrechtliche Wertungen, insbesondere die Wertmaßstäbe der Grundrechte[711],
- sowie Wertmaßstäbe einfacher Gesetze, z.B. des GWB[712].

---

[705] Vgl. *Erdmann*, WRP 2005, 663 ff., 665; *Fezer*, in: Fezer, UWG I, § 3 Rn. 85, 86; *Köhler*, in: Hefermehl/Köhler/Bornkamm, UWG § 3 Rn. 41, 42; *Köhler*, NJW 2004, 2121 ff., 2122; *Sack*, WRP 2005, 531 ff., 532 f.; *Schünemann*, in: Harte/Henning, UWG § 3 Rn. 175 f., 202; *Teplitzky*, GRUR 2005, 9 ff., 14; die praktische Bedeutung dieses Kriteriums war im Wettbewerbsrecht gering, da es hier ganz überwiegend um Unterlassungs- und Beseitigungsansprüche geht, für die der Zeitpunkt der letzten mündlichen Verhandlung maßgebend ist. Bei Schadensersatzansprüchen war dieses Kriterium hingegen relevant, und deshalb scheiterten daran nach h.M. z.B. Schadensersatzansprüche aus § 1 UWG a.F. wegen fahrlässig unbegründeter Schutzrechtsverwarnungen.

[706] Ausführlich dazu *Sack*, NJW 1985, 761 ff.; *ders.* zu § 138 BGB in Staudinger, BGB (2003) § 138 Rn. 11 ff.

[707] *Sack*, WRP 2005, 531 ff., 532 f.

[708] Vgl. *Sack*, WRP 2005, 531 ff., 533; *Köhler*, in: Hefermehl/Köhler/Bornkamm, UWG § 3 Rn. 42; *Schünemann*, in: Harte/Henning, UWG § 3 Rn. 175 f., 202 f.

[709] Vgl. *Sack*, WRP 2005, 531 ff., 533; *ders.*, WRP 1985, 1 ff., 4 ff.

[710] Vgl. *Sack*, WRP 2005, 531 ff., 533; *Köhler*, in: Hefermehl/Köhler/Bornkamm, UWG § 3 Rn. 9, 11, 15 ff.; ebenso schon zum Begriff der Sittenwidrigkeit BGH GRUR 1998, 824 ff., 826 (II. 2.) = WRP 1998, 718 – Testpreisangebot; *Sack*, VersR 1994, 1383 ff., 1385; *ders.*, WRP 1998, 241 ff.; Staudinger/*Sack* (2003) BGB § 138 Rn. 44.

[711] Vgl. *Sack*, WRP 2005, 531 ff., 533; *Köhler*, in: Hefermehl/Köhler/Bornkamm, UWG § 3 Rn. 5, 11, 18; *Ohly*, GRUR 2004, 889 ff., 892 ff.; *Plaß*, in: HK-WettbR, UWG § 3 Rn. 18 ff.; *Schünemann*, in: Harte/Henning, UWG § 3 Rn. 198 ff.; ebenso zur alten wettbewerbsrechtlichen Generalklausel des § 1 UWG a.F. *Sack*, WRP 1985, 1 ff., 5; vgl. auch die zutreffende Kritik an der Ausuferung der Drittwirkung der Grundrechte von *Diederichsen*, AcP 198 (1998), 171 ff.

[712] Vgl. *Sack*, WRP 2005, 531 ff., 533; *ders.*, WRP 1985, 1 ff., 5; *Plaß*, in: HK-WettbR, UWG § 3 Rn. 30 ff.

Zu berücksichtigen sind ferner allgemeine Rechtsüberzeugungen sowie vorhandenes Richterrecht[713].

Wenn keiner der genannten Rechtsquellen und Rechtserkenntnisquellen Kriterien zu entnehmen sind, ist der Richter auf sein Rechtsgefühl angewiesen[714]. Bei der Rechtsfortbildung muß er sich um die Konsensfähigkeit und Gemeinverträglichkeit seiner Entscheidungen bemühen[715]. Konsens kann er nur erwarten, wenn er plausible, rational nachvollziehbare und einsichtige Argumente zur Begründung seiner Entscheidung anbietet[716]. Er muß sich deshalb um eine »Legitimation durch Begründung« bemühen[717].

Bei betriebsbezogenen Unternehmenseingriffen durch Wettbewerbshandlungen ist die *Interessenabwägung* zur Feststellung der *Unlauterkeit* nach § 3 UWG nach denselben Maßstäben vorzunehmen wie die Interessenabwägung zur Feststellung der *Rechtswidrigkeit* eines Eingriffs in das Recht am Gewerbebetrieb. Deshalb sind z.B. fahrlässig unbegründete Schutzrechtsverwarnungen, soweit sie Zwecken des Wettbewerbs dienen – das ist der Regelfall – und soweit man sie mit der h.M. als rechtswidrige Eingriffe in das Recht am Gewerbebetrieb des Verwarnten bewertet[718], immer zugleich auch unlauter i.S.v. § 3 UWG. Die betreffende Frage des I. ZS in seinem Vorlageschluss vom 12.8.2004[719] konnte der Große Zivilsenat allerdings unbeantwortet lassen, da über einen Schaden infolge einer unbegründeten Schutzrechtsverwarnung aus der Zeit vor der UWG-Novelle 2004 zu entscheiden war, als der BGH noch annahm, dass der Vorwurf der Sittenwidrigkeit nach § 1 UWG a.F. die Kenntnis aller sittenwidrigkeitsbegründenden Tatumstände erfordere. Eine rückwirkende Änderung der Rechtsprechung zur alten wettbewerbsrechtlichen Generalklausel war nach der UWG-Novelle 2004 mit ihrer neuen Generalklausel nicht zu erwarten.

§ 3 UWG greift nur ein, wenn die dort geregelte *Bagatellschwelle* erreicht ist. Daraus resultiert allerdings keine Lücke des Unternehmensschutzes, die mit § 823 I BGB gefüllt werden müsste. Denn Wettbewerbshandlungen sollten nach dem Willen des Gesetzgebers nur bei Erreichen der Bagatellschwelle untersagt werden. Diese Bagatellschwelle darf nicht durch »lückenfüllende« Anwendung

[713] *Sack*, WRP 2005, 531 ff., 533; ebenso ausführlich zum Begriff der Sittenwidrigkeit *Sack*, WRP 1985, 1 ff., 7; Staudinger/*Sack* (2003) BGB § 138 Rn. 45 ff.

[714] *Sack*, WRP 2005, 531 ff., 533; ebenso zur Sittenwidrigkeit Staudinger/*Sack* (2003) BGB § 138 Rn. 51 ff.

[715] *Sack*, WRP 2005, 531 ff., 533.

[716] *Sack*, WRP 2005, 531 ff., 533; *Köhler*, in: Hefermehl/Köhler/Bornkamm, UWG § 3 Rn. 10; zur Sittenwidrigkeitsklausel des § 1 UWG a.F. vgl. *Sack*, WRP 1985, 1 ff., 9.

[717] *Sack*, WRP 2005, 531 ff., 533; ebenso zum Begriff der Sittenwidrigkeit *Sack*, WRP 1985, 1 ff., 9; Staudinger/*Sack* (2003) BGB § 138 Rn. 55; zum Begründungszwang vgl. *Eckold-Schmidt*, Legitimation durch Begründung, 1974, S. 22, 92 ff.

[718] So die st. Rspr. bestätigt durch BGH GSZ GRUR 2005, 882 ff., 884 (III. 2.) = NJW 2005, 3141 – Unberechtigte Schutzrechtsverwarnung; dazu *Sack*, BB 2005, 2368; *V. Deutsch*, GRUR 2006, 374 ff.; *Faust*, JZ 2006, 362 ff., 365 ff.; *Ullmann*, jurisPR – WettbR 3/2006.

[719] BGH GRUR 2004, 958 = WRP 2004, 1366 – Verwarnung aus Kennzeichenrecht I.

des § 823 I BGB umgangen werden, d.h. sie wäre auch bei der Anwendung dieser Vorschrift auf *Wettbewerbshandlungen* maßgeblich.

III. Die Generalklausel des § 826 BGB

1. Vorsätzliche Schadenszufügung

a) Bewusste und gewollte Schadenszufügung

Die Schadensersatzhaftung nach § 826 BGB erfordert eine »vorsätzliche« Schadenszufügung. Notwendige Voraussetzung dafür ist, dass der betreffende Schaden *wissentlich und willentlich* bzw. *bewusst und gewollt* zugefügt worden ist[720]. Das ist auch schon dann der Fall, wenn der Schädiger die Schadensfolge als nicht zu entfernt liegende Möglichkeit vorausgesehen und sie, wenn auch nicht gewünscht, so doch billigend in Kauf genommen hat (dolus eventualis)[721]. Allerdings sind nur *diejenigen* Schäden, die der Schädiger zumindest als mögliche Folge seines Handelns vorausgesehen und billigend in Kauf genommen hat, »vorsätzlich« zugefügt. Insoweit, aber auch *nur* insoweit ist es zutreffend, wenn gefordert wird, dass der Vorsatz i.S.v. § 826 BGB die gesamten Schadensfolgen umfassen müsse[722]. Der Schädiger braucht hingegen nicht alle Einzelheiten des Schadensverlaufs vorausgesehen zu haben[723]. Auch über den genauen Umfang und die Höhe des Schadens braucht sich der Schädiger nicht im Klaren

---

[720] Mot. I 280; Prot. VI 202; RGZ 57, 239 ff., 241; RGZ 58, 214 ff., 216; RGZ 79, 55 ff., 60; RGZ 90, 106 ff., 109; RGZ 123, 271 ff., 278; RGZ 143, 48 ff., 51; BGHZ 101, 380 ff., 388; BGH NJW 1986, 180 ff., 182; BGH NJW 2000, 2896 f., 2897.

[721] Vgl. RGZ 57, 239 ff., 241; RGZ 58, 214 ff., 216; RGZ 79, 55 ff., 60; RGZ 90, 106 ff., 108, 109; RGZ 123, 271 ff., 278; RGZ 143, 48 ff., 51, 52; BGH NJW 1951, 596 ff., 597; BGHZ 8, 387 ff., 393; BGH NJW 1962, 148 ff., 150; BGH NJW 1963, 148 ff., 150 u. 579 ff., 580; BGH NJW 1970, 2291 ff., 2292 (II. 2.); BGHZ 59, 1 ff., 2; WM 1975, 559 f., 560 (II. b); BGH NJW 1979, 2104 f., 2105 (II.); BGH NJW 1986, 180 ff., 182; BGH NJW 1987, 3205 ff., 3206; BGHZ 108, 134 ff., 143 = NJW 1989, 3277 ff., 3279; BGH NJW 1991, 634 ff., 636; BGH NJW 2000, 2896 f., 2897; BGHZ 147, 269 ff., 278; BGHZ 148, 175 ff., 182 = NJW 2001, 3187 ff., 3189; BGH NJW 2004, 446 ff., 448; BGHZ 160, 149 ff., 156; BGH NJW 2004, 2668 ff., 2670; ebenso die einhellige Meinung im Schrifttum.

[722] BGH NJW 1951, 596 (Ls.), 597; BGH NJW 1963, 148 ff., 150 u. 579 ff., 580; BGH VersR 1985, 1060 ff., 1061; BGH NJW 1987, 3205 ff., 3206; BGH NJW 1991, 634 ff., 636; BGH NJW 2000, 2896 f., 2897; BGH NJW 2002, 3255 ff., 3256 (III. 2.); *Medicus*, Schuldrecht II, 13. Aufl., 2006, Rn. 835, 838; *Mommer*, Die Bedeutung des Verschuldens im gegenwärtigen System des Rechts der unerlaubten Handlungen, 1972, S. 93 f.; MünchKomm/*Wagner*, 4. Aufl., Bd. 4, 2004, BGB § 826 Rn. 21; Palandt/*Heinrichs*, BGB, 65. Aufl., 2006, § 276 Rn. 10 a.E.; RGRK/*Steffen*, BGB Bd. II, 5, 12. Aufl., 1989, § 826 Rn. 34; Staudinger/*Oechsler* (2003) BGB § 826 Rn. 77.

[723] BGH NJW 1963, 634 ff., 636; BGHZ 108, 134 ff., 143; BGH NJW 1991, 634 ff., 636; BGH WM 2000, 74 ff., 76; BGH NJW 2004, 446 ff., 448; *Coing*, NJW 1951, 596 f., 597; *Larenz/Canaris*, Schuldrecht II/2, 13. Aufl., 1994, S. 454; *Medicus*, Schuldrecht II, Rn. 838; *Mommer*, a.a.O., S. 93; MünchKomm/*Wagner*, BGB § 826 Rn. 20 f., RGRK/*Steffen*, BGB

gewesen zu sein[724]. Unerheblich ist ferner, ob der Schädiger im Zeitpunkt der Schädigungshandlung konkret wusste, *wen* der als möglich vorausgesehene Schaden treffen werde[725]. Erstellt z.B. ein Wirtschaftsprüfer im Auftrag eines Unternehmens über dessen Kreditwürdigkeit bewusst oder leichtfertig ein unrichtiges Gutachten und erleidet eine Bank, die im Vertrauen auf die Richtigkeit des Gutachtens diesem Unternehmen einen Kredit gewährt hat, dadurch einen Schaden, so ist es für die Haftung des Wirtschaftsprüfers nach § 826 BGB unerheblich, ob er wusste, welche Bank aufgrund seines Gutachtens Kredit gewähren werde; ausreichend ist, dass er mit der Möglichkeit gerechnet hat, dass sein Gutachten eine Bank zur Kreditgewährung an das begutachtete Unternehmen veranlassen und diese Bank dadurch einen Schaden erleiden könne[726].

Keine vorsätzliche Schadenszufügung i.S.v. § 826 BGB liegt vor, wenn sich der Schädiger die Schadensfolge nur als eine (entfernte) Möglichkeit vorgestellt hat, welche sich wahrscheinlich nicht verwirklichen werde[727]. Die Überzeugung des Schädigers bzw. sein Vertrauen darauf, dass kein Schaden eintreten werde, schließt seinen Schädigungsvorsatz aus[728]. Nicht ausreichend für die Annahme eines Schädigungsvorsatzes ist ferner, dass der Schädiger den schädigenden Erfolg seines Handelns hätte erkennen können oder müssen. Auch grobe Fahrlässigkeit in Bezug auf die Möglichkeit einer Schädigung kann nicht den Schädigungsvorsatz ersetzen[729].

---

§ 826 Rn. 34; *Schlechtriem*, Schuldrecht BT, 6. Aufl., 2003, Rn. 896; Staudinger/*Oechsler* (2003) BGB § 826 Rn. 78.

[724] BGH NJW 1991, 634 ff., 636; BGH NJW 2000, 2896 f., 2897; BGH NJW 2004, 446 ff., 448; Erman/*Schiemann*, BGB, 11. Aufl., 2004, § 826 Rn. 15; RGRK/*Steffen*, BGB § 826 Rn. 34; *Schlechtriem*, Schuldrecht BT, Rn. 896; Staudinger/*Oechsler* (2003) BGB § 826 Rn. 78.

[725] Vgl. RGZ 79, 55 ff., 60; RGZ 157, 213 ff., 220; BGH MDR 1957, 29 f., 30; BGH NJW 1963, 579 ff., 580; BGH VersR 1966, 1032 ff., 1034; BGHZ 108, 134 ff., 143 = NJW 1989, 3277 ff., 3279; BGHZ 160, 149 ff., 156; Erman/*Schiemann*, BGB § 826 Rn. 15; *Medicus*, Schuldrecht II, Rn. 838; *Larenz/Canaris*, Schuldrecht II/2, S. 454; *Mommer*, a.a.O., S. 93 MünchKomm/*Wagner*, BGB § 826 Rn. 20; Palandt/*Sprau*, 65. Aufl., 2006, BGB § 826 Rn. 10; *Pohle*, MDR 1957, 30; RGRK/*Steffen*, BGB § 826 Rn. 35; *Schlechtriem*, Schuldrecht BT, Rn. 896; Soergel/*Hönn*, BGB, Bd. 12, 13. Aufl., 2005, § 826 Rn. 63; Staudinger/*Oechsler* (2003) BGB § 826 Rn. 79.

[726] Vgl. BGH MDR 1957, 29 f.; dazu *Pohle*, MDR 1957, 30 f.; Staudinger/*Oechsler* (2003), BGB § 826 Rn. 80; heute erfasst man diese Fälle überwiegend mit der Konstruktion des Vertrags mit Schutzwirkung für Dritte; in Zukunft könnte § 311 III BGB die passende Anspruchsgrundlage sein.

[727] RG JW 1906, 780 ff., 781; RGZ 136, 247 ff., 255 f.; RGZ 140, 392 ff., 396; BGH NJW 1951, 596 ff., 597; BGH NJW 1963, 579 ff., 580; BGHZ 148, 175 ff., 182 = NJW 2001, 3187 ff., 3189 (2. a); Palandt/*Sprau*, BGB § 826 Rn. 10; *Pohle*, MDR 1957, 30 f.; Soergel/*Hönn*, BGB § 826 Rn. 63; Staudinger/*Oechsler* (2003) BGB § 826 Rn. 78.

[728] RG JW 1929, 3149; BGH NJW 1951, 596 ff., 597 f.

[729] Vgl. RGZ 143, 48 ff., 51, 52; BGH NJW 1962, 1766.

b) Vorsätzliche Schadenszufügung und Eigenschädigung des Geschädigten

Eine vorsätzliche Schadenszufügung liegt auch dann vor, wenn der auf Schadensersatz in Anspruch Genommene den Geschädigten zu *selbstschädigendem* Verhalten veranlasst hat[730]. Das zeigt z.B. die neuere Rechtsprechung des BGH zur Haftung von Vorstandsmitgliedern einer AG nach § 826 BGB für fehlerhafte Ad-hoc-Mitteilungen, durch die Personen zum Kauf überteuerter Aktien veranlasst wurden, die sich später als wertlos erwiesen haben[731]. Die Schadensersatzhaftung für *Fehlinformationen*, die den falsch Informierten zu selbstschädigenden Maßnahmen veranlasst haben, macht einen erheblichen Teil der Kasuistik des § 826 BGB aus[732].

Bewusst und gewollt und deshalb nach der hier vertretenen Ansicht vorsätzlich i.S.v. § 826 BGB ist entgegen einer verbreiteten Ansicht auch die Schadenszufügung durch eine unbegründete Schutzrechtsverwarnung, die den Verwarnten zur Einstellung der beanstandeten Herstellung und Vertriebshandlungen veranlassen will, wenn der Verwarnte durch die Befolgung der Verwarnung Schaden erleidet. Auch die Rechtsverfolgungskosten, die dem Verwarnten entstehen, sind vom Vorsatz des Verwarnenden umfasst. Seine Haftung hängt dann davon ab, ob die Verwarnung sittenwidrig war.

Bei der Feststellung, ob die Veranlassung zu selbstschädigendem Verhalten eine vorsätzliche Schadenszufügung darstellt, ist eine differenzierende Betrachtung geboten. So sind z.B. Schutzrechtsverwarnungen immer vorsätzliche Schadenszufügungen. Bei Fehlinformationen über Kapitalanlagen liegt hingegen eine vorsätzliche Schadenszufügung nur vor, wenn der Informant wusste oder zumindest billigend in Kauf nahm, dass die von ihm empfohlene Kapitalanlage ungünstig ist.

c) Rechtswidrigkeits- und Sittenwidrigkeitsbewusstsein als Vorsatzmerkmal

Während es ein Teil der Lehre für eine vorsätzliche Schadenszufügung i.S.v. § 826 BGB genügen lässt, dass der Schaden bewusst und gewollt zugefügt worden ist[733], erfordert nach einer verbreiteten Ansicht der Vorsatz i.S.v. § 826 BGB

[730] Vgl. *Sack*, WRP 2005, 253 ff., 258.

[731] Vgl. die BGH-Entscheidungen BGHZ 160, 134 ff. u. 149 ff.

[732] Vgl. BGH WM 1976, 498; BGH NJW 1979, 1599; BGH NJW 1984, 2284; BGH NJW 1991, 3282; BGH NJW 1992, 3167; BGHZ 108, 134; BGHZ 160, 149 ff., 156; *Fleischer*, ZIP 2005, 1805 ff.; vgl. ferner die Darstellung der Kasuistik durch *Wagner* in MünchKomm BGB § 826 Rn. 53 ff.; kritisch, weil dies einen Einstieg in Verkehrspflichten zum Schutze fremden Vermögens bedeute, Erman/*Schiemann*, BGB § 826 Rn. 38.

[733] RGZ 57, 239 ff., 241; RGZ 58, 214 ff., 216; RGZ 72, 175 ff., 176 (im Widerspruch zu RGZ 72, 4 ff., 7); RGZ 79, 55 ff., 60; RGZ 90, 106 ff., 108 f., 110; RGZ 123, 271 ff., 278; RGZ 143, 48 ff., 51; RGZ 155, 327 ff., 333; BGH NJW 1951, 596 f., 597; BGH MDR 1957, 29 f., 30; BGH WM 1962, 527 ff., 529 (2. b); BGH NJW 1963, 148 ff., 150; BGH GRUR 1967, 304 ff., 306 (4. c); BGH NJW 1970, 2291 ff., 2292 (II. 2.); BGH NJW 1972, 678 ff., 680; BGH NJW 1979, 2104 f., 2105; BGH NJW 1986, 180 ff., 182; BGHZ 108, 134 ff., 143; BGH NJW 2000,

darüber hinaus die Verwirklichung eines weiteren subjektiven Tatbestandes, sei es ein Rechtswidrigkeitsbewusstsein[734], sei es ein Sittenwidrigkeitsbewusstsein[735], sei es ein grob fahrlässiges Nichterkennen der Rechtswidrigkeit bzw. Sittenwidrigkeit[736] oder sei es – so die h.M. – zumindest die Kenntnis *aller* sittenwidrigkeitsbegründenden Tatumstände[737]; nur ein erheblicher (entschuldbarer) Verbotsirrtum schließe den Vorsatz i.S.v. § 826 BGB aus[738].

aa) Vorsatz in Bezug auf die Sittenwidrigkeit?

Die genannten subjektiven Einschränkungen des Anwendungsbereichs von § 826 BGB finden weder im Wortlaut dieser Vorschrift noch im System des allgemeinen Deliktsrechts oder des zivilrechtlichen Haftungsrechts noch in den Materialien zum BGB eine Stütze. Unzutreffend ist die Ansicht, dass sich im

---

2896f., 2897 (II. 3. a); BGH NJW 2004, 446ff., 448 (3.); *Enneccerus/Lehmann*, Schuldrecht, S. 956; MünchKomm/*Wagner*, BGB § 826 Rn. 22, 23, 24; *Sack*, WRP 2005, 253ff., 258; *Schwitanski*, Deliktsrecht, Unternehmensschutz und Arbeitskampfrecht, 1986, S. 239ff., 242 a.E.

734 So RGZ 72, 4ff., 6 (nur Rechtswidrigkeitsbewusstsein, nicht jedoch Sittenwidrigkeitsbewusstsein erforderlich); *v. Bar*, in: BMJ (Hrsg.), Gutachten und Vorschläge zur Überarbeitung des Schuldrechts, Bd. II, 1981, S. 1681ff., 1705; *Weitnauer*, VersR 1970, 585ff., 591 (vor 4.); *ders.*, AcP 170 (1970), 437ff., 444, 446; a.A. BGH NJW 1951, 596f., 597; Erman/*Westermann*, § 276 Rn. 9.

735 So *W. G. Becker*, Das Recht der unerlaubten Handlungen, 1976, S. 456f.; *Brüggemeier*, Haftungsrecht, S. 353; *Esser/Schmidt*, Schuldrecht I/2, 8. Aufl., 2000, S. 80 (2. a); *Honsell*, JuS 1976, 621ff., 628f.; *Mayer-Maly*, AcP 170 (1970), 133ff., 153ff., 156, 157, 162ff., 165; *Mommer*, a.a.O., S. 32f.; a.A. ausdrücklich RGZ 79, 17ff., 23; SeuffA 83 (1929), 214ff., 215; RGZ 123, 271ff., 278; BGH NJW 1951, 596f., 597; *Baumann*, AcP 155 (1956), 495ff., 512; *Deutsch*, Fahrlässigkeit und erforderliche Sorgfalt, 1963, S. 149; *ders.*, JZ 1963, 385ff., 390; *Enneccerus/Lehmann*, Schuldrecht, S. 956 (3. c); *Enneccerus/Nipperdey*, AT II, S. 1302, 1304, 1334ff.; Erman/*Westermann*, BGB § 276 Rn. 9; Erman/*Schiemann*, BGB § 826 Rn. 11; *Esser/Weyers*, Schuldrecht II/2, S. 204; *Fikentscher/Heinemann*, Schuldrecht, Rn. 1637; *Knauth*, Zur Bedeutung des Unrechtsbewusstseins für den Vorsatz im Zivilrecht, 1977, S. 88f.; *Larenz/Canaris*, Schuldrecht II/2, S. 455; MünchKomm/*Wagner*, BGB § 826 Rn. 22–24; Palandt/*Sprau*, BGB § 826 Rn. 11; RGRK/*Steffen*, BGB § 826 Rn. 29, 33, 36; *Schwitanski* (Fn. 14), S. 239; Soergel/*Hönn*, BGB § 826 Rn. 52, 61; Staudinger/*Oechsler* (2003) BGB § 826 Rn. 21, 72.

736 *Grunwald*, Sittenwidrigkeit, Rechtswidrigkeit und dolus malus, 1976, S. 201 mit Fn. 1 u. S. 206f.; *Knauth*, a.a.O., S. 14ff., 86ff.

737 *Baumann*, AcP 155 (1956), 495ff., 512; *Deutsch*, Allgemeines Haftungsrecht, 2. Aufl., 1996, S. 223 Rn. 343; Erman/*Westermann*, BGB § 276 Rn. 9; *Esser/Schmidt*, Schuldrecht I/2, S. 79, 81; *Esser/Weyers*, Schuldrecht II/2, S. 204; *Fikentscher/Heinemann*, Schuldrecht, Rn. 1637; *Honsell*, JuS 1976, 621ff., 628; *Knauth*, a.a.O., S. 86ff., 91; MünchKomm/*Wagner*, BGB § 826 Rn. 20, 23; Palandt/*Heinrichs*, BGB § 276 Rn. 11; Palandt/*Sprau*, BGB § 826 Rn. 11; RGRK/*Steffen*, BGB § 823 Rn. 402; Soergel/*Wolf*, BGB § 276 Rn. 50; Soergel/*Hönn*, BGB, § 826 Rn. 51, 52; Staudinger/*Löwisch* (2004), BGB § 276 Rn. 26; Staudinger/*Oechsler* (2003), BGB § 826 Rn. 61, 76, 89; ebenso wohl auch *Larenz/Canaris*, Schuldrecht II/2, S. 455 (wo jedoch unklar bleibt, ob die Kenntnis der sittenwidrigkeitsbegründenden Tatumstände ein Vorsatzmerkmal oder ein ungeschriebenes Tatbestandsmerkmal ist); vgl. auch RGZ 58, 24ff., 28 – Juteplüsch; a.A. *Sack*, WRP 2005, 253ff.; *Schwitanski*, a.a.O., S. 239ff.

738 MünchKomm/*Wagner*, BGB § 826 Rn. 23; Staudinger/*Oechsler* (2003) BGB § 826 Rn. 69, 72 a.E., 73, 76.

Wortlaut des § 826 BGB der Vorsatzbegriff nicht nur auf den Schaden, sondern auch auf die Sittenwidrigkeit beziehe. § 826 BGB lautet – entgegen einer verbreiteten Zitierweise – nicht »wer einem anderen vorsätzlich sittenwidrig Schaden zufügt«, sondern – genau umgekehrt – »wer in einer gegen die guten Sitten verstoßenden Weise einem anderen *vorsätzlich Schaden zufügt«*. In § 826 BGB bezieht sich also der Vorsatzbegriff klar und eindeutig nur auf den *Schaden*, nicht jedoch auch auf die Sittenwidrigkeit[739].

bb) Die sog. Vorsatztheorie zum Vorsatzbegriff

Die genannten subjektiven Einschränkungen des § 826 BGB lassen sich daher nur rechtfertigen, wenn sie sich entweder aus dem Vorsatzbegriff als solchem oder als ungeschriebene Tatbestandsmerkmale aus übergeordneten haftungsrechtlichen Prinzipien ergeben.

Nach der im Zivilrecht herrschenden Vorsatztheorie zum Vorsatzbegriff erfordert Vorsatz das Bewusstsein der Pflichtwidrigkeit bzw. Rechtswidrigkeit[740].

(1) Die sog. Vorsatztheorie glaubt ein Teil ihrer Anhänger auf die *Materialien* zum BGB stützen zu können[741], insbesondere auf Stellungnahmen der Verfasser des BGB zur Relevanz des Rechts- und Tatsachenirrtums. Die einschlägigen Stellen in den Materialien[742] sind allerdings in diesem Punkte sehr unklar. Sie betreffen § 707 I. Entw., der vorsah, dass bei *entschuldbarem* Irrtum die Schadensersatzhaftung entfalle. Diese Vorschrift ist jedoch nicht Gesetz geworden. Dies geschah allerdings nicht, weil man diese Regelung inhaltlich ab-

---

[739] Vgl. RGZ 90, 106 ff., 108, 110; RGZ 123, 271 ff., 278; RGZ 143, 48 ff., 51, 52; BGHZ 101, 380 ff., 388; BGHZ 103, 271 ff., 278; *v. Bar*, in: BMJ (Hrsg.), Gutachten und Vorschläge zur Überarbeitung des Schuldrechts, Bd. II, 1981, S. 1681 ff., 1705; *Baumann*, AcP 155 (1956), 495 ff., 512; *Enneccerus/Lehmann*, Schuldrecht, S. 956 (3. c); *Larenz/Canaris*, Schuldrecht II/2, S. 445 (2. a); *Schwitanski*, a.a.O., S. 239; Staudinger/*Oechsler* (2003) BGB § 826 Rn. 66; vgl. auch *Deutsch*, JZ 2005, 987 ff., 990.

[740] Vgl. RGZ 72, 4 ff., 6; BGHZ 67, 279 ff., 280 = NJW 1977, 296 (betr. § 823 BGB); BGHZ 69, 128 ff., 142 (betr. § 839 BGB); BGHZ 118, 201 ff., 208 = NJW 1992, 2014 (betr. § 823 I BGB); BGH NJW 2002, 3255 ff., 3256 (III. 2.; § 12 VI PostG); *Deutsch*, Allgemeines Haftungsrecht, S. 231; *ders.*, in: FS für Medicus, 1999, S. 77 ff., 85; *Dörner*, JuS 1987, 522 ff., 527; Erman/*Schieman*, BGB § 823 Rn. 152; *Esser/Schmidt*, Schuldrecht I/2, S. 80 f.; *Fikentscher/Heinemann*, Schuldrecht, Rn. 504; Jauernig/*Vollkommer*, BGB, 11. Aufl., 2004, § 276 Rn. 15; *Larenz*, Schuldrecht I, S. 279 f.; *Mayer-Maly*, AcP 170 (1970), 133 ff., 153 ff., 156 f., 162 f., 164; *Medicus*, Schuldrecht I, Rn. 307; Palandt/*Heinrichs*, BGB § 276 Rn. 11; RGRK/*Steffen*, BGB § 823 Rn. 402; differenzierend Staudinger/*Löwisch* (2001), BGB § 276 Rn. 20–22; a.A. vor allem BAGE 1, 69 ff., 79 ff. passim = NJW 1954, 1702; BGHZ 59, 30 ff., 39 = NJW 1972, 1366 (ohne Abgrenzung von seiner sonstigen, abweichenden Ansicht); *Enneccerus/Nipperdey*, AT I, S. 760, 780; *Nipperdey*, NJW 1957, 1777 ff., 1780; *Niese*, JZ 1956, 457 ff., 467; *Wiethölter*, JZ 1963, 205 ff., 211; a.A. speziell zu § 826 BGH NJW 1951, 596 f., 597; BGH NJW 1961, 2302 f., 2303; MünchKomm/*Grundmann*, BGB § 276 Rn. 159; Palandt/*Heinrichs*, BGB § 276 Rn. 11.

[741] Vgl. RGZ 72, 4 ff., 6; Staudinger/*Oechsler* (2003), BGB § 826 Rn. 64.

[742] Vgl. Prot. I 963 ff., zit. nach *Jakobs/Schubert*, Die Beratung des Bürgerlichen Gesetzbuchs, Recht der Schuldverhältnisse III, 1983, S. 872 ff.

lehnte[743], sondern man sie für selbstverständlich und überflüssig hielt[744]. Daraus folgt jedoch nicht, dass der Gesetzgeber für den Vorsatz ein Rechtswidrigkeits- oder Sittenwidrigkeitsbewusstsein oder zumindest die Kenntnis aller sittenwidrigkeitsbegründenden Tatumstände forderte. Denn § 707 I. Entw. regelte nicht die Grenze zwischen Vorsatz und Fahrlässigkeit, sondern die Rechtsfolgen des *entschuldbaren* Irrtums[745]; bei entschuldbarem Tatsachen- oder Rechtsirrtum sollte die Schadensersatzhaftung entfallen. Dagegen folgt aus den betreffenden Materialien zu § 707 I. Entw. nichts für die Voraussetzungen der Haftung bei *nicht-entschuldbarem* Irrtum. D.h. § 707 I. Entw. hätte, auch wenn diese Vorschrift Gesetz geworden wäre, weder bei fahrlässigem Irrtum über die sittenwidrigkeitsbegründenden Tatumstände noch bei fahrlässigem Irrtum über die Rechtswidrigkeit oder Sittenwidrigkeit die Haftung ausgeschlossen.

Eindeutig ist hingegen die Definition des Vorsatzbegriffs in Mot. I 280; danach ist vorsätzlich i.S.d. jetzigen § 826 BGB »gleichbedeutend mit *wissentlich und willentlich*«. Übereinstimmend damit heißt es in Prot. VI 202 zu § 749 E II (dem Vorgänger von § 826 BGB), »dass das Wort vorsätzlich in Übereinstimmung mit dem in der neueren Rechtswissenschaft feststehenden Sprachgebrauche dahin zu verstehen ist, dass Vorsatz bei der Handlung mit dem *Bewusstsein der Schädigung* genügt«.

(2) Auch mit übergeordneten Rechtsgedanken hat man die Vorsatztheorie zu begründen versucht. Da im Vorsatz das Element der Auflehnung gegen die Rechtsordnung mitschwinge, müsse den Täter grundsätzlich auch die Widerrechtlichkeit bekannt sein; deshalb sei ein Unrechtsbewusstsein erforderlich[746]. Das Gesetz sehe den Vorsatz »als eine Art des Verschuldens« an, dem ein Vorwurfselement innewohne[747]. § 276 II BGB lasse erkennen, dass das Gesetz mit dem Begriff »Vorsatz« im Vergleich zur Fahrlässigkeit den stärkeren Vorwurf verbinde, was nicht gerechtfertigt sei, wenn der Vorsatz nicht auch das Wissen des Handelnden von der Unrechtmäßigkeit seines Handelns umfasste[748]. Bei einem Tatsachenirrtum fehle es an dem spezifischen Unrechtsgehalt einer Vorsatztat[749]. § 16 I StGB enthalte insoweit einen allgemeinen Rechtsgedanken[750].

(3) Die Begründungen der Vorsatztheorie zum zivilrechtlichen Vorsatzbegriff überzeugen nicht. Sie finden weder im System des Haftungsrechts noch in

---

743 So jedoch *F. v. Liszt*, Die Deliktsobligationen im System des BGB, 1898, S. 57; in diesem Sinne auch *Enneccerus/Nipperdey*, AT II, S. 1302 Fn. 7.

744 Prot. II 584; vgl. dazu *Mayer-Maly*, AcP 170 (1970), 133 ff., 146 f., 155.

745 Zutreffend *Mayer-Maly*, AcP 170 (1970), 133 ff., 154 a.E.

746 *Deutsch*, Allgemeines Haftungsrecht, S. 217; ähnlich *Esser/Schmidt*, Schuldrecht I/2, S. 79.

747 *Larenz*, Schuldrecht I, S. 281; vgl. auch Staudinger/*Oechsler* (2003) BGB § 826 Rn. 64, 76.

748 *Larenz*, Schuldrecht I, S. 281; *Medicus*, Schuldrecht I Rn. 307.

749 *Larenz/Canaris*, Schuldrecht II/2, S. 455 (2. a).

750 *Larenz/Canaris*, Schuldrecht II/2, S. 455 (2. a).

den Materialien zum BGB eine Stütze. Auch wenn es nachweisbar wäre, dass dem Vorsatz ein Vorwurfselement innewohne, so zwänge dies nicht zur Annahme, dass ein Unrechts-, Rechtswidrigkeits- oder Sittenwidrigkeitsbewusstsein erforderlich sei. Auch die Tatsache, dass § 276 II BGB die Vorsatztat strenger bewertet als die Fahrlässigkeitstat, trägt nicht die Ansicht, dass eine Vorsatztat nur bei einem Unrechtsbewusstsein des Handelnden vorliege. Die Regelung des § 276 II BGB kann ebenso gut darauf beruhen, dass es gerechtfertigt ist, bewusste und gewollte Rechts- und Pflichtverletzungen strenger zu bewerten als versehentliche Verletzungshandlungen.

Auch wird die Vorsatztheorie in denjenigen Fällen, in denen sie praktisch relevant würde, weil der betreffende Vorsatztatbestand nicht durch einen entsprechenden Fahrlässigkeitstatbestand ergänzt wird, keineswegs konsequent angewendet. Denn bei § 826 BGB lässt die ganz h.M. statt des Rechtswidrigkeits- oder Sittenwidrigkeitsbewusstseins die *Kenntnis der sittenwidrigkeitsbegründenden Tatumstände* genügen. Dies kann man zwar im Ergebnis damit rechtfertigen, dass rechtsblinde, skrupellose und abgestumpfte Personen nicht von ihren laxen Auffassungen über ihre rechtlichen Pflichten profitieren dürfen[751] und dass der Nachweis eines Unrechts- bzw. Sittenwidrigkeitsbewusstseins unüberwindliche Beweisschwierigkeiten bereiten würde; das ändert jedoch nichts daran, dass dies nicht der Vorsatztheorie entspricht[752].

Auch der Versuch, bei § 826 BGB die Vorsatztheorie mit der These zu retten, dass sich Jedermann bzw. jeder Zurechnungsfähige über die sittlichen Anforderungen nicht im Unklaren sein dürfe[753], so dass derjenige, der die sittenwidrigkeitsbegründenden Tatumstände kenne, auch mit Sittenwidrigkeitsbewusstsein handle, überzeugt nicht. Denn zum einen ist die Annahme, dass ein Zurechnungsfähiger die sittlich-rechtlichen Anforderungen kennen müsse, in weiten Bereichen eine sehr lebensfremde Fiktion[754]. Außerdem ist das *Kennenmüssen* nicht identisch mit der nach der Vorsatztheorie erforderlichen *Kenntnis*.

---

[751] Vgl. RGZ 79, 17 ff., 23; RGZ 123, 271 ff., 278; Erman/*Schiemann*, BGB § 826 Rn. 11; *Esser/Schmidt*, Schuldrecht I/2, 8. Aufl., 2000, S. 81 a.E.; *Esser/Weyers*, Schuldrecht II/2, S. 204; *Fikentscher/Heinemann*, Schuldrecht, Rn. 1637; *Honsell*, JuS 1976, 621 ff., 628; *Knauth*, a.a.O., S. 88; *Medicus*, Schuldrecht II, Rn. 838; MünchKomm/*Wagner*, BGB § 826 Rn. 24; RGRK/*Steffen*, BGB § 826 Rn. 29; Soergel/*Wolf*, BGB Bd. 2, § 276 Rn. 55; Soergel/*Hönn*, BGB § 826 Rn. 52; Staudinger/*Oechsler* (2003), BGB § 826 Rn. 64 f., 69.

[752] Vgl. *v. Bar*, BMJ-Gutachten (Fußn. 739), S. 1681 ff., 1705; *Enneccerus/Nipperdey*, AT II, S. 1303 a.E.; *Geilen*, JZ 1964, 6 ff., 9; *Honsell*, JuS 1976, 621 ff., 628; MünchKomm/*Wagner*, BGB § 826 Rn. 16; *Niese*, JZ 1956, 457 ff., 465; Staudinger/*Oechsler* (2003) BGB § 826 Rn. 62, 64–67; *Wiethölter*, JZ 1963, 205 ff., 209.

[753] Vgl. *Deutsch*, Allgemeines Haftungsrecht, S. 233 Rn. 359; *ders.*, JZ 1963, 385 ff., 390; *Geilen*, JZ 1964, 6 ff., 9; *Knauth*, a.a.O., S. 87 f.; ähnlich *Esser/Schmidt*, Schuldrecht I/2, S. 81 f.

[754] Zutreffend *Mayer-Maly*, Das Bewußtsein der Sittenwidrigkeit, 1971, S. 38; *Portz*, Das Gebot sittlichen Verhaltens im deutschen Privatrecht, Diss. Würzburg 1973, S. 112; vgl. auch

d) Kenntnis aller sittenwidrigkeitsbegründenden Tatumstände

Nach einer im Schrifttum verbreiteten Ansicht erfordert Vorsatz i.S.v. § 826 BGB über die bewusste und gewollte Schadenszufügung hinaus auch die Kenntnis aller sonstigen sittenwidrigkeitsbegründenden Tatumstände[755]. Deshalb sind nach dieser Ansicht z.B. fahrlässig unbegründete Schutzrechtsverwarnungen keine vorsätzlichen Schadenszufügungen i.S.v. § 826 BGB gegenüber dem Verwarnten, der einer Verwarnung Folge geleistet und dadurch Schaden erlitten hat. Zwar sei dem Verwarnten der Schaden bewusst und gewollt zugefügt worden; denn Zweck einer Schutzrechtsverwarnung sei es, dass der Verwarnte die angeblichen Verletzungshandlungen einstellt, wodurch er in aller Regel einen Schaden erleide. Wenn jedoch der Schutzrechtsinhaber die *Schutzrechtslage (nur) fahrlässig* verkannt habe, dann fehle *insoweit*, d.h. in Bezug auf die Beurteilung der Schutzrechtslage, die Kenntnis der sittenwidrigkeitsbegründenden Tatumstände[756]. Deshalb ist im Schrifttum z.B. die Ansicht verbreitet, dass § 826 BGB auf *fahrlässig* unbegründete Schutzrechtsverwarnungen nicht anwendbar sei, weil der nach dieser Vorschrift erforderliche Vorsatz fehle. Zum Teil wird damit auch die Notwendigkeit des Rechts am Gewerbebetrieb gerechtfertigt. Dieses sei notwendig, um gegen *fahrlässig* unbegründete Schutzrechtsverwarnungen schützen zu können, weil § 826 BGB wegen des fehlenden Vorsatzes nicht anwendbar sei.

Eine überzeugende Begründung dafür, dass § 826 BGB wegen des Vorsatzerfordernisses über die bewusste und gewollte Schadenszufügung hinaus auch die Kenntnis *aller übrigen* sittenwidrigkeitsbegründenden Tatumstände voraussetze – so dass z.B. fahrlässig unbegründete Schutzrechtsverwarnungen, durch die der Verwarnte eine Schaden erleidet, keine Vorsatztaten i.S.v. § 826 BGB seien –, gibt es soweit ersichtlich nicht. Vielmehr bleibt dieses Erfordernis wohl nur als »Rest« der im Zivilrecht herrschende Vorsatztheorie zum Vorsatzbegriff, deren konsequente Anwendung bei § 826 BGB zu unbrauchbaren Ergebnissen führen würde. Denn wendet man die Vorsatztheorie konsequent an, dann kommt das den Rechtsblinden und Skrupellosen zugute. Das ist nach einhelliger Meinung nicht hinnehmbar.

Die Ansicht, dass die Vorsatztheorie bei § 826 BGB unbrauchbar sei, weil sie den Rechtsblinden und Skrupellosen ungerechtfertigt schütze, ist zweifellos zutreffend. Dies beweist jedoch nur, dass zumindest bei § 826 BGB die Vorsatz-

---

Honsell, Die Rückabwicklung sittenwidriger und verbotener Rechtsgeschäfte, 1974, S. 46 f.; *Knauth*, a.a.O., S. 60, 89 f.

[755] Vgl. die Angaben in Fußn. 737.

[756] Man kann darüber streiten, ob es sich bei der zutreffenden bzw. unzutreffenden Beurteilung der Schutzrechtslage um einen »Tatumstand« im Sinne dieser Ansicht handelt; denn bei unbegründeten Abnehmerverwarnungen hält die h.M die unzutreffende Verwarnung nicht für eine »Tatsachenbehauptung« über die Waren des Lieferanten i.S.v. § 4 Nr. 8 UWG bzw. § 824 BGB.

theorie nicht passt. Daraus lässt sich jedoch nicht die weiterreichende Folgerung ableiten, dass dann jedenfalls die Kenntnis aller sittenwidrigkeitsbegründenden Tatumstände erforderlich sei.

Eine weitere Begründung dafür, dass der Vorsatz nach § 826 BGB über die bewusste und gewollte Schadenszufügung hinaus auch die Kenntnis aller sittenwidrigkeitsbegründenden Tatumstände erfordere, stützt sich auf die *Materialien* zum BGB[757]. Denn § 707 des I. Entwurfs habe eine Gleichstellung von Rechts- und Tatsachenirrtum vorgesehen[758]. Zu diesem – nicht Gesetz gewordenen – Gesetzesvorschlag ist jedoch oben bereits ausgeführt worden, dass er nur die Schadensersatzhaftung bei *entschuldbarem* Tatsachen- oder Rechtsirrtum ausschließen wollte. Für die Haftung bei nicht-entschuldbarem Irrtum, d.h. bei fahrlässigem Irrtum über die Rechtswidrigkeit oder Sittenwidrigkeit oder bei fahrlässigem Irrtum über die sittenwidrigkeitsbegründenden Tatumstände, ergibt sich hingegen aus den Materialien zu § 707 I. Entw. nichts. Außerdem stünde die genannte Argumentation in klarem Widerspruch zu der in der Materialien *nachweisbaren* Ansicht der Verfasser des BGB, dass Vorsatz das *Wissen und Wollen* sei[759].

e) Leichtfertigkeit, Gewissenlosigkeit, grobe Fahrlässigkeit

Die Rechtsprechung hat mehrfach gegen leichtfertige bzw. gewissenlose Schädigungen Schutz nach § 826 BGB gewährt. Meist ging es um Schadenszufügungen durch Gutachten von Sachverständigen (Wertgutachten; Echtheitszertifikate; Unternehmensabschlüsse), die inhaltlich unrichtig waren und deren Unrichtigkeit der Sachverständige aufgrund von Leichtfertigkeit nicht bemerkt hat[760].

Dies wurde im Schrifttum verschiedentlich dahingehend interpretiert, dass der BGH statt des an sich nach § 826 BGB erforderlichen Vorsatzes Leichtfertigkeit bzw. grobe Fahrlässigkeit habe genügen lassen. Daran knüpfte die Kritik an, dass diese Rechtsprechung des BGH mit dem Wortlaut von § 826 BGB unvereinbar sei, weil sie das Erfordernis des Vorsatzes missachtet habe und statt dessen Fahrlässigkeit in Form von Leichtfertigkeit habe genügen lassen[761].

---

757 Vgl. *Mayer-Maly*, AcP 170 (1970), 133 ff., 154 f.

758 Vgl. RGZ 72, 4 ff., 6; *Mayer-Maly*, AcP 170 (1970), 133 ff., 145 ff., 154 f., 156 f.

759 Mot. I 280; Prot. VI 201 f.

760 Heute ist in diesen Fällen die Anspruchsgrundlage des § 826 BGB überwiegend durch Anwendung des Rechtsinstituts des Vertrags mit Schutzwirkung für Dritte ausgewechselt worden.

761 Vgl. *v. Bar*, Verkehrspflichten, 1980, S. 215 f.; *ders.*, BMJ-Gutachten, S. 1681 ff., 1770; *Damm*, JZ 1991, 373 ff., 383 f.; *Hopt*, AcP 183 (1983), 608 ff., 633; *Grunewald*, AcP 187 (1987), 285 ff., 306; *Lammel*, AcP 179 (1979), 337 ff., 341 f.; vgl. auch *Honsell*, JuS 1976, 621 ff., 628; *Mayer Maly*, Das Bewußtsein der Sittenwidrigkeit, 1971, S. 40 f.; *Medicus*, Schuldrecht II, Rn. 838.

Diese Kritik ist zumindest in ihrer Allgemeinheit nicht berechtigt[762]. Denn der Begriff der Leichtfertigkeit ist mehrdeutig. Dementsprechend ist eine differenzierende Beurteilung der Rechtsprechung geboten.

aa) Als leichtfertig bezeichnet man vielfach Behauptungen, die *»ins Blaue«* hinein abgegeben werden[763]. Wer ins Blaue hinein Behauptungen aufstellt und Informationen verbreitet, die unzutreffend sind, und dadurch für ihn erkennbare Schäden verursacht, handelt nicht nur fahrlässig, sondern mit *dolus eventualis*. Dies genügt nach § 826 BGB[764]. In den meisten Fällen, in denen die Rechtsprechung bei leichtfertigen Schadenszufügungen § 826 BGB angewendet hat, handelte es sich um Fehlinformationen ins Blaue hinein, d.h. um Schadenszufügungen mit dolus eventualis.

bb) Außerdem kann Leichtfertigkeit die *Vermutung* rechtfertigen, dass der Schädiger mit bedingtem Vorsatz gehandelt haben muss[765]. Als extremes Beispiel hierfür werden Gutachten über Objekte, z.B. über die Echtheit eines Gemäldes, genannt, die der Gutachter nie gesehen hat[766].

f) Die Unterscheidung zwischen dem »Begriff« und dem »Bezug« des Vorsatzes

Die herrschende Vorsatztheorie zum Vorsatzbegriff und die ebenfalls herrschende Handhabung dieses Begriffes bei der Anwendung von § 826 BGB widersprechen sich offensichtlich. Nach der Vorsatztheorie würde der Vorsatz in § 826 BGB ein Rechtswidrigkeits- bzw. Sittenwidrigkeitsbewusstsein erfordern. Bei § 826 BGB verlangt die h.M. jedoch über die bewusste und gewollte Schadenszufügung hinaus nur die Kenntnis aller (übrigen) sittenwidrigkeitsbegründenden Tatumstände, nicht jedoch ein Rechtswidrigkeits- oder Sittenwidrigkeitsbewusstsein.

Dieser Widerspruch zwischen den beiden h.M. lässt sich weitgehend auflösen, wenn man zwischen dem *Begriff* des Vorsatzes und seinem *Bezug* im jeweiligen Verletzungstatbestand unterscheidet. Wenn man, wie hier vertreten, vor-

---

762 Gegen die Behauptung, die Rechtsprechung habe Fahrlässigkeit genügen lassen, ausdrücklich schon BGH NJW 1962, 1766; RGZ 143, 48 ff., 51, 52; RGZ 90, 106 ff., 110; RGZ 72, 175 ff., 176.

763 Vgl. Erman/*Schiemann*, BGB § 826 Rn. 12, 35; vgl. auch schon RGZ 143, 48 ff., 52 a.E.

764 Vgl. BGH NJW 1991, 3282 ff., 3283; *Larenz/Canaris*, Schuldrecht II/2, S. 454; MünchKomm/*Grundmann*, BGB Bd. 2 a, 2003, § 276 Rn. 161; Staudinger/*Oechsler* (2003) BGB § 826 Rn. 85, 86, 87; vgl. auch BGH NJW 1980, 2460 f., 2461 (betreffend Arglist i.S.v. § 123 BGB).

765 Vgl. BGHZ 10, 228 ff., 233; BGH NJW 1962, 1766; BGH WM 1975, 559 ff., 560 a.E.; BGH WM 1976, 498 ff., 500 a.E.; BGH VersR 1979, 283 f., 284; BGH NJW 1986, 180 ff., 182; BGB WM 1986, 904 ff., 906; BGH WM 1989, 1047 ff., 1050; BGH NJW 1991, 3282 ff., 3283 f.; BGHZ 129, 136 ff., 174 ff., 177; *Medicus*, Schuldrecht II, Rn. 838; MünchKomm/*Wagner*, BGB § 826 Rn. 26; Palandt/*Sprau*, BGB § 826 Rn. 9; Soergel/*Hönn*, BGB § 826 Rn. 52.

766 Vgl. *Medicus*, Schuldrecht II, Rn. 838.

sätzlich mit »bewusst und gewollt« gleichsetzt, und in § 826 BGB jede bewusste und gewollte Schadenszufügung als vorsätzlich begangen ansieht, so schließt dies nicht aus, z.B. in § 823 I oder § 839 BGB den Vorsatz i.S.v. Wissen und Wollen auch auf die Widerrechtlichkeit zu beziehen. Der Wortlaut dieser Vorschriften erlaubt dies ohne weiteres.

2. Verstoß gegen die guten Sitten

a) Die Funktion umfassender Lückenfüllung

Über die Auslegung des Begriffs der guten Sitten in § 826 BGB entscheidet der *Zweck* dieser Vorschrift. Die Anwendung dieser schon seit Jahrzehnten anerkannten Auslegungsmethode scheint eine Selbstverständlichkeit zu sein. Um so überraschender ist es, dass sie bei der Auslegung des Begriffs der guten Sitten in den verschiedenen Sittenwidrigkeitsklauseln nur selten beachtet wurde bzw. wird[767]. Wesentlich mehr konzentrierte man sich auf den Begriff der guten Sitten als solchen, auf die Interpretation der sog. Anstandsformel, wonach das Anstandsgefühl aller billig und gerecht Denkenden entscheidet, sowie auf die Frage, was aus dem Bezug der Sittenwidrigkeitsklauseln auf ethische, moralische oder sittliche Normen folgt.

Einigkeit besteht im Wesentlichen noch insoweit, dass § 826 BGB, wie alle anderen Sittenwidrigkeitsklauseln auch, eine *lückenfüllende* Funktion hat. Hierbei geht es freilich nicht um Lücken i.S.v. planwidriger Unvollständigkeit, sondern um »bewußte Lücken«, d.h. um vom Gesetzgeber bewußt »offen gelassene Gesetzgebung«[768]. Sittenwidrigkeitsklauseln legitimieren die Gerichte, Lücken im Rechtsschutz zu schließen, die die Sonderregelungen sowie Gesetzwidrigkeitsblankette (z.B. § 823 II oder § 134 BGB) lassen[769]. Sie legitimieren ihn zur Rechtsfortbildung[770].

Noch nicht abschließend geklärt ist bisher die Frage nach der *Reichweite* der Lückenschließung durch Sittenwidrigkeitsklauseln. Die kontroversen Ansichten dazu sind schwer zu erörtern, da zwei völlig verschiedene Probleme nicht auseinandergehalten werden. Zum einen geht es um die Grenzen *richterlicher Rechtspolitik im Allgemeinen*. Außerdem geht es um die Frage, welche Grenzen der *Begriff der guten Sitten* richterlicher Rechtspolitik setzt.

---

[767] Vgl. jedoch *Lindacher*, AcP 173 (1973), 124 f.; *Sack*, GRUR 1970, 493 ff., 494 a.E.; *ders.*, WRP 1985, 1 ff., 2; Staudinger/*Sack* (2003) BGB § 138 Rn. 23 ff.; *Teubner*, Standards und Direktiven in Generalklauseln, 1971, S. 60 f.; a.A. offenbar *Haubelt*, Diss., S. 58.

[768] *Hedemann*, Die Flucht in die Generalklauseln, 1933, S. 58; *Sack*, WRP 1985, 1 ff., 2; Staudinger/*Sack* (2003) BGB § 138 Rn. 24; vgl. auch *Heldrich*, AcP 186 (1986), 74 ff., 97.

[769] Vgl. *Larenz/Canaris*, Schuldrecht II/2, § 78 I 2, S. 448 f.; *Mayer-Maly*, AcP 194 (1994), 105 ff., 131 f.; Staudinger/*Sack* (2003) BGB § 138 Rn. 24; Staudinger/*Oechsler* (2003) BGB § 826 Rn. 32.

[770] Soergel/*Hefermehl*, BGB § 138 Rn. 5; Staudinger/*Sack* (2003) BGB § 138 Rn. 24; *Teubner*, Standards und Direktiven in Generalklauseln, S. 59, 60 ff.

Alle Sittenwidrigkeitsklauseln enthalten m.E. für ihren Anwendungsbereich eine *umfassende Regelung aller rechtlich zu missbilligenden* Tatbestände, für die es keine Spezialregelungen oder Gesetzwidrigkeitsblankette gibt[771]. Für eine umfassende lückenfüllende Funktion sprechen sowohl die *sprachliche* Bedeutung des Begriffs der guten Sitten als auch die *systematische* Stellung der Sittenwidrigkeitsklauseln im Gesetz.

Der *Begriff* »gut« bedeutet soviel wie »gesollt«[772]. Gute Sitten im Sinne des Rechts sind also *rechtlich gesollte* Sitten. Alle rechtlich zu missbilligenden Handlungen, Rechtsgeschäfte usw. verstoßen gegen das rechtlich Gesollte und damit zunächst rein *begrifflich* auch gegen die guten Sitten.

Diese Wortlautinterpretation wird bestätig durch die *systematische* Stellung der Sittenwidrigkeitsklauseln im Gesetz. Meist stehen sie neben Spezialregelungen und /oder Blankettvorschriften, die auf andere Gesetze verweisen. Am vollständigsten ist dieses System unterschiedlicher Regelungen im Deliktsrecht. Neben den Spezialregelungen der §§ 823 I, 824, 825 BGB stehen das Gesetzwidrigkeitsblankett des § 823 II BGB und die Sittenwidrigkeitsklausel des § 826 BGB. Das Vertragsrecht enthält neben der Spezialregelung des § 138 II BGB das Gesetzwidrigkeitsblankett des § 134 BGB und die Sittenwidrigkeitsklausel des § 138 I BGB. In den §§ 817, 819 BGB stehen Gesetzwidrigkeitsblankett und Sittenwidrigkeitsklausel nebeneinander. Das alte UWG (bis 2004) kannte neben den Spezialregelungen der §§ 3 ff. kein Gesetzwidrigkeitsblankett, jedoch die Sittenwidrigkeitsklausel des § 1 UWG.

Allen einschlägigen Regelungskomplexen ist *gemeinsam*, dass sie neben den Sittenwidrigkeitsklauseln nicht noch weitere »Hilfsgeneralklauseln« vorsehen, mit denen man die »kleinen Rechtswidrigkeiten« erfassen könnte[773]. Und umgekehrt: Würde man die Sittenwidrigkeitsklauseln auf Fälle *qualifizierter Rechtswidrigkeit* beschränken, so blieben zwangsläufig vom Gesetzgeber nicht gewollte Lücken, soweit es die Fälle der einfachen Rechtswidrigkeiten betrifft. Für diese Fälle einfacher Rechtswidrigkeit enthalten jedoch die betreffenden Regelungskomplexe neben den Sittenwidrigkeitsklauseln keine weiteren Generalklauseln. Dies stützt die Annahme, dass die Sittenwidrigkeitsklauseln eine *umfassende* lückenfüllende Funktion haben, so dass sich mit ihnen *alle* recht-

---

[771] Vgl. *Sack*, WRP 1985, 1 ff., 2 ff.; *ders.*, GRUR 1970, 493 ff., 498; *Damm*, JZ 1986, 913 ff., 918; tendenziell auch *Reuter*, ZGR 1987, 489 ff., 498; aus rechtshistorischer Sicht zu § 138 BGB wohl auch *H. Schmidt*, Die Lehre von der Sittenwidrigkeit des Rechtsgeschäfts in historischer Sicht, 1973, S. 150; dezidiert a.A. *Canaris*, AcP 184 (1984), 201 ff., 236; *Mayer-Maly*, AcP 194 (1994), 105 ff., 159; *ders.*, JuS 1986, 596 ff., 600.

[772] Vgl. *Kelsen*, Reine Rechtslehre, 2. Aufl., 1960, S. 69; *Sack*, GRUR 1970, 493 ff., 495; *ders.*, WRP 1985, 1 ff., 3.

[773] Vgl. *Sack*, WRP 1985, 1 ff., 3.

lich zu missbilligenden Tatbestände, die in den Regelungsbereich der betreffenden Sittenwidrigkeitsklauseln fallen, erfassen lassen[774].

Die Gegenansicht, die den Begriff der Sittenwidrigkeit enger auslegte und deshalb mit ihm in diversen Regelungsbereichen von Sittenwidrigkeitsklauseln *nicht alle* rechtlich zu missbilligenden Tatbestände erfassen konnte, sah sich gezwungen, die verbleibenden Schutzlücken anderweitig zu schließen. Auf dem Gebiet der rechtlich zu missbilligenden Rechtsgeschäfte füllte man die durch enge Auslegung von § 138 BGB verursachten Schutzlücken durch Anwendung von § 242 BGB und durch analoge Anwendung von § 315 III BGB. Dies geschah vor allem auf dem Gebiet der Inhaltskontrolle von Allgemeinen Geschäftsbedingungen[775], die später zunächst in den §§ 9 ff. AGBG, jetzt in den §§ 307 ff. BGB eine Sonderregelung erfahren hat. Im Gesellschaftsrecht hat der BGH in einer Entscheidung von 1981 sogar bei der Beurteilung einer gesellschaftsvertraglichen Ausschlußklausel unterschieden zwischen einem Verstoß gegen »die *allgemeinen* Grundsätze der Rechtsordnung«, der nach § 138 BGB die Nichtigkeit begründet, und einem Verstoß gegen »die Grundprinzipien des *Gesellschaftsrechts*«, den er offenbar – neben § 134 und § 138 BGB – für einen selbständigen Nichtigkeitsgrund hielt[776]. Auch der Vorschlag, das Gesetzwidrigkeitsblankett des § 134 BGB bei der Verletzung »ungeschriebener gesetzlicher Verbote« anzuwenden[777], ist kein überzeugender Versuch, Lücken infolge einer zu engen Auslegung des § 138 BGB zu schließen.

b) Interessenabwägung

aa) Richterliche Rechtsfortbildung und Interessenabwägung

Aus der umfassenden Lückenfüllungsfunktion des § 826 BGB in seinem Regelungsbereich folgt, dass die Gerichte durch diese Vorschrift aufgerufen und legitimiert sind, *alle rechtlich zu missbilligenden* vorsätzlichen Schadenszufügungen, für die es keine speziellen gesetzlichen Regelungen gibt, mit ihr zu erfassen[778]. Der Richter hat sich bei der Wahrnehmung der ihm mit § 826 BGB übertragenen Rechtsfortbildungsfunktion so zu verhalten wie ein Gesetzge-

---

[774] Vgl. *Sack*, WRP 1985, 1 ff., 3; zu § 138 BGB Staudinger/*Sack* (2003) § 138 Rn. 27; AK/*Damm*, BGB § 138 Rn. 83; zu § 1 UWG a.F. *Sack*, GRUR 1970, 493 ff., 498.

[775] RGZ 168, 329; BGHZ 22, 90 ff., 96; BGHZ 37, 94 ff., 99; BGHZ 38, 183 ff., 185; BGHZ 41, 151 ff., 154; BGHZ 54, 106 ff., 109.

[776] BGH NJW 1981, 2565 a.E.; später hat der BGH wieder § 138 BGB angewendet, vgl. BGH NJW 1985, 2421 f. = WM 1985, 772 f.; für die Anwendung von § 138 BGB in diesen Fällen auch *Sack*, WRP 1985, 1 ff., 2; *Grunewald*, Der Ausschluss aus Gesellschaft und Verein, 1987, S. 126 ff..

[777] So *Canaris*, AcP 184 (1984), 201 ff., 236 in Bezug auf aus Art. 3 GG ableitbare ungeschriebene gesetzliche Verbote.

[778] Vgl. *Sack*, WRP 1985, 1 ff., 3, 4; *Teubner*, Standards und Direktiven in Generalklauseln, S. 99 ff., 106 f..

ber[779]. Die Feststellung, ob eine vorsätzliche Schadenszufügung i.S.v. § 826 BGB rechtlich zu mißbilligen ist, muß durch eine umfassende Interessenabwägung erfolgen[780]. § 826 BGB enthält, wie auch die anderen Sittenwidrigkeitsklauseln unseres Rechts, eine methodische Anweisung zur Rechtsfortbildung durch Interessenabwägung[781].

Bei der Interessenabwägung zur Feststellung der Sittenwidrigkeit ist eine Gesamtwürdigung aller Umstände vorzunehmen. Es sind *alle* Interessen zu berücksichtigen, die unmittelbar oder mittelbar, aktuell oder potentiell durch die zu bewertende vorsätzliche Schädigungshandlung berührt werden. Auch die rechtlichen und tatsächlichen Folgen von Entscheidungen sind in die Interessenabwägung einzubeziehen[782].

bb) Kriterien der Interessenabwägung

Die einschlägigen Wertmaßstäbe und Kriterien für die Interessenabwägung finden sich sowohl in *Gesetzen* als auch im *außergesetzlichen* Bereich. Insofern ist eine diese Ansätze *kombinierende* Abwägung geboten[783]. Kollidieren rechtliche Wertungen mit außerrechtlichen Moralvorstellungen, dann haben erstere Vorrang[784].

Bei der Interessenabwägung ist der Anwender von § 826 BGB in erster Linie an Wertungen gebunden, die sich aus dem gesetzten Recht ergeben[785]. Zu den

---

[779] Vgl. *Kraft*, Interessenabwägung und gute Sitten im Wettbewerbsrecht, 1963, S. 43, 61; *Ott*, in: FS für L. Raiser, 1974, S. 403 ff., 417, 419; ebenso zu § 138 BGB Staudinger/*Sack* (2003) BGB § 138 Rn. 37.

[780] Vgl. BGHZ 38, 391 ff., 395 – Industrieböden; BGHZ 80, 25 ff., 27 – Wallraff; *Boemke*, JuS 2001, 444 ff., 446; *Sack*, WRP 1985, 1 ff., 3 m. w. Nachw. zur Sittenwidrigkeitsklausel des § 1 UWG a.F. in Fußn. 28; ebenso für Österreich OGH JBl. 1966, 364 ff., 367; ebenso zu § 138 BGB Staudinger/*Sack* (2003) BGB § 138 Rn. 37.

[781] *Kraft*, Interessenabwägung und gute Sitten im Wettbewerbsrecht, 1963, S. 43.

[782] Zum Erfordernis von Folgenerwägungen vgl. *Th. Sambuc*, Folgenerwägungen im Richterrecht, 1977, S. 53 ff., 90 ff., 108 ff.; *Haberstumpf*, Die Formel vom Anstandsgefühl aller billig und gerecht Denkenden in der Rechtsprechung des Bundesgerichtshofs, 1976, S. 115 ff.; zu § 138 BGB vgl. auch Staudinger/*Sack* (2003) BGB § 138 Rn. 38.

[783] Vgl. *F. Bydlinski*, in: FS für Gernhuber, 1993, S. 827 ff., 830 ff.; *Larenz*, JurJb 7 (1966/67), 98 ff., 109 ff.; *Larenz/Canaris*, Schuldrecht II/2, § 78 II 1, S. 450 f.; *Sack*, WRP 1985, 1 ff., 4 ff.; Staudinger/*Sack* (2003) BGB § 138 Rn. 38; vgl. *auch Mayer-Maly*, AcP 194 (1994), 105 ff., 174; gegen diese Kombinationstheorie *Schachtschneider*, in: FS für Thieme, 1993, S. 195 ff., 215; *Schulze*, JuS 1999, 636 ff., 637; zu § 138 BGB für eine Beschränkung auf Analogien *Pawlowski*, AT, Rn. 498 b.

[784] *Boemke*, JuS 2001, 444 ff., 446; Palandt/*Heinrichs*, BGB § 138 Rn. 6; Soergel/*Hefermehl*, BGB § 138 Rn. 11; Staudinger/*Sack* (2003) BGB § 138 Rn. 38.

[785] BVerfGE 7, 198 ff., 206; BVerfGE 13, 153 ff., 164; BVerfGE 21, 73 ff., 82; BGHZ 80, 153 ff., 157, 158; BGHZ 106, 336 ff., 338; BGH ZIP 1989, 770; aus dem Schrifttum vgl. *Boemke*, JuS 2001, 444 ff., 445; *ders.*, NJW 2001, 43 ff., 44; *Koziol*, AcP 188 (1988), 183 ff., 191 mit Fußn. 38; *Larenz*, JurJb 7 (1966/67), 98 ff., 118; *Larenz/Canaris*, Schuldrecht II/2, § 78 II 1, S. 450; *Mayer-Maly*, AcP 194 (1994), 105 ff., 175; Palandt/*Heinrichs*, BGB § 138 Rn. 3; *Sack*, WRP 1985, 1 ff., 4 mit Fußn. 37; Staudinger/*Sack* (2003) BGB § 138 Rn. 39.

»gesetzlichen« Vorschriften gehören vorrangig europarechtliche Regelungen, einschließlich der Richtlinien[786], ferner das Grundgesetz, insbesondere die Grundrechte, die als objektive Wertordnung in mittelbarer Drittwirkung die Auslegung der Generalklauseln beeinflussen[787], und schließlich die Wertungen einfacher Gesetze[788]. Zu berücksichtigen sind außerdem allgemeine Rechtsüberzeugungen[789] sowie vorhandenes Richterrecht als Rechtserkenntnisquelle[790]. Schließlich muß sich der Richter um Konsensfähigkeit und Gemeinverträglichkeit und um eine »Legitimation durch Begründung« bemühen[791].

c) Enge Auslegung des Begriffs des Sittenverstoßes in § 826 BGB?

Abweichend von der hier vertretenen Ansicht halten manche den Vorwurf der Sittenwidrigkeit nur in besonders gravierenden Fällen für berechtigt[792]. In einer Entscheidung von 1993 verlangte der BGH für den Vorwurf der Sittenwidrigkeit der Mitwirkung an fremdem Vertragsbruch nach § 826 BGB »schwerwie-

---

786 Vgl. BGHZ 138, 55; zu § 1 UWG a.F. vgl. *Sack*, VersR 1994, 1383 ff., 1384 f.; *ders.*, WRP 1998, 241 ff.; Staudinger/*Sack* (2003) BGB § 138 Rn. 44.

787 BVerfGE 7, 198 ff., 205 f.; BVerfGE 13, 153 ff., 164; BVerfGE 21, 73 ff., 82; BVerfGE 42, 143 ff., 148; BVerfGE 81, 242; BVerfGE 89, 214; BVerfG NJW 1990, 1469 ff., 1470; BVerfG NJW 1994, 36 ff., 38; BVerfG NJW 1994, 2749 f.; BVerfG NJW 1996, 2021; BVerfG NJW 2001, 957; BGHZ 80, 153 ff., 157; BGHZ 106, 336 ff., 338; BGH NJW 1999, 566 ff., 568; BGH NJW 1999, 3552; BGH NJW 2000, 1028; BGH NJW 2001, 957 ff., 958; BGH NJW 2001, 2248; ebenso im Schrifttum *Boemke*, JuS 2001, 444 ff., 445; *Canaris*, JuS 1989, 161 ff., 164; ebenso zu § 138 BGB Staudinger/*Sack* (2003) BGB § 138 Rn. 40.

788 Vgl. BGHZ 36, 395 ff., 398 f.; BGHZ 47, 30 ff., 39; BGH NJW 1969, 230 ff., 231; BGH NJW 1979, 104; *Koziol*, AcP 188 (1988), 183 ff., 191 mit Fußn. 38 (zum Verhältnis von § 138 II zu § 138 I BGB); *Sack*, WRP 1985, 1 ff., 5; Staudinger/*Sack* (2003), BGB § 138 Rn. 41 ff.; *P. Ulmer*, NJW 1979, 1585 ff., 1586.

789 Vgl. BAG NJW 1976, 1958; *Sack*, WRP 1974, 247 ff., 252, 254; *ders.*, WRP 1985, 1 ff., 7; Staudinger/*Sack* (2003) BGB § 138 Rn. 45 ff.

790 Ausführlicher dazu Staudinger/*Sack* (2003) BGB § 138 Rn. 48–50.

791 Vgl. Staudinger/*Sack* (2003) BGB § 138 Rn. 51 ff.; *Sack*, WRP 1985, 1 ff., 8 f.; *Brüggemeier*, Haftungsrecht, S. 352.

792 *Baumbach*, JW 1930, 1643 ff., 1645; *Beater*, AcP 197 (1997), 505 ff., 524, 527; *Brüggemeier*, Haftungsrecht, S. 353 »(»grob sozialwidrig«); *Canaris*, AcP 184 (1984), 201 ff., 236, 241, 244; *ders.*, in: 2. FS für Larenz, 1983, S. 27 ff., 49, 50; *Coester-Waltjen*, AcP 190 (1990), 1 ff., 15, 31; *Dauner-Lieb*, AcP 201 (2001), 295 ff., 325; *Deutsch*, JZ 1963, 385 ff., 389 (Sittenwidrigkeit als »gesteigerte Form der Rechtswidrigkeit«); *ders.*, Fahrlässigkeit und erforderliche Sorgfalt, 1963, S. 149; *Fastrich*, Richterliche Inhaltskontrolle im Privatrecht, 1992, S. 17 ff., 20; *E. Fuchs*, JW 1910, 209 ff., 210; *Larenz/Canaris*, Schuldrecht II/2, § 78 II 1 b, S. 451; *Stadtmüller*, Diss., S. 91; Staudinger/*Hager* (1999) BGB § 823 Rn. D 5 (das Recht am Gewerbebetrieb ist notwendig, um nicht § 826 BGB »über Gebühr zu strapazieren«); *Vogt*, NJW 1976, 729 ff., 731; *Wieacker*, JZ 1961, 337 ff., 339 ff.; *Zimmermann*, JR 1985, 48 ff., 51; hierher gehören wohl auch die Entscheidungen, wonach der Vorwurf der Sittenwidrigkeit die Betroffenen mit dem »Makel der Sittenwidrigkeit« behafte, vgl. RGZ 150, 1 ff., 5; BVerfG GRUR 1972, 358 ff., 360; BGHZ 3, 270 ff., 279 – Constanze I; BGHZ 14, 294 ff., 303 – Constanze II; BGHZ 52, 17 ff., 20; BGH NJW 1968, 932 (diese Entscheidung verwendet das Wort »Makel« gleich sechs mal); BGH NJW 1970, 1273 ff., 1275, BGH NJW 1979, 365 ff., 366; vgl. auch BGH GRUR 1963, 255 ff., 257 – Kindernähmaschinen (insoweit nicht abgedruckt in BGHZ 38, 200 ff.).

gende Verstöße gegen das Anstandsgefühl«[793]. Das BAG beschränkte den Vorwurf der Sittenwidrigkeit auf »besonders krasse Fälle«[794]. Nach einer im Schrifttum verbreiteten Ansicht zu den Sittenwidrigkeitsklauseln des BGB bieten diese nur einen »auf Extremfälle beschränkten Minimalschutz«[795]. Sie seien nur auf »Extrem- und Evidenzfälle« anwendbar. Die Sittenwidrigkeitsklauseln sicherten nur die »äußersten Grenzen« der herrschenden Rechts- und Sozialmoral und sanktionierten nur »evidente Verstöße« gegen sie[796]. Der Vorwurf der Sittenwidrigkeit definiere die »äußerste Toleranzgrenze«[797]. Er habe eine »relativ hohe Eingriffsschwelle« und erfasse nur »schwerwiegende« konkrete Fälle[798]. Bei den guten Sitten handle es sich um »Grundgebote ... der praktisch von niemandem in Frage gestellten ... Sittlichkeit«[799].

Diese enge Auslegung von Sittenwidrigkeitsklauseln wird zum Teil aus dem Begriff der guten Sitten abgeleitet. Sie ergebe sich aus der Anstandsformel, aus der ethischen Fundierung des Begriffs der guten Sitten oder aus der Tatsache, dass der Vorwurf der Sittenwidrigkeit die Betroffenen mit einem Makel behafte, der berechtigt sein müsse. Außerdem seien der richterlichen Rechtsfortbildung Grenzen gesetzt. Diese Begründungen sind allerdings unhaltbar.

aa) Die Anstandsformel

Aus den Motiven zu § 826 BGB stammt die sog. Anstandsformel[800]. Bereits in einer Entscheidung vom 11.4.1901 hat sich das RG bei der Anwendung von § 826 BGB auf die Anstandsformel berufen[801]. Heftig umstritten ist noch immer, wie man die gerecht und billig Denkenden und deren Anstandsgefühl feststellt. Aufgrund der rechtshistorischen Gegebenheiten, unter denen die An-

---

[793] BGH WM 1993, 2205 Ls. 1, 2207 sub 2.; diese Formulierung hat jedoch wahrscheinlich nur eine auf die konkrete Fallgruppe – Mitwirkung Dritter am Vertragsbruch – beschränkte Bedeutung, da der BGH einen Vertragsbruch und folglich auch die Mitwirkung daran wegen der Relativität von Forderungsrechten nicht für ohne weiteres sittenwidrig hält; in diesem Sinne auch BGH NJW 1981, 2184, 2185.

[794] BAG JZ 1975, 737 ff., 738; ebenso *Beater*, AcP 197 (1997), 505 ff., 527.

[795] *Canaris*, AcP 184 (1984), 201 ff., 236, 241, 244; *ders.*, in: 2. FS für Larenz, 1983, S. 27 ff., 49, 50; *Beater*, AcP 197, (1997), 505 ff., 524; *Brüggemeier*, ZVglRWiss 82 (1983), 62 ff., 86; ähnlich *Coester-Waltjen*, AcP 190 (1990), 1 ff., 15, 31; *Dauner-Lieb*, AcP 201 (2001), 295 ff., 325; *Fastrich*, Richterliche Inhaltskontrolle im Privatrecht, 1992, S. 17 ff; vgl. auch AK/*Teubner*, BGB § 826 Rn. 13.

[796] *Dauner-Lieb*, AcP 201, (2001), 295 ff., 325.

[797] So zu § 138 BGB *Fastrich*, a.a.O., S. 20.

[798] So zu § 138 BGB *Coester-Waltjen*, AcP 190 (1990), 1 ff., 15, 31.

[799] *Wieacker*, JZ 1961, 337 ff., 339 f.; a. A. *Esser*, in: Esser/Stein, Werte und Wertewandel in der Gesetzesanwendung, 1966, S. 5 ff., 24 f.

[800] Mot. II 727 = Mugdan II 406; ausführlich dazu *Arzt*, Die Ansicht aller billig und gerecht Denkenden, Diss. Tübingen, 1962; *Haberstumpf*, Die Formel vom Anstandsgefühl aller billig und gerecht Denkenden in der Rechtsprechung des Bundesgerichtshofs, 1976; *Sack*, NJW 1985, 761 ff.; Staudinger/*Sack* (2003) BGB § 138 Rn. 13 ff.

[801] RGZ 48, 114 ff., 124 – Brisbane-Segler; aus neuerer Zeit vgl. BGHZ 160, 149 ff., 157.

standsformel entstanden ist, wird man davon ausgehen müssen, dass bei der Schaffung des BGB der Richter als Repräsentant der gerecht und billig Denkenden verstanden wurde[802]. Ihn ermächtigen die Sittenwidrigkeitsklauseln zur Rechtsfortbildung; er ist durch sie aufgerufen, sich um eine gerechte und billige Entscheidung zu bemühen[803]. Die Anstandsformel verlangt hingegen keinen »schwerwiegenden« Verstoß gegen das Anstandsgefühl aller billig und gerecht Denkenden[804], sondern begnügt sich schlicht mit einem Verstoß gegen das Anstandsgefühl. Sie fordert den Richter auf, eine gerechte und billige Entscheidung zu treffen[805]. Dies beschränkt ihn nicht auf Extremfälle, sondern rechtfertigt eine Untersagung schon immer dann, wenn eine Interessenabwägung eine rechtliche Missbilligung rechtfertigt, d.h. auch in *allen* Fällen rechtswidriger Eingriffe in das Recht am Gewerbebetrieb liegt ein Verstoß gegen das Anstandsgefühl aller billig und gerecht Denkenden vor.

bb) Die ethische Fundierung der guten Sitten

Auch aus der ethischen Fundierung der guten Sitten i.S.d. Sittenwidrigkeitsklauseln des Rechts folgt keine Beschränkung auf besonders gravierende Fälle. Dies zeigt die jahrzehntelange Praxis zur alten wettbewerbsrechtlichen Sittenwidrigkeitsklausel des § 1 UWG a.F.[806]. Jede Verhaltensnorm, die auf einen gerechten und billigen Interessenausgleich zielt, ist ihrer Natur nach ethisch und Teil der Moral.

cc) Der »Makel« der Sittenwidrigkeit

Nach verbreiteter Ansicht behaftet der Vorwurf der Sittenwidrigkeit den Betroffenen mit einem »Makel«[807]. Er sei – so zu § 138 BGB – »der schwerste Makel, der einem Rechtsgeschäft anhaften kann und damit per se superlativ, der sinnvoll nicht weiter steigerungsfähig« sei[808]. Der Vorwurf der Sittenwidrigkeit

---

[802] Ausführlicher dazu *Sack*, NJW 1985, 761 ff., 763; ebenso Staudinger/*Sack* (2003) BGB § 138 Rn. 16; *Arzt*, Die Ansicht aller billig und gerecht Denkenden, Diss. Tübingen 1962, S. 63 ff., 74 ff.; *Meyer-Cording*, JZ 1964, 273 ff., 274; *Ott*, in: FS für L. Raiser, 1974, S. 403 ff., 414; vgl. auch *Teubner*, Standards und Direktiven in Generalklauseln, S. 19; *ders.*, in Alternativ-Kommentar, BGB § 826 Rn. 5.

[803] *Sack*, NJW 2006, 945 ff., 949; Staudinger/*Sack* (2003) BGB § 138 Rn. 16; Staudinger/*Oechsler* (2003) BGB § 826 Rn. 31, 32 ff.

[804] So jedoch BGH WM 1993, 2205 Ls 1, 2207 sub 2.

[805] Ausführlicher dazu *Sack*, NJW 1985, 761 ff.

[806] Ausführlicher dazu *Sack*, NJW 1985, 761 ff.

[807] So RG JW 1921, 1363 f., 1364; RG JW 1932, 938; RGZ 136, 293 ff., 297; RGZ 144, 242 ff., 245; RGZ 150, 1 ff., 5; BVerfG GRUR 1972, 358 ff., 360; BGHZ 3, 270 ff., 279 – Constanze I; BGHZ 14, 294 ff., 303 – Constanze II; BGHZ 52, 17 ff., 20; BGH NJW 1968, 932 ff. (die Entscheidung verwendet das Wort »Makel« gleich sechs mal); BGH NJW 1970, 1273 ff., 1275; BGH NJW 1979, 365 ff., 366.

[808] *Zimmermann*, JR 1985, 48 ff., 51.

enthalte das »Verdikt einer gewissen Unanständigkeit«[809]. Er enthalte einen »moralischen Bannfluch«[810]. Er »brandmarke« den Täter vor der Öffentlichkeit als unsittlich[811]. Wem der Vorwurf der Sittenwidrigkeit gemacht wird, der werde »zeitlebens mit einem Schandmal gebrandmarkt«; man könne sich »feinfühlige Menschen denken, denen ein solcher im besten Glauben, es sei das gerechtes Recht, verübter Rechts- und Ehrenmord die gesamte Daseinsfreude, das Lebensglück vergällte«[812]. Deshalb sei der Vorwurf der Sittenwidrigkeit nur in Extremfällen und außerdem nur dann gerechtfertigt, wenn der Täter mit Rechtswidrigkeits- oder Sittenwidrigkeitsbewußtsein gehandelt oder zumindest alle sittenwidrigkeitsbegründenden Tatumstände gekannt habe.

Diese Argumentation ist nicht haltbar. Schon im allgemeinen Sprachgebrauch wiegt der »Vorwurf« der Sittenwidrigkeit nicht schwerer als der Vorwurf der Rechtswidrigkeit, Gesetzwidrigkeit oder Treuwidrigkeit. Auch der Zweck der Sittenwidrigkeitsklauseln erfordert es nicht, sie auf solche schweren persönlichen Vorwürfe zu reduzieren. Dies zeigt insbesondere auch ein Blick auf eine jahrzehntelange Rechtsprechung zur wettbewerbsrechtlichen Sittenwidrigkeitsklausel des § 1 UWG a.F. und auf die zur ihr entwickelte Kasuistik.

dd) Grenzen richterlicher Rechtsfortbildung

Ein weiterer, völlig anders gearteter Grund für eine enge Auslegung der Sittenwidrigkeitsklauseln besteht offenbar darin, ganz allgemein der *richterlichen Rechtsfortbildung* Grenzen zu setzen. Diese Ansicht braucht im vorliegenden Zusammenhang jedoch nicht vertieft zu werden. Denn unabhängig davon, welche Grenzen der richterlichen Rechtsfortbildung man daraus ableitet, müsste diese Ansicht in gleicher Weise für *alle* Generalklauseln gelten. Sie wäre auch bei der Konkretisierung der *Rechtswidrigkeit* eines Eingriffs in das Recht am Gewerbebetrieb maßgeblich. Deshalb würde sie nicht die oben vertretene Ansicht berühren, dass bei vorsätzlichen Unternehmensschädigungen die Rechtswidrigkeit eines Eingriffs in das Recht am Gewerbebetrieb in derselben Weise durch eine Interessenabwägung festzustellen ist wie die Sittenwidrigkeit nach § 826 BGB.

---

809 *Canaris*, AcP 184 (1984), 201 ff., 234; *ders.*, in: 2. FS für Larenz, 1983, S. 27 ff., 32 (»besonders schwerwiegendes Verdikt«).

810 *Vogt*, NJW 1976, 729 ff., 731.

811 *Baumbach*, JW 1930, 1643 ff., 1645.

812 *E. Fuchs*, JW 1910, 209 ff., 210.

d) Der subjektive Tatbestand der Sittenwidrigkeit

aa) Kenntnis der sittenwidrigkeitsbegründenden Tatumstände als notwendige Voraussetzung der Sittenwidrigkeit?

Zu einer engen Auslegung des Begriffs der guten Sitten, mit dem sich nicht alle rechtlich zu missbilligenden Tatbestände im Anwendungsbereich der jeweiligen Sittenwidrigkeitsklauseln erfassen lassen, gelangt man auch, wenn man mit einer verbreiteten Ansicht das Sittenwidrigkeitsurteil *generell* von der *Kenntnis aller sittenwidrigkeitsbegründenden Tatumstände* abhängig macht[813].

Ebenso wie die enge Auslegung des Begriffs der Sittenwidrigkeit rechtfertigt man seine *Subjektivierung* mit der Anstandsformel, mit der sittlichen Fundierung der guten Sitten und mit dem angeblichen Makel, der mit dem Vorwurf der Sittenwidrigkeit verbunden sei. Auch insoweit ist jedoch keines der Argumente tragfähig.

(1) Die Anstandsformel rechtfertigt es nicht, das Sittenwidrigkeitsurteil in § 826 BGB über die bewusste und gewollte Schadenszufügung hinaus von der Kenntnis aller sittenwidrigkeitsbegründenden Tatumstände abhängig zu machen. Denn die Anstandsformel beruft – wie oben bereits dargelegt – den Richter, eine gerechte und billige Entscheidung zu treffen. Es gibt auch Normen der Gerechtigkeit und Billigkeit, die ein rein objektives Fehlverhalten missbilligen.

Nach der Anstandsformel kommt es auch nicht darauf an, wie ein gerecht und billig Denkender gehandelt hätte, wenn er sich in der Lage des Handelnden befunden hätte[814], sondern wie ein billig und gerecht Denkender das betreffende Verhalten bewertet[815].

(2) Bei der Beratung des BGB ist der Antrag gestellt worden, in § 106 Entw., aus dem § 138 BGB hervorgegangen ist, das vorgesehene Tatbestandsmerkmal »gegen die guten Sitten« durch das Tatbestandsmerkmal »gegen die Sittlichkeit« zu ersetzen. Das wurde abgelehnt; denn das Tatbestandsmerkmal »gegen die guten Sitten« sichere der Vorschrift »einen umfassenderen Geltungsbereich und enthalte den richtigen *objektiven* Maßstab«[816]. Bereits zuvor hatte die

[813] So RGZ 97, 253 ff., 255; RGZ 120, 144 ff., 148; RGZ 136, 236 ff., 240; RGZ 161, 229 ff., 233; BGHZ 10, 228 ff., 233; BGHZ 20, 43 ff., 52; BGH NJW 1980, 2407 ff., 2408; BGH BB 1981, 78 ff., 79; BGHZ 80, 153 ff., 160 f.; BGH NJW 1982, 1455; BGH WM 1984, 1044 ff., 1046 (IV. 3.); BGH NJW 1988, 1373 ff., 1374; BGH WM 1993, 1189 ff., 1191; BGH NJW 1994, 187 ff., 188; BGH WM 1998, 513 ff., 514; BGH WM 1998, 968; BGH NJW 1998, 2531 ff., 2532; BGHZ 146, 298 ff., 301 = NJW 2001, 1127; BGH WM 2002, 1186 ff., 1189; BGH NJW 2005, 2991 ff., 2992 (B. 1. a, aa) (a.A. allerdings ausdrücklich BGH IVa ZS BGHZ 94, 268 ff., 272); BAG NJW 1991, 860 ff., 861.

[814] So jedoch *E. Ulmer/D. Reimer*, Unlauterer Wettbewerb III, Deutschland, 1968, S. 43 Rn. 65; zustimmend *v. Gamm*, WRP 1974, 1 ff., 3 (V.).

[815] Vgl. *Sack*, NJW 1985, 761 ff., 765; *ders.*, NJW 2006, 945 ff., 950; Staudinger/*Sack* (2003) BGB § 138 Rn. 17, 66.

[816] Prot. Nr. 258 in Prot. I 124 = Mugdan I 725; ausführlicher dazu Staudinger/*Sack* (2003) BGB § 138 Rn. 18 ff.

Kommission für die 1. Lesung des BGB in den Motiven zum heutigen § 138 BGB festgestellt, dass ein Rechtsgeschäft nichtig sei, wenn sein Inhalt »unmittelbar, *in objektiver Hinsicht und unter Ausscheidung der subjektiven Seite*, die guten Sitten verletzt«[817].

Der Gesetzgeber des BGB verstand also den Begriff der Sittenwidrigkeit objektiv in dem Sinne, dass *nicht in jedem Fall* die Verwirklichung eines subjektiven Tatbestands erforderlich ist[818]. Schon deshalb ist es unzutreffend, die Subjektivierung des Sittenwidrigkeitsurteils mit der sittlichen Fundierung dieses Begriffs zu rechtfertigen[819]. Außerdem verwechselt man offenbar die an die Gesinnung bzw. das Gewissen anknüpfende *autonome* Moral, die für die Interpretation der Sittenwidrigkeitsklauseln ungeeignet ist[820], mit der *heteronomen* Moral, die zwar im Einzelfall, jedoch nicht generell die Verwirklichung eines subjektiven Tatbestandes erfordert[821].

(3) Auch die Ansicht, dass der Vorwurf der Sittenwidrigkeit dem Betroffenen einen persönlichen Makel anhafte, den er nur verdiene, wenn er alle sittenwidrigkeitsbegründenden Tatumstände gekannt habe, überzeugt nicht. Bereits oben wurde ausgeführt, dass der »Vorwurf« der Sittenwidrigkeit sprachlich-begrifflich nicht schwerer wiegt als der der Rechtswidrigkeit. Auch der Zweck der Sittenwidrigkeitsklauseln erfordert es nicht, sie auf schwere *persönliche* Vorwürfe zu reduzieren. Auch dies beweist wiederum ein Blick in die zur alten wettbewerbsrechtlichen Generalklausel des § 1 UWG a.F. entwickelte Kasuistik.

bb) Sittenwidrigkeit wegen Leichtfertigkeit oder Sorgfaltspflichtverletzung

Die Tatsache, dass die Sittenwidrigkeit nach § 826 BGB außer einer vorsätzlichen, d.h. bewussten und gewollten Schadenszufügung nicht in jedem Fall die Verwirklichung weiterer subjektiver Voraussetzungen erfordert, schließt nicht aus, dass im konkreten Einzelfall auch sonstige subjektive Tatumstände den Vorwurf der Sittenwidrigkeit begründen. So ist z.B. eine vorsätzliche Schadenszufügung in reiner Schädigungsabsicht immer sittenwidrig[822].

---

[817] Mot. I 211.

[818] In diesem Sinne wohl BGHZ 10, 228ff., 232 a.E., 233 (»kann ... vorwiegend wegen seines objektiven Inhalts sittenwidrig sein«).

[819] Vgl. *Mayer-Maly*, Das Bewußtsein der Sittenwidrigkeit, 1971, S. 27ff.; *Sack*, NJW 1985, 761ff.

[820] Vgl. *Kraft*, Interessenabwägung und gute Sitten im Wettbewerbsrecht, 1963, S. 107, 109; *Larenz*, JurJb 7 (1966/67), 98ff., 105, 106; *Sack*, GRUR 1970, 493ff., 496; *ders.*, NJW 1985, 761ff., 767; Soergel/*Hefermehl*, BGB § 138 Rn. 3; Staudinger/*Sack* (2003) BGB § 138 Rn. 19.

[821] Ausführlich dazu *Sack*, NJW 1985, 761ff., 767; *ders.*, GRUR 1970, 493ff., 495f.; Staudinger/*Sack* (2003) BGB § 138 Rn. 19ff., 66.

[822] Erman/*Schiemann*, BGB § 826 Rn. 10.

In einer Vielzahl von Entscheidungen hat die Rechtsprechung auch den Vorwurf der Sittenwidrigkeit auf die Leichtfertigkeit bzw. Gewissenlosigkeit bzw. grobe Fahrlässigkeit des Schädigers bei der vorsätzlichen Schadenszufügung gestützt[823]. Diese Ansicht verlässt nicht die gesetzgeberische Konzeption[824] des § 826, auf die Haftung für fahrlässige sittenwidrige Schädigungen zu verzichten, weil dies kein so schwerer Verstoß gegen die öffentliche Sittlichkeit sei, dass der Gesetzgeber einzuschreiten Veranlassung habe[825]. Denn diese Beschränkung des § 826 BGB durch den Gesetzgeber betrifft nur die Art und Weise der Schadenszufügung, nicht jedoch die sonstigen Voraussetzungen der Sittenwidrigkeit[826].

M.E. kann auch die Verletzung der im Verkehr erforderlichen Sorgfalt gegen die guten Sitten, d.h. gegen das, was Sitte sein soll, verstoßen[827]. Ein Beispiel hierfür bieten die fahrlässig unbegründeten Schutzrechtsverwarnungen in der Variante der sogenannten Herstellerverwarnungen. Der Inhaber eines Schutzrechts (Patent, Urheberrecht, Marke u.s.w.) untersagt einem Unternehmen die Herstellung bestimmter Waren, weil diese angeblich sein Schutzrecht verletzen. Der Verwarnte stellt daraufhin die betreffende Produktion bzw. Warenkennzeichnung ein, wodurch ihm ein Schaden entsteht, was der Schutzrechtsinhaber auch wusste und billigend in Kauf nahm. Später stellt sich heraus, dass die Verwarnung unbegründet war, was der Schutzrechtsinhaber fahrlässig verkannt hatte. In diesem Fall ist der Schaden dem Hersteller bewusst und gewollt, d.h. vorsätzlich i.S.v. § 826 BGB zugefügt worden[828]. Nach h.M. ist eine solche unbegründete Schutzrechtsverwarnung ein Eingriff in das Recht am Gewerbebetrieb des Verwarnten, der ohne weiteres rechtswidrig ist. M.E. ist sie nur wegen der Verletzung der im Verkehr erforderlichen Sorgfalt rechtswidrig. Geht man davon aus, dass die Sittenwidrigkeit nach § 826 BGB und die Rechtswidrigkeit eines Eingriffs in das Recht am Ge-

---

[823] Vgl. RGZ 72, 175 ff., 176; RGZ 143, 48 ff., 51; BGHZ 10, 228 ff., 233 = NJW 1953, 1665; BGH MDR 1957, 29 ff. = VersR 1956, 641; BGH WM 1958, 877 = VersR 1958, 933 ff., 934; BGH NJW 1962, 1766; BGH VersR 1966, 1034 ff., 1035; BGH NJW 1972, 678 ff., 680 (2.); BGH WM 1975, 559 ff., 560 (III. 2. a); BGH WM 1976, 498 ff., 500; BGH VersR 1977, 283 f., 284; BGH VersR 1979, 283 f., 284; BGH NJW 1986, 180 ff., 181 (2. b); BGH NJW 1987, 1758 f., 1759; BGH NJW 1991, 32 ff., 33; BGH NJW 1991, 634 ff., 636; BGH NJW 1991, 3282 ff., 3283 (II. 2. a); BGH NJW 1992, 3167 ff., 3174; BGH NJW 2004, 3035 ff., 3038; aus dem Schrifttum vgl. *Enneccerus/Lehmann*, Schuldrecht, S. 957; Erman/*Schiemann*, BGB § 826 Rn. 10 a.E., 11, 12; *Larenz/Canaris*, Schuldrecht II/2, S. 453; Palandt/*Sprau*, BGB § 826 Rn. 8, 9, 28; *Schlechtriem*, Schuldrecht BT Rn. 895; Soergel/*Hönn*, BGB § 826 Rn. 53; gegen diese Ansicht *v. Bar*, Verkehrspflichten, S. 215 f.

[824] A.A. *Mayer-Maly*, Das Bewußtsein der Sittenwidrigkeit, S. 40 f.

[825] Vgl. Prot. II 576.

[826] *Mayer-Maly*, a.a.O., S. 13, 19 f. u. 40 f. tut diese Unterscheidung zwischen den subjektiven Voraussetzungen der Schadenszufügung und der Sittenwidrigkeit als »scholastische Distinktion« und als »kunstvolle Distinktion« ab, die die Konzeption des Gesetzes verlasse.

[827] Vgl. *Sack*, WRP 2005, 253 ff., 259 f.; vgl. auch RGZ 72, 175 ff., 176.

[828] Vgl. *Sack*, WRP 2005, 253 ff., 258; a.A. *Larenz/Canaris*, Schuldrecht II/2, S. 563.

werbebetrieb in gleicher Weise durch eine Interessenabwägung zu bestimmen sind, dann ist die vorsätzliche Schadenszufügung als Folge einer unbegründeten Schutzrechtsverwarnung wegen der Verletzung der im Verkehr erforderlichen Sorgfalt sittenwidrig.

e) Das Verhältnis der Sittenwidrigkeit nach § 826 BGB zur Rechtswidrigkeit von Unternehmenseingriffen nach § 823 I BGB

Die Sittenwidrigkeit vorsätzlicher Schadenszufügungen nach § 826 BGB ist durch eine umfassende Interessenabwägung festzustellen. Auch die Rechtswidrigkeit von Eingriffen in das Recht am Gewerbebetrieb ist durch eine umfassende Interessenabwägung festzustellen. Bei ein und derselben vorsätzlichen Unternehmensschädigung ist die Interessenabwägung zur Feststellung der Sittenwidrigkeit nach § 826 BGB und der Rechtswidrigkeit nach § 823 I BGB nach denselben Kriterien vorzunehmen, d.h. es sind dieselben Interessen zu berücksichtigen und dieselben Wertmaßstäbe anzuwenden. Kurz gesagt: Bei vorsätzlichen Unternehmensverletzungen ist die *Rechtswidrigkeit* eines Eingriffs in das Recht am Gewerbebetrieb nach § 823 I BGB in derselben Weise durch eine Interessenabwägung festzustellen wie deren *Sittenwidrigkeit* nach § 826 BGB. Deshalb sind alle vorsätzlichen Unternehmenseingriffe, die nach § 826 BGB als sittenwidrig zu bewerten sind, immer auch rechtswidrige Eingriffe in das Recht am Gewerbebetrieb und umgekehrt.

Diese Ansicht findet sich auch schon ansatzweise in der Rechtsprechung des BGH. So heißt es z.B. in seiner Industrieböden-Entscheidung vom 21.12.1962 zur Frage der Zulässigkeit der Verwertung von Betriebsgeheimnissen durch einen aus dem Betrieb ausgeschiedenen Angestellten: »Es bedarf … keiner abschließenden Stellungnahme zur Anwendbarkeit des § 823 Abs. 1 BGB auf den Schutz des Betriebsgeheimnisses gegen Preisgabe durch frühere Angestellte. Denn auch bei Anwendung dieser Vorschrift könnte die *Rechtswidrigkeit* des Eingriffs in den Gewerbebetrieb nicht schon mit der Auswertung des Geheimnisses ohne weiteres als gegeben angesehen werden; es bedürfte vielmehr auch in diesem Rahmen einer sorgfältigen *Abwägung* der Umstände, insbesondere der schutzwürdigen Interessen des Arbeitgebers gegen die des entlassenen Arbeitnehmers *in derselben Weise* wie bei der Anwendung der §§ 1 UWG, 826 BGB«[829].

In seiner Wallraff-Entscheidung vom 20.1.1981, die die Zulässigkeit eines Berichts über Betriebsinterna betraf, führte der BGH aus: »Auch der deliktische Interessenschutz, den *§ 826 BGB* der Kl. hier gewähren kann, muß – *nicht anders als für § 823 Abs. 1 BGB* – gegenüber den mit der Veröffentlichung verfolgten schutzwürdigen Belangen unter Heranziehung aller Umstände, die

[829] BGH GRUR 1963, 367 ff., 369 r.Sp. – Industrieböden.

diese Spannungslage im konkreten Fall prägen, *abgewogen* werden.«[830] Nach Ausführungen zu Art. 5 GG fuhr der BGH fort: »Das *Rechtswidrigkeitsurteil* in § 823 Abs. 1 BGB wie das *Sittenwidrigkeitsurteil* des § 826 BGB sind an dieser Gewährleistung (scil.: des Art. 5 GG) zu messen«[831].

Auch im Schrifttum ist bei Unternehmenseingriffen der Zusammenhang zwischen der Feststellung der Rechtswidrigkeit nach § 823 I BGB und der Sittenwidrigkeit nach § 826 BGB und § 1 UWG a.F. hervorgehoben worden. Nach *Nipperdey* kann die Feststellung der Rechtswidrigkeit eines Eingriffs in das Recht am Gewerbebetrieb nur durch Interessenabwägung erfolgen, und hierfür seien § 826 BGB und § 1 UWG (a.F.) maßgebend[832].

IV. Der Baustromverteiler-Fall: Haftung aus Vertrag mit Schutzwirkung für Dritte bzw. aus § 311 III BGB (Hinweis)

Von der hier vertretenen Ansicht, dass sich alle rechtswidrigen Eingriffe in das Recht am Gewerbebetrieb, die nicht schon gegen wettbewerbs- und deliktsrechtliche Sondertatbestände verstoßen, mit den beiden Generalklauseln des Delikts- und Wettbewerbsrechts erfassen lassen, gibt es in der Rechtsprechung des BGH soweit ersichtlich nur eine einzige Ausnahme. Es ist die Baustromverteiler-Entscheidung von 1990, in der der BGH einer Unternehmensgruppe, die über einen Zwischenhändler einen fahrlässig fehlerhaft hergestellten Baustromverteiler erworben und bei dessen Benutzung erhebliche Schäden erlitten hatte, Schadensersatzansprüche gegen den Produzenten aus § 823 I BGB unter dem Gesichtpunkt eines betriebsbezogenen Eingriffs in das Recht am Gewerbebetrieb gewährt hat[833]. Diese BGH-Entscheidung war ein Nichtannahmebeschluss, in der der BGH dem Berufungsgericht zwar im Ergebnis folgte, jedoch im Gegensatz zu diesem keine Eigentumsverletzung, sondern eine Verletzung des Rechts am Gewerbebetrieb der geschädigten Unternehmensgruppe annahm. Diese Entscheidung steht, ohne dass es der BGH für erwähnenswert gehalten hätte, im Widerspruch zu den BGH-Entscheidungen »Prüfzeichen« von 1974, »Hebebühne« von 1983 und »Fugendichtungsmasse« von 1989[834], in denen er in gleichgelagerten Fällen jegliche Ansprüche abgelehnt hatte. In den Entscheidungen »Prüfzeichen« und »Hebebühne« verneinte er die Betriebsbe-

---

830 BGHZ 80, 25 ff., 27 – Wallraff.

831 BGHZ 80, 25 ff., 28 – Wallraff; *Stadtmüller*, Diss., S. 111, 153.

832 *Nipperdey*, in: Beiträge zum Wirtschaftsrecht, FS für Heymann, 1931, S. 445 ff. passim, insbesondere auch S. 483; vgl. auch *Kisseler*, Diss., S. 69 ff., 107; *Kübler*, AcP 172 (1972), 177 ff., 196 ff.; *Medicus*, Bürgerliches Recht, Rn. 614.

833 BGH NJW 1992, 41 ff. = VersR 1990, 1283 f. m. Anm. von *E. Lorenz*, S. 1284 f.

834 BGH NJW 1974, 1503 ff. – Prüfzeichen; BGH NJW 1983, 813 ff. – Hebebühne; BGH NJW 1989, 1029 f. – Fugendichtungsmasse.

zogenheit der Unternehmensbeeinträchtigung; in der Entscheidung »Fugendichtungsmasse« erwähnte er nicht einmal das Recht am Gewerbebetrieb. Meines Erachtens waren Ansprüche der geschädigten Gewerbetreibenden gerechtfertigt – was streitig ist –, jedoch aus Vertrag mit Schutzwirkung für Dritte bzw. nach der Schuldrechtsreform von 2002 nach § 311 III BGB[835]. Diese kurzen Hinweise sollen an dieser Stelle genügen. Ausführlicher wird zu dieser Fallgestaltung in Kapitel 5 unter X. Stellung genommen.

[835] Ausführlich dazu *Sack*, VersR 2006, 582 ff., 586 ff.

Kapitel 5

Fallgruppen

Zweck der folgenden Ausführungen ist der Nachweis, dass sich – von einem einzigen Ausnahmefall abgesehen[836] – alle Unternehmenseingriffe, gegen die der BGH mit § 823 I BGB unter dem Gesichtspunkt eines Eingriffs in das Recht am Gewerbebetrieb Schutz gewährt hat, mit den übrigen Vorschriften des Wettbewerbs- und Deliktsrechts erfassen lassen.

I. Geschäftsschädigende Äußerungen ohne Wettbewerbszweck

Seit der grundlegenden Constanze I-Entscheidung des BGH von 1951 entspricht es st. Rspr. des BGH, dass geschäftsschädigende Äußerungen über ein Unternehmen einen betriebsbezogenen Eingriff in das Recht am Gewerbebetrieb darstellen[837]. Das gilt nicht nur für unwahre Tatsachenbehauptungen, sondern auch für geschäftsschädigende Werturteile und bloße Meinungsäußerungen sowie für geschäftsschädigende wahre Tatsachenbehauptungen über ein Unternehmen[838].

1. Unwahre Tatsachenbehauptungen

a) Gegen Geschäftsschädigungen durch unwahre Tatsachenbehauptungen über ein Unternehmen, seine Leistungen und seine Mitarbeiter bietet § 824 BGB Schutz. Dienen sie Zwecken des Wettbewerbs, dann sind auch die Voraussetzungen des § 4 Nr. 8 i.V.m. den §§ 3, 8, 9 UWG erfüllt. Nach h.M. besteht zwischen Ansprüchen aus § 824 BGB und aus § 4 Nr. 8 i.V.m. den §§ 3, 8, 9 UWG

---

[836] BGH NJW 1992, 41 ff. – Baustromverteiler.

[837] BGHZ 3, 270 ff., 279 f. – Constanze I; BGHZ 8, 142 ff., 144 – Schwarze Listen; BGHZ 24, 200 ff., 205 – Spätheimkehrer; BGHZ 36, 18 ff., 23 f. – Konkursantrag; BGHZ 45, 296 ff. – Höllenfeuer; BGH GRUR 1964, 392 ff., 394 – Weizenkeimöl; BGH NJW 1967, 390 – Darlehensmakler; BGH GRUR 1969, 624 ff. – Hormoncreme; BGH GRUR 1970, 465 ff., 466 – Prämixe; BGHZ 65, 325 ff. – Warentest II; BGH NJW 1987, 2222 ff., 2225 – Warentest IV; BGH NJW 1987, 2746 f. – Desinfektionsmittel; BGH NJW 1994, 1281 ff., 1282 – Bilanzanalyse; BGH NJW 2006, 830 Rn. 123 – KirchMedia; vgl. auch BGH NJW 1994, 1281 (Eingriff in das allgemeine Persönlichkeitsrecht eines Wirtschaftsunternehmens).

[838] Vgl. BGHZ 8, 142 ff., 144 – Schwarze Listen; BGHZ 36, 18 ff., 23 f. – Konkursantrag; BGH NJW 2006, 830 Rn. 94, 99 ff., 123 – KirchMedia.

Anspruchskonkurrenz[839]; für Ansprüche aus § 824 BGB und aus dem UWG gelte die je eigene Verjährungsfrist[840]. Vorzugswürdig ist jedoch die Ansicht, dass Ansprüche aus § 4 Nr. 8 i.V.m. §§ 3, 8, 9 UWG aus Gründen der Spezialität konkurrierende Ansprüche aus § 824 BGB verdrängen[841].

b) Der BGH hat den Anwendungsbereich von § 824 BGB dahingehend eingeschränkt, dass er nur gegen solche unwahren Tatsachenbehauptungen schütze, die einen bestimmten Gewerbebetrieb oder eine bestimmte Person erkennbar machen[842]. Gewerbebetriebe schützt er mit § 824 BGB also nur gegen betriebsbezogene Eingriffe. Dagegen wendet er § 824 BGB nicht auf unwahre Behauptungen über eine Produktgattung an, auch wenn dadurch zwangsläufig die Anbieter der betreffenden Produkte beeinträchtigt werden.

c) Eine weitere Einschränkung des Anwendungsbereichs von § 824 BGB hat der BGH in seiner Entscheidung »Bürgerinitiative« vom 7.2.1984 vorgenommen. Danach schützt diese Vorschrift nur gegen solche Behauptungen, die Entscheidungen möglicher Geschäftspartner beeinflussen können[843]. Fehle es an dieser Voraussetzung, wie im Anwendungsfall, dann biete § 823 I BGB unter dem Gesichtspunkt eines Eingriffs in das Recht am Gewerbebetrieb Schutz[844].

Dem ist entgegenzuhalten, dass Sinn und Zweck von § 824 BGB keinen Anlass für eine solche teleologische Reduktion bieten. Hält man hingegen die Überlegungen, die den BGH zu dieser teleologischen Reduktion des § 824 BGB veranlasst haben, für gerechtfertigt, dann schließen sie auch eine lückenfüllende Anwendung von § 823 I BGB unter dem Gesichtspunkt eines Eingriffs in das Recht am Gewerbebetrieb aus; denn andernfalls würden die Wertungen des

---

839 RGZ 74, 434 ff., 436 – Pomril; BGHZ 36, 252 ff., 256 – Gründerbildnis; BGH GRUR 1984, 820 ff., 822 (5. b) – Intermarkt II; BGHZ 115, 210 ff., 212 – Abmahnkostenverjährung; *Büscher*, in: Fezer, UWG, § 11 Rn. 6; *Köhler*, in: Hefermehl/Köhler/Bornkamm, UWG § 11 Rn. 1.10; RGRK/*Steffen*, Vor § 823 BGB Rn. 47; *Schulz*, in: Harte/Henning, UWG § 11 Rn. 46; *Teplitzky*, Wettbewerbsrechtliche Ansprüche und Verfahren, 4. Kap., Rn. 12, S. 27.

840 RGZ 74, 434 ff., 436 – Pomril; BGH GRUR 1959, 31 ff., 34 – Feuerzeug als Werbegeschenk; BGH GRUR 1984, 820 ff., 822 (5. b) – Intermarkt II; RGRK/*Steffen*, Vor § 823 BGB Rn. 47; *Schulz*, in: Harte/Henning, UWG § 11 Rn. 46.

841 Vgl. *Sack*, Unbegründete Schutzrechtsverwarnungen, S. 199; *ders.*, in: FS für Ullmann, 2006, S. 825 ff., 837 f.

842 BGH NJW 1963, 1871 f. = JZ 1964, 509 (m. Anm. von *Deutsch*) – E-Orgeln; BGH NJW 1965, 36 f., 37 = JZ 1966, 26 ff., 27 (m. Anm. von *Deutsch*) – Teppichkehrmaschine; BGH NJW 1978, 2151 ff., 2152 – Schufa; BGHZ 90, 113 ff., 120 – Bürgerinitiative; BGH NJW-RR 1989, 924; BGH NJW 1992, 1312 f. (II. 2.); Erman/*Schiemann*, BGB § 824 Rn. 6; *Larenz/Canaris*, Schuldrecht II/2, § 79 I 3 b, S. 470; MünchKomm/*Wagner*, BGB § 824 Rn. 35, 37; *P. Schwerdtner*, JZ 1984, 1103 ff., 1104; Soergel/*Zeuner*, BGB § 824 Rn. 17; gegen diesen Weg der Einschränkung des § 824 BGB Staudinger/*Hager* (1999) BGB § 824 Rn. 7.

843 BGHZ 90, 113 ff., 122 – Bürgerinitiative; krit. dazu Erman/*Schiemann*, BGB § 824 Rn. 6; *P. Schwerdtner*, JZ 1984, 1103 ff.; *Steinmeyer*, JZ 1989, 781 ff.

844 BGHZ 90, 113 ff., 122 – Bürgerinitiative.

§ 824 BGB unzulässig unterlaufen[845]. Zutreffend hat der BGH an anderer Stelle ausgeführt:

»Hat das Gesetz für den spezifischen Eingriffstatbestand in anderen Vorschriften Haftungsmaßstäbe aufgestellt, reichen diese unter den gegebenen Umständen aber nicht aus, um eine Haftung zu bejahen, so besteht ein Anspruch im Zweifel nicht«[846].

d) Problematisch ist im Einzelfall die Abgrenzung der Tatsachenbehauptungen i.S.v. § 824 BGB und § 4 Nr. 8 UWG von Werturteilen und sonstigen Meinungsäußerungen. Entscheidend ist in Übereinstimmung mit der st. Rspr. des BGH und der h.L. die *Nachprüfbarkeit* und *Beweisbarkeit* der betreffenden Behauptungen[847], wobei über die Frage der Nachprüfbarkeit und Beweisbarkeit im Einzelfall die *Verkehrsauffassung* entscheidet[848]. Die fließende Grenze zwischen Tatsachenbehauptungen und Werturteilen oder bloßen Meinungsäußerungen ist zugunsten der Tatsachenbehauptungen möglichst weit zu ziehen[849].

e) Bei *gemischten* Äußerungen, bestehend aus Tatsachenbehauptungen, Werturteilen und sonstigen Meinungsäußerungen, ist nach der herrschenden *Schwerpunkttheorie* maßgeblich, welcher Teil der Gesamtäußerung das »Gepräge« gibt bzw. ihren »Kern« ausmacht[850]. M.E. ist jedoch der dazu in Österreich herrschenden *Trennungstheorie* der Vorzug zu geben[851]. Diese Streitfrage braucht im vorliegenden Zusammenhang nicht näher ausgebreitet zu werden.

---

[845] *Larenz/Canaris*, Schuldrecht II/2, § 81 III 1 a, S. 547 f.; gegen diesen naheliegenden Einwand jedoch BGHZ 90, 113 ff., 122 – Bürgerinitiative.

[846] BGH NJW 1980, 881 ff., 882.

[847] BVerfGE 94, 1 ff., 8; BGHZ 3, 270 ff., 273 – Constanze I; BGH GRUR 1970, 254 ff., 255 a.E. – Remington; BGH GRUR 1975, 89 ff., 91 – Brüning-Memoiren I; BGH NJW 1982, 2248 ff., 2249; BGH NJW 1985, 1621 ff., 1622; BGH NJW 1987, 2225 ff., 2226 – Chemiegift; BGH NJW 1993, 930 ff., 931; BGH VersR 1994, 1120 ff., 1121; BGH NJW 1997, 2513; BGH NJW 1998, 3047 ff., 3048; BGH NJW 2006, 830 Rn. 63, 67 – KirchMedia; MünchKomm/*Mertens*, BGB § 824 Rn. 12 ff.; RGRK/*Steffen*, BGB § 824 Rn. 12; Soergel/*Zeuner* BGB § 824 Rn. 7; Staudinger/*Hager* (1999) BGB § 823 Rn. C 74; krit. zur Brauchbarkeit dieser Kriterien jedoch *Larenz/Canaris*, Schuldrecht II/2, § 79 I 2, S. 464 f.; RGRK/*Steffen*, BGB § 824 Rn. 12; Erman/*Schiemann*, BGB § 824 Rn. 3; *Kübler*, AcP 172 (1972), 199 (»tautologisch«).

[848] BGH GRUR 1970, 254 ff., 255 a.E. – Remington; BGH NJW 1987, 2225 ff., 2226 – Chemiegift; BGH VersR 1994, 1120 ff., 1121; BGH NJW 1997, 2313 ff., 2314; BGHZ 139, 95 ff., 102; BGH NJW 2006, 830 Rn. 74 – KirchMedia; vgl. auch RG GRUR 1936, 807; MünchKomm/*Wagner*, BGB § 824 Rn. 15; RGRK/*Steffen*, BGB § 824 Rn. 15.

[849] BGHZ 3, 270 ff., 273 – Constanze I; a.A. Erman/*Schiemann*, BGB § 824 Rn. 2.

[850] BVerfGE 61, 1 ff., 8 f. = NJW 1983, 1415; BVerfGE 85, 1 ff., 15 = NJW 1992, 1439; BGHZ 132, 13 ff., 21 = NJW 1996, 1131; BGH NJW 2002, 1192 ff., 1193 (1. a), 1194 (3.); BGH NJW 2006, 830 Rn. 63 – KirchMedia.

[851] Vgl. *Sack*, Unbegründete Schutzrechtsverwarnungen, 2006, S. 145 f.; *Larenz/Canaris*, Schuldrecht II/2, § 79 I 2 d, S. 467 f., § 81 III 2 b, S. 549 f., § 88 I 3 a S. 709; *F. Bydlinski*, JBl. 1963, 377; *Schönherr*, ÖBl. 1975, 77 ff., 78; tendenziell auch vorübergehend BGH NJW 1986, 981 – Globus.

2. Sonstige geschäftsschädigende Äußerungen

a) Haftungsnormen

Auf geschäftsschädigende Äußerungen, die nicht von § 824 BGB, von § 4 Nr. 8 UWG oder von § 823 II BGB i.V.m. §§ 186, 187 StGB erfasst werden, hat der BGH in st. Rspr. § 823 I BGB unter dem Gesichtspunkt eines Eingriffs in das Recht am Gewerbebetrieb angewendet[852]. Eine lückenfüllende Anwendung von § 823 I BGB unter dem Gesichtspunkt eines Eingriffs in das Recht am Gewerbebetrieb ist jedoch bei geschäftsschädigenden Äußerungen nicht notwendig. Denn § 826 BGB bietet denselben Schutz.

aa) Geschäftsschädigende Äußerungen, die einen betriebsbezogenen Unternehmenseingriff i.S.d. herkömmlichen Dogmatik darstellen, sind immer auch bewusste und gewollte, d.h. *vorsätzliche* Schadenszufügungen[853]. Der Täter nimmt zumindest billigend in Kauf, dass er dem Unternehmen, auf das sich seine geschäftsschädigende Äußerung bezieht, Schaden zufügt.

bb) Die *Rechtswidrigkeit* von Unternehmenseingriffen durch geschäftsschädigende Äußerungen ist nach der in dieser Arbeit vertretenen Ansicht in gleicher Weise durch eine *Interessenabwägung* festzustellen wie die *Sittenwidrigkeit* einer vorsätzlichen Schadenszufügung i.S.v. § 826 BGB. Deshalb sind Unternehmenseingriffe durch geschäftsschädigende Äußerungen, die als rechtswidrige Eingriffe in das Recht am Gewerbebetrieb zu bewerten sind, immer auch sittenwidrig i.S.v. § 826 BGB.

Wenn eine geschäftsschädigende Äußerung, die keine Tatsachenbehauptung darstellt, Zwecken des Wettbewerbs dient, kommen auch Ansprüche aus § 4 Nr. 7 UWG und § 6 II Nr. 4, 5 UWG, jeweils i.V.m. den §§ 3, 8, 9 UWG in Betracht. Soweit die genannten Spezialtatbestände des UWG nicht erfüllt sind, ist die *Unlauterkeit* nach der Generalklausel des § 3 UWG in gleicher Weise durch eine *Interessenabwägung* festzustellen wie die *Rechtswidrigkeit* des betreffenden Eingriffs in das Recht am Gewerbebetrieb. Bei geschäftsschädigenden Äußerungen zu Zwecken des Wettbewerbs haben die Vorschriften des UWG Vorrang vor denen des allgemeinen Deliktsrechts[854].

---

[852] Grundlegend insoweit BGHZ 3, 270 ff., 278 ff. – Constanze I; ebenso BGHZ 45, 296 ff. – Höllenfeuer; BGHZ 65, 325 ff. – Warentest II; BGHZ 80, 25 ff. – Wallraff; BGHZ 90, 113 ff. – Bürgerinitiative; BGH NJW 1983, 2195 ff., 2196 – Photokina; BGH NJW 1987, 1082 ff.; BGH NJW 1987, 2222 ff.; BGH NJW 1989, 1923 ff. – Warentest V; BGH NJW 1997, 1281 ff. – Bilanzanalyse; BGH NJW 1997, 2593 ff.; BGH NJW 2006, 830 Rn. 89 ff. – KirchMedia.

[853] Vgl. *Larenz/Canaris*, Schuldrecht II/2, § 81 III 2 c, S. 550; *Sack*, Unbegründete Schutzrechtsverwarnungen, 2006, S. 178 f.; *ders.*, VersR 2006, 1001 ff., 1006.

[854] Vgl. BGHZ 36, 252 ff., 257 – Gründerbildnis; BGH NJW 1964, 152 (insoweit nicht in BGHZ 40, 136); BGH NJW 1965, 1527 ff., 1528; BGH NJW 1973, 2285; RGRK/*Steffen*, BGB § 823 Rn. 53; *Sack*, in: FS für Ullmann, 2006, S. 825 ff.

b) Kriterien der Rechtswidrigkeit

Kritische Berichte über ein Unternehmen und seine Leistungen sind grundsätzlich zulässig[855]. Der BGH hat seine ursprünglich vertretene Ansicht, dass bei Unternehmenseingriffen durch geschäftsschädigende Äußerungen die Rechtswidrigkeit indiziert sei und nur bei Wahrnehmung berechtigter Interessen entfalle[856], aufgegeben, da sie mit dem Grundrecht der Meinungsfreiheit unvereinbar war[857]. Deshalb vertritt der BGH seit seiner Höllenfeuer-Entscheidung von 1966 in st. Rspr. die Ansicht, dass die Rechtswidrigkeit von Unternehmenseingriffen durch geschäftsschädigende Äußerungen durch eine Interessenabwägung festzustellen sei[858].

Auch die ursprünglich vertretene Ansicht, dass nur der schonendste Eingriff zulässig sei[859], wurde von der Rechtsprechung im Hinblick auf Art. 5 I GG aufgegeben[860]. Es gilt jedoch der Grundsatz der *Verhältnismäßigkeit*[861].

Unzulässig ist geschäftsschädigende Schmähkritik[862].

Auch geschäftsschädigende Äußerungen mit *Prangerwirkung* sind rechtswidrig[863]. Die Reichweite dieses Verbots ist allerdings fraglich. Abzulehnen ist die Ansicht des BGH und des BVerfG, dass die Analyse der im Bundesanzeiger veröffentlichten Bilanzen eines Unternehmens in einem Expertenseminar we-

---

855 *Brüggemeier*, Haftungsrecht, 2006, S. 367.

856 BGHZ 3, 270 ff., 280 – Constanze I; BGHZ 8, 142 ff., 145 – Schwarze Listen.

857 BGHZ 45, 296 ff., 307 f. – Höllenfeuer; BGHZ 65, 325 ff., 331 – Warentest II; *Larenz/Canaris*, Schuldrecht II/2, § 81 III 2 a, S. 548, § 81 IV 1 c, S. 561; MünchKomm/*Wagner*, BGB § 823 Rn. 196, 197; Staudinger/*Hager* (1999) BGB § 823 Rn. D 24, ausführlicher dazu oben S. 155 ff.

858 BGHZ 45, 296 ff., 307 ff. – Höllenfeuer; ebenso MünchKomm/*Wagner*, BGB § 823 Rn. 197; Soergel/*Zeuner*, BGB § 823 Rn. 126.

859 BGHZ 3, 270 ff., 281 – Constanze I; BGHZ 8, 142 ff., 145 – Schwarze Listen; BGH GRUR 1959, 244 ff., 247 – Versandbuchhandlung; BGH GRUR 1960, 331 ff., 336 – Schleuderpreise; BGH GRUR 1962, 34 ff., 35 – Torsana; BGH NJW 1964, 1181 ff., 1182; BGH GRUR 1970, 465 ff., 466 (II. 2. b) – Prämixe.

860 BGHZ 45, 296 ff., 307 – Höllenfeuer; krit. schon BGHZ 36, 77 ff., 83 – Waffenhändler; ebenso MünchKomm/*Wagner*, BGB § 823 Rn. 196; RGRK/*Steffen*, BGB § 823 Rn. 53.

861 Vgl. BGH NJW 1987, 2222, 2224 – Warentest IV; für unvereinbar mit Art. 5 GG halten die Abwägung von Meinungsfreiheit und bloßen Vermögensinteressen *Larenz/Canaris*, Schuldrecht II/2, § 81 III 2 a, S. 548; kritisch auch Bamberger/Roth/*Spindler*, BGB § 823 Rn. 130.

862 Vgl. BGHZ 45, 296 ff., 310 – Höllenfeuer; BGHZ 65, 325 ff., 333 – Warentest II; BGHZ 91, 117 ff., 124 f. – Mordoro; BGH NJW 2002, 1192 ff., 1193 – Käsevergleich; Bamberger/Roth/*Spindler*, BGB § 823 Rn. 129; *Brüggemeier*, Haftungsrecht, S. 367, 368; Erman/*Schiemann*, BGB § 823 Rn. 71, 72; *Larenz/Canaris*, Schuldrecht II/2, § 81 III 2 a, S. 548; *Löwisch/Meier-Rudolph*, JuS 1982, 237 ff., 241; MünchKomm/*Wagner*, BGB § 823 Rn. 197, 200; PWW/*Schaub*, BGB § 823 Rn. 96; RGRK/*Steffen*, BGB § 823 Rn. 53; Staudinger/*Hager* (1999) BGB § 823 Rn. D 28, 34; *Tilmann*, NJW 1975, 758.

863 BGH NJW 1994, 1281 ff., 1282 – Bilanzanalyse; *Larenz/Canaris*, Schuldrecht II/2, § 81 III 2 a, S. 548 (»willkürliche Anprangerung«); MünchKomm/*Wagner*, BGB § 823 Rn. 198; PWW/*Schaub*, BGB § 823 Rn. 94.

gen der damit verbundenen Prangerwirkung einen rechtswidrigen Unternehmenseingriff darstelle[864]. Denn so gesehen hätte fast jede geschäftsschädigende Äußerung eine Prangerwirkung.

Rechtswidrig sind auch Werturteile und Meinungsäußerungen, wenn sie auf *unwahren* Tatsachen beruhen, jedoch der Schwerpunkt der Äußerung nicht bei der Tatsachenbehauptung liegt, so dass nach der Schwerpunkttheorie des BGH § 824 BGB auch auf die unwahren Tatsachenbehauptungen nicht anwendbar ist[865].

Vergleichende *Warentests*, bei denen ein Unternehmen ungünstig abschneidet, sind nur rechtmäßig, wenn sie neutral und sachkundig (sachlich) sind und sich um objektive Richtigkeit bemühen[866]. In Bezug auf die Angemessenheit der Prüfungsmethoden, der Auswahl der Objekte und der Darstellung der Untersuchungsergebnisse besteht im Hinblick auf Art. 5 GG ein erheblicher Ermessensfreiraum[867]. Rechtswidrig sind sie, wenn sie unwahre Tatsachenbehauptungen enthalten[868]. Auch wenn sie bewusste Fehlurteile und bewusste Verzerrungen enthalten, sind sie rechtswidrig[869]. Ferner sind sie rechtswidrig, wenn die aus den Untersuchungen gezogenen Schlüsse nicht mehr als sachlich vertretbar (»diskutabel«) erscheinen bzw. offensichtlich unrichtig sind[870]. Rechtswidrigkeit liegt hingegen nicht ohne weiteres vor, wenn in einem Warentest die Produkte eines Unternehmens, das von deren hoher Qualität überzeugt ist, nicht erwähnt werden, wenn Konkurrenzprodukte zu gut bewertet wer-

---

864 So jedoch BGH NJW 1994, 1281 ff., 1282 – Bilanzanalyse; die Verfassungsbeschwerde wurde vom BVerfG nicht angenommen, NJW 1994, 1784; dem BGH zustimmend *Strobel*, BB 1994, 1293 ff., 1299; *Wagner/Sommer*, AG 1995, 452 ff., 456 ff.; ablehnend jedoch *J. Hager*, ZHR 158 (1994), 677 ff., 680; Staudinger/*Hager* (1999) § 823 BGB Rn. D 25; Bamberger/Roth/*Spindler*, BGB § 823 Rn. 131; krit. auch Erman/*Schiemann*, BGB § 823 Rn. 71.

865 Kritisch zur Schwerpunkttheorie *Sack*, Unbegründete Schutzrechtsverwarnungen, 2006, S. 144 ff.

866 BGHZ 65, 325 ff., 333 f. – Warentest II; BGH NJW 1986, 981; BGH NJW 1987, 2222 ff., 2223, 2224 – Warentest IV (»test Kompass«); BGH NJW 1989, 1923 f., 1924 a.E. – Warentest V; BGH NJW 1997, 2593 ff., 2594 – PC-Drucker; *Assmann/Kübler*, ZHR 142 (1978), 426; Bamberger/Roth/*Spindler*, BGB § 823 Rn. 134; *Brüggemeier*, Haftungsrecht, S. 378; *Buchner*, DB 1979, 1069 ff., 1074; Erman/*Schiemann*, BGB § 823 Rn. 71; MünchKomm/*Wagner*, BGB § 823 Rn. 199; PWW/*Schaub*, BGB § 823 Rn. 97 f.; RGRK/*Steffen*, BGB § 823 Rn. 54; Soergel/*Beater*, BGB § 823 Anh V Rn. 88; Staudinger/*Hager* (1999) § 823 BGB Rn. D 32.

867 BGHZ 65, 325 ff., 334 – Warentest II; BGH NJW 1987, 2222 ff., 2223 (II. 1. a, aa) – Warentest IV; BGH NJW 1997, 2593 ff., 2594 (II. 1.) – PC-Drucker; RGRK/*Steffen*, BGB § 823 Rn. 54; vgl. auch BGHZ 45, 296 ff., 308 – Höllenfeuer.

868 BGHZ 65, 325 ff., 335 – Warentest II; BGH NJW 1986, 981 f.; BGH NJW 1987, 2222 ff., 2223 – Warentest IV; BGH NJW 1997, 2593 ff., 2594 (II. 1.) – PC-Drucker; Staudinger/*Hager* (1999) BGB § 823 Rn. D 32 a.E., 33 a.E.; zur Rechtswidrigkeit nach § 824 BGB in diesen Fällen vgl. BGH NJW 1986, 981; BGH NJW 1987, 2222 ff., 2223 – Warentest IV.

869 BGH NJW 1987, 2222 ff., 2223 – Warentest IV.

870 BGHZ 65, 325 ff., 335 – Warentest II; BGH NJW 1987, 2222 ff., 2223, 2224 – Warentest IV; *Larenz/Canaris*, Schuldrecht II/2, § 81 III 2 b, S. 550; vgl. auch MünchKomm/*Wagner*, BGB § 823 Rn. 199.

den[871] oder wenn ungünstiger zu bewertende Produkte im Test nicht berücksichtigt werden[872]. In diesen Fällen fehlt nach Ansicht des BGH schon die Betriebsbezogenheit des Eingriffs[873].

II. Boykottaufforderungen

1. Vorbemerkungen

a) Boykott als Drei-Parteien-Verhältnis

Der Boykott ist ein Drei-Parteien-Verhältnis, d.h. er setzt die Beteiligung von mindestens 3 Personen voraus, nämlich den Boykottierer (Verrufer), der zum Boykott aufruft, den Adressaten des Boykottaufrufs, der zur Durchführung der Sperre aufgefordert wird, und das boykottierte (»verrufene«) Unternehmen[874]. Dementsprechend ist zu unterscheiden zwischen der *Aufforderung* zum Boykott und seiner *Durchführung* in Form von Liefer- und Bezugssperren. Diese notwendige Unterscheidung wird bei der Erörterung der Zulässigkeit von »Boykotten« und der Rechtsbehelfe gegen Boykotte häufig nicht beachtet. In der Durchführung von Boykotten, d.h. in Liefer- und Bezugssperren, hat die Rechtsprechung soweit ersichtlich niemals einen tatbestandsmäßigen, geschweige denn einen rechtswidrigen Eingriff in das Recht am Gewerbebetrieb gesehen. Deshalb beschränken sich die folgenden Ausführungen auf Boykottaufforderungen.

b) Die Entwicklung des deliktsrechtlichen Schutzes gegen rechtswidrige Boykottaufforderungen

Gegen rechtswidrige Boykottaufforderungen gewährte das RG vor allem mit § 826 BGB Rechtsschutz[875]. Dienten sie Zwecken des Wettbewerbs, so wurde auch die Sittenwidrigkeitsklausel des § 1 UWG, die 1909 in das UWG einge

[871] BGHZ 65, 325 ff., 335, 340 – Warentest II; BGH NJW 1987, 2222 ff., 2225 – Warentest IV; *Larenz/Canaris*, Schuldrecht II/2, § 81 I 2 d, S. 542.

[872] BGH NJW 1987, 2222 ff., 2225 f. (2.) – Warentest IV; Bamberger/Roth/*Spindler*, BGB § 823 Rn. 133; *Larenz/Canaris*, § 81 I 2 d S. 542; Staudinger/*Hager* (1999) BGB § 823 Rn. D 32.

[873] BGH NJW 1987, 2222 ff., 2225 – Warentest IV.

[874] Vgl. BGHZ 19, 72 ff., 77 f. – Gesangbuch; BGH GRUR 1965, 440 ff., 442 – Milchboykott; BGH NJW 1985, 60 ff., 61 (II. 2.) – Kundenboykott; BGH NJW 1990, 1531 – Neugeborenentransporte; BGH NJW 1999, 212 = WRP 1999, 941 ff., 943 – Sitzender Krankentransport; BGH NJW 2000, 809 ff., 810 (II. 1. b) – Beteiligungsverbot für Schilderpräger; *Emmerich*, Kartellrecht, § 19, 1, S. 208; *Götting*, in: Fezer, UWG § 4–10 Rn. 17; *Köhler*, in: Hefermehl/Köhler/Bornkamm, UWG § 4 Rn. 10. 117; *Möllers*, NJW 1996, 1374; MünchKomm/*Wagner*, BGB, 823 Rn. 201; Staudinger/*Hager* (1999) BGB § 823 Rn. D 35; *Straub*, in: Harte/Henning, UWG § 4 Nr. 10 Rn. 216 ff.

[875] RGZ 48, 114 ff., 127 – Brisbane-Segler; RGZ 76, 35 ff., 48 – Fürstenhof (»Zehlendorfer

fügt worden ist, angewendet. Ansprüche aus § 823 I BGB unter dem Gesichtspunkt eines Eingriffs in das Recht am Gewerbebetrieb wurden vom RG hingegen nicht gewährt[876]. Denn die meisten Zivilsenate des RG schützten das Recht am Gewerbebetrieb nur gegen sog. bestandsverletzende Eingriffe, nicht jedoch gegen sog. bereichsverletzende Eingriffe, zu denen Boykottaufforderungen gehören[877].

Dies änderte sich mit der insoweit grundlegenden Constanze I-Entscheidung des BGH, durch die der Schutz des Rechts am Gewerbebetrieb auch auf bereichsverletzende Unternehmenseingriffe erstreckt wurde, soweit diese betriebsbezogen sind[878]. Boykottaufforderungen sind nach st. Rspr. des BGH betriebsbezogene Eingriffe in das Recht am Gewerbebetrieb[879]. Da der BGH ursprünglich annahm, dass die Rechtswidrigkeit eines betriebsbezogenen Unternehmenseingriffs indiziert sei, waren auch Boykottaufforderungen grundsätzlich rechtswidrig.

An dieser Ansicht konnte der BGH jedoch nach der Lüth-Entscheidung des BVerfG von 1958 nicht mehr festhalten, durch die auch Boykottaufforderungen in den Schutzbereich des § 5 I GG einbezogen worden sind[880]. Außerdem hat der BGH beim Recht am Gewerbebetrieb das Rechtswidrigkeitsindikationsmodell aufgegeben und für die Feststellung der Rechtswidrigkeit eine Güter- und Interessenabwägung gefordert[881]. Seither gelten Boykottaufforderungen nur bei Vorliegen besonderer Umstände als rechtswidrige Eingriffe in das Recht am Gewerbebetrieb.

§ 826 BGB wird in der Rechtsprechung des BGH nur noch erwähnt, wenn Ansprüche aus § 823 I BGB abgelehnt werden[882].

Saalboykott«); RGZ 79, 17 ff., 23; RG JW 1915, 913 ff., 914 f. – Leipziger Zeitungsstreit; RGZ 104, 327 ff., 330.

[876] Vgl. RGZ 76, 35 ff. – Fürstenhof; RG JW 1911, 712 Nr. 12; RG JW 1915, 913 ff., 915 – Leipziger Zeitungsstreit.

[877] Vgl. speziell zu Boykottaufforderungen RGZ 76, 35 ff. – Fürstenhof; nur auf die mit der Boykottaufforderung verbundene Betriebsblockade, die einen bestandsverletzenden Unternehmenseingriff darstellte, wendete das RG in dieser Entscheidung § 823 I BGB an.

[878] BGHZ 3, 270 ff., 279 – Constanze I.

[879] Vgl. BGHZ 24, 200 ff., 205 – Spätheimkehrer; BGH NJW 1964, 29 ff. – Blinkfüer; BGH GRUR 1965, 440 ff., 442 – Milchboykott; vgl. auch BVerfG NJW 1987, 381 ff. – Mietboykott; ebenso Staudinger/*Hager* (1999) BGB § 823 Rn. D 39.

[880] BVerfGE 7, 198 (Ls. 7), 210 f., 219 – Lüth; *Kübler*, AcP 172 (1972), 177 ff., 197 Fußn. 152; a.A. *Lerche*, in: FS für Geb. Müller, 1970, S. 197 ff.

[881] Grundlegend BGHZ 45, 296 ff., 307 f. – Höllenfeuer.

[882] Vgl. BGH NJW 1964, 29 ff., 33 – Blinkfüer.

2. Boykottaufforderungen von Unternehmen und Unternehmensvereinigungen nach § 21 GWB

§ 21 GWB enthält für Boykottaufforderungen eine Sonderregelung[883]. Diese Vorschrift untersagt es Unternehmen und Vereinigungen von Unternehmen, ein anderes Unternehmen oder Unternehmensvereinigungen zu Liefer- oder Bezugssperren aufzufordern, um bestimmte Unternehmen unbillig zu beeinträchtigen[884]. Die *Unbilligkeit* der Unternehmensbeeinträchtigung i.S.v. § 21 GWB ist durch eine umfassende *Interessenabwägung* festzustellen[885]. Ob eine Boykottaufforderung unbillig ist, muss unter Abwägung der Interessen der Beteiligten und der auf die Freiheit des Wettbewerbs gerichteten Zielsetzung des GWB auf der Grundlage einer Gesamtschau entschieden werden[886]. Der Schutzzweck des § 21 rechtfertigt es nicht, den Anwendungsbereich dieser Vorschrift auf Boykottaufforderungen zu Zwecken des Wettbewerbs zu beschränken[887].

Die Interessenabwägung zur Feststellung der Unbilligkeit einer Boykottaufforderung nach § 21 GWB ist nach denselben Maßstäben vorzunehmen wie die Feststellung der Rechtswidrigkeit eines Eingriffs in das Recht am Gewerbebetrieb durch eine Boykottaufforderung. Deshalb sind rechtswidrige Unternehmenseingriffe durch Boykottaufforderungen von Unternehmen oder Unternehmensvereinigungen immer auch unbillig i.S.v. § 21 GWB[888] – und umgekehrt.

---

[883] Zu § 26 I GWB (jetzt § 21 GWB) vgl. BGH WuW/E BGH 575 ff. Möbelhersteller-Genossenschaft; BGH WuW/E BGH 1666 ff. – Denkzettel-Aktion; BGH GRUR 1984, 214 ff. – Copy-Charge; BGH GRUR 1984, 461 ff. – Kundenboykott; BGH WuW/E BGH 2137 ff. – markt intern/Sanitär-Installation; BGH NJW 2000, 809 f. – Beteiligungsverbot für Schilderpräger; KG WuW/E OLG 5299 ff. – Schnäppchenfuhrer; OLG München WuW/E OLG 5711 ff. – Boykott Postwettannahmestelle.

[884] Vor der 4. GWB-Novelle von 1978 erfasste der damalige § 26 I GWB nur Boykottaufforderungen gegen »Wettbewerber«; seither ist kein Wettbewerbsverhältnis zwischen Aufrufer und Boykottiertem mehr erforderlich, vgl. *Markert*, in: Immenga/Mestmäcker, GWB § 21 Rn. 16.

[885] BGH WuW/E BGH 2562 ff., 2563 – markt-intern-Dienst; *Bechtold*, GWB, § 21 Rn. 6; *Gaedertz/Kamann*, in: Loewenheim/Meessen/Riesenkampff, GWB, 2006, § 21 Rn. 11.

[886] BGH WuW/E BGH 2562 ff., 2563 – markt-intern-Dienst; BGH NJW 1996, 3212 = WuW/E BGH 3067 ff., 3071 – Fremdleasing-Boykott II; BGH WuW/E DE-R 303 ff., 305 f. = WRP 1999, 941 ff., 944 – Sitzender Krankentransport; BGH WuW/E DE-R 395 ff., 397 = NJW 2000, 809 ff., 811 = WRP 2000, 89 ff., 91 – Beteiligungsverbot für Schilderpräger; *Bechtold*, GWB, § 21 Rn. 6; *Markert*, in: Immenga/Mestmäcker, GWB § 21 Rn. 37; *Rittner*, Wettbewerbs- und Kartellrecht, 6. Aufl., 1999, § 11 Rn. 28, S. 317.

[887] A.A. *Gaedertz/Kamann*, in: Loewenheim/Meessen/Riesenkampff, GWB § 21 Rn. 8, 10; *Markert*, in: Immenga/Mestmäcker, GWB § 21 Rn. 3, 33, 37.

[888] Vgl. *Markert*, in: Immenga/Mestmäcker, GWB § 21 Rn. 7 (a.E.), 37; vgl. auch *Emmerich*, Kartellrecht, 9. Aufl., S. 210.

§ 21 GWB ist nicht nur auf Boykottaufforderungen zu Zwecken des Wettbewerbs, sondern auch auf nicht-wettbewerbliche anwendbar[889]. Deshalb erfüllt z.B. der Blinkfüer-Fall, über den der BGH 1963 zu entscheiden hatte[890], heute die Voraussetzungen des § 21 GWB. Ein großer Medienkonzern hatte nach dem Bau der Berliner Mauer Ende August 1961 alle Zeitschriftenhändler in H. in einem Rundschreiben aufgefordert, den Vertrieb solcher Zeitschriften und Zeitungen einzustellen, die Programme des sowjetzonalen Rund- und Fernsehfunks veröffentlichten. Der Herausgeber der wenig verbreiteten Wochenzeitung »Blinkfüer« beabsichtigte, weiterhin sowjetzonale Rundfunk- und Fernsehprogramme zu veröffentlichen, und klagte auf Feststellung, dass der betreffende Medienkonzern den durch die Boykottaufforderung verursachten Schaden zu ersetzen habe. Der BGH hat seinerzeit Ansprüche aus § 1 UWG a.F. und aus den §§ 823 I, 826 BGB geprüft. Ansprüche aus § 1 UWG a.F. scheiterten am Erfordernis eines Wettbewerbshandelns, da der Boykottaufruf des Medienkonzerns ausschließlich aus politischen Gründen erfolgt war. Für Ansprüche aus § 823 I BGB verneinte er die Rechtswidrigkeit[891]. Letzteres hat das BVerfG beanstandet[892].

Der BGH hat seinerzeit nicht § 26 I GWB a.F. geprüft, aus dem in erweiterter Form der heutige § 21 I GWB hervorgegangen ist. Denn § 26 I GWB a.F. erforderte nach damals herrschender Meinung ein Handeln zu Zwecken des Wettbewerbs[893], das im Blinkfüer-Fall zweifellos nicht vorlag.

Ansprüche aus § 21 i.V.m. § 33 GWB verdrängen Ansprüche aus § 823 I BGB wegen eines Eingriffs in das Recht am Gewerbebetrieb nicht nur wegen der Spezialität der kartellrechtlichen Regelung, sondern auch wegen der nur lückenfüllenden Funktion des Rechts am Gewerbebetrieb.

3. Boykottaufforderungen zu Zwecken des Wettbewerbs

a) Behinderungswettbewerb nach § 4 Nr. 10 UWG

Unabhängig von der Regelung des § 21 GWB können Boykottaufforderungen zu Zwecken des Wettbewerbs gegen Vorschriften des UWG verstoßen[894]. Einschlägig sind hier vor allem § 4 Nr. 8 UWG, wenn Boykottaufforderungen auf

---

[889] A.A. *Gaedertz/Kamann*, in: Loewenheim/Meessen/Riesenkampff, GWB § 21 Rn. 8, 10; *Markert*, in: Immenga/Mestmäcker, GWB § 21 Rn. 3, 32 ff., der durch eine wertbezogene Auslegung des Begriffs der Unbilligkeit Boykottaufforderungen mit rein außerwettbewerblicher Zielsetzung aus dem Anwendungsbereich des § 21 I GWB heraushalten will.

[890] BGH NJW 1964, 29 ff. – Blinkfüer; als Vorinstanz OLG Hamburg, NJW 1962, 917 ff.

[891] BGH NJW 1964, 29 ff., 31 f. (c) – Blinkfüer.

[892] BVerfGE 25, 256 ff., 265, 266 f. = NJW 1969, 1161 ff. – Blinkfüer.

[893] Vgl. OLG Hamburg, NJW 1962, 917 – Blinkfüer.

[894] Vgl. BGH NJW 2000, 809 ff., 811 (II.2.) – Beteiligungsverbot für Schilderpräger; BGH WRP 1999, 941 ff., 944 – Sitzender Krankentransport; vgl. auch BGH NJW 1985, 60 ff., 61 – Kundenboykott; BGH NJW 1985, 62 ff., 63 – Copy-Charge.

unwahre Tatsachenbehauptungen gestützt werden, sowie § 4 Nr. 7 und § 6 II Nr. 4, 5 UWG, wenn das betreffende Unternehmen und seine Leistungen unnötig herabgesetzt oder verunglimpft werden.

Problematisch ist, ob Boykottaufforderungen zu Zwecken des Wettbewerbs auch gezielte Behinderungen i.S.v. § 4 Nr. 10 UWG[895] und als solche unlauter sind. Denn diese starre Regelung passt nicht. Wenn Boykottaufforderungen zu Zwecken des Wettbewerbs ausnahmsweise wegen besonderer Umstände gerechtfertigt sind, so kann z.B. nach ständiger Rechtsprechung ein sogenannter Abwehrboykott gerechtfertigt sein[896]. Der Gesetzgeber hat es jedoch versäumt, in § 4 UWG die Möglichkeit von Rechtfertigungsgründen vorzusehen[897].

(1) Das genannte Problem entfiele, wenn das Vorliegen einer *gezielten Behinderung* anhand einer umfassenden Interessenabwägung festzustellen wäre[898]. Mit dem Gesetzeswortlaut ist diese Ansicht allerdings nicht vereinbar. Denn sie schließt zirkelschlüssig von der durch Interessenabwägung festzustellenden Unlauterkeit auf die Gezieltheit der Behinderung i.S.v. § 4 Nr. 10 UWG, um so zu ihrer Unlauterkeit nach dem Einleitungssatz von § 4 UWG zu gelangen. Eine Interessenabwägung ist kein geeignetes Kriterium, um festzustellen, ob eine Behinderung i.S.v. § 4 Nr. 10 UWG »gezielt« ist.

(2) Mit dem Gesetzeswortlaut ebenfalls unvereinbar ist die Ansicht, dass eine Boykottaufforderung zu Zwecken des Wettbewerbs zwar eine gezielte Behinderung i.S.v. § 4 Nr. 10 UWG sei, ihre Unlauterkeit jedoch durch Interessenabwägung festgestellt werden müsse[899]. Denn gezielte Behinderungen sind nach § 4 UWG *ohne weiteres* unlauter.

(3) Ein ähnlicher Versuch, das Problem zu lösen, besteht darin, Boykottaufforderungen zwar als gezielte Behinderungen zu bewerten, auf sie § 4 Nr. 10 UWG jedoch nur dann anzuwenden, wenn sie unlauter sind. Auch dieser Lösungsversuch ist mit § 4 UWG unvereinbar. Denn er würde aus dem Tatbestandsmerkmal »gezielt behindert« in § 4 Nr. 10 UWG das Tatbestandsmerkmal »unlauter gezielt behindert« machen.

---

[895] Vgl. *Straub* in: Harte/Henning, UWG § 4 Nr. 10 Rn. 207; differenzierend *Köhler*, in: Hefermehl/Köhler/Bornkamm, UWG § 4 Rn. 10. 117.

[896] Vgl. BGH GRUR 1959, 244 ff., 247 – Versandbuchhandlung; BGH GRUR 1971, 259 ff., 260 – W.A.Z.; LG Hamburg, WRP 1974, 429 ff., 431 – Baustoffgroßhändler-Verband; *Götting* in: Fezer, UWG § 4–10 Rn. 24; *Köhler*, in: Hefermehl/Köhler/Bornkamm, UWG § 4 Rn. 10. 124; *Straub*, in: Harte/Henning, UWG § 4 Nr. 10 Rn. 265 ff.; *Ulmer/Reimer*, Unlauterer Wettbewerb III, Nr. 887, S. 642; zum Abwehrboykott bei der Anwendung von § 26 GWB a.F. (jetzt § 21 GWB) BGH WuW/E BGH 2069 ff., 2073 – Kundenboykott; KG WuW/E OLG 3543 ff., 3546 – Kontaktlinsenpflegemittel; KG WuW/E OLG 5103 ff., 5105 – Dire Straits – European Tour 1992; OLG Düsseldorf WuW/E OLG 3550 ff., 3557 – Kupferrohrbestellungen.

[897] Vgl. die zutreffende Kritik von *Götting*, in: Fezer, UWG § 4–10 Rn. 8.

[898] So wohl *Köhler* in: Hefermehl/Köhler/Bornkamm, UWG § 4 Rn. 10. 122.

[899] *Straub*, in: Harte/Henning, UWG § 4 Nr. 10 Rn. 253 ff.

(4) Die Unvereinbarkeit der beiden zuvor genannten Ansichten mit § 4 Nr. 10 UWG beruht letztlich auf einem misslungenen Gesetz, das einen ehemaligen *Grundsatz,* der Ausnahmen zuließ[900], zum ausnahmslosen Unlauterkeitstatbestand ausgeweitet hat. Vor der UWG-Novelle galt nur als *Grundsatz,* dass Boykottaufforderungen zu Zwecken des Wettbewerbs wettbewerbswidrig sind[901]. Eine Ausnahme von diesem Grundsatz bildete vor allem der sog. Abwehrboykott[902]. Die notwendige Korrektur des verfehlten § 4 Nr. 10 UWG kann m.E. weder durch eine Gleichsetzung von unlauter und gezielt noch durch eine Feststellung der Unlauterkeit i.S.v. § 4 UWG durch eine Interessenabwägung erfolgen. Am nächsten kommt es noch dem Gesetzeswortlaut, in Übereinstimmung mit dem Willen des Gesetzgebers, der mit § 4 Nr. 10 UWG die bisherige Dogmatik zu erfassen versuchte, aus dem *ausnahmslosen* Unlauterkeitstatbestand des § 4 Nr. 10 UWG – in Übereinstimmung mit der Dogmatik vor 2004 – einen *Grundsatz* zu machen, der Ausnahmen zulässt[903]. Danach wären Boykottaufforderungen zu Zwecken des Wettbewerbs zwar gezielte Behinderungen i.S.v. § 4 Nr. 10 UWG. Diese wären jedoch abweichend vom Wortlaut des § 4 UWG nicht ausnahmslos unlauter. Bei Vorliegen besonderer Umstände, z.B. bei einem berechtigten Abwehrboykott, würde die Unlauterkeit entfallen. Es überwiegen allerdings die Bedenken gegen diesen Versuch, § 4 Nr. 10 UWG auf Boykottaufforderungen zu Zwecken des Wettbewerbs anzuwenden. Verstärkt werden die Bedenken durch die Tatsache, dass die obige Abweichung vom Wortlaut des § 4 Nr. 10 wegen der Generalklausel des § 3 UWG nicht notwendig ist. Allerdings ist auch der Ausweg über § 3 UWG nicht ganz bedenkenfrei. Denn wenn man § 4 Nr. 10 UWG nur auf solche Behinderungen anwendet, die ihrem Wesen nach unlauter sind, verliert das Tatbestandsmerkmal »gezielt« alle Konturen.

b) Die Generalklausel des § 3 UWG

Soweit man bei Boykottaufforderungen zu Zwecken des Wettbewerbs auf die Generalklausel des § 3 UWG zurückgreift, gilt, dass sie grundsätzlich unlauter sind[904].

---

900 So zutreffend BGH GRUR 2001, 1061 ff., 1062 (II.1.a) – Mitwohnzentrale.de; BGH GRUR 2002, 902 ff., 905 – Vanity-Nummer; vgl. auch *Götting* in: Fezer, UWG § 4–10 Rn. 8.

901 Begr. Reg.-Entw. BT-Drucks. 15/1487, S. 19; BGH GRUR 1980, 242 ff., 244 – Denkzettel-Aktion; *Köhler,* in: Hefermehl/Köhler/Bornkamm, UWG § 4 Rn. 10.122; vgl. auch *Straub,* in: Harte/Henning, UWG § 4 Nr. 10 Rn. 251, 253 a.E.

902 BGH GRUR 1959, 244 ff., 247 – Versandbuchhandlung.

903 Vgl. *Götting,* in: Fezer, UWG § 4–10 Rn. 23; *Straub,* in: Harte/Henning, UWG § 4 Nr. 10 Rn. 258, 259 ff.

904 BGH NJW 1985, 60 ff., 62 (4.a) – Kundenboykott; ebenso allgemein zu gezielten Behinderungen BGH GRUR 2001, 1061 ff., 1062 (II.1.a) – Mitwohnzentrale.de; BGH GRUR 2002, 902 ff., 905 – Vanity-Nummer.

4. Boykottaufforderungen ohne Wettbewerbszweck

a) Die Haftungsnormen

aa) Boykottaufforderungen von Verbänden und Privatpersonen

Boykottaufforderungen ohne Wettbewerbszweck können von Verbraucherverbänden[905], von Umweltschutz- und Tierschutzverbänden[906], von Gewerkschaften gegen Arbeitgeber[907] oder auch von Privatpersonen stammen[908].

Boykottaufforderungen sind nach § 824 BGB[909] zu beurteilen, wenn sie mit unwahren Tatsachenbehauptungen unterstützt werden. Soweit sie nicht gegen § 21 GWB oder § 824 BGB verstoßen, bietet § 826 BGB ausreichenden Schutz[910]. Denn Boykottaufforderungen gegen ein Unternehmen, das dadurch Schaden erleidet, sind bewusste und gewollte, d.h. *vorsätzliche* Schadenszufügungen i.S.v. § 826 BGB. Soweit sie rechtswidrige Eingriffe in das Recht am Gewerbebetrieb des betroffenen Unternehmens darstellen, sind die Schadenszufügungen auch sittenwidrig nach § 826 BGB[911]. Denn nicht nur die *Rechtswidrigkeit* eines Eingriffs in das Recht am Gewerbebetrieb durch eine Boykottaufforderung ist durch eine *Interessenabwägung* festzustellen[912], sondern in gleicher Weise auch die *Sittenwidrigkeit* der durch sie verursachten Unternehmensschäden[913].

---

905 OLG Stuttgart, GRUR 1975, 505 ff. = WRP 1975, 611 ff. – Piz Buin; OLG Stuttgart, BB 1961, 460 f. – Leuchtskalen-Wagen; *Kreuzpointner*, Boykottaufrufe durch Verbraucherorganisationen, 1980.

906 Vgl. OLG Stuttgart, GRUR-RR 2006, 20 ff. = NJW-RR 2006, 765 ff. – Absperrband-Aktion = ZLR 2005, 747 ff. – Greenpeace-Aktion; OLG Frankfurt, NJW-RR 1988, 52 ff. – Tierschutzverein gegen Pelzbranche; LG München, NJW-RR 1988, 54 – Pelztierzucht.

907 BAG NJW 1977, 318 f., 319; LAG BW, AR-Blattei IV Boykott, Sperre, Entscheidung 1 (1973) mit zust. Anmerkung von *Löwisch*; vgl. auch *Binkert*, Gewerkschaftliche Boykottmaßnahmen im System des Arbeitskampfrechts, 1981; *Birk*, Die Rechtmäßigkeit gewerkschaftlicher Unterstützungsmaßnahmen, 1978; *ders.*, AuR 1974, 289 ff.; *Hueck/Nipperdey*, Lehrbuch des Arbeitsrechts II 2, S. 909 ff.; *Konzen*, in: FS für Molitor, 1988, S. 181 ff.; *Säcker*, Zur Rechtmäßigkeit des Boykotts von Außenseiter-Reedereien zum Zwecke des Abschlusses von Anschluss-Tarifverträgen – Rechtsgutachten für die Gewerkschaft ÖTV, 1976; *Seiter*, Arbeitskampfparität und Übermaßverbot, unter besonderer Berücksichtigung des »Boykotts« in der deutschen Seeschifffahrt, 1979.

908 Vgl. OLG Köln, NJW 1965, 2345 ff.

909 Vgl. *Kübler*, AcP 172 (1972), 177 ff., 178; RGRK/*Steffen*, BGB § 823 Rn. 58.

910 *Larenz/Canaris*, Schuldrecht II/2, § 81 III 3 a, c, d, S. 552, 553; vgl. auch schon RG JW 1915, 913 ff., 914 – Leipziger Zeitungsstreit.

911 A.A. (§ 823 ist strenger) *Konzen*, in: FS für Molitor, 1988, 181 ff., 187.

912 Vgl. BVerfG NJW 1989, 381 f., 382 a.E. – Mietboykott; BGH NJW 1985, 1620 f., 1621 – Mietboykott; Erman/*Schiemann*, BGB § 823 Rn. 74; RGRK/*Steffen*, BGB § 823 Rn. 58.

913 Zurückhaltender Erman/*Schiemann* BGB § 823 Rn. 74 (»weitgehend«); RGRK/*Steffen*, BGB § 823 Rn. 130 (»regelmäßig«); *Kübler*, AcP 172 (1972), 177 ff., 196 f.; *ders.*, AfP 1973, 405 ff., 409, 411; *Konzen*, in: FS für Molitor, 1988, S. 181 ff., 187.

bb) Boykottaufforderungen von Unternehmen

Auch von *Unternehmen* können Boykottaufforderungen ohne Wettbewerbszweck stammen[914], wie z.B. im berühmten Blinkfüer-Fall, in dem ein marktbeherrschender Medienkonzern nach dem Bau der Berliner Mauer aus rein politischen Gründen die Großhändler zum Boykott von Zeitungen und Zeitschriften aufgerufen hat, die noch Rundfunk- und Fernsehprogramme von DDR-Sendern abdruckten. Für diese Fälle enthält m.E. die oben bereits erwähnte Vorschrift des § 21 GWB eine Spezialregelung. Demgegenüber nimmt ein Teil des Schrifttums an, dass auch nach der Ersetzung des Tatbestandsmerkmals »Wettbewerber« durch das Tatbestandsmerkmal »Unternehmen« durch die vierte GWB-Novelle von 1978 in § 26 I GWB a.F., der unverändert durch § 21 GWB n.F. fortgeführt wird, diese Vorschrift nur bei Boykottaufforderungen zu Zwecken des Wettbewerbs anwendbar sei. Wenn dies zutrifft, dann bietet § 826 BGB denselben Schutz wie bisher § 823 I BGB. Denn Boykottaufforderungen sind vorsätzliche Schädigungshandlungen. Ihre Sittenwidrigkeit ist in gleicher Weise durch eine Interessenabwägung festzustellen wie ihre Rechtswidrigkeit nach § 823 I BGB unter dem Gesichtspunkt eines Eingriffs in das Recht am Gewerbebetrieb[915].

b) Voraussetzungen der Rechtswidrigkeit bzw. Sittenwidrigkeit

Boykottaufforderungen, die nicht Zwecken des Wettbewerbs dienen, fallen grundsätzlich in den Schutzbereich des Art. 5 I GG[916] und sind deshalb weder ohne weiteres noch grundsätzlich rechts- und sittenwidrig[917]. Erst bei Hinzu-

---

914 Vgl. BVerfG NJW 1989, 381 ff. – Mietboykott; BVerfGE 25, 256 ff. = NJW 1969, 1161 ff. – Blinkfüer; BGH NJW 1964, 29 ff. – Blinkfüer; OLG Hamburg, NJW 1962, 917 ff. – Blinkfüer.

915 Etwas zurückhaltender RGRK/*Steffen*, BGB § 826 Rn. 130; enger auch *Möllers*, NJW 1986, 1374 ff., 1377.

916 Grundlegend BVerfGE 7, 198 ff., 210 f. – Lüth; BVerfGE 25, 256 ff., 264 – Blinkfüer; BVerfGE 62, 230 ff., 241 = NJW 1983, 1181 – Denkzettel-Aktion II; ebenso BVerfG NJW 1989, 381 ff., 382; BGH NJW 1964, 29 ff. – Blinkfüer; BGH 1985, 60 ff., 62 (4. c) – Kundenboykott; BGH NJW 1985, 62 ff., 63 – Copy-Charge; OLG Stuttgart, NJW 1975, 1888 = GRUR 1975, 505 (II.1.) – Piz Buin; OLG Stuttgart NJW-RR 2006, 765 ff., 766 (3.a.) – Absperrband-Aktion; *Canaris*, JuS 1989, 167 f.; *Köhler*, in: Hefermehl/Köhler/Bornkamm, UWG § 4 Rn. 10.128; *Möllers*, NJW 1996, 1374 ff., 1375, 1377; MünchKomm/*Wagner*, BGB § 823 Rn. 204; RGRK/*Steffen*, BGB § 823 Rn. 58; *Sambuc*, JZ 1975, 698; 700; Staudinger/*Hager* (1999) BGB § 823 Rn. D 39 ff.

917 *Larenz/Canaris*, Schuldrecht II/2, § 81 III 3 a, S. 551; ebenso schon RGZ 64, 56 = JW 1906, 595; RG JW 1913, 91 Nr. 7; RG JW 1915, 913 ff., 914 – Leipziger Zeitungsstreit; kritisch, weil der Boykott nicht nur eine Meinungsäußerung ist, sondern diese durch ihn auch durchgesetzt werden soll, *v. Köller*, Meinungsfreiheit und unternehmensschädigende Äußerungen, S. 274; *Lerche*, in: FS für Müller, 1970, S. 197 ff., 200 ff., 206 f., 217; *Löwisch/Meier-Rudolph*, JuS 237 ff., 242; *Merten*, NJW 1970, 1630; *Roellecke*, JZ 1981, 688 ff., 693; Bamberger/Roth/*Spindler*, BGB § 823 Rn. 138 (i.d.R. unzulässig); vgl. auch *Nipperdey*, DVBl. 1958, 445 ff., 450.

treten besonderer Umstände sind sie als rechtswidrig bzw. sittenwidrig zu bewerten, z.B.

- wenn die Boykottaufforderung mit unwahren Tatsachen über den Gegner begründet wird[918];
- wenn wahre Tatsachen unterdrückt werden oder der wahre Sachverhalt ent stellt wird[919];
- wenn der Boykottaufruf mit Schmähkritik verbunden ist[920];
- wenn der Boykottaufruf mit unsachlichen Argumenten untermauert wird, z.B. mit Hinweisen auf die Privat- oder Intimsphäre des zu Boykottierenden oder auf seine Religion, Rasse oder nationale Herkunft;
- wenn die Boykottaufforderung grobe Ehrverletzungen enthält[921];
- wenn der Boykott auf reiner Polemik ohne Unterrichtung über die Sachfrage beruht, so dass für eine Auseinandersetzung mit dem Anliegen kein Raum ist[922];
- wenn wirtschaftliche Macht zur Durchsetzung politischer Meinungen eingesetzt wird[923];
- wenn das zu boykottierende Unternehmen weder unmittelbar noch mittelbar der Ursache des Boykottaufrufs abhelfen kann[924];
- rechtswidrig bzw. sittenwidrig ist auch der Aufruf einer Tageszeitung zu einem organisierten vertragswidrigen »Mietboykott« gegenüber einem Unternehmen, das (30.000) Mietwohnungen überwacht[925].

---

918 Vgl. RGZ 76, 35 ff., 40 – Fürstenhof; OLG Frankfurt a.M., NJW 1969, 2095 ff., 2097; MünchKomm/*Wagner*, BGB § 823 Rn. 204; RGRK/*Steffen*, BGB § 823 Rn. 58; Staudinger/*Hager* (1999) BGB § 823 Rn. D 41; enger *Möllers*, NJW 1996, 1374 ff., 1376 (Rechtswidrigkeit nur bei Unredlichkeit).

919 RGZ 76, 35 ff., 40 – Fürstenhof.

920 Bamberger/Roth/*Spindler*, BGB § 823 Rn. 139; Staudinger/*Hager* (1999) BGB § 823 Rn. D 40.

921 RGZ 76, 35 ff., 41 – Fürstenhof.

922 RG 66, 379 ff., 383; RGRK/*Steffen*, BGB § 823 Rn. 58.

923 BVerfGE 25, 256 ff., 265, 266 f. – Blinkfüer; BVerfG NJW 1989, 381 f., 382; OLG Stuttgart, NJW-RR 2006, 765 ff., 766 (3.a,cc) – Absperrband-Aktion; Erman/*Schiemann*, BGB § 823 Rn. 74; *Köhler*, in: Hefermehl/Köhler/Bornkamm UWG § 4 Rn. 10.128; *Kübler*, AcP 172 (1972), 177 ff., 197; *Larenz/Canaris*, Schuldrecht II/2, § 81 III 3 b, S. 551 f.; *Lerche*, in: FS für Geb. Müller 1970, S. 197 ff., 212; *Löhr/Löhr*, WRP 1975, 583; *Löwisch/Meier-Rudolph*, JuS 1982, 237 ff., 242; MünchKomm/*Mertens*, BGB § 823 Rn. 506; MünchKomm/*Wagner*, BGB § 823 Rn. 177 ff., 197, 206; RGRK/*Steffen*, BGB § 823 Rn. 58; Staudinger/*Hager* (1999) BGB § 823 Rn. 41; vgl. auch OLG Stuttgart, GRUR 1975, 505, 506 – Piz Buin; a.A. (noch) BGH NJW 1964, 29 ff., 31 ff. – Blinkfüer.

924 *Möllers*, NJW 1996, 1374 ff., 1377.

925 BVerfG NJW 1989, 381 f., 382 – Mietboykott; BGH NJW 1985, 1620 ff., 1621 – Mietboykott; *Larenz/Canaris*, Schuldrecht II/2, § 81 III 3 d, S. 552 f.; *Möllers*, NJW 1996, 1374 ff., 1376 (4. a); MünchKomm/*Wagner*, BGB § 823 Rn. 206; Staudinger/*Hager* (1999) BGB § 823 Rn. D 41; a.A. RGRK/*Steffen*, BGB § 823 Rn. 58 a.E.

Bei Boykottaufforderungen ist auch der Grundsatz der *Verhältnismäßigkeit* zu beachten[926]. Nicht erforderlich ist hingegen der Einsatz des schonendsten Mittels[927].

III. Betriebsblockaden

1. Vorsätzliche Betriebsblockaden

Zu den betriebsbezogenen Eingriffen in das Recht am Gewerbebetrieb gehören auch Betriebsblockaden. Sie können in unterschiedlicher Weise erfolgen. So kann z.B. das betroffene Unternehmen durch die Blockade seines Betriebsgeländes an der *Auslieferung* seiner Waren gehindert werden, wodurch die betreffenden Waren an Wert verlieren können oder Lieferfristen versäumt werden[928]. Umgekehrt können Kunden eines Unternehmens am *Zutritt* zum Betrieb, z.B. zu einem Ladengeschäft oder einer Gastwirtschaft, gehindert werden[929]. Bei solchen Betriebsblockaden wissen die Handelnden in aller Regel, dass sie mit ihrem Verhalten die Auslieferung der betroffenen Unternehmen bzw. den Zutritt zu ihnen behindern. Nur in seltenen Ausnahmefällen wird eine Betriebsblockade auf einem Versehen beruhen, z.B. beim Zuparken einer Hofausfahrt, ohne zu wissen, dass sie von einem Betrieb benötigt wird.

a) Auslieferungssperren

aa) In seinen Entscheidungen »Blockade I« und »Blockade II«, beide vom 30.5.1972, bewertete der BGH die bewusste und gewollte Verhinderung der Auslieferung einer Zeitung durch Demonstranten als betriebsbezogenen und rechtswidrigen Eingriff in das Recht am Gewerbebetrieb des betroffenen Medienunternehmens[930]. Eine bewusste Auslieferungsblockade ist rechtswidrig; sie ist nicht durch die Demonstrationsfreiheit nach Art. 8 GG gerechtfertigt, da

---

926 BVerfGE 7, 198 ff., 215 – Lüth; BVerfGE 62, 230 ff., 242 – markt-intern; Bamberger/Roth/*Spindler*, BGB § 823 Rn. 139; *Möllers*, NJW 1996, 1374 ff., 1376 f.; RGRK/*Steffen*, BGB § 823 Rn. 58; vgl. auch *Larenz/Canaris*, Schuldrecht II/2, § 81 III 3 c, S. 552; a.A. Staudinger/*Hager* (1999) BGB § 823 Rn. D 40.

927 RGRK/*Steffen*, BGB § 823 Rn. 58; Staudinger/*Hager* (1999) BGB § 823 Rn. D 40; a.A. jedoch noch BGHZ 24, 200 ff., 206 – Spätheimkehrer.

928 Vgl. BGHZ 59, 30 ff., 32 – Blockade I; BGH NJW 1972, 1571 – Blockade II; BAG NJW 1989, 1881 ff.

929 Vgl. RGZ 76, 35 ff., 44 ff. – Fürstenhof; BAG NJW 1988, 1881 ff.

930 BGHZ 59, 30 ff., 35 – Blockade I (»Bild-Zeitung«); BGH NJW 1972, 1571 ff., 1572 f. (II. 2.) – Blockade II; ebenso BAGE 58, 365 ff., 389; BAGE 59, 48 ff., 54 f. (B. II. 2.) – Stuttgarter Zeitung; BAG NJW 1988, 1881 ff., 1882 (III. 3. a) – Tiefdruckerei; *Henssler*, Anm. SAE 1989, 126 ff., 131 f.; *v. Hoyningen-Huene*, JuS 1987, 505 ff., 513; *Käppler*, JuS 1990, 618 f., 620, 622; vgl. auch Staudinger/*Hager* (1999) BGB § 823 Rn. D 49.

dieses Grundrecht nur friedliche Demonstrationen gewährleistet[931]. Der Gedanke der Effektivität von Demonstrationen und Streiks rechtfertigt kein anderes Ergebnis[932]. Geschützt ist nur der geistige Meinungskampf[933].

Auch Betriebsblockaden speziell bei *Streiks* sind rechtswidrig; sie sind nicht durch die Streikfreiheit nach Art. 9 III GG gerechtfertigt[934].

bb) Obwohl der BGH in den beiden Blockade-Entscheidungen von 1972 ausdrücklich darauf hingewiesen hat, dass eine Schadensersatzpflicht wegen eines Eingriffs in das Recht am Gewerbebetrieb nur bestehe, wenn dies geboten sei, um eine sonst verbleibende Lücke im Rechtsschutz zu schließen[935], prüfte er nicht, ob entsprechende Schadensersatzansprüche nach § 823 I BGB wegen *Eigentumsverletzung* begründet waren. Dies hätte im Hinblick auf seine Schuten im Fleet-Entscheidung vom 21.12.1970[936], die insoweit durch seine Tanklager-Entscheidung von 1977 bestätigt worden ist[937], nahe gelegen[938]. M.E. sind Auslieferungsblockaden Eigentumsverletzungen i.S.v. § 823 I BGB durch Beeinträchtigung des bestimmungsgemäßen Gebrauchs der betreffenden Betriebsfahrzeuge und der auszuliefernden Waren[939].

cc) Auslieferungssperren begründen m.E. in der Regel auch Ansprüche aus § 826 BGB[940]. Wenn die Blockierer wissen und wollen, dass dem blockierten Unternehmen ein Schaden entsteht oder wenn sie dies zumindest billigend in Kauf nehmen, liegt eine vorsätzliche Schadenszufügung i.S.v. § 826 BGB vor. Das ist z.B. der Fall, wenn die Auslieferung von Waren behindert wird, die verderblich sind, z.B. Obst und Gemüse, oder deren Wert mit der pünktlichen Auslieferung steht und fällt, z.B. Zeitungen[941]. Eine vorsätzliche Schadenszu-

---

[931] BGHZ 59, 30 ff., 35 f. – Blockade I; BGH NJW 1972, 1571 ff., 1573 – Blockade II; BAG a.a.O.; RGRK/*Steffen*, BGB § 823 Rn. 59; vgl. auch zu § 240 II StGB BGH NJW 1998, 2149 ff., 2151 (c) – Castor.

[932] BGHZ 59, 30 ff., 37 – Blockade I.

[933] BGHZ 59, 30 ff., 37 – Blockade I; BGH NJW 1972, 1571 ff., 1573; ebenso schon zu Boykottaufforderungen BVerfGE 25, 256 ff., 265 – Blinkfüer; ebenso zu § 240 II StGB BGH NJW 1998, 2149 ff., 2151 (c) – Castor.

[934] BAGE 58, 365 ff., 369; BAGE 59, 48 ff., 54 – Stuttgarter Zeitung; Bamberger/Roth/*Spindler*, BGB § 823 Rn. 142; a.A. *Lübbe-Wolff*, DB 1988, Beil. 9, S. 7 f. (Behinderung der Auslieferung einer Produktion, die bei uneingeschränkter Wirksamkeit eines zulässigen Streiks überhaupt nicht zustandegekommen wäre).

[935] BGHZ 59, 30 ff., 34 – Blockade I.

[936] BGHZ 55, 153 ff., 159 – Schuten im Fleet.

[937] BGH NJW 1977, 2264 ff. – Tanklager.

[938] Zutreffend Erman/*Schiemann*, BGB § 823 Rn. 58; *Larenz/Canaris*, Schuldrecht II/2, § 76 II 3 c, S. 390, § 81 III 3 f; S. 554; Bamberger/Roth/*Spindler*, BGB § 823 Rn. 117; PWW/*Schaub*, BGB § 823 Rn. 101.

[939] Erman/*Schiemann*, BGB § 823 Rn. 58; *Larenz/Canaris*, Schuldrecht II/2, S. 390, 554; *Schwitanski*, Deliktsrecht, Unternehmensschutz und Arbeitskampfrecht, 1986, S. 356; Soergel/*Beater*, BGB § 823 Anh V Rn. 58; a.A. RG Gruchot 68 (76 ff., 79).

[940] Vgl. *Larenz/Canaris*, Schuldrecht II/2, S. 554 (Sittenwidrigkeit wegen Einsatzes von Gewalt im Meinungskampf).

[941] BGHZ 59, 30 ff. – Blockade I.

fügung ist auch anzunehmen, wenn die Blockierer wissen oder zumindest billigend in Kauf nehmen, dass das blockierte Unternehmen durch die Blockade Lieferfristen versäumt und deshalb gegebenenfalls auf Schadensersatz haftet.

Die *Sittenwidrigkeit* nach § 826 BGB ist in gleicher Weise durch eine *Interessenabwägung* festzustellen wie die *Rechtswidrigkeit* eines Unternehmenseingriffs nach § 823 I BGB, d.h. eine Unternehmensschädigung durch eine nach § 823 I BGB rechtswidrige Unternehmensblocklade ist immer auch sittenwidrig nach § 826 BGB. Vorsätzliche Unternehmensschädigungen durch Blockaden sind grundsätzlich rechtswidrig nach § 823 I BGB (Recht am Gewerbebetrieb)[942] und sittenwidrig nach § 826 BGB. Unerheblich ist, ob sich Blockaden in aktiver oder in sog. »passiver« Gewalt, z.B. in einem Sitzstreik vor den Werkstoren oder auf den Schienen eines Verkehrsbetriebs, äußern[943]. Die Rechtswidrigkeit von Betriebsblockaden setzt auch nicht generell voraus, dass sie gezielt über einen längeren Zeitraum hinweg vorgenommen werden[944].

Die Rechtswidrigkeit entfällt ausnahmsweise, wenn sich eine Auslieferungsbehinderung

- im Rahmen des Ortsüblichen hält,
- wenn sie durch die Wahrnehmung berechtigter Interessen gerechtfertigt ist, z.B. durch einen Feuerwehreinsatz,
- oder wenn sie die Folge einer zulässigen friedlichen Demonstration i.S.v. Art. 8 GG ist[945].

b) Zutrittssperren

aa) In seiner Fürstenhof-Entscheidung vom 13.2.1911 (»Zehlendorfer Saalboykott«) hat es das RG als unmittelbaren und rechtswidrigen Eingriff in das Recht am Gewerbebetrieb eines Gastwirts bewertet, wenn Boykottposten dessen Kunden gewaltsam am Betreten seiner Gastwirtschaft hindern[946].

---

[942] BGHZ 59, 30 ff., 35 – Blockade I; BGH NJW 1972, 1571 ff., 1573 – Blockade II; vgl. auch BGHSt 23, 46 ff., 56 = JZ 1969, 637 ff., 640; differenzierend *Bieling*, Rechtswidrigkeit von unternehmensschädigenden Demonstrationen, 1973, S. 56, 59 f., 61, 63 ff., 68 ff.; Staudinger/*Hager* (1999) BGB § 823 Rn. D 45.

[943] Vgl. BGH NJW 1972, 1571 ff., 1573 m.w.Nachw. – Blockade II; BGHSt 23, 46 ff., 56; *Merten*, NJW 1970, 1625 ff., 1627; vgl. jedoch *Diederichsen/Marburger*, NJW 1970, 777 ff., 780, die in der Gleichsetzung von aktiver und passiver Gewalt – zu Unrecht – eine unzulässige Inversion sehen; ähnlich *Bieling*, a.a.O., S. 64, die in einem Sit-in keine Gewalt*tätigkeit* sieht, da dieser Begriff voraussetze, dass körperliche Kraft in Bewegung umgesetzt werde; a.A., d.h. Sitzblockaden seien keine rechtswidrigen Eingriffe in den Gewerbebetrieb, Staudinger/*Hager* (1999) BGB § 823 Rn. D 45.

[944] A.A. Staudinger/*Hager* (1999) BGB § 823 Rn. D 45.

[945] Bamberger/Roth/*Spindler*, BGB § 823 Rn. 141; Staudinger/*Hager* (1999) BGB § 823 Rn. D 45.

[946] RGZ 76, 35 ff., 44 ff., 46 – Fürstenhof; ebenso für Streikposten, die Kunden oder arbeitswillige Arbeitnehmer am Betreten des Betriebs hindern, BAGE 58, 364 ff., 389; BAGE 59, 48 ff., 54 f. – Stuttgarter Zeitung.

Der BGH bewertete es als Eingriff in das Recht am Gewerbebetrieb, wenn durch Bauarbeiten der Bürgersteig so blockiert wird, dass Fußgänger als potentielle Kunden die Fahrbahn benutzen müssen und ihnen der Zutritt zu den Ladengeschäften an der betreffenden Straße erschwert wird[947].

bb) Ein Rückgriff auf das lückenfüllende Recht am Gewerbebetrieb ist nicht notwendig. Denn solche Zutrittsbehinderungen sind rechtswidrige Eigentums- bzw. Besitzverletzungen i.S.v. § 823 I BGB, da sie den bestimmungsgemäßen Gebrauch der betreffenden Geschäftslokale beeinträchtigen[948].

cc) Zum gleichen Ergebnis würde bei bewussten und gewollten Zutrittssperren auch § 826 BGB führen. Denn sie sind vorsätzliche Schadenszufügungen. Soweit sie rechtswidrig in das Recht am Gewerbebetrieb des Gastwirts eingreifen, sind sie auch sittenwidrig i.S.v. § 826 BGB[949]. Entsprechendes gilt auch für die Behinderung des Zutritts zu anderen Geschäftslokalen.

2. Unvorsätzliche Betriebsblockaden

Betriebe können auch unvorsätzlich »blockiert« werden, z.B. durch Straßenbaumaßnahmen[950], durch Feuerwehreinsätze[951] oder auch durch Falschparken. Sie sind nicht betriebsbezogen[952].

3. Betriebsbesetzungen

Betriebsbesetzungen sind Verletzungen des Eigentums bzw. des Besitzes[953] des Betriebsinhabers.

IV. Streikaufrufe

Der Streik ist in der Regel ein Drei-Parteien-Verhältnis. Zu ihm gehören die streikenden Arbeitnehmer und der bestreikte Arbeitgeber; hinzu kommt in aller Regel noch bei koalitionsgetragenen Streiks eine Gewerkschaft, bei »wilden

---

947 BGH VersR 1961, 831 ff., 832 (3.).

948 Vgl. RGRK/*Steffen*, BGB § 823 Rn. 12, 21; *Schwitanski*, Deliktsrecht, Unternehmensschutz und Arbeitskampfrecht, S. 356; Staudinger/*Hager* (1999) BGB § 823 Rn. B 98.

949 Das RG bejahte im Fürstenhof-Fall zutreffend auch Sittenwidrigkeit, RGZ 76, 35 ff., 46.

950 Vgl. BGH VersR 1961, 831, 832.

951 Vgl. BGH NJW 1977, 2264 ff., 2265 – Tanklager.

952 BGH NJW 1977, 2264 ff., 2265 – Tanklager; vgl. auch BGHZ 55, 153 ff., 159 – Schuten im Fleet; BGHZ 86, 152 ff., 156 – Elbe-Seitenkanal; aus dem Schrifttum vgl. *Müller-Graff*, JZ 1983, 864; *K. Schmidt*, JuS 1993, 985 ff., 990; Staudinger/*Hager* (1999) BGB § 823 Rn. D 44; a.A. *Brüggemeier*, VersR 1984, 904 ff., 905.

953 Vgl. *Derleder*, BB 1987, 818 ff., 819.

Streiks« eine sonstige Organisation oder auch eine oder mehrere Privatpersonen, die zum Streik aufrufen.

Bei einem rechtswidrigen Streik, d.h. bei rechtswidriger Arbeitsniederlegung verletzen die streikenden Arbeitnehmer ihre arbeitsrechtliche Arbeitspflicht, d.h. ihren *Arbeitsvertrag*[954], wobei die Vertragswidrigkeit davon abhängt, ob »der Streik als Kollektivakt rechtmäßig« ist[955]. Deshalb bedarf es bei rechtswidrigen Streiks neben der arbeitsvertragsrechtlichen Haftung der streikenden Arbeitnehmer keiner Haftung aus § 823 I BGB unter dem Gesichtspunkt eines Eingriffs in das Recht am Gewerbebetrieb. Denn wegen der *Vertragshaftung* für alle rechtswidrigen Streiks besteht in Bezug auf die streikenden Arbeitnehmer keine Lücke im Rechtsschutz der bestreikten Unternehmen[956].

Gegen rechtswidrige *Streikaufrufe Dritter* schützt hingegen nur das Deliktsrecht. Die folgenden Ausführungen haben nur die Haftung für rechtswidrige *Streikaufrufe* zum Gegenstand.

1. Die Rechtsprechung des RG und des RAG

Rechtswidrige Streikaufrufe durch Gewerkschaften oder andere Organisationen oder Personen erfassten das RG und das RAG nur mit § 826 BGB oder, soweit eine Gesetzesverletzung vorlag, mit § 823 II BGB[957]. Soweit § 823 I BGB unter dem Gesichtspunkt eines Eingriffs in das Recht am Gewerbebetrieb erwähnt wurde, geschah dies immer nur beiläufig und ablehnend, nach-

---

[954] Vgl. BAGE 1; 291 ff., 305 = AP Nr. 1 zu Art. 9 GG Arbeitskampf; *Brüggemeier*, ZVglRWiss 82 (1983), 62 ff., 85; *Buchner*, Unternehmensschutz, S. 148; ErfK/*Dieterich*, Art. 9 GG Rn. 226; *Herschel*, BB 1976, 1473 ff., 1475; *Kalb*, in: Kasseler Handbuch zum Arbeitsrecht, Bd. II, 1997, 6.2 Rn. 321; *Konzen*, in: FS 50 Jahre BAG, 2004, S. 515 ff., 550; *Löwisch*, Der Deliktsschutz relativer Rechte, S. 201; *Seiter*, Streikrecht und Aussperrungsrecht, S. 50, 460 f.; *Weitnauer*, DB 1970, 1687.

[955] BAGE 1, 291 ff., 315 = AP Nr. 1 zu Art. 9 GG Arbeitskampf; ausführlich dazu *Hollmann*, Diss., S. 36 ff., 46 f.; kritisch *Richardi*, ZfA 1985, 101 ff., 103 f.

[956] Ohne die Subsidiarität des Rechts am Gewerbebetrieb zu thematisieren, hat das BAG in früheren Entscheidungen § 823 I BGB angewendet, vgl. BAGE 15, 174 ff., 195 ff.

[957] Vgl. RGZ 119, 291 ff.; RG SeuffA 80 (1926), 337 ff. = JW 1927, 253 f.; RAG ARS 1, 100 ff., 102; 2, 217 ff., 220, 222; 7, 404 ff., 409; 8, 266 ff., 269; 14, 293 ff., 296; 15, 41 ff., 44 f.; vgl. auch *Oettinger*, Die guten Sitten in der arbeitsrechtlichen Rechtsprechung nach dem Kriege, 1931; *Potthoff*, Gute Sitten im Arbeitskampf, Zentralblatt für Handelsrecht 1928, 232 ff.; *Ziskoven*, Die Bedeutung des § 826 BGB für das Arbeitsrecht, 1930; Vgl. ferner *Fay*, Schadensersatzansprüche der Arbeitgeberseite bei Streiks, 1960, S. 36 ff.; *Hueck/Nipperdey*, Lehrbuch des Arbeitsrechts II 2, S. 988 ff., 989; *Konzen*, AcP 177 (1977), 473 ff., 475; *Nipperdey*, in: FS für Sitzler, 1956, S. 79 ff., 86; *ders.*, SJZ 1949, 811 ff.; *Ramm*, AuR 1966, 161; *Seiter*, Streikrecht und Aussperrungsrecht, 1975, S. 61; *ders.*, NJW 1976, 1369 ff., 1370; *Siebrecht*, Das Recht im Arbeitskampf, 3. Aufl., 1964, S. 63, 69; *Weitnauer*, DB 1970, 1687.

dem zuvor auch schon Ansprüche aus § 826 BGB oder § 823 II BGB abgelehnt worden waren[958].

2. Die Rechtsprechung des BAG

a) Dies änderte sich, nachdem der BGH und ihm folgend das BAG den Schutz des Rechts am Gewerbebetrieb auf bereichsverletzende Unternehmenseingriffe erweitert hatten, sofern diese betriebsbezogen sind[959]. Nunmehr wendete die Rechtsprechung unter Zustimmung eines Großteils des Schrifttums auf rechtswidrige Streikaufrufe § 823 I BGB unter dem Gesichtspunkt eines Eingriffs in das Recht am Gewerbebetrieb an[960]. Streikaufrufe sind betriebsbezogene Unternehmenseingriffe[961]. Außerdem hat die Rechtsprechung ursprünglich auch noch angenommen, dass bei betriebsbezogenen Unternehmenseingriffen die Rechtswidrigkeit nach § 823 I BGB indiziert sei. Damit war auch bei Streikaufrufen die Rechtswidrigkeit des Eingriffs in das Recht am Gewerbebetrieb indiziert.

b) Letzteres änderte sich, nachdem die Rechtsprechung die Ansicht aufgegeben hatte, dass bei betriebsbezogenen Unternehmenseingriffen die Rechtswidrigkeit indiziert sei, und sie stattdessen zur Feststellung der Rechtswidrigkeit von Eingriffen in das Recht am Gewerbebetrieb eine Interessenabwägung gefordert hatte. Nunmehr waren Unternehmenseingriffe durch Streiks nicht mehr ohne weiteres, sondern nur noch bei Vorliegen besonderer Umstände rechtswidrige Eingriffe in das Recht am Gewerbebetrieb des bestreikten Ar-

---

[958] Vgl. RGZ 119, 291 ff., 292, 296; RG JW 1927, 253 f.; RAG ARS 2, 217 ff., 227.

[959] Grundlegend BGHZ 3, 270 ff., 279 – Constanze I; BAGE 2, 75 ff., 77.

[960] Vgl. BAGE AP Nr. 34, 62, 81, 85, 106, 108, 111, 116, 162 zu Art. 9 GG Arbeitskampf; aus dem Schrifttum vgl. *Brox*, JA 1981, 74 ff., 76; *Brox/Rüthers*, Arbeitskampfrecht, Rn. 335, 369, 376; *Gamillscheg*, Kollektives Arbeitsrecht I, 1997, S. 1217 ff.; *Heckelmann*, AuR 1970, 172; *Hromadka/Maschmann*, Arbeitsrecht, Bd. 2, S. 191 Rn. 135; *Hueck/Nipperdey*; Lehrbuch des Arbeitsrechts II 2, S. 988 f.; *Käppler*, JuS 1990, 618 ff., 619; *Kalb*, Arbeitskampfrecht, 1986, Rn. 270 ff., 283 ff.; *ders.*, RdA 1994, 385 ff., 393; *Kissel*, Arbeitskampfrecht, 2002, S. 727 f.; *ders.*, NZA 1990, 545 ff., 551; *Krichel*, NZA 1987, 297 ff., 300; *Löwisch/Meier-Rudolph*, JuS 1982, 237; *Neumann-Duesberg*, BB 1964, 52; *Reuter*, JuS 1986, 19 ff., 20; Soergel/*Zeuner*, BGB § 823 Rn. 133; Staudinger/*Hager* (1999) BGB § 823 Rn. D 1, 46 ff.; *Walker*, ZfA 1995, 198; gegen die Anwendung von § 823 I BGB (Recht am Gewerbebetrieb) *Colneric*, in: Däubler, Arbeitskampfrecht, 2. Aufl. 1987, Rn. 1153 ff., 1159; *Fikentscher/Heinemann*, Schuldrecht, Rn. 1574; *Hoeniger*, RdA 1953, 204 ff., 210; *Hoffmann*, AuR 1968, 33 ff., 36; *Larenz/Canaris*, Schuldrecht II/2, S. 544 ff., 559 f.; *Leinemann*, AuR 1970, 289 ff.; MünchArbR/*Otto*, § 289 Rn. 6, S. 715; *Ramm*, AuR 1964, 129 ff., 132 u. 321 ff., 328; *Seiter*, Streikrecht und Aussperrungsrecht, 1975, S. 443 ff., 455 f.; *Wiethölter*, KritJ 1970, 121 ff., 131 ff.; *Zöllner/Loritz*, Arbeitsrecht, S. 456.

[961] Vgl. BAGE AP Nr. 2, 34, 62, 81, 85, 106, 108, 111, 114, 116, 162 zu Art. 9 GG Arbeitskampf; vgl. auch *Brox*, JA 1981, 74 ff., 76; *Käppler*, JuS 1990, 618 ff., 619.

beitgebers[962]. Gegen die Rechtswidrigkeitsindikation bei Streikaufrufen sprach nach h.M.[963] auch angeblich Art. 9 III GG[964].

c) Im Streikrecht hat § 826 BGB inzwischen seine Bedeutung fast völlig eingebüßt. Er wurde durch § 823 I BGB ersetzt[965]. Die Vorteile der Anwendung von § 823 I BGB anstelle von § 826 BGB sah man zum einen darin, dass der als diffamierend empfundene Vorwurf der Sittenwidrigkeit durch den der Rechtswidrigkeit ersetzt wurde[966]. Dies führte freilich auch zu einer Ausweitung der Haftung. Denn den Vorwurf der Sittenwidrigkeit handhabte man wegen der angeblich diffamierenden Wirkung restriktiver als den der Rechtswidrigkeit.

---

[962] Vgl. BAGE AP Nr. 47 zu Art. 9 GG Arbeitskampf; ebenso *U. Baur*, Der politische Streik, S. 85; *Begemann*, Der Streik und das Recht am Gewerbebetrieb, S. 37; *Hacker*, Das Verhältnis von Sittenwidrigkeit und sozialer Inadäquanz bei Arbeitskämpfen, S. 4, 81 f.; *Heckelmann*, AuR 1970, 166 ff., 173; *Käppler*, JuS 1990, 618 ff., 619; *G. Müller*, RdA 1971, 321 ff., 323; *ders.*, in: Arbeitskonflikte und Arbeitskampf, 1973, S. 63 ff., 85 f.; *Stein*, Die rechtliche Beurteilung von Arbeitskämpfen in lebenswichtigen Betrieben, S. 65; *Weireter*, Die Sozialadäquanz, S. 16; a.A. (noch) im Ergebnis *Nipperdey*, Zeitungsstreik-Gutachten, 1953; *ders.*, SJZ 1949, 811 ff., 816; *Fay*, Diss., S. 63 f.; *Lieb*, in: FS für Herschel, 1982, S. 223 ff., 231 ff.; *ders.*, ZfA 1982, 113 ff., 119 ff.; *Otte*, Das subjektiv-private Arbeitskampfrecht, S. 148 ff.; *Ramm*, AuR 1967, 97 ff., 108, 109 f.; vgl. dazu auch *Sibben*, NZA 1989, 453 f.

[963] BVerfG NJW 1996, 185; BVerfG NJW 1993, 1379 = AP Nr. 126 zu Art. 9 GG Arbeitskampf; BVerfGE 84, 212 ff., 225 = NJW 1991, 254 = AP Nr. 117 zu Art. 9 GG Arbeitskampf; BAG AP Nr. 6, 11, 64–67 zu Art. 9 GG Arbeitskampf; *Käppler*, JuS 1990, 618 ff., 619, 620; *Konzen*, in: FS 50 Jahre BAG, 2004, S. 515 ff., 520 ff.; *Lübbe-Wolff*, DB 1988, Beil. 9, S. 3; *Schaub/Koch*, Handbuch des Arbeitsrechts, 11. Aufl., S. 1866 Rn. 1, 1877 Rn. 7; ausführlich dazu *Badura*, DB 1985, Beil. 14, S. 2 ff.; *Otto*, in: MünchArbR, S. 539 ff.; *Schwarze*, JuS 1994, 653 ff.

[964] Krit. dazu *Brox/Rüthers*, Arbeitskampfrecht, S. 32 ff. mit ausf. Nachw..

[965] Vgl. BAGE AP Nr. 1, 2, 3, 4, 32, 33, 34, 62, 81, 85, 106, 108, 111, 116, 162 zu Art. 9 GG Arbeitskampf; *Bulla*, RdA 1962, 6 ff., 7, 9; *ders.*, in: FS für Nipperdey, 1965, Bd. II, S. 79 ff., 95; *Dietz*, JuS 1968, 1 ff., 9; *Fabricius*, RdA 1962, 94 ff., 97; *Fay*, Diss., S. 55 ff.; *Galperin*, in: FS für Nipperdey, 1965, Bd. II, S. 197 ff., 198, 207; *Hacker*, Das Verhältnis von Sittenwidrigkeit und sozialer Inadäquanz bei Arbeitskämpfen, 1963, S. 5 ff., 95; *Haupt*, Sympathiestreik, 1966, S. 94 f., 95 ff., 145 f.; *Heckelmann*, AuR 1970, 166 ff., 172 f.; *Hedemann*, RdA 1953, 121 ff., 124 f.; *A. Hueck*, in: Forsthoff/Hueck, Zeitungsstreik-Gutachten, 1952, S. 35 ff.; *ders.*, in: FS für Herschel, 1955, S. 27 ff., 35; *ders.*, RdA 1956, 201 ff., 203; *J. H. Kaiser*, Der politische Streik, 1959, S. 29; *Kohlhaas*, Der Eingriff in den Gewerbebetrieb, 1974, S. 118 f.; *Konzen*, AcP 177 (1977), 473 ff., 477; *Mebus*, System der Schadensersatzansprüche beim »Streik«, 1970, S. 36; *G. Müller*, AuR 1972, 1 ff., 8; *Nipperdey*, Zeitungsstreik-Gutachten, 1953, S. 31 ff. (unter Abweichung von seiner in der FS für Heymann, 1931, Bd. II, S. 445 ff., 480 ff. und in SJZ 1949, 811 ff., 814 a.E. geäußerten Ansicht); *ders.*, in: FS für Sitzler, 1956, S. 79 ff., 85; *ders.*, NJW 1967, 1985 ff., 1987 ff.; *ders.*, in: Hueck/Nipperdey, Lehrbuch des Arbeitsrechts II 2, S. 987 ff., 1035; *Rüthers*, AfP 1977, 305 ff., 316; *Säcker*, ZRP 1969, 60 ff.; *Schippel*, Das Recht am eingerichteten und ausgeübten Gewerbebetrieb, 1956, S. 93; *Schnorr*, RdA 1955, 223 f.; *Siebrecht*, Das Recht im Arbeitskampf, S. 64 ff.; *Stamoulis*, Haftung bei unzulässigen Arbeitskämpfen, 1968, S. 66 ff., 75; *Stein*, Die rechtliche Bewertung von Arbeitskämpfen in lebenswichtigen Betrieben, 1967, S. 57 ff.

[966] Vgl. *Galperin*, in: FS für Nipperdey, 1965, Bd. II, S. 197 ff., 208, 217; *Hubmann*, ZHR 117 (1955), 41 ff., 75; *Hueck/Nipperdey*, Lehrbuch des Arbeitsrechts II 2, S. 990, 991; *Nipperdey*, in: FS für Sitzler, 1956, S. 79 ff., 87, 89.

Das ist auch einer der Gründe für die Ersetzung von § 826 BGB durch § 823 I BGB gewesen[967].

Ein weiterer Vorteil der Ersetzung von § 826 BGB durch § 823 I BGB bestand für die Arbeitgeber wegen der unterschiedlichen Verschuldensanforderungen angeblich in der Ausweitung des *Haftungsumfangs*[968]. Denn bei der Haftung aus § 823 I BGB muss sich das Verschulden nach ganz h.M. nur auf den haftungsbegründenden Verletzungstatbestand, nicht jedoch auch auf den *Schaden* beziehen; es wird nach § 823 I BGB, wenn der haftungsbegründende Tatbestand erfüllt ist, für alle dadurch verursachten Schäden gehaftet, auch wenn sie der Verletzer weder vorhergesehen hat noch vorhersehen konnte. Demgegenüber erfordert die Haftung nach § 826 BGB Vorsatz in Bezug auf den gesamten Schaden, der vom Geschädigten geltend gemacht wird. Dieser theoretisch zweifellos bestehende Unterschied hat allerdings im praktischen Ergebnis keine Bedeutung. Denn nach ganz h.M. ist es für die Haftung aus § 826 BGB nicht erforderlich, dass der Schädiger alle Einzelheiten des Schadensverlaufs vorausgesehen hat[969]. Auch über den genauen Umfang und die Höhe des Schadens braucht sich der Schädiger nach § 826 BGB nicht im Klaren gewesen zu sein[970]. Es gibt bisher soweit ersichtlich keine höchstrichterliche Entscheidung zum Streikrecht, nach der ein Rückgriff auf § 823 I BGB erforderlich war, weil keine vorsätzliche Schadenszufügung i.S.v. § 826 BGB vorlag. Außerdem ist zweifelhaft, ob eine mit § 823 I BGB zu füllende Lücke besteht, wenn im Einzelfall wegen der unterschiedlichen Verschuldensanforderungen in Bezug auf den Schaden die Haftung nach § 823 I BGB weiter reicht als nach § 826 BGB.

3. Kritik des Schrifttums an der Anwendung von § 823 I BGB

Die Anwendung von § 823 I BGB auf rechtswidrige Streiks wird im Schrifttum von einer verbreiteten Ansicht abgelehnt; statt dessen wird der Vorschrift des § 826 BGB und, soweit eine Schutzgesetzverletzung vorliegt, der Vorschrift des § 823 II BGB der Vorzug gegeben[971]. Gegen die Anwendung von § 823 I BGB

---

[967] *Nikisch*, Arbeitsrecht II, S. 119; *Ramm*, AuR 1966, 161 ff.; *Steindorff*, JZ 1960, 582 ff., 583; a.A. *Hueck/Nipperdey*, Lehrbuch des Arbeitsrechts II 2, S. 990.

[968] Vgl. *Fay*, Diss., S. 52 f.; *Hacker*, Diss., S. 97; *Hueck/Nipperdey*, Lehrbuch des Arbeitsrechts II 2, S. 993; vgl. auch *Otto*, in: MünchArbR, Bd. 3, 2. Aufl. 2000, § 289 Rn. 5, 6.

[969] BGHZ 108, 134 ff., 143; BGH NJW 1991, 634 ff., 636; BGH WM 2000, 74 ff., 76; BGH NJW 2004, 446 ff., 448; vgl. ferner *Sack*, NJW 2006, 945 m. w. Nachw. in Fußn. 2.

[970] Vgl. BGHZ 108, 134 ff., 143; BGH NJW 1991, 634 ff., 636; BGH NJW 2000, 2896 f., 2897; BGH NJW 2004, 446 ff., 448.

[971] Vgl. *Begemann*, Der Streik und das Recht am Gewerbebetrieb, 1958, S. 81 f., 85 ff.; *Bötticher*, BB 1957, 621 ff., 623; *Colneric*, in: Däubler, Arbeitskampfrecht, 2. Aufl., 1987, Rn. 1156 ff., 1162; *Däubler*, Der Streik im öffentlichen Dienst, 1970, S. 248 ff., 252; *Doerk*, Der Streik als unerlaubte Handlung i.S.d. § 826 BGB, 1954; *Fikentscher*, Schadensersatz aus rechtswidrigem Streik, 1952, S. 113 ff., 115, 121 ff.; *Herschel*, BB 1976, 1473 ff., 1475; *Hoeniger*, RdA 1953, 204 ff., 210 f.; *Hoffmann*, AuR 1968, 33 ff., 35 ff., 39; *Löwisch*, Der Deliktsschutz

auf rechtswidrige Streiks und für die Rückkehr zur Anspruchsgrundlage des § 826 BGB werden recht verschiedenartige Gründe vorgebracht.

a) Zum Teil bezieht man sich auf die allgemeine Kritik an der Einbeziehung des sog. Rechts am Gewerbebetrieb in den Schutzbereich des § 823 I BGB, insbesondere darauf, dass dieses Recht in der Vorschrift des § 823 I BGB und im System des allgemeinen Deliktsrechts ein Fremdkörper sei, da es kein klar abgegrenztes subjektives Recht, sondern eine Generalklausel zum Schutze der gewerblichen Tätigkeit darstelle[972]. Dass diese Kritik berechtigt ist, wurde bereits oben dargelegt.

b) Ein zweites Argument lautet, dass es der fragwürdigen und nach heute h.M. nur subsidiären Anwendung der Generalklausel des § 823 I BGB auf Streiks unter dem Gesichtspunkt eines Eingriffs in das Recht am Gewerbebetrieb nicht bedürfe. Denn die Haftung der *Arbeitnehmer*, die unzulässig streiken, ergebe sich aus der Verletzung ihrer Arbeitsverträge[973]. Wer zu unzulässigen Streiks *auffordere*, hafte wegen sittenwidriger Verleitung zum Bruch des Arbeitsvertrags nach § 826 BGB[974]. Dies bedeutet, dass jedenfalls die Anstifter zu rechtswidrigen Streiks, d.h. Gewerkschaften, betriebsfremde Personen, aber auch Betriebsangehörige, die z.B. zu wilden Streiks aufrufen, nach § 826 BGB auf Schadensersatz haften.

c) Ein weiteres Argument findet sich bei *Seiter*[975]. Er zieht eine Parallele zur Stromkabel-Doktrin des BGH. Folge man der Ansicht des BGH, dass die Un-

---

relativer Rechte, 1970, S. 196 ff.; *Osswald*, Der Streik, 1954, S. 32 ff.; *Ramm*, AuR 1964, 129 ff., 132 f. u. 321 ff., 324 ff.; *ders.*, AuR 1966, 161 ff.; *ders.*, AuR 1967, 97 ff., 108, 110; *ders.*, AuR 1971, 97 ff., 105; *ders.*, JuS 1966, 223 ff., 226 Fn. 22; *ders.*, Der Arbeitskampf und die Gesellschaftsordnung des GG, 1965, S. 195 f.; *ders.*, Das Koalitions- und Streikrecht der Beamten, 1970, S. 130 f., 144 ff.; *Reuß*, AuR 1976, 97 ff., 103; *ders.*, AcP 156 (1957/58), 105; *Seiter*, Streikrecht und Aussperrungsrecht, S. 50, 452 Fn. 47, 455, 459 f., 463, 464 ff., 515 Fn. 11, 525, 526, 567; *Steindorff*, JZ 1960, 582 ff., 583; *Voigt*, Das Recht am Gewerbebetrieb, 1971, S. 148 ff., 155, 185; *Wiethölter*, KritJ 1970, 121 ff., 133 f.; vgl. auch *Ringel*, Recht am Gewerbebetrieb, 1973, S. 182 ff., der offenbar mit § 823 II BGB auszukommen glaubt, dabei jedoch sehr großzügig Spezialregelungen des Arbeitsrechts ausweitet und ihnen bestimmte Schutzzwecke unterstellt wie z.B. den §§ 74 BetrVG, 66 PersVG, dass sie u.a. den Schutz des Arbeitgebers vor wilden Streiks und politischen Streiks bezwecken, weil die Vorschriften nur die Streiks tariffähiger Parteien privilegieren.

[972] Vgl. *Däubler*, Der Streik im öffentlichen Dienst, 1970, S. 248 f.; *Fikentscher*, Schadensersatzsatz aus rechtswidrigem Streik, 1952, S. 113 ff., 121 ff.; *Hoffmann*, AuR 1968, 33 ff., 35 f.; *Seiter*, Streikrecht und Aussperrungsrecht, S. 443 ff., 452 Fn. 47, 455; *Wiethölter*, KritJ 1970, 121 ff., 130, 134 f..

[973] Vgl. *Buchner*, Unternehmensschutz, S. 148; *Herschel*, BB 1976, 1473 ff., 1475; *Löwisch*, Der Deliktsschutz relativer Rechte, 1970, S. 201; *Seiter*, Streikrecht und Aussperrungsrecht, S. 50, 460 f.; *Weitnauer*, DB 1970, 1687.

[974] Vgl. *Seiter*, Streikrecht und Aussperrungsrecht, S. 50, 463, 477 ff.; vgl. auch *Fabricius*, RdA 1962, 94 ff., 97; *Herrmann*, GRUR 1955, 21 ff.; *Kraßer*, Der Schutz relativer Rechte gegen Eingriffe Dritter, 1971, S. 293 ff., 303 ff.; einschränkend *Buchner*, Unternehmensschutz, S. 172 f.; *Nikisch*, Arbeitsrecht II, S. 141, 148 Fn. 81.

[975] *Seiter*, Streikrecht und Aussperrungsrecht, S. 456.

terbrechung der Stromzufuhr durch eine fahrlässige Stromkabelbeschädigung kein unmittelbarer, betriebsbezogener Eingriff in den betroffenen Gewerbebetrieb sei[976], so mangele es auch einem Streik, d.h. der Entziehung der Arbeitsleistung, an der Unmittelbarkeit und Betriebsbezogenheit. Die Tatsache, dass durch einen Streik ein Betrieb *lahmgelegt* werde, erlaube keine andere Beurteilung; denn auch durch eine Unterbrechung der Stromzufuhr werde ein stromabhängiger Betrieb lahmgelegt, ohne dass der BGH deshalb einen unmittelbaren, betriebsbezogenen Eingriff annehme. Wenn der BGH die Stromzufuhr zu den vom Betrieb ohne weiteres ablösbaren Rechten und Rechtsgütern zähle, so gehöre auch die Arbeitsleistung dazu. Außerdem bestehe für den Betrieb kein Unterschied, ob ein Arbeitnehmer nicht arbeite, weil er verletzt wurde oder weil er streikt. Wenn man mit dem BGH auch die Arbeitnehmer zu den ohne weiteres vom Betrieb ablösbaren »Rechtsgütern« zähle, so fehle es auch aus diesem Grunde dem Streik an der Betriebsbezogenheit. Der Unterschied zwischen den Streikfällen einerseits und den Stromkabel- und Arbeitnehmerverletzungsfällen andererseits bestehe letztlich nur darin, dass erstere Vorsatztaten, letztere dagegen in den vom BGH entschiedenen Fällen Fahrlässigkeitstaten waren[977]. Auch dieser Kritik ist beizupflichten.

d) Ein viertes Argument gegen die Anwendung von § 823 I BGB im Streikrecht lautet: Schütze man das Recht des *Arbeitgebers* am Gewerbebetrieb nach § 823 I BGB vor *rechtswidrigen* Arbeitskampfmaßnahmen der Arbeitnehmer (d.h. insbesondere vor Streiks), während man die *Arbeitnehmer* nur nach § 826 BGB vor *sittenwidrigen* Arbeitskampfmaßnahmen des Arbeitgebers (d.h. vor Aussperrungen) schütze, so verstoße dies gegen den Gleichheitsgrundsatz[978], insbesondere gegen den Grundsatz der arbeitskampfrechtlichen Parität[979].

Dieser Einwand verfängt dann nicht, wenn man, wie es vielfach gefordert wird, ein »Recht am Arbeitsplatz« oder ein »Recht auf Betriebszugehörigkeit«

[976] Vgl. vor allem BGHZ 29, 65 ff., 69 ff.

[977] Vgl. *Seiter*, Streikrecht und Aussperrungsrecht, S. 456.

[978] Vgl. *v. Caemmerer*, DJT-FS 1960, Bd. II, S. 90; *Däubler*, Der Streik im öffentlichen Dienst, 1971, S. 249; *Fikentscher/Heinemann*, Schuldrecht, Rn. 1574; *Hopt*, Schadensersatz aus unberechtigter Verfahrenseinleitung, 1968, S. 226; *Hueck/Nipperdey*, Lehrbuch des Arbeitsrechts II 2, S. 997; *Migsch*, Die absolut geschützte Rechtsstellung des Arbeitnehmers, 1972, S. 126 f.; *Nipperdey*, NJW 1967, 1985 ff., 1987 Fn. 15; *Ramm*, AuR 1964, 321 ff., 329; *Stein*, a.a.O., S. 62; die Notwendigkeit einer derartigen Gleichbehandlung verneint *Martens*, Das Recht am Arbeitsplatz, 1963, S. 95 ff., 97, 103 f.

[979] Vgl. *Stamoulis*, Haftung bei unzulässigen Arbeitskämpfen, 1968, S. 67; zum Problem der Arbeitskampfparität vgl. BAG AP Nr. 1, 43 zu Art. 9 GG Arbeitskampf; *Evers*, Arbeitskampffreiheit, Neutralität, Waffengleichheit und Aussperrung, 1969; *Mayer-Maly*, RdA 1968, 432 ff.; *Ramm*, JZ 1961, 273 ff.; *ders.*, JuS 1966, 223 ff.; *Reuß*, JurJb 4 (1963/64), 163 ff., 167 ff.; *Reuter*, in: FS für Franz Böhm, 1975, S. 521 ff., 536; *Richardi*, RdA 1966, 247 ff.; *Rüthers*, Zur Kampfparität im Arbeitskampfrecht, Jur. Analysen 1970, 85 ff.; *Scheuner*, RdA 1971, 327 ff., 332 ff.; *Seiter*, Streikrecht und Aussperrungsrecht, S. 156 ff.; *Zöllner*, Aussperrung und arbeitskampfrechtliche Parität, 1974.

anerkennt und dieses ebenso wie das Recht am Gewerbebetrieb nach § 823 I BGB schützt[980]. In der Tat wurde unter Berufung auf den *Gleichheitsgrundsatz* gefordert, entsprechend dem Recht am Gewerbebetrieb auch ein Recht am Arbeitsplatz bzw. ein Recht auf Betriebszugehörigkeit nach § 823 I BGB als subjektives Recht zu schützen[981]. Den Schutz eines derartigen Rechts nach § 823 I BGB fordere auch das Sozialstaatsprinzip[982], sowie das Recht auf Entfaltung

---

[980] Für die Anerkennung eines Rechts am Arbeitsplatz bzw. eines Rechts auf Betriebszugehörigkeit und dessen Schutz nach § 823 I BGB haben sich ausgesprochen *Beathalter*, Die Betriebszugehörigkeit als Rechtsgut, 1960, S. 51 f., 71; *Brox*, in: FS für Nipperdey, 1965, Bd. II, S. 55 ff., 56 f.; *Bulla*, in: FS für A. Hueck, 1959, S. 25 ff., 40; *ders.*, RdA 1962, 6 ff., 9; *ders.*, RdA 1962, 385 ff., 388; *v. Caemmerer*, DJT-FS 1960, Bd. II, S. 90; *Deutsch*, JZ 1963, 385 ff., 388; *Enneccerus/Lehmann*, Recht der Schuldverhältnisse, 15. Aufl., 1958, S. 942; *Fabricius*, AcP 160 (1961), 273 ff., 275 ff., 305 ff., 308 ff. (*ders.*, jedoch einschränkend ZfA 1972, 35 ff., 61 f.: Schutz nur gegen Dritte, nicht gegen den Arbeitgeber); *Geib*, Sympathiearbeitskampf, 1971, S. 58 f.; *Hacker*, Das Verhältnis von Sittenwidrigkeit und sozialer Inadäquanz bei Arbeitskämpfen, 1963, S. 7 ff., 81, 95, 139, 152 ff.; *Hafner*, Betriebszugehörigkeit und Haftung, 1965, S. 63; *Hambusch*, AuR 1972, 268 ff., 270 (Recht am Arbeitsplatz als Teil des allgemeinen Persönlichkeitsrechts); *Hartje*, Der Sympathiearbeitskampf, 1971, S. 245; *Hedemann*, RdA 1953, 121 ff., 124 f.; *Herschel*, RdA 1953, 41 ff., 42; *ders.*, RdA 1960, 121 ff. passim; *ders.*, in: FS für Lehmann, 1956, Bd. II, S. 664, 666; *Hörl*, Sozialadäquanz, 1970, S. 106, 107 f., 151, 169 (gewohnheitsrechtliche Anerkennung), 171; *Hopt*, Schadensersatz aus unberechtigter Verfahrenseinleitung, 1968, S. 226, 227 f.; *Hueck/Nipperdey*, Lehrbuch des Arbeitsrechts II 1, S. 170 f.; *dies.*, Lehrbuch des Arbeitsrechts II 2, S. 894, 978, 991 f., 993 ff., 985 ff., 997; *Katz*, RdA 1956, 169 ff.; *Lepke*, DB 1971, 478; *Lobe*, 29. DJT, Bd. V, 1908, S. 173 ff., 189; *Löwisch*, RdA 1962, 314; *Nipperdey*, in: FS für Sitzler, 1956, S. 79 ff., 88, 92; *ders.*, NJW 1967, 1985 ff., 1987; *ders.*, in: Bettermann/Nipperdey, Die Grundrechte IV 2, S. 741, 843 ff.; *ders.*, 34. DJT, Bd. I, 1926, S. 395 ff., 403; *Olbersdorf*, AuR 1955, 129 ff., 137; *Pape*, 29. DJT, Bd. IV, 1908, S. 264; *Peter*, Der Arbeitsplatz als absolut geschütztes Rechtsgut, 1970, S. 64 f.; *Preusche*, Unternehmensschutz, 1974, S. 112 mit Fn. 96; *Richter*, Streik und Aussperrung in verfassungsrechtlicher Sicht, 1960, S. 96; *Riezler*, ArchBR 27 (1906), 219 ff., 243 ff. (»Freiheit in der Betätigung der Arbeitskraft als besonderes Persönlichkeitsrecht«); *Säcker*, AuR 1965, 353 ff., 362 Fn. 69; *ders.*, BB 1965, 1860; *ders.*, ZRP 1969, 60 ff., 62; *Schnorr v. Carolsfeld*, Arbeitsrecht, S. 21; *Snethlage*, Instandhaltungsarbeiten im Arbeitskampf, 1968, S. 126 ff.; *Stamoulis*, a.a.O., S. 67 f.; *Stein*, Die rechtliche Bewertung von Arbeitskämpfen in lebenswichtigen Betrieben, 1967, S. 60 ff.; vgl. auch *Ballerstedt*, JZ 1951, 486 ff., 491; *Mayer-Maly*, JZ 1961, 560; *ders.*, RdA 1963, 164; *ders.*, JBl. 1963, 503; *ders.*, RdA 1965, 432 ff., 433; *Migsch*, Die absolut geschützte Rechtsstellung des Arbeitnehmers, 1972. Auch nach Ansicht des BAG »spricht zum mindesten einiges« für die Anerkennung eines nach § 823 I BGB zu schützenden Rechts am Arbeitsplatz, AP Nr. 2 zu § 70 BAT = AuR 1970, 309 = NJW 1971, 480; vgl. weiterhin *Herschel*, BB 1977, 708 ff.; *Schwerdtner*, ZfA 1977, 47 ff.

[981] Auf den Gleichheitsgrundsatz stützen die Anerkennung des Rechts am Arbeitsplatz bzw. des Rechts auf Betriebszugehörigkeit *v. Caemmerer*, a.a.O.; *Hopt*, a.a.O., S. 226; *Hueck/Nipperdey*, Lehrbuch des Arbeitsrechts II 2, S. 997; *Nipperdey*, Zeitungsstreik-Gutachten, S. 34 ff., 41 Fn. 8; *ders.*, NJW 1967, 1985 ff., 1987 Fn. 15; *Stein*, a.a.O., S. 62; a.A. *Martens*, Das Recht am Arbeitsplatz, 1963, S. 95 ff., 97, 103 f.. Für eine Gleichbehandlung des »Rechts auf Berufausübung« von gewerblich und freiberuflich Tätigen und des »Rechts auf Berufsausübung« von Arbeitnehmern, jedoch nicht nach § 823 I BGB *Seiter*, Streikrecht und Aussperrungsrecht, S. 457 f.; *E. Wolf*, in: FS für v. Hippel, 1967, 682.

[982] Vgl. *Beathalter*, a.a.O., S. 63 ff.; *Hacker*, a.a.O., S. 10; *Hueck/Nipperdey*, Lehrbuch des Arbeitsrechts II 2, S. 997; *Nipperdey*, in: FS für Sitzler, 1956, S. 93; *Stein*, a.a.O., S. 62; ArbG

der Persönlichkeit durch freie berufliche und gewerbliche Betätigung nach Art. 2 I, 12 und 14 GG[983]. Außerdem ergebe sich dieses Recht aus dem Sinn des gesetzlichen Kündigungsschutzes[984].

Die Anerkennung eines nach § 823 I BGB zu schützenden Rechts am Arbeitsplatz bzw. eines Rechts auf Betriebszugehörigkeit ist im Schrifttum auf breite Ablehnung gestoßen[985]. Dies mit Recht. Denn ein Recht am Arbeitsplatz bzw. ein Recht auf Betriebszugehörigkeit ist ebenso generalklauselartig und unbestimmt wie das Recht am Gewerbebetrieb. Außerdem wäre es dann nur noch ein kleiner Schritt zur Ausweitung des § 823 I BGB zur Generalklausel zum Schutze der Berufsausübung, wie es in der Tat im Schrifttum auch mehrfach gefordert wurde[986], und von da nur noch ein weiterer kleiner Schritt zur Ausweitung des § 823 I BGB zur umfassenden vermögensrechtlichen Generalklausel, wofür jedoch der Gesetzgeber gerade nicht § 823 I BGB, sondern § 826 BGB vorgesehen hat[987]. Damit wäre aber die vom Gesetzgeber getroffene Unterscheidung zwischen vertyptem Unrecht gemäß § 823 BGB und unvertyptem Unrecht gemäß § 826 BGB endgültig verwischt. Mit Recht hat sich daher die Rechtsprechung bislang – von einigen obiter dicta des BAG abgesehen – geweigert, ein »Recht am Arbeitsplatz« bzw. ein »Recht auf Betriebszugehörigkeit« anzuerkennen und zu den sonstigen Rechten i.S.v. § 823 I BGB zu rechnen; stattdessen hat sie den Schutz des *Arbeitnehmers* durch das Vertragsrecht und durch die §§ 823 II, 826 BGB für ausreichend gehalten. In gleicher Weise bieten jedoch auch dem *Arbeitgeber* das Vertragsrecht und die §§ 823 II, 826 BGB (u.U. auch § 824 BGB) ausrei-

---

Wilhelmshaven, AP Nr. 1 zu § 823 BGB sonstiges Recht; a.A. *Martens*, Das Recht am Arbeitsplatz, 1963, S. 51 ff., 56 f.

[983] Vgl. *Hueck/Nipperdey*, Lehrbuch des Arbeitsrechts II 2, S. 994 f., 997; *Nipperdey*, in: FS für Sitzler, S. 92 f.; *Hacker*, a.a.O., S. 9 f.

[984] Vgl. *Hueck/Nipperdey*, Lehrbuch des Arbeitsrechts II 2, S. 996 f.; *Nipperdey*, in: FS für Sitzler, 1956, S. 79 ff., 92, 93 f.; *Hacker*, a.a.O., S. 7 f.; *Snethlage*, a.a.O., S. 126; *Stein*, a.a.O., S. 61, 63; a.A. *Martens*, a.a.O., S. 57 ff., 71; *Nikisch*, Arbeitsrecht II, S. 127 f.

[985] Vgl. *Bertele*, Rechtsnatur und Rechtsfolgen der Aussperrung, 1960, S. 58 Fn.1; *Bötticher*, BB 1957, 621, 623; *ders.*, RdA 1955, 321 ff., 323; *ders.*, in: FS für Nikisch, S. 3 ff.; *Gamillscheg*, AcP 164 (1964), 385 ff., 390 ff., 395 (Schutz des Rechts am Gewerbebetrieb nicht nach § 823 I, sondern durch die Neubildung von Schutznormen); *Hueck*, in: FS für Hedemann, 1958, S. 131., 137 f.; *Martens*, Das Recht am Arbeitsplatz, 1963, S. 105 ff., 114 (Recht am Arbeitsplatz nur als relatives Recht); *Mebus*, System der Schadensersatzansprüche beim »Streik«, 1970, S. 26 Fn. 2; *Müller-Erzbach*, JZ 1952, 193 ff., 198; *Oettinger*, Die guten Sitten in der arbeitsrechtlichen Rechtsprechung nach dem Kriege, 1931, S. 19; *Reuß*, AcP 156 (1957/58), 85 ff., 89 ff., 101, 102; *Reuter*, RdA 1973, 345 ff., 352 f.; *Schnorr v. Carolsfeld*, Arbeitsrecht, S. 22; *Seiter*, Streikrecht und Aussperrungsrecht, S. 457; *Siebrecht*, S. 89; *Galperin*, BB 1965, 93 ff., 96; ebenso wohl auch *Wiethölter*, KritJ 1970, 121 ff., 126, der die Anerkennung eines Rechts am Gewerbebetrieb nicht für fortschrittlich, sondern für rückschrittlich hält.

[986] Vgl. *Enneccerus/Nipperdey*, AT I, S. 852; *Hubmann*, ZHR 117 (1955), 41 ff., 78 (Persönlichkeitsrecht auf gewerbliche Betätigung); *Hueck/Nipperdey*, Lehrbuch des Arbeitsrechts II 2, 894, 978, 991 f., 993 ff., 995 ff., 997; *Puttfarcken*, GRUR 1962, 500 ff., 503; *Werner*, NJW 1957, 619; dagegen *A. Hueck*, Zeitungsstreik-Gutachten 1952, S. 35.

[987] Zutreffend *E. Wolf*, in: FS für v. Hippel, 1967, S. 665 ff.

chenden Schutz gegen rechtswidrige Arbeitskampfmaßnahmen. Aus Gründen der Gleichbehandlung wurde daher gefordert, sowohl dem Arbeitnehmer als auch dem Arbeitgeber *deliktsrechtlichen* Schutz vor rechtswidrigen Arbeitskämpfen nur nach den Vorschriften der §§ 823 II, 826 BGB und u.U. nach § 824 BGB zu gewähren[988]. In den praktischen Auswirkungen dürfte sich dieser Schutz zwar kaum von dem durch § 823 I BGB unterscheiden, da Arbeitskampfmaßnahmen immer vorsätzlich i.S.v. § 826 BGB sind und da die Rechtswidrigkeit nach § 823 I BGB (Recht am Gewerbebetrieb) in gleicher Weise positiv durch eine Interessenabwägung festzustellen ist wie die Sittenwidrigkeit nach § 826 BGB. Diese Lösung vermeidet jedoch den bösen – wenngleich unzutreffenden – Schein einer deliktsrechtlichen Begünstigung der beruflichen Betätigung von Arbeitgebern gegenüber der von Arbeitnehmern.

e) Schließlich wird mit der Forderung, zur Anspruchsgrundlage des § 826 BGB zurückzukehren, bezweckt, die *Verschärfung* der Haftung für Streiks, welche der Wechsel von der Anspruchsgrundlage des § 826 BGB in ihrer ursprünglich sehr restriktiven Handhabung zu der des § 823 I BGB zur Folge hatte, rückgängig zu machen[989]. Denn die Sozialadäquanzformel des BAG schaffe einen außerordentlichen weiten Entscheidungsspielraum, der den Arbeitkampf zu einer riskanten Angelegenheit werden lasse[990].

In der Tat erlaubt § 823 I BGB bei Anerkennung eines durch diese Vorschrift geschützten Rechts am Gewerbebetrieb eine wesentlich stärkere Einschränkung der Streikfreiheit als die Vorschrift des § 826 BGB bei der *herkömmlichen restriktiven Auslegung*[991]. Denn nach h.M. ist nicht jeder nach § 823 I BGB sozialinadäquate und damit *rechtswidrige* Streik auch *sittenwidrig* nach § 826 BGB[992]. Außerdem scheidet nach einer im Schrifttum vertretenen Ansicht bei fahrlässigem Rechtsirrtum die Vorsatzhaftung nach § 826 BGB aus, während die Fahrlässigkeitshaftung nach 823 I BGB davon unberührt bleibt[993].

---

988 Vgl. *Seiter*, Streikrecht und Aussperrungsrecht, S. 457 f.; vgl. auch *E. Wolf*, in: FS für v. Hippel, S. 682.

989 Vgl. *Bötticher*, BB 1957, 621 ff., 623; *Däubler*, Der Streik im öffentlichen Dienst, 1971, S. 248 ff.; *Hoffmann*, AuR 1968, 33 ff., 35 ff., 39; *Ramm*, JZ 1964, 546 ff., 547; *ders.*, AuR 1964, 321 ff., 324; *ders.*, JZ 1966, 214 ff., 215; *ders.*, AuR 1966, 161 ff. passim; *ders.*, AuR 1971, 97 ff., 105 Fn. 207; *Wiethölter*, KritJ 1970, 121 ff., 133 f.; auf die Verschärfung der Haftung für Streiks durch Anwendung von § 823 I BGB weisen auch hin *Löwisch*, Der Deliktsschutz relativer Rechte, 1970, S. 199; *Nikisch*, Arbeitsrecht II, S. 119; *Steindorff*, JZ 1960, 582 ff., 583.

990 Vgl. *Ramm*, JZ 1964, 546 ff., 547.

991 Vgl. *Buchner*, Unternehmensschutz, S. 173; *Fay*, Schadensersatzansprüche der Arbeitgeberseite bei Streiks, 1960, S. 51; *Hörl*, Sozialadäquanz, 1970, S. 84; *Hueck*, in: FS für Herschel, S. 27 ff., 35; *Hueck/Nipperdey*, Lehrbuch des Arbeitsrechts II 2, S. 992 f., 1035 f.; *Nipperdey*, in: FS für Sitzler, 1956, S. 79 ff., 89 f.; *Ramm*, JZ 1966, 214 ff., 215; *ders.*, AuR 1966, 161 ff., 166; *ders.*, AuR 1971, 97 ff., 105 mit Fußn. 207.

992 Vgl. *Fay*, a.a.O., S. 51 f.; *Hueck/Nipperdey*, a.a.O., S. 992 f., 1035 f.; *Nipperdey*, in: FS für Sitzler, 1956, S. 79 ff., 89 (anderer Ansicht noch in der FS für Heymann, 1931, Bd. II, S. 445 ff., 480); *Ramm*, JZ 1966, 214 ff., 215 f.

993 Vgl. *Ramm*, JZ 1966, 214 ff., 215; *Wiethölter*, KritJ 1970, 121 ff., 133 f.

Dass der Wechsel von der Anspruchsgrundlage des § 826 BGB zu der des § 823 I BGB eine Einschränkung der Streikfreiheit bewirkt habe, wurde im Schrifttum vor allem von *Nipperdey* bestritten, und es wurde behauptet, dass letztlich § 826 BGB nur durch § 823 I BGB ersetzt worden sei, um lebensnähere, begrifflich schärfere und Diffamierungen vermeidende Ergebnisse zu ermöglichen[994]. Damit wird jedoch verschleiert, dass gerade wegen des als diffamierend empfundenen Vorwurfs eines Sittenverstoßes die Vorschrift des § 826 BGB restriktiv gehandhabt worden war. Gerade wegen der angeblich diffamierenden Wirkung beschränkte man die Anwendung von § 826 BGB auf »grob rechtswidrige« Schädigungshandlungen, während man mit § 823 I BGB auch die Fälle »einfacher Rechtswidrigkeit« erfassen konnte[995]. Es lässt sich auch kaum bestreiten, dass mit der Ersetzung des § 826 BGB durch § 823 I BGB auf dem Gebiete des Deliktsrechts rein tatsächlich eine Einschränkung der Streikfreiheit verbunden war. Die auf § 826 BGB gestützte Streikrechtsprechung des RG und RAG war liberaler als die auf § 823 BGB gestützte Rechtsprechung des BAG. Im Widerspruch zu seiner Behauptung, dass die Ersetzung des § 826 BGB durch § 823 I BGB nicht zu einer Verschärfung des Streikrechts geführt habe, steht es dann auch, wenn *Nipperdey* selbst einräumt, dass die Voraussetzungen des § 826 BGB wesentlich enger sind als die des § 823 I BGB, so dass sich manche Fälle rechtswidriger Streiks gar nicht mit § 826 BGB erfassen ließen, wie z.B. politische Streiks, wilde Streiks oder Streiks, die unter Verstoß gegen das Ultima-ratio-Prinzip auf die Durchsetzung von Rechtsansprüchen gerichtet sind[996].

Die Anwendung von § 823 I BGB auf Streikmaßnahmen bewirkt nur dann keine schärfere Haftung als die Anwendung von § 826 BGB, wenn man diese Vorschrift entsprechend ihrer Generalklauselfunktion so weit auslegt, dass jede bewusste und gewollte Schädigung »vorsätzlich« ist und die Sittenwidrigkeit in gleicher Weise durch eine Interessenabwägung festgestellt wird wie die Rechtswidrigkeit nach § 823 I BGB.

4. Ausreichender Unternehmensschutz gegen rechtswidrige Streikaufrufe durch § 826 BGB

Bei der Haftung für rechtswidrige Streiks ist zu unterscheiden zwischen der Haftung der streikenden Arbeitnehmer und der Haftung Dritter, insbesondere von Gewerkschaften, die zum Streik aufgerufen haben bzw. ihn unterstützen.

---

994 Vgl. *Hueck/Nipperdey*, Lehrbuch des Arbeitsrechts II 2, S. 990; *Nipperdey*, in: FS für Sitzler, 1956, S. 79 ff., 87; vgl. auch *Weitnauer*, DB 1970, 1687 ff., 1688.

995 Darauf weist *Ramm*, AuR 1964, 321 ff., 324 Fußn. 44 mit Recht hin.

996 Vgl. *Nipperdey*, in: FS für Sitzler, 1956, S. 79 ff., 89; *Hueck/Nipperdey*, a.a.O., S. 992 f., 1035 f.; der Ansicht, dass derartige Streiks bloß rechtswidrig, jedoch nicht sittenwidrig seien, sind auch *Fay*, Schadensersatzansprüche der Arbeitgeberseite bei Streiks, 1960, S. 51 f.; *Ramm*, AuR 1966, 161 ff., 166.

Für die Haftung von Arbeitnehmern für rechtswidrige Streiks bietet das *Arbeitsvertragsrecht* ausreichenden Schutz. Denn die Rechtswidrigkeit von Arbeitskämpfen als Kollektivakten ist vertragsrechtlich und deliktsrechtlich einheitlich zu beurteilen[997]. Rechtswidrige Streiks sind immer auch (rechtswidrige) Verletzungen von Arbeitsverträgen durch die Streikenden. Es entsteht keine Lücke im Unternehmensschutz, die mit § 823 I BGB geschlossen werden müsste.

Fast alle einschlägigen Entscheidungen, in denen das BAG § 823 I BGB unter dem Gesichtspunkt eines Eingriffs in das Recht am Gewerbebetrieb angewendet hat, betrafen die Haftung Dritter, insbesondere von Gewerkschaften, die zu rechtswidrigen Streiks aufgerufen oder solche unterstützt haben[998]. Im Folgenden soll dargelegt werden, dass sich mit § 826 BGB derselbe Schutz gegen rechtswidrige Streikaufrufe erzielen lässt wie mit § 823 I BGB unter dem Gesichtspunkt eines Eingriffs in das Recht am Gewerbebetrieb. Soweit § 826 BGB anwendbar ist, besteht keine Lücke im Unternehmensschutz, die mit § 823 I BGB gefüllt werden müsste. Die Schädigung von Unternehmen durch Streikaufrufe ist *vorsätzlich* i.S.v. § 826 BGB. Denn sie wird bewusst und gewollt zugefügt oder zumindest billigend in Kauf genommen[999]. Da die *Sittenwidrigkeit* von Unternehmensschädigungen i.S.v. § 826 BGB in gleicher Weise durch eine *Interessenabwägung* festzustellen ist wie die *Rechtswidrigkeit* von Eingriffen in das Recht am Gewerbebetrieb, sind alle rechtswidrigen Unternehmenseingriffe durch Streikaufrufe zugleich auch sittenwidrig i.S.v. § 826 BGB[1000]. Deshalb bietet § 826 BGB bei Unternehmenseingriffen durch Streikaufrufe denselben Schutz wie § 823 I BGB unter dem Gesichtspunkt eines Eingriffs in das Recht am Gewerbebetrieb.

---

[997] Grundlegend BAG GS BAGE 1, 291 ff.

[998] BAG AP Nr. 34, 62, 81, 85, 106, 108, 111, 116, 162 zu Art. 9 GG Arbeitskampf; ohne ausreichend deutlich zwischen der Haftung der streikenden Arbeitnehmer und der Haftung Dritter zu unterscheiden, ist im Schrifttum vorgeschlagen worden, (deliktsrechtliche) Verkehrspflichten zu entwickeln; dagegen wenden sich *Larenz/Canaris*, Schuldrecht II/2, § 81 III 6 b, S. 559 f., da zwischen den Parteien *Sonderbeziehungen* bestünden, die sich im Vor- und Umfeld von Verträgen bewegen und entsprechende quasivertragliche Schutzpflichten statuieren, die sich in der Nähe der culpa in contrahendo befinden. Deliktsrecht sei nur bei Streikexzessen anzuwenden; ähnlich *Picker*, Der Warnstreik, 1983, S. 228 ff.; *Seiter*, ZfA 1989, 283 ff; *Canaris*, in: 2. FS für Larenz, 1983, S. 69.

[999] Vgl. *Sack*, NJW 2006, 945 ff.

[1000] A.A. *Brox/Rüthers*, Arbeitskampfrecht, 2. Aufl., S. 222 Rn. 372; *Fay*, a.a.O., S. 51 f.; *Hueck/Nipperdey*, Lehrbuch des Arbeitsrechts II 2, S. 992 f., 1035; *Kissel*, Arbeitskampfrecht, S. 729 Rn. 43; *Nipperdey*, in: Festschrift für Sitzler, 1956, S. 79 ff., 89 (gegenteiliger Ansicht war er noch in der FS für Heymann, 1931, Bd. II, S. 445 ff., 480); *Lieb*, in: FS für Herschel, 1982, S. 223 ff., 234; *ders.*, ZfA 1982, 113 ff., 122; *Ramm*, JZ 1966, 214 ff., 215.

5. Kriterien der Rechtswidrigkeit und Sittenwidrigkeit

Rechtswidrig i.S.v. § 823 I BGB und nach der hier vertretenen Ansicht auch sittenwidrig i.S.v. § 826 BGB sind

- Streiks, die nicht auf den Abschluss eines entsprechenden Tarifvertrags mit dem bestreikten Arbeitgeber zielen [1001], z.B. wilde Streiks[1002], grundsätzlich Sympathiestreiks bzw. Solidaritätsstreiks[1003], Demonstrationsstreiks[1004], Streiks zur Standortsicherung[1005], politische Streiks[1006], sonstige Streiks zur Durchsetzung tariflich nicht regelbarer Ziele[1007];

1001 BAG AP Nr. 1, 32, 37, 41, 43, 44, 51, 62, 82, 85, 90 zu Art. 9 GG Arbeitskampf; *Brox/Rüthers*, Arbeitskampfrecht, S. 147 ff.; ErfK/*Dieterich*, Art. 9 GG Rn. 111; *Germelmann*, Theorie und Geschichte des Streikrechts, S. 39 ff.; *v. Hoyningen-Huene*, JuS 1987, 505 ff., 506; *Hollmann*, Diss., S. 21 f., 160 f.; *Hromadka/Maschmann*, Arbeitsrecht, Bd. 2, S. 164; *Lieb*, ZfA 1982, 113 ff., 124 ff.; *Otto*, in: MünchArbR, S. 569 ff.; *Schaub/Koch*, Handbuch des Arbeitsrechts, § 193 Rn. 8, S. 1867; *Zöllner/Loritz*, Arbeitsrecht, S. 453, 459 ff.; a.A. *Schumann*, in: Däubler, Arbeitskampfrecht, 2. Aufl., S. 147, 177.

1002 BAG AP Nr. 32, 37, 41, 58, 140 zu Art. 9 GG Arbeitskampf; *Brox/Rüthers*, Arbeitskampfrecht, S. 72 f.; *Hromadka/Maschmann*, Arbeitsrecht, Bd. 2, S. 162; *Konzen*, in: FS 50 Jahre BAG, 2004, S. 515 ff., 531; *Otto*, in: MünchArbR, S. 587 ff.; Staudinger/*Hager* (1999) BGB § 823 Rn. D 48; a.A. *Däubler*, ZfA 1973, 201 ff., 219; *Ramm*, AuR 1971, 97.

1003 BAG AP Nr. 85, 90 zu Art. 9 GG Arbeitskampf; *Brox/Rüthers*, Arbeitskampfrecht, S. 82 ff., 84 ff.; ErfK/*Dieterich*, Art. 9 GG Rn. 115; *Hollmann*, Diss., S. 161; *v. Hoyningen-Huene*, JuS 1987, 505 ff., 511; *Hromadka/Maschmann*, Arbeitsrecht, Bd. 2, S. 164; *Konzen*, in: FS 50 Jahre BAG, 2004, S. 515 ff., 530 f., 548 ff.; *ders.*, DB 1990, Beil. 6, S. 1 ff., 10 ff.; *Otto*, in: MünchArbR, S. 650 ff.; *Zöllner/Loritz*, Arbeitsrecht, S. 472 f.; zurückhaltender *Germelmann*, a.a.O., S. 41 f.; a.A. noch RGZ 86, 154; RGZ 132, 251.

1004 BAG Nr. 82, 106, 142 zu Art. 9 GG Arbeitskampf; *Brox/Rüthers*, Arbeitskampfrecht, S. 80 f.; ErfK/*Dieterich*, Art. 9 GG Rn. 117; *Hromadka/Maschmann*, Arbeitsrecht, Bd. 2, S. 164, 191 a.E.; *Konzen*, in: FS 50 Jahre BAG, 2004, S. 515 ff., 531; *Otto*, in: MünchArbR, S. 576 f.; *Schaub/Koch*, Handbuch des Arbeitsrechts, § 193 Rn. 9, 11, S. 1868; *Zöllner/Loritz*, Arbeitsrecht, S. 473 f.; vgl. auch *Bieback*, in: Däubler, Arbeitskampfrecht, S. 337 ff.

1005 BAG AP Nr. 158 zu Art. 9 GG Arbeitskampf.

1006 BAG AP Nr. 1, 32, 41, 82 zu Art. 9 GG Arbeitskampf; LAG Hamm, BB 1985, 1396; ArbG Osnabrück, NZA-RR 1996, 341; *Hromadka/Maschmann*, Arbeitsrecht, Bd. 2, S. 164; *Nipperdey*, Die Ersatzansprüche für die Schäden, die durch den von den Gewerkschaften gegen das geplante Betriebsverfassungsgesetz geführten Zeitungsstreik vom 27.-29. Mai 1952 entstanden sind, Rechtsgutachten Köln, 1953 (Zeitungsstreik-Gutachten); *A. Hueck*, in: Forsthoff/Hueck, Die politischen Streikaktionen des Deutschen Gewerkschaftsbundes anlässlich der parlamentarischen Beratung des Betriebsverfassungsgesetzes in ihrer verfassungs- und zivilrechtlichen Bedeutung, Rechtsgutachten, 1952, S. 32; *Brox/Rüthers*, Arbeitskampfrecht, S. 78 f.; ErfK/*Dieterich*, Art. 9 GG Rn. 114; *Germelmann*, a.a.O., S. 42; *Hollmann*, a.a.O., S. 161 f.; *v. Hoyningen-Huene*, JuS 1987, 505 ff., 512; *Hueck/Nipperdey*, a.a.O., S. 884 ff.; *Konzen*, in: FS 50 Jahre BAG, 2004, S. 515 ff., 531; *v. Maydell*, JZ 1980, 431 ff., 436; *Nikisch* II, S. 65 III; *Otto*, in: MünchArbR, S. 577 ff.; *Schaub/Koch*, Arbeitsrechts-Handbuch, § 193 Rn. 9, S. 1868; *Seiter*, Streikrecht und Aussperrungsrecht, S. 118 ff.; *Zöllner/Loritz*, Arbeitsrecht, S. 451 f., 473; weitgehend a.A. *Schumann*, in: Däubler, Arbeitkampfrecht, S. 177 ff.

1007 BAGE 30, 189 ff., 199 f. = NJW 1978, 2114; Bamberger/Roth/*Spindler*, BGB § 823 Rn. 142.

- gesetzwidrige Streiks, z.B. betriebsverfassungswidrige Streiks[1008];
- Streiks unter Verletzung der Friedenspflicht[1009];
- Streiks zur Durchsetzung von Differenzierungsklauseln, die gewerkschaftlich organisierten Arbeitnehmern Vorteile gegenüber anderen Arbeitnehmern sichern sollen;
- Streiks die gegen den Grundsatz der Verhältnismäßigkeit verstoßen[1010], z.B. weil die Verständigungsmöglichkeiten nicht ausgeschöpft sind, zu denen auch ein Schlichtungsverfahren gehört[1011],
- Streiks, die das Unternehmen des Arbeitgebers vernichten wollen[1012], weshalb u.U. Not- und Erhaltungsarbeiten durchgeführt werden müssen[1013];
- Blockaden bei Streiks, die arbeitswilligen Arbeitnehmern[1014] oder Kunden den Zugang versperren[1015] oder die Auslieferung von Waren des bestreikten Unternehmens verhindern[1016];
- Streiks, bei denen Gewalt angewendet wird.

Streiks sind nicht ohne weiteres Eigentumsverletzungen, weil sie in der Streikphase den bestimmungsgemäßen Gebrauch der dem Arbeitgeber gehörenden Betriebseinrichtungen beeinträchtigen. Eigentumsverletzend sind allerdings Substanzverletzungen an den Betriebseinrichtungen durch Streikexzesse.

[1008] BAG AP Nr. 52, 106 zu Art. 9 GG Arbeitkampf; *Konzen*, in: FS 50 Jahre BAG, 2004, S. 515 ff., 529; *Zöllner/Loritz*, Arbeitsrecht, S. 459 f.

[1009] BAG AP Nr. 76 zu Art. 9 GG Arbeitskampf; ErfK/*Dieterich*, Art. 9 GG Rn. 119 f.; *v. Hoyningen-Huene*, JuS 1987, 505 ff., 506 f.; *Hromadka/Maschmann*, Arbeitsrecht, Bd. 2, S. 166; *Schaub/Koch*, Handbuch des Arbeitsrechts, § 193 Rn. 15; *Zöllner/Loritz*, Arbeitsrecht, S. 458 f., 460.

[1010] BAG AP Nr. 43, 64, 74, 108 zu Art. 9 GG Arbeitskampf; *Brox/Rüthers*, Arbeitskampfrecht, S. 120 ff.; ErfK/*Dieterich*, Art. 9 GG Rn. 123; *v. Hoyningen-Huene*, JuS 1987, 505 ff., 507; *Hromadka/Maschmann*, Arbeitsrecht, Bd. 2, S. 169, 170 f.; *Zöllner/Loritz*, Arbeitsrecht, S. 460 f., 462 f.; zum Abbau des Ultima-ratio-Prinzips durch das BAG ausführlich *Rüthers*, DB 1990, 113 ff.

[1011] BAG AP Nr. 43 zu Art. 9 GG Arbeitskampf; *Brox/Rüthers*, Arbeitskampfrecht, S. 120 ff.; *v. Hoyningen-Huene*, JuS 1987, 505 ff., 509 (3.).

[1012] BAG AP Nr. 74 zu Art. 9 GG Arbeitskampf.

[1013] Dazu ErfK/*Dieterich*, Art. 9 GG Rn. 174 ff.; *Hromadka/Maschmann*, Arbeitsrecht, Bd. 2, S. 179; *Schumann*, in: Däubler, Arbeitskampfrecht, S. 203 ff.

[1014] Vgl. *Löwisch/Meier-Rudolph*, JuS 1982, 237 ff., 244.

[1015] BAG AP Nr. 108 zu Art. 9 GG Arbeitskampf = BAGE 58, 364 ff. = NJW 1989, 57; Bamberger/Roth/*Spindler*, BGB § 823 Rn. 142; *Hromadka/Maschmann*, Arbeitsrecht, Bd. 2, S. 173; *Schaub/Koch*, Handbuch des Arbeitsrechts, § 193 Rn. 29, 36; *Zöllner/Loritz*, Arbeitsrecht, S. 457.

[1016] BAG AP Nr. 108 zu Art. 9 GG Arbeitskampf = BAGE 58, 364 ff.; BAG AP Nr. 109 zu Art. 9 GG Arbeitskampf = BAGE 59, 49 ff.; *Hromadka/Maschmann*, Arbeitsrecht, Bd. 2, S. 173; *Schaub/Koch*, Handbuch des Arbeitsrechts, § 193 Rn. 29, 36; *Zöllner/Loritz*, Arbeitsrecht, S. 457.

V. Unbegründete Schutzrechtsverwarnungen

Seit der grundlegenden Juteplüsch-Entscheidung des RG vom 27.2.1904 schützt die Rechtsprechung gegen fahrlässig unbegründete Schutzrechtsverwarnungen mit § 823 I BGB unter dem Gesichtspunkt eines Eingriffs in das Recht am Gewerbebetrieb[1017]. Trotz aller Kritik hat der Große Zivilsenat des BGH an dieser Ansicht grundsätzlich festgehalten[1018].

1. Die notwendige Unterscheidung zwischen sog. Herstellerverwarnungen und sog. Abnehmerverwarnungen

Bei unbegründeten Schutzrechtsverwarnungen ist zwischen sogenannten Herstellerverwarnungen und sogenannten Abnehmerverwarnungen zu unterscheiden[1019]. Beide Begriffe sind sehr ungenau, entsprechen jedoch dem juristischen Sprachgebrauch, so dass hier an ihnen festgehalten wird.

Bei der Haftung für unbegründete *Herstellerverwarnungen* geht es um Ansprüche des *Verwarnten* gegen den verwarnenden Schutzrechtsinhaber. Dies können sowohl Hersteller bzw. primäre Verletzer von Schutzrechten sein, die eine Ware schutzrechtsverletzend herstellen bzw. kennzeichnen, als auch deren unmittelbare Abnehmer oder mittelbare Abnehmer als sekundäre Verletzer. Da es jedoch in aller Regel Hersteller sind, die Schäden erleiden, wenn sie unbegründeten Schutzrechtsverwarnungen Folge leisten und rechtliche Hilfe in Anspruch nehmen, bezeichnet man diese Verwarnungen – pars pro toto – als Herstellerverwarnungen.

Die Haftung für sogenannte *Abnehmerverwarnungen* betrifft hingegen Schäden, die ein *Lieferant* von angeblich schutzrechtsverletzend hergestellter bzw. gekennzeichneter Ware durch die Verwarnungen seiner unmittelbaren oder mittelbaren Abnehmern erleidet[1020]. Die mehrdeutige und vor allem zu weite Formulierung »Haftung für unbegründete Abnehmerverwarnungen« bezieht sich hingegen weder auf eventuelle Schäden der unbegründet verwarn-

---

[1017] RGZ 58, 24 ff. – Juteplüsch; dazu mit ausführlichen Nachweisen *Sack*, Unbegründete Schutzrechtsverwarnungen, S. 4 f., 12 f., 15.

[1018] BGH GRUR 2005, 882 ff. = NJW 2005, 1408 – Unberechtigte Schutzrechtsverwarnung; vgl. dazu auch den entsprechenden Vorlagebeschluss des I. ZS, BGH GRUR 2004, 958 ff. = WRP 2004, 1366 – Verwarnung aus Kennzeichenrecht I; vgl. ferner die abschließende Entscheidung des I. ZS, BGH WRP 2006, 468 ff. – Verwarnung aus Kennzeichenrecht II.

[1019] Vgl. *Sack*, Unbegründete Schutzrechtsverwarnungen, S. 1 ff.; *ders.*, WRP 2005, 253 ff., 261; *ders.*, WRP 2005, 531 ff., 542 (8.); *ders.*, BB 2005, 2368 ff., 2369; *Faust*, JZ 2006, 365 ff., 366; *Teplitzky*, GRUR 2005, 9 ff., 12; vgl. jedoch auch *Meier-Beck*, WRP 2006, 790 ff., 792; *ders.*, GRUR 2005, 535 ff., 537.

[1020] Vgl. *Sack*, Unbegründete Schutzrechtsverwarnungen, S. 3 ff.

ten Abnehmer[1021] noch auf Schäden von Lieferanten, deren Waren vom Vorwurf schutzrechtsverletzender Herstellung oder Kennzeichnung nicht betroffen sind[1022].

2. Unbegründete Herstellerverwarnungen

a) Ansprüche aus § 823 I BGB wegen eines Eingriffs in das Recht am Gewerbebetrieb

Für fahrlässig unbegründete Schutzrechtsverwarnungen haftet der verwarnende Schutzrechtsinhaber dem unbegründet Verwarnten nach ständiger Rechtsprechung des RG und des BGH aus § 823 I BGB unter dem Gesichtspunkt eines Eingriffs in das Recht am Gewerbebetrieb[1023]. In einem *Erst-recht-Schluss* folgerte die Rechtsprechung früher, dass dies auch für fahrlässig unbegründete *Klagen* aus Schutzrechten gelte. Diesem Erst-recht-Schluss hat nun der Große Zivilsenat des BGH in seinem Beschluss vom 15.7.2005 widersprochen[1024]. Daraus hat der I. ZS des BGH gefolgert, dass die Rechtwidrigkeit einer unbegründeten Schutzrechtsverletzungsklage durch Interessenabwägung festzustellen sei[1025].

Die Rechtsprechung des RG und des BGH zur Haftung für fahrlässig unbegründete Schutzrechtsverwarnungen war schon lange heftiger Kritik ausgesetzt[1026]. Die Kritik richtet sich vor allem gegen die Voraussetzungen der *Rechtswidrigkeit* unbegründeter Schutzrechtsverwarnungen[1027]. Kritisiert wurde jedoch auch die Anwendung von § 823 I BGB unter dem Gesichtspunkt eines Eingriffs in das Recht am Gewerbebetrieb. Letzteres veranlasste den I. ZS des BGH, in seinem Vorlagebeschluss »Verwarnung aus Kennzeichenrecht« vom 12.8.2004 dem Großen Zivilsenat die Frage vorzulegen, ob Schadensersatzansprüche aus den §§ 3, 4 Nr. 1, 8, 10 i.V.m. § 9 des UWG von 2004 in Betracht kommen, nachdem unbegründete Schutzrechtsverwarnungen fasst immer Wettbe-

---

[1021] Insoweit gelten die Grundsätze der Haftung für unbegründete »Herstellerverwarnungen«.

[1022] Zu dieser Fallgestaltung BGH GRUR 1977, 805 ff. – Klarsichtverpackung; zustimmend BGH X. ZS GRUR 2006, 219 Rn. 19; *Buchner*, DB 1979, 1069 ff., 1073; dazu auch *Sack*, Unbegründete Schutzrechtsverwarnungen, S. 9 f.

[1023] Grundlegend RGZ 58, 24 ff. – Juteplüsch; bestätigt vom Großen Zivilsenat des BGH GRUR 2005, 882 ff., 884 (B. III. 2.) – Unberechtigte Schutzrechtsverwarnung.

[1024] BGH GSZ GRUR 2005, 882 ff., 885 (B. III. 2. c) – Unberechtigte Schutzrechtsverwarnung; zustimmend *Haedicke*, Jura 2006, 528 ff., 529.

[1025] BGH WRP 2006, 468 Rn. 24 – Verwarnung aus Kennzeichenrecht II.

[1026] Vgl. *Sack*, WRP 1976, 733 ff. mit ausführlichen Nachweisen; *ders.*, Unbegründete Schutzrechtsverwarnungen, S. 53 ff.

[1027] Zum Teil wird aber auch schon die Betriebsbezogenheit bezweifelt, vgl. *Blaurock*, JZ 1974, 620; *Horn*, GRUR 1971, 442 ff., 443 f.; *ders.*, GRUR 1974, 235 ff., 236; *Rogge*, WRP 1965, 40 ff., 41.

werbshandlungen sind[1028]. Der Große Zivilsenat ging auf *diese* Vorlagefrage nicht ein. Dagegen ist im Ergebnis nichts einzuwenden. Denn der zu entscheidende Fall betraf Schadensersatzansprüche für einen Schaden, der *vor* der UWG-Novelle 2004 verursacht worden war, so dass allenfalls Ansprüche aus § 1 UWG a.F. in Betracht kamen, dessen Voraussetzungen jedoch nicht erfüllt waren, da die Rechtsprechung den Vorwurf der Sittenwidrigkeit von der Kenntnis aller sittenwidrigkeitsbegründenden Tatumstände abhängig gemacht hat[1029].

b) Ansprüche aus wettbewerbs- und deliktsrechtlichen Spezialregelungen

Unbegründete Schutzrechtsverwarnungen sind fast immer Wettbewerbshandlungen i.S.v. § 2 I Nr. 1 UWG[1030], was zunächst Ansprüche aus dem UWG nahe legt.

In seltenen Ausnahmefällen kommen Ansprüche aus § 4 Nr. 1 i.V.m. §§ 3, 9 UWG in Betracht. In aller Regel bewirken jedoch unbegründete Schutzrechtsverwarnungen keine Beeinträchtigung der Entscheidungsfreiheit durch Ausübung von Druck oder durch sonstige unangemessene Einflussnahme.

Auch Ansprüche aus § 4 Nr. 10 i.V.m. §§ 3, 9 UWG scheiden in aller Regel aus. Denn Schutzrechtsverwarnungen – auch unbegründete – sind nicht ohne weiteres gezielte Behinderungen. Die Anwendung von § 4 Nr. 10 UWG kommt jedoch in Betracht, wenn der unbegründet Verwarnte bewusst über die Schutzrechtslage getäuscht oder wenn er eingeschüchtert worden ist[1031].

Schadensersatzansprüche aus § 4 Nr. 8 i.V.m. §§ 3, 9 UWG scheiden bei unbegründeten Herstellerverwarnungen schon deshalb aus, weil sie keine unwahren Behauptungen *gegenüber Dritten* enthalten. Aus demselben Grunde bestehen auch keine Ansprüche aus § 824 BGB[1032].

[1028] BGH GRUR 2004, 958 (Ls.), 960 (IV.) – Verwarnung aus Kennzeichenrecht I.

[1029] Vgl. BGH I. ZS GRUR 2006, 432 = WRP 2006, 468 Rn. 26 – Verwarnung aus Kennzeichenrecht II.

[1030] *Baumbach*, Wettbewerbsrecht, 1. Aufl., 1929, S. 79, 414; *Blaurock*, Die Schutzrechtsverwarnung, *Diss.*, Freiburg 1970, S. 71 ff.; *ders.*, JZ 1974, 620; *Brüggemeier*, Deliktsrecht, Rn. 360 ff.; *Götz*, Zivilrechtliche Ersatzansprüche bei schädigender Rechtsverfolgung, 1989, S. 188; *Horn*, Die unberechtigte Verwarnung aus gewerblichen Schutzrechten, 1971, S. 139, 188 f., 206, 208 f., 211 f.; *ders.*, GRUR 1971, 442 ff., 451; *John*, GRUR Int 1979, 236 Fußn. 5; *Katzenberger*, Recht am Unternehmen, 1967, S. 87, 130, 150, 161; *Kunze*, WRP 1965, 7 ff., 8, 9, 11; *Lindacher*, ZHR 144 (1980), 350 ff., 355, 364; *Köhler*, in: Hefermehl/Köhler/Bornkamm, UWG § 4 Rn. 176, 177; *Ohl*, GRUR 1966, 172; *Omsels*, in: Harte/Henning, UWG § 4 Nr. 10 Rn. 169; *Quiring*, WRP 1983, 317 ff., 318; *Reimer*, Wettbewerbs- und Warenzeichenrecht, 3. Aufl., 1954, S. 720; *Rogge*, WRP 1965, 40 ff., 44; *Sack*, WRP 1976, 733 ff., 735; *ders.*, WRP 2005, 253 ff., 257; *ders.*, WRP 2005, 531 ff., 542; *ders.*, Unbegründete Schutzrechtsverwarnungen, S. 27 f.; *Schrauder*, Wettbewerbsverstöße als Eingriffe in das Recht am Gewerbebetrieb, 1970, S. 274, 287; *Sessinghaus*, WRP 2005, 823 ff., 824; Soergel/*Beater*, BGB § 823 Anh V Rn. 69; *Spindler*, in: Bamberger/Roth, BGB § 823 Rn. 120; a.A. wohl nur *Seidler*, in: FS für Wendel, 1969, S. 46 ff., 47.

[1031] Vgl. *Peukert*, Mitt. 2005, 73 ff., 74; *Sack*, WRP 2005, 531 ff., 542.

[1032] Die weitere Frage, ob unwahre Tatsachenbehauptungen vorliegen, stellt sich erst bei den unbegründeten Abnehmerverwarnungen.

c) Ansprüche aus der wettbewerbsrechtlichen Generalklausel des § 3 UWG i.V.m. § 9 UWG

aa) Die Unlauterkeit rechtswidriger Schutzrechtsverwarnungen

Unbegründete Schutzrechtsverwarnungen sind, wie bereits gesagt, fast immer Wettbewerbshandlungen. Soweit dies zutrifft, bietet die wettbewerbsrechtliche Generalklausel des § 3 UWG i.V.m. § 9 UWG ausreichenden Schutz[1033]. Nach den §§ 3, 9 UWG besteht derselbe Rechtsschutz wie nach § 823 I BGB unter dem Gesichtspunkt eines Eingriffs in das Recht am Gewerbebetrieb. Denn die *Unlauterkeit* einer fahrlässig unbegründeten Schutzrechtsverwarnung i.S.v. § 3 UWG ist in gleicher Weise durch eine *Interessenabwägung* festzustellen wie die *Rechtswidrigkeit* eines Eingriffs in das Recht am Gewerbebetrieb nach § 823 I BGB[1034]. Das heißt, soweit unbegründete Schutzrechtsverwarnungen, die Zwecken des Wettbewerbs dienen, nach § 823 I BGB rechtswidrig in das Recht am Gewerbebetrieb eingreifen, sind sie immer auch unlauter i.S.v. § 3 UWG[1035].

bb) Die Bagatellschwelle des § 3 UWG

Die Bagatellschwelle des § 3 UWG schränkt den wettbewerbsrechtlichen Schutz im Verhältnis zu § 823 I BGB im praktischen Ergebnis nicht ein. Denn wenn die Bagatellschwelle im Einzelfall einmal nicht erreicht sein sollte, widerspräche es dem Zweck dieser Einschränkung der Haftung für Wettbewerbshandlungen, wenn ein weiterreichender Schutz gegen unbegründete Schutzrechtsverwarnungen mit Wettbewerbszweck nach § 823 I BGB bestünde.

[1033] Vgl. *Sack*, Unbegründete Schutzrechtsverwarnungen, S. 25 ff.; *ders.*, WRP 2005, 253 ff., 257 f.; ebenso zur Generalklausel des § 1 UWG a.F. *Baumbach/Hefermehl*, UWG § 14 Rn. 8 ff.; *Brüggemeier*, Deliktsrecht, Rn. 237 ff.; *Götz*, Zivilrechtliche Ersatzansprüche bei schädigender Rechtsverfolgung, 1989, S. 184 f.; *Horn*, Die unberechtigte Verwarnung aus gewerblichen Schutzrechten, 1971, S. 188 ff.; *Larenz/Canaris*, Schuldrecht II/2, § 81 III 6 a, S. 554; *Lindacher*, ZHR 144 (1980), 350 ff.; *Sack*, WRP 1976, 733 ff., 735 f.; *Schrauder*, Wettbewerbsverstöße, S. 261 ff; vgl. auch *Meier-Beck*, WRP 2006, 790 ff., 793; *Ullmann*, WRP 2006, 1070 f., 1071.

[1034] *Sack*, Unbegründete Schutzrechtsverwarnungen, S. 30 ff.; *ders.*, WRP 2005, 531 ff., 542; *ders.*, BB 2005, 2368 ff., 2372.

[1035] Vor der UWG-Novelle 2004 scheiterte die Anwendung der Generalklausel des § 1 UWG a.F. auf fahrlässig unbegründete Schutzrechtsverwarnungen, weil die Rechtsprechung und die herrschende Lehre für den Vorwurf der Sittenwidrigkeit die Kenntnis aller sittenwidrigkeitsbegründenden Tatumstände verlangten, woran es bei fahrlässigen Schutzrechtsverwarnungen fehlte, weil man die Kenntnis der Schutzrechtslage durch den Schutzrechtsinhaber zu den sittenwidrigkeitsbegründenden Tatumständen rechnete; anders insoweit *Larenz/Canaris*, Schuldrecht II/2, § 81 III 4 a, S. 555; gegen die Anwendung des UWG, weil die Verjährungsfrist zu kurz sei, *Teplitzky*, GRUR 2005, 9 ff., 13; *Vorwerk*, ZIP 2005, 1157 ff., 1162.

cc) Die Klagebefugnis des Verwarnten als Mitbewerber nach § 9 i.V.m. § 2 I Nr. 3 UWG

Probleme bereitet im Einzelfall die missglückte Regelung der Individualklagebefugnis im UWG. Schadensersatzansprüche aus § 9 UWG haben nur Mitbewerber des unlauter Handelnden. Dazu gehören zweifellos die Gewerbetreibenden, die sich mit dem Schutzrechtsinhaber um Geschäftsabschlüsse mit denselben Geschäftspartnern bemühen. Problematisch sind jedoch Ansprüche aus § 9 UWG, wenn die Schutzrechtsverwarnung zwar Wettbewerbszwecken diente – das ist der Regelfall –, der Verwarnte jedoch einer anderen Branche angehört. Dann ist der Schutzrechtsinhaber nur »Mitbewerber« des Verwarnten i.S.v. § 9 UWG, wenn er nach der Legaldefinition des § 2 I Nr. 3 UWG mit diesem in einem »konkreten Wettbewerbsverhältnis« steht[1036].

Ein solches kann auch zwischen branchenfremden Gewerbetreibenden durch Wettbewerbshandlungen begründet werden, wenn sie sich mit ihren Leistungen nicht um dieselben Geschäftspartner bemühen[1037]. Es ist zu hoffen, dass der BGH den Mitbewerberbegriff des § 2 I Nr. 3 UWG i.V.m. § 9 UWG so weit interpretiert, dass auch die durch unbegründete Schutzrechtsverwarnungen »*unmittelbar betroffenen*« Verwarnten klagebefugt sind.

d) Schadensersatzansprüche aus § 826 BGB

aa) Vorsätzliche Schadenszufügung

Unbegründete Herstellerverwarnungen sind vorsätzliche Schadenszufügungen i.S.v. § 826 BGB[1038]. Denn der verwarnende Schutzrechtsinhaber will, dass der Verwarnte die vermeintlich schutzrechtsverletzende Herstellung bzw. Kennzeichnung der betreffenden Waren einstellt, und er weiß oder nimmt zumindest billigend in Kauf, dass dieser dadurch einen Schaden erleidet. Er weiß auch oder nimmt zumindest billigend in Kauf, dass sich der Verwarnte um rechtliche Unterstützung bemüht und ihm dadurch Kosten entstehen. Unerheblich ist, ob der Schutzrechtsinhaber den genauen Schadensumfang überblickt[1039]. Unerheblich ist nach § 826 BGB auch, dass sich der Verwarnte die genannten Schäden aufgrund eigener Entscheidungen selbst zufügt[1040]. Der Vorsatz nach § 826 BGB erfordert über die bewusste und gewollte Schadenszufügung hinaus keine

---

1036 Vor der UWG-Novelle 2004 waren »unmittelbar Verletzte« klagebefugt.

1037 Grundlegend insoweit BGH GRUR 1985, 550 ff. – Dimple; einschränkend *Köhler*, in: Hefermehl/Köhler/Bornkamm, UWG § 2 Rn. 62.

1038 Vgl. *Sack*, Unbegründete Schutzrechtsverwarnungen, S. 36 ff.; *ders.*, NJW 2006, 945 f.; *ders.*, WRP 2005, 253 ff., 258; *ders.*, BB 2005, 2368 ff., 2373.

1039 Vgl. BGHZ 108, 134 ff., 143 = NJW 1989, 3277; BGH NJW 1991, 634 ff., 636; BGH NJW 2000, 2896 ff., 2897; BGH NJW 2004, 446 ff., 448; vgl. auch *Sack*, NJW 2006, 945.

1040 Vgl. *Sack*, NJW 2006, 945 f.; *ders.*, WRP 2005, 253 ff., 258; vgl. auch *Larenz/Canaris*, Schuldrecht II/2, § 81 I 2 a, S. 540.

Kenntnis sonstiger sittenwidrigkeitsbegründender Tatumstände[1041]. Deshalb sind Schäden, die der unbegründet Verwarnte erleidet, auch dann vorsätzlich zugefügt, wenn der Schutzrechtsinhaber die Unbegründetheit seiner Verwarnung nicht kannte, das heißt auch Schäden infolge *fahrlässig* unbegründeter Schutzrechtsverwarnungen sind *vorsätzlich* i.S.v. § 826 BGB zugefügt; die Fahrlässigkeit bei der Beurteilung der Schutzrechtslage berührt nicht den Vorsatz der Schadenszufügung i.S.v. § 826 BGB[1042].

Danach sind auch *fahrlässig* unbegründete Schutzrechtsverwarnungen *vorsätzliche* Schadenszufügungen i.S.v. § 826 BGB[1043]. Bei diesen beruht zwar die Fehlbeurteilung der Schutzrechtslage auf Fahrlässigkeit; die Schadenszufügung i.S.v. § 826 BGB ist jedoch vorsätzlich[1044].

bb) Feststellung der Rechtswidrigkeit und Sittenwidrigkeit durch Interessenabwägung

Die *Sittenwidrigkeit* nach § 826 BGB ist in gleicher Weise durch eine *Interessenabwägung* festzustellen wie die *Rechtswidrigkeit* eines Eingriffs in das Recht am Gewerbebetrieb nach § 823 I BGB[1045]. Die Kenntnis *aller* sittenwidrigkeitsbegründenden Tatumstände oder gar ein Rechtswidrigkeits- oder Sittenwidrigkeitsbewusstsein sind für den Vorwurf der Sittenwidrigkeit nach § 826 BGB nicht erforderlich[1046]. Deshalb sind fahrlässig unbegründete Herstellerverwarnungen, die rechtswidrig in das Recht am Gewerbebetrieb des Verwarnten eingreifen, immer auch sittenwidrig nach § 826 BGB[1047].

e) Voraussetzungen der Rechtswidrigkeit, Sittenwidrigkeit und Unlauterkeit

aa) Nach ständiger Rechtsprechung sind Eingriffe in das Recht am Gewerbebetrieb durch unbegründete (außergerichtliche) Herstellerverwarnungen aus Schutzrechten ohne weiteres rechtswidrig i.S.v. § 823 I BGB[1048]. Diese Ansicht

---

[1041] Vgl. *Sack*, WRP 2005, 253 ff., 258; *ders.*, NJW 2006, 945 ff., 947 f.; a.A. *Blaurock*, Die Schutzrechtsverwarnung, S. 96; *Horn*, Die unberechtigte Verwarnung aus gewerblichen Schutzrechten, S. 106, 107; *Kunze*, WRP 1965, 7 ff., 11.

[1042] *Sack*, Unbegründete Schutzrechtsverwarnungen, S. 36 ff.; *ders.*, BB 2005, 2368 ff., 2373.

[1043] *Sack*, Unbegründete Schutzrechtsverwarnungen, S. 36 ff.; *ders.*, NJW 2006, 945 f.; *ders.*, WRP 2005, 253 ff., 258; *ders.*, BB 2005, 2368 ff., 2373; a.A. *Larenz/Canaris*, Schuldrecht II/2, § 81 I 1 a, S. 539; § 81 IV 2 b, S. 563.

[1044] Ausführlich dazu *Sack*, Unbegründete Schutzrechtsverwarnungen, S. 36 ff.

[1045] Vgl. *Sack*, Unbegründete Schutzrechtsverwarnungen, S. 43 f.; *ders.*, BB 2005, 2368 ff., 2373; zur Feststellung der Sittenwidrigkeit durch Interessenabwägung vgl. *Sack*, WRP 1985, 1 ff.

[1046] Ausführlicher *Sack*, NJW 2006, 945 ff., 948 ff.; *ders.*, Unbegründete Schutzrechtsverwarnungen, S. 41 ff.

[1047] *Sack*, Unbegründete Schutzrechtsverwarnungen, S. 84 ff.; *ders.*, WRP 2005, 253 ff., 258 f.; *ders.*, BB 2005, 2368 ff., 2373.

[1048] Grundlegend RGZ 58, 24 ff., 30 – Juteplüsch; ebenso in jüngster Zeit der GSZ des hat das RG in seiner grundlegenden Juteplüsch-Entscheidung von 1904 damit gerechtfertigt, dass die strenge Haftung das *Korrelat* zur bevorzugten Stellung sei, die ein Schutzrechtsinhaber genieße[1049]. Diese Argumentation hat unlängst der Große Zivilsenat des BGH wieder aufgegriffen[1050], nachdem der I. und X. ZS des BGH zwischenzeitlich die strenge Haftung mit der besonderen *Zwangslage*, in die der Verwarnte durch eine unbegründete Schutzrechtsverwarnung gerate, gerechtfertigt hatten[1051].

Ebenso wie unbegründete (außergerichtliche) Schutzrechtsverwarnungen bewertete die Rechtsprechung unbegründete *Klagen* aus Schutzrechten. Dies rechtfertigte sie mit einem *Erst-recht-Schluss*: Seien unbegründete Schutzrechtsverwarnungen rechtswidrig, dann gelte dies erst recht für unbegründete Schutzrechtsverletzungsklagen, da sie die stärkste Form von Verwarnungen seien[1052].

bb) Die Ansicht der Rechtsprechung ist aus mehreren Gründen heftig kritisiert worden[1053].

(1) Die Annahme, dass unbegründete Schutzrechtsverwarnungen und Schutzrechtsverletzungsklagen ohne weiteres rechtswidrig seien, hat dem BGH den Vorwurf eingetragen[1054], dass er bei unbegründeten Schutzrechtsverwarnungen noch immer am sog. *Rechtswidrigkeitsindikationsmodell* festhalte, wonach die Rechtswidrigkeit von Eingriffen in die durch § 823 I BGB geschützten Rechte und Rechtsgüter indiziert sei, während er bei Eingriffen in das Recht am Gewerbebetrieb schon seit den 60er Jahren die Rechtswidrigkeit durch eine Interessenabwägung feststelle[1055].

BGH, GRUR 2005, 882ff., 884 (B. III. 2) – Unberechtigte Schutzrechtsverwarnung; ausführliche Nachweise bei *Sack*, Unbegründete Schutzrechtsverwarnungen, S. 48 ff.

1049 RGZ 58, 24 ff., 30 – Juteplüsch.

1050 BGH GSZ GRUR 2005, 882ff., 883 (B. II.) – Unberechtigte Schutzrechtsverwarnung; ebenso im Schrifttum *Meier-Beck*, GRUR 2005, 535 ff., 540; *Peukert*, Mitt. 2005, 73 ff., 75 f.; PWW/*Schaub*, BGB § 823 Rn. 93; *Sack*, Unbegründete Schutzrechtsverwarnungen, S. 80 ff.; *Vorwerk*, ZIP 2005, 1157 ff., 1158; vgl. auch Benkard/*Scharen*, PatG Vor §§ 9–14, Rn. 17.

1051 Vgl. BGHZ 38, 200 ff, 205 – Kindernähmaschinen; BGH GRUR 1976, 715 ff., 716 – Spritzgießmaschine; BGH GRUR 1997, 741 ff., 742 – Chinaherde; kritisch dazu *Sack*, Unbegründete Schutzrechtsverwarnungen, S. 75 ff.

1052 RG GRUR 1931, 640 f. – Schwattendorffs; RG GRUR 1939, 787 ff., 789 – Backhilfsmittel; BGHZ 38, 200 ff., 202, 206 – Kindernähmaschinen; BGH GRUR 1996, 812 ff., 813 – Unterlassungsurteil gegen Sicherheitsleistung; *Buchner*, Unternehmensschutz, S. 188 f.; Erman/*Schiemann*, BGB § 823 Rn. 69; MünchKomm/*Mertens*, BGB § 823 Rn. 493; *Ohl*, GRUR 1966, 172 ff., 178.

1053 Ausführlich dazu *Sack*, Unbegründete Schutzrechtsverwarnungen, S. 48 ff.

1054 *Beier/Wieczorek*, GRUR 1976, 566 ff., 572; Erman/*Schiemann*, BGB § 823 Rn. 66, 69; *Fenn*, ZHR 132 (1969), 344 ff., 363; *Horn*, Die unberechtigte Verwarnung ..., S. 102 f.; *Rogge*, WRP 1965, 40 (I. 2.); *Stadtmüller*, Diss., S. 368; *Teplitzky*, GRUR 2005, 9 ff., 12 f.; *ders.*, WRP 2005, 1433 f.; MünchKomm/*Wagner*, BGB § 823 Rn. 192; *Wagner/Thole*, NJW 2005, 3470 ff., 3471 f.

1055 Insoweit grundlegend BGHZ 45, 296 ff., 306 f. – Höllenfeuer; vgl. außerdem oben die Angaben in Fußn. 521.

Dieser Vorwurf ist indes ungerechtfertigt. Denn bei unbegründeten Schutzrechtsverwarnungen folgert die Rechtsprechung die Rechtswidrigkeit nicht aus der Tatbestandsmäßigkeit des Eingriffs, d.h. aus der Betriebsbezogenheit – betriebsbezogen wären sogar begründete Schutzrechtsverwarnungen –, sondern aus der *Unbegründetheit* der Verwarnungen[1056].

(2) Bedenken gegen die Per-se-Rechtswidrigkeit unbegründeter Schutzrechtsverwarnungen ergeben sich jedoch aus dem Vergleich mit unbegründeten *Wettbewerbsverwarnungen* und *Wettbewerbsklagen*. Diese sind nicht ohne weiteres rechtswidrig[1057]. Überzeugende Gründe, die diese unterschiedliche Bewertung rechtfertigen könnten, sind nicht ersichtlich[1058].

(3) Schließlich und vor allem steht die h.M., dass unbegründete Schutzrechtsverwarnungen ohne weiteres rechtswidrig seien, im Widerspruch zur ebenfalls h.M., dass Schadenszufügungen durch unbegründete Verfahrenseinleitungen nicht ohne weiteres rechtswidrig seien[1059]. Diesen Widerspruch versuchte man mit einem *umgekehrten Erst-recht-Schluss* aufzulösen: Wenn schon unbegründete Verfahrenseinleitungen, z.B. in Form unbegründeter Schutzrechtsverletzungsklagen, nicht ohne weiteres rechtswidrig sind, dann seien es erst recht nicht bloße außergerichtliche Verwarnungen[1060].

[1056] Vgl. *Sack*, Unbegründete Schutzrechtsverwarnungen, S. 55.

[1057] BGH WRP 1965, 97 ff., 99 – Kaugummikugeln; BGH GRUR 1969, 479 ff., 481 (B. I.) – Colle de Cologne; BGH GRUR 1985, 571 ff., 573 (b) – Feststellungsinteresse; BGH GRUR 1994, 841 ff., 843 (B. II.) – Suchwort; BGH GRUR 2001, 354 ff., 355 (c) – Verbandsklage gegen Vielfachabmahner; *Ahrens*, NJW 1982, 2477 ff., 2478; *Müller-Bidinger*, in: Ullmann, jurisPK-UWG, § 4 Nr. 10 Rn. 157 ff.; *Omsels*, in: Harte/Henning, UWG § 4 Nr. 10 Rn. 163; *Sack*, Unbegründete Schutzrechtsverwarnungen, S. 59 ff.; *ders.*, WRP 1976, 733 ff., 743; vgl. auch *V. Deutsch*, GRUR 2006, 374 ff., 378 f.

[1058] Vgl. *Sack*, Unbegründete Schutzrechtsverwarnungen, S. 59 ff.; *ders.*, WRP 1976, 733 ff., 743.

[1059] Zum Grundsatz der Rechtsmäßigkeit unbegründeter Verfahrenseinleitungen vgl. BVerfG NJW 1987, 1929; BGH GSZ GRUR 2005, 882 ff., 884 (B. III. 2.) – Unberechtigte Schutzrechtsverwarnung; BGH GRUR 2004, 958 ff., 959 – Verwarnung aus Kennzeichenrecht I; BGH NJW 2004, 446 ff., 447; BGH NJW 2003, 1934 ff., 1935; BGHZ 148, 175 ff., 177 = NJW 2001, 3187 ff., 3189 (III. 1.); BGHZ 118, 201 ff., 206 = NJW 1992, 2014 ff., 2015; BGHZ 95, 10 ff., 18 f. = NJW 1985, 1959 ff., 1961; BGHZ 74, 9 ff., 13 ff. = NJW 1979, 1351 ff., 1352; BGH WRP 1976, 682 ff. – Spritzgießmaschine; BGHZ 36, 18 ff., 20 ff. – Konkursantrag; BGHZ 20, 169 ff., 171 f.; ebenso im Schrifttum *Altmeppen*, ZIP 1996, 168 ff., 170; *v. Caemmerer*, DJT-FS 1960, Bd. II, S. 49 ff., 97 f.; *V. Deutsch*, WRP 1999, 25 ff., 29; *Haedicke*, JZ 2006, 578 ff., 580; *Larenz/Canaris*, Schuldrecht II/2, S. 556; *Teplitzky*, GRUR 2005, 9 ff., 12; *Ullmann*, GRUR 2001, 1027 ff., 1028; krit. jedoch *F. Baur*, JZ 1962, 95; *Esser*, ZZP 83 (1970), 348 ff., 351; *Fenn*, ZHR 132 (1969), 344 ff., 364 f., 367; *Götz*, Zivilrechtliche Ersatzansprüche bei schädigender Rechtsverfolgung, 1989, S. 96 f.; *Hopt*, Schadensersatz aus unberechtigter Verfahrenseinleitung, 1968, passim, insbesondere S. 165 ff., 195; *Pape*, ZIP 1995, 623 ff.; *Weitnauer*, AcP 170 (1970), 437 ff., insbesondere 449; *Zeiss*, NJW 1967, 703 f.; *ders.*, JZ 1970, 198; zu den Gründen für diese Ansicht vgl. *Sack*, WRP 2005, 253 ff., 254 f.; zu den Ausnahmen vom genannten Grundsatz vgl. die Zusammenstellung bei *Sack*, Unbegründete Schutzrechtsverwarnungen, S. 69 ff.; *ders.*, BB 2005, 2368 ff., 2369 f.

[1060] Vgl. BGH GRUR 2004, 958 ff., 959 (IV. 1.) – Verwarnung aus Kennzeichenrecht I;

cc) Der Große Zivilsenat des BGH hat hingegen eine Gleichbehandlung von unbegründeten Verwarnungen und Klagen ausdrücklich abgelehnt[1061]. Er hielt es nicht für gerechtfertigt, die »Privilegierung der Inanspruchnahme gerichtlichen Rechtsschutzes« auf die außer- und vorgerichtliche Abmahnung zu erstrecken. Die Gleichbehandlung von Klage und Abmahnung sei »nicht logisch zwingend vorgegeben«. Die der gefestigten Rechtsprechung zu unberechtigten Verwarnungen aus Immaterialgüterrechten zugrunde liegenden Sachgründe sprächen vielmehr »gegen eine Privilegierung der Verwarnung, wie sie der Klage zugestanden« werde[1062]. Die Voraussetzungen der Rechtswidrigkeit unbegründeter *Klagen* hat der Große Zivilsenat jedoch offen gelassen. Unbegründete Verwarnungen hält er hingegen in Übereinstimmung mit der ständigen Rechtsprechung nach wie vor ohne weiteres für rechtswidrig.

Seine Kritik an der Gleichsetzung unbegründeter Verwarnungen und Klagen aus Schutzrechten hat der Große Zivilsenat bei genauer Betrachtung letztlich nur mit der Situation bei unbegründeten *Abnehmerverwarnungen* und *Abnehmerverletzungsklagen* begründet. Für diese Fallgruppe ist ihm auch zuzustimmen. Er verfehlte jedoch den Streitgegenstand des Vorlagebeschlusses, der die Haftung für unbegründete *Herstellerverwarnungen* und -verletzungsklagen betraf. Für diese passt die Argumentation des Großen Zivilsenats nicht. Sie ist ferner unvereinbar mit der *Korrelattheorie*, die in gleicher Weise auf unbegründete Herstellerverwarnungen und Herstellerverletzungsklagen zutrifft.

dd) Der I. ZS hat in der abschließenden Entscheidung vom 19.1.2006 über den dem Großen Zivilsenat vorgelegten Fall aus dessen Entscheidung gefolgert, dass bei der Bewertung unbegründeter *Verwarnungen* und *Klagen* aus Schutzrechten unterschiedliche Abwägungsgesichtspunkte zum Tragen kommen können, was dafür spreche, dass auch ein unbegründetes »*Vorgehen*« aus einem Schutzrecht nicht ohne weiteres, sondern erst auf Grund einer Interessen- und Güterabwägung als rechtswidrig bewertet werden solle[1063]. Der Begriff »Vorgehen« ist allerdings mehrdeutig; er umfasst sowohl Klagen als auch Verwarnungen aus Schutzrechten. Falls der I. ZS seine oben genannte Ansicht auch auf unbegründete *Verwarnungen* aus Schutzrechten beziehen wollte, wäre sie mit der Ansicht des Großen Zivilsenats unvereinbar, wonach kein Anlass besteht,

Ullmann, GRUR 2001, 1027 ff., 1028; ebenso auch schon *F. Baur*, JZ 1962, 95; *Blaurock*, Die Schutzrechtsverwarnung, S. 34 f.; *V. Deutsch*, WRP 1999, 25 ff.; *ders.*, in: Ahrens, Der Wettbewerbsprozeß, 5. Aufl., 2005, Kap. 3 Rn. 19 f.; *Sack*, WRP 1976, 733 ff., 741; Soergel/*Zeuner*, BGB § 823 Rn. 119, 121.

1061 BGH GSZ GRUR 2005, 882 ff., 885 (B III. 2. c) – Unberechtigte Schutzrechtsverwarnung.

1062 BGH a.a.O. gegen eine Gleichstellung von Verwarnung und Klage auch *Keller*, GRUR 2005, 68 ff., 73; *Meier-Beck*, GRUR 2005, 535 ff., 539 f.; *Müller-Bidinger*; in: Ullmann, jurisPK-UWG, § 4 Nr. 10 Rn. 156; *Teplitzky*, GRUR 2005, 9 ff., 13.

1063 BGH GRUR 2006, 432 f., 433 Rn. 24 – Verwarnung aus Kennzeichenrecht II.

insoweit von der bisherigen Rechtsprechung abzuweichen, die unbegründete Schutzrechtsverwarnungen ohne weiteres für rechtswidrig hält.

ee) M.E. gibt es keine tragfähige Begründung für die Ansicht, dass unbegründete Herstellerverwarnungen auf Grund ihrer Unbegründetheit ohne weiteres *rechtswidrig* sind. Gerechtfertigt ist jedoch eine *Haftung* für fahrlässig unbegründete Schutzrechtsverwarnungen[1064]. Dies hat bereits das RG in seiner grundlegenden Juteplüsch-Entscheidung von 1904 zutreffend damit begründet, dass das Risiko der Haftung für fahrlässig unbegründete Schutzrechtsverwarnungen das *Korrelat* zu der bevorzugten Stellung des Inhabers eines Schutzrechts sei, das diesen gegen gleichstrebende Konkurrenz schütze[1065]. Der GSZ hat sich diese Ansicht zueigen gemacht: die einschneidende Begrenzung der Freiheit des Wettbewerbs durch Ausschließlichkeitsrechte verlange nach einem *Korrelat*, welches sicher stelle, dass der Wettbewerb nicht über die objektiven Grenzen hinaus eingeschränkt werde, durch die das Gesetz den für schutzfähig erachteten Gegenstand und seinen Schutzbereich bestimme. Den notwendigen Ausgleich zwischen dem geschützten Interesse des Schutzrechtsinhabers und der Freiheit des Wettbewerbs außerhalb des Schutzbereichs von Schutzrechten schaffe eine Schadensersatzhaftung für fahrlässig unbegründete Schutzrechtsverwarnungen[1066].

Die berechtigte Kritik an der Per-se-Rechtswidrigkeit unbegründeter Schutzrechtsverwarnungen und die m.E. zutreffende »Korrelattheorie« des RG und des Großen Zivilsenats des BGH lassen sich miteinander in Einklang bringen, wenn man eine unbegründete Schutzrechtsverwarnung nicht per se, sondern nur bei Verletzung der im Verkehr erforderlichen Sorgfalt bei der Beurteilung der Schutzrechtslage für rechtswidrig, sittenwidrig oder unlauter hält[1067]. Diese von der

---

[1064] *Sack*, Unbegründete Schutzrechtsverwarnungen, S. 84 ff., 89 ff.

[1065] RGZ 58, 24 ff., 30 – Juteplüsch; ebenso jetzt wieder BGH GSZ GRUR 2005, 882 ff., 883 (B. II.) – Unberechtigte Schutzrechtsverwarnung; ebenso *Sack*, Unbegründete Schutzrechtsverwarnungen, S. 80 ff.; *Larenz/Canaris*, Schuldrecht II/2, § 81 III 4 e, S. 558; *Meier-Beck*, GRUR 2005, 535 ff., 540; *Peukert*, Mitt. 2005, 73 ff., 75 f.; *Vorwerk*, ZIP 2005, 1157 ff., 1158; der BGH hat die Per-se-Rechtswidrigkeit früher auch mit der besonderen Zwangslage, in der sich der Verwarnte befinde, begründet, vgl. BGHZ 38, 200 ff., 205 – Kindernähmaschinen; krit. *Sack*, Unbegründete Schutzrechtsverwarnungen, S. 75 ff.; *ders.*, WRP 1976, 733 ff., 737; Staudinger/*Hager* (1999) BGB § 823 Rn. D 53.

[1066] BGH GSZ GRUR 2005, 882 ff., 883 (II.) – Unberechtigte Schutzrechtsverwarnung; ebenso *Meier-Beck*, GRUR 2005, 535 ff., 540; *Peukert*, Mitt. 2005, 73 ff., 75 ff.; *Sack*, Unbegründete Schutzrechtsverwarnungen, S. 80 ff.; *Vorwerk*, ZIP 2005, 1157 ff., 1158; vgl. auch *Larenz/Canaris*, Schuldrecht II/2, S. 558.

[1067] *Sack*, WRP 1976, 733 ff., 737, 744; *ders.*, WRP 2005, 253 ff., 259 f.; *ders.*, Unbegründete Schutzrechtsverwarnungen, S. 82 ff.; ausdrücklich a.A. Bamberger/Roth/*Spindler*, BGB § 823 Rn. 122; a.A. auch Staudinger/*Hager* (1999) BGB § 823 Rn. D 58, 61, 65 a.E. mit dem nicht tragfähigen Argument, dass dann auch Unterlassungsansprüche gegen weitere Verwarnungen von einem Verschulden abhängen; dieses Argument würde allenfalls bei unbegründeten Abnehmerverwarnungen passen; bei unbegründeten Herstellerverwarnungen genügen negative Feststellungsklagen.

Rechtsprechung abweichende Beurteilung der *Rechtswidrigkeit* unbegründeter Herstellerverwarnungen ändert nichts an den *Haftungsvoraussetzungen insgesamt*; denn gehaftet wird in beiden Fällen für *fahrlässig unbegründete* Herstellerverwarnungen. Von zentraler Bedeutung ist die richtige Bestimmung der Sorgfaltspflichten des Schutzrechtsinhabers bei der Beurteilung der Schutzrechtslage und der Begründetheit einer Verwarnung.

Mit diesem Ansatz lässt sich auch der »Widerspruch« zwischen der h.M., dass unberechtigte Verfahrenseinleitungen nicht ohne weiteres, sondern nur bei Vorliegen besonderer Umstände rechtswidrig seien, und der bisher ebenfalls h.M., dass unbegründete Schutzrechtsverletzungsklagen ohne weiteres rechtswidrig seien, auflösen. Unbegründete Schutzrechtsverletzungsklagen sind gegenüber dem Verwarnten nicht ohne weiteres, sondern nur bei Verletzung der im Verkehr erforderlichen Sorgfalt rechtswidrig. Die Verletzung der im Verkehr erforderlichen Sorgfalt ist ein besonderer Umstand, der die Rechtswidrigkeit unberechtigter Verfahrenseinleitungen begründet.

ff) Folgt man der m.E. zutreffenden »Korrelattheorie« des RG und des Großen Zivilsenats des BGH, dann ist eine Beschränkung der Haftung auf grob fahrlässige bzw. leichtfertige unbegründete Schutzrechtsverwarnungen abzulehnen[1068].

f) Konkurrenzen

Da Schutzrechtsverwarnungen fast immer Zwecken des Wettbewerbs dienen, konkurrieren Ansprüche aus § 826 BGB meist mit Ansprüchen aus dem UWG. Nach ganz h.M. besteht Anspruchskonkurrenz[1069], so dass sich letztlich immer die längere Verjährungsfrist der §§ 195, 199 BGB für Ansprüche aus § 826 BGB gegenüber der kurzen wettbewerbsrechtlichen Verjährungsfrist des § 11 UWG

[1068] So jedoch *Götz*, Zivilrechtliche Ersatzansprüche bei schädigender Rechtsverfolgung, 1989, S.202 a.E., 205 a.E.; *Schrauder*, Wettbewerbsverstöße als Eingriffe in das Recht am Gewerbebetrieb, 1970, S.272ff., 274, 277ff.; *Wagner*, ZIP 2005, 49ff., 54 (Haftung bei bewusster grober Fahrlässigkeit).

[1069] Vgl. RGZ 74, 434ff., 436; RGZ 106, 250ff., 254 – Malzkaffee; RGZ 109, 272ff., 279f. – Gerbereimaschinen; RG JW 1926, 566; RG GRUR 1939, 557ff., 562; RG GRUR 1942, 364ff., 365; RG GRUR 1943, 181 ff., 182 – Tierkörperverwertungsanstalten; BGHZ 33, 20ff., 28f.; BGHZ 36, 252ff., 256 – Gründerbildnis; BGH GRUR 1964, 218ff., 220 – Düngekalkhandel; BGH GRUR 1964, 320ff., 321 – Maggi; BGH GRUR 1965, 505ff., 506 a.E. – Apfelmadonna; BGH GRUR 1967, 526ff., 528 – Hörmittelhändler; BGH GRUR 1967, 304ff., 306 – Siroset; BGH GRUR 1977, 539ff., 541, 543 – Prozeßrechner; BGH GRUR 1984, 520ff., 522 – Intermarkt II; BGHZ 115, 210ff., 212 – Abmahnkostenverjährung; Erman/*Schiemann*, BGB §826 Rn.25, 26; Fezer/ *Büscher*, UWG II, §11 Rn.6; *Köhler*, in: Hefermehl/Köhler/Bornkamm, UWG §11 Rn. 1.12; MünchKomm/*Wagner*, BGB §826 Rn. 40, 114; RGRK/*Steffen*, vor §823 BGB Rn.47; §826 Rn.7; Soergel/*Hönn*, BGB §826 Rn.100, 191; Staudinger/*Oechsler* (2003) BGB §826 Rn.381.

durchsetzen würde. M.E. sind jedoch die Regelungen des UWG leges speciales gegenüber dem allgemeinen Deliktsrecht[1070].

g) Negative Feststellungsklage gegen unbegründete Herstellerverwarnungen

Gegen eine unbegründete Herstellerverwarnung und Herstellerklage kann sich der verwarnte »Hersteller« zur Klärung der Rechtslage nicht mit einer Unterlassungsklage, sondern nur mit einer negativen Feststellungsklage wehren[1071].

3. Unbegründete Abnehmerverwarnungen

a) Ansprüche aus § 823 I BGB wegen eines Eingriffs in das Recht am Gewerbebetrieb

Die Haftung für unbegründete Abnehmerverwarnungen betrifft, wie oben bereits gesagt, den Schutz von Unternehmen, deren unmittelbare oder mittelbare Abnehmer verwarnt worden sind, weil sie Ware vertreiben, die angeblich schutzrechtsverletzend hergestellt oder gekennzeichnet worden ist. Es geht also – kurz gesagt – um den Schutz der *Lieferanten* der unbegründet Verwarnten[1072]. Unbegründete Abnehmerverwarnungen sind für die betroffenen Lieferanten besonders gefährlich[1073]. Denn sie verursachen dem Schutzrechtsinhaber keinen großen Aufwand, und die verwarnten Abnehmer beugen sich Verwarnungen sehr viel schneller als Hersteller, da sie ihrerseits die Schutzrechtslage in der Regel nur schwer beurteilen und andererseits ohne große Kosten auf problemlose Konkurrenzprodukte ausweichen können. Häufig erfahren die Lieferanten, vor allem die Hersteller der betroffenen Waren, zunächst auch gar nichts von der Verwarnung.

1070 *Koos*, in: Fezer, UWG § 9 Rn. 2; *Sack*, Unbegründete Schutzrechtsverwarnungen, S. 46 ff. m. w. Nachw.; *ders.*, in: FS für Ullmann, 2006, S. 825 ff.

1071 BGH NJW 1986, 1815, 1816; BGH NJW-RR 1995, 1379, 1380; *Baumbach/Hefermehl*, Einl. UWG Rn. 561; *Sack*, Unbegründete Schutzrechtsverwarnungen, S. 8, 63, 92 f., 228; krit. Staudinger/*Hager* (1999) BGB § 823 Rn. D 65 a.E.; a.A. Bamberger/Roth/*Spindler*, BGB § 823 Rn. 124; Benkard/*Scharen*, PatG Vor §§ 9–14, Rn. 18; *V. Deutsch*, GRUR 2006, 374 ff., 377; *Faust*, JZ 2006, 365 ff., 367 (5.); *Kraßer*, Patentrecht, 5. Aufl., 2004, S. 942; *Mes*, PatG, 2. Aufl., 2005, § 139 Rn. 160; *Müller-Bidinger*, in: Ullmann, jurisPK-UWG, § 4 Nr. 10 Rn. 128.

1072 Für den Schutz der verwarnten Abnehmer gelten hingegen die Regeln der unbegründeten Herstellerverwarnung.

1073 Vgl. BGHZ 14, 286 ff., 292 – Farina Belgien; BGH GRUR 1979, 332 ff., 336 – Brombeerleuchte; BGH GSZ GRUR 2005, 882 ff., 885 (B. II. u. B. III. 2. c) – Unberechtigte Schutzrechtsverwarnung; Bamberger/Roth/*Spindler*, BGB § 823 Rn. 121; *Faust*, JZ 2006, 365 ff., 366 f.; *Haedicke*, Jura 2006, 528 ff., 529; *Kraßer*, Patentrecht, S. 943 f.; *Larenz/Canaris*, Schuldrecht II/2, § 81 III 4 b, S. 555; *Müller-Bidinger*, in: Ullmann, jurisPK-UWG, § 4 Nr. 10 Rn. 129; *Sack*, WRP 2005, 253 ff., 261; *ders.*, BB 2005, 2368 ff., 2369; *ders.*, Unbegründete Schutzrechtsverwarnungen, S. 8, 210 ff.; *Stadtmüller*, Diss., S. 388 f., 390; Staudinger/*Hager* (1999) BGB § 823 Rn. D 55; *Teplitzky*, GRUR 2005, 9 ff., 12; *Vorwerk*, ZIP 2005, 1157 ff., 1160.

Unbegründete Abnehmerverwarnungen sind nach st. Rspr. *betriebsbezogene* Eingriffe in das Recht am Gewerbebetrieb der betroffenen *Lieferanten*, deren Waren angeblich schutzrechtsverletzend hergestellt oder gekennzeichnet worden sind[1074]. Nach ebenfalls st. Rspr. sind diese Unternehmenseingriffe ohne weiteres rechtswidrig[1075].

Auch unberechtigte *Klagen* wegen des Vertriebs angeblich schutzrechtsverletzend hergestellter Waren sind betriebsbezogene Eingriffe in das Recht am Gewerbebetrieb der betroffenen Lieferanten und als solche ohne weiteres rechtswidrig. Auch an dieser Ansicht hat der Große Zivilsenat in seiner Entscheidung vom 17.5.2005 festgehalten[1076], während er in dieser Entscheidung bei unbegründeten Klagen gegen die Hersteller schutzrechtsverletzender Waren die Frage der Rechtswidrigkeit des Eingriffs in ihren Gewerbebetrieb letztlich offengelassen hat.

b) Ansprüche aus wettbewerbs- und deliktsrechtlichen Spezialregelungen

Unbegründete Abnehmerverwarnungen sind in aller Regel Wettbewerbshandlungen i.S.v. § 2 I Nr. 1 UWG.

aa) Unlauterkeit nach § 4 Nr. 10 UWG

Als Wettbewerbshandlungen sind unbegründete Abnehmerverwarnungen nach § 4 Nr. 10 UWG unlauter, wenn sie gezielte Behinderungen der betroffenen Lieferanten darstellen. Dies wird allerdings nur der Fall sein, wenn der Schutzrechtsinhaber die Unbegründetheit seiner Verwarnung kennt und er sie vor allem zu dem Zweck ausspricht, dem betroffenen Lieferanten Schaden zuzufügen.

bb) Unlauterkeit nach § 4 Nr. 8 UWG

Eine unbegründete Abnehmerverwarnung impliziert die Behauptung, dass der betroffene Lieferant schutzrechtsverletzend hergestellte bzw. gekennzeichnete Waren geliefert hat. In Bezug auf den Hersteller dieser Waren enthält die Abnehmerverwarnung die weitere Behauptung, dass diese Waren von ihm schutzrechtsverletzend hergestellt bzw. gekennzeichnet worden sind. Ob eine solche Behauptung über Lieferanten richtig ist, lässt sich in einem gerichtlichen Ver-

---

[1074] Das RG hielt sie auch für bestandsverletzend, m.E. zu Unrecht, weil sie den Kundenkreis der betroffenen Lieferanten beeinflussten, was in der Rechtsprechung des RG als nur bereichsverletzend galt, wie z.B. auch geschäftsschädigende Äußerungen über andere Unternehmen oder Boykottaufforderungen.

[1075] So zuletzt wieder BGH GSZ GRUR 2005, 882ff., 884 (B. III. 2., vor a) – Unberechtigte Schutzrechtsverwarnung; BGH GRUR 2006, 219 Rn. 14; BGH GRUR 2006, 433 Rn. 17, 19.

[1076] BGH GSZ GRUR 2005, 882ff., 885 (B. III. 2. c) – Unberechtigte Schutzrechtsverwarnung.

fahren *nachprüfen und beweisen*[1077]. Deshalb sind unbegründete Abnehmerverwarnungen m.E. implizite unwahre Tatsachbehauptungen i.S.v. § 4 Nr. 8 UWG (früher § 14 UWG) und § 824 BGB[1078]. Dies entspricht auch der Ansicht des öst. OGH zu den entsprechenden österreichischen Vorschriften, d.h. zu § 7 öst. UWG und § 1330 ABGB[1079].

Demgegenüber hält die deutsche Rechtsprechung, wenn man von kurzfristigen Schwankungen absieht, unbegründete Schutzrechtsverwarnungen grundsätzlich für Werturteile[1080]. Denn es gehe um die Äußerung einer Rechtsansicht, und diese sei keine Tatsachenbehauptung[1081]. Auch wenn die Verwarnung unwahre tatsächliche Elemente enthält, prägt nach der in Deutschland herrschenden *Schwerpunkttheorie*[1082] in der Regel der wertende Anteil die Gesamtäußerung, sodass sie insgesamt als Werturteil anzusehen ist. Nach der Schwerpunkttheorie – anders als nach der in Österreich herrschenden *Trennungstheorie* – dürfen aus einer komplexen Äußerung grundsätzlich keine Einzelelemente herausgelöst werden[1083]. Deshalb sind nach der in Deutschland h.M. weder § 4 Nr. 8 i.V.m. §§ 3, 9 UWG (früher § 14 UWG) noch § 824 BGB anwendbar.

Die Ansicht, dass unbegründete Abnehmerverwarnungen keine unwahren Tatsachenbehauptungen seien, dürfte auch *rechtshistorische* Gründe haben, die in § 6 des UWG von 1896 liegen. Diese Vorschrift war Vorgängerin des § 14 UWG von 1909 und der seit 2004 geltenden Regelung des § 4 Nr. 8 i.V.m. §§ 3, 8,

---

[1077] Zur Abgrenzung von Tatsachenbehauptungen von Werturteilen und sonstigen Meinungsäußerungen anhand der Kriterien der Nachprüfbarkeit und Beweisbarkeit vgl. BVerfGE 90, 241 ff., 247 = NJW 1994, 1779; BGHZ 132, 13 ff., 21 = NJW 1996, 1131; BGHZ 139, 95 ff., 102 = NJW 1998, 3047; BGH NJW 2006, 830 Rn. 63 – KirchMedia (zu § 824 BGB).

[1078] Vgl. *Baumbach/Hefermehl*, UWG § 14 Rn. 8 f.; Erman/*Schiemann*, BGB § 823 Rn. 68, 69; *Larenz/Canaris*, Schuldrecht II/2, § 81 III 4 b, S. 555; *Sack*, Unbegründete Schutzrechtsverwarnungen, 2006, S. 123 ff., 153 ff.; *ders.*, WRP 2005, 253 ff., 261 f.; *ders.*, WRP 2005, 531 ff., 543; *ders.*, BB 2005, 2368 ff., 2373; ebenso der öst. OGH zum österreichischen und deutschen Recht, ÖBl. 2000, 35 = GRUR Int. 2000, 558 – Abnehmerverwarnung; a.A. RGZ 88, 437; BGH GRUR 1979, 332 ff., 334 (I. 4.) – Brombeerleuchte; Benkard/*Scharen*, PatG Vor §§ 9–14, Rn. 14; *Hesse*, GRUR 1979, 438; *Kraßer*, Patentrecht, 5. Aufl., 2004, S. 944 f.; *Ohl*, GRUR 1966, 172 ff., 177; *Omsels*, in: Harte/Henning, UWG § 4 Nr. 10 Rn. 172; *Peukert*, Mitt. 2005, 73 ff., 74; *Sessinghaus*, WRP 2005, 823 ff., 825; *Spickhoff*, LMK 2004, 230 ff., 231; Staudinger/*Hager* (1999) BGB § 823 Rn. D 56; *Teplitzky*, GRUR 2005, 9 ff., 13; *Ullmann*, GRUR 2001, 1027 ff., 1030; *Vorwerk*, ZIP 2005, 1157 ff., 1161; *Winkler*, GRUR 1980, 526 ff., 528; offengelassen vom BGH in BGHZ 38, 200 ff. = GRUR 1963, 255 ff., 257 – Kindernähmaschinen.

[1079] OGH ÖBl. 2000, 35 = GRUR Int. 2000, 558 – Abnehmerverwarnung.

[1080] BGH GRUR 1979, 332 ff., 334 (I. IV.) Brombeerleuchte.

[1081] *Larenz/Canaris*, Schuldrecht II/2, § 79 I 2 a, b, S. 465, 466 a.E; Bamberger/Roth/*Spindler*, BGB § 823 Rn. 121 m. Fußn. 627; *Stadtmüller*, Diss., S. 389; Staudinger/*Hager* (1999) BGB § 823 Rn. D 56.

[1082] Vgl. BVerfGE 61, 1 ff., 8 f. = NJW 1983, 1415; BVerfGE 85, 1 ff., 15 = NJW 1992, 1439; BGH NJW 2002, 1192 = WM 2002, 937 ff., 938; BGH NJW 2006, 830 Rn. 63, 70 – KirchMedia.

[1083] Ausführlich zu diesem Problem *Sack*, Unbegründete Schutzrechtsverwarnungen, S. 144 ff.

9 UWG; sie unterschied sich jedoch von diesen Regelungen in entscheidenden Punkten. § 6 UWG 1896 sah eine verschuldensunabhängige Haftung für unwahre und nicht erweislich wahre Tatsachenbehauptungen über ein Unternehmen im geschäftlichen Verkehr und zu Zwecken des Wettbewerbs vor. Bei Wahrnehmung berechtigter Interessen war nach § 6 II UWG 1896 die Haftung ausgeschlossen. Eine verschuldensunabhängige Haftung nach § 6 I UWG 1896 hielt die damals h.M. für zu streng[1084]; auch die besondere Gefährlichkeit unbegründeter Abnehmerverwarnungen rechtfertigte nach damals h.M. keine verschuldensunabhängige Haftung. Andererseits lehnte aber die h.M. wegen der besonderen Gefährlichkeit unbegründeter Abnehmerverwarnungen einen völligen Haftungsausschluss nach § 6 II UWG 1896 ab; auch wenn Schutzrechtsverwarnungen der Wahrnehmung berechtigter Interessen dienen, werde ein Haftungsausschluss dem Schutzbedürfnis des betroffenen Lieferanten nicht gerecht; auch Unterlassungsansprüche der betroffenen Lieferanten gegen den verwarnenden Schutzrechtsinhaber wären ausgeschlossen. Das wäre nach Ansicht des RG »nicht minder ein Uebelstand«[1085]. Ein angemessen erscheinendes Ergebnis – Haftung nur, aber auch immer bei Fahrlässigkeit – war mit § 6 des UWG von 1896 nicht zu erzielen. Der Anwendung von § 6 UWG 1896 konnte man nur durch eine entsprechend enge Auslegung des Begriffs der Tatsachenbehauptung entgehen.

Dies änderte sich mit dem UWG von 1909. Es sah zwar in § 14 I UWG nach wie vor eine verschuldensunabhängige Haftung vor; bei Wahrnehmung berechtigter Interessen – z.B. zur Wahrung von Rechten, wozu grundsätzlich auch Schutzrechtsverwarnungen gehören – haftete der Behauptende jedoch nach § 14 II UWG für Fahrlässigkeit. Die Neuregelung seit der UWG-Novelle 2004 sieht in § 4 Nr. 8 i.V.m. §§ 3, 9 UWG in jedem Fall eine Verschuldenshaftung vor.

Soweit man mit der hier vertretenen Ansicht unbegründete Abnehmerverwarnungen für unwahre Tatsachenbehauptungen über die Leistungen des davon betroffenen Lieferanten hält, verdrängen Ansprüche aus § 4 Nr. 8 i.V.m. §§ 3, 9 UWG konkurrierende Ansprüche aus § 824 BGB[1086].

c) Schadensersatzansprüche aus § 3 i.V.m. § 9 UWG

Unbegründete Abnehmerverwarnungen sind, wie bereits gesagt, fast immer Wettbewerbshandlungen. Soweit dies zutrifft, bietet die Generalklausel des § 3 UWG i.V.m. § 9 UWG ausreichenden Schutz. Denn die *Unlauterkeit* einer unbegründeten Abnehmerverwarnung i.S.v. § 3 UWG ist in gleicher Weise durch

---

[1084] Vgl. RG JW 1899, 749 ff., 750 – Biersyphon.

[1085] RG JW 1899, 749 ff., 750 – Biersyphon.

[1086] Ausführlich dazu *Sack*, Unbegründete Schutzrechtsverwarnungen, S. 200 f.; *ders.*, in: FS für Ullmann, 2006, S. 825 ff., 837 f.; *v. Gamm*, UWG, § 14 Anm. 3, 4; a.A. BGHZ 36, 252 ff. – Gründerbildnis; *Baumbach/Hefermehl*, Vor §§ 14, 15 UWG Rn. 29; RGRK/*Steffen*, BGB § 824 Rn. 9; Staudinger/*Hager* (1999) BGB § 824 Rn. 3, § 852 Rn. 141, 149.

eine *Interessenabwägung* festzustellen wie die *Rechtswidrigkeit* eines Eingriffs in das Recht am Gewerbebetrieb nach § 823 I BGB[1087]. Deshalb sind unbegründete Abnehmerverwarnungen, die Zwecken des Wettbewerbs dienen und die nach § 823 I BGB rechtswidrig in den Gewerbebetrieb von Lieferanten eingreifen, immer auch unlauter nach § 3 UWG. In der Regel wird auch die Bagatellschwelle des § 3 UWG erreicht. Soweit das im Einzelfall nicht zutrifft, widerspräche es jedoch dem Zweck dieser für das ganze Wettbewerbsrecht geltenden Regelung, unter der Bagatellschwelle nach § 823 I BGB zu schützen.

d) *Schadensersatzansprüche aus § 826 BGB*

aa) *Vorsätzliche Schadenszufügung*

Unbegründete Abnehmerverwarnungen sind vorsätzliche Schädigungen der davon betroffenen Lieferanten. Denn der verwarnende Schutzrechtsinhaber weiß und will, dass die verwarnten Abnehmer den beanstandeten Vertrieb der angeblich schutzrechtsverletzend hergestellten oder gekennzeichneten Waren einstellen, und er nimmt zumindest billigend in Kauf, dass dadurch auch Lieferanten der verwarnten Abnehmer Schaden erleiden[1088]. Unerheblich ist, ob der Schutzrechtsinhaber den genauen Schadensverlauf und den genauen Schadensumfang überblickt. Unerheblich ist auch, ob er konkret wusste, *wen* der als möglich vorausgesehene Schaden treffen werde[1089]. Außerdem erfordert der Vorsatz nach § 826 BGB über die bewusste und gewollte Schadenszufügung hinaus nicht die Kenntnis sonstiger sittenwidrigkeitsbegründender Tatumstände. Deshalb sind Schäden, die der betroffene Lieferant erleidet, auch dann vorsätzlich zugefügt, wenn der Schutzrechtsinhaber die Unbegründetheit seiner Verwarnung nicht kannte.

bb) *Sittenwidrigkeit*

Die *Sittenwidrigkeit* nach § 826 BGB ist in gleicher Weise durch eine *Interessenabwägung* festzustellen wie die *Rechtswidrigkeit* eines Eingriffs in das Recht am Gewerbebetrieb nach § 823 I BGB[1090]. Nicht erforderlich für den Vorwurf der Sittenwidrigkeit ist die Kenntnis *aller* sittenwidrigkeitsbegründenden Tatumstände oder gar ein Rechtswidrigkeits- oder Sittenwidrigkeitsbewusstsein des Schutzrechtsinhabers[1091].

[1087] Vgl. *Sack*, WRP 2005, 253 ff., 262; *ders.*, WRP 2005, 531 ff., 543; *ders.*, Unbegründete Schutzrechtsverwarnungen, S. 223.

[1088] *Sack*, Unbegründete Schutzrechtsverwarnungen, S. 178 ff.

[1089] Vgl. RGZ 79, 55 ff., 60; BGH NJW 1989, 3277 ff., 3279; BGHZ 160, 149 ff., 156 = NJW 2004, 2971.

[1090] *Sack*, Unbegründete Schutzrechtsverwarnungen, S. 179, 223; *ders.*, WRP 2005, 253 ff., 258; *ders.*, VersR 2006, 1001 ff., 1005 f., 1007.

[1091] Vgl. *Sack*, NJW 2006, 945 ff., 948 ff.

e) Voraussetzungen der Rechtswidrigkeit, Unlauterkeit und Sittenwidrigkeit

Schäden, die ein Lieferant durch unbegründete Verwarnungen seiner Abnehmer erleidet, sind diesem rechtswidrig nach § 823 I BGB, unlauter nach § 4 Nr. 8 bzw. § 3 UWG und sittenwidrig nach § 826 BGB zugefügt. Anders als bei den unbegründeten Herstellerverwarnungen bedarf es für die Rechtswidrigkeit unbegründeter Abnehmerverwarnungen nicht der Verwirklichung eines subjektiven Tatbestandes. Soweit man § 4 Nr. 8 UWG für anwendbar hält, folgt dies unmittelbar aus dieser Vorschrift; soweit man auf § 823 I BGB, § 3 UWG oder § 826 BGB zurückgreift, ergibt sich die Per-se-Rechtswidrigkeit aus der besonderen Gefährlichkeit unbegründeter Abnehmerverwarnungen[1092].

f) Konkurrenzen

Entgegen der h.M. verdrängen m.E. Ansprüche aus dem UWG konkurrierende Ansprüche aus § 826 BGB[1093].

g) Unterlassungs- und negative Feststellungsklage

Gegen Abnehmerverwarnungen, die der betroffene Lieferant für unbegründet hält, kann dieser sich mit einer Unterlassungsklage wehren[1094]. Sobald jedoch der Schutzrechtsinhaber gegen die Abnehmer Verletzungs*klage* erhoben hat, bleibt dem betroffenen Lieferanten nur noch die Möglichkeit einer negativen Feststellungsklage; einer Unterlassungsklage steht das *prozessuale Privileg* entgegen, das Bestehen des behaupteten Anspruchs gegen die Abnehmer gerichtlich klären zu lassen[1095]. Dieses prozessuale Privileg schließt die Schadensersatzhaftung des Schutzrechtsinhabers nicht aus[1096].

1092 Nach *Haedicke* JZ 2006, 578 ff., 580 ist bei unbegründeten Klagen gegen Abnehmer eine Interessenabwägung erforderlich.

1093 Ausführlich *Sack*, in: FS für Ullmann, 2006, S. 825 ff.; vgl. auch *Haedicke*, JZ 2006, 578 ff., 580.

1094 Vgl. *Sack*, Unbegründete Schutzrechtsverwarnungen, S. 112 f., 132, 147, 178, 211, 214, 220 f.; *ders.*, BB 2005, 2368 ff., 2369.

1095 BGH GSZ GRUR 2005, 882 ff., 884 a.E. – Unberechtigte Schutzrechtsverwarnung; BGH GRUR 2006, 219 Rn. 14 – Detektionseinrichtung II; vgl. auch BGH GRUR 1998, 587 ff., 589 = WRP 1998, 512 = NJW 1998, 1399 – Bilanzanalyse Pro 7; Benkard/*Scharen*, PatG Vor §§ 9–14, Rn. 18; *Müller-Bidinger*, in: Ullmann, jurisPK-UWG, § 4 Nr. 10 Rn. 156.

1096 Vgl. BGH GRUR 2006, 219 ff., 222 Rn. 14 – Detektionseinrichtung II; BGHZ 38, 200 ff., 206 f. – Kindernähmaschinen; BGH GRUR 1996, 812 ff., 813 – Unterlassungsurteil gegen Sicherheitsleistung; *Sack*, BB 2005, 2368 ff., 2371; vgl. auch *Faust*, JZ 2006, 365 ff., 367; *Müller-Bidinger*, in: Ullmann, jurisPK UWG, § 4 Nr. 10 Rn. 156.

VI. Die Verwässerung berühmter Marken

Zu den Fallgruppen des »Rechts am Gewerbebetrieb« gehörte früher auch die Verwässerung berühmter *Marken*[1097]. Dabei fällt auf, dass in den einschlägigen Entscheidungen bis 1945 nicht § 823 I BGB, sondern nur § 1 UWG a.F. und § 826 BGB als Anspruchsgrundlagen dienten. Erst der BGH hat mit § 823 I BGB unter dem Gesichtspunkt eines Eingriffs in das Recht am Gewerbebetrieb berühmte Marken gegen »Verwässerung« geschützt.

1. Die Rechtsprechung vor 1945

Die deutschen Markengesetze (MarkenschutzG von 1874; WaarenbezeichnungsG von 1894) gewährten den Inhabern geschützter Marken ursprünglich nur Abwehrrechte gegen die unbefugte Benutzung ihrer Marken für gleichartige Waren, d.h. im sog. *Gleichartigkeitsbereich*. Sie schützten den Markeninhaber außerdem nur, wenn durch die unbefugte Benutzung eine *Verwechslungsgefahr* begründet wurde[1098].

Dies änderte sich in den 20er Jahren nach zwei grundlegenden Entscheidungen des LG Chemnitz von 1923 und des LG Elberfeld von 1924[1099], denen das RG folgte[1100]. Nunmehr schützte die Rechtsprechung den Inhaber einer berühmten Marke auch *außerhalb* des Gleichartigkeitsbereichs gegen die illoyale Ausnutzung des Ansehens seiner Marke und gegen »Verwässerungsgefahr«, d.h. gegen die Gefahr einer Schmälerung der Werbekraft der Marke. Als Anspruchsgrundlagen dienten § 826 BGB[1101] und (die alte wettbewerbsrechtliche

---

[1097] Berühmte Unternehmenskennzeichen, d.h. Firmen, Firmenbestandsteile und Etablissementbezeichnungen schützte die Rechtsprechung mit § 16 UWG a.F. (jetzt § 15 II MarkenG), mit § 12 BGB (jetzt § 15 III MarkenG), mit § 823 I BGB (Recht am Namen) und mit § 1 UWG a.F.; vgl. RG GRUR 1929, 419, Axa/Xaxa; RG MuW 1931, 100 – Salamander III; BGH GRUR 1966, 623 ff. – Kupferberg; BGHZ 114, 105 ff. – Avon.

[1098] Nach Inkrafttreten des MarkenschutzG von 1874 entsprach es zunächst einhelliger Meinung, dass das Markenrecht den Markenschutz erschöpfend und abschließend regle, vgl. RG v. 30.11.1880 RGZ 3, 67 ff., 69 – Apollinaris/Apollinis; RG v. 29.4.1892, RGZ 29, 57 ff., 59 – Sossidi frères de Constantinople; zur späteren Ausweitung des Markenschutzes mit Wettbewerbs- und Deliktsrecht, vgl. *Beier/Kur*, in: FS für Fikentscher, 1998, S. 477 ff.; *Kraft*, in: GRUR-FS, 1991, S. 729 ff.; *Sack*, RIW 1985, 597 ff., 610 f.; *ders.*, WRP 2004, 1405 ff., 1414.

[1099] LG Chemnitz, JW 1924, 722 f. = MuW XXIII (1923/24), 12 – 4711 (Parfum bzw. Strumpfwaren); LG Elberfeld, GRUR 1924, 204 f. = JW 1925, 502 – Odol (Mundwasser bzw. Messerschmiedewaren, insbesondere Rasierklingen); ebenso später auch LG Mainz, GRUR 1927, 369 f. – Schwan im Blauband (Tabakwaren bzw. Margarine).

[1100] RGZ 115, 401 ff., 409 ff. – Salamander II (Schuhwaren und Zubehör bzw. Schmirgel- und Schleifpapier); RG MuW 1931, 517 ff., 519 – Schweifbogen (Parfum u. Kosmetik bzw. Klebstoffe und Schuhpressen); RGZ 170, 137 ff., 153 – Bayer-Kreuz.

[1101] Vgl. LG Chemnitz, a.a.O.; LG Elberfeld, a.a.O. (auch § 1 UWG); LG Mainz, a.a.O.; RG MuW 1931, 517 ff., 519 – Schweifbogen.

Generalklausel des) § 1 UWG[1102]. Die Rechtsprechung dazu war jedoch widersprüchlich. In seiner Schweifbogen-Entscheidung wendete das RG § 826 BGB an, während es Ansprüche aus § 1 UWG ablehnte, da die Parteien wegen der Verschiedenartigkeit ihrer Waren nicht miteinander in Wettbewerb stehen[1103]. Dagegen gewährte das RG in seiner Bayer-Kreuz-Entscheidung den Farbenfabriken Bayer mit § 1 UWG Schutz gegen die Marke eines Samenherstellers, die sich in der Aufmachung – gekreuzte Schreibweise der Wortmarke »Jothoho«, umrahmt durch einen Kreis – an das berühmte Bayer-Kreuz stark anlehnte[1104]. § 823 I BGB wurde unter dem Gesichtspunkt eines Eingriffs in das Recht am Gewerbebetrieb soweit ersichtlich vom RG nicht angewendet.

2. Die Rechtsprechung des BGH

a) Dies änderte sich in der Rechtsprechung des BGH. Er gewährte in zwei Entscheidungen aus den Jahren 1958 und 1960 gegen die Verwässerung berühmter Marken außerhalb des Gleichartigkeitsbereichs mit § 823 I BGB unter dem Gesichtspunkt eines Eingriffs in das Recht am Gewerbebetrieb Schutz[1105]. In seiner unveröffentlichten 4711–Entscheidung vom 8.7.1958 untersagte er nach § 823 I BGB (Recht am Gewerbebetrieb) einem Fäkalienabfuhrunternehmen, das sich auf eigenen Wunsch die Telefonnummer 4711 hatte zuteilen lassen, auf seinem Fahrzeug in großen Buchstaben und Ziffern »Ruf 4711« anzubringen und auch in Zeitungsinseraten die Angabe »Telefon 4711« im Druck deutlich hervorheben zu lassen[1106]. Weiterhin verbot der BGH 1960 zugunsten des Inhabers der berühmten Parfum- und Kosmetikmarke »Tosca« einem Versandhaus nach § 823 I BGB, ein Kleid unter dem Namen »Tosca« anzubieten, das in blauer Farbe gehalten war, zierliche gold-blaue Ornamente hatte, mit einem goldenen Gürtel zu tragen war und damit eine gewisse Ähnlichkeit mit dem Design der Etiketten des Tosca-Parfums aufwies[1107].

1102 Vgl. LG Elberfeld, a.a.O. (auch 826 BGB); RGZ 115, 401 ff., 410 – Salamander II; RGZ 170, 137 ff., 153 – Bayer-Kreuz; vgl. auch *Sack*, in: FS für v. Gamm, 1990, S. 161 ff., 165 ff.

1103 RG MuW 1931, 517 ff., 519 – Schweifbogen.

1104 BGHZ 170, 137 ff., 153 – Bayer-Kreuz.

1105 BGH v. 8.7.1958, I ZR 68/57 (unveröffentlicht) – »4711« (Parfum und Kosmetik bzw. Telefonnummer und Werbung mit ihr durch ein Fäkalienabfuhrunternehmen); BGH GRUR 1961, 280 – Tosca (Parfum und Kosmetik bzw. Kleider); vgl. auch BGH GRUR 1970, 711 ff., 714 – »Telefonnummer 4711« (Parfum bzw. Taxiunternehmen); BGHZ 114, 105 ff., 109 ff. = GRUR 1991, 863 ff. – Avon (Kosmetik bzw. Tonträger); vgl. ferner BGH GRUR 1986, 759 ff., 761 f. (5.) – BMW.

1106 BGH v. 8.7.1958, I ZR 68/57 – »4711«.

1107 BGH GRUR 1961, 280 – Tosca.

In anderen Entscheidungen wurden Ansprüche aus § 823 I BGB erwogen, jedoch abgelehnt, weil die betreffende Marke nicht berühmt war[1108] oder nicht die für erforderlich gehaltene Alleinstellung genoss[1109].

In der nur wenige Monate nach der unveröffentlichten »4711«-Entscheidung ergangenen Quick-Entscheidung vom 11.11.1958 lieferte der BGH in einem obiter dictum[1110] die Begründung dafür nach, weswegen bei Markenverletzungen außerhalb des Gleichartigkeitsbereichs nicht (mehr) § 1 UWG, sondern § 823 I BGB anzuwenden sei: gegen die Anwendung von § 1 UWG spreche, dass dafür ein *Wettbewerbsverhältnis* erforderlich sei, »das bei Branchenverschiedenheit zwischen dem Inhaber des berühmten Zeichen und dem Verletzer in der Regel nicht vorliegt«[1111].

Vom BGH nicht erörtert wurde, ob berühmte Marken vom Gewerbebetrieb ohne weiteres *ablösbare* Rechte und Rechtsgüter sind, sodass deren Beeinträchtigung nach der Stromkabel-Dogmatik des BGH[1112] kein betriebsbezogener Eingriff in den betreffenden Gewerbebetrieb wäre[1113].

b) Zu einer Änderung der Rechtsprechung führte die Dimple-Entscheidung des BGH von 1985[1114]. In ihr hielt er zwar an der Ansicht fest, dass Individualansprüche aus dem UWG ein Wettbewerbsverhältnis zwischen den Parteien erfordern. Er nahm jedoch eine ganz erhebliche inhaltliche Erweiterung dieses Begriffs vor. Zwischen dem Inhaber der deutschen Whisky-Marke »Dimple« und einem Unternehmen, das diese Marke für Putzmittel und Herrenkosmetik hatte eintragen lassen, bejahte der BGH trotz evidenter Branchenverschiedenheit ein »*Wettbewerbsverhältnis*« [1115]. An das Bestehen eines konkreten Wettbewerbsverhältnisses seien keine hohen Anforderungen zu stellen. Branchengleichheit sei nicht erforderlich. Es genüge vielmehr, dass sich der Verletzer durch seine Verletzungshandlung im konkreten Fall in irgendeiner Weise in Wettbewerb zu dem Betroffenen stelle, was auch dadurch geschehen könne, dass der Verletzer sich durch eine ausdrückliche oder bildliche Gleichstellungsbehauptung an Ruf und Ansehen der fremden Ware anhänge und dieses für den Absatz seiner (ungleichartigen und nicht konkurrierenden) Waren auszunutzen suche. In diesen Fällen begründeten die Verletzungshandlungen ein Wettbewerbsverhältnis hinsichtlich der wirtschaftlichen Ausnutzung des Ansehens und des Rufs der in Bezug genommenen Ware. Voraussetzung sei nur, dass der Ruf so überragend sei, dass

---

1108 BGHZ 15, 107 ff., 111 f. – Koma; BGH GRUR 1965, 550 ff., 551 – Promonta.

1109 BGH GRUR 1958, 393 ff., 394 – Ankerzeichen.

1110 Es kam nicht darauf an, weil zwischen den Parteien des Quick-Falles zweifellos ein Wettbewerbsverhältnis bestand: Wochenzeitschrift »Quick«; Wochenzeitung »Das Glück«.

1111 BGHZ 28, 320 ff., 328 = GRUR 1959, 182 ff., 186 – Quick.

1112 BGHZ 29, 65 ff. – Stromkabel I.

1113 Vgl. *Larenz/Canaris*, Schuldrecht II/2, § 81 III 5 a, S. 559.

1114 BGHZ 93, 96 ff. = GRUR 1985, 550 ff. – Dimple; zustimmend *Bork*, GRUR 1989, 725 ff., 733 f., 736.

1115 BGH GRUR 1985, 550 ff., 552; dazu *Sack*, in: FS für v. Gamm, 1990, S. 161 ff., 168 ff.

eine wirtschaftlich sinnvolle Verwertung in Betracht komme[1116]. So gelangte der BGH zu Ansprüchen des Inhabers der Whisky-Marke »Dimple« aus § 1 UWG gegen den Beklagten wegen Rufausbeutung[1117]. Nach der Dimple-Entscheidung bejahte der BGH mehrfach ein »Wettbewerbsverhältnis« zwischen branchenfremden Parteien, die nicht miteinander im Wettbewerb um dieselben Geschäftspartner standen[1118].

Auch bei der Gefahr einer *Rufschädigung* einer Marke durch ihre Benutzung durch einen branchenfremden Gewerbetreibenden bejahte der BGH ein Wettbewerbsverhältnis und Ansprüche aus § 1 UWG[1119].

Konsequenterweise wäre auch bei einer *Verwässerungsgefahr*, d.h. bei Beeinträchtigung der Unterscheidungskraft einer berühmten Marke durch ihre Benutzung für branchenfremde Waren, ein Wettbewerbsverhältnis zu bejahen und § 1 UWG anzuwenden gewesen[1120]. Ob der BGH in der Folgezeit auch noch § 823 I BGB anwenden wollte, ist – entgegen einer verbreiteten Behauptung im Schrifttum – nicht eindeutig feststellbar. In seiner Entscheidung »Telefonnummer 4711« vom 22.3.1990 erwähnte er § 823 I BGB bei der Wiedergabe der Entscheidung des Berufungsgerichts (sub II.), verneinte jedoch anschließend Ansprüche, weil es an der für erforderlich gehaltenen *kennzeichenmäßigen* Benutzung der Marke »4711« durch den Beklagten (regionales Taxiunternehmen) fehlte[1121]. In den Veröffentlichungen der Avon-Entscheidung vom 21.3.1991 wird § 823 I BGB nur noch hinter dem Leitsatz[1122] bzw. davor erwähnt[1123], jedoch nicht in den Entscheidungsgründen; dort wird nur zur Anwendbarkeit von § 12 BGB, § 16 UWG a.F. und § 1 UWG a.F. Stellung genommen[1124].

[1116] BGH GRUR 1985, 550 ff., 552 l.Sp. – Dimple.

[1117] BGH GRUR 1985, 550 ff., 552 f. – Dimple; vgl. auch BGH GRUR 1991, 863 ff., 865 (II.) – Avon (Kosmetik bzw. Tonträger); BGH GRUR 1994, 808 ff., 810 (3. a) – Markenverunglimpfung.

[1118] So der I. ZS, vgl. BGH GRUR 1990, 711 ff. – «Telefonnummer 4711" (Parfum/Taxiunternehmen); BGH GRUR 1991, 465 f. (II. 1.) – Salomon (Wintersportartikel/Tabakwaren); BGH GRUR 1991, 863 ff. – Avon (Parfum/Tonträger); BGH GRUR 1994, 808 ff., 810 (III. a), 811 (III. c) – Markenverunglimpfung (Schokoriegel/Kondom); a.A. (noch) der VI. ZS, BGH GRUR 1986, 759 ff. – BMW; kritisch dazu *Grunewald*, NJW 1987, 105 ff., 106.

[1119] BGHZ 113, 82 ff. = GRUR 1991, 465 ff. – Salomon (Wintersportartikel/Tabakwaren); BGH GRUR 1994, 808 ff., 811 – Markenverunglimpfung (Schokoriegel/Kondom).

[1120] Vgl. BGH GRUR 1990, 711 ff., 712 – »Telefonnummer 4711«.

[1121] BGH GRUR 1990, 711 ff. – »Telefonnummer 4711«.

[1122] BGHZ 114, 105 ff., 106.

[1123] BGH GRUR 1991, 863.

[1124] BGH GRUR 1991, 863 ff. sub. I. u. II. (insoweit nicht abgedruckt in BGHZ 114, 105 ff.).

3. Das deutsche und europäische Markenrecht seit 1994

a) Die Streitfrage, ob der BGH in der Dimple-Entscheidung und der nachfolgenden Rechtsprechung zutreffend ein Wettbewerbsverhältnis zwischen branchenfremden Gewerbetreibenden angenommen hat und ob ein solches für Individualansprüche aus dem alten UWG erforderlich war, braucht hier nicht vertieft zu werden[1125]. Denn das auf einer europäischen Richtlinie beruhende deutsche MarkenG von 1994 enthält im Verletzungstatbestand des § 14 II Nr. 3 und im Eintragungshindernis des § 9 I Nr. 3 für die Fallgruppe der »Verwässerung berühmter Marken« eine Sonderregelung. Nach § 14 II Nr. 3 MarkenG ist es Dritten untersagt, ohne Zustimmung des Markeninhabers im geschäftlichen Verkehr ein mit der geschützten und im Inland bekannten Marke identisches oder ähnliches Zeichen außerhalb des sog. Ähnlichkeitsbereichs zu benutzen, wenn die Benutzung des Zeichens ohne rechtfertigenden Grund in unlauterer Weise die Unterscheidungskraft oder Wertschätzung der bekannten Marke ausnutzt (»Rufausbeutung«), deren Wertschätzung beeinträchtigt (»Rufschädigung«) oder deren Unterscheidungskraft beeinträchtigt (»Verwässerung«)[1126]. Unter den von der Rechtsprechung zu § 823 I BGB entwickelten Rechtswidrigkeitsvoraussetzungen ist die Verwässerung berühmter Marken auch immer unlauter i.S.v. § 14 II Nr. 3 MarkenG[1127]. Ansprüche aus § 14 II Nr. 3 MarkenG verdrängen nach der sogenannten *Vorrangthese* in ihrem Regelungsbereich nach ständiger Rechtsprechung des BGH konkurrierende Ansprüche aus der Generalklausel des UWG und aus § 823 I BGB unter dem Gesichtspunkt eines Eingriffs in das Recht am Gewerbebetrieb[1128].

[1125] Ausführlich dazu *Sack*, in: FS für v. Gamm, 1990, S. 161 ff., 164 ff.

[1126] Vgl. dazu *Sack*, GRUR 1995, 81 ff., 82 ff.; diese Vorschrift beruht auf Art. 5 der Markenrechts-Richtlinie der EG, die ihrerseits die Rechtsprechung der europäischen Mitgliedstaaten zum Markenschutz außerhalb der betreffenden Markengesetze kodifiziert; vgl. dazu den rechtsvergleichenden Überblick bei *Sack*, RIW 1985, 597 ff.

[1127] *Sack*, GRUR 1995, 81 ff., 86 (vor e); vgl. auch *Piper*, GRUR 1996, 429 ff., 436; a.A. *Krings*, GRUR 1996, 624 ff.

[1128] BGHZ 138, 349 ff., 352 = GRUR 1999, 161 ff., 162 – MAC Dog; BGH GRUR 1999, 992 ff., 995 – BIG PACK; BGH GRUR 2000, 70 ff., 73 – Szene; BGH GRUR 2000, 608 ff., 610 – ARD-1; BGH GRUR 2002, 167 ff., 171 – Bit/Bud; BGH GRUR 2002, 340 ff., 342 (4.) – Fabergé; BGZ 149, 191 ff., 195 f. = GRUR 2002, 622 ff., 623 – shell.de; BGH GRUR 2003, 332 ff., 335 f. – Abschlussstück; BGH GRUR 2003, 973 ff., 974 – Tupperwareparty; BGH GRUR 2004, 1039 ff., 1041 – SB-Beschriftung; BGH GRUR 2005, 163 ff., 165 – Aluminiumräder; BGH NJW 2005, 2856 ff., 2858 = GRUR 2005, 583 – Lila-Postkarte; aus dem Schrifttum vgl. *Bornkamm*, GRUR 2005, 97 ff., 98 ff.; *Ingerl*, WRP 2004, 809 ff., 810 f., 816; *Ingerl/Rohnke*, MarkenG § 2 Rn. 2; *Piper*, GRUR 1996, 429 ff., 435; *Sack*, GRUR 1995, 81 ff., 93; *ders.*, WRP 2004, 1405 ff., 1413 f.; *ders.*, WRP 2005, 531 ff., 538; a.A. *Fezer*, WRP 2000, 863 ff., 865 ff.; *V. Deutsch*, WRP 2000, 854; *Ströbele/Hacker*, MarkenG § 2 Rn. 28; a.A., d.h. für Anspruchskonkurrenz zwischen Markenrecht und UWG, früher auch noch BGH GRUR 1998, 697 ff., 699 – Venus-Multi; BGH GRUR 1998, 934 ff., 937 – Wunderbaum.

b) Entsprechende Regelungen kennt die GemeinschaftsmarkenVO in Art. 9 I Buchst. c (Verletzungstatbestand) und Art. 8 V (Eintragungshindernis).

c) Ansprüche aus § 14 II Nr. 3 MarkenG bzw. aus Art. 9 I Buchst. c GemeinschaftsmarkenVO erfordern eine *kennzeichenmäßige* Benutzung der geschützten Marke durch den Verletzer. Einen weiterreichenden Verwässerungsschutz hat jedoch auch der BGH berühmten Marken nicht gewährt[1129].

VII. Schutz von Vertriebsbindungen gegen Außenseiter

1. Die Entwicklung der Rechtsprechung

a) In seiner Golfrasenmäher-Entscheidung aus dem Jahre 1978 schützte der BGH ein vertriebsbindendes Unternehmen mit § 823 I BGB unter dem Gesichtspunkt eines Eingriffs in das Recht am Gewerbebetrieb gegen den Vertrieb seiner Waren durch einen Außenseiter seines Vertriebsbindungssystems[1130]. Diese Entscheidung betraf folgenden Fall: Einem Händler, der nicht (mehr) zu den Vertragshändlern eines Vertriebsbindungssystems eines Herstellers von Golfrasenmähern gehörte, war es gelungen, solche auf dem »grauen Markt« zu erwerben. Zur Tarnung seiner Erwerbsquelle hat er die Originalfabrikations-Nummern entfernt und durch eigene Nummern ersetzt[1131]. Ein Mitbewerber des Händlers wendete sich in gewillkürter – vom BGH als zulässig anerkannter – Prozessstandschaft für den Hersteller gegen den Außenseiter, insbesondere gegen die Beseitigung der Fabrikationsnummern. Der BGH gewährte dem Hersteller Ansprüche aus § 823 I BGB wegen Verletzung seines Rechts am Gewerbebetrieb gegen das Inverkehrbringen seiner Golfrasenmäher, von denen die von ihm angebrachten Nummern- und Typenschilder entfernt worden waren[1132]. Ansprüche aus der wettbewerbsrechtlichen Generalklausel des *§ 1 UWG (a.F.)* verneinte er hingegen, weil es an einem *Wettbewerbsverhältnis*

[1129] So besonders deutlich BGH GRUR 1990, 711 ff., 713 (4.) – »Telefonnummer 4711«.

[1130] BGH GRUR 1978, 364 ff., 367 = WRP 1978, 364 ff. – Golfrasenmäher; ebenso Bamberger/Roth/*Spindler*, BGB § 823 Rn. 128; *Stadtmüller*, Diss., S. 265 ff.; ablehnend *Büttner*, Vertriebsbindungen. Zulässigkeit und Schutz nach der Rechtsprechungsänderung, 2004, S. 79 f.; *Keller*, in: Harte/Henning, UWG § 2 Rn. 25.

[1131] Anhand eines von ihm geführten Konkordanzverzeichnisses konnte er feststellen, welche seiner Nummern der Originalnummer entsprach.

[1132] BGH GRUR 1978, 364 ff., 367 = WRP 1978, 364 ff. – Golfrasenmäher; ebenso OLG Düsseldorf, GRUR 1970, 248 ff., 249 – Fabrikationsnummer (Unterlassung); OLG Koblenz, WRP 1978, 470 ff., 471 (Unterlassung); OLG Nürnberg, WRP 1978, 475 f., 476 (Unterlassung); zustimmend Soergel/*Beater*, BGB § 823 Anh V Rn. 76; a.A. noch BGH GRUR 1964, 154 ff., 156 – Trockenrasierer II, wo Ansprüche aus § 823 I BGB unter dem Gesichtspunkt eines Eingriffs in das Recht am Gewerbebetrieb abgelehnt worden waren, weil diese nur lückenfüllend bestünden und die Generalklausel des § 1 UWG (a.F.) hier keine Lücken lasse.

zwischen dem Bekl. und dem Hersteller fehle[1133]. Veräußere ein Einzelhändler Erzeugnisse eines Herstellers an Letztverbraucher, stünden Hersteller und Händler nicht in Wettbewerb miteinander[1134]. Die Klagebefugnis »branchengleicher oder -verwandter Gewerbetreibender« nach § 13 II Nr. 1 UWG (früher § 13 I UWG), die für die geltend gemachten Unterlassungsansprüche zweifellos bestand, hat der BGH trotz der Subsidiarität des Rechts am Gewerbebetrieb gegenüber Ansprüchen aus dem UWG nicht erwähnt[1135].

b) Von seiner in der Golfrasenmäher-Entscheidung geäußerten Ansicht distanzierte sich der BGH später ausdrücklich[1136]. Er wendete – wieder, wie schon vor der Golfrasenmäher-Entscheidung[1137] – § 13 II Nr. 1 UWG a.F. an, wonach branchengleiche oder -verwandte Gewerbetreibende für Unterlassungsansprüche klagebefugt waren[1138]. Ein Wettbewerbsverhältnis i.S.v. § 13 II Nr. 1 UWG bestehe auch dann, wenn die Parteien auf verschiedenen Wirtschaftsstufen tätig seien[1139].

c) In seiner Synthesizer-Entscheidung von 1988 erklärte dann der BGH, dass sich die Klagebefugnis eines vertriebsbindenden Herstellers gegen Außenseiter aus dem *Wettbewerbsverhältnis* zwischen den Parteien ergebe, das auch zwischen Unternehmen verschiedener Wirtschaftsstufen bestehen könne, und sich *zusätzlich* auch aus § 13 II Nr. 1 UWG ergebe, da die Klage den Vertrieb gleicher Waren betreffe[1140].

d) Die dargelegte Entwicklung der Rechtsprechung ist durch eine unklare Handhabung des Begriffs »Wettbewerbsverhältnis« gekennzeichnet. Ursprünglich verstand der BGH darunter soweit ersichtlich nur das sog. *abstrakte Wettbewerbsverhältnis* i.S.v. § 13 II Nr. 1 UWG (früher § 13 I UWG). In seiner Synthesizer-Entscheidung von 1988 unterschied er hingegen zwischen der Klagebefugnis aus § 13 II Nr. 1 UWG – die in dieser Vorschrift genannten Beziehungen der Parteien bezeichnete man als »abstraktes Wettbewerbsverhältnis« – und der zusätzlichen Klagebefugnis aufgrund des Bestehens eines »Wettbe-

---

1133 BGH GRUR 1978, 364 ff., 367 – Golfrasenmäher; wohl deshalb hatte ein unmittelbarer Mitbewerber des Außenseiters geklagt, freilich in Prozessstandschaft für den Hersteller.

1134 BGH GRUR 1978, 364 ff., 367 – Golfrasenmäher.

1135 Durch die UWG-Novelle 2004 ist diese Klagebefugnis für Unterlassungsansprüche »abstrakter Mitbewerber« aufgehoben worden.

1136 BGH GRUR 1988, 826 ff., 827 (vor II. 2.) – Entfernung von Kontrollnummern II.

1137 Vgl. aus der Rechtsprechung vor 1978 BGH GRUR 1965, 612 ff., 615 – Warnschild; ebenso im Ergebnis ohne ausdrückliche Prüfung der Klagebefugnis BGH GRUR 1962, 426 – Selbstbedienungsgroßhandel; BGH GRUR 1964, 154 – Trockenrasierer III; BGH GRUR 1969, 222 – Le Galion.

1138 BGH GRUR 1988, 826 ff., 827 – Entfernung von Kontrollnummern II; BGH GRUR 1989, 673 – Zahnpasta; ebenso BGH GRUR 1983, 582 ff., 583 – Tonbandgerät.

1139 BGH GRUR 1988, 826 ff., 827 – Entfernung von Kontrollnummern II; BGH GRUR 1989, 673 – Zahnpasta.

1140 BGH GRUR 1989, 110 ff., 111 – Synthesizer.

werbsverhältnisses«. Vielleicht war damit ein konkretes Wettbewerbsverhältnis gemeint, auf das man die – von § 13 II Nr. 1 UWG unabhängige – Klagebefugnis des »unmittelbar Verletzten« stützte.

e) In weiteren Entscheidungen zu UWG-Klagen von Vertriebsbindern gegen Außenseiter machte der BGH keine Ausführungen zur Klagebefugnis, auch soweit Ansprüche aus dem UWG gewährt wurden[1141].

2. Ansprüche aus dem UWG

a) Die Unlauterkeitstatbestände

Unternehmen, die ihre Waren nur über bestimmte Großhändler und Einzelhändler vertreiben, können sich mit Ansprüchen aus dem UWG gegen den Vertrieb durch Außenseiter ihres Vertriebsbindungssystems wehren[1142],

- wenn sich der Außenseiter die Waren durch sog. *Schleichbezug* beschafft hat[1143];
- wenn er seinen Lieferanten dazu *verleitet* hat, ihn – den Außenseiter – unter Verletzung des Vertriebsbindungsvertrags mit vertriebsgebundener Ware zu beliefern[1144];
- wenn auf den von ihm vertriebenen Waren die *Fabrikationsnummern* beseitigt worden sind, um die »undichte Stelle«, d.h. den Lieferanten zu tarnen, der unter Verletzung seines Vertriebsbindungsvertrages den Außenseiter beliefert hat[1145].

1141 Vgl. BGH GRUR 1988, 823 – Entfernung von Kontrollnummern I; BGH GRUR 1988, 916 – PKW-Schleichbezug; BGH GRUR 1989, 832 – Schweizer Außenseiter; BGH GRUR 1992, 171 – Vorgetäuschter Vermittlungsauftrag; BGH GRUR 1992, 627 – Pajero; BGH GRUR 1994, 827 – Tageszulassungen; BGH GRUR 2002, 709 = WRP 2002, 947 – Entfernung der Herstellungsnummer III.

1142 Ausführlich dazu *Sack*, WRP 2000, 447 ff.; *Unglaub*, Der selektive Vertrieb von Parfum und Luxuskosmetika im Kartell-, Wettbewerbs- und Markenrecht, 2001, S. 131 ff., 161 ff.

1143 BGH GRUR 1999, 1113 ff., 1114 (b) = WRP 1999, 1022 – Außenseiteranspruch I; BGH GRUR 2000, 724 = WRP 2000, 734 ff., 735 – Außenseiteranspruch II; ebenso auch schon vor der Änderung der Rechtsprechung in den Jahren 1999/2000 BGH GRUR 1964, 154 – Trockenrasierer II; BGH GRUR 1988, 916 ff., 917 – PKW-Schleichbezug; BGH GRUR 1992, 171 ff., 173 – Vorgetäuschter Vermittlungsauftrag; BGH GRUR 1994, 827 – Tageszulassungen; ausführlich dazu *Büttner*, Vertriebsbindungen, S. 82 f., 91 f.; *Köhler*, in: Hefermehl/Köhler/Bornkamm, UWG § 4 Rn. 10.63 (zu § 4 Nr. 10 UWG); *Sack*, WRP 2000, 447 ff., 449; *Unglaub*, Der selektive Vertrieb ..., S. 131, 161.

1144 BGH GRUR 1999, 1113 ff., 1114 (b) – Außenseiteranspruch I; BGH GRUR 1999, 1109 – Entfernung der Herstellungsnummer; BGH GRUR 1999, 1017 – Kontrollnummernbeseitigung; BGH GRUR 2000, 274 = WRP 2000, 734 ff., 736 a.E. – Außenseiteranspruch II; zu den rechtlichen Voraussetzungen des »Verleitens« ausführlich *Sack*, WRP 2000, 447 ff., 449 ff., 452; *Büttner*, Vertriebsbindungen, S. 83 f., 92; *Köhler*, in: Hefermehl/Köhler/Bornkamm, UWG § 4 Rn. 10.63; *Unglaub*, Der selektive Vertrieb ..., S. 132 f., 161 ff.

1145 BGH GRUR 2000, 724 = WRP 2000, 734 ff., 738 (3.) – Außenseiteranspruch II; BGH

Früher war es auch unlauter, wenn ein Außenseiter vertriebsgebundene Ware in den Verkehr brachte, die er unter *Ausnutzung* von Vertragsbruch seines Lieferanten erlangt hatte, vorausgesetzt, das Vertriebsbindungssystem war theoretisch und praktisch »lückenlos«. Diese Ansicht hat der BGH jedoch ausdrücklich aufgegeben[1146]. Nunmehr stellt sich in diesen Fällen verstärkt die Frage, der man zuvor ausweichen konnte, ob der Außenseiter nicht nur einen Vertragsbruch des Lieferanten *ausgenutzt* hat, sondern ob er dazu *verleitet* hat, sodass aus diesem Grunde der Außenseitervertrieb der gebundenen Ware unlauter ist.

b) Die Klagebefugnis

Für den vorliegenden Zusammenhang von erheblicher praktischer Bedeutung ist, ob der Vertriebsbinder die wettbewerbsrechtliche *Klagebefugnis* hat, um sich gegen unlauteren Außenseitervertrieb wehren zu können.

Vor der UWG-Novelle von 2004 stützte der BGH die Klagebefugnis des Vertriebsbinders vor allem auf § 13 II Nr. 1 UWG (zuvor § 13 I UWG)[1147]. Danach konnten Unterlassungsansprüche aus der früher einschlägigen Vorschrift des § 1 UWG a.F. von Gewerbetreibenden geltend gemacht werden, die Waren oder gewerbliche Leistungen *gleicher oder verwandter Art* vertrieben[1148]. Diese Voraussetzungen waren nach dem Wortlaut dieser Vorschrift im Verhältnis zwischen Vertriebsbindern und Außenseitern erfüllt. Unerheblich war nach st. Rspr., dass die Parteien auf verschiedenen Wirtschaftsstufen tätig wurden. Zwischen ihnen bestand nach Ansicht des BGH ein »Wettbewerbsverhältnis«, allerdings ein sog. »abstraktes Wettbewerbsverhältnis« , wie es für die Klagebefugnis nach § 13 II Nr. 1 UWG erforderlich, aber auch ausreichend war.

Offenbar hielt man die Klagebefugnis nach § 13 II Nr. 1 UWG (früher § 13 I UWG) für unproblematisch. Denn nur so lässt sich wohl erklären, dass in einer

---

GRUR 2001, 448 ff., 449 – Kontrollnummernbeseitigung II; BGH GRUR 2002, 709 ff., 710 = WRP 2002, 947 ff., 949 – Entfernung der Herstellungsnummer III; BGH GRUR 2004, 1039 ff., 1041 – SB-Beschriftung; ausführlich dazu *Sack*, WRP 2000, 447 ff., 454 ff.; *Büttner*, Vertriebsbindungen, S. 95 ff., 170 f.; kritisch *Unglaub*, a.a.O., S. 210 f.; wenn die betreffenden Kontrollnummern gesetzlich vorgeschrieben waren, z.B. durch die KosmetikVO, dann ist der Vertrieb nach § 4 Nr. 11 UWG unlauter, vgl. BGH WRP 1999, 1026 ff., 1028 (4.) – Entfernung der Herstellungsnummer; BGH GRUR 2002, 709 ff., 710 f. – Entfernung der Herstellungsnummer III; *Büttner*, a.a.O., S. 100, 105; *Unglaub*, a.a.O., S. 141 f.

[1146] Vgl. BGH GRUR 1999, 1113 ff., 1115 f. (2.) = WRP 1999, 1022 – Außenseiteranspruch I; BGH GRUR 2000, 724 ff., 726 (2.) = WRP 2000, 734 ff., 736 a.E. – Außenseiteranspruch II; dazu *Unglaub*, Der selektive Vertrieb ..., S. 133 ff., 163; kritisch zur Argumentation des BGH *Sack*, WRP 2000, 447 ff., 452 ff.

[1147] BGH GRUR 1965, 612 ff., 615 – Warnschild; BGH GRUR 1983, 582 ff., 583 – Tonbandgerät; BGH GRUR 1988, 826 ff., 827 – Entfernung von Kontrollnummern II; BGH GRUR 1989, 673 – Zahnpasta; BGH GRUR 1989, 110 ff., 111 – Synthesizer (Klagebefugnis nach § 13 II Nr. 1 UWG und zusätzlich als unmittelbar Verletzter).

[1148] Spätere Einschränkungen der Klagebefugnis aus § 13 II Nr. 1 UWG a.F. durch den Gesetzgeber können im vorliegenden Zusammenhang außer Betracht bleiben.

größeren Anzahl von Entscheidungen über wettbewerbsrechtliche Ansprüche von Vertriebsbindern gegen Außenseiter die Klagebefugnis mit keinem Wort erwähnt wurde[1149] oder ohne eine Begründung auf das Bestehen eines »Wettbewerbsverhältnisses« hingewiesen wurde[1150]. Nur die Golfrasenmäher-Entscheidung von 1978 fügte sich nicht ein.

Die Regelung der Klagebefugnis durch § 13 II Nr. 1 UWG a.F., die nur Ansprüche auf *Unterlassung* betraf, ist durch die UWG-Novelle von 2004 aufgehoben worden. Nunmehr erfordern Unterlassungsansprüche nach § 8 III Nr. 1 i.V.m. § 2 I Nr. 3 UWG und Schadensersatzansprüche nach § 9 i.V.m. § 2 I Nr. 3 UWG ein *konkretes Wettbewerbsverhältnis* zwischen den Parteien. In seiner Golfrasenmäher-Entscheidung von 1978 hatte der BGH ein solches zwischen Vertriebsbindern und Außenseitern ausdrücklich verneint[1151]. Dazu hat er ausgeführt, dass zwar auch zwischen Unternehmen verschiedener Wirtschaftsstufen ein Wettbewerbsverhältnis bestehen könne. Veräußere jedoch ein Einzelhändler Erzeugnisse eines Herstellers an Letztverbraucher, dann stünden dieser Hersteller und die Einzelhändler *nicht in Wettbewerb* miteinander[1152].

In seiner Entscheidung »Entfernung von Kontrollnummern II« vom 5.5.1988 hat sich jedoch der BGH ausdrücklich von dieser Ansicht distanziert und ein »Wettbewerbsverhältnis« zwischen den Parteien bejaht, ohne allerdings klar zu sagen, ob er ein »abstraktes Wettbewerbsverhältnis« i.S.v. § 13 II Nr. 1 UWG a.F. oder ein »konkretes Wettbewerbsverhältnis« meinte; die für seine Ansicht zitierte Kasuistik passt teilweise zu § 13 II Nr. 1 UWG (zuvor § 13 I UWG) und teilweise zur Klagebefugnis des »unmittelbar Verletzten« aufgrund eines konkreten Wettbewerbsverhältnisses[1153]. In seiner Synthesizer-Entscheidung von 1988 hat er dann ein »Wettbewerbsverhältnis« zwischen Vertriebsbindern und Außenseitern bejaht und darauf – *zusätzlich* zu § 13 II Nr. 1 UWG a.F. – die Klagebefugnis gestützt[1154]. Ob damit ein »konkretes Wettbewerbsverhältnis« gemeint war, das einem solchem i.S.v. § 2 I Nr. 3 UWG 2004 entspricht, ist allerdings nicht eindeutig feststellbar[1155].

Ein konkretes Wettbewerbsverhältnis i.S.v. § 2 I Nr. 3 UWG n.F. und damit auch ein Mitbewerberverhältnis i.S.v. § 8 und § 9 UWG wird angenommen, »wenn zwischen den *Vorteilen*, die jemand durch eine Maßnahme für sein Unternehmen oder das eines Dritten zu erreichen sucht, und den *Nachteilen*, die ein anderer dadurch erleidet, eine Wechselbeziehung in dem Sinne besteht, dass

---

1149 Vgl. BGHZ 37, 30 = GRUR 1962, 426 – Selbstbedienungsgroßhandel; BGHZ 40, 135 = GRUR 1964, 154 – Trockenrasierer II; BGH GRUR 1968, 272 – Trockenrasierer III; vgl. ferner die Angaben oben in Fußn. 1138, 1140.

1150 BGH GRUR 1957, 342 ff., 347 – Underberg.

1151 BGH GRUR 1978, 364 ff., 367 – Golfrasenmäher.

1152 BGH GRUR 1978, 364 ff., 367 l.Sp. – Golfrasenmäher.

1153 BGH GRUR 1988, 826 ff., 827 (II. 1.) – Entfernung von Kontrollnummern II.

1154 BGH GRUR 1989, 110 ff., 111 (II. 1.) – Synthesizer.

1155 Vgl. *Sack*, WRP 2004, 1405 ff., 1424.

der eigene Wettbewerb gefördert und der fremde Wettbewerb beeinträchtigt werden kann«[1156]. Nach dem Zweck des § 2 I Nr. 3 UWG besteht ein konkretes Wettbewerbsverhältnis zwischen Parteien wohl nicht nur dann, wenn sie sich darum bemühen, *anstelle* eines Mitbewerbers zu Geschäftsabschlüssen zu gelangen[1157] – dies entspräche dem Mitbewerberbegriff des allgemeinen Sprachgebrauchs –, sondern immer schon dann – sehr viel weiter –, wenn durch eine Wettbewerbshandlung eines Unternehmens lauterkeitsrechtlich schützenswerte Interessen eines anderen Unternehmens negativ betroffen werden können und der Wettbewerb dadurch »zum Nachteil« des letzteren verfälscht bzw. beeinträchtigt werden kann[1158]. Der BGH hält ein Wettbewerbsverhältnis für gegeben, wenn beide Parteien gleichartige Waren innerhalb derselben Verkehrskreise abzusetzen suchen, auch wenn sie dies auf verschiedenen Wirtschaftsstufen tun[1159]. Diese Voraussetzungen eines konkreten Wettbewerbsverhältnisses sind nach neuerer Ansicht des BGH auch im Verhältnis zwischen Vertriebsbindern und Außenseitern erfüllt[1160]. Das ist allerdings nicht zweifelsfrei. Denn für ein konkretes Wettbewerbsverhältnis i.S.v. § 2 I Nr. 3 UWG wird eine *Wechselbeziehung* zwischen der Förderung des eigenen Wettbewerbs und der Beeinträchtigung fremden Wettbewerbs für erforderlich gehalten[1161]. Eine solche Wechselbeziehung, insbesondere eine Beeinträchtigung des Wettbewerbs des Vertriebsbinders, ist beim Verkauf vertriebsgebundener Waren durch einen Außenseiter nicht ohne weiteres gegeben.

Soweit man zwischen Vertriebsbindern und Außenseitern ein konkretes Wettbewerbsverhältnis i.S.v. § 2 I Nr. 3 UWG bejaht, sodass sie »Mitbewerber« i.S.v. § 8 und § 9 UWG sind[1162], bietet das UWG einen *umfassenden* Schutz gegen rechtlich zu missbilligenden Vertrieb vertriebsgebundener Waren durch Außenseiter. Für eine lückenfüllende Anwendung von § 823 I BGB (Recht am Gewerbebetrieb) ist kein Raum.

[1156] So schon *Baumbach/Hefermehl*, Einl. UWG Rn. 216; ebenso zur UWG-Novelle 2004 Begr.Reg.-Entw. BT-Drucks. 15/1487, S. 16; Gegenäußerung der BReg., Begr.Reg.-Entw. BT-Drucks. 15/1487 Anl. 3, S. 4; ebenso *Fezer*, in: Fezer, UWG § 2 Rn. 99; *Keller*, in: Harte/Henning, UWG § 2 Rn. 14, 19; *Köhler*, in: Hefermehl/Köhler/Bornkamm, UWG § 2 Rn. 59.

[1157] So jedoch *Köhler*, in: Hefermehl/Köhler/Bornkamm, UWG § 2 Rn. 64.

[1158] So *Keller*, in: Harte/Henning, UWG § 2 Rn. 14, 20.

[1159] BGH GRUR 1999, 1122 ff., 1123 (II. 1.) EG-Neuwagen I; BGH GRUR 2001, 448 (II. 1. a) – Kontrollnummernbeseitigung II; BGH GRUR 2004, 877 = WRP 2004, 1272 ff., 1274 (II. 1. a) – Werbeblocker; *Köhler*, in: Hefermehl/Köhler/Bornkamm, UWG § 2 Rn. 68, 69.

[1160] BGH GRUR 1988, 826 ff., 827 (II. 1.) – Entfernung von Kontrollnummern II; BGH GRUR 1999, 1122 ff., 1123 (II. 1.) – EG-Neuwagen I; BGH GRUR 2001, 448 (II. 1. a) – Kontrollnummernbeseitigung II; ebenso im Schrifttum *Büttner*, Vertriebsbindungen, 2004, S. 78; *Fezer*, in: Fezer, UWG § 2 Rn. 111; *Keller*, in: Harte/Henning, UWG § 2 Rn. 25; *Meckel*, in: HK-WettbR, UWG § 2 Rn. 28.

[1161] Begr.Reg.-Entw. BT-Drucks. 15/1487, S. 16.

[1162] Das ist sprachlich zwar ein Missgriff, entspricht jedoch wohl der Legaldefinition des § 2 I Nr. 3 UWG.

3. Markenrechtliche Ansprüche

a) *Anspruchsvoraussetzungen*

Der unbefugte Vertrieb von Originalware mit Originalmarke durch Außenseiter erfüllt den Tatbestand der Doppelidentität nach § 14 II Nr. 1 MarkenG bzw. Art. 9 I Buchst. a Gemeinschaftsmarkenverordnung (GMV)[1163]. Nach § 24 I MarkenG bzw. Art. 13 I GMV sind jedoch die Markenrechte erschöpft, wenn die betreffende Ware im europäischen Wirtschaftsraum (EWR) in den Verkehr gebracht worden ist[1164] und wenn der Markeninhaber keine berechtigten Gründe gegen die Erschöpfung einwenden kann, § 24 II MarkenG bzw. Art. 13 II GMV.

Im Schrifttum wurde die Ansicht vertreten, dass *jede* Verletzung *wirksamer* Vertriebsbindungen durch Außenseiter ein berechtigter Grund gegen die Erschöpfung sei[1165]. Für Vertriebsbindungen, die den zwischenstaatlichen Handel i.S.v. Art. 81 I EG beeinträchtigen, wurde dies damit begründet, dass sie nur wirksam sind, wenn sie die Freistellungsvoraussetzungen des Art. 81 III EG erfüllen, d.h. wenn sie positiv zu bewerten sind[1166]. Unter diesen Voraussetzungen sind auch – unabhängig von Art. 81 EG – rein nationale Vertriebsbindungen positiv zu bewerten.

Nach Ansicht des BGH ist die Verletzung solcher – positiv zu bewertender – Vertriebsbindungen nicht ohne weiteres ein berechtigter Grund i.S.v. § 24 II MarkenG bzw. Art. 13 II GMV gegen die Erschöpfungseinrede[1167]. Ein berechtigter Grund i.S.d. Vorschriften ist jedoch anzunehmen, wenn der Außenseiterwettbewerb die oben genannten *Unlauterkeitsvoraussetzungen* erfüllt[1168]. Um Missverständnissen vorzubeugen: Nicht der Verstoß gegen das UWG ist ein berechtigter Grund i.S.v. § 24 II MarkenG. Vielmehr sind es dieselben Gründe – Verleiten zum Vertragsbruch; Schleichbezug; Behinderungswettbe-

---

[1163] BGH GRUR 2002, 709 = WRP 2002, 947 ff., 949 – Entfernung der Herstellungsnummer III; BGH GRUR 2001, 448 ff., 449 f. (2.) = WRP 2001, 539 – Kontrollnummernbeseitigung II; BGH GRUR 2000, 724 = WRP 2000, 734 ff., 738 (3.) – Außenseiteranspruch II; *Bayreuther*, WRP 2000, 349; *Sack*, WRP 1999, 467 ff., 469; *ders.*, WRP 2000, 447 ff., 457.

[1164] Vgl. *Sack*, WRP 2000, 447 ff., 457.

[1165] Vgl. *Sack*, WRP 1999, 467 ff., 472 f.; *ders.*, WRP 2000, 447 ff., 457 a.E.; a.A. *Unglaub*, Der selektive Vertrieb ..., S. 181 ff.

[1166] Vgl. *Sack*, WRP 1999, 467 ff., 470 ff.

[1167] BGH GRUR 2002, 709 ff., 711 = WRP 2002, 947 ff., 949 f. – Entfernung der Herstellungsnummer III; a.A. *Sack*, WRP 1999, 467 ff., 472 f.

[1168] So grundsätzlich zum Unlauterkeitstatbestand der Entfernung von Kontrollnummern BGH GRUR 2000, 724 ff., 727 (3.) = WRP 2000, 734 ff., 738 (3.) – Außenseiteranspruch II; BGH GRUR 2001, 448 ff., 450 = WRP 2001, 539 – Kontrollnummernbeseitigung II; BGH GRUR 2002, 709 ff., 711 = WRP 2002, 947 ff., 949 (b, aa) – Entfernung der Herstellungsnummer III; ebenso *Bayreuther*, WRP 2000, 349 ff., 357; *Köhler*, in: Hefermehl/Köhler/Bornkamm, UWG § 4 Rn. 10.64; *Sack*, WRP 1999, 467 ff.; *ders.*, WRP 2000, 447 ff.; *ders.*, WRP 2001, 1405 ff., 1425; vgl. auch *Unglaub*, Der selektive Vertrieb ..., S. 205 ff.

werb und Verletzung von Kennzeichnungspflichten –, die sowohl den Vorwurf des unlauteren Wettbewerbs rechtfertigen als auch berechtigte Gründe i.S.v. § 24 II MarkenG bzw. Art. 13 II GMV gegen die Erschöpfungseinrede darstellen. Unter diesen Voraussetzungen kann der Vertriebsbinder, wenn er Inhaber der betreffenden Marke ist, markenrechtliche Ansprüche aus § 14 II 1 MarkenG bzw. aus Art. 9 I Buchst. a GMV in seiner Eigenschaft *als Markeninhaber* geltend machen.

b) Unterschiede zwischen markenrechtlichen und wettbewerbsrechtlichen Ansprüchen

aa) Die Klagebefugnis

Ansprüche aus dem MarkenG bzw. aus der GMV hat nur der *Markeninhaber*, während Individualansprüche aus dem UWG dem *Vertriebsbinder* zustehen, wenn er »Mitbewerber« i.S.v. § 8 III Nr. 1 bzw. § 9 UWG ist, was sprachlich zwar ein Unding ist, jedoch wohl der Legaldefinition des § 2 I Nr. 3 UWG entspricht.

bb) Vorteile des Markenrechts

Markenrechtliche Ansprüche haben gegenüber wettbewerbsrechtlichen verschiedene Vorteile:

(1) Der Markeninhaber kann markenrechtlich nicht nur gegen Wettbewerbshandlungen, d.h. gegen den Vertrieb und die Werbung für Außenseiterware vorgehen, sondern nach § 14 III Nr. 2 UWG auch schon gegen ihren Besitz zum Zwecke des Vertriebs.

(2) Der markenrechtliche *Vernichtungsanspruch* nach § 18 MarkenG bzw. bei Gemeinschaftsmarken nach § 125 b Nr. 2 i.V.m. § 18 MarkenG unterliegt geringeren Anforderungen als der wettbewerbsrechtliche, der nur besteht, wenn die von den Gegenständen ausgehende Gefahr weiterer Rechtsverletzungen nicht auf eine andere – mildere – Weise beseitigt werden kann[1169].

Der BGH scheint anzunehmen, dass nicht nur bei widerrechtlicher *Kennzeichnung*, sondern auch bei sonstigen Kennzeichenverletzungen, z.B. beim Vertrieb nach einer Entfernung von Herstellungsnummern, die Voraussetzungen des § 18 MarkenG erfüllt sind[1170]. So scheint der BGH z.B. marken-

---

[1169] BGH GRUR 2002, 709 ff., 711 = WRP 2002, 947 ff., 949 (a, dd) – Entfernung der Herstellungsnummer III; zu den Voraussetzungen wettbewerbsrechtlicher Vernichtungsansprüche vgl. BGH GRUR 1957, 278 ff., 279 – Evidur; BGH GRUR 1963, 539 ff., 542 – echt skai; BGH GRUR 1974, 666 ff., 669 – Reparaturversicherung.

[1170] BGH GRUR 2002, 709 ff., 711 = WRP 2002, 947 ff., 949 (a, dd) – Entfernung der Herstellungsnummer III; ebenso der öst. OGH ÖBl. 2004, 220 ff., 222 – Gmundner Keramik; *Fezer*, MarkenG § 18 Rn. 12; *Ingerl/Rohnke*, § 18 MarkenG Rn. 11; *Ströbele/Hacker*, MarkenG § 18 Rn. 8 i.V.m. § 24 Rn. 53; a.A. *Gamerith*, ÖBl. 2004, 223 f.

rechtliche Vernichtungsansprüche für begründet zu halten, wenn ein Außenseiter Fabrikationsnummern der Außenseiterware beseitigt hat[1171].

(3) Markenverletzungen eröffnen nach § 146 MarkenG i.V.m. der ProduktpiraterieVO 1383/2003 (zuvor VO 3295/94) der EG die Möglichkeit der *Grenzbeschlagnahme*.

(4) Vorsätzliche Markenverletzungen sind nach § 143 MarkenG strafbar.

(5) Schließlich bestehen nach § 140 MarkenG noch verfahrensrechtliche Unterschiede hinsichtlich der Zuständigkeit der Kennzeichengerichte und der Kostenerstattung für Patentanwälte.

c) Konkurrenzen

Nach der vom BGH vertretenen Vorrangthese zum Verhältnis von Markenrecht und UWG[1172], die allerdings umstritten ist, verdrängen markenrechtliche Ansprüche in ihrem Regelungsbereich grundsätzlich entsprechende wettbewerbsrechtliche Ansprüche. M.E. gibt es keinen Grund, bei konkurrierenden markenrechtlichen und wettbewerbsrechtlichen Ansprüchen des Vertriebsbinders gegen Außenseiter anders zu verfahren. Der BGH scheint jedoch Anspruchskonkurrenz anzunehmen.

VIII. Eingriff in fremde »Verlagsrechte«

Zu dieser Fallgruppe gibt es nur eine einzige Entscheidung des BGH[1173]. Sie stammt aus dem Jahre 1958 und damit noch aus einer Zeit, bevor der BGH dem Recht am Gewerbebetrieb nur eine lückenfüllende Funktion zugewiesen hat.

Die Entscheidung betraf folgenden Sachverhalt[1174]: Beide Parteien waren Verleger. Der Kl. hatte 1933 mit dem Schriftsteller Bert Brecht einen Verlagsvertrag über den »Dreigroschenroman« abgeschlossen, durch die er die ausschließlichen Rechte zur Vervielfaltigung und Verbreitung des Werks erwarb, die nicht nur auf eine Auflage beschränkt waren. Im Jahre 1948 hat dann Bert Brecht mit dem »Aufbau-Verlag« in Berlin einen Verlagsvertrag über eine Neuauflage geschlossen und diesem gegenüber behauptet, die Rechte des Klägers seien erloschen. Der Aufbau-Verlag hat mit dem Kl. eine Kooperation vereinbart, durch die diesem ein Gewinn von 19.000 hfl. zugeflossen wäre. Zuvor hatte Bert Brecht auch schon mit dem Bekl. einen Verlagsvertrag über dieses

---

[1171] BGH GRUR 2002, 709 ff., 711 = WRP 2002, 749 ff., 949 (a, dd) – Entfernung der Herstellungsnummer III.

[1172] Vgl. oben die Angaben in Fußn. 1128.

[1173] BGH GRUR 1959, 331 ff. – Dreigroschenroman; vgl. dazu *Harmsen*, MDR 1959, 725 ff., 726; *Deutsch*, JZ 1963, 385 ff., 387.

[1174] Der Tatbestand ist sehr unklar und lückenhaft formuliert und auch anhand der Entscheidungsgründe nicht zweifelsfrei zu rekonstruieren.

Werk abgeschlossen. Deshalb ist der Aufbau-Verlag, nachdem er davon Kenntnis erlangt hatte, vom Verlagsvertrag zurückgetreten. Trotz der Proteste des Kl. hat der Bekl. den Roman 1949 auf den Markt gebracht. Der Kl. verlangte Schadensersatz wegen entgangenen Gewinns, der ihm aus der Neuauflage mit dem Aufbau-Verlag zugeflossen wäre, sowie wegen des Schadens, der durch die Verwirrung der Fachkreise entstanden ist. Das OLG hatte dem Kl. mit rechtskräftigen Urteil urheberrechtliche Ansprüche für den ihm wegen der *Vervielfältigung* und *Verbreitung* des Werks durch den Bekl. entstandenen Schaden zugesprochen. Der BGH hatte darüber zu befinden, ob dieser urheberrechtliche Schadensersatzanspruch auch den Schaden umfasste, der dem Kl. durch den Rücktritt des Aufbau-Verlags von dem Vertrag mit dem Autor entstanden ist. Das Berufungsgericht hatte dies bejaht. Der BGH hat dies jedoch abgelehnt, da das rechtskräftige OLG-Urteil nur den Schaden infolge der Vervielfältigung und des Vertriebs umfasste, nicht hingegen den Schaden wegen eines *Eingriffs in die Verlagsrechte* des Kl. durch den Abschluss eines Verlagsvertrags mit dem Autor sowie durch die Inanspruchnahme der Verlagsrechte an dem Werk und der Berühmung dieser Rechte zum Nachteil des Klägers.

1. Der BGH sah in dem Abschluss des Verlagsvertrags durch den Bekl., der Inanspruchnahme der Verlagsrechte und der Berühmung dieser Rechte einen rechtswidrigen Eingriff in das Recht am Gewerbebetrieb des Kl[1175].

2. Dieses Verhalten bewertete er zutreffend nicht als Urheberrechtsverletzung.

3. Es wären jedoch Ansprüche aus der wettbewerbsrechtlichen Generalklausel des § 1 UWG a.F. begründet gewesen. Denn der Bekl. handelte zu Zwecken des Wettbewerbs. Die seinerzeit dafür erforderliche Kenntnis aller sittenwidrigkeitsbegründenden Tatumstände oder das bewusste Sichverschließen vor diesen lag bei dem Bekl. vor. Seit der UWG-Novelle 2004 wären in einem solchen Fall Ansprüche aus der Generalklausel des § 3 UWG begründet.

Nach dem Anliegen dieser Arbeit kann hier zunächst offen bleiben, ob das Verhalten des Bekl. rechtswidrig, sittenwidrig oder unlauter war. Es genügt die Feststellung: Wenn der Unternehmenseingriff des Bekl. rechtswidrig war, dann war sein Verhalten zu Zwecken des Wettbewerbs auch unlauter, da die Rechtswidrigkeit nach § 823 I BGB (Recht am Gewerbebetrieb) und die Unlauterkeit nach § 3 UWG in gleicher Weise durch eine Interessenabwägung festzustellen sind.

In der Sache ist dem BGH zuzustimmen, dass das Verhalten des Bekl. rechtlich zu missbilligen war. Er schloss einen Verlagsvertrag über Urheberrechte, die bereits dem Kl. übertragen waren. Er wusste dies oder hat sich zumindest dieser Kenntnis bewusst verschlossen. Er musste auch damit rechnen, dass er

[1175] BGH GRUR 1959, 331 ff., 332 (2.) – Dreigroschenroman; a.A. *Larenz/Canaris*, Schuldrecht II/2, § 81 III 5 b, S. 559, da es sich bei einem Anspruch aus einem Verlagsvertrag um ein eigenständiges Gut i.S. eines »ablösbaren« Unternehmensteils handle.

spätestens mit der Vervielfältigung und Verbreitung des Dreigroschenromans die dem Kl. eingeräumten ausschließlichen Urhebernutzungsrechte verletzte.

Die Bagatellschwelle des § 3 UWG ist m.E. erreicht. Falls man dies jedoch verneinen sollte, dürfte sie wegen des Zwecks der wettbewerbsrechtlichen Bagatellschwelle nicht mit § 823 I BGB unterlaufen werden.

4. Außerdem wären auch Ansprüche aus § 826 BGB in Betracht gekommen, die der BGH ebenfalls nicht geprüft hat. Denn der Bekl. wusste beim Abschluss des Verlagsvertrags, dass ein Verlagsvertrag zwischen dem Autor und dem Kl. bestand und dass er durch die Neuauflage die Urheberrechte verletzte; zumindest aber nahm er dies billigend in Kauf, wenn er sich ohne weiteres auf die Behauptung des Autors verließ, der Verlagsvertrag mit dem Kl. sei aufgelöst. Er handelte also vorsätzlich[1176].

Auch in Bezug auf § 826 BGB gilt, dass der Unternehmenseingriff des Bekl., *wenn* er nach § 823 I BGB (Recht am Gewerbebetrieb) rechtswidrig war, auch gegen die guten Sitten nach § 826 BGB verstieß, da die Rechtswidrigkeit eines Unternehmenseingriffs und die Sittenwidrigkeit einer Unternehmensschädigung nach § 826 BGB in gleicher Weise durch eine Interessenabwägung festzustellen sind.[1177]. Ansprüche aus § 826 BGB werden jedoch nach der hier vertretenen Ansicht – abweichend von der h.M. – durch konkurrierende Ansprüche aus dem UWG verdrängt, das für den Bereich der Wettbewerbshandlungen lex specialis ist.

IX. Verletzung von Betriebsgeheimnissen

Die Verletzung von Betriebsgeheimnissen kann nach Ansicht des BGH einen Eingriff in das Recht am Gewerbebetrieb darstellen[1178]. Es gibt allerdings, soweit ersichtlich, bisher *keine* BGH-Entscheidung in der er den Schutz von Be-

---

[1176] Zutreffend *Pfennig,* Anm. zur BGH-Entscheidung »Dreigroschenroman«, GRUR 1959, 334 f., 335.

[1177] Die Entscheidung ging zu einem Zeitpunkt, als der BGH noch die Rechtswidrigkeit eines betriebsbezogenen Eingriffs in das Recht am Gewerbebetrieb für indiziert hielt. Daraus folgt aus heutiger Sicht: Entweder ist das Verhalten des Beklagten als rechtswidrig zu bewerten; dann ist es auch sittenwidrig. Oder es ist nicht mehr rechtswidrig; dann füllt das Recht am Gewerbebetrieb insoweit auch keine Lücke.

[1178] So in obiter dicta BGHZ 16, 172 ff., 173, 176 – Dücko; BGHZ 17, 41 ff., 51 – Kokillenguß; BGHZ 107, 117 ff., 122 – Forschungskosten; offengelassen in BGHZ 38, 391 ff., 395; vgl. auch RGZ 144, 41 ff., 52, 53; RG GRUR 1939, 733 ff., 735; BGHZ 80, 25 ff., 27 – Wallraff; im Schrifttum bejahen Betriebsbezogenheit Erman/*Schiemann*, BGB § 823 Rn. 73; *Fikentscher/Heinemann*, Schuldrecht, Rn. 1576; *Stadtmüller*, Schutzbereich und Schutzgegenstände des Rechts am Unternehmen, 1985, S. 281 ff., 284 f.; vgl. auch *Pfister*, Das technische Geheimnis »know-how« als Vermögenswert, 1974, der die Ansicht vertritt, dass es ein Recht am Betriebsgeheimnis gebe, das § 823 I BGB als eigenständiges sonstiges Recht schütze; ähnlich *Mes*, GRUR 1979, 584 ff., 590; a.A. *Buchner*, Unternehmensschutz, S. 175 ff.; *Honsell*, Der triebsgeheimnissen tatsächlich auf § 823 I BGB (Recht am Gewerbebetrieb) gestützt hat, und es bestehen auch, soweit ersichtlich, keine Schutzlücken, die mit § 823 I BGB geschlossen werden müssten.

Einen weitreichenden Schutz von Betriebgeheimnissen bieten die §§ 17, 18 UWG. Diese Vorschriften sind Schutzgesetze i.S.v. § 4 Nr. 11 UWG und § 823 II BGB[1179].

Weitere Spezialregelungen enthalten § 404 AktG, § 24 ArbNEG, § 79 BetrVG, § 85 GmbHG und § 90 HGB.

Unabhängig von gesetzlichen Spezialregelungen unterliegen *Arbeitnehmer* während der Laufzeit ihres Arbeitsverhältnisses einer *arbeitsvertraglichen* Verschwiegenheitspflicht; nach ihrem Ausscheiden aus dem Arbeitsverhältnis können sie aufgrund *nachwirkender Treuepflichten* in – allerdings sehr engen – Grenzen zur Verschwiegenheit verpflichtet sein[1180]. Diese vertragsrechtlichen Pflichten lassen keine Lücke, die mit § 823 I BGB (Recht am Gewerbebetrieb) geschlossen werden müsste.

Bei Geheimnisverletzungen *zu Zwecken des Wettbewerbs*, die außerhalb des Anwendungsbereichs der §§ 17 ff. UWG liegen, bietet die Generalklausel des § 3 UWG *denselben* Schutz wie § 823 I BGB; die Unlauterkeit nach § 3 UWG ist in derselben Weise durch eine Interessenabwägung festzustellen wie die Rechtswidrigkeit eines Eingriffs in das Recht am Gewerbebetrieb nach § 823 I BGB[1181].

Ferner schützt auch § 826 BGB gegen vorsätzliche Unternehmensschädigungen durch Geheimnisverrat[1182]. Soweit sie rechtswidrig nach § 823 I BGB (Recht am Gewerbebetrieb) sind, was durch eine Interessenabwägung festzu-

---

Geheimnisschutz im Zivilrecht, in: Ruppe, Geheimnisschutz im Wirtschaftsleben, Wien, 1980, S. 45 ff., 51; *Larenz/Canaris*, Schuldrecht II/2, § 81 III 5 b, S. 559, da es »ablösbare« Unternehmensteile seien und deshalb die Betriebsbezogenheit fehle; *Pfaff*, BB 1974, 565 ff., 567; *Schlötter*, Der Schutz von Betriebs- und Geschäftsgeheimnissen und die Abwerbung von Arbeitnehmern, 1997, S. 178.

1179 BGH GRUR 1983, 179 ff., 180 f. – Stapel-Automat; BAG AP Nr. 1 u. 5 zu § 611 BGB Betriebsgeheimnis; *Köhler*, in: Hefermehl/Köhler/Bornkamm, UWG § 17 Rn. 52, 53, 63; *Kraßer*, GRUR 1977, 177 f.; *Schlötter*, a.a.O., S. 171.

1180 Vgl. BGHZ 80, 25 ff., 28, 30 f., 32 – Wallraff; BGH GRUR 2002, 91 ff., 94 – Spritzgießwerkzeuge; vgl. ferner BAG AP Nr. 1 u. 5 zu § 611 BGB Betriebsgeheimnis = NJW 1983, 134 f. u. NJW 1988, 1686 f.; vgl. ferner *Buchner*, Unternehmensschutz, S. 178; *Kraßer*, GRUR 1977, 177 ff., 185 ff.; *Schlötter*, a.a.O., S. 171 ff., 179 ff., 184 ff.; ausführlich und mit Recht sehr zurückhaltend zu nachvertraglichen Verschwiegenheitspflichten *Fezer*, in: FS für Traub, 1994, S. 81 ff.

1181 So zur alten wettbewerbsrechtlichen Generalklausel des § 1 UWG BGHZ 38, 391 ff., 395 – Industrieböden; BGH GRUR 1983, 179 ff., 181 – Stapel-Automat; ebenso zu § 1 UWG a.F. *Schlötter*, a.a.O., S. 179.

1182 Erwähnt wird neben § 823 auch § 826 BGB in den Entscheidungen BGHZ 16, 172 ff., 173 – Dücko; BGHZ 17, 41 ff., 51 – Kokillenguß; BGHZ 38, 391 ff., 395 – Industrieböden.

stellen wäre[1183], führt dieselbe Interessenabwägung auch zum Urteil der Sittenwidrigkeit nach § 826 BGB[1184].

Gegen Unternehmensschädigungen durch *fahrlässigen* Geheimnisverrat hat § 823 I BGB bisher keinerlei praktische Bedeutung erlangt[1185].

X. Produzentenhaftung für reine Vermögensschäden mittelbarer gewerblicher Abnehmer

Dazu gibt es nur eine einzige Entscheidung des BGH, in der er Ansprüche aus § 823 I BGB unter dem Gesichtspunkt eines Eingriffs in das Recht am Gewerbebetrieb gewährt hat, nämlich die Baustromverteiler-Entscheidung von 1990. Sie steht allerdings im Widerspruch zu früheren Entscheidungen des BGH (Prüfzeichen-Entscheidung von 1974; Hebebühne-Entscheidung von 1983); in einer weiteren einschlägigen Entscheidung von 1989 (Fugendichtungsmasse-Entscheidung) hat der BGH § 823 I BGB nicht einmal als Anspruchsgrundlage erwähnt.

Wenn gewerbliche Abnehmer bei der Benutzung fehlerhafter Ware, die sie über Zwischenhändler gekauft haben, *reine Vermögensschäden* erlitten haben, greifen weder das ProdHG noch die zu § 823 I BGB entwickelte produkthaftungsrechtliche Dogmatik ein, da durch sie nur gegen Personen- und Sachschäden geschützt wird. In der Baustromverteiler-Entscheidung von 1990 hat der BGH jedoch Schadensersatzansprüche aus § 823 I BGB unter dem Gesichtspunkt eines betriebsbezogenen Eingriffs in das Recht am Gewerbebetrieb für begründet gehalten[1186], während er in anderen Entscheidungen zu gleichgelagerten Fällen weder aus § 823 I BGB noch aus anderen Anspruchsgrundlagen Schadensersatzansprüche gewährt hat[1187]. Im Folgenden sollen die betreffenden Fälle kurz dargestellt werden. Dem Anliegen dieser Arbeit entsprechend werden jedoch nur die Stellungnahmen des BGH zu § 823 I BGB und zu der m.E.

[1183] BGHZ 38, 391 ff., 395 – Industrieböden; *Köhler*, in: Hefermehl/Köhler/Bornkamm, UWG § 17 Rn. 53, 59 f.; *Kraßer*, GRUR 1977, 177 ff., 189.

[1184] So ausdrücklich BGHZ 38, 391 ff., 395 – Industrieböden; *Buchner*, Unternehmensschutz, S. 178; *Kraßer*, GRUR 1977, 177 ff., 189.

[1185] Für einen Schutz gegen fahrlässigen Geheimnisverrat mit § 823 I BGB, jedoch ohne Benennung irgendwelcher Anwendungsbeispiele *Köhler*, in: Hefermehl/Köhler/Bornkamm, UWG § 17 Rn. 53; *Nastelski*, GRUR 1957, 1 ff., 5; *Eb. Schmidt*, 36. DJT, Bd. I, S. 101 ff., 135 ff.; *Ulmer/Reimer*, Unlauterer Wettbewerb III, Nr. 350, 351; vgl. auch *Baumbach*, DJZ 1931, 1139; *v. Godin*, Wettbewerbsrecht, UWG § 17 Anm. 14; *Kraßer*, GRUR 1970, 587 ff., 595.

[1186] BGH VersR 1990, 1283 f. m. Anm. *E. Lorenz* = NJW 1992, 41 ff.

[1187] Vgl. BGH NJW 1974, 1503 ff. – Prüfzeichen; BGH NJW 1983, 812 ff. – Hebebühne; BGH NJW 1989, 1029 f. – Fugendichtungsmasse; ebenso auch schon RGZ 163, 21 ff., 32 f. – Kraftwagenunfall.

einschlägigen Haftung aus Vertrag mit Schutzwirkung für Dritte, die jetzt wohl durch § 311 III BGB kodifiziert ist, erörtert.

1. Die Rechtsprechung des BGH

a) Die Prüfzeichen-Entscheidung vom 14.5.1974

Die Prüfzeichen-Entscheidung des BGH[1188] betraf – etwas vereinfacht – folgenden Sachverhalt: Ein Tiefbauunternehmen hatte über einen Zwischenhändler Kunststoffrohre von einem Produzenten bezogen, die dieser mit dem Prüfzeichen des Deutschen Vereins von Gas- und Wasserfachleuten (DVGW) versehen hatte. Dazu hatte er die Erlaubnis dieses Vereins, wenn die Rohre bestimmte Qualitätsanforderungen erfüllten. Ein Tiefbauunternehmen verwendete diese Rohre bestimmungsgemäß bei der Verlegung von Wasserleitungen im Versorgungsnetz einer Gemeinde. Schon etwa ein Jahr später traten Rohrbrüche auf, für deren Beseitigung das Tiefbauunternehmen von der Gemeinde in Anspruch genommen wurde. Das Tiefbauunternehmen verlangte vom Produzenten der Rohre Schadensersatz und begründete dies damit, dass die Rohre nicht den Qualitätsanforderungen entsprachen, die zur Führung des Prüfzeichens berechtigten, und dass der Produzent die Kunden durch die Verwendung des Prüfzeichens über die mindere Qualität getäuscht habe, die letztlich für den Schaden ursächlich gewesen sei. Der BGH hat die Schadensersatzklage des Tiefbauunternehmens abgewiesen.

(1) Ansprüche aus § 823 I BGB unter dem Gesichtspunkt eines Eingriffs in das Recht am Gewerbebetrieb hielt er nicht für begründet, weil *kein betriebsbezogener* Eingriff des Produzenten vorgelegen habe[1189]. Ein derartiger Eingriff liege auch nicht darin, dass sich die Lieferung mangelhafter Rohre möglicherweise mittelbar für den Ruf der Kl. und damit für den Fortbestand ihres Spezialunternehmens für Wasserversorgung und Abwasserbeseitigung nachteilig auswirken könne[1190].

(2) Auch Ansprüche aus Vertrag mit Schutzwirkung für Dritte hielt der BGH nicht für begründet[1191], denn der Abnehmer einer Ware nehme grundsätzlich nicht an den Lieferbeziehungen zwischen seinem Händler als Vertragspartner und dem Produzenten teil[1192]. Mangels besonderer Anhaltspunkte

---

[1188] BGH NJW 1974, 1503 ff. = VersR 1974, 977 ff.; vgl. dazu die Stellungnahmen von *Lindacher*, BB 1975, 1311 ff.; *Sack*, BB 1974, 1369 ff.; *ders.*, NJW 1975, 1303 ff., *Schricker*, GRUR 1975, 111 ff.; *Trinkner*, BB 1975, 1493 ff.; vgl. auch *Köndgen*, Selbstbindung ohne Vertrag, 1981, S. 336 f., 350 f.

[1189] BGH NJW 1974, 1503 ff., 1505 (II. 1.).

[1190] BGH, a.a.O.

[1191] BGH NJW 1974, 1503 f. (I. 1. und III.).

[1192] BGH NJW 1974, 1503 (I. 1.); ebenso zuvor schon BGHZ 40, 91 ff., 99 ff. = NJW 1963, 2071 – Ledergürtel; BGHZ 51, 91 ff., 94 ff. = NJW 1969, 269 – Hühnerpest.

könne nicht angenommen werden, dass der Hersteller sich durch den Vertrag mit dem Zwischenhändler einer weitergehenden Haftung aussetzen wolle, als er nach dem Kaufrecht müsse. Für eine Erstreckung der vertraglichen Schutzwirkungen auf einen am Vertrag nicht beteiligten Dritten sei »grundsätzlich nur Raum, wo der Händler aufgrund von durch *Schutz und Fürsorgepflichten* besonders gekennzeichneten Beziehungen zu diesem hieran ein besonderes Interesse habe und der Hersteller dem nach Treu und Glauben Rechnung tragen muss. Ein solches, durchweg durch einen personenrechtlichen Einschlag gekennzeichnetes Verhältnis« bestand zwischen dem Geschädigten und dem Zwischenhändler nicht[1193]. Dass sich bei derartigen Warengeschäften durch Mängel verursachte Schäden in der Regel nicht schon beim Händler, sondern erst am Ende der Absatzkette einstellen, rechtfertigte nach Ansicht des BGH nicht den Schluss auf einen solchen Vertragswillen[1194].

(3) Auch der Prüfzeichenvertrag zwischen dem Produzenten und dem DVGW begründe keine Schutzwirkungen zugunsten späterer Kunden[1195].

(4) Ferner hat der BGH mögliche Ansprüche aus Vertrag, aus Garantiezusage, aus Drittschadensliquidation, aus culpa in contrahendo und aus § 823 II BGB i.V.m. § 3 UWG (Irreführungsverbot) abgelehnt.

b) Die Hebebühne-Entscheidung vom 18.1.1983

Im Hebebühne-Fall[1196] machte der Inhaber einer Kfz-Reparaturwerkstatt Schadensersatzansprüche gegen den Hersteller einer Kraftfahrzeug-Hebebühne geltend, die er über einen Zwischenhändler erworben hatte. Wegen eines Herstellungsmangels der Hebebühne war ein PKW von dieser gestürzt und dabei schwer beschädigt worden; der Kl. verlangte Schadensersatz für die Kosten der Reparatur und für die Gebrauchsüberlassung eines Leihwagens an den Eigentümer des beschädigten PKW sowie für den Ausfall der Hebebühne an 299 Tagen.

Das LG hat der Klage in allen 3 Punkten der Sache nach, jedoch nicht in voller Höhe unter den Gesichtspunkt einer Eigentumsverletzung nach § 823 I BGB stattgegeben. Das OLG hat die Klage abgewiesen. Der BGH hat ihr teilweise stattgegeben. In Bezug auf die Reparaturkosten und die Gebrauchsüberlassung eines Leihwagens meinte der BGH, dass Ansprüche aus § 812 BGB bzw. aus § 426 BGB gerechtfertigt sein können, während er Ansprüche wegen des Nutzungsausfalls der Hebebühne für unbegründet hielt[1197]. Der BGH lehnte auch Ansprüche aus § 823 I BGB unter dem Gesichtspunkt einer Eigentumsverlet-

---

1193 BGH NJW 1974, 1503 (I. 1.); ebenso BGHZ 61, 227 ff., 234 = NJW 1973, 2059; BGH NJW 1968, 1929.

1194 BGH NJW 1974, 1503 (I. 1.).

1195 BGH NJW 1974, 1503 f. (I. 3.).

1196 BGH NJW 1983, 812 ff. – Hebebühne.

1197 BGH NJW 1983, 812 ff., 814 (3.).

zung, aus § 823 II BGB i.V.m. § 3 des damaligen Gesetzes über technische Arbeitsmittel und aus culpa in contrahendo ab[1198]. Ferner hielt er Ansprüche aus § 823 I BGB unter dem Gesichtspunkt eines Eingriffs in das Recht am Gewerbebetrieb für unbegründet, weil *kein betriebsbezogener* Eingriff vorgelegen habe.

Von einem betriebsbezogenen Eingriff könne

»keine Rede sein bei einem mit der Wesenseigentümlichkeit des Betriebes nicht in Beziehung stehendem Schadensereignis ..., etwa wenn davon nur ... eine einzelne Maschine bzw. – wie im Streitfall – ein sonstiges Gerät betroffen wird, das für den Betrieb zwar wichtig ist, keinesfalls aber, wenn es ausfällt, den Betrieb zum Erliegen bringt oder in seiner Substanz ernstlich beeinträchtigt. Die Berücksichtigung einer solchen Schädigung würde das Gewerbevermögen ohne Sachgrund privilegieren«[1199].

c) Die Fugendichtungsmasse-Entscheidung vom 11.10.1988

Die Kl., die eine Glaserei betrieb, bezog über einen Zwischenhändler Fugendichtungsmasse, die die Bekl. herstellte. Die Fugendichtungsmasse wurde von der Kl. für Fenster eines Neubaus eines Dritten verwendet. Da sie mangelhaft war, hatte die Kl. *Nachbesserungsarbeiten* zu leisten, für die sie von der Bekl. Schadensersatz verlangte. Der BGH lehnte Ansprüche ab[1200].

(1) Ansprüche aus Vertrag mit Schutzwirkung für Dritte verneinte der BGH. Durch die vertraglichen Beziehungen zwischen dem Händler und seinem Kunden würden nicht ohne weiteres Schutzpflichten des Händlers begründet, die die Annahme einer stillschweigend vereinbarten Ausdehnung der vertraglichen Haftung des Herstellers auf den Endabnehmer nach der objektiven Interessenlage nahelegen könnte[1201]. Nur ausnahmsweise könne bei Vorliegen besonderer Umstände *trotz Fehlens von Fürsorgepflichten* ein rechtsgeschäftlicher Wille des Händlers zur Einbeziehung seiner Kunden in den Schutzbereich seines Vertrags mit dem Hersteller angenommen werden.

(2) Ansprüche aus § 823 I BGB verneinte der BGH pauschal mit der Begründung, dass keines der in dieser Vorschrift genannten Rechtsgüter verletzt worden sei, sondern dass die Kl. durch die notwendigen Nachbesserungsarbeiten und Gewährleistungsansprüche der Auftraggeber nur *Vermögensschäden* erlitten habe. Ansprüche unter dem Gesichtspunkt eines Eingriffs in das Recht am Gewerbebetrieb wurden nicht ausdrücklich erwähnt.

(3) Außerdem verneinte der BGH eine Vertragshaftung einschließlich einer Garantiehaftung, ferner eine vertragsähnliche Vertrauenshaftung sowie Ansprüche aus § 826 BGB.

1198 BGH NJW 1983, 812 ff., 813.

1199 BGH NJW 1983, 812 ff., 813 (II. 1. a, bb); zust. *Stadtmüller*, Diss., S. 237 f.

1200 BGH NJW 1989, 1029 f.

1201 BGH NJW 1989, 1029 f., 1030 (I. 2. d.).

d) Die Baustromverteiler-Entscheidung vom 24.4.1990

Im Baustromverteiler-Fall[1202] hatte eine Arbeitsgemeinschaft (ARGE) mehrerer Unternehmen, die ein Kraftwerk, eine Schleuse und einen Damm zu errichten hatten, über einen Zwischenhändler zwei Baustromverteiler gekauft. Der Hersteller lieferte diese im Auftrag des Zwischenhändlers direkt an die Arbeitgemeinschaft. Sie waren aufgrund von Fahrlässigkeit bei der Herstellung mangelhaft. Wegen eines Kurzschlusses infolge der Mangelhaftigkeit wurde die Baustelle überflutet. Der Betrieb auf der Baustelle kam dadurch etwa 6 Wochen zum Erliegen. Der BGH hatte darüber zu entscheiden, ob die Arbeitsgemeinschaft vom Hersteller Ersatz des Schadens verlangen könne, der ihr wegen der Bauverzögerung und der Aufwendungen für das Herauspumpen des Wassers entstanden ist[1203].

Das OLG Karlsruhe hat in einer Entscheidung von 1989 Ansprüche aus § 823 I BGB wegen *Eigentumsverletzung* zuerkannt, denn die ARGE sei im Zeitpunkt des Schadenseintritts Eigentümerin des mangelhaften Baustromverteilers gewesen. Der Umstand, dass sie von vornherein nur ein mit einem Mangel behaftetes Eigentum erworben habe, stehe der Annahme einer Eigentumsverletzung nicht entgegen. Alle an die Eigentumsverletzung anknüpfenden Vermögensfolgeschäden seien zu ersetzen[1204].

In einem Nichtannahmebeschluss vom 24.4.1990 hat der BGH die Entscheidung im Ergebnis bestätigt[1205]. Ansprüche aus § 823 I BGB wegen Eigentumsverletzung hat er zwar mit Recht abgelehnt, da es sich bei den geltend gemachten Schäden (Aufwendungen für das Abpumpen von Wasser; Produktionsausfall) nicht um Folgeschäden einer Eigentumsverletzung, sondern um *reine Vermögensschäden* gehandelt habe.

Der Produzent haftete jedoch nach Ansicht des BGH wegen eines *betriebsbezogenen* Eingriffs in das Recht am Gewerbebetrieb der ARGE nach § 823 I BGB. Der Eingriff sei betriebsbezogen gewesen, da der Betrieb auf der Baustelle infolge des Kurzschlusses in dem Baustromverteiler für 6 Wochen zum Erliegen gekommen war[1206].

[1202] BGH VersR 1990, 1283 f. = NJW 1992, 41 ff.; vgl. dazu *Dietborn*, Produzentenhaftung – Güterschaden – Vermögensschaden, 2000, S. 87 ff.; *Foerste*, NJW 1992, 27 f.; *Kullmann*, NJW 1991, 675 ff., 677; *E. Lorenz*, VersR 1990, 1284 f.

[1203] Der Gesamtsachverhalt war wesentlich komplizierter; vgl. insoweit die BGH-Entscheidung sowie die berufungsgerichtliche Entscheidung des OLG Karlsruhe, VersR 1990, 1281 ff.; im vorliegenden Zusammenhang braucht jedoch nur auf die Frage eingegangen zu werden, ob die Kl. Schadensersatzansprüche gegen den Hersteller hatte bzw. gehabt hätte.

[1204] OLG Karlsruhe, VersR 1990, 1281 ff., 1283; ebenso wohl Bamberger/Roth/*Spindler*, BGB § 823 Rn. 47.

[1205] BGH VersR 1990, 1283 = NJW 1992, 41 f.

[1206] BGH NJW 1992, 41 f., 42 (3. a); zust. *Kullmann*, NJW 1991, 675 ff., 676; *Spindler*, in: Bamberger/Roth, BGB § 823 Rn. 47; ablehnend *Larenz/Canaris*, Schuldrecht II/2, S. 559;

e) Entscheidungen zur Herstellergarantie

In mehreren Entscheidungen hat der BGH geschädigten Endabnehmern Ansprüche gegen den Hersteller aufgrund abgegebener Garantien eingeräumt. In der Isolarglas-Entscheidung vom 28.6.1979 bewertete der BGH einen Vertrag zwischen dem Hersteller und seinem unmittelbaren Abnehmer als Vertrag zugunsten Dritter, d.h. der Endabnehmer[1207]. Der Hersteller von Isolarglas hatte in seinen an die Zwischenhändler gerichteten Werbeprospekten mit einer als »Garantie« überschriebenen Erklärung eine fünfjährige Haltbarkeitsgarantie zugesagt. In anderen Entscheidungen hat der BGH neben den Kaufverträgen der Endabnehmer mit ihren Verkäufern selbstständige Garantieverträge zwischen den Endabnehmern und den Herstellern angenommen[1208].

2. Stellungnahme

a) Ansprüche aus vertraglichen Beziehungen

Zwischen den Endabnehmern, die bei einem Händler mangelhafte Waren gekauft haben, und deren Herstellern werden i.d.R. keine vertraglichen Beziehungen bestehen. Es müssen zusätzliche Umstände hinzutreten, die eine Vertragsbeziehung zwischen dem Hersteller und dem Endabnehmer begründen[1209]. Vertragliche Beziehungen können z.B. durch Garantieerklärungen des Herstellers entstehen[1210]. In seiner Isolarglas-Entscheidung von 1979 bewertete der VII. Zivilsenat die Garantieerklärung eines Herstellers in einer Werbebroschüre für Zwischenhändler als Vertrag zwischen dem Hersteller und dem Zwischenhändler zugunsten der Endabnehmer nach § 328 BGB[1211]. In der Regel kommen jedoch Garantieverträge zwischen dem Hersteller und den Abnehmern zustande[1212].

Soergel/*Beater*, BGB Bd. XXII, 13. Aufl., 2005, § 823 Anh V Rn. 38; *Foerste*, NJW 1992, 27 ff., 28; kritisch auch *Schlechtriem*, in: FS für Deutsch, 1999, S. 317 ff., 322, 325.

[1207] BGHZ 75, 75 ff., 77 f. – Isolarglas.

[1208] Vgl. BGHZ 78, 369 ff., 372 = NJW 1981, 275 (Garantievertrag mit Autohersteller); BGH NJW 1981, 2248 ff., 2249; BGHZ 104, 82 ff., 85 f.

[1209] BGH NJW 1989, 1029 f. – Fugendichtungsmasse.

[1210] Vgl. BGHZ 75, 75 ff. – Isolarglas; *M. Lehmann*, BB 1980, 964 ff.; *G. Hager*, BB 1987, 1748 ff.; *Malsch*, Die Herstellergarantie im Schuld-, Kartell- und Wettbewerbsrecht, Diss. Mannheim 2005, S. 49 ff., 52 ff.

[1211] BGHZ 75, 75 ff., 77 f. = NJW 1981, 1806 – Isolarglas; ebenso *M. Lehmann*, BB 1980, 964 ff.; nach *Malsch*, a.a.O., S. 49 ff., 52 ff. war die Garantieerklärung im Isolarglas-Fall ein Garantievertrag zwischen dem Hersteller und dem Endabnehmer; seit der Schuldrechtsreform sei es ein einseitiges Leistungsversprechen des Herstellers.

[1212] BGHZ 78, 369 ff., 372 = NJW 1981, 275 (Garantiehaftung eines Autoherstellers); BGH NJW 1981, 2248 ff., 2249; BGHZ 104, 82 ff., 85 f.; MünchKomm/*Westermann*, BGB Bd. 3, 4. Aufl., 2004, § 443 Rn. 7; Staudinger/*Matusche-Beckmann* (2004) BGB § 443 Rn. 6, 7; ebenso *Malsch*, a.a.O., S. 49, 52 ff. für die Zeit vor der Schuldrechtsreform; für die Zeit danach geht sie jedoch von einem einseitigen Leistungsversprechen aus.

Keine Garantie enthalten, wenn nicht besondere Umstände hinzutreten, bloße Gebrauchsanweisungen und Auskünfte des Herstellers über die Beschaffenheit und Haltbarkeit seiner Waren[1213].

b) Ansprüche aus § 823 I BGB wegen eines Eingriffs in das Recht am Gewerbebetrieb

In der Baustromverteiler-Entscheidung von 1990 hat der BGH die Ansicht vertreten, dass die Lieferung eines mangelhaften Baustromverteilers, der dadurch im Betrieb des Endabnehmers verursachte Kurzschluss und die daraus resultierenden Schäden einen *betriebsbezogenen* Eingriff in das Recht am Gewerbebetrieb der Klägerin darstellten. Diese Ansicht ist aus mehreren Gründen abzulehnen.

(1) Sie steht mit der st. Rspr. des BGH zu den Voraussetzungen eines betriebsbezogenen Eingriffs in Widerspruch. Denn bisher hat der BGH sowohl vor als auch nach der Baustromverteiler-Entscheidung – von der Muschelbänke-Entscheidung von 1971 abgesehen – nur *bewusste und gewollte* Unternehmensschädigungen als betriebsbezogen bewertet. Die Baustromverteiler-Entscheidung ist soweit ersichtlich die einzige Entscheidung des BGH[1214], in der er eine Unternehmensschädigung für betriebsbezogen gehalten hat, die nicht bewusst und gewollt zugefügt worden ist.

(2) Die Baustromverteiler-Entscheidung steht auch im Widerspruch zur Prüfzeichen-Entscheidung von 1974 und zur Hebebühne-Entscheidung von 1983. In ihnen hat es der BGH ausdrücklich abgelehnt, die Verursachung von Unternehmensschäden durch Lieferung mangelhafter Produkte als betriebsbezogene Eingriffe in das Recht am Gewerbebetrieb zu bewerten[1215].

(3) Ferner steht die Baustromverteiler-Entscheidung im Widerspruch zu der vom BGH ebenfalls in der Hebebühne-Entscheidung von 1983 geäußerten Ansicht, dass die Bewertung einer solchen Schädigung als betriebsbezogen »das Gewerbevermögen ohne Sachgrund privilegieren« würde[1216].

[1213] BGH NJW 1989, 1029 f. – Fugendichtungsmasse; vgl. auch *Canaris*, JZ 1968, 494 ff., 498 f.; a.A. *Kl. Müller*, AcP 165 (1965), 285 ff., 308 (Benennung der Urheberschaft auf der Ware begründet Garantievertrag); für eine Erweiterung der Garantiehaftung unter Hinweis auf das US-amerikanische Recht *G. Hager*, BB 1987, 1748 ff., vgl. dazu auch *Köndgen*, Selbstbindung ohne Vertrag, 1981, S. 58 ff., 318 ff.

[1214] Hierher kann man auch noch die Muschelbänke-Entscheidung des III. ZS des BGH, NJW 1972, 101 f., zählen, in der er die Haftung einer Gemeinde nach § 839 BGB i.V.m. Art. 34 GG wegen eines fahrlässigen Eingriffs in das Recht am Gewerbebetrieb eines Muschelzüchters bejaht hat.

[1215] BGH NJW 1974, 1503 ff., 1505 (II. 1.) – Prüfzeichen; BGH NJW 1983, 813 (II. 1. a, bb) – Hebebühne.

[1216] BGH NJW 1983, 813 (II. 1. a, bb) – Hebebühne; gegen eine Privilegierung von Gewerbevermögen ohne Sachgrund auch BGH NJW 1977, 2264 ff., 2265 – Tanklager; BGHZ 90, 113 ff., 123 – Bürgerinitiative; BGH NJW 2003, 1040 f., 1041 – Eiskunstläuferin; BAGE

Soweit im Schrifttum die Ansicht des BGH, dass ein *betriebsbezogener* Eingriff in das am Gewerbebetrieb vorgelegen habe, kritisiert wird[1217], ist nicht immer klar, ob damit Schadensersatzansprüche generell[1218] oder nur aus der Anspruchsgrundlage des § 823 I BGB wegen eines Eingriffs in das Recht am Gewerbebetrieb abgelehnt werden.

c) Ansprüche aus Vertrag mit Schutzwirkung für Dritte

aa) Die ursprüngliche Dogmatik zur Produkthaftung: personenrechtliche Fürsorgepflichten

Eine Produkthaftung aus Vertrag mit Schutzwirkung für Dritte hat der BGH abgelehnt[1219]. Die einschlägigen Entscheidungen stammen allerdings aus einer Zeit, in der der BGH Ansprüche aus Vertrag mit Schutzwirkung für Dritte nur solchen Personen gewährte, denen gegenüber der unmittelbare Vertragsgläubiger des Schädigers *Fürsorgepflichten* hatte[1220]; dieser musste »für das *Wohl und Wehe* der Dritten mitverantwortlich« sein[1221]. Das bejahte der BGH nur bei »personenrechtlichen« Beziehungen zwischen dem Vertragsgläubiger und dem geschädigten Dritten[1222], z.B. bei Mietverträgen zugunsten von Familienangehörigen oder bei Kauf-, Miet- und Werkverträgen eines Arbeitgebers zugunsten seiner Arbeitnehmer[1223]. Darüber hinaus lag bei Kauf- und Werkverträgen ein solches personenrechtliches Verhältnis zu Endabnehmern nach Ansicht des BGH i.d.R. nicht vor[1224].

59, 48 ff., 55 – Stuttgarter Zeitung; vgl. auch *Schlechtriem*, in: FS für Deutsch, 1999, S. 317 ff., 324.

1217 So *Larenz/Canaris*, Schuldrecht II/2, § 81 III 5 c, S. 559; *Dietborn*, Produzentenhaftung – Güterschaden – Vermögensschaden, 2000, S. 88.

1218 In diesem Sinne wohl *Larenz/Canaris*, a.a.O.; Soergel/*Zeuner*, BGB § 823 Rn. 148, 149; a.A. Bamberger/Roth/*Spindler*, BGB § 823 Rn. 47.

1219 BGH NJW 1974, 1503 (I. 1.) – Prüfzeichen; BGHZ 51, 91 ff., 95 f. = NJW 1969, 269 – Hühnerpest; ebenso im Schrifttum statt vieler *Canaris*, JZ 1968, 494 ff., 499; *Diederichsen*, Die Haftung des Warenherstellers, 1967, S. 97 ff.; *Pfeifer*, Produktfehler oder Fehlverhalten des Produzenten, 1987, S. 48 ff.

1220 BGHZ 51, 91 ff., 96 – Hühnerpest; vgl. auch BGHZ 49, 350 ff., 354; vgl. ferner die Hinweise in BGH NJW 1996, 2927 ff., 2928 – Nitrierofen.

1221 BGHZ 51, 91 ff., 96 – Hühnerpest; BGHZ 56, 269 ff., 273; BGHZ 66, 51 ff., 57; BGH NJW 1964, 33 ff., 34; BGH NJW 1970, 38 ff., 40.

1222 Vgl. BGHZ 51, 91 ff., 96 – Hühnerpest; BGH NJW 1974, 1503 (I. 1.) – Prüfzeichen; vgl. auch die Beispiele in der Nitrierofen-Entscheidung des BGH, NJW 1996, 2927 ff., 2928.

1223 Vgl. RGZ 91, 21 ff., 24; RGZ 102, 231 f.; RGZ 127, 218 ff., 222; RGZ 160, 153 ff., 155; BGHZ 5, 378 ff., 384; BGHZ 49, 350 ff., 353; BGHZ 77, 116 ff., 124.

1224 So ausdrücklich BGHZ 51, 91 ff., 96 – Hühnerpest.

bb) Ausweitung des Anwendungsbereichs des Vertrags mit Schutzwirkung für Dritte bei der sog. Berufshaftung

Der Anwendungsbereich des Rechtsinstituts des Vertrags mit Schutzwirkung für Dritte ist in den vergangenen beiden Jahrzehnten insbesondere auf dem Gebiet der sog. Berufshaftung, d.h. bei der Haftung von Sachverständigen für Gutachten, Expertisen, Unternehmensabschlüsse usw., die von vornherein erkennbar zum Gebrauch gegenüber Dritten bestimmt sind, ganz erheblich ausgeweitet worden[1225]. Die noch in der Hühnerpest-Entscheidung (BGHZ 51, 91 ff., 96) maßgebliche sog. »Wohl und Wehe«-Doktrin, die die Haftung aus Vertrag mit Schutzwirkung für Dritte von Fürsorgepflichten des Vertragsgläubigers gegenüber dem Dritten abhängig machte, ist von der Rechtsprechung längst aufgegeben worden[1226]. In den Fällen der sog. Berufshaftung hat der BGH seit Mitte der 80er Jahre sogar bei *gegenläufigen Interessen* der Vertragsgläubiger und der geschädigten Dritten – insbesondere bei Wertgutachten, Echtheitszertifikaten, Unternehmensabschlüssen usw. – letztere in den Schutzbereich des Vertragsgläubigers einbezogen[1227]. Der Versuch des BGH, auch in diesen Fällen das Schutzbedürfnis des Dritten noch als vertragsrechtlich gewolltes Schutzinteresse des Vertragsgläubigers zu interpretieren[1228], ist in Bezug auf den konkreten einzelnen Vertrag auch bei objektiver Auslegung nach § 157 BGB rein fiktiv[1229].

Nach dieser Erweiterung des Anwendungsbereichs der Haftung aus Vertrag mit Schutzwirkung für Dritte ist das tragende Argument gegen eine darauf gestützte Produkthaftung weggefallen[1230]. Zwischen den tatsächlichen Voraus-

---

[1225] Vgl. dazu die übersichtliche Darstellung der Entwicklung in der Nitrierofen-Entscheidung des BGH, NJW 1996, 2927 ff., 2928 = JZ 1997, 358 m. Anm. *W. Lorenz*; vgl. auch *W. Bayer*, JuS 1996, 473 ff.; *ders.*, Der Vertrag zugunsten Dritter, 1995, S. 182 ff.; vgl. ferner BGHZ 126, 261; BGHZ 127, 378; BGHZ 128, 54 ff., 62; BGHZ 129, 127 ff.; BGH NJW 2004, 3420 ff.

[1226] Vgl. BGHZ 69, 82 ff., 86; BGHZ 75, 321 ff., 325; BGH NJW 1984, 355 f.; BGH WM 1985, 450 f.; BGH NJW 1986, 581 ff., 582; BGH WM 1987, 257 ff., 259.

[1227] BGH NJW-RR 1986, 484 = WM 1985, 450 = JZ 1985, 951 m. Anm. von *Honsell*; BGH NJW 1987, 1758 ff., 1759 f. (dazu *Hopt*, NJW 1987, 1745); BGH NJW-RR 1989, 696; BGHZ 127, 378 ff., 380 = NJW 1995, 392 ff., 393 f.; BGH NJW 1997, 1235; BGH NJW 1998, 1059; BGHZ 138, 257 ff., 261; a.A. noch BGH NJW 1973, 321 ff., 322; BGH BB 1976, 855 ff., 856.

[1228] Nach Ansicht des BGH besteht ein Interesse der Auftraggeber, d.h. der Vertragsgläubiger, dass Gutachten eine entsprechende Beweiskraft zukomme; das sei jedoch nur gewährleistet, wenn sie der Sachverständige objektiv nach bestem Wissen oder Gewissen erstelle und auch dem Dritten dafür einstehe, BGH JZ 1985, 951 m. Anm. von *Honsell* = WM 1985, 450 – Konsul; BGH NJW 1987, 1758 ff., 1759 f.; dazu *Hopt*, NJW 1987, 1745; BGH VersR 1989, 375 ff., 376.

[1229] Gegen diese Argumentation des BGH mit Recht *Canaris*, JZ 1995, 441 ff., 443; *Medicus*, JZ 1995, 308 f.; vgl. auch *Sutschet*, in: Tradition und Moderne – Schuldrecht und Arbeitsrecht nach der Schuldrechtsreform, 2005, S. 95 ff., 110 f.; *Honsell*, in: FS für Medicus, 1999, S. 211 ff., 228 f.; *ders.*, JZ 1985, 952 f.; *Keilmann*, JA 2005, 500 ff., 503.

[1230] Zutreffend *Bayer*, JuS 1996, 473 ff., 478; *Damm*, JZ 1991, 373 ff., 377 f. mit Fußn. 68.

setzungen der Berufshaftung und der Produkthaftung besteht auch Rechtsähnlichkeit, die eine Gleichbehandlung rechtfertigt: In den Fällen der Berufshaftung vertrauen Dritte auf die Fehlerfreiheit von Gutachten usw., die sie für ihre Zwecke nutzen wollen; in den Fällen der Produkthaftung vertrauen Dritte, nämlich mittelbare Abnehmer, auf die Fehlerfreiheit von Waren, die sie für ihre Zwecke nutzen wollen. In beiden Fallgruppen ist die Benutzung der Gutachten bzw. Waren und das Vertrauen der Drittbetroffenen in deren Fehlerfreiheit für den Schuldner erkennbar. Für eine Beschränkung der erweiterten Haftung aus Vertrag mit Schutzwirkung für Dritte auf die sog. Berufshaftung besteht kein Anlass[1231]. Die zur Berufshaftung entwickelten Haftungsvoraussetzungen rechtfertigen daher auch eine Produzentenhaftung für reine Vermögensschäden eines mittelbaren Abnehmers infolge der Benutzung mangelhafter Produkte[1232]:

(1) Der mittelbare Abnehmer in der Absatzkette kommt *bestimmungsgemäß* mit der Hauptleistung des Produzenten in Berührung; es besteht also die erforderliche »Leistungsnähe«[1233].

(2) Das von der Rechtsprechung ursprünglich verlangte Drittschutzinteresse des Vertragsgläubigers ist von ihr inzwischen ersetzt worden durch das Erfordernis eines besonderen *Vertrauens* des leistungsnahen Dritten in die Fehlerfreiheit der Vertragsleistung[1234]. Bei Kaufsachen bringt der Endabnehmer das Vertrauen in die fehlerfreie Beschaffenheit in der Regel nicht dem Zwischenhändler, sondern dem Hersteller entgegen[1235].

(3) Dritte Voraussetzung der Haftung aus Vertrag mit Schutzwirkung für Dritte ist, dass die Leistungsnähe und das berechtigte Vertrauen des geschädigten Dritten in die Fehlerfreiheit der Vertragsleistung für den Vertragsschuldner *erkennbar* war, wobei es unerheblich ist, ob er die Person des Geschädigten kennt[1236].

(4) Ein schutzwürdiges Interesse des Geschädigten wird von der Rechtsprechung verneint, wenn dieser eigene vertragsrechtliche Ansprüche hat, sei es gegen den Schuldner, sei es gegen dessen Gläubiger[1237]. Diese Subsidiaritätsklausel lässt sich allerdings nicht vertragsrechtlich, sondern nur mit dem Bedürfnis erklären, die fragwürdige Ausweitung der *Vertragshaftung* auf die Fälle zu beschränken, in denen ein Schutzbedürfnis besteht.

1231 Vgl. schon *Hopt*, AcP 183 (1983), 608 ff., 709; *Koziol*, JBl. 1994, 209 ff., 221 r.Sp.

1232 *Bayer*, JuS 1996, 473 ff., 478.

1233 Vgl. BGH NJW 1996, 2927 ff., 2928 – Nitrierofen.

1234 Vgl. *Looschelders*, Schuldrecht AT, 4. Aufl., 2006, S. 89 Rn. 207 a; wegen des Zwecks von § 323 I HGB einschränkend speziell für den Abschlussprüfer BGH ZIP 2006, 954 ff., 955 f.

1235 *Canaris*, JZ 1968, 494 ff., 502.

1236 BGH NJW 1986, 1758 ff., 1760; BGH NJW 2004, 3035 ff., 3038.

1237 BGHZ 70, 327 ff., 329 f.; BGH NJW 1996, 2927 ff., 2929 – Nitrierofen; vgl. auch *Bayer*, JuS 1996, 473 ff., 477 a.E.

Diese Voraussetzungen der Produkthaftung des Herstellers waren m.E. auch im *Baustromverteiler-Fall* erfüllt. Es bestand bei den Abnehmern in der Absatzkette Leistungsnähe. Sie durften auf die Fehlerfreiheit der Baustromverteiler vertrauen. Diese Voraussetzungen waren für den Produzenten der Baustromverteiler erkennbar. Problematisch war allerdings, ob die Haftung aus Vertrag mit Schutzwirkung für Dritte aus eigenen vertragsrechtlichen Ansprüchen der geschädigten Unternehmen scheitern musste. Denn die geschädigten Unternehmen hatten offenbar vertragliche Ansprüche gegen den Zwischenhändler nach § 463 BGB a.F. wegen des Fehlens zugesicherter Eigenschaften. Geklagt hat jedoch die Versicherungsgesellschaft, die dem Zwischenhändler die Schadenssumme erstattet hatte, gegen den Produzenten unter dem Gesichtspunkt des Gesamtschuldnerausgleichs.

cc) Rechtsvergleichender Hinweis auf die Rechtslage in Österreich

Eine Unterstützung erfährt die Ansicht, dass die Produkthaftung auch ein Anwendungsfall des Vertrags mit Schutzwirkung für Dritte ist, durch einen Vergleich mit dem österreichischen Recht. Nach Ansicht des öst. OGH ist der Endabnehmer in den Schutzbereich des Vertrags zwischen dem Hersteller und dem Zwischenhändler einzubeziehen[1238]. Da der Produzent den Absatz der von ihm erzeugten Produkte anstrebe, sei »ihm klar, dass diese Produkte gegebenenfalls durch eine *Kette* von Kauf- oder Werkverträgen zu einem Endabnehmer gelangen, der im *Vertrauen* auf die einwandfreie Beschaffenheit dieser Produkte seine Rechtsgüter der Einwirkung der erworbenen Sachen eröffnet. Es erscheint dann aber der erste Kaufvertrag als Vertrag mit Schutzwirkungen zugunsten dessen, der durch eine Kette von weiteren Verträgen, seien es Kauf- oder Werkverträge, als berechtigt ausgewiesen wird«[1239]. Im einzelnen sei freilich der Umfang der dem Produzenten erwachsenden Sorgfalts- und Aufklärungspflichten zu prüfen. Als in der Judikatur gesichert könne gelten, dass eine Pflichtverletzung jedenfalls dann vorliege, wenn der Produzent Sachen in den Verkehr bringe, die technische Mängel aufweisen[1240]. Zu ersetzen sind nicht nur Personen- und Sachschäden, sondern auch reine Vermögensschäden, wenn in ihnen der *typische Schaden* besteht[1241]. Soweit es um reine Vermögensschäden geht, wird durch die Beschränkung auf typische Schäden eine »unerträgliche Ausuferung« der Ersatzansprüche vermieden[1242].

1238 OGH JBl. 1977, 146 ff., 148 – Kunststoffplatten; OGH JBl. 1979, 483 ff.; JBl. 1983, 253 ff., 254 – »Fritz, kennst di aus«; ebenso schon *F. Bydlinski*, JBl. 1960, 359 ff., 364; *Koziol*, Österreichisches Haftpflichtrecht II, 2. Aufl., 1984, S. 90 ff.

1239 So OGH JBl. 1977, 146 ff., 148 – Kunststoffplatten; ebenso OGH JBl. 1983, 253 f. – »Fritz, kennst di aus«; ebenso schon *F. Bydlinski*, JBl. 1960, 359 ff.

1240 OGH JBl. 1977, 146 ff., 148 – Kunststoffplatten.

1241 Insoweit grundlegend OGH JBl. 1983, 253 ff., 254 – »Fritz, kennst di aus«; dazu kritisch *W. Posch*, JBl. 1983, 254 f.

1242 OGH JBl. 1983, 253 ff., 254 – »Fritz, kennst di aus«.

dd) Bedenken gegen die Haftung aus Vertrag mit Schutzwirkung für Dritte

Gegen das Rechtsinstitut der Haftung aus Vertrag mit Schutzwirkung für Dritte bestehen allerdings seit jeher erhebliche dogmatische Bedenken. Der Haupteinwand besteht darin, dass der angebliche Wille zur Haftung auch gegenüber Dritten meist nicht mehr durch § 157 BGB gedeckt, sondern – insbesondere nach der Ausweitung dieses Rechtsinstituts auf das Gebiet der Berufshaftung – *fiktiv* sei[1243]; der drittschützende Wille des Gläubigers richte sich weniger nach seinem subjektiven oder objektiven Willen als nach dem Schutzbedürfnis des geschädigten Dritten und der objektiven Interessenlage, bei der auch das *kollektive* Interesse an der Beweiskraft von Gutachten gegenüber Dritten berücksichtigt werde[1244]. Außerdem ist das Problem der Drittwirkung *vertraglicher Haftungsbeschränkungen* dogmatisch bisher nicht überzeugend gelöst[1245]. Die praktischen Ergebnisse der Rechtsprechung, soweit sie Ansprüche bejaht hat, sind allerdings überzeugend.

d) Die Anwendung von § 311 III 1 i.V.m. §§ 241 II, 280 BGB

Die oben genannten Bedenken gegen die weite Haftung aus Vertrag mit Schutzwirkung für Dritte hat der Gesetzgeber bei der Schuldrechtsreform von 2002 m.E. mit § 311 III 1 BGB ausgeräumt. Danach kann ein Schuldverhältnis mit Pflichten nach § 241 II BGB auch zwischen Personen entstehen, die nicht selbst Vertragspartei werden sollen. Diese Voraussetzungen sind nach § 311 III 2 BGB insbesondere dann erfüllt, wenn der Dritte in besonderem Maße *Vertrauen* für sich in Anspruch nimmt und dadurch die Vertragsverhandlungen und den Vertragsabschluss erheblich beeinflusst.

Als Beispiele für den Anwendungsbereich des § 311 III BGB nennt die Begr. Reg.-Entw. ausdrücklich die sog. Sachwalterhaftung. Es handle sich um die Haftung von *Sachverständigen* oder anderen »Auskunftspersonen«, die nicht selbst ein Eigeninteresse an einem Abschluss des Vertrags haben, dennoch aber durch ihre Äußerungen entscheidend zum Vertragsabschluss beitragen, weil

[1243] Vgl. dazu *Bayer*, JuS 1996, 473 ff., 475 f.; *Canaris*, in: 2. FS für Larenz, 1983, S. 27 ff., 94; *Ebke/Scheel*, WM 1991, 389 ff., 392; *Enneccerus/Lehmann*, Schuldrecht, S. 149; *Honsell*, JuS 1976, 625 f.; *ders.*, JZ 1985, 952; *ders.*, in: FS für W. Lorenz, 2001, S. 483 ff., 500; *Hopt*, AcP 183 (1983), 617 ff.; *ders.*, NJW 1987, 1746; *Koch*, AcP 204 (2004), 59 ff., 60; *Köndgen*, Selbstbindung ohne Vertrag, 1981, S. 353, 354 f.; *Lammel*, AcP 179 (1979), 377 ff.; *Larenz*, Schuldrecht I, 13. Aufl., § 17 II, S. 208 ff.; *W. Lorenz*, in: 1. FS für Larenz, 1973, S. 575 ff., 618; *Picker*, in: FS für Medicus, 1999, S. 397 ff., 402; a.A. jedoch z.B: BGH JZ 1985, 951 f., 952 – Konsul; BGH NJW 2004, 3035 ff., 3036; Staudinger/*Jagmann* (2001) BGB § 328 Rn. 94.

[1244] Vgl. BGH JZ 1985, 951 f., 952 – Konsul; BGH NJW 2004, 3035 ff., 3036.

[1245] Vgl. dazu *Bayer*, JuS 1996, 473 ff., 477; *Canaris*, JZ 1995, 441 ff., 442, 444; *Koziol*, Österreichisches Haftpflichtrecht I, S. 560 f. Rn. 18/40 f.; *ders.*, Österreichisches Haftpflichtrecht II, S. 93 f.; *ders.*, Grundfragen der Produktehaftung, 1980, S. 21 f.; *Medicus*, JZ 1995, 308 f., 309; Staudinger/*Jagmann* (2001) BGB § 328 Rn. 94, S. 84 f.

sich ein Verhandlungspartner auf ihre Objektivität und Neutralität verlasse[1246]. Es ist deshalb davon auszugehen, dass die Dritthaftung von Sachverständigen, das heißt die sogenannte Berufshaftung, die bisher auf das Rechtsinstitut des Vertrags mit Schutzwirkung für Dritte gestützt wurde, nach dem Willen des Gesetzgebers in den Anwendungsbereich des § 311 III BGB einbezogen werden sollte[1247]. Wegen der *vergleichbaren Interessenlage* – Leistungsnähe, Vertrauen in die Fehlerfreiheit und Erkennbarkeit dieser Voraussetzungen für den Schuldner – ist es gerechtfertigt, in § 311 III 1 i.V.m. §§ 241 II, 280 BGB auch eine geeignete Rechtsgrundlage nicht nur für die sog. Berufshaftung, sondern auch für die Produkthaftung für reine Vermögensschäden von Endabnehmern infolge mangelhafter Produkte zu sehen. Der generalklauselartige Wortlaut von § 311 III 1 BGB passt bei der Produkthaftung in gleicher Weise wie bei der Berufshaftung, die die Begründung zum Regierungsentwurf ausdrücklich als Anwendungsbeispiel nennt. Eine uferlose Haftung wird – ebenso wie bei der Berufshaftung – durch die genannten Kriterien (Leistungsnähe, besonderes Vertrauen in die Fehlerfreiheit, Erkennbarkeit für den Vertragsschuldner) vermieden. Da diese Anspruchsgrundlage nicht nur lückenfüllend ist, kommt es nicht darauf an, ob dem Geschädigten gegen andere Personen vertragliche Ansprüche zustehen. Danach könnte der Baustromverteiler-Fall heute über § 311 III 1 i.V.m. den §§ 241 II, 280 ff. BGB befriedigend gelöst werden.

Die Anwendung des § 311 III 1 BGB hat folgende Vorteile:

(1) Eine Vertragsfiktion, wie beim Vertrag mit Schutzwirkung für Dritte, ist nicht erforderlich.
(2) Eine Haftungsbeschränkungsvereinbarung zwischen den Vertragspartnern zu Lasten geschädigter Dritter analog § 334 BGB greift nicht Platz.
(3) Es werden keine Grenzen zwischen vertraglicher und deliktischer Haftung verwischt. Denn diese Haftung ist genuin eine Haftung aus rechtsgeschäftsähnlichen Beziehungen.

1246 Begr.Reg.-Entw. BT-Drucks. 14/6040, S. 163; im gleichen Sinne speziell zu Gutachten von Rechtsanwälten der Bericht des Rechtsausschusses, BT-Drucks. 14/7052, S. 19 (zu § 311).

1247 Für die Einbeziehung der Berufshaftung in § 311 III 1 vgl. *Brox/Walker*, Allgemeines Schuldrecht, 30. Aufl., 2004, S. 356; *Eckebrecht*, MDR 2002, 425 ff., 427 (betreffend Vertrag mit Schutzwirkung für Dritte); *Ehmann/Sutschet*, Modernisiertes Schuldrecht, 2002, § 6 III; *Finn*, NJW 2004, 3752 ff., 3754; *Koch*, AcP 204 (2004), 59 ff., 70; *Leibner/Holzkämper*, DB 2004, 2087 ff., 2090; MünchKomm/*Emmerich*, BGB Bd. 2 a, 4. Aufl., 2003, § 311 Rn. 199, 232; *Schwab*, JuS 2002, 872 ff., 876 ff.; vgl. auch *Canaris*, JZ 2001, 499 ff., 520; gegen die Anwendung von § 311 Abs. 3 hingegen *Brors*, ZGS 2005, 142 ff., 148, 149 (jedoch für die Anwendung von § 242 BGB); Palandt/*Grüneberg*, BGB § 328 Rn. 34; Palandt/*Heinrichs*, BGB § 311 Rn. 60; Staudinger/*Jagmann* (2001) BGB § 328 Rn. 90 ff., 92; Staudinger/*Löwisch* (2005) BGB § 311 Rn. 161 (nach wie vor Vertrag mit Schutzwirkung für Dritte nach § 157 BGB).

(4) Der Schutz kommt jedermann zugute und privilegiert nicht – wie beim Schutz des Gewerbebetriebs nach § 823 I BGB – gewerbliches Vermögen, wogegen sich der BGH u.a. in seiner Hebebühne-Entscheidung gewendet hatte.

XI. Unternehmensschädigungen durch Amtspflichtverletzungen

1. Allgemeine Anmerkungen

In seiner Entscheidung »Muschelbänke« vom 14.10.1971 hat der III. ZS des BGH auf einen Eingriff in das Recht am Gewerbebetrieb die Haftung aus § 839 BGB i.V.m. Art. 34 GG wegen einer Amtspflichtverletzung gestützt[1248]. In ihr ging es um die Amtshaftung einer Gemeinde, die fahrlässig zuviel ungeklärtes Abwasser über die Kanalisation in die Nordsee eingeleitet und dabei Muschelbänke verseucht hat, die der Kl. seit vielen Jahren mit behördlicher Genehmigung betrieben hat.

Dazu ist vorweg anzumerken, dass eine Amtspflichtverletzung auf Verstößen gegen die §§ 823–826 BGB beruhen *kann*[1249]. Über die Vorgaben der §§ 823–826 BGB hinaus gibt es jedoch noch eine Vielzahl weiterer Amtspflichten[1250]. Es genügt, dass die Amtspflichtverletzung eine *Vermögensschädigung* zur Folge hat, ohne dass ein Eingriff in bestimmte Vermögensrechte vorliegt oder ein Schutzgesetz i.S.v. § 823 II BGB verletzt ist oder eine sittenwidrige vorsätzliche Vermögensschädigung i.S.v. § 826 gegeben ist[1251]. Solche Amtspflichten beruhen zum Teil auf öffentlich-rechtlichen Spezialregelungen. Weitere Amtspflichten ergeben sich aus Vorschriften des Verfassungsrechts, insbesondere aus Art. 3 u. 14 GG[1252], oder aus einfachem Gesetzesrecht, insbesondere aus Polizeirecht[1253], oder sie sind aus allgemeinen Grundsätzen des Verwaltungsrechts

---

[1248] BGH NJW 1972, 101 f. – Muschelbänke.

[1249] Vgl. BGH NJW 1972, 101 f., 102 – Muschelbänke; Palandt/*Sprau*, BGB § 839 Rn. 37; Soergel/*Vinke*, BGB § 839 Rn. 118; Staudinger/*Wurm* (2002) BGB § 839 Rn. 29, 30, 37, 175, 176.

[1250] Palandt/*Sprau*, BGB § 839 Rn. 1, 32; Soergel/*Vinke*, BGB § 839 Rn. 10, 110; Staudinger/*Wurm* (2002) BGB § 839 Rn. 30, 121 ff., 176.

[1251] Soergel/*Vinke*, BGB § 839 Rn. 10; Staudinger/*Wurm* (2002) BGB § 839 Rn. 30; vgl. auch BGH WM 1957, 1165 ff., 1167.

[1252] Vgl. Soergel/*Vinke*, BGB § 839 Rn. 110; zum Schutz des Gewerbebetriebs durch Art. 14 GG vgl. *Badura*, AöR 98 (1973); 153 ff.; *Kreft*, WiVerw 1978, 193 ff., 197 ff.; *Krohn*, GewArch 1981, 249 ff.

[1253] Z.B. aus straßenverkehrsrechtlichen Begrenzungen der Straßenbenutzung oder aus Baubeschränkungen; aus baurechtlichen Baubeschränkungen; aus Beschränkungen des Sand- und Kiesabbaus durch Vorschriften der Landschaftspflege, BGHZ 77, 351; aus wasserrechtlichen Vorschriften usw.

abzuleiten[1254], z.B. aus den Grundsätzen der Erforderlichkeit und Verhältnismäßigkeit[1255], aus dem Grundsatz des Vertrauensschutzes[1256] oder aus der Pflicht zu fehlerfreier Ermessensausübung[1257]. Soweit unternehmensschützende *Amtspflichten* i.S.v. § 839 BGB bestehen, die im konkreten Einzelfall verletzt worden sind, besteht keine Lücke, die mit dem Recht am Gewerbebetrieb gefüllt werden müsste. Der Grundsatz der Subsidiarität des Rechts am Gewerbebetrieb gilt auch im Verhältnis zu § 839 BGB. Darüber hinaus ist § 839 BGB lex specialis, neben der u.a. für die Anwendung von § 823 BGB kein Raum ist[1258].

2. Die Muschelbänke-Entscheidung des BGH von 1971

a) In seiner oben genannten Entscheidung »Muschelbänke« vom 14.10.1971 zur Amtshaftung nach § 839 BGB i.V.m. Art. 34 GG hat der III. ZS des BGH eine *fahrlässige* Unternehmensschädigung als betriebsbezogenen und rechtswidrigen Eingriff in das Recht am Gewerbebetrieb bewertet. Deshalb hielt er Schadensersatzansprüche gegen die Gemeinde aus § 839 BGB i.V.m. Art. 34 GG für begründet. Die Einleitung der Abwässer sei ein betriebsbezogener Eingriff in das Recht am Gewerbebetrieb des Kl. gewesen. Die Betriebsbezogenheit hat der BGH allerdings nicht näher geprüft, sondern nur apodiktisch festgestellt, dass »keine Bedenken« bestehen. Das war nach den Kriterien des BGH allerdings keineswegs unbedenklich. Denn bei den Muschelbänken und den darauf gezüchteten Muscheln handelte es sich wohl um »ablösbare Rechtsgüter« i.S.d. Stromkabel-Doktrin des BGH. Außerdem erfolgte der Eingriff nicht bewusst und gewollt, was zum Zeitpunkt dieser Entscheidung für alle Fälle der Betriebsbezogenheit kennzeichnend war.

b) Der BGH hat außerdem nicht zu der Frage Stellung genommen, ob durch die Verseuchung der Muschelbänke und Muscheln das Eigentum des Kl. daran bzw. Aneignungsrechte i.S.v. § 823 I BGB[1259] verletzt worden sind, was eine lückenfüllende Anwendung des Rechts am Gewerbebetrieb entbehrlich gemacht hätte. Dies wäre wohl zu bejahen gewesen[1260]. Für einen lückenfüllenden Rückgriff auf das Recht am Gewerbebetrieb bestand dann kein Anlass.

c) Der BGH hat keine Ausführungen dazu gemacht, ob durch die Einleitung von Abwässern der Kanalisation in die Nordsee Spezialregelungen oder allge-

---

1254 Soergel/*Vinke*, BGB § 839 Rn. 110, 112 ff., 119 ff.; Staudinger/*Wurm* (2002) BGB § 839 Rn. 123.

1255 Vgl. *Krohn*, GewArch 1981, 249 ff., 250; Palandt/*Sprau*, BGB § 839 Rn. 35; Staudinger/*Wurm* (2002) BGB § 839 Rn. 139 f.

1256 *Krohn*, GewArch 1981, 249 ff., 250; Palandt/*Sprau*, BGB § 839 Rn. 40.

1257 Vgl. Palandt/*Sprau*, BGB § 839 Rn. 34; Soergel/*Vinke*, BGB § 839 Rn. 116.

1258 Soergel/*Vinke*, BGB § 839 Rn. 12; Staudinger/*Wurm* (2002) BGB § 839 Rn. 37.

1259 Zum Schutz von Aneignungsrechten nach § 823 I BGB vgl. BGHZ 49, 231 ff., 234 f., 236; BGHZ 50, 73 ff., 76 f.; Staudinger/*Hager* (1999) BGB § 823 Rn. B 136.

1260 Vgl. den ähnlich gelagerten Fall in der Entscheidung BGH NJW 1976, 291 f.

meine Regelungen des öffentlichen Rechts verletzt worden sind. Offenbar lag jedoch eine *Amtspflichtverletzung* vor. Diese ergab sich zwar aus der Verseuchung der Muschelbänke, d.h. aus einer Beeinträchtigung des Unternehmens des Kläger. Ein tatbestandsmäßiger Eingriff in das Recht am Gewerbebetrieb i.S.v. § 823 I BGB war jedoch keine notwendige Voraussetzung der Amtspflichtverletzung[1261]. Es genügt auch eine Vermögensschädigung, die nicht auf dem Eingriff in Rechte beruht. Wenn die zu Feststellung der *Rechtswidrigkeit* eines Eingriffs in einen Gewerbebetrieb erforderliche *Interessenabwägung* ergab, dass die Verseuchung der Muschelbänke rechtswidrig war, dann lag – unabhängig von einem betriebsbezogenen und rechtswidrigen Eingriff in das Recht am Gewerbebetrieb – auch eine *Amtspflichtverletzung* vor. Zutreffend hat der BGH in der Muschelbänke-Entscheidung darauf hingewiesen, dass jeder Amtsausübung die Pflicht innewohne, »dafür zu sorgen, dass Dritte, die von der Amtstätigkeit nicht berührt werden sollen, auch nicht von ihr beeinträchtigt werden«[1262]. Diese Voraussetzung erfüllt jede Beeinträchtigung eines fremden Gewerbebetriebs. Ein betriebsbezogener und rechtswidriger Eingriff in das Recht am Gewerbebetrieb ist dafür nicht erforderlich.

XII. Willkürliche Auftragsvergabe durch die öffentliche Hand

a) In zwei Entscheidungen aus den Jahren 1976 und 1978 hat der BGH festgestellt, dass die *willkürliche* Auftragsvergabe durch die öffentliche Hand einen rechtswidrigen Eingriff in den Gewerbebetrieb der bei der Auftragsvergabe nicht berücksichtigten Unternehmen darstellen könne[1263]. Beide Entscheidungen betrafen Abschleppaufträge der Polizei an Abschleppunternehmen. Einschlägige Entscheidungen des BGH, in denen er mit § 823 I BGB tatsächlich Schutz gewährt hat, liegen allerdings nicht vor.

b) Amtshaftungsansprüche aus § 839 BGB i.V.m. Art. 34 GG kamen nach Ansicht des VI. ZS – was allerdings streitig ist – nicht in Betracht, da es sich bei der Vermittlung von Abschleppaufträgen um ein »bloß fiskalisches Beschaffungsgeschäft« handle[1264]. Eine Haftung des Landes könnte daher nur aus den §§ 823, 89, 30, 31 BGB herleitet werden[1265]. § 826 BGB wird vom BGH nicht erwähnt.

c) Soweit Schutz nach den §§ 823 ff. BGB geboten erscheint, lässt er sich mit § 826 BGB erzielen. Denn die willkürliche Nichtberücksichtigung eine Unter-

---

[1261] Zur Amtshaftung für Fehler bei der Abwasserbeseitigung vgl. Staudinger/*Wurm* (2002) BGB § 839 Rn. 676.

[1262] BGH NJW 1972, 101 f., 102 – Muschelbänke.

[1263] BGH NJW 1977, 628 ff., 629 f.; BGH VersR 1978, 1141 f., 1142.

[1264] BGH NJW 1977, 628 ff., 629 (II. 2. b); BGH VersR 1978, 1141 (II. 1.).

[1265] BGH NJW 1977, 628 ff., 629 (II. 1.); BGH VersR 1978, 1141 (II. 1.).

nehmens bei der Auftragsvergabe ist diesem gegenüber eine bewusste und gewollte, d.h. vorsätzliche Schadenszufügung. Wenn wegen der Willkür Rechtswidrigkeit nach § 823 I BGB zu bejahen wäre, wäre die Schadenzufügung auch sittenwidrig nach § 826 BGB. Willkürliche Auftragsvergabe durch die öffentliche Hand ist u.a. mit dem Gleichheitsgrundsatz des Art. 3 GG nicht zu vereinbaren[1266].

[1266] BGH NJW 1977, 628 ff., 629 (II. 1.).

Zusammenfassung der Ergebnisse

I. Wandel der Rechtsprechung zum Schutze des Rechts am Gewerbebetrieb

Die Rechtsprechung zum Schutze des Rechts am Gewerbebetrieb ist durch mehrfache grundlegende Änderungen gekennzeichnet. Erst seit den 60er Jahren hat eine Konsolidierung stattgefunden.

1. Bestandsschutz und Bereichsschutz

Eine große praktische Bedeutung hatte die Unterscheidung zwischen bestandsverletzenden und bereichsverletzenden Eingriffen in einen Gewerbebetrieb. Zu den bestandsverletzenden Eingriffen gehörten Handlungen, durch die ein Betrieb tatsächlich behindert, seine Unzulässigkeit behauptet oder seine Einschränkung oder Einstellung verlangt wurde, d.h. unmittelbare Behinderungen der Produktion und des Vertriebs, insbesondere unbegründete Schutzrechtsverwarnungen, Betriebsblockaden und früher auch die sog. Dammbruch-Fälle.

Bereichsverletzend waren Einwirkungen auf die Kunden und Lieferanten, insbesondere geschäftsschädigende Äußerungen über einen Betrieb, Boykottaufforderungen und in der früheren Rechtsprechung des RG auch irreführende Kundenwerbung.

a) Die Rechtsprechung des RG

Die Rechtsprechung des RG war durch divergierende Ansichten der verschiedenen Zivilsenate gekennzeichnet. Einig war man sich nur, dass das Recht am Gewerbebetrieb gegen bestandsverletzende Unternehmenseingriffe schütze. Ein Schutz gegen bereichsverletzende Eingriffe wurde hingegen von den meisten Zivilsenaten abgelehnt. Demgegenüber hat der II. Zivilsenat – von drei nicht näher begründeten Ausnahmen abgesehen[1267] – seit 1904 durchgängig ausdrücklich oder implizit auch Bereichsschutz gewährt und diesen entgegen einer verbreiteten – auch vom BGH vertretenen – Ansicht keineswegs auf das Gebiet des Wettbewerbs- und Warenzeichenrechts bzw. des gewerblichen Rechts-

---

[1267] RGZ 73, 253 ff. – Hustentropfen; RG GRUR 1916, 95 – Seydlitz; RG MuW 1931, 200 ff. – Separatisten II.

schutzes beschränkt. Der I. Zivilsenat hat ab 30.10.1941 gegen bereichsverletzende Eingriffe geschützt[1268], was er zuvor abgelehnt hatte. Der IV. Zivilsenat gewährte vor 1909 Bereichsschutz, danach lehnte er ihn ab.

Die widersprüchliche Entscheidungspraxis der Zivilsenate des RG wurde häufig verschleiert. Dies geschah zum einen durch *begriffliche Ungenauigkeit*, indem Unternehmensseingriffe als bestandsverletzend bezeichnet wurden, die die anderen Senate zu den typischen Bereichsverletzungen zählten. Außerdem versuchte vor allem der II. Zivilsenat durch bemerkenswert viele *Fehlzitate* den unzutreffenden Eindruck einer Einheitlichkeit und Kontinuität der Rechtsprechung zu erwecken[1269]. Häufig hat jedoch vor allem der II. ZS Abweichungen seiner Ansicht von der der anderen Zivilsenate einfach übergangen.

Besondere Erwähnung verdient, dass unbegründete *Abnehmerverwarnungen* aus Schutzrechten ebenso wie unbegründete Herstellerverwarnungen zu den bestandsverletzenden Eingriffen gerechnet wurden[1270], obwohl es sich im Gegensatz zu letzteren um geradezu klassische Fälle von Bereichsverletzungen handelte, weil Lieferanten durch die Einwirkung auf ihre unmittelbaren oder mittelbaren Kunden geschädigt wurden.

b) Die Rechtsprechung des BGH

Der BGH hat sich in seiner insoweit grundlegenden Constanze I-Entscheidung von 1951 ausdrücklich zu der Ansicht bekannt, dass § 823 I BGB Gewerbebetriebe nicht nur gegen bestandsverletzende, sondern auch gegen bereichsverletzende Eingriffe schütze[1271]. Er begründete dies vor allem damit, dass – entgegen dem RG – kein sachlicher Grund bestehe, den Schutz des Rechts am Gewerbebetrieb auf bestandsverletzende Eingriffe zu beschränken und nur auf dem Gebiet des Wettbewerbs und der gewerblichen Schutzrechte einen weiterreichenden Schutz – gemeint war der sog. Bereichsschutz – zu gewähren, wie es das RG später (seit 1929) getan habe[1272]. Diese Argumentation basierte allerdings auf unzutreffenden historischen Annahmen:

(1) Bereichsschutz war nicht vom »Reichsgericht« , sondern zunächst nur vom II. ZS, seit 1941 auch vom I. ZS gewährt worden.
(2) Bereichsschutz gewährte der II. ZS nicht erst seit den 30er Jahren, sondern schon seit 1904[1273].

[1268] RG GRUR 1942, 54 ff., 55 – Abtrennmesser.

[1269] Vgl. den Hinweis darauf schon bei *Fikentscher*, in: Festgabe für Kronstein, 1967, S. 261 ff., 265.

[1270] So der VI. ZS in RGZ 94, 248 ff., 249 – Socken; VIII. ZS in RGZ 135, 242 ff., 247 – Wiko; IX. ZS in JW 1932, 1883 ff., 1885 = GRUR 1931, 986 – Deutsche Normen.

[1271] BGHZ 3, 270 ff., 279 f. – Constanze I.

[1272] Vgl. außer BGHZ 3, 270 ff., 279 auch BGHZ 29, 65 ff., 68 – Stromkabel I.

[1273] RG JW 1905, 20 Nr. 19 – Deutsche Hausfrau.

(3) Der II. ZS hatte den Bereichsschutz nicht auf das Gebiet des Wettbewerbs- und Warenzeichenrechts bzw. des gewerblichen Rechtsschutzes beschränkt, auch wenn er in einer Entscheidung von 1938 den gegenteiligen Eindruck erweckt hat[1274]. Der Schwerpunkt seiner Entscheidungstätigkeit lag zwar aufgrund seiner Zuständigkeit auf dem Gebiet des Wettbewerbs- und Warenzeichenrechts; er hat jedoch auch außerhalb dieses Rechtsgebiets das Recht am Gewerbebetrieb gegen bereichsverletzende Eingriffe geschützt[1275].

2. Das Erfordernis der Betriebsbezogenheit

Der BGH beschränkte den Schutz des Rechts am Gewerbebetrieb auf sog. betriebsbezogene Eingriffe. Das waren fast nur bewusste und gewollte, d.h. vorsätzliche Unternehmensschädigungen.

3. Feststellung der Rechtswidrigkeit: von der Rechtswidrigkeitsindikation zur Interessenabwägung

Ursprünglich nahm die Rechtsprechung an, dass die Rechtswidrigkeit eines unmittelbaren Eingriffs in das Recht am Gewebebetrieb – wie bei den klassischen Rechten und Rechtsgütern des § 823 I BGB auch – indiziert sei[1276]. Später hielt der BGH für die Feststellung der Rechtswidrigkeit eine Interessenabwägung für erforderlich[1277]. Dazu zwangen der Grundsatz der Wettbewerbsfreiheit, das Grundrecht der Meinungsfreiheit sowie das Grundrecht der Streikfreiheit.

4. Von der Anspruchskonkurrenz zur Subsidiarität des Schutzes des Rechts am Gewerbebetrieb

Ursprünglich hat die Rechtsprechung zwischen Ansprüchen aus § 823 I BGB wegen eines Eingriffs in das Recht am Gewerbebetrieb und konkurrierenden Ansprüchen sog. Anspruchskonkurrenz angenommen. Seit 1961 schützt der BGH hingegen nur noch subsidiär, d.h. zur Schließung von Lücken im Unternehmensschutz[1278]. Nur im Verhältnis zu § 826 BGB und zu § 14 UWG a.F.

[1274] RG JW 1939, 484 ff., 485 = GRUR 1939, 494 ff., 498 a.E. – Rundfunkeinrichtungen.

[1275] RG GRUR 1929, 1039 = MuW 1929, 378; MuW 1940, 87 – Nichtarisches Unternehmen; GRUR 1944, 152 ff., 153 – Nazifirma.

[1276] So noch BGHZ 3, 270 ff., 279 – Constanze I; BGHZ 8, 142 ff., 145 – Schwarze Listen; BGHZ 29, 65 ff., 74 – Stromkabel I.

[1277] So besonders deutlich BGHZ 45, 296 ff., 307 – Höllenfeuer; BGH NJW 2006, 830 Rn. 97, 104, 124, 126 – KirchMedia; ebenso BAGE 59, 48 ff., 57 f.

[1278] Insoweit grundlegend BGHZ 36, 252 ff., 256 f. – Gründerbildnis.

machten einige Senate Ausnahmen. Diese Ausnahmen lassen sich jedoch nicht rechtfertigen.

II. Unterschiede zwischen dem Recht am Gewerbebetrieb und den »klassischen« Rechten und Rechtsgütern des § 823 I BGB

Das Recht am Gewerbebetrieb unterscheidet sich in wesentlichen Punkten von den »klassischen« Rechten und Rechtsgütern des § 823 I BGB und ist deshalb in dieser Vorschrift ein »Fremdkörper«.

1. Betriebsbezogenheit und Vorsatz

Der BGH schützt Gewerbebetriebe mit § 823 I BGB nur gegen sog. betriebsbezogene Eingriffe. Das waren in der Praxis fast nur bewusste und gewollte, d.h. vorsätzliche Unternehmensschädigungen i.S.v. § 826 BGB. Bei fahrlässigen Unternehmensschädigungen lehnte er hingegen fast immer Betriebsbezogenheit ab; genannt seien die Fälle fahrlässiger Stromkabelbeschädigungen und fahrlässiger Arbeitnehmerverletzungen. Wohl nur in zwei Entscheidungen, die jedoch insoweit nicht näher begründet wurden, bewertete er fahrlässige Unternehmenseingriffe als betriebsbezogen[1279]. Demgegenüber sind die »klassischen« Rechte und Rechtsgüter des § 823 I BGB nicht nur ausnahmsweise, sondern *generell* gegen fahrlässige Verletzungshandlungen geschützt.

2. Feststellung der Rechtswidrigkeit

Bei den »klassischen« Rechten und Rechtsgütern des § 823 I BGB ist zumindest bei unmittelbaren bzw. vorsätzlichen Eingriffen die Rechtswidrigkeit indiziert. Bei betriebsbezogenen Unternehmenseingriffen ist hingegen die Rechtswidrigkeit durch eine Interessenabwägung festzustellen. Damit sprengt das Recht am Gewerbebetrieb in § 823 I BGB das System der vertypten Unrechtstatbestände.

3. Anspruchskonkurrenz und Subsidiarität

Zwischen Ansprüchen aus § 823 I BGB wegen Verletzung von »klassischen« Rechten und Rechtsgütern und sonstigen Ansprüchen besteht Anspruchskonkurrenz. Der Schutz des Rechts am Gewerbebetrieb nach § 823 I BGB greift hingegen nur subsidiär, d.h. zur Schließung von Lücken im Unternehmens-

[1279] BGH NJW 1972, 101 f., 102 – Muschelbänke; BGH NJW 1992, 42 ff. – Baustromverteiler.

schutz ein. Letzteres ist gerechtfertigt, da das Recht am Gewerbebetrieb in § 823 I BGB letztlich ein Fremdkörper ist.

III. Die Rechtfertigung des Rechts am Gewerbebetrieb

1. Gewohnheitsrecht

Der Schutz des Rechts am Gewerbebetrieb mit § 823 I BGB wird im Schrifttum damit gerechtfertigt, dass er gewohnheitsrechtlich anerkannt sei. Das ist jedoch zum einen wegen der verbreiteten Kritik zweifelhaft. Außerdem könnte in Anbetracht einer über 40-jährigen Rechtsprechung des BGH allenfalls der *lückenfüllende* Schutz des Rechts am Gewerbebetrieb gewohnheitsrechtliche Geltung erlangt haben.

2. Kein ausreichender Unternehmensschutz ohne Recht am Gewerbebetrieb

Der Schutz des Rechts am Gewerbebetrieb nach § 823 I BGB wird außerdem damit gerechtfertigt, dass Unternehmen ohne diese Konstruktion nicht ausreichend geschützt seien.

a) Defizite des Unternehmensschutzes bestehen nach h.M. deshalb, weil die Anforderungen an die Rechtswidrigkeit nach § 823 I BGB geringer seien als an die Sittenwidrigkeit nach § 826 BGB und (bis 2004) nach § 1 UWG a.E. bzw. an die Unlauterkeit nach der neuen wettbewerbsrechtlichen Generalklausel des § 3 UWG. Diese Kritik ist nicht berechtigt, wenn man – wie in dieser Arbeit vertreten – die Sittenwidrigkeit nach § 826 BGB und die Unlauterkeit nach § 3 UWG in gleicher Weise durch eine Interessenabwägung feststellt wie die Rechtswidrigkeit eines Eingriffs in das Recht am Gewerbebetrieb nach § 823 I BGB.

b) Als weiterer Grund für die Notwendigkeit eines Schutzes des Rechts am Gewerbebetrieb nach § 823 I BGB wird angeführt, dass andernfalls kein ausreichender Unternehmensschutz gegen *fahrlässige* Unternehmenseingriffe bestehe. Dabei denkt man offenbar an die große Fallgruppe der fahrlässig unbegründeten Schutzrechtsverwarnungen. Diese sind jedoch in aller Regel Wettbewerbshandlungen i.S.v. § 3 UWG. Außerdem sind sie *vorsätzliche* Schadenszufügungen i.S.v. § 826 BGB; fahrlässig ist bei ihnen nur die Verkennung der Schutzrechtslage. In den beiden vom BGH nicht näher begründeten Entscheidungen, in denen er ausnahmsweise bei Fahrlässigkeit Betriebsbezogenheit bejaht hat, wäre der Schutz wegen Verletzung des Eigentums oder eines Aneignungsrechts nach § 823 I BGB oder von Amtspflichten[1280] bzw. – falls überhaupt gerechtfertigt –

[1280] So im Fall BGH NJW 1972, 101 f., 102 – Muschelbänke.

mit einer Haftung aus Vertrag mit Schutzwirkung für Dritte bzw. jetzt nach § 311 III BGB[1281] zu erreichen gewesen.

IV. Zur Auslegung der wettbewerbs- und deliktsrechtlichen Generalklauseln

1. § 3 UWG

Bei Unternehmenseingriffen durch Wettbewerbshandlungen ist, sofern nicht wettbewerbsrechtliche Spezialregelungen eingreifen (z.B. § 4 Nr. 7 u. 10; § 6 II Nr. 4 u. 5 UWG), die *Unlauterkeit* nach § 3 UWG in gleicher Weise durch eine *Interessenabwägung* festzustellen wie die *Rechtswidrigkeit* eines Eingriffs in das Recht am Gewerbebetrieb nach § 823 I BGB. Die Bagatellschwelle des § 3 UWG wird bei den nach § 823 I BGB untersagten Unternehmenseingriffen in aller Regel erreicht. Wenn nicht, dann darf diese für das gesamte Wettbewerbsrecht geltende Bagatellschwelle nicht durch subsidiäre Anwendung von § 823 I BGB unterlaufen werden.

2. § 826 BGB

Betriebsbezogene Unternehmenseingriffe waren – von den beiden bereits genannten Ausnahmen abgesehen – immer bewusste und gewollte Unternehmensschädigungen, d.h. *vorsätzliche* Schadenszufügungen i.S.v. § 826 BGB.

Die *Sittenwidrigkeit* nach § 826 BGB ist in gleicher Weise durch eine *Interessenabwägung* festzustellen wie die *Rechtswidrigkeit* eines Eingriffs in das Recht am Gewerbebetrieb nach § 823 I BGB.

V. Fallgruppen

1. Geschäftsschädigende Äußerungen, Boykottaufforderungen und Betriebsblockaden sind vorsätzliche Unternehmensschädigungen i.S.v. § 826 BGB. Da die Sittenwidrigkeit in gleicher Weise durch eine Interessenabwägung festzustellen ist wie die Rechtswidrigkeit eines Eingriffs in das Recht am Gewerbebetrieb, sind alle nach § 823 I BGB rechtswidrigen Unternehmenseingriffe durch die oben genannten Handlungen zugleich auch sittenwidrig nach § 826 BGB. Betriebsblockaden sowohl in der Form der Auslieferungssperre als auch in der Form der Zutrittssperre sind außerdem Eigentums- bzw. Besitzverletzungen

[1281] So im Fall BGH NJW 1992, 42 ff. – Baustromverteiler.

i.S.v. § 823 I BGB. Gegen Boykottaufforderungen bietet auch § 21 GWB einen begrenzten Schutz.

2. Bei rechtswidrigen Streiks haften Arbeitnehmer *vertragsrechtlich*. Dritte haften für rechtswidrige Streikaufrufe nach § 826 BGB in gleicher Weise, wie sie nach § 823 I BGB (Recht am Gewerbebetrieb) haften würden. Denn Unternehmensschädigungen durch Streikaufrufe sind vorsätzlich; ihre Sittenwidrigkeit nach § 826 BGB ist in gleicher Weise durch eine Interessenabwägung festzustellen wie ihre Rechtswidrigkeit nach § 823 I BGB.

3. Bei Schutzrechtsverwarnungen ist zwischen sog. Herstellerverwarnungen und sog. Abnehmerverwarnungen zu unterscheiden.

a) Fahrlässig unbegründete *Herstellerverwarnungen* sind in aller Regel Wettbewerbshandlungen und als solche unlauter nach § 3 UWG, wenn sie nach § 823 I BGB als rechtswidrig zu bewerten wären. Fehlt es ausnahmsweise am Wettbewerbszweck, bietet § 826 BGB denselben Schutz wie § 823 I BGB; denn es sind vorsätzliche Schadenszufügungen i.S.v. § 826 BGB, deren Sittenwidrigkeit in gleicher Weise durch eine Interessenabwägung festzustellen ist, wie ihre Rechtswidrigkeit nach § 823 I BGB durch eine Interessenabwägung festzustellen wäre.

Nach st.Rspr., die im Jahre 2005 durch den Großen Zivilsenat bestätigt worden ist, sind unbegründete Herstellerverwarnungen ohne weiteres rechtswidrig. Nach der hier vertretenen Ansicht sind sie es nur, wenn der Schutzrechtsinhaber bei der Beurteilung der Schutzrechtslage die im Verkehr erforderliche Sorgfalt verletzt hat.

b) Fahrlässig unbegründete *Abnehmerverwarnungen* sind gegenüber dem dadurch unmittelbar oder mittelbar geschädigten *Lieferanten* unwahre Tatsachenbehauptungen i.S.v. § 4 Nr. 8 UWG bzw. § 824 BGB; ebenso der öst. OGH.

Falls man mit der in Deutschland h.M. die Anwendung dieser Vorschriften ablehnt, bieten § 3 UWG bzw. § 826 BGB denselben Schutz wie § 823 I BGB. Denn die Rechtswidrigkeit nach § 823 I BGB ist in gleicher Weise durch eine Interessenabwägung festzustellen wie die Unlauterkeit nach § 3 UWG bzw. die Sittenwidrigkeit nach § 826 BGB. Unbegründete Abnehmerverwarnungen sind wegen ihrer besonderen Gefährlichkeit für die davon betroffenen Lieferanten ohne weiteres rechtswidrig, sittenwidrig und unlauter.

4. Gegen die Verwässerung berühmter deutscher Marken bietet § 14 II Nr. 3 MarkenG denselben Schutz wie früher § 823 I BGB unter dem Gesichtspunkt eines Eingriffs in das Recht am Gewerbebetrieb. Dasselbe gilt für die Verwässerung berühmter Gemeinschaftsmarken nach Art. 9 I Buchst. c GemeinschaftsmarkenVO.

Ansprüche aus diesen Vorschriften verdrängen nach der sog. *Vorrangthese*, wonach das Markenrecht in seinem Anwendungsbereich Vorrang vor dem Wettbewerbsrecht und dem allgemeinen Deliktsrecht hat, Ansprüche aus

§ 823 I BGB. Unabhängig von der Vorrangthese bestünden Ansprüche aus § 823 I BGB unter dem Gesichtspunkt eines Eingriffs in das Recht am Gewerbebetrieb auch wegen der Subsidiarität dieses Rechts nicht.

5. Vertriebsbindungen werden sowohl wettbewerbsrechtlich nach § 3 UWG als auch markenrechtlich nach § 14 II Nr. 1 i.V.m. § 24 MarkenG ausreichend gegen Außenseiter geschützt.

6. Zur Produzentenhaftung für reine Vermögensschäden mittelbarer gewerblicher Abnehmer liegen divergierende Entscheidungen des BGH vor. In den Entscheidungen »Prüfzeichen« von 1974 und »Hebebühne« von 1983 verneinte er einen betriebsbezogenen Eingriff in den Gewerbebetrieb der geschädigten Abnehmer, in dem Nichtannahmebeschluss »Baustromverteiler« von 1990 bejahte er hingegen einen betriebsbezogenen Eingriff. Wenn man, wie hier vertreten, einen Schutz der geschädigten Abnehmer für berechtigt hält, was allerdings streitig ist, dann bietet die Haftung aus Vertrag mit Schutzwirkung für Dritte bzw. seit der Schuldrechtsreform von 2002 die Vorschrift des § 311 III BGB diesen Schutz.

7. Amtspflichtverletzungen i.S.v. § 839 BGB könne sich zwar aus Verstößen gegen die §§ 823–826 BGB ergeben, setzen diese jedoch nicht notwendig voraus. Bei entsprechender Auslegung des Begriffs der Amtspflichtverletzung besteht keine Lücke, die mit dem Recht am Gewerbebetrieb geschlossen werde müsste.

Literaturverzeichnis

Adomeit, Klaus: Wahrnehmung berechtigter Interessen und Notwehrrecht, JZ 1970, 495

Ahrens, Hans Jürgen: Zum Ersatz der Verteidigungsaufwendungen bei unberechtigter Abmahnung, NJW 1982, 2477

–: Der Wettbewerbsprozeß, 5. Aufl., Köln-Berlin-München, 2005

–: s. auch Deutsch/Ahrens

Alternativ-Kommentar zum BGB (AK), Bd. 3, Neuwied 1979

Alexander, Christian: Vertrag und unlauterer Wettbewerb, Berlin 2002

Altmeppen, Holger: Gefährdungshaftung nach § 717 Abs. 2 ZPO und unberechtigte Schutzrechtsverwarnung, ZIP 1996, 168

Andresen, Boy-Jürgen: Warentest und Pressefreiheit, Diss. Tübingen 1973

Arbeitskonflikte und Arbeitskampf. Auswirkungen und Berechtigungen von Arbeitskonflikten. Hrsg. von der Internationalen Stiftung Humanum, Köln 1973

Arndt, Adolf: Umwelt und Recht – 1. Der Fall Blinkfüer (Art. 5 GG), NJW 1964, 23

–: Umwelt und Recht, NJW 1964, 1310

–: Umwelt und Recht, NJW 1966, 869

–: Thesen zu Artikel 9 Absatz 3 GG, Festschrift für Otto Kunze, Berlin 1969, S. 265

Arndt, Georg: Der Schutz des Kredits gegen deliktische Eingriffe nach dem Bürgerlichen Gesetzbuch, Diss. Jena 1913

Arnold, Klaus P.: Das Recht am Unternehmen in der Rechtsprechung des Schweizerischen Bundesgerichts und des deutschen Bundesgerichtshofes, Zürich 1971

Arzt, Günther: Die Ansicht aller billig und gerecht Denkenden. Geschichtliche Wurzel, theoretische Begründung und praktische Auswertung, Diss. Tübingen 1962

Assmann, Heinz-Dieter/Kübler, Friedrich: Testhaftung und Testwerbung. Die Praxis der Stiftung Warentest als Regelungsaufgabe des Privatrechts, ZHR 142 (1978), 413

Badura, Peter: Der Eigentumsschutz des eingerichteten und ausgeübten Gewerbebetriebes, AöR 98 (1973), 153

–: Verfassungsfragen des nicht koalitionsmäßigen Streiks, DB 1985, Beil. 14, S.1

Bahrsel, Erwin: Das Recht am Gewerbebetrieb. Eine Rechtsanschauung des Reichsgerichts, Diss. Hamburg 1933

Ballerstedt, Kurt: Unternehmen und Wirtschaftsverfassung, JZ 1951, 486

–: Zur zivilrechtlichen Haftung für Demonstrationsschäden, JZ 1973, 105

Bamberger, Heinz Georg/Roth, Herbert,: Kommentar zum BGB, Bd. 2, München 2003

Bar, Christian v.: Verkehrspflichten, Köln u.a. 1980

–: Deliktsrecht. Empfiehlt es sich, die Voraussetzungen der Haftung für unerlaubte Handlungen mit Rücksicht auf die gewandelte Rechtswirklichkeit und die Entwicklung in Rechtsprechung und Lehre neu zu ordnen? Wäre es insbesondere zweckmäßig, die Grundtatbestände der §§ 823 Absätze 1 und 2, § 826 BGB zu erweitern oder zu ergänzen?, in: Gutachten und Vorschläge zur Überarbeitung des Schuld-

rechts, Bd. II, hrsg. vom Bundesminister der Justiz, Köln 1981, S. 1681 (zit.: v. Bar, BMJ-Gutachten II)
–: Buchbesprechung: Schwitanski, Deliktsrecht, Unternehmensschutz und Arbeitskampfrecht, RdA 1987, 306
–: Probleme der Haftpflicht für deliktsrechtliche Eigentumsverletzung, Karlsruhe 1992
Bartelt, Christa/Bloch, Klaus: Betrachtungen zur geplanten Neufassung des § 824 Abs. 1 BGB, I, NJW 1960, 1434
Barthel, Bernhard: Ist der Eingriff in eines der «klassischen« Rechte bzw. Rechtsgüter des § 823 Abs. 1 BGB auch dann rechtswidrig, wenn der Eingreifende die im Verkehr erforderliche Sorgfalt beachtet hat? Diss. München 1966
Bauer, Kurt: Schadensersatz bei unberechtigter Schutzrechtsverwarnung, MA 1966, 119
Baumann, Jürgen: Schuldtheorie und Verbotsirrtum im Zivilrecht? AcP 155 (1956), 495
Baumbach, Adolf: Kommentar zum Wettbewerbsrecht, 1. Auflage, Berlin 1929; 2. u. 3. Auflage, Berlin 1931 u. 1936
–: Verschulden und Sittenwidrigkeit im Wettbewerbsrecht, JW 1930, 1643
–: Die Grenzen erlaubten Wettbewerbs, namentlich die Preisunterbietung, MuW 1930, 2
–: Gesetzgeberische Gedanken zum Wettbewerbsrecht, DJZ 1931, 58
–: Bedarf das Betriebsgeheimnis eines verstärkten Schutzes? DJZ 1931, 1139
–: Anm. zu RG vom 6.10.1931 Hellegold, JW 1932, 3339
Baumbach, Adolf/Hefermehl, Wolfgang: Wettbewerbsrecht, 22. Aufl., München 2001
Baur, Fritz: Anm. zu BGH vom 3.10.1961 Konkursantrag, JZ 1962, 95
Baur, Ulrich: Der politische Streik unter besonderer Berücksichtigung der sogenannten Notstandsverfassung von 1968, Diss. Würzburg 1969 (zit. Baur, Der politische Streik)
Bayer, Walter: Der Vertrag zugunsten Dritter, Tübingen 1995
–: Vertraglicher Drittschutz, JuS 1996, 473
Bayreuther, Frank: Rechtsprobleme im Zusammenhang mit dem Schutz von Vertriebsbindungssystemen nach Markenrecht, WRP 2000, 349
Beater, Axel: Unlauterer Wettbewerb, München 2002
–: Der Gesetzesbegriff von § 134 BGB – zur Anwendbarkeit der Vorschrift auf Verfassungs- und Satzungsnormen, allgemeine Rechtsgrundsätze und Gesetzesumgehungen –, AcP 197 (1997), 505
–: Der Schutz von Eigentum und Gewerbebetrieb vor Fotografien, JZ 1998, 1101
–: Kommentierung von § 823 BGB, Anh V, in: Soergel, BGB, Bd. 12, 13. Aufl., Stuttgart 2005
Beathalter, Alfons: Die Betriebszugehörigkeit als Rechtsgut, Diss. Köln 1960
Bechtold, Rainer: GWB, Kommentar, 3. Aufl., München 2002
Becker, Walter G.: Das Recht der unerlaubten Handlungen. System in Vorlesung und Diskussion, Berlin 1976
Begemann, Helmut: Der Streik und das Recht am Gewerbebetrieb, Diss. Kiel 1957, Köln o.J. (1958)
Beier, Friedrich-Karl: Anm. zu BGH vom 10.11.1965 Kupferberg, GRUR 1966, 627
Beier, Friedrich-Karl/Kur, Annette: Das Verhältnis von Markenrecht und Recht des unlauteren Wettbewerbs im Wandel der Zeiten, Festschrift für Fikentscher, Tübingen 1997, S. 477
Beier, Friedrich-Karl/Wieczorek, Reinhard: Zur Verwirkung im Patentrecht, GRUR 1976, 566
Bell, Alexander: Wilde Arbeitskämpfe, Diss. Köln 1966
Benisch, Werner: Der organisierte Käuferstreik, NJW 1956, 1185

Benitz, Rolf: Schadenszurechnung bei qualifiziertem Verschuldenserfordernis, Bern-Frankfurt 1973
Benkard, Georg: Patentgesetz, Gebrauchsmustergesetz, 10. Aufl., München 2006 (zit.: Benkard-Bearbeiter)
–: Persönlichkeitsrecht und Erfindungsschutz, GRUR 1950, 481
Benn-Ibler, G.: siehe Sonn, H./Benn-Ibler, G.
Berner, Martin: Der Schutz gegen Kreditgefährdung im Zivilrecht, Diss. Greifwald 1914
Bernert, Günther: Zur Lehre von der »sozialen Adaequanz« und den »sozialadaequaten Handlungen« – Ein Beitrag zum Recht der unerlaubten Handlungen, Marburg 1966
Bertele, Franz: Rechtsnatur und Rechtsfolgen der Aussperrung, Heidelberg 1960
Bettermann, Karl August: Die allgemeinen Gesetze als Schranken der Pressefreiheit, JZ 1964, 601
Bettermann, Karl August/Nipperdey, Hans Carl: Die Grundrechte. Handbuch der Theorie und Praxis der Grundrechte, Berlin 1954 – 1972
Bieback, Karl-Jürgen: Bearbeitung von Teil B VIII.-IX., in: Däubler, Arbeitskampfrecht, 2. Aufl., Baden-Baden 1987
Biedenkopf, Kurt H.: Zum Problem der negativen Koalitionsfreiheit, JZ 1961, 346
–: Zum politischen Boykott, JZ 1965, 553
Bieling, Marlies: Die Rechtswidrigkeit von unternehmensschädigenden Demonstrationen, Diss. Bochum 1973
Binkert, Gerhard: Gewerkschaftliche Boykottmaßnahmen im System des Arbeitkampfrechts, Berlin 1981
Birk, Rolf: Boykott und einstweilige Verfügung im grenzüberschreitenden Arbeitskampf, AuR 1974, 289
–: Tarifrechtlicher Vorvertrag und arbeitsrechtlicher Boykott im Ausland, AuR 1977, 235
–: Die Rechtmäßigkeit gewerkschaftlicher Unterstützungsmaßnahmen, Stuttgart 1978
Blaurock, Uwe: Die Schutzrechtsverwarnung, Diss. Freiburg 1970
–: Anm. zu BGH vom 11.12.1973 maschenfester Strumpf, JZ 1974, 620
–: Anm. zu BGH vom 7.2.1975 Metacolor, NJW 1975, 925
Blomeyer, Jürgen: Schadensersatzansprüche des im Prozeß Unterlegenen wegen Fehlverhaltens Dritter, München 1972
Bock, H.: § 1 des Gesetzes gegen den unlauteren Wettbewerb in der Rechtsprechung des Bundesgerichtshofes, BB 1958, 957
Bode, Engelhard: Der Gewerbebetrieb als subjektives Recht im Sinne des § 823 Abs. 1 BGB., Diss. Erlangen 1930, Göttingen 1931
Boecken, Winfried: Deliktsrechtlicher Eigentumsschutz gegen reine Nutzungsbeeinträchtigungen, Berlin 1995
Boemke, Burkhard: Kündigung von NPD-Konten und § 138 BGB, NJW 2001, 43
–: Kontenkündigung als Sittenverstoß, JuS 2001, 444
Böhm, Franz: Wettbewerb und Monopolkampf, Berlin 1933 (unveränderter Nachdruck 1964)
Bötticher, Eduard: Vertragstheorie und Eingliederungstheorie, RdA 1955, 321
–: Zur Rechtswidrigkeit von Arbeitskämpfen, BB 1957, 621
–: Zum Übergang der Arbeitsverhältnisse auf den Betriebsnachfolger, Festschrift für Arthur Nikisch, Tübingen 1958, S. 3
Bofinger, Otto: Der vergleichende Warentest als Meinungsäußerung im Sinne des Art. 5 GG, NJW 1965, 1833

Bork, Reinhard: Allgemeiner Teil des Bürgerlichen Gesetzbuches, 2. Aufl., Tübingen 2006 (zit.: Bork, AT)
–: Kennzeichenschutz im Wandel – zum Verhältnis des bürgerlich-rechtlichen zum wettbewerbsrechtlichen Schutz der berühmten Marke gegen Verwässerungsgefahr, GRUR 1989, 725
Bornkamm, Joachim: Markenrecht und wettbewerbsrechtlicher Kennzeichenschutz, GRUR 2005, 97
Bovensiepen, Eduard: Die Zulässigkeit von Abwehrstreiks, AuR 1957, 193
Bräutigam, Ernst: Der arbeitsrechtliche Kampfstreik als Eingriff in das Recht am Unternehmen, Diss. München 1958 (zit.: Bräutigam, Der arbeitsrechtliche Kampfstreik)
Brandi-Dohrn, Matthias: Die Abnehmerverwarnung in Rechtsprechung und Praxis, GRUR 1981, 679
Brecher, Fritz: Das Unternehmen als Rechtsgegenstand. Rechtstheoretische Grundlegung, Bonn 1953
Brinkmann, Heinz-Volker: Markttransparenz und vergleichende Werbung, WRP 1963, 230, 268, 291
Brinkmann, Werner: Anm. zu KG Berlin vom 25.1.1977, BB 1978, 468
Brors, Christiane: Vertrauen oder Vertrag – gibt es eine Haftung für Wertgutachten nach § 311 Abs. 3 BGB?, ZGS 2005, 142
Brox, Hans: Zur Wirkung der rechtmäßigen Aussperrung auf den Arbeitsvertrag, Festschrift für Hans Carl Nipperdey, München-Berlin 1965, Bd. II, S. 55
–: Die Folgen des Streiks für die kämpfenden Verbände, JA 1981, 74
Brox, Hans/Rüthers, Bernd: Arbeitskampfrecht, 2. Aufl. Stuttgart 1982
Brox, Hans/Walker, Wolf–Dietrich: Allgemeines Schuldrecht, 30. Aufl., München 2004
Bruchhausen, Karl: Der Meinungsaustausch über Patentverletzungen, Mitt. 1969, 286
–: Bereicherungsausgleich bei schuldloser Patentverletzung, Festschrift für Günther Wilde, München 1970, S. 23
–: Anm. zu BGH vom 11.12.1973 maschenfester Strumpf, LM Nr. 8 zu BGB § 823 (Ag)
Brüggemann, Jürgen: Die richterliche Begründungspflicht. Verfassungsrechtliche Mindestanforderungen an die Begründung richterlicher Entscheidungen, Berlin 1971
Brüggemeier, Gert: Privater Schadensersatz beim Ausfall öffentlicher Funktionen, ZVglRWiss 1982 (1983), 62
–: Der BGH und das Problem der »Vermögensfunktionsstörung« – Das ungeklärte dogmatische Verhältnis von deliktischem Eigentums- und Gewerbebetriebsschutz in den Fällen der Betriebsstörung, VersR 1984, 902
–: Deliktsrecht, Baden-Baden 1986
–: Haftungsrecht: Struktur, Prinzipien, Schutzbereich, Heidelberg 2006
Bruhn, Dirk: Kommentierung von § 4 Nr. 8 UWG, in: Harte/Henning (Hrsg.), UWG, München 2004
Buchner, Herbert: Die Bedeutung des Rechts am eingerichteten und ausgeübten Gewerbebetrieb für den deliktsrechtlichen Unternehmensschutz, München 1971 (zit.: Buchner, Unternehmensschutz)
–: Konsolidierung des deliktsrechtlichen Unternehmensschutzes, DB 1979, 1069
Büscher, Wolfgang: Kommentierung der §§ 8, 11–14 UWG, in: Fezer (Hrsg.), Lauterkeitsrecht, Kommentar zum UWG, München 2005
Bütter, Michael/Tonner, Martin: Bankgeheimnis und Schadensersatzhaftung der Bank – Der Fall Kirch gegen Deutsche Bank und Breuer, BKR 2005, 344

Büttner, Tilmann Andreas: Vertriebsbindungen. Zulässigkeit und Schutz nach der Rechtsprechungsänderung, Köln u.a. 2004

Bulla, Gustav-Adolf: Die Kündigung des Arbeitsverhältnisses unter Druck, Festschrift für A. Hueck, München-Berlin 1959, S. 25

–: Das Prinzip der Sozialadäquanz im Arbeitsrecht, RdA 1962, 6

–: Betriebsverfassung und Arbeitkampf, RdA 1962, 385

–: Soziale Selbstverantwortung der Sozialpartner als Rechtsprinzip, Festschrift für H. C. Nipperdey, München-Berlin 1965, Bd. II, S. 79

Bussmann, Kurt: Anm. zu BGH vom 16.4.1969 Colle de Cologne, GRUR 1969, 482

Bydlinski, Franz: Vertragliche Sorgfaltspflichten zugunsten Dritter, JBl. 1960, 359

–: Anm. zu OGH vom 14.11.1962, öst. JBl. 1963, 377

–: Schadenersatz wegen materiell rechtswidriger Verfahrenshandlungen, JBl. 1986, 626

–: Über das Verständnis der »guten Sitten« im österreichischen Recht, Festschrift für Gernhuber, Tübingen 1993, S. 827

Caemmerer, Ernst von: Wandlungen des Deliktsrechts, in: Hundert Jahre Deutsches Rechtsleben, Festschrift zum hundertjährigen Bestehen des Deutschen Juristentags, Karlsruhe 1960, Bd. II, S. 49 (zit.: v. Caemmerer, DJT-FS II)

–: Die absoluten Rechte in § 823 Abs. 1 BGB, Karlsruher Forum 1961, 19 = Gesammelte Schriften, Bd. I, Tübingen 1968, S. 554

–: Das Problem des Drittschadensersatzes, ZHR 127 (1965), 241 = Gesammelte Schriften, Bd. I, Tübingen 1968, S. 597

Callmann, Rudolf: Der unlautere Wettbewerb – Kommentar zum Gesetz gegen den unlauteren Wettbewerb mit Notverordnung vom 9. März 1932 und zu den materiellrechtlichen Vorschriften des Gesetzes zum Schutze der Warenbezeichnungen, 2. Aufl., Mannheim-Berlin-Leipzig 1932

–: Der Unternehmensbegriff im gewerblichen Rechtsschutz, ZHR 97 (1932), 129

–: Anm. zu RG vom 29.10.1932, JW 1933, 46

Canaris, Claus-Wilhelm: Die Produzentenhaftung in dogmatischer und rechtspolitischer Sicht, JZ 1968, 494

–: Schutzgesetze – Verkehrspflichten – Schutzpflichten, 2. Festschrift für Larenz, München 1983, S. 27

–: Grundrechte und Privatrecht, AcP 184 (1984), 201

–: Grundrechtswirkungen und Verhältnismäßigkeitsprinzip in der richterlichen Anwendung und Fortbildung des Privatrechts, JuS 1989, 161

–: Schutzwirkungen zugunsten Dritter bei »Gegenläufigkeit« der Interessen, JZ 1995, 441

–: Die Reform des Rechts der Leistungsstörungen, JZ 2001, 499

–: Grundstrukturen des deutschen Deliktsrechts, VersR 2005, 577

–: s. auch Larenz/Canaris

Coester-Waltjen, Dagmar: Die Inhaltskontrolle von Verträgen außerhalb des AGBG, AcP 190 (1990), 1

Coing, Helmut: Allgemeine Rechtsgrundsätze in der Rechtsprechung des Reichsgerichts zum Begriff der »guten Sitten« (§ 138, § 826 BGB), NJW 1947/48, 213

–: Anm. zu BGH vom 8.3.1951, NJW 1951, 596

Colneric, Nina: III. Der rechtswidrige Streik, in: Däubler, Wolfgang (Hrsg.), Arbeitskampfrecht, 2. Aufl., Baden-Baden 1987, S. 725

Cosack, Konrad: Lehrbuch des Deutschen Bürgerlichen Rechts auf der Grundlage des Bürgerlichen Gesetzbuchs, Bd. I, Stuttgart 1. Aufl., 1898; 7. Aufl., 1909/10

Crome, Carl: System des Deutschen bürgerlichen Rechts, Bd. I, Einl. und allg. Teil, Tübingen 1900;
Bd. II, Recht der Schuldverhältnisse, Tübingen 1902

Däubler, Wolfgang: Anspruch auf Lizenzgebühr und Herausgabe des Verletzergewinns – atypische Formen des Schadensersatzes, JuS 1969, 49

–: Der Streik im öffentlichen Dienst, Tübingen 1971

–: Kommentierung von § 823 I BGB, sub IV., in: Alternativ-Kommentar zum BGB, Neuwied 1979, S. 933 (zit. AK/Däubler)

–: Aktuelle Grenzen des Streikrechts, AuR 1997, 13

–: Neue Grundsätze im Arbeitskampf?, AuR 1998, 144

Däubler, Wolfgang (Hrsg.): Arbeitskampfrecht, 2. Aufl., Baden-Baden 1987

Damm, Reinhard: Kontrolle von Vertragsgerechtigkeit durch Rechtsfolgenbestimmung. Nichtigkeit und Nichtigkeitsbeschränkung bei Gesetzes- und Sittenverstoß, JZ 1986, 913

–: Entwicklungstendenzen der Expertenhaftung. Vermögensschutz und Drittschutz auf dem Markt für sachkundige Informationen, JZ 1991, 373

Dauner-Lieb, Barbara: Reichweite und Grenzen der Privatautonomie im Ehevertragsrecht, AcP 201 (2001), 295

Degen: Die Bedeutung des § 826 B.G.B. für den gewerblichen Rechtsschutz, GRUR 1909, 137 = MuW 8 (1908/09), 176

Demuth, Björn: Schadensersatz nach unberechtigter Verfahrenseinleitung und Gegendarstellungsverlangen. Rechtsvergleichend: Deutschland, Österreich, Schweiz, Diss. Freiburg i.Br. 1997

Depène, Johann: Kann ein Unternehmen Objekt eines Rechts sein?, Diss. Greifswald 1920

Dernburg, Heinrich: Das bürgerliche Recht des Deutschen Reichs und Preußens, Bd. 2, 1./2. Aufl., Halle 1899

Deutsch, Erwin: Fahrlässigkeit und erforderliche Sorgfalt, Köln-Berlin-Bonn-München 1963

–: Entwicklung und Entwicklungsfunktion der Deliktstatbestände, JZ 1963, 385

–: Anm. zu BGH vom 2.7.1963 Elektronenorgeln, JZ 1964, 510

–: Anm. zu BGH vom 13.10.1964 Schwacke-Bericht, JZ 1966, 27

–: Entwicklungstendenzen des Schadensrechts in Rechtsprechung und Wissenschaft, JuS 1967, 152

–: Anm. zu BGH vom 21.6.1966 Teppichkehrmaschine, JZ 1967, 95

–: Anm. zu BGH vom 25.4.1967 Birgit Malmström, JZ 1968, 232

–: Grundmechanismen der Haftung nach deutschem Recht, JZ 1968, 721

–: System und Aufbau der Schadenshaftung im Deliktsrecht, Festschrift für Friedrich Weber, Berlin-New York 1975, S. 125

–: Irrtum, Vorsatz und Fahrlässigkeit, Festschrift für Karl Sieg, Karlsruhe 1976, S. 127

–: Anm. zu BGH vom 9.12.1975 Warentest II, JZ 1976, 451

–: Empfiehlt es sich, in bestimmten Bereichen der kleinen Eigentums- und Vermögenskriminalität, insbesondere des Ladensdiebstahls, die strafrechtlichen Sanktionen durch andere, zum Beispiel zivilrechtliche Sanktionen, abzulösen, gegebenenfalls durch welche?, Verhandlungen des 51. Deutschen Juristentags, 1976, Bd. I, München 1976, Gutachten E

–: Freiheit und Freiheitsverletzung im Haftungsrecht, Festschrift für Fritz Hauß, Karlsruhe 1978, S. 43

–: Allgemeines Haftungsrecht, 2. Aufl., Köln-Berlin-Bonn-München 1996
–: Zurechnungszusammenhang, Rechtswidrigkeit und Verschulden, Festschrift für Medicus, Köln u.a. 1999, S. 77
–: Die neuere Entwicklung der Rechtsprechung zum Haftungsrecht, JZ 2005, 987
Deutsch, Erwin/Ahrens, Hans-Jürgen: Deliktsrecht, 4. Aufl., Köln-Berlin-Bonn-München 2002
Deutsch, Volker: Gedanken zur unberechtigten Schutzrechtsverwarnung, WRP 1999, 25
–: Anspruchskonkurrenzen im Marken- und Kennzeichenrecht, WRP 2000, 854
–: Bearbeitung von Kap. 3: Die ungerechtfertigte Abmahnung, in: Ahrens, Der Wettbewerbsprozeß, 5. Aufl., Köln-Berlin-München 2005, S. 61 ff.
–: Der BGH-Beschluss zur unberechtigten Schutzrechtsverwarnung und seine Folgen für die Praxis, GRUR 2006, 374
Diederichsen, Uwe: Die Haftung des Warenherstellers, München-Berlin 1967
–: Die Flucht des Gesetzgebers aus der politischen Verantwortung im Zivilrecht, Karlsruhe 1974
–: Das Bundesverfassungsgericht als oberstes Zivilgericht – ein Lehrstück der juristischen Methodenlehre, AcP 198 (1998), 171
Diederichsen, Uwe/ Marburger, Peter: Die Haftung für Demonstrationsschäden, NJW 1970, 777
Dietborn, Christof: Produzentenhaftung – Güterschaden – Vermögensschaden, insbesondere die Haftung für sogenannte »primäre« Vermögensschäden, Frankfurt a.M. 2000.
Dieterich, Thomas: Kommentierung von Art. 9 GG, in: Erfurter Kommentar zum Arbeitsrecht, 6. Aufl., München 2006, S. 105 ff. (zit. ErfK/Dieterich)
Dietz, Rolf: Streiks zur Durchsetzung von arbeitsvertraglichen Ansprüchen, Festschrift für W. Herschel, Stuttgart 1955, S. 47
–: Grundfragen des Streikrechts, JuS 1968, 1
–: Welche Ziele muß ein Arbeitskampf verfolgen, um gerechtfertigt zu sein?, ZAS 1970, 41
Dietze, Ernst: Das Warnungsschreiben, Mitt. 1960, 101
Döhner, Marita: Der Sympathiearbeitskampf, Diss. München 1966
Doerk, Klaus: Der Streik als unerlaubte Handlung im Sinne des § 826 BGB, Düsseldorf 1954
Dörner, Heinrich: Zur Dogmatik der Schutzgesetzverletzung – BGH NJW 1982, 1037 und NJW 1985, 134, JuS 1987, 522
Droste, Bernhard: Die Kreditschädigung nach § 824 des Bürgerlichen Gesetzbuches, Diss. Leipzig 1915
Dürig, Günter: Grundrechte und Zivilrechtsprechung, Festschrift für Hans Nawiasky, München 1956, S. 157
Dyckerhoff, Robert: Ist die unberechtigte Aufforderung zur Unterlassung einer Warenzeichen- oder Patentverletzung ein schadenersatzpflichtiger Eingriff in den Gewerbebetrieb?, WuW 1957, 626
Ebke, Werner F./Scheel, Hansjörg: Die Haftung des Wirtschaftsprüfers für fahrlässig verursachte Vermögensschäden Dritter, WM 1991, 389
Eckebrecht, Marc: Vertrag mit Schutzwirkung für Dritte – Die Auswirkungen der Schuldrechtsreform, MDR 2002, 425
Eckert, Jorn: Der Begriff Freiheit im Recht der unerlaubten Handlungen, JuS 1994, 625

Eckhold-Schmidt, Fridel: Legitimation durch Begründung – Eine erkenntniskritische Analyse der Drittwirkungs-Kontroverse, Berlin 1974

Ehmann, Horst/Sutschet, Holger: Modernisiertes Schuldrecht, München 2002

Eichmann, Helmut: Die vergleichende Werbung in Theorie und Praxis, Köln-Berlin-Bonn-München 1967

Ekey, Friedrich L. / Klippel, Diethelm / Kotthoff, Jost / Meckel, Astrid / Plaß, Gunda (Hrsg.): Heidelberger Kommentar zum Wettbewerbsrecht, 2. Aufl., Heidelberg 2005 (zit. HK-WettbR/Bearb.)

Eltzbacher; Paul: Die Unterlassungsklage, ein Mittel vorbeugenden Rechtsschutzes, Berlin 1906

Emmerich, Volker: Anm. zu BAG vom 14.2.1967, JuS 1967, 236

–: Anm. zu BGH vom 9.12.1975, JuS 1976, 329

–: Kartellrecht, 9. Aufl., München 2001

–: Kommentierung von § 311 BGB, in: MünchKomm, BGB, Bd. 2 a, 4. Aufl., München 2003

–: Unlauterer Wettbewerb, 7. Aufl., München 2004

Endemann, Friedrich: Lehrbuch des Bürgerlichen Rechts, Bd. I, 8. Aufl., Berlin 1903

Enneccerus, Ludwig: Lehrbuch des Bürgerlichen Rechts, Bd. I, 3. Aufl., Marburg 1908

Enneccerus, Ludwig/Lehmann, Heinrich: Recht der Schuldverhältnisse. Ein Lehrbuch, 15. Bearbeitung, Tübingen 1958

Enneccerus, Ludwig/Nipperdey, Hans Carl: Allgemeiner Teil des Bürgerlichen Rechts. Ein Lehrbuch, 15. Bearbeitung, Bd. I, Tübingen 1959, Bd. II, Tübingen 1960 (zit.: Enneccerus/Nipperdey, AT)

Erdmann, Willi: Was bringt der neue »Fezer« zum UWG?, WRP 2005, 663

Erfurter Kommentar zum Arbeitsrecht: 6. Aufl., München 2006 (zit. ErfK/Bearbeiter)

Esser, Josef: Schuldrecht, 1. Aufl., Karlsruhe 1949

–: Handlung – Tatbestandsmäßigkeit – Rechtswidrigkeit – Verschulden, Karlsruher Forum 1959, 15

–: Werte als Grundlage der Rechtsanwendung. Werte und Wertewandel in der Gesetzesanwendung des Zivilrechts, in: Esser, Josef/Stein, Erwin, Werte und Wertewandel in der Gesetzesanwendung, Frankfurt 1966, S.5

–: Richterrecht, Gerichtsgebrauch und Gewohnheitsrecht, Festschrift für Fritz v. Hippel, Tübingen 1967, S. 95

–: Buchbesprechung: Klaus Hopt, Schadensersatz aus unberechtigter Verfahrenseinleitung, 1968, ZZP 83 (1970), 348

Esser, Josef/Schmidt, Eike: Schuldrecht I/2, 8. Aufl., Heidelberg 2000

Esser, Josef/Weyers, Hans-Leo: Schuldrecht II/2, 8. Aufl., Heidelberg 2000

Ettner, H.: Die Abwehr betriebsschädigender Publikationen unter Berücksichtigung der höchstrichterlichen Rechtsprechung zum »Eingriff in den eingerichteten und ausgeübten Gewerbebetrieb«, DB 1963, 367

Evers, Hans-Ulrich: Arbeitskampffreiheit, Neutralität, Waffengleichheit und Aussperrung, Hamburg 1969

Eyck, Erich: Warnungen vor Patentverletzung als unlauterer Wettbewerb, MuW 10 (1910/11), 139

Fabricius, Fritz: Zur Dogmatik des »sonstigen Rechts« gemäß § 823 Abs. 1 BGB, AcP 160 (1961), 273

–: Der Eingriff in den eingerichteten und ausgeübten Gewerbebetrieb – BGHZ 29, 65, Entscheidungsrezension, JuS 1961, 151

–: Einwirkungen von Streik und Aussperrung auf den Arbeitsvertrag, RdA 1962, 94
–: Kollision von Beschäftigungspflichten aus Doppelarbeitsverhältnissen, ZfA 1972, 35
Fastrich, Lorenz: Richterliche Inhaltskontrolle im Privatrecht, München 1992
Faust, Florian: Anmerkung zu BGH GSZ vom 15.7.2005 – Unberechtigte Schutzrechtsverwarnung, JZ 2006, 365
Fay, Peter: Schadensersatzansprüche der Arbeitgeberseite bei Streiks, Diss. Köln 1960
Fenn, Herbert: Zivilprozessualer Rechtsschutz unter rivalisierenden Gewerkschaften – BGHZ 42, 210, JuS 1965, 175
–: Schadenshaftung aus unberechtigter Klage oder Rechtfertigungsgrund der Inanspruchnahme eines gesetzlich eingerichteten und geregelten Verfahrens?, ZHR 132 (1969), 344
Fezer, Karl-Heinz: Teilhabe und Verantwortung. Die personale Funktionsweise des subjektiven Privatrechts, München 1986
–: Der zivilrechtliche Geheimnisschutz im Wettbewerbsrecht, Festschrift für Traub, Frankfurt a.M. 1994, S. 81
–: Markenrecht, 3. Aufl., München 2001
–: Kumulative Normenkonkurrenz im Kennzeichenrecht, WRP 2000, 863
–: Kommentierung von § 3 UWG, in: Fezer (Hrsg.), Lauterkeitsrecht, UWG, München 2005
Fezer, Karl-Heinz (Hrsg.): Lauterkeitsrecht. Kommentar zum Gesetz gegen unlauteren Wettbewerb (UWG), Bd. 1 u. 2, München 2005 (zit. Bearb., in: Fezer, UWG)
Fikentscher, Wolfgang: Wettbewerb und gewerblicher Rechtsschutz, München-Berlin 1958
–: Schadensersatz aus rechtswidrigem Streik unter besonderer Berücksichtigung des politischen Streiks, Diss. München 1952
–: Das Recht am Gewerbebetrieb (Unternehmen) als »sonstiges Recht« im Sinne des § 823 Abs. 1 BGB in der Rechtsprechung des Reichsgerichts und des Bundesgerichtshofs, Festgabe für Heinrich Kronstein, Karlsruhe 1967, S. 261
–: Wirtschaftsrecht, Bd. I, II, München 1983
Fikentscher, Wolfgang/Heinemann, Andreas, Schuldrecht, 10. Aufl., Berlin 2006.
Finger, Chr.: Reichsgesetz gegen den unlauteren Wettbewerb vom 7. Mai 1909 nebst dem Rechte an Namen (§ 12 BGB.) und § 826 BGB., 4. Aufl., Berlin 1911 (zit.: Finger, UWG, 4. Aufl.)
Finger, Peter: Buchbesprechung: Herbert Buchner, Die Bedeutung des Rechts am eingerichteten und ausgeübten Gewerbebetrieb für den deliktsrechtlichen Unternehmensschutz, 1971, BB 1971,1331
–: Buchbesprechung: Rainer Preusche, Unternehmensschutz und Haftungsbeschränkung im Deliktsrecht, 1974, JZ 1976, 653
Finn, Markus: Zur Haftung des Sachverständigen für fehlerhafte Wertgutachten gegenüber Dritten, NJW 2004, 3752
Finzel, Dieter: Anm. zu OLG Hamm vom 27.4.1972, NJW 1973, 761
Fischer, Friedrich-Wilhelm: Abnehmer-Verwarnungen aus Patenten und Gebrauchsmustern, DB 1976, 85, 133
Fischer, Theo: Haftung für vorsätzliche oder grobfahrlässige ungerechtfertigte Verwarnung, Schweiz. Mitteilungen über gewerblichen Rechtsschutz und Urheberrecht 1961, 107
Fleischer, Holger: Konturen der kapitalmarktrechtlichen Informationsdeliktshaftung –

zugleich Besprechung von BGH, Urt. v. 9.5.2005 – II ZR 287/02, ZIP 2005, 1270 –, ZIP 2005, 1805
Foerste, Ulrich: Deliktische Haftung für Schlechterfüllung?, NJW 1992, 27
Forkel, Hans: Allgemeines Persönlichkeitsrecht und »wirtschaftliches Persönlichkeitsrecht«, Festschrift für Karl H. Neumayer, Baden-Baden 1986, S. 229
Forsthoff, Ernst/Hueck, Alfred: Die politischen Streikaktionen des Deutschen Gewerkschaftsbundes anlässlich der parlamentarischen Beratung des Betriebsverfassungsgesetzes in ihrer verfassungs- und zivilrechtlichen Bedeutung, Zwei Rechtsgutachten, Köln 1952 (zit.: Forsthoff, Streikgutachten; A. Hueck, Streikgutachten)
Fraenkel, Alfred: Der Schutz der Ehre nach bürgerlichem Recht, Breslau 1908
Fraenkel, Michael: Tatbestand und Zurechnung bei § 823 Abs. 1 BGB, Berlin 1979
Frank, Rainer: Die Schutzobjekte des § 823 Abs. 1 BGB und ihre Bedeutung für die Systematik der Deliktstatbestände, JA 1979, 583
Friauf, Karl Heinrich/Wendt, Rudolf: Eigentum am Unternehmen. Legitimation und Funktion des privaten Produktiveigentums in Rechtsprechung und Rechtslehre, Köln 1977
Friese, Hans: Das Recht am Markenartikel, Königsberg 1930
–: Das Recht am Markenartikel, MuW 31 (1931), 32, 128
Friese, Joachim: Bedarf das Unternehmen des Schutzes nach § 823 Abs. 1 BGB?, Diss. Erlangen 1934
Fritze, Ulrich: Wettbewerb und Grundrecht der freien Meinungsäußerung, NJW 1968, 2358
Fröhler, Ludwig: Das Recht am eingerichteten und ausgeübten Gewerbebetrieb (zugleich ein Beitrag zur rechtlichen Umweltschutzproblematik), hrsg. vom Handwerksrechtsinstitut München e.V., Forschungsinstitut im Deutschen Handwerksinstitut, 1972
Fuchs, Ernst: Die drohende Revisionsverstümmelung vom Standpunkt der soziologischen Rechtslehre, JW 1910, 209
Gaedertz, J.-Christoph: Kommentierung des § 21 GWB, zusammen mit Hans-Georg Kamann, in: Loewenheim/ /Meessen/Riesenkampff, Kartellrecht, Bd. 2: GWB, München 2006
Gärtner, Anette/Heil, Ulf: Kodifizierter Rechtsbruchtatbestand und Generalklausel, WRP 2005, 20
Galperin, Hans: Begriff und Legitimität der Aussperrung, BB 1965, 93
–: Sozialadäquanz und Arbeitskampfordnung, Festschrift für H. C. Nipperdey, München-Berlin 1965, Bd. II, S. 197
Gamerith, Helmut: Anm. zu öst. OGH v. 18.11.2003 – Gmundner Keramik, ÖBl. 2004, 223
Gamillscheg, Franz: Die Grundrechte im Arbeitsrecht, AcP 164 (1964), 385
–: Kollektives Arbeitsrecht, Bd. I, München 1997
Gamm, Otto-Friedrich Frhr. v.: Warenzeichengesetz, Kommentar, München-Berlin 1965
–: Persönlichkeits- und Ehrverletzungen durch Massenmedien, München 1969
–: Die Grenzen der Wertreklame, WRP 1974, 1
–: siehe auch Reimer, Wettbewerbs- und Warenzeichenrecht, Bd. II
Geib, Hans Jürgen: Begriff, Formen und Zulässigkeit des Sympathiearbeitskampfes unter besonderer Berücksichtigung des Begriffs und der Formen der Solidarität und unter Einschluss des Begriffs und der Zulässigkeit des Hilfsarbeitskampfes, Diss. Frankfurt a.M. 1971 (zit. Geib, Sympathiearbeitskampf)
Geilen, Gerd: Strafrechtliches Verschulden im Zivilrecht?, JZ 1964, 6

Gelder, Alfons van: Die Wirkung rechtsmäßiger Arbeitskampfmaßnahmen, AuR 1969, 207
Gelder, Alfons van/Leinemann, Wolfgang: Die Streikbeteiligung des organisierten und des nichtorganisierten Arbeitnehmers, AuR 1970, 1
Generalklauseln als Gegenstand der Sozialwissenschaften, mit Beiträgen von K. Lüderssen, E. Noelle-Neumann, T. Raiser, G. Teubner und A. Zielcke, Baden-Baden 1978
Georgiades, Apostolos: Die Anspruchskonkurrenz im Zivilrecht und Zivilprozessrecht, München 1968
Germelmann, Claas-Hinrich: Theorie und Geschichte des Streikrechts, Darmstadt 1980
Gernhuber, Joachim: Haftung des Warenherstellers nach deutschem Recht, Karlsruher Forum 1963, 1
Gierke, Julius v.: Das Handelsunternehmen, ZHR 111 (1948), 1
Gierke, Julius v. /Sandrock, Otto: Handels- und Wirtschaftsrecht. Bd. I: Allgemeine Grundlagen; der Kaufmann und sein Unternehmen, 9. Aufl., Berlin-New York 1975 (zit.: v. Gierke/Sandrock I)
Gierke, Otto v.: Deutsches Privatrecht, Bd. I, Leipzig 1895
Gieseke, Paul: Die rechtliche Bedeutung des Unternehmens, Festschrift für Ernst Heymann, Weimar 1940, Bd. II, S. 112
–: Recht am Unternehmen und Schutz des Unternehmens, GRUR 1950, 298
Gloy, Wolfgang/Loschelder, Michael (Hrsg.): Handbuch des Wettbewerbsrechts, 3. Aufl., München 2005
Glückert, Jürgen: Schadensansprüche der Stromabnehmer bei Stromleitungsbeschädigungen, AcP 166 (1966), 311
Godin, Hans Frhr. v.: Über den Verstoß gegen die wettbewerbsrechtlichen guten Sitten, GRUR 1966, 127
–: Wettbewerbsrecht, Kommentar zum Gesetz gegen den unlauteren Wettbewerb nebst Warenzeichenverletzungen, Zugabeverordnung und Rabattgesetz, 2. Aufl., Berlin-New York 1974 (zit.: v. Godin, UWG)
Godin, Reinhard Frhr. v.: Nutzungsrecht an Unternehmen und Unternehmensbeteiligungen, Berlin 1949
Götting, Peter: Kommentierung des § 4 Nr. 10 UWG, in: Fezer (Hrsg.), UWG 2005
Götz, Klaus-Jürgen: Zivilrechtliche Ersatzansprüche bei schädigender Rechtsverfolgung, Berlin 1989
Goldmann, Michael: Kommentierung des § 9 UWG, in: Harte/Henning (Hrsg.), UWG, München 2004
Grub, Volker: Zur Frage des Gerichtsstands des § 24 UWG, GRUR 1964, 15
Grüneberg, Christian: Kommentierung von § 328 BGB, in: Palandt, BGB, 65. Aufl., München 2006
Grundmann, Stefan: Kommentierung von § 276 BGB, in: Münchener Kommentar zum BGB, Bd. 2, 4. Aufl., München 2001
Grunewald, Barbara: Der Ausschluß aus Gesellschaft und Verein, Köln u.a. 1987
–: Der Schutz bekannter Marken vor dem Vertrieb branchenfremder Waren unter Benutzung übereinstimmender Zeichen, NJW 1987, 105
–: Die Haftung des Experten für seine Expertise gegenüber Dritten, AcP 187 (1987), 285
Grunsky, Wolfgang: Buchbesprechung: Winfried Boecken, Deliktsrechtlicher Eigentumsschutz gegen reine Nutzungsbeeinträchtigungen, Berlin 1995, AcP 196 (1996), 611
Grunwald, Reinhard: Sittenwidrigkeit, Rechtswidrigkeit und dolos malus. Typen und

Leitlinien, entwickelt an der Bankhaftung für Kreditmaßnahmen, Diss. Göttingen 1974
Haberstumpf, Helmut: Die Formel vom Anstandsgefühl aller billig und gerecht Denkenden in der Rechtsprechung des Bundesgerichtshofs. Eine Untersuchung über juristische Argumentationsweisen, Berlin 1976
Hacker, Eleonore: Das Verhältnis von Sittenwidrigkeit und sozialer Inadäquanz bei Arbeitkämpfen, Diss. Köln 1963
Haedicke, Maximilian: Eingriff in das Recht am eingerichteten und ausgeübten Gewerbebetrieb durch unberechtigte Verwarnungen aus Immaterialgüterrechten, Jura 2006, 528
–: Anm. zu BGH v. 21.12.2005 – Detektionseinrichtung II, JZ 2006, 578
Häsemeyer, Ludwig: Schadenshaftung im Zivilrechtsstreit, Heidelberg-Hamburg 1979
–: Endgültige Zuweisung des Vollstreckungsschadens durch einstweilige Einstellung der Zwangsvollstreckung? NJW 1986, 1028
Hafferburg, A.: Der Begriff der Fahrlässigkeit im Zivilrecht, NJW 1959, 1398
Hafner, Hans: Betriebszugehörigkeit und Haftung, Diss. Würzburg 1965
Hager, Günter: Haftung bei Störung der Energiezufuhr, JZ 1979, 53
–: Einstandspflicht des Produzenten für das Äquivalenz- und Nutzungsinteresse des Produkterwerbers, BB 1987, 1748
Hager, Johannes: Schutz einer Handelsgesellschaft gegen die Analyse ihrer Jahresabschlüsse im Lichte der Grundrechte, ZHR 158 (1994), 677
–: Kommentierung der §§ 823, 824 BGB, in: Staudinger, Bearb. 1999, Berlin 1999 (zit.: Staudinger/Hager [1999])
Hambusch, Lutz: Die Problematik des Rechts auf Arbeit, AuR 1972, 268
Hardt, Ursel: Grenzen zulässiger Interessenwahrnehmung unter dem Gesichtspunkt des erlaubten Risikos (Eine dogmatische Untersuchung zu § 193 StGB), Diss. Hamburg 1967
Harte-Bavendamm, Henning/Henning-Bodewig, Frauke (Hrsg.): Gesetz gegen den unlauteren Wettbewerb (UWG), München 2004 (zit. Bearb., in: Harte/Henning, UWG)
Hartig, Hanno: Vergleichende Warentests im Recht Deutschlands, Frankreichs, der Niederlande und Großbritanniens, Frankfurt 1973 (zit.: Hartig, Vergleichende Warentests)
Hartje, Jürgen: Der Sympathiearbeitskampf, Begriff und Zulässigkeit, Diss. Freiburg 1971
Hasselblatt, Gordian: Bearbeitung von § 45, in: Gloy/Loschelder (Hrsg.), Handbuch des Wettbewerbsrechts, 3. Aufl., München 2004
Haßkamp, Peter: Schadenersatzverpflichtung einzelner Arbeitnehmer beim Streik, Diss. Köln 1966
Hatzius, Albrecht: Deliktsschutz gegen unlauteren Wettbewerb? Eine Analyse des Verhältnisses zwischen dem sog. Recht am Gewerbebetrieb und § 1 UWG, JurA 1970, 570 (WR II 56)
Haubelt, Horst Wilhelm: Die Konkretisierung von Generalklauseln, Diss. München 1978
Haupt, Volkmar: Begriff, Erscheinungsformen, Rechtsnatur und Grenzen der Zulässigkeit des Sympathiestreiks, Diss. Köln 1966 (zit. Haupt, Sympathiestreik)
Hauß, Fritz: Anm. zu BGH vom 9.12.1958 Stromkabel, LM Nr. 16 zu BGB § 823 (Ai)
–: Anm. zu BGH vom 3.10.1961 Konkursantrag, LM Nr. 18 zu BGB § 823 (Hi)

–: Buchbesprechung: Helle, Der Schutz der Persönlichkeit, der Ehre und des wirtschaftlichen Rufes im Privatrecht, DRiZ 1970, 39
Heck, Philipp: Grundriss des Schuldrechts, 2. Aufl., Tübingen 1929, Nachdruck Ahlen 1974
Heckelmann, Dieter: Die einstweilige Verfügung im Arbeitskampf, AuR 1970, 166
Hedemann, Justus Wilhelm: Die Flucht in die Generalklauseln – Eine Gefahr für Recht und Staat, Tübingen 1933
–: Der Arbeitsplatz als Rechtsgut, RdA 1953, 121
Hefermehl, Wolfgang: Anm. zu OLG Düsseldorf vom 3.3.1953, WuW 1953, 234
–: Der Anwendungsbereich des Wettbewerbsrechts, Festschrift für Hans Carl Nipperdey, München-Berlin 1955, S. 283
–: Der namensrechtliche Schutz geschäftlicher Kennzeichen, Festschrift für Alfred Hueck, München-Berlin 1959, S. 519
–: Der Warentest in rechtlicher Sicht, GRUR 1962, 611
–: Kommentierung von § 138 BGB, in: Soergel, BGB, Allgemeiner Teil 2, 13. Aufl., Stuttgart 1999
–: siehe auch Baumbach/Hefermehl
Hefermehl, Wolfgang / Köhler, Helmut / Bornkamm, Joachim: Wettbewerbsrecht, 24. Aufl., München 2006 (zit. Bearb., in: Hefermehl/Köhler/Bornkamm, UWG)
Heinemann, Andreas: s. Fikentscher/Heinemann
Heinrichs, Helmut: Kommentierung der §§ 104 ff. und des § 311 BGB in: Palandt, Bürgerliches Gesetzbuch, 65. Aufl., München 2006
Heldrich, Andreas: Die Bedeutung der Rechtssoziologie für das Zivilrecht, AcP 186 (1986), 74
Helle, Ernst: Boykott und Meinungskampf, NJW 1964, 1497
Heller: Der privatrechtliche Schutz der Freiheit, Diss. Jena 1917
Hellwig, Hans-Jürgen: Schadensersatzpflichten aus prozessualem Verhalten, NJW 1968, 1072
Henning-Bodewig, Frauke: Richtlinienvorschlag über unlautere Geschäftspraktiken und UWG-Reform, GRUR Int. 2004, 183
–: Das neue Gesetz gegen den unlauteren Wettbewerb, GRUR 2004, 713
Henssler, Martin: Anm. zu BAG v. 21.6.1988, SAE 1989, 130
Herber, Rolf: Der Gerichtsstand in Wettbewerbssachen, GRUR 1956, 534
Herrmann, J.: Verleitung zum Vertragsbruch, GRUR 1955, 21
Herschel, Wilhelm: Druckkündigung und Schadensausgleich, RdA 1953, 41
–: Druckkündigung und Schadensausgleich, Festschrift für Heinrich Lehmann, Bd. II, Berlin 1956, S. 662
–: Die Betriebszugehörigkeit als geschütztes Rechtsgut, RdA 1960, 121
–: Grenzen der Freiheit im kollektiven Arbeitsrecht, AuR 1970, 193
–: Schadensersatz bei Behinderung und Störung von Betriebsversammlungen, DB 1975, 690
–: Streikrecht und Aussperrungsrecht, BB 1976, 1473
–: »Recht auf Arbeit« und Kündigungsschutz, BB 1977, 708
Herzfeld, Otto: Das absolute Recht am Gewerbebetriebe, Diss. Rostock 1905 (Paderborn 1905)
Hesse, Hans Gerd: Die Verwarnung der Abnehmer wegen Patent- oder Gebrauchsmusterverletzung, GRUR 1967, 557

–: Ist § 14 UWG auf die Abnehmerverwarnung aus Patenten und Gebrauchsmustern anwendbar?, GRUR 1979, 438
Hirte, Heribert: Berufshaftung, München 1996
Hoeniger, Heinrich: Einige Gedanken zum Recht des Arbeitskampfes, RdA 1953, 204
Hönn, Günther: Kommentierung des § 826 BGB, in: Soergel, BGB, Bd. 12, 13. Aufl., Stuttgart-Berlin-Köln 2005
–: siehe auch Kraft/Hönn
Hoepffner: Anm. zu BGH vom 12.7.1963 Lesering, GRUR 1964, 87
Hörl, Henner: Sozialadäquanz und Arbeitskämpfe – Ein Betrag zur Lehre von der Sozialadäquanz unter besonderer Berücksichtigung der Arbeitskämpfe, Diss. Würzburg 1970 (zit. Hörl, Sozialadäquanz)
Hoffmann, Reinhard: Einstweilige Verfügungen gegen Streiks?, AuR 1968, 33
Hoffstetter, Helmuth: »Zuparken« als Besitzstörung, NJW 1978, 256
Hohenester, Hermann: Die Grenzen der Streikfreiheit, Diss. München 1956
Hold v. Ferneck, Alexander: Rechtswidrigkeit, Bd. I, Der Begriff der Rechtswidrigkeit, Jena 1903
Hollmann, Patrick: Die privatrechtlichen Rechtsfolgen des Streiks in Deutschland und Österreich, Diss. FU Berlin 1997
Honsell, Heinrich: Die Rückabwicklung sittenwidriger oder verbotener Geschäfte, München 1974
–: Probleme der Haftung für Auskunft und Gutachten, JuS 1976, 621
–: Der Geheimnisschutz im Zivilrecht, in: Ruppe, Hans Georg (Hrsg.), Geheimnisschutz im Wirtschaftsleben, Wien 1980, S. 45
–: Anm. zu BGH v. 23.1.1985 – Konsul, JZ 1985, 952
–: Die Haftung für Gutachten und Auskunft unter besonderer Berücksichtigung von Drittinteressen, Festschrift für Medicus, Köln u.a. 1999, S. 211
–: Der Ersatz reiner Vermögensschäden in Rechtsgeschichte und Rechtsvergleichung, Festschrift für Werner Lorenz, München 2001, S. 483
Hopt, Klaus J.: Schadensersatz aus unberechtigter Verfahrenseinleitung, München 1968
–: Nichtvertragliche Haftung außerhalb von Schadens- und Bereicherungsausgleich – Zur Theorie und Dogmatik des Berufsrechts und der Berufshaftung –, AcP 183 (1983), 608
–: Dritthaftung für Testate, NJW 1987, 1745
Horn, Wieland: Die unberechtigte Verwarnung aus gewerblichen Schutzrechten, Köln-Berlin-Bonn-München 1971 (zit.: Horn, Die unberechtigte Verwarnung)
–: Die höchstrichterliche Rechtsprechung zur unberechtigten Verwarnung, GRUR 1971, 442
–: Das Urteil des Bundesgerichtshofs im Fall »maschenfester Strumpf«, GRUR 1974, 235
Hoyningen-Huene, Gerrick Frhr. v.: Rechtmäßigkeitsvoraussetzungen aktueller Arbeitskampfmittel der Gewerkschaften, JuS 1987, 505
Hromadka, Wolfgang/Maschmann, Frank: Arbeitsrecht, Bd. 2: Kollektivarbeitsrecht, 3. Aufl., Berlin, Heidelberg 2004
Hubmann, Heinrich: Das Persönlichkeitsrecht, 2. Aufl., Köln-Graz 1967, 1. Aufl., Münster-Köln 1953
–: Das Recht am Unternehmen, ZHR 117 (1955), 41
–: Grundsätze der Interessenabwägung, AcP 155 (1956), 85
–: Buchbesprechung: Helmut Schippel, Das Recht am eingerichteten und ausgeübten Gewerbebetrieb, 1956, GRUR 1956, 525

–: Der zivilrechtliche Schutz der Persönlichkeit gegen Indiskretion, JZ 1957, 521
Hübner, Ulrich: Verträge mit Schutzwirkung für Dritte und Ersatz von Vermögensschäden, VersR 1991, 497
Hueck, Alfred: Unkörperliche Geschäftswerte. Ein Beitrag zur Lehre vom Unternehmen, Diss. Münster o.J. (1913)
–: Grenzen des rechtmäßigen Streiks, Festschrift für W. Herschel, Stuttgart 1955, S. 27
–: Probleme des Streikrechts, RdA 1956, 201
–: Die Pflicht des Arbeitgebers zur Wiedereinstellung entlassener Arbeitnehmer, Festschrift für Hedemann, Berlin 1958, S. 131
–: siehe auch Forsthoff/Hueck
Hueck, Alfred/Nipperdey, Hans Carl: Lehrbuch des Arbeitsrechts, 7. Aufl., Band II, Halbband 2, bearbeitet von Hans Carl Nipperdey unter Mitwirkung von Franz-Jürgen Säcker, Berlin-Frankfurt 1970
Ide, Willi: Der Begriff des »sonstigen Rechts« im § 823 Abs. 1 des Bürgerlichen Gesetzbuches für das Deutsche Reich, Diss. Greifswald 1900
Ihering, Rudolf v.: Der Geist des Römischen Rechts, III 1. Abteilung, 4. Aufl., Leipzig 1888
Immenga, Ulrich/Mestmäcker, Ernst-Joachim: GWB, Kommentar, 3. Aufl., München 2001
Ingerl, Reinhard: Der wettbewerbsrechtliche Kennzeichenschutz und sein Verhältnis zum MarkenG in der neueren Rechtsprechung des BGH und in der UWG-Reform, WRP 2004, 809
Ingerl, Reinhard/Rohnke, Christian: Markengesetz – Gesetz über den Schutz von Marken und sonstigen Kennzeichen, 2. Aufl., München 2003
Isay, Hermann: Warnungen vor Patentverletzung im Lichte des Gesetzes gegen den unlauteren Wettbewerb, MuW 9 (1909/10), 365
–: Anm. zu RG vom 17.10.1916 Rohrkrümmer, JW 1917, 361
–: Das Rechtsgut des Wettbewerbsrechtes. Zugleich ein Beitrag zur Lehre vom subjektiven Recht und von der Normbildung, Berlin 1933
Isay, Rudolf: Das Recht am Unternehmen, Berlin 1910
Jakobs, Horst-Heinrich/Schubert, Werner: Die Beratung des Bürgerlichen Gesetzbuchs, Recht der Schuldverhältnisse III, Berlin 1983
Jäger, Rudolf: Die Gerechtigkeit. Maßstab oder Steuerungssystem?, Diss. München 1979
Jagmann, Rainer: Kommentierung von § 328 BGB, in: Staudinger, Bearbeitung 2001
Jans, Karl-Wilhelm: Das Recht am Unternehmen und die Wirtschaftsordnung, Diss. Köln 1936
Jansen, Nils: Die Struktur des Haftungsrechts, Tübingen 2003
John, Günther R.: Die unberechtigte Schutzrechtsverwarnung im deutschen und österreichischen Recht, GRUR Int. 1979, 236
Juda, Alfred: Der Boykott. Seine Geschichte und seine Beziehungen zum Zivilrecht, Diss. Breslau o.J. (1927?)
Junker, Michael: Das »wirtschaftliche Eigentum« als sonstiges Recht im Sinne des § 823 Abs. 1 BGB, AcP 193 (1993), 348
Käppler, Renate: Die Folgen rechtswidriger Maßnahmen bei Arbeitskämpfen – NZA 1989, 475, JuS 1990, 618
Kaiser, Joseph H.: Der politische Streik, 2. Aufl., Berlin 1959
Kalb, Heinz-Jürgen: Arbeitskampfrecht: eine systematische Darstellung der wichtigsten arbeitskampfrechtlichen Entscheidungen in Leitsätzen, Neuwied 1986

–: Die Entwicklung des Arbeitskampfrechts durch das Bundesarbeitsgericht, RdA 1994, 385

–: Arbeitskampfrecht, in: Kasseler Handbuch zum Arbeitsrecht, Bd. II, Neuwied 1997, S. 1025 ff.

Kamann, Hans-Georg: Kommentierung des § 21 GWB, zusammen mit J.- Christoph Gaedertz, in: Loewenheim/Meessen/Riesenkampff, Kartellrecht, Bd. 2: GWB, München 2006

Katz, Ernesto: Das Recht des Arbeitnehmers am Arbeitsplatz (Eine internationale Übersicht), RdA 1956, 169

Katzenberger, Paul: Recht am Unternehmen und unlauterer Wettbewerb, Köln-Berlin-Bonn-München 1967 (zit.: Katzenberger, Recht am Unternehmen)

Keilmann, Annette: Vorsicht! – zum Gehalt des § 311 II, III BGB, JA 2005, 500

Kelsen, Hans: Reine Rechtslehre – Mit einem Anhang: Das Problem der Gerechtigkeit, 2. Aufl., Wien 1960 (unveränderter Nachdruck 1967)

Kempen, Otto Ernst: Warnstreik, Sympathiestreik und gewerkschaftliche Demonstration im grundgesetzlichen Arbeitsverfassungsrecht, AuR 1990, 237

Kettner, K.: Die Verwarnung wegen Gebrauchsmusterverletzung, GRUR 1939, 878

Kirchberger, Hans: Der örtliche Gerichtsstand für Wettbewerbsklagen, LZ 1915, 729

–: Unlauterer, sittenwidriger und unerlaubter Wettbewerb, Berlin 1931

Kirchhof, Paul: Unterschiedliche Rechtswidrigkeiten in einer einheitlichen Rechtsordnung, Heidelberg-Karlsruhe 1978

Kissel, Otto Rudolf: Arbeitsrecht und Staatsvertrag, NZA 1990, 545

–: Arbeitskampfrecht, München 2002

Kisseler, Marcel: Auswirkungen und Bedeutung des Rechts am Unternehmen, Diss. Bonn 1962

Kleine, Heinz: Anm. zu BGH vom 26.10.1951 Constanze I, JZ 1952, 229

–: Anm. zu BGH vom 25.4.1967 Birgit Malmström, GRUR 1967, 542

Knauth, Katherine: Zur Bedeutung des Unrechtsbewusstseins für den Vorsatz im Zivilrecht, Diss. Köln 1977

Kneppe, Klaus: Das Recht am eingerichteten und ausgeübten Gewerbebetrieb und seine Stellung im Deliktsschutzsystem des § 823 Abs. I BGB, Diss. Tübingen 1964

Knöpfle, Robert: Der Rechtsbegriff »Wettbewerb« und die Realität des Wirtschaftslebens, Köln u.a. 1966

–: Zur Problematik der Beurteilung einer Norm als Schutzgesetz im Sinne des § 823 Abs. 2 BGB, NJW 1967, 697

Knopp, Werner: Anm. zu BGH vom 10.2.1967, GRUR 1967, 533

–: Grundfragen der rechtlichen Beurteilung von Unternehmensschädigungen durch Demonstranten, in: Rechtsfragen der Gegenwart, Festgabe für Wolfgang Hefermehl, Stuttgart-Berlin-Köln-Mainz 1972, S. 403

Koch, Jens: § 311 Abs. 3 BGB als Grundlage einer vertrauensrechtlichen Auskunftshaftung, AcP 204 (2004), 59

Koebel, Ulrich: Der Schutz der gewerblichen Betätigung gegen schädigende nicht wettbewerbliche Äußerungen, JZ 1960, 433

Köhler, Helmut: Das neue UWG, NJW 2004, 2121

–: Kommentierungen in Hefermehl/Köhler/Bornkamm, Wettbewerbsrecht, 24. Aufl., München 2006

Köndgen, Johannes: Selbstbindung ohne Vertrag, Tübingen 1981

Körner, Eberhard: Die Auswirkung des Patentnichtigkeitsurteils auf Schadensersatzansprüche des Patentinhabers, GRUR 1974, 441
–: siehe auch Lichtenstein/Körner
Körner, Gerhard: Der Rechtsschutz des Unternehmens nach § 823 Abs. 1 BGB, Diss. Frankfurt 1959
Kötz, Hein/Wagner, Gerhard: Deliktsrecht, 10. Aufl., Neuwied 2006
Kohl, Helmut: Die »Verwässerung« berühmter Kennzeichen, Berlin 1974
Kohler, Josef: Das Autorrecht, eine zivilistische Abhandlung, zugleich ein Beitrag zur Lehre vom Eigenthum, vom Miteigenthum, vom Rechtsgeschäft und vom Individualrecht, IherJb 18 (1880), 129
Kohlhaas, Georg Peter: Der Eingriff in den eingerichteten und ausgeübten Gewerbebetrieb, Diss. Köln 1974 (zit.: Kohlhaas, Der Eingriff in den Gewerbebetrieb)
Konzen, Horst: Rechtsverhältnisse zwischen Prozeßparteien, Berlin 1976
–: Der Arbeitskampf im Verfassungs- und Privatrechtssystem, AcP 177 (1977), 473
–: Streikrecht und Boykott, Festschrift für Molitor, München 1988, S. 181
–: Der Sympathiestreik bei inkongruenter Tarifzuständigkeit der Tarifparteien, DB 1990, Beil. 6, S. 1
–: Fünfzig Jahre richterliches Arbeitskampfrecht – Grundlagen, Bilanz, Weiterentwicklung, Festschrift 50 Jahre Bundesarbeitsgericht, München 2004, S. 515
Koos, Stefan: Kommentierung von § 9 UWG, in: Fezer (Hrsg.), UWG, München 2005
Koziol, Helmut: Die Beeinträchtigung fremder Forderungsrechte, Wien-New York 1967
–: Grundfragen der Produktehaftung, Wien 1980
–: Österreichisches Haftpflichtrecht, Bd. I, 3. Aufl., Wien 1997; Bd. II, 2. Aufl., Wien 1984
–: Sonderprivatrecht für Konsumentenkredite?, AcP 188 (1988), 183
–: Delikt, Verletzung von Schuldverhältnissen und Zwischenbereich, JBl. 1994, 209
Kraft, Alfons: Interessenabwägung und gute Sitten im Wettbewerbsrecht, München-Berlin 1963
–: Die Entwicklung des Warenzeichenrechts als Teil des allgemeinen Wettbewerbsrechts, Festschrift zum hundertjährigen Bestehen der Deutschen Vereinigung für gewerblichen Rechtsschutz und Urheberrecht und ihrer Zeitschrift, Bd. II, Weinheim 1991, S. 729 (zit. GRUR-FS)
Kraft, Alfons/Hönn, Günther: Herstellung und Vertrieb von Kennzeichnungsmaterial als Warenzeichenverletzung, GRUR 1974, 191
Kramer, Ernst A.: Schutzgesetze und adäquate Kausalität, JZ 1976, 338
Kraßer, Rudolf: Der Schutz des Know-how nach deutschem Recht, GRUR 1970, 587
–: Der Schutz vertraglicher Rechte gegen Eingriffe Dritter, Köln-Berlin-Bonn-München 1971
–: Der Schutz von Preis- und Vertriebsbindungen gegenüber Außenseitern, Köln-Berlin-Bonn-München 1972
–: Grundlagen des zivilrechtlichen Schutzes von Geschäfts- und Betriebsgeheimnissen sowie von Know-how, GRUR 1977, 177
–: Patentrecht, 5. Aufl., München 2004
Kreft, Friedrich: Der Gewerbebetrieb als verfassungsrechtlich geschütztes Eigentum nach der Rechtsprechung des BGH, WM 1977, 382
–: Das Recht am eingerichteten und ausgeübten Gewerbebetrieb, WiVerw 1978, 193
Kreuzpointner, Johann: Boykottaufrufe durch Verbraucherorganisationen, München 1980

Krichel, Ulrich: Zur Rechtslage bei politischen Streiks, NZA 1987, 297
Krings, E. Ph.: Haben §§ 14 Abs. 2 Nr. 3 und 15 Abs. 3 MarkenG den Schutz der berühmten Marke sowie des berühmten Unternehmenskennzeichens aus §§ 12, 823 Abs. 1, 1004 BGB ersetzt?, GRUR 1996, 624
Krohn, Günter: Der Eigentumsschutz gewerblicher Betriebe in der neueren Rechtsprechung des Bundesgerichtshofs, GewArch 1981, 249
Kroitzsch, Hermann: Schadensersatzanspruch beim Wegfall einstweiliger Verfügungen wegen Patentverletzung?, GRUR 1976, 509
Kübler, Friedrich: Wirtschaftsordnung und Meinungsfreiheit, Tübingen 1966
–: Anm. zu BGH vom 21.6.1966 Höllenfeuer, JZ 1967, 177
–: Öffentliche Kritik an gewerblichen Erzeugnissen und beruflichen Leistungen, AcP 172 (1972), 177
–: Boykott gegen Presse, AfP 1973, 405
–: siehe auch Assmann/Kübler
Kullmann, Hans-Josef: Die Rechtsprechung des BGH zum Produkthaftpflichtrecht in den Jahren 1989/90, NJW 1991, 675
Kunze, Gerd: Der Behinderungswettbewerb, Diss. Heidelberg 1963
–: Zum Rechtsschutz gegen ungerechtfertigte Schutzrechtsverwarnungen, WRP 1965, 7
Kur, Annette: siehe Beier/Kur
Kuttner, Gerhard: Der Schutz des Unternehmens nach deutschem und französischem Privatrecht, Diss. Bern 1936 (Würzburg 1936)
Labus, Peter: Anm. zu OLG Stuttgart vom 4.6.1975 Piz Buin, NJW 1976, 149
Lammel, Siegbert: Anm. zu BGH vom 5.12.1972, NJW 1973, 700
–: Zur Auskunftshaftung, AcP 179 (1979), 337
Lange, Hermann/Schiemann, Gottfried: Schadensersatz, 3. Aufl., Tübingen 2003
Larenz, Karl: Das »allgemeine Persönlichkeitsrecht« im Recht der unerlaubten Handlungen, NJW 1955, 521
–: Anm. zu OLG München vom 21.3.1956, NJW 1956, 1719
–: Möglichkeiten einer Begrenzung der Haftung über Kausalität, Rechtswidrigkeit, Verschulden, Karlsruher Forum 1959, 10
–: Rechtswidrigkeit und Handlungsbegriff im Zivilrecht, in: Vom deutschen zum europäischen Recht, Festschrift für Hans Dölle, Bd. I, Tübingen 1963, S. 159
–: Anm. zu BGH vom 10.7.1963 Blinkfüer, AP Nr. 2 zu Art. 5 Abs. 1 GG Meinungsfreiheit
–: Grundsätzliches zu § 138 BGB, JurJb 7 (1966/67), 98
–: Lehrbuch des Schuldrechts, 2. Band, Besonderer Teil, 12. Aufl., München 1981 (zit. Larenz, Schuldrecht II)
Larenz, Karl/Canaris, Claus-Wilhelm: Schuldrecht II/2, 13. Aufl., München 1994
Lauber, Paul: Wie weit besteht nach dem Gesetz gegen den unlauteren Wettbewerb vom 7. Juni 1979 und dem bürgerlichen Gesetzbuch ein subjektives Recht an dem Gewerbebetrieb?, Diss. Erlangen 1909 (Borna-Leipzig 1910)
Laun, Rudolf v.: Das Recht zum Gewerbebetrieb, Wien-Leipzig 1908
Leffmann, Ernst: siehe Rosenthal/Leffmann
Lehmann, Heinrich: Anm. zu OLG Hamburg vom 4.12.1951, MDR 1952, 297
–: Anm. zu BGH vom 9.12.1958, NJW 1959, 670
–: siehe auch Enneccerus/Lehmann
Lehmann, Michael: Handelsrechtliche Bedeutung einer vertraglichen Garantiehaftung des Herstellers »für den es angeht«, BB 1980, 964

Leibner, Wolfgang/Holzkämper, Volker: Beraterhaftung: Aktuelle Entwicklungen in Gesetzgebung und Rechtsprechung, DB 2004, 2087
Leinemann, Wolfgang: Der Begriff der Freiheit nach § 823 Abs. 1 BGB, Marburg 1969
–: Ewiges Zunftrecht oder Recht auf Freiheit?, AuR 1970, 289
Leitzmann, Hermann: Boycott, Streik – Aussperrung, Sperre, Verrufserklärung als juristische Begriffe, Berlin-Leipzig 1911
Lepke, Achim: Zum Problem einer allgemeinen Beschäftigungspflicht, DB 1971, 478
Lerche, Peter: Zur verfassungsgerichtlichen Deutung der Meinungsfreiheit (insbesondere im Bereiche des Boykotts), Festschrift für Gebhard Müller, Tübingen 1970, S. 197
–: Diskussionsbeitrag zum Referat Kübler – »Boykott durch Presse«, AfP 1973, 411
Leßmann, Herbert: Persönlichkeitsschutz juristischer Personen, AcP 170 (1970), 266
Lichtenstein, Erich/Körner, Eberhard: Wettbewerbsverstöße und Gerichtsstand der unerlaubten Handlung nach § 32 ZPO, GRUR 1966, 243
Lieb, Manfred: Die Zulässigkeit von Demonstrations- und Sympathiearbeitskämpfen – zugleich ein Beitrag zur Rechtslage bei unklarem Kampfziel, ZfA 1982, 113
–: Vermutungen, Beweislastverteilung und Klarstellungsobliegenheiten im Arbeitskampf, Festschrift für Herschel, München 1982, S. 223
–: Zum Verhältnis von Rechtsordnung und Arbeitskampf, NZA 1985, 266
Lindacher, Walter F.: Grundsätzliches zu § 138 BGB. Zur Frage der Relevanz subjektiver Momente, AcP 173 (1973), 124
–: Grundfragen des Wettbewerbsrechts, BB 1975, 1311
–: Die Haftung wegen unberechtigter Schutzrechtsverwarnung oder Schutzrechtsklage, ZHR 144 (1980), 350
–: Anm. zu BGH vom 12.8.2004 Verwarnung aus Kennzeichenrecht, EWiR § 823 BGB 3/04, 1123
Lindenmaier, Fritz: Anm. zu BGH vom 26.10.1951 Constanze I, LM Nr. 6 zu § 1 UWG
–: Das Recht am ausgeübten Gewerbebetrieb in der Rechtsprechung des Bundesgerichtshofs, WuW 1953, 592
Lindenmaier, Fritz/Weiß, Ulrich: Das Patentgesetz, Kommentar, 6. Aufl., Köln-Berlin-Bonn-München 1973
Lingenberg, Joachim: Kreditschutzlisten als unzulässiger Eingriff in den eingerichteten und ausgeübten Gewerbebetrieb des Schuldners, NJW 1954, 449
Liszt, Franz v.: Die Deliktsobligationen im System des Bürgerlichen Gesetzbuchs, Berlin 1898 (zit.: v. Liszt, Deliktsobligationen)
–: Lehrbuch des deutschen Strafrechts, 11. Aufl., Berlin 1902
Lobe, Adolf: Der unlautere Wettbewerb als Rechtsverletzung nach der Rechtsprechung des Reichsgerichts, MuW 6 (1906/07), 164
–: Die Bekämpfung des unlauteren Wettbewerbs, Bd. I: Der unlautere Wettbewerb als Rechtsverletzung nach dem Bürgerlichen Gesetzbuch und den Nebengesetzen, Leipzig 1907 (zit.: Lobe I)
–: Die zivilrechtlichen Folgen von Verrufserklärungen in den modernen Lohnkämpfen, DJZ 1908, 934
–: Welche zivilrechtlichen Folgen knüpfen sich an die im modernen Lohnkampfe üblichen Verrufserklärungen? Bericht, in: Verhandlungen des 29. Deutschen Juristentags, Bd. V, Berlin 1909, S. 173
–: Der unlautere Wettbewerb als Rechtsverletzung nach der neueren Rechtsprechung des Reichsgerichts, MuW 9 (1909/10), 327
–: Die Generalklausel des neuen Wettbewerbsgesetzes, GRUR 1910, 3

–: Abwehrklage gegen Eingriffe in den Gewerbebetrieb, LZ 1931, 664
–: Die Entwicklung des Schutzes gegen unlauteren Wettbewerb nach der Rechtsprechung des Reichsgerichts, GRUR 1931, 1215
Lochow, Burkhart: Die Problematik des politischen Streiks in verfassungsrechtlicher Sicht unter besonderer Berücksichtigung des Widerstandsrechts, Diss. Würzburg 1966 (zit. Lochow, Die Problematik des politischen Streiks)
Löffler, Martin: Boykott aus ideologischen Gründen, insbesondere gegenüber Presseorganen, Bericht über die 33. Tagung des Studienkreises für Presserecht und Pressefreiheit, DÖV 1973, 707
Löhr, Marlies: Vergleichende Werbung im Spiegel der Rechtsprechung, MA 1974, 498
Löhr, Marlies u. H. Dieter: Eingriff in den Gewerbebetrieb durch Blockade, BB 1974, 1140
–: Das Recht am Gewerbebetrieb, MA 1975, 30
–: »Störung des Außenkontakts« von Unternehmen, MA 1975, 256
Loewenheim, Ulrich/Meessen, Karl M./Riesenkampff, Alexander (Hrsg.): Kartellrecht, Bd. 2: GWB, München 2006
Löwisch, Manfred: Der Deliktsschutz relativer Rechte, Berlin 1970
–: Probleme der Zulässigkeit von Sympathiestreik und Sympathieaussperrung, RdA 1962, 314
–: Kommentierung von § 276 BGB, in: Staudinger, BGB, Berlin, Bearb. 2004
–: Kommentierung von § 311 BGB, in: Staudinger; BGB, Berlin, Bearbeitung 2005
Löwisch, Manfred/Meier-Rudolph, Wolfgang: Das Recht am eingerichteten und ausgeübten Gewerbebetrieb in der Rechtsprechung des BGH und BAG, JuS 1982, 237
Looschelders, Dirk: Schuldrecht Allgemeiner Teil, 4. Aufl., Köln u.a. 2006
Lorenz, Egon: Anm. zu BGH v. 24.4.1990 – Baustromverteiler, VersR 1990, 1284
Lorenz, Werner: Fortschritte der Schuldrechtsdogmatik, JZ 1961, 433
–: Das Problem der Haftung für primäre Vermögensschäden bei der Erteilung einer unrichtigen Auskunft, 1. Festschrift für Larenz, München 1973, S. 575
Loritz, Karl-Georg: siehe Zöllner/Loritz
Lübbe-Wolff, Gertrude: Zur verfassungskonformen Interpretation von § 823 BGB im Zusammenhang mit aktiv produktionsbehindernden Arbeitskampfmaßnahmen, DB 1988, Beil. 9, S. 1
Lüdecke, W.: Schadensersatz wegen unberechtigter Warnung aus Ausstattungsschutz, GRUR 1953, 315
Lukes, Rudolf: Versuch zur Präzisierung des Bereichs eines allgemeinen Persönlichkeitsrechts, Vortrag auf der Tagung der Zivilrechtslehrer in Bad Kissingen am 11./12. Oktober 1961, zusammengefasst im Bericht über diese Tagung von Wolfgang Zöllner, AcP 160 (1961), 538
Maass, Hans-Heinrich: Information und Geheimnis im Zivilrecht, Stuttgart 1970
Malsch, Christina: Die Herstellergarantie im Schuld-, Kartell- und Wettbewerbsrecht, Diss. Mannheim 2005
Markert, Kurt: Kommentierung von § 21 GWB, in: Immenga/Mestmäcker (Hrsg.), GWB, Kommentar zum Kartellgesetz, 3. Aufl., München 2001
Marquitz, Werner: Der Rechtsschutz des kaufmännischen Unternehmens durch die §§ 823 ff BGB., Diss. Leipzig 1937 (Dresden 1937)
Marschall v. Bieberstein, Wolfgang Frhr.: Schadensersatz für Gewinnentgang bei Eigentumsverletzung, Festschrift für Ernst von Caemmerer, Tübingen 1978, S. 411
Martens, Wolfgang: Das Recht am Arbeitsplatz im Schrifttum und nach der Rechtspre-

chung des Bundesarbeitsgerichts zum Kündigungsschutz und Arbeitskampf, Diss. Münster 1963
Maschmann, Frank: siehe Hromadka/Maschmann
Matusche-Beckmann, Annemarie: Kommentierung von § 443 BGB, in: Staudinger, BGB, Berlin, Bearb. 2004
Maydell, Bernd v.: Arbeitskampf oder politischer Streik? Zur rechtlichen Wertung der für den 19.12.1979 geplanten Arbeitsniederlegung bei Rundfunk und Fernsehen, JZ 1980, 431
Mayer, Otto: Die concurrence déloyale. Ein Beitrag aus dem französischen Rechte zur Lehre vom geistigen Eigenthum, ZHR 26 (1881), 363
Mayer-Maly, Theo: Probleme der Kodifikation des Arbeitsrechts in Österreich, JZ 1961, 553
–: Das kollektive Arbeitsrecht im österreichischen Kodifikationsentwurf, RdA 1963, 161
–: Arbeitsrechtskodifikation festgefahren?, JBl. 1963, 501
–: Buchbesprechung: Brox-Rüthers, Arbeitskampfrecht, 1965, RdA 1965, 432
–: Zum Verständnis der Kampfparität, RdA 1968, 432
–: Die guten Sitten als Maßstab des Rechts, JuS 1986, 596
–: Was leisten die guten Sitten?, AcP 194 (1994), 105
–: Rechtsirrtum und Rechtsunkenntnis als Probleme des Privatrechts, AcP 170 (1970), 133
–: Das Bewusstsein der Sittenwidrigkeit, Karlsruhe 1971
–: Die politische Funktion der Rechtsprechung in einer pluralen Gesellschaft, DRiZ 1971, 325
–: Bewegliches System und Konkretisierung der guten Sitten, in: Das Bewegliche System im geltenden und künftigen Recht, Festschrift für Walter Wilburg, Wien-New York 1986, S. 117
Mebus, Hans-Christoph: System der Schadensersatzansprüche beim »Streik«, Diss. Mainz 1970
Medicus, Dieter: Schuldrecht II, Besonderer Teil, 13. Aufl., München 2006
–: Anm. zu BGH v. 10.11.1994 – Reparaturanstau, JZ 1995, 306
–: Bürgerliches Recht, 20. Aufl., Köln u.a. 2004
Meier-Beck, Peter: Die Verwarnung aus Schutzrechten – mehr als eine Meinungsäußerung! GRUR 2005, 535
–: Die unberechtigte Schutzrechtsverwarnung als Eingriff in das Recht am Gewerbebetrieb, WRP 2006, 790
Melullis, Klaus-Jürgen: Bearbeitung von § 23, Schadenersatz, in: Gloy/Loschelder, Handbuch des Wettbewerbsrechts, 3. Aufl., München 2004
Merten, Detlef: Haftungsprivileg für Demonstrationstäter?, NJW 1970, 1625
–: Kein Haftungsprivileg für Demonstrationsschäden! Der Bundesgerichtshof zur Blockade von Presseunternehmen, AfP 1973, 354
Mertens, Hans-Joachim: Deliktsrecht und Sonderprivatrecht – Zur Rechtsfortbildung des deliktischen Schutzes von Vermögensinteressen, AcP 178 (1978), 227
–: Zur Bankenhaftung wegen Gläubigerbenachteiligung, ZHR 143 (1979), 174
–: Kommentierung der §§ 823 ff. BGB, in: Münchener Kommentar zum BGB, 3. Aufl., München 1997
Mes, Peter: Arbeitsplatzwechsel und Geheimnisschutz, GRUR 1979, 584
–. PatG, GebrMG, 2. Aufl., München 2005

Messer, Herbert: Kommentierung des § 14 UWG (a.F.), in: UWG-Großkomm., 10. Lieferung, Berlin-New York 1994

Mestmäcker, Ernst-Joachim: Eingriffserwerb und Rechtsverletzung in der ungerechtfertigten Bereicherung, JZ 1958, 521

–: Zur aktienrechtlichen Stellung der Verwaltung bei Kapitalerhöhungen, BB 1961, 945

Metzen, Johann v.: Verwarnung mit Schutzrechten, Festschrift für Werner vom Stein, Karlsruhe 1961, S. 80

Meyer-Cording, Ulrich: Gute Sitten und ethischer Gehalt des Wettbewerbsrechtes – Grundsätzliches zu § 1 UWG, JZ 1964, 273, 310

Meyerowitz, Artur: Streik, Aussperrung, Boykott und Verruf in der Rechtsprechung des Reichsgerichts, JW 1912, 839

Michaelis, Wilhelm: Das Recht am Unternehmen, Diss. Leipzig 1937

Migsch, Erwin: Die absolut geschützte Rechtsstellung des Arbeitnehmers, München-Salzburg 1972

Mittweg, Carl: Die unerlaubten Handlungen nach Bürgerlichem Gesetzbuch, Erlangen 1899

Möllers, Thomas M.J.: Zur Zulässigkeit des Verbraucherboykotts – Brent Spar und Mururoa, NJW 1996, 1374

Möschel, Wernhard: Der Schutzbereich des Eigentums nach § 823 I BGB, JuS 1977, 1

–: Zum Boykott-Tatbestand des § 26 Abs. 1 GWB, Festschrift für W. Benisch, Köln u.a. 1989, S. 339

Mommer, Stephan: Die Bedeutung des Verschuldens im gegenwärtigen System des Rechts der unerlaubten Handlungen, Diss. Mainz 1972 (zit.: Mommer, Die Bedeutung des Verschuldens)

Moser v. Filseck, Richard: Zur Frage der vergleichenden Werbung, GRUR 1963, 182

–: Anm. zu BGH vom 5.11.1962 – Kindernähmaschinen, GRUR 1963, 260

–: Buchbesprechung: Wieland Horn, Die unberechtigte Verwarnung aus gewerblichen Schutzrechten, 1971, GRUR 1972, 443

Motive zu dem Entwurfe eines Bürgerlichen Gesetzbuches für das Deutsche Reich, Amtliche Ausgabe, Bd. I u. II, 2. Aufl., Berlin 1896

Müller, Gerhard: Das Arbeitskampfrecht im Beschluß des Großen Senats des Bundesarbeitsgerichts vom 21. April 1971, RdA 1971, 321

–: Der Arbeitskampf als Rechtsinstitution – Gedanken zum Arbeitskampf in der Bundesrepublik Deutschland, AuR 1972, 1

–: Streik und Aussperrung in der Rechtsprechung des deutschen Bundesarbeitsgerichts, in: Arbeitskonflikte und Arbeitskampf, Köln 1973, S. 63

Müller, Klaus: Zur Haftung des Warenherstellers gegenüber dem Endverbraucher, AcP 165 (1965), 285

Müller-Bidinger, Ralph: Kommentierung des § 4 Nr. 10 UWG, in: Ullmann (Hrsg.), jurisPK-UWG, Saarbrücken 2006

Müller-Erzbach, Rudolf: Buchbesprechung: Rudolf Isay, Das Recht am Unternehmen, 1910, ZHR 71 (1912), 417

–: Das Unternehmen und die Unternehmer- und die Abnehmerfreiheit, JZ 1952, 193

Müller-Graff, Peter-Christian: Anm. zu BGH vom 15.11.1982, JZ 1983, 860

Münchener Handbuch Arbeitsrecht, Bd. 3, Kollektives Arbeitsrecht, 2. Aufl., München 2000 (zit. MünchArbR)

Münchener Kommentar zum Bürgerlichen Gesetzbuch, Bd. 5, München, 3. Aufl. 1997 u. 4. Aufl., 2004

Muscheidt, Wilhelm: Persönlichkeitsschutz und Wettbewerbsrecht, Diss. Frankfurt 1934
Nahme, Hans-Dieter: Pressefreiheit und Wettbewerb, GRUR 1964, 484
Nastelski, Karl: Die Rechtsprechung des Bundesgerichtshofs zum Firmenschutz, WuW 1956, 188
–: Der Schutz des Betriebsgeheimnisses, GRUR 1957, 1
–: siehe auch Ed. Reimer, Patentgesetz und Gebrauchsmustergesetz, 3. Aufl., 1968
Nettesheim, Wolfgang: Öffentliche Kritik eines Verbrauchers an mangelhaften Waren, BB 1976, 18
Neumann-Duesberg, Horst: Vorbeugungsmaßnahmen des Arbeitgebers gegen die Gewerkschaft bei drohendem unzulässigem Streik, BB 1964, 51
–: Anm. zu BGH vom 25.4.1967 Birgit Malmström, Schulze, Rechtsprechung zum Urheberrecht, BGHZ Nr. 141, S. 10
–: Anm. zu Schulze, Rechtsprechung zum Urheberrecht, OLGZ Nr. 87
–: Korrektur des Unmittelbarkeitsbegriffs beim Eingriff in den Gewerbebetrieb (§ 823 BGB), 1968, 1990
–: Zum Recht am eingerichteten und ausgeübten Gewerbebetrieb, NJW 1972, 133
Niese, Werner: Streik und Strafrecht, Tübingen 1954
–: Die moderne Strafrechtsdogmatik und das Zivilrecht, JZ 1956, 457
Nikisch, Arthur: Arbeitsrecht, 2. Aufl., Bd. II, Koalitionsrecht, Arbeitskampfrecht und Tarifvertragsrecht, Tübingen 1959
Nipperdey, Hans Carl: Inwieweit haftet ein Berufsverein der Arbeitgeber oder Arbeitnehmer für unzulässige Kampfhandlungen und welche Änderungen des deutschen Rechts sind hier, zugleich unter Beobachtung ausländischer Vorbilder, empfehlenswert? Gutachten, 34. Deutscher Juristentag 1926, Berlin-Leipzig 1926, Bd. 1, S. 395
–: Die Frage des Schutzes des Unternehmens nach § 823 Abs. 1 BGB., in: Beiträge zum Wirtschaftsrecht, Festschrift für Ernst Heymann, Marburg 1931, Bd. II, S. 445
–: Das Recht des Streiks in Deutschland, SJZ 1949, 811
–: Die Ersatzansprüche für die Schäden, die durch den von den Gewerkschaften gegen das geplante Betriebsverfassungsgesetz geführten Zeitungsstreik vom 27. – 29. Mai 1952 entstanden sind, Rechtsgutachten, Köln 1953 (zit.: Nipperdey, Zeitungsstreik Gutachten)
–: Buchbesprechung: W. Niese, Streik und Strafrecht, 1954, RdA 1954, 436
–: Der Arbeitskampf als unerlaubte Handlung, Festschrift für Friedrich Sitzler, Stuttgart 1956, S. 79
–: Rechtswidrigkeit, Sozialadäquanz, Fahrlässigkeit, Schuld im Zivilrecht, NJW 1957, 1777
–: Boykott und freie Meinungsäußerung, DVBl. 1958, 545
–: Rechtswidrigkeit und Schuld im Zivilrecht, Karlsruher Forum 1959, 3
–: Tatbestandaufbau und Systematik der deliktischen Grundtatbestände, NJW 1967, 1985
–: Freie Entfaltung der Persönlichkeit, in: Bettermann/Nipperdey, Die Grundrechte, Bd. V 2, 2. Aufl., Berlin 1972, S. 741
–: siehe auch Enneccerus/Nipperdey
–: siehe auch Hueck/Nipperdey
Nörr, Dieter: Zum Ersatz des immateriellen Schadens nach geltendem Recht, AcP 158 (1959/60), 1
Nordemann, Axel/Nordemann, Jan Bernd/Nordemann, Wilhelm: Wettbewerbsrecht,

Markenrecht, 10. Aufl., Baden-Baden 2004 (zit.: Nordemann, Wettbewerbsrecht, Markenrecht)
Oechsler, Jürgen: Kommentierung von § 826 BGB, in: Staudinger, BGB, Bearb. 2003 (zit.: Staudinger/Oechsler [2003] BGB § 826 Rn.)
Oertmann, Paul: Unterlassungsansprüche aus unerlaubten Handlungen, DJZ 1904, 616
Oettinger, Fritz: Die Guten Sitten in der arbeitsrechtlichen Rechtsprechung nach dem Kriege, Hamburg 1931
Ohl, Albert: Der politische Streik in verfassungsrechtlicher Sicht, Diss. Heidelberg 1955
–: Der Rechtsschutz gegenüber unberechtigter Geltendmachung gewerblicher Schutzrechte, GRUR 1966, 172
–: Anm. zu BGH vom 11.1.1966 Wärmeschreiber II, GRUR 1966, 386
Ohly, Ansgar: Das neue UWG – Mehr Freiheit für den Wettbewerb?, GRUR 2004, 889
Olbersdorf, Gert: Sozialer Rechtsstaat und Arbeitsrecht, AuR 1955, 129
Omsels, Hermann-Josef: Zur Unlauterkeit der gezielten Behinderung von Mitbewerbern (§ 4 Nr. 10 UWG), WRP 2004, 136
–: Kommentierung von § 4 Nr. 8 u. Nr. 10 UWG, in: Harte/Henning (Hrsg.), UWG, München 2004
Oppermann, Thomas: Wirtschaftswerbung und Art. 5 Grundgesetz, Festschrift für Gerhard Wacke, Köln-Marienburg 1972, S. 393
Oppikofer, Hans: Das Unternehmensrecht in geschichtlicher, vergleichender und rechtspolitischer Betrachtung, Tübingen 1927 (zit.: Oppikofer, Das Unternehmensrecht)
Osswald, Richard: Der Streik und die ihm durch das Strafrecht gezogenen Grenzen, Köln 1954
Osterrieth, Albert: Anm. zu RG vom 8.10. 1915 Seydlitz, GRUR 1916, 95
Ott, Claus: Systemwandel im Wettbewerbsrecht – Die Generalklausel des § 1 UWG und ihre Rückwirkungen auf Rechtsprechung und Dogmatik, Festschrift für Ludwig Raiser, Tübingen 1974, S. 403
Otte, Jürgen: Das subjektiv-private Arbeitskampfrecht als Grundlage einer Neuorientierung im Recht des Streiks und der Aussperrung, Hamburg 1970
Otto, Hansjörg: Arbeitskampf- und Schlichtungsrecht, in: Münchener Handbuch Arbeitsrecht, §§ 281–296, Bd. 3, 2. Aufl., München 2000 (zit. MünchArbR/Otto)
Palandt, Otto: BGB, 65. Aufl., München 2006
Pape, Ernst: Welche zivilrechtlichen Folgen knüpfen sich an die im modernen Lohnkampfe üblichen Verrufserklärungen? Gutachten, Verhandlungen des 29. DJT, Bd. IV, Berlin 1908, S. 246
Pape, Gerhard: Schadensersatzpflicht wegen fahrlässig gestellten Konkursantrags?, ZIP 1995, 623
Pawlowski, Hans-Martin: Der Rechtsbesitz in geltenden Sachen- und Immaterialgüterrecht, Göttingen 1961
–: Die »Berühmung« als unerlaubte Handlung, BB 1965, 849
–: Allgemeiner Teil des BGB: Grundlehren des bürgerlichen Rechts, 7. Aufl., Heidelberg 2003
Pecher, Hans Peter: Die Schadensersatzansprüche aus ungerechtfertigter Vollstreckung, Berlin 1967
Pehle, Rudolf: Buchbesprechung: Eduard Reimer, Patentgesetz und Gebrauchsmustergesetz, 3. Aufl., 1968, DRiZ 1968, 435
Pertenhammer, Hellmut: Die Rechtsprechung des Bundesverfassungsgerichts zur gewer-

beschädigenden Äußerung aus kritischer Sicht, Diss. München 1974 (zit.: Pertenhammer, Gewerbeschädigende Äußerung)
Peter, Karl-Friedrich: Der Arbeitsplatz als absolut geschütztes Rechtsgut, Diss. Köln 1970
Peukert, Alexander: Änderung der Rechtsprechung zur unberechtigten Schutzrechtsverwarnung?, Mitt. 2005, 73
Pfaff, Dieter: Der Know-how-Vertrag im bürgerlichen Recht, BB 1974, 565
Pfeifer, Axel: Produktfehler oder Fehlverhalten des Produzenten, Berlin 1987
Pfennig: Anm. zu BGB v. 19.12.1958 – Dreigroschenroman, GRUR 1959, 334
Pfister, Bernhard: Das technische Geheimnis »Know how« als Vermögensrecht, München 1974
Picker, Eduard: Der Warnstreik und die Funktion des Arbeitskampfes in der Privatrechtsordnung, Köln 1983
–: Gutachterhaftung – Außervertragliche Einstandspflichten als innergesetzliche Rechtsfortbildung, Festschrift für Medicus, Köln u.a. 1999, S. 397
Piper, Henning: Der Schutz der bekannten Marken, GRUR 1996, 429
Pinczower, Kurt: Das Verhältnis des § 826 BGB zum Boykott, Breslau 1911
Pisko, Oskar: Das Unternehmen als Gegenstand des Rechtsverkehrs, Wien 1907
–: Buchbesprechung: Rudolf Isay, Das Recht am Unternehmen, 1910, GrünhutsZ 38 (1911), 742
Planck, G.: Bürgerliches Gesetzbuch nebst Einführungsgesetz, Bd. I, 4. Aufl., Berlin 1913; Bd. II, 3. Aufl. Berlin 1907 u. 4. Aufl., Berlin 1928
Plaß, Gunda: Kommentierung von § 3 UWG, in: Ekey /Klippel/Kotthoff/Meckel/Plaß (Hrsg.), Heidelberger Kommentar zum Wettbewerbsrecht, 2. Aufl., Heidelberg 2005 (zit. HK-WettbR/Plaß)
Pohle, Rudolf: Anm. zu BGH vom 13.7.1956, MDR 1957, 30
Posch, Willibald: Anm. zu OGH vom 3.11.1981, JBl. 1983, 254
Portz, Evelin: Das Gebot sittlichen Verhaltens im deutschen Privatrecht, Diss. Würzburg 1973
Potthoff, Heinz: Gute Sitten im Arbeitskampf, Zentralblatt für Handelsrecht (ZBH) 1928, 232
Preusche, Rainer: Unternehmensschutz und Haftungsbeschränkung im Deliktsrecht, Berlin 1974 (zit.: Preusche, Unternehmensschutz)
Protokolle der Kommission für die Zweite Lesung des Entwurfs des Bürgerlichen Gesetzbuchs, Bd. I, Berlin 1987, Bd. II, Berlin 1998 (zit.: Prot. I, II)
Prütting, Hanns/Wegen, Gerhard/Weinreich, Gerd: BGB, Kommentar, Neuwied 2006 (zit. PWW/Bearb.)
Puttfarcken, Carsten: Der Schutz des eingerichteten und ausgeübten Gewerbebetriebs bei freien Berufen, GRUR 1962, 500
Quiring, Andreas: Zur Haftung wegen unbegründeter Verwarnungen, WRP 1983, 317
Radmann, Friedrich: Ansprüche aufgrund unberechtigter Patentberühmung – ein Fall für die Patentstreitkammer?, Mitt. 2005, 150
Raiser, Ludwig: Vertragsfunktion und Vertragsfreiheit, in: Hundert Jahre Deutsches Rechtsleben, Festschrift zum Hundertjährigen Bestehen des Deutschen Juristentages 1860–1960, Karlsruhe 1960, Bd. I, S. 101 (zit. DJT-FS 1960)
–: Der Stand der Lehre vom subjektiven Recht im Deutschen Zivilrecht, JZ 1961, 465
–: Rechtsschutz und Institutionenschutz im Privatrecht, in: Summum ius summa iniuria, Tübingen 1963, S. 145

Raiser, Thomas: Das Unternehmen als Organisation – Kritik und Erneuerung der juristischen Unternehmenslehre, Berlin 1969
Ramm, Thilo: Das Recht des Arbeitskampfes nach der Rechtsprechung des Bundesarbeitsgerichts, JZ 1961, 273
–: Streik und Arbeitsvertragsbruch, AuR 1964, 129
–: Der Streik als unerlaubte Handlung, AuR 1964, 321
–: Die Rechtsprechung des Bundesarbeitsgerichts, JZ 1964, 494, 546, 582
–: Der Arbeitskampf und die Gesellschaftsordnung des Grundgesetzes, Stuttgart 1965
–: Sozialadäquanztheorie und freiheitlicher sozialer Rechtsstaat, AuR 1966, 161
–: Koalitionsbegriff und Tariffähigkeit – BVerfGE 18, 18, JuS 1966, 223
–: Die Rechtsprechung des BAG – Schlusswort, JZ 1966, 214
–: Die Anerkennung des Streikrechts, AuR 1967, 97
–: Das Koalitions- und Streikrecht der Beamten, Köln 1970
–: Der nichtgewerkschaftliche Streik, AuR 1971, 65, 97
–: Der Wandel der Grundrechte und der freiheitliche soziale Rechtsstaat, JZ 1972, 137
Rebe, Bernd: Privatrecht und Wirtschaftsordnung – zur vertragsrechtlichen Relevanz der Ordnungsfunktionen dezentraler Interessenkoordination in einer Wettbewerbswirtschaft, Bielefeld 1978
Redeker, Konrad: Anm. zu LG Stuttgart vom 5.10.1955, NJW 1956, 1073
Rehbein, Dieter: Die Verletzung von Forderungsrechten durch Dritte, Diss. Freiburg 1968
Reiche, Hellmuth: Das Recht am Unternehmen, Diss. Greifswald 1920
Reichel, Hans: Empfiehlt es sich, im Zusammenhang mit der künftigen Strafrechtsreform die Vorschriften des bürgerlichen Rechtes über Schuldfähigkeit, Schuld und Ausschluß der Rechtswidrigkeit zu ändern? Verhandlungen des 34. Deutschen Juristentags, Gutachten, Bd. I, Köln 1926, S. 136
Reichenstein, Fritz: Der Rechtsschutz des Unternehmens, Diss. Köln 1931 (Bottrop 1931)
Reichsgerichtsrätekommentar zum BGB (RGRK), Bd. II 5 (§§ 812–831 BGB), 12. Aufl., Berlin-New York 1989
Reimer, Dietrich: siehe Ulmer/Reimer, Unlauterer Wettbewerb III
Reimer, Eduard: Wettbewerbs- und Warenzeichenrecht, Systematischer Kommentar, 3. Aufl., Köln-Berlin 1954
–: Wettbewerbs- und Warenzeichenrecht, Systematischer Kommentar, 4. Aufl., Bd. I: Warenzeichen und Ausstattung, bearbeitet von Bruno Richter, Wilhelm Trüstedt, Ludwig Heydt, Köln-Berlin-Bonn-München 1966
–: Bd. II: Wettbewerbsrecht, bearbeitet von Otto-Friedrich Frhr. v. Gamm, Köln-Berlin-Bonn-München 1972 (zit.: Reimer/v. Gamm II)
–: Anm. zu OLG Stuttgart vom 22.4.1929 Compretten, JW 1929, 2292
–: Empfiehlt sich die Verlegung der Generalklausel des Wettbewerbsrechts aus § 1 UnlWG. in § 823 Abs. I BGB.?, LZ 1932, 1340
Reimer, Ernst: Anm. zu BGH vom 2.7.1963 E-Orgeln, GRUR 1964, 164
Reinermann, Heinz: Der Sympathiestreik als rechtswidriges Verhalten gegenüber dem betroffenen Arbeitgeber, Diss. Marburg 1964 (zit. Reinermann, Der Sympathiestreik)
Reinhardt, Rudolf: Unterbieten als Problem des Wettbewerbs- und Kartellrechts, MuW 30 (1930), 468
–: Der Ersatz des Drittschadens, Mannheim, Berlin, Leipzig 1933
–: Das subjektive Recht in § 823 I BGB, Karlsruher Forum 1961, 3 = (gekürzt) JZ 1961, 713

Reuss, Hans: Der Streik unter dem Gesichtspunkt der unerlaubten Handlung, Diss. Köln 1931
Reuß, Wilhelm: Der sogenannte »Käuferstreik«. Der Boykott als wirtschaftliches Kampfmittel, AcP 156 (1957), 89
–: Die Grenzen legaler Arbeitskämpfe, JurJb 4 (1963/64), 163
–: Streikrecht und Aussperrungsrecht, AuR 1976, 97
Reuter, Dieter: Die freie Wahl des Arbeitsplatzes – ein nicht realisierbares Grundrecht, RdA 1973, 345
–: Die Arbeitskampffreiheit in der Verfassungs- und Rechtsordnung der Bundesrepublik Deutschland, Festschrift für Franz Böhm, Tübingen 1975, S. 521
–: Die unfaßbare »Neue Beweglichkeit« – BAG NJW 1985, 85, JuS 1986, 19
–: Wirtschaftsethische Einflüsse auf die Auslegung wirtschaftsrechtlicher Generalklauseln?, ZGR 1987, 489
–: Die Grenzen des Streikrechts, ZfA 1990, 535
Reuthal, Klaus-Peter: Die unberechtigte wettbewerbsrechtliche Abmahnung unter besonderer Berücksichtigung der unberechtigten Schutzrechtsverwarnung, Frankfurt a.M. 1985 (zit.: Reuthal, Die unberechtigte wettbewerbsrechtliche Abmahnung)
Richardi, Reinhard: Die Stellung des Arbeitskampfes in der gesamtwirtschaftlichen Rechtsordnung, RdA 1966, 241
–: Die Grenzen der Zulässigkeit des Streiks, Bielfeld 1980
–: Die Bedeutung des zivilrechtlichen Haftungssystems für den Arbeitskampf, ZfA 1985, 101
Richter, Karl-Heinz: Streik und Aussperrung in verfassungsrechtlicher Sicht, Diss. Tübingen 1960
Richthofen, Hermann Frhr. v.: Zulässigkeit und Schranken vergleichender Warentests zur Verbraucheraufklärung, Diss. Köln 1963
Riezler, Erwin: Arbeitskraft und Arbeitsfreiheit in ihrer privatrechtlichen Bedeutung, ArchBR 27 (1906), 219
Rinck, Gerd: Kritik und Boykott durch Verbraucherverbände, BB 1961, 613
Ringel, Klaus: Kritische Betrachtungen zum Recht am »eingerichteten und ausgeübten Gewerbebetrieb« unter Berücksichtigung der höchstrichterlichen Rechtsprechung, Diss. Marburg 1973 (zit.: Ringel, Recht am Gewerbebetrieb)
Rittner, Fritz: Wettbewerbs- und Kartellrecht, 6. Aufl., Heidelberg 1999
Rödig, Jürgen: Erfüllung des Tatbestandes des § 823 Abs. 1 BGB durch Schutzgesetzverstoß. Zugleich ein Beitrag zum Deliktsschutz verkörperter relativer Rechte, Bielefeld 1973
–: Buchbesprechung: Herbert Buchner, Die Bedeutung des Rechts am eingerichteten und ausgeübten Gewerbebetrieb für den deliktsrechtlichen Unternehmensschutz, 1971, ZHR 138 (1974), 569
Roellecke, Gerd: Wahrheit, Gemeinwohl und Meinungsfreiheit, JZ 1981, 688
Rogge, Dirk Itel: Zur rechtlichen Bewertung der unberechtigten Verwarnung, WRP 1965, 40
Rosenthal, Alfred: Der Standpunkt des Reichsgerichts gegenüber Beeinflussungen des Abnehmerkreises eines Gewerbetreibenden, LZ 1910, 107
–: Warnungen vor Patentverletzung im Lichte des Gesetzes gegen den unlauteren Wettbewerb, LZ 1911, 176
–: Ist der Gerichtsstand der unerlaubten Handlung (§ 32 ZPO.) gegeben, wenn der Klagetatbestand auch unter das WettbG. fällt? LZ 1916, 289

–: Warnungen vor Patentverletzung, JW 1917, 589
–: Das Recht am eingerichteten und ausgeübten Gewerbebetriebe, Gruchot 63 (1919), 715
–: Warnungen vor Patentverletzung und der Begriff »zu Zwecken des Wettbewerbs«, LZ 1919, 1104
–: Dürfen unsere Gerichte den § 1 WettbG. (§826 BGB.) beiseiteschieben? LZ 1931, 409
Rosenthal, Alfred/Leffmann, Ernst: Gesetz gegen den unlauteren Wettbewerb, Kommentar, 9. Aufl., Berlin-Frankfurt 1969 (zit.: Rosenthal/Leffmann, UWG)
Rosin: Welche zivilrechtlichen Folgen knüpfen sich an die im modernen Lohnkampfe üblichen Verrufserklärungen? Korreferat, in: Verhandlungen des 29. Deutschen Juristentags, Bd. V, Berlin 1909, S. 195
Rüthers, Bernd: Streik und Verfassung, Köln 1960
–: Zur Kampfparität im Arbeitskampfrecht, JurA 1970, 85
–: Arbeitskampf und Pressefreiheit – Rechtsprobleme bei Arbeitskämpfen in Presseunternehmen, AfP 1977, 305
–: Der Abbau des »ultimaratio«-Gebots im Arbeitskampfrecht durch das Bundesarbeitsgericht, DB 1990, 113
–: s. auch Brox/Rüthers
Sack, Rolf: Sittenwidrigkeit , Sozialwidrigkeit und Interessenabwägung, GRUR 1970, 493
–: Produzentenhaftung nach 823 Abs. 2 BGB i.V.m. § 3 UWG?, BB 1974, 1369
–: § 1 UWG und Wirtschaftspolitik, WRP 1974, 247
–: Deliktsrechtlicher Verbraucherschutz gegen unlauteren Wettbewerb, NJW 1975, 1303
–: Buchbesprechung: Rainer Preusche, Unternehmensschutz und Haftungsbeschränkung im Deliktsrecht, 1974, ZHR 139 (1975), 276
–: Individualschutz des Konsumenten vor den Folgen unlauteren Wettbewerbs nach deutschem und österreichischem Deliktsrecht, ÖJZ 1976, 309
–: Die Haftung für unbegründete Schutzrechtsverwarnungen, WRP 1976, 733
–: Die lückenfüllende Funktion der Sittenwidrigkeitsklauseln, WRP 1985, 1
–: Das Anstandsgefühl aller billig und gerecht Denkenden und die Moral als Bestimmungsfaktoren der guten Sitten, NJW 1985, 761
–: Die »Verwässerung« bekannter Marken und Unternehmenskennzeichen, WRP 1985, 459
–: Markenschutz außerhalb des Gleichartigkeitsbereichs in der EG, RIW 1985, 597
–: Der Schutzzweck des UWG und die Klagebefugnis des »unmittelbar Verletzten«, Festschrift für v. Gamm, Köln u.a. 1990, S. 161
–: Wettbewerbsrechtliche Folgen von Richtlinien der Europäischen Union, VersR 1994, 1383
–: Sonderschutz bekannter Marken, GRUR 1995, 81
–: Die Berücksichtigung der Richtlinie 97/55/EG über irreführende und vergleichende Werbung bei der Anwendung der §§ 1 und 3 UWG, WRP 1998, 241
–: Markenrechtlicher Schutz von Vertriebsbindungen, WRP 1999, 467
–: Vertriebsbindungen und Außenseiter, WRP 2000, 447
–: Regierungsentwurf einer UWG-Novelle – ausgewählte Probleme, BB 2003, 1073
–: Kommentierung des § 138 BGB, in: Staudinger, BGB-Kommentar, 14. Bearb., Berlin 2003 (zit.: Staudinger/Sack)
–: Markenschutz und UWG, WRP 2004, 1405
–: Die Haftung für unbegründete Schutzrechtsverwarnungen, WRP 2005, 253

–: Die lückenfüllende Funktion der Generalklausel des § 3 UWG, WRP 2005, 531
–: Der Beschluß des Großen Zivilsenats des BGH vom 15.7.2005 zur Haftung für unbegründete Schutzrechtsverwarnungen – Ende der Diskussion?, BB 2005, 2368
–: Unbegründete Schutzrechtsverwarnungen, Köln 2006
–: Der subjektive Tatbestand des § 826 BGB, NJW 2006, 945
–: Produkthaftung für reine Vermögensschäden von Endabnehmern, VersR 2006, 582
–: Die Subsidiarität des Rechts am Gewerbebetrieb, VersR 2006, 1001
–: Das Verhältnis des UWG zum allgemeinen Deliktsrecht, Festschrift für Ullmann, Saarbrücken 2006, S. 825
Säcker, Franz-Jürgen: Betriebs- oder unternehmensbezogene Verhaltenspflichten des Arbeitnehmers und des Betriebsrates bei parteipolitischer Betätigung i.S. des § 51 Satz 2 BetrVG ?, AuR 1965, 353
–: Buchbesprechung: Eduard Bötticher, Die gemeinsamen Einrichtungen der Tarifvertragsparteien, Heidelberg 1966, BB 1966, 1031
–: Wahrnehmung legitimer politischer Interessen und Deliktsrecht, ZRP 1969, 60
–: Zur demokratischen Legitimation des Richter- und Gewohnheitsrechts, ZRP 1971, 145
–: Zur Rechtmäßigkeit des Boykotts von Außenseiter-Reedereien zum Zwecke des Abschlusses von Anschluss-Tarifverträgen – Rechtsgutachten für die Gewerkschaft ÖTV, Stuttgart 1976
Salinger, M.: Das Recht am eingerichteten und ausgeübten Gewerbebetriebe, Gruchot 62 (1918), 289
Sambuc, Thomas: Anm. zu OLG Stuttgart vom 4.7.1975, JZ 1975, 700
–: Folgenerwägungen im Richterrecht. Die Berücksichtigung von Entscheidungsfolgen bei der Rechtsgewinnung, erörtert am Beispiel des § 1 UWG, Berlin 1977
Samwer, Klaus: Der Rechtsschutz der berühmten Marke, Diss. Göttingen 1977
Sandrock, Otto: Grundbegriffe des Gesetzes gegen Wettbewerbsbeschränkungen, München 1968
–: Die Liefersperre in kartell- und zivilrechtlicher Sicht, JuS 1971, 57
–: siehe auch J. v. Gierke/Sandrock
Sattler, Helmut: Die rechtliche Beurteilung der Boykotterklärung, Diss. Erlangen-Nürnberg 1971
Schachtschneider, Karl Albrecht: Das Sittengesetz und die guten Sitten, Festschrift für Thieme, Köln u.a. 1993, S. 195
Schack, Friedrich: Der Eigentumsschutz gewerblicher Rechtspositionen in der Rechtsprechung des Bundesgerichtshofes, BB 1963, 1227
Schäfer, Gundi: Nachahmungsschutz für Erfolgssysteme, Diss. Tübingen 1977
Schäfer, Karl: Kommentierung der §§ 823–853 BGB, in: Staudinger, Kommentar zum Bürgerlichen Gesetzbuch, II. Band, 5. Teil, 12. Aufl., Berlin 1986
Scharen, Uwe: Kommentierung, Vor §§ 9–14 und § 9 PatG, in: Benkard, Georg (Hrsg.), Kommentar zum PatG u. GebrMG, 10. Aufl., München 2006
Schaub, Günter/Koch, Ulrich: Arbeitsrechts-Handbuch, §§ 193, 194, 11. Aufl., München 2005
Schaub, Renate: Kommentierung der §§ 823 ff. BGB, in: Prütting/Wegen/Weinreich, BGB, Kommentar, Neuwied 2006 (zit. PWW/Schaub)
Scheuner, Ulrich: Verfassungsrechtliche Gesichtspunkte zu der Fortbildung des Arbeitskampfrechts im Beschluß des Großen Senats vom 21. April 1971, RdA 1971, 327

Schiemann, Gottfried: Kommentierung der §§ 823 ff. BGB, in: Erman, BGB, 11. Aufl., Bd. II, Köln 2004
–: s. auch Lange/Schiemann
Schildt, Bernd: Der deliktische Schutz des Rechts am Gewerbebetrieb, WM 1996, 2261
Schippel, Helmut: Das Recht am eingerichteten und ausgeübten Gewerbebetrieb, München-Köln-Berlin 1956 (zit.: Schippel, Das Recht am Gewerbebetrieb)
–: Anm. zu BGH vom 9.12.1958 Stromunterbrechung, GRUR 1959, 284
Schlechtriem, Peter H.: Eingriff in den Gewerbebetrieb und vertragliche Haftung, Festschrift für E. Deutsch, Köln u.a. 1999, S. 317
–: Schuldrecht Besonderer Teil, 6. Aufl., Tübingen 2003
Schlesinger, Rudolf: Der Wert des geschlossenen Unternehmens und sein Schutz durch die Unterlassungsklage nach § 1 des Gesetzes gegen den unlauteren Wettbewerb, Diss. München 1933 (zit.: Schlesinger, Der Wert des geschlossenen Unternehmens)
Schlötter, Richard: Der Schutz von Betriebs- und Geschäftsgeheimnissen und die Abwerbung von Arbeitnehmern, Köln u.a. 1997
Schluep, Walter R.: Über Kritik im wirtschaftlichen Wettbewerb, Festschrift für Alois Troller, Basel-Stuttgart 1976, S. 225
Schmid, Michael J.: Rückgängimachung eines Produktionsprozesses als Eigentumsverletzung, NJW 1973, 2276
–: Nochmals: Deliktsrechtlicher Eigentumsschutz bei Vereitelung eines Grundstücksverkaufs?, NJW 1975, 2056
Schmidt, Eike: Wahrnehmung berechtigter Interessen als Rechtfertigungsgrund?, JZ 1970, 8
Schmidt, Hans: Die Ansprüche aus unberechtigter Geltendmachung gewerblicher Schutzrechte (Patent, Gebrauchs- und Geschmacksmuster), Diss. Jena 1935
Schmidt, Helmut: Die Lehre von der Sittenwidrigkeit der Rechtsgeschäfte in historischer Sicht, Berlin 1973
Schmidt, Karsten: Integritätsschutz von Unternehmen nach § 823 BGB – Zum »Recht am eingerichteten und ausgeübten Gewerbebetrieb«, JuS 1993, 985
Schmiedel, Burkhard: Deliktsobligationen nach deutschem Kartellrecht. Erster Teil, Zivilrechtsdogmatische Grundlegung: Untersuchungen zu § 823 Abs. 2 BGB, Tübingen 1974
Schnorr, Gerhard: Bundesverfassungsgericht und kollektives Arbeitsrecht, RdA 1955, 3
–: Der Streik als unerlaubte Handlung im Sinne des § 826 BGB, RdA 1955, 223
Schnorr von Carolsfeld, Ludwig: Arbeitsrecht, 2. Aufl., Göttingen 1954
Schnug, Rüdiger: Das Recht am Gewerbebetrieb – ein Fremdkörper im deliktischen Haftungssystem?, JA 1985, 440
Schönherr, Fritz: Kreditschädigende Tatsachenbehauptungen, ÖBl. 1975, 77
Schramm, Carl: Objektiv und subjektiv unlauter?, MuW 29 (1929), 576
–: Der eingerichtete und ausgeübte Geschäftsbetrieb, GRUR 1973, 75
Schramm, Kurt: Inwieweit ist der Gewerbebetrieb nach den Vorschriften des Bürgerlichen Gesetzbuches geschützt? Ein Beitrag zur Lehre vom Gewerblichen Rechtsschutz, Diss. Leipzig 1903
Schrauder, Gerhard: Wettbewerbsverstöße als Eingriffe in das Recht am Gewerbebetrieb, Bielefeld 1970 (zit.: Schrauder, Wettbewerbsverstöße)
Schricker, Gerhard: Öffentliche Kritik an gewerblichen Erzeugnissen und beruflichen Leistungen, AcP 172 (1972), 203
–: Bemerkungen zum Rechtsschutz selektiver Vertriebsbindungen, GRUR 1976, 528

Schubert, Werner (Hrsg.): Sammlung sämtlicher Erkenntnisse des RG in Zivilsachen, Jahrgang 1902, Goldbach 1993

Schünemann, Wolfgang B.: Kommentierung des § 3 UWG, in: Harte/Henning (Hrsg.), UWG, München 2004

–: »Unlauterkeit« in den Generalklauseln und Interessenabwägung nach neuem UWG, WRP 2004, 925

–: Generalklausel und Regelbeispiele, JZ 2005, 271

Schultz-Süchting, Rolf-Eckart: Dogmatische Untersuchungen zur Frage eines Schadensersatzanspruches bei ungerechtfertigter Inanspruchnahme eines gerichtlichen Verfahrens, Diss. Hamburg 1971

Schulz, Andreas: Kommentierung von § 11 UWG, in: Harte/Henning (Hrsg.), UWG, München 2004

Schulze, Götz: Das Geschäft mit der Stimme – Zur Sittenwidrigkeit von Verträgen über sog. Telefonsex – BGH NJW 1998, 2895, JuS 1999, 636

Schulz-Schaeffer, Rudolf: Das subjektive Recht im Gebiet der unerlaubten Handlung, 1. Band, Marburg 1915

Schumann, Manfred: Bearbeitung von Teil B IV.-VI., in: Däubler, Arbeitskampfrecht, 2. Aufl., Baden-Baden 1987, S. 147

Schwab, Martin: Grundfälle zur culpa in contrahendo, Sachwalterhaftung und Vertrag mit Schutzwirkung für Dritte nach dem neuen Schuldrecht, JuS 2002, 872

Schwarze, Roland: Die verfassungsrechtliche Garantie des Arbeitskampfes – BVerfGE 84, 212, JuS 1994, 653

Schwerdtner, Peter: Das Persönlichkeitsrecht in der deutschen Zivilrechtsordnung, Berlin 1976

–: Die Garantie des Rechts auf Arbeit – Ein Weg zur Knechtschaft?, ZfA 1977, 47

–: Anm. zu BGH vom 7.2.1984 – Bürgerinitiative, JZ 1984, 1103

Schwitanski, Heinz-Georg: Deliktsrecht, Unternehmensschutz und Arbeitskampfrecht, Berlin 1986

Scriba, Bodo: Anwendungsbereich und Konkretisierung des deliktsrechtlichen Unternehmensschutzes aus § 823 Abs. 1 BGB, Diss. Hamburg 1970 (zit.: Scriba, Unternehmensschutz)

Seidler, Bernhard: Die Schutzrechtsverwarnung als wettbewerbliches Kampfmittel, Festschrift für Wilhelm Wendel, München 1969, S. 46

–: Kodifizierung des Arbeitskampfrechts?, NJW 1976, 1369

Seiter, Hugo: Streikrecht und Aussperrungsrecht. Ein Arbeitskampfrechtssystem auf der Grundlage subjektiv-privater Kampfrechte, Tübingen 1975

–: Kodifizierung des Arbeitskampfrechts?, NJW 1976, 1369

–: Arbeitskampfparität und Übermaßverbot: unter besonderer Berücksichtigung des »Boykotts« in der deutschen Seeschifffahrt, Düsseldorf 1979

–: Dauerrechtsbeziehungen zwischen Tarifvertragsparteien? – Zur Lehre vom gesetzlichen Schuldverhältnis im kollektiven Arbeitsrecht –, ZfA 1989, 283

Seligsohn, Arnold: Anm. zu RG vom 2.1.1917 Nähmaschinen, JW 1917, 712

Sessinghaus, Karel: Abschied von der unberechtigten Schutzrechtsverwarnung – auf Wiedersehen im UWG?, WRP 2005, 823

Sibben, Ralf: Die Rechtmäßigkeit des streikbedingten Eingriffs in das Recht am eingerichteten und ausgeübten Gewerbebetrieb, NZA 1989, 453

Siebrecht, Fritz: Das Recht im Arbeitskampf, 3. Aufl., Köln 1964

Simon, Jürgen: Das allgemeine Persönlichkeitsrecht und seine gewerblichen Erscheinungsformen, Berlin 1981

Sinnecker, Eberhard: Die Verrufserklärung. Eine deliktsrechtliche Untersuchung zum Boykott, Diss. Darmstadt 1969

Smoschewer, Fritz: Das Persönlichkeitsrecht im allgemeinen und im Urheberrecht, II. Teil, Ufita 3 (1930), 229

Snethlage, Rotger Michael: Instandhaltungsarbeiten im Arbeitskampf, Diss. Köln 1968

Soergel, Hs., Th./Hefermehl, Wolfgang: Kommentierung des § 138 BGB, 13. Aufl., Stuttgart 1999

Soergel, Hs., Th./Zeuner, Albrecht: Kommentierung der §§ 823 ff. BGB, Bd. 5/2, 12. Aufl., Stuttgart-Berlin-Köln 1999

Sommer, Birgit: s. Wagner/Sommer

Sonn, H./Benn-Ibler, G.: Haftung für ungerechtfertigte Eingriffsklagen und Verwarnungen aus Patentrechten, in: 75 Jahre Österreichisches Patentamt, Wien 1974, S. 232

Spengler, Albrecht: Gesetzesüberschneidungen im gewerblichen Rechtsschutz. Wechselbeziehungen zwischen allgemeinem Wettbewerbsrecht und den Sondergesetzen des gewerblichen Rechtsschutzes, GRUR 1950, 545

–: Boykott-Probleme, WuW 1953, 195

–: Ist das Verschuldensprinzip nicht mehr zeitgemäß?, GRUR 1958, 212

Spickhoff, Andreas: Anm. zu BGH vom 12.8.2004 Verwarnung aus Kennzeichenrecht, LMK 2004, 230

–: Kommentierung des § 823 BGB, in: Soergel, BGB, Bd. 12, 13. Aufl., Stuttgart 2005

Spindler, Gerald: Kommentierung des § 823 BGB, in: Bamberger, Heinz-Georg/Roth, Herbert, BGB, München 2005

Sprau, Hartwig: Kommentierung der §§ 631–853 BGB, in: Palandt, BGB, 65. Aufl., München 2006

Stadtmüller, Ralph: Schutzbereich und Schutzgegenstände des Rechts am Unternehmen, München 1985 (zit.: Stadtmüller, Diss.)

Stamoulis, Spyros D.: Haftung bei unzulässigen Arbeitskämpfen, Diss. München 1967, Athen 1968

Staudinger/Schäfer, BGB-Kommentar, §§ 823–832 BGB, 12. Aufl., Berlin 1986

Staudinger, Julius v./Hager, Johannes: Kommentierung der §§ 823 ff., 13. Bearb., Berlin 1999 (zit.: Staudinger/J. Hager[1999])

Steffen, Erich: Kommentierung der §§ 823–831 BGB, in: RGRK Bd. II/5, 12. Aufl., Berlin-New York 1989

Stein, Erwin: Werte und Wertewandel in der Gesetzesanwendung des öffentlichen Rechts, in: Esser, Josef/Stein, Erwin, Werte und Wertewandel in der Gesetzesanwendung, Frankfurt 1966, S. 40

Stein, Paul Jürgen: Die rechtliche Beurteilung von Arbeitskämpfen in lebenswichtigen Betrieben, Diss. Münster 1967

Stein, Werner vom: Der Bereicherungsanspruch wegen einer Betriebseinstellung auf Grund einer objektiv unbegründeten Patentverwarnung, GRUR 1956, 248

Steindorff, Ernst: Buchbesprechung: Arthur Nikisch, Arbeitsrecht, 2. Aufl., Band II, 1959, JZ 1960, 582

–: Buchbesprechung: Burkhard Schmiedel, Deliktsobligationen nach deutschem Kartellrecht – Erster Teil, Zivilrechtsdogmatische Grundlegung, Untersuchungen zu § 823 Abs. 2 BGB, 1974, ZHR 139 (1975), 183

–: Einführung in das Wirtschaftsrecht der Bundesrepublik Deutschland, Darmstadt 1977 (zit. Steindorff, Wirtschaftsrecht)
Steinmeyer, Heinz-Dietrich: Der Vertrag mit Schutzwirkung für Dritte und die Produzentenhaftung, DB 1988, 1049
–: Bürgerinitiativen und Unternehmensschutz, JZ 1989, 781
Stern, Heinrich: Über Warnungen vor Patentverletzungen, Mitt. 1929, 158
Sterner, Petra: Die Haftung von Arbeitnehmern auf Schadensersatz bei Streik in Deutschland und Großbritannien, Diss. Berlin 1994
Stoll, Hans: Unrechtstypen bei Verletzung absoluter Rechte, AcP 162 (1963), 203
–: Buchbesprechung: Klaus Hopt, Schadensersatz aus unberechtigter Verfahrenseinleitung, 1968, ZfVglRWiss 71 (1970), 208
–: Richterliche Fortbildung und gesetzliche Überarbeitung des Deliktsrechts, Heidelberg 1984
Straub, Wolfgang: Kommentierung von § 4 Nr. 10 UWG, in: Harte/Henning (Hrsg.), UWG, München 2004
Strobel, Wilhelm: Aktuelles zum HGB-Bilanzrecht und zum Offenlegungsproblem, BB 1994, 1293
Ströbele, Paul/Hacker, Franz: Markengesetz, 8. Aufl., Köln u.a. 2006
Suppes, Elisabeth: Die Rechtsprechung des Reichsgerichts und des Bundesgerichtshofes über das Recht am eingerichteten und ausgeübten Gewerbebetrieb, Diss. Freiburg 1956
Sutschet, Holger: Schutzansprüche und Schutzpflichten Dritter im Lichte des § 311 III BGB, in: Tradition und Moderne – Schuldrecht und Arbeitsrecht nach der Schuldrechtsreform, 2005, S. 95
–: s. auch Ehmann/Sutschet
Taupitz, Jochen: Haftung für Energieleiterstörungen durch Dritte, Berlin 1981
Teplitzky, Otto: Wettbewerbsrechtliche Ansprüche und Verfahren, 8. Aufl., Köln-Berlin-Bonn-München 2002
–: Zur Frage der Rechtmäßigkeit unbegründeter Schutzrechtsverwarnungen, GRUR 2005, 9
–: Aktuelle Probleme der Abmahnung und Unterwerfung sowie des Verfahrens der einstweiligen Verfügung im Wettbewerbs- und Markenrecht, WRP 2005, 654
–: Die prozessualen Folgen der Entscheidung des Großen Senats für Zivilsachen zur unberechtigten Schutzrechtsverwarnung, WRP 2005, 1433
Teubner, Gunther: Standards und Direktiven in Generalklauseln. Möglichkeiten und Grenzen der empirischen Sozialforschung bei der Präzisierung der Gute-Sitten-Klauseln im Privatrecht, Frankfurt 1971
–: Generalklauseln als sozionormative Modelle, in: Generalklauseln als Gegenstand der Sozialwissenschaften, Schriften der Vereinigung für Rechtssoziologie, Bd. 1, Baden-Baden 1978, S. 13
–: Kommentierung des § 826 BGB, in: Alternativ-Kommentar zum BGB, Bd. 3, Neuwied 1979
Tilmann, Winfried: Haftungsbegrenzung im Äußerungsdeliktsrecht, NJW 1975, 758
Traeger, L.: Der Schutz gegen unlautere Konkurrenz im Gebiete des preußischen Landrechts, Gruchot 36 (1892), 196
Traub, Fritz: § 24 UWG und die Subsidiarität des Eingriffs in das Recht am Gewerbebetrieb, NJW 1964, 2237
Trinkner, Reinhold: Schutz des Verbrauchers vor irreführender Werbung, BB 1975, 1493

Tuhr, Andreas v.: Der Allgemeine Teil des Deutschen Bürgerlichen Rechts, 1. Bd., München-Leipzig 1910; 2. Bd., 2. Hälfte, München-Leipzig 1918
Uhlitz, Otto: Gewerbeschädigende Werturteile. Zugleich Besprechung eines BGH-Urteils und ein Beitrag zur Auslegung des § 193 StGB, NJW 1966, 2097
Ullmann, Eike: Die Verschuldenshaftung und die Bereicherungshaftung des Verletzers im gewerblichen Rechtsschutz und Urheberrecht, GRUR 1978, 615
–: Die Verwarnung aus Schutzrechten – mehr als eine Meinungsäußerung? GRUR 2001, 1027
–: Anm. zu BGH vom 21.12.2005 – X ZR 72/04 – Detektionseinrichtung II, jurisPR – WettbR 3/2006
Ullmann, Eike (Hrsg.): jurisPK-UWG, Saarbrücken 2006
Ulmer, Eugen: Vergleichende Warentests, München-Berlin-Köln-Bonn 1964
Ulmer, Eugen/Reimer, Dietrich: Das Recht des unlauteren Wettbewerbs in den Mitgliedstaaten der Europäischen Wirtschaftsgemeinschaft, Bd. III, Deutschland, Köln 1968 (zit.: Ulmer/Reimer, Unlauterer Wettbewerb III)
Ulmer, Peter: Die freiwillige Selbstkontrolle in Wirtschaft und Presse. Erscheinungsformen und Strukturen – Rechtsfragen – Haftungsrisiken, WRP 1975, 549
–: Wettbewerbsverbote in Unternehmensveräußerungsverträgen, NJW 1979, 1585
Unglaub, Kerstin: Der selektive Vertrieb von Parfum und Luxuskosmetika im Kartell-, Wettbewerbs- und Markenrecht, Frankfurt a.M. 2001
Utescher: Anm. zu BGH vom 29.6.1977 Klarsichtverpackung, GRUR 1977, 808
Vinke, Harald: Kommentierung des § 839 BGB, in: Soergel, BGB, 13. Aufl., Bd. 12, Stuttgart 2005
Völp, Fromut: Probleme des Rechts am Gewerbebetrieb, WuW 1956, 31
–: Vergleichende Warentests, WRP 1963, 109
Vogt, Alfons: Bedeutungsgehalt und Funktionen der guten Sitten im Wettbewerbsrecht, NJW 1976, 729
Voigt, Jürgen: Das Recht am Gewerbebetrieb und die gesetzliche Wertung, Diss. Darmstadt 1971, (zit.: Voigt, Das Recht am Gewerbebetrieb)
Vollkommer, Max: Kommentierung von § 276 BGB, in: Jauernig, BGB, 11. Aufl., München 2004
Vorwerk, Volker: Unberechtigte Schutzrechtsverwarnung auf dem Prüfstand, ZIP 2005, 1157
Voß, Heinrich August: Das Verhältnis des Gesetzes vom 7. Juni 1909 zum Bürgerlichen Gesetzbuch, MuW 9 (1909/10), 119
Wagner, Gerhard: Kommentierung der §§ 823 ff. BGB, in: MünchKomm., Bd. 5 (§§ 705–853 BGB), 4. Aufl., München 2004
–: Abschied von der unberechtigten Schutzrechtsverwarnung, ZIP 2005, 49
–: siehe auch Kötz/Wagner
Wagner, Gerhard/Thole, Christoph: Kein Abschied von der unberechtigten Schutzrechtsverwarnung, NJW 2005, 3470
Wagner, Hans Hein: Das sogenannte Recht am Gewerbebetrieb, Diss. Köln 1933 (Aachen 1933)
Wagner, Klaus-R./Sommer, Birgit: Zutreffende Rechtsprechung von BGH und BVerfG zum Persönlichkeitsschutz und zur wirtschaftlichen Betätigungsfreiheit von Unternehmen, AG 1995, 452
Walker, Wolf-Dietrich: Einstweiliger Rechtsschutz im Arbeitskampf, ZfA 1995, 185
–: s. auch Brox/Walker

Weick, Günter: Der Boykott zur Verfolgung nichtwirtschaftlicher Interessen, Frankfurt 1971 (zit.: Weick, Der Boykott)
Weides, Peter: Wirtschaftswerbung und Grundrechte. Überlegungen zur grundrechtlichen Zulässigkeit von gesetzlichen Begrenzungen der Wirtschaftswerbung, WRP 1976, 585
Weireter, Albert: Die Sozialadäquanz und ihre Bedeutung im Arbeitskampfrecht, Diss. Freiburg 1965 (zit. Weireter, Die Sozialadäquanz)
Weissmann, Hans: Der Rechtsschutz gegen Kreditgefährdung oder Benachteiligung des Erwerbs oder Fortkommens durch üble Nachrede nach bürgerlichem Recht. § 824 BGB, Diss. Breslau 1930
Weitnauer, Hermann: Zivilrechtlicher Ehrenschutz und Schutz der gewerblichen Sphäre, DB 1959, 1187
–: Zum Schutz der absoluten Rechte, Karlsruher Forum 1961, 28
–: Der unbegründete Konkursantrag und das Recht am eingerichteten Gewerbebetrieb, DB 1962, 461
–: Anm. zu BGH vom 24.10.1961, JZ 1962, 489
–: Rechtsgrundlagen und Schranken der Zulässigkeit öffentlicher vergleichender Warentests, DB 1963, 55
–: Gedanken zu Stand und Reform des Schadenersatzrechts, VersR 1963, 101
–: Entwicklungslinien des Haftungsrecht, JurJb 4 (1963/64), 214
–: Schadensersatz aus unberechtigter Verfahrenseinleitung, AcP 170 (1970), 437
–: Aktuelle Fragen des Haftungsrechts, VersR 1970, 585
–: Persönlichkeitsschutz und Pressefreiheit, DB 1976, 1365, 1413
Welser, Rudolf: Der OGH und der Rechtswidrigkeitszusammenhang, ÖJZ 1975, 1 u. 37
Wenzel, Karl Egbert: Empfiehlt es sich, § 824 Abs. 1 BGB in Anlehnung an den heutigen Stand der Rechtsprechung zum Eingriff in den Gewerbebetrieb und zum Persönlichkeitsrecht neu zu fassen?, GRUR 1970, 278
Werner, Alfred: Zur Frage der Ersatzpflicht für Schädigung in der Ausübung freier Berufe, NJW 1957, 618
Wertheimer, Ludwig: Anm. zu RG vom 7.10.1924 Wobbe, JW 1925, 615
Westermann, Harm Peter: Kommentierung des § 276 BGB, in: Erman, BGB, Bd. I, 11. Aufl., Köln 2004
Weyl, Richard: System der Verschuldensbegriffe im Bürgerlichen Gesetzbuche, München 1905
Wieacker, Franz: Rechtsprechung und Sittengesetz, JZ 1961, 337
Wieczorek, Reinhard: siehe Beier/Wieczorek
Wiemann, Ulrich: Der Deliktsschutz des Unternehmens im deutschen und französischen Recht, Diss. Münster 1970
Wiethölter, Rudolf: § 823 II BGB und die Schuldtheorie, Bemerkungen zum Urteil des BGH vom 26.2.1962, JZ 1963, 205
–: Zur politischen Funktion des Rechts am eingerichteten und ausgeübten Gewerbebetrieb, KritJ 1970, 121
Wilhelm, Karl: Boykott, JW 1934, 1273
Willoweit, Dietmar: Deliktsrechtlicher Eigentumsschutz bei Vereitelung eines Grundstücksverkaufs?, NJW 1975, 1190
Windscheid, Bernhard/Kipp, Theodor: Lehrbuch des Pandektenrechts, Bd. I, 9. Aufl., Frankfurt 1906
Winkler, Heinz: Probleme der Schutzrechtsverwarnung, GRUR 1980, 526

Witthuhn, Wilfried: Die Ausgestaltung der privaten Klage im Wirtschaftsrecht, Diss. Hamburg 1976
Wobsa: Schadensersatzpflicht des Gebrauchsmusterinhabers, GRUR 1939, 762
Wolf, Ernst: Das Recht am eingerichteten und ausgeübten Gewerbebetrieb, Festschrift für Fritz v. Hippel, Tübingen 1967, S. 665
–: Der praktische Fall: Bürgerliches Recht: Die anstößige Illustrierte, JuS 1968, 77
–: Vertragsfreiheit – Eine Illusion?, Festschrift für Max Keller, Zürich 1989, S. 359
Wolf, Manfred: Kommentierung des § 276 BGB in: Soergel, BGB, Bd. 2, 12. Aufl., Stuttgart 1990
Würdinger, Hans: Freiheit der persönlichen Entfaltung, Kartell- und Wettbewerbsrecht, WuW 1953, 721
Wunsch, Gert-Peter: Die Entwicklung und ursprüngliche Bedeutung des Rechts am eingerichteten und ausgeübten Gewerbebetrieb. Ein Beitrag zur Lehre von der Rechtsentstehung und zur Methodik der Rechtsvergleichung, Diss. Hamburg 1969 (zit.: Wunsch, Die Entwicklung des Rechts am Gewerbebetrieb)
Wurm, Michael: Kommentierung der §§ 839 f. BGB, in: Staudinger, BGB, Bearb. 2002
Wussow, Werner: Zur Lehre von der Sozialadäquanz, NJW 1958, 891
Zachert, Ulrich/Binkert, Gerhard: Rechtsprobleme beim »Streik auf der grünen Wiese«, NZA 1998, 337
Zeiss, Walter: Schadensersatzpflichten aus prozessualem Verhalten, NJW 1967, 703
–: Buchbesprechung von Hopt, Klaus: Schadensersatz aus unberechtigter Verfahrenseinleitung, JZ 1970, 198
Zeller, Oscar: Die Folgen einer Warnung vor Verletzungen und die Auskunftspflicht bei einer Schutzrechtsverletzung, GRUR 1938, 819
–: Der Bereicherungsanspruch aus unbegründeter Patentverwarnung, Mitt. 1957, 24
Zeuner, Albrecht: Bemerkungen zum Problem der Rechtswidrigkeit aus zivilrechtlicher Sicht, JZ 1961, 41
–: Arbeitskampf und einstweilige Verfügung, RdA 1971, 1
–: Störungen des Verhältnisses zwischen Sache und Umwelt als Eigentumsverletzung. Gedanken über Inhalt und Grenzen von Eigentum und Eigentumsschutz, Festschrift für Werner Flume, Köln 1978, S. 775
–: Historische Linien in der Entwicklung des Rechts am Gewerbebetrieb, des allgemeinen Persönlichkeitsrechts und der Verkehrssicherungspflichten, in: 25 Jahre Karlsruher Forum, 1983, S. 196
–: s. auch Soergel/Zeuner
Zimmermann, Klaus: Die Sozialadäquanz im Zivilrecht, Diss. München 1961
Zimmermann, Reinhard: Sittenwidrigkeit und Abstraktion, JR 1985, 48
Zimmermann, Reinhard/Verse, Dirk A.: Die Reaktion des Reichsgerichts auf die Kodifikation des deutschen Deliktsrechts, in: Falk, Ulrich/Mohnhaupt, Heinz, Das Bürgerliche Gesetzbuch und seine Richter, Frankfurt a.M. 2000, S. 319
Ziskoven, Heinrich: Die Bedeutung des § 826 BGB für das Arbeitsrecht, Köln 1930
Zöllner, Wolfgang: Aussperrung und arbeitskampfrechtliche Parität, Düsseldorf 1971
–: Buchbesprechung: Larenz/Canaris, Lehrbuch des Schuldrechts II/ 2, 13. Aufl., München 1994, JZ 1997, 293
Zöllner, Wolfgang/Loritz, Karl-Georg: Arbeitsrecht, 5. Aufl., München 1998

Sachregister

Jus Privatum

Beiträge zum Privatrecht – Alphabetische Übersicht

Adolphsen, Jens: Internationale Dopingstrafen. 2003. *Band 78.*
Assmann, Dorothea: Die Vormerkung (§ 883 BGB). 1998. *Band 29.*
Bachmann, Gregor: Private Ordnung. 2006. *Band 112.*
Barnert, Thomas: Die Gesellschafterklage im dualistischen System des Gesellschaftsrechts. 2003. *Band 82.*
Bayer, Walter: Der Vertrag zugunsten Dritter. 1995. *Band 11.*
Beater, Axel: Nachahmen im Wettbewerb. 1995. *Band 10.*
Beckmann, Roland Michael: Nichtigkeit und Personenschutz. 1998. *Band 34.*
Benecke, Martina: Gesetzesumgehung im Zivilrecht. 2004. *Band 94.*
Berger, Christian: Rechtsgeschäftliche Verfügungsbeschränkungen. 1998. *Band 25.*
Berger, Klaus: Der Aufrechnungsvertrag. 1996. *Band 20.*
Bitter, Georg: Rechtsträgerschaft für fremde Rechnung. 2006. *Band 107.*
Bittner, Claudia: Europäisches und internationales Betriebsrentenrecht. 2000. *Band 46.*
Bodewig, Theo: Der Rückruf fehlerhafter Produkte. 1999. *Band 36.*
Braun, Johann: Grundfragen der Abänderungsklage. 1994. *Band 4.*
Brors, Christiane: Die Abschaffung der Fürsorgepflicht. 2002. *Band 67.*
Bruns, Alexander: Haftungsbeschränkung und Mindesthaftung. 2003. *Band 74.*
Buchner, Benedikt: Informationelle Selbstbestimmung im Privatrecht. 2006. *Band 114*
Busche, Jan: Privatautonomie und Kontrahierungszwang. 1999. *Band 40.*
Calliess, Gralf-Peter: Grenzüberschreitende Verbraucherverträge. 2006. *Band 103.*
Casper, Matthias: Der Optionsvertrag. 2005. *Band 98.*
Dauner-Lieb, Barbara: Unternehmen in Sondervermögen. 1998. *Band 35.*
Dethloff, Nina: Europäisierung des Wettbewerbsrechts. 2001. *Band 54.*
Dreier, Thomas: Kompensation und Prävention. 2002. *Band 71.*
Drexl, Josef: Die wirtschaftliche Selbstbestimmung des Verbrauchers. 1998. *Band 31.*
Eberl-Borges, Christina: Die Erbauseinandersetzung. 2000. *Band 45.*
Ebert, Ina: Pönale Elemente im deutschen Privatrecht. 2004. *Band 86.*
Einsele, Dorothee: Wertpapierrecht als Schuldrecht. 1995. *Band 8.*
Ekkenga, Jens: Anlegerschutz, Rechnungslegung und Kapitalmarkt. 1998. *Band 30.*
Ellger, Reinhard: Bereicherung durch Eingriff. 2002. *Band 63.*
Escher-Weingart, Christina: Reform durch Deregulierung im Kapitalgesellschaftsrecht. 2001. *Band 49.*
Füller, Jens T.: Eigenständiges Sachenrecht. 2006. *Band 104.*
Giesen, Richard: Tarifvertragliche Rechtsgestaltung für den Betrieb. 2002. *Band 64.*
Götting, Horst-Peter: Persönlichkeitsrechte als Vermögensrechte. 1995. *Band 7.*
Gruber, Urs Peter: Methoden des internationalen Einheitsrechts. 2004. *Band 87.*
Gsell, Beate: Substanzverletzung und Herstellung. 2003. *Band 80.*
Haar, Brigitte: Die Personengesellschaft im Konzern. 2006. *Band 113.*
Habersack, Mathias: Die Mitgliedschaft – subjektives und ‚sonstiges' Recht. 1996. *Band 17.*
Haedicke, Maximilian: Rechtskauf und Rechtsmängelhaftung. 2003. *Band 77.*
Hanau, Hans: Der Grundsatz der Verhältnismäßigkeit als Schranke privater Gestaltungsmacht. 2004. *Band 89.*
Hassemer, Michael: Heteronomie und Relativität in Schuldverhältnissen. 2006. *Band 118.*
Hau, Wolfgang: Vertragsanpassung und Anpassungsvertrag. 2003. *Band 83.*

Heermann, Peter W.: Drittfinanzierte Erwerbsgeschäfte. 1998. *Band 24.*
Heinemann, Andreas: Immaterialgüterschutz in der Wettbewerbsordnung. 2002. *Band 65.*
Heinrich, Christian: Formale Freiheit und materielle Gerechtigkeit. 2000. *Band 47.*
Henssler, Martin: Risiko als Vertragsgegenstand. 1994. *Band 6.*
Hergenröder, Curt Wolfgang: Zivilprozessuale Grundlagen richterlicher Rechtsfortbildung. 1995. *Band 12.*
Hess, Burkhard: Intertemporales Privatrecht. 1998. *Band 26.*
Hofer, Sibylle: Freiheit ohne Grenzen. 2001. *Band 53.*
Huber, Peter: Irrtumsanfechtung und Sachmängelhaftung. 2001. *Band 58.*
Jacobs, Matthias: Der Gegenstand des Feststellungsverfahrens. 2005. *Band 97.*
Jacoby, Florian: Das private Amt. 2007. *Band 117.*
Jakob, Dominique: Schutz der Stiftung. 2006. *Band 111.*
Jänich, Volker: Geistiges Eigentum – eine Komplementärerscheinung zum Sacheigentum? 2002. *Band 66.*
Jansen, Nils: Die Struktur des Haftungsrechts. 2003. *Band 76.*
Jung, Peter: Der Unternehmergesellschafter als personaler Kern der rechtsfähigen Gesellschaft. 2002. *Band 75.*
Junker, Abbo: Internationales Arbeitsrecht im Konzern. 1992. *Band 2.*
Kaiser, Dagmar: Die Rückabwicklung gegenseitiger Verträge wegen Nicht- und Schlechterfüllung nach BGB. 2000. *Band 43.*
Katzenmeier, Christian: Arzthaftung. 2002. *Band 62.*
Kindler, Peter: Gesetzliche Zinsansprüche im Zivil- und Handelsrecht. 1996. *Band 16.*
Kleindiek, Detlef: Deliktshaftung und juristische Person. 1997. *Band 22.*
Koch, Jens: Die Patronatserklärung. 2005. *Band 99.*
Körber, Torsten: Grundfreiheiten und Privatrecht. 2004. *Band 93.*
Koppenfels-Spies, Katharina von: Die cessio legis. 2004. *Band 106.*
Krause, Rüdiger: Mitarbeit in Unternehmen. 2002. *Band 70.*
Lipp, Volker: Freiheit und Fürsorge: Der Mensch als Rechtsperson. 2000. *Band 42.*
Löhnig, Martin: Treuhand. 2006. *Band 109.*
Lohse, Andrea: Unternehmerisches Ermessen. 2005. *Band 100.*
Looschelders, Dirk: Die Mitverantwortlichkeit des Geschädigten im Privatrecht. 1999. *Band 38.*
Luttermann, Claus: Unternehmen, Kapital und Genußrechte. 1998. *Band 32.*
Mäsch, Gerald: Chance und Schaden. 2004. *Band 92.*
Mankowski, Peter: Beseitigungsrechte. Anfechtung, Widerruf und verwandte Institute. 2003. *Band 81.*
Meller-Hannich, Caroline: Verbraucherschutz im Schuldvertragsrecht. 2005. *Band 101.*
Merkt, Hanno: Unternehmenspublizität. 2001. *Band 51.*
Möllers, Thomas M.J.: Rechtsgüterschutz im Umwelt- und Haftungsrecht. 1996. *Band 18.*
Muscheler, Karlheinz: Die Haftungsordnung der Testamentsvollstreckung. 1994. *Band 5.*
– Universalsukzession und Vonselbsterwerb. 2002. *Band 68.*
Oechsler, Jürgen: Gerechtigkeit im modernen Austauschvertrag. 1997. *Band 21.*
Oetker, Hartmut: Das Dauerschuldverhältnis und seine Beendigung. 1994. *Band 9.*
Ohly, Ansgar: „Volenti non fit iniuria“ Die Einwilligung im Privatrecht. 2002. *Band 73.*
Oppermann, Bernd H.: Unterlassungsanspruch und materielle Gerechtigkeit im Wettbewerbsprozeß. 1993. *Band 3.*
Peifer, Karl-Nikolaus: Individualität im Zivilrecht. 2001. *Band 52.*
Peters, Frank: Der Entzug des Eigentums an beweglichen Sachen durch gutgläubigen Erwerb. 1991. *Band 1.*

Piekenbrock, Andreas: Befristung, Verjährung, Verschweigung und Verwirkung. 2006. *Band 102.*
Preuß, Nicola: Zivilrechtspflege durch externe Funktionsträger. 2005. *Band 96.*
Raab, Thomas: Austauschverträge mit Drittbeteiligung. 1999. *Band 41.*
Reiff, Peter: Die Haftungsverfassungen nichtrechtsfähiger unternehmenstragender Verbände. 1996. *Band 19.*
Repgen, Tilman: Die soziale Aufgabe des Privatrechts. 2001. *Band 60.*
Röthel, Anne: Normkonkretisierung im Privatrecht. 2004. *Band 91.*
Rohe, Mathias: Netzverträge. 1998. *Band 23.*
Sachsen Gessaphe, Karl August Prinz von: Der Betreuer als gesetzlicher Vertreter für eingeschränkt Selbstbestimmungsfähige. 1999. *Band 39.*
Sack, Rolf: Das Recht am Gewerbebetrieb. 2007. *Band 116.*
Saenger, Ingo: Einstweiliger Rechtsschutz und materiellrechtliche Selbsterfüllung. 1998. *Band 27.*
Sandmann, Bernd: Die Haftung von Arbeitnehmern, Geschäftsführern und leitenden Angestellten. 2001. *Band 50.*
Schäfer, Carsten: Die Lehre vom fehlerhaften Verband. 2002. *Band 69.*
Schnorr, Randolf: Die Gemeinschaft nach Bruchteilen (§§ 741 – 758 BGB). 2004. *Band 88.*
Schubel, Christian: Verbandssouveränität und Binnenorganisation der Handelsgesellschaften. 2003. *Band 84.*
Schur, Wolfgang: Leistung und Sorgfalt. 2001. *Band 61.*
Schwab, Martin: Das Prozeßrecht gesellschaftsinterner Streitigkeiten. 2005. *Band 95.*
Schwarze, Roland: Vorvertragliche Verständigungspflichten. 2001. *Band 57.*
Seiler, Wolfgang: Verbraucherschutz auf elektronischen Märkten. 2006. *Band 108.*
Sieker, Susanne: Umgehungsgeschäfte. 2001. *Band 56.*
Sosnitza, Olaf: Besitz und Besitzschutz. 2003. *Band 85.*
Stadler, Astrid: Gestaltungsfreiheit und Verkehrsschutz durch Abstraktion. 1996. *Band 15.*
Stoffels, Markus: Gesetzlich nicht geregelte Schuldverhältnisse. 2001. *Band 59.*
Sutschet, Holger: Garantiehaftung und Verschuldenshaftung im gegenseitigen Vertrag. 2006. *Band 110.*
Taeger, Jürgen: Außervertragliche Haftung für fehlerhafte Computerprogramme. 1995. *Band 13.*
Trunk, Alexander: Internationales Insolvenzrecht. 1998. *Band 28.*
Veil, Rüdiger: Unternehmensverträge. 2003. *Band 79.*
Verse, Dirk A.: Der Gleichbehandlungsgrundsatz im Recht der Kapitalgesellschaften. 2006. *Band 115.*
Wagner, Gerhard: Prozeßverträge. 1998. *Band 33.*
Waltermann, Raimund: Rechtsetzung durch Betriebsvereinbarung zwischen Privatautonomie und Tarifautonomie. 1996. *Band 14.*
Weber, Christoph: Privatautonomie und Außeneinfluß im Gesellschaftsrecht. 2000. *Band 44.*
Wendehorst, Christiane: Anspruch und Ausgleich. 1999. *Band 37.*
Wiebe, Andreas: Die elektronische Willenserklärung. 2002. *Band 72.*
Wimmer-Leonhardt, Susanne: Konzernhaftungsrecht. 2004. *Band 90.*
Würthwein, Susanne: Schadensersatz für Verlust der Nutzungsmöglichkeit einer Sache oder für entgangene Gebrauchsvorteile? 2001. *Band 48.*